"全球视野下的当代媒介理论"系列丛书
Contemporary Media Theory from Mondial Perspectives Series

主编：李麟学　王　鑫　丁　凡
Chief Editors: Linxue Li, Xin Wang, Fan Ding

媒介思维的谱系

（上）

[德] 丹尼尔·伊尔冈　弗洛里安·哈德勒　西格弗里德·齐林斯基　主编
Edited by Daniel Irrgang, Florian Hadler, Siegfried Zielinski

王　鑫　钱玲燕　王颖吉　校译
Translated and proofread by Xin Wang, Lingyan Qian and Yingji Wang

同济大学出版社·上海
TONGJI UNIVERSITY PRESS · SHANGHAI

丛书总序
万物皆媒时代的媒介思维风暴

当今，我们处在一个"万物皆媒"的时代。从麦克卢汉提出"媒介即信息"（The Medium is the Message.——M. McLuhan,1964），到今天以 ChatGPT 代表的人工智能时代的历史性节点，我们从未像今天一样意识到媒介对当代人类社会介入的广度和深度。

"全球视野下的当代媒介理论"系列丛书源自与西格弗里德·齐林斯基教授持续多年的讨论与互动。2019 年夏天在锦江宾馆，我与齐林斯基教授坐在历史小楼的咖啡角，初见即如故，畅谈着教授策划的"西岸艺术教育展"，以及尘封许久的对于欧洲知识体系的思考。之后齐林斯基欣然以兼职教授身份加入同济大学艺术与传媒学院的团队，精心准备了硕士生与博士生的课程，并在此后多次参加了学院组织的"城市传播论坛""中国新闻史学会新闻传播思想史年会"与"应用新闻传播论坛"等学术活动，其精辟的发言引起中国新闻传播学与跨学科学者的强烈共鸣。教授将其未出版和未公开的部分著作，赠与学院研究出版，促进了这一丛书的诞生。在与齐林斯基教授的讨论中，这一出版计划扩展到更多著名国际学者和跨学科实践者的理论译著，这套丛书方得以成形，并将逐步展现出其对于国内学界的意义。

作为近年来人文学术界热议的"物质性转向"当中极为重要的一个支流，媒介考古学派的译介和研究在国内都尚属起步阶段，未来还大有可为。齐林斯基是德国媒介考古学派代表人物，也是第一位明确提出"媒介考古学"的学者。尽管在他之前，媒介考古学已作为一种研究方法应用于电影研究中，以及在以弗里德里希·基特勒（Friedrich Kittler）为代表的媒介物质性研究中，但其真正作为一个纲领性和旗帜性的理论概念，并由此凝聚一大批有相同旨趣与问题意识的学者来共同探讨，则要归功于齐林斯基。齐林斯基早期的学术生涯深受当时德国学术界转型期的影响。1961年，柏林工业大学成立了"技术时代的语言"研究所，开启了"物质性"思潮转向的大背景，这为齐林斯基思想的发展提供了条件并奠定了基础。齐林斯基于20世纪70年代先后在柏林自由大学与柏林技术大学学习德国文学、戏剧与哲学等科目，为他日后的研究奠定了良好的跨学科基础。同时期成长起来的学者还有弗里德里希·基特勒与威廉·弗卢塞尔（Vilém Flusser）等人。齐林斯基甚至将他自己与基特勒和弗卢塞尔三人共同归类为"第四代媒介思想家"（即高峰期活跃于20世纪80年代的思想家）[1]。但是同时，齐林斯基本人倾向于否认存在"德国媒介学派"这样一个同质性的统一整体，他说："德语媒体与传播研究，我认为这主要是一个神话，它是通过美国的一些作家，即普林斯顿大学和杜克大学的教授而被建立起来的。"从齐林斯基给出的百年以来的媒介思想谱系图来看，他更倾向于从全球性的媒介思想发展脉络出发，构建更加宏观的、普泛的理论演变谱系，而非局限在某一个国家或地域，甚至在晚年将他的研究视野投到了"全球南方（Global South）"那些传统上被认为是"边缘"的处所，力图建立起一个彻底去中心化的、多极化的图谱。这完全符合"媒介考古学派"的反线性的历史观，也充分体现出了齐林斯基教授的全球性视野。这也是为何他持续不懈地与中国的读者和听众保持对话的缘由。[2]

---

[1] 参见齐林斯基2021年10月在同济大学举办的中国新闻史学会新闻传播思想史研究委员会学术年会。被归入第四代媒介思想家的有杜盖（Duguet），贝克斯特（Bexte），基特勒（Kittler），德·劳拉提斯（de Lauretis），欧洲的弗卢塞尔（the European Flusser），罗策（Rötzer），坎普（Kamper），罗内尔（Ronell），鲍德里亚（Baudrillard），亚瑟·克罗克和玛丽-路易丝·克罗克（Arthur and Marie-Luise Kroker），佩特纳克（Péternak），利奥塔（Lyotard），列维（Lévy），雷克（Reck），特鲁施-迪特尔（Treusch-Dieter），托伦（Tholen），韦策尔（Wetzel），温克勒（Winkler），维里利奥（Virilio），冯·布劳恩（von Braun），佩奇（Paech），齐林斯基（Zielinski）。

[2] 在本丛书的翻译中，对于"media"一词，我们也根据不同的中文语境将其译为"媒体"或"媒介"。媒体偏重于实体化的存在，而媒介则更强调功能性的介质。

齐林斯基在 1989 年出版了对他的学术生涯而言最为重要的一部里程碑式著作《视听：作为历史入口的电影和电视》（*Audiovisions: Cinema and Television as Entr'actes in History*），在这部著作中他的反线性媒介谱系学已经初露端倪。在书中，他并不是把媒介视为一个可见的、确定的和被固化的物质性实体，而是将其视为一个多种力量相互协商、探索和实验性的空间场域，在这一空间中，并不存在一个预先设定的目标，或者终点需要奔赴。换言之，它是无定型的、充满各种差异性的力量，以及由这些力量所交织出来的种种独异性的事件。"将艺术、科学和技术带入一种关系当中，彼此并列和相互融合，一次次挑战自以为是的专家的僵化封装，并对抗趋向平庸和统一的趋势。艺术，通过媒介，在这里被视为异源过程和事件的一种可能性。"一言以蔽之，媒介即事件。它是独一无二的、无法被还原的涌现。

齐林斯基另一本标志性著作是出版于 2002 年的《媒介考古学》（*Archäologie der Medien*），在这本书中他提出了重要的深层时间（deep time）这一概念，并将自己的媒介考古学方法论总结为探询深层时间的方法。深层时间对于齐林斯基而言是一个有效的隐喻，一方面，它可以帮助我们抵制一种进步主义的线性媒介叙事，媒介并非是从低到高，从简单到复杂，像进化论一般地向前发展，而是并没有预先设定的目标与蓝图，呈现一种"多重时间性"的发展状态，无数的线索纷繁交织，构成德勒兹所说的游牧和根茎状态，形成根茎式的生成状态。另一方面，深层时间也暗示我们可以用来重构媒介演化图谱的一种实操性的方法论，正是因为媒介历史实际上是像花岗岩的形成那样由各个不同时间性所沉积和叠加而成的，因此，我们需要穿透这些沉积的媒介表层，去深入到底下深藏的暗处，从水面浮动的冰山一角开始去探索媒介历史潜藏水面之下的巨大部分。

2005 年，齐林斯基出版了《变体学（第一卷）：关于艺术、科学与技术的深层时间关系》（*Variantology 1: On Deep Time Relations of Arts, Sciences and Technologies*），此后六年时间，《变体学》第一卷

至第五卷陆续发表，这是他媒介思想的集大成之作。《变体学》的出版标志着齐林斯基晚期的媒介考古学研究的一大重要转向：他突破了过往研究中的欧洲中心主义，而将全球各国家各地区的多元差异的文明谱系共同纳入他的媒介版图当中，在全球文明发展史的视野下去考察媒介谱系之间的对话、交织与共生，展现出了人类文明共同体的宽阔视野与格局。齐林斯基教授介绍了"变体学"的四个原则：一、它不应该是欧洲中心论的，而应该是全球化的；二、它不应该是一概而论的，而应该是多方面的、各式各样的；三、它不应该是人类中心论的，而应该是宇宙观的；四、它不应该是单向度的，而应该是多向度的、动态的。

从以上三部代表着齐林斯基三次重要学术节点的著作，我们得以一窥齐林斯基的主要学术脉络。国内外至今为止出版的媒介理论史著作大多跨越时段较长，或以编年史为体例，或以学派为线索，内容较为分散，问题意识不够聚焦。而齐林斯基的著作一方面更加聚焦过往几十年的媒介理论史，因此涉及的内容更为集约，另一方面又提炼出了这段历史中最为核心的四大议题，更提纲挈领，也更有齐林斯基独到的理论创见。因此，本丛书先以齐林斯基的译著起步，旨在以更为深入的方式展现当代媒介理论的思考与演变。

翻译是一项艰苦的工作，在未产生太高"科研绩效"的情况下，我要特别感谢丛书共同主编王鑫教授、丁凡助理教授，以及本丛书的校译者王颖吉教授、李凌燕副教授、张昱辰副教授、张艳助理教授，还有钱玲燕副教授带领的德文翻译团队。同济大学出版社国际部的袁佳麟主任，为丛书出版做出了巨大的努力；感谢出版社卢元姗、熊磊丽等编辑的精益求精和辛勤付出。感谢在德国访问的学者林华在齐林斯基教授与同济之间搭建了一座密切交流的桥梁。最后要特别感谢同济大学艺术与传媒学院团队对丛书项目的大力支持。

在首批三本译著出版之际，让我们期待后续更多作品的出版，并在未来孕育出更多的中国学者关于媒介理论的原创性作品、著作与思想；

期待在全球视野的媒介思维风暴的洗礼中，我们共同构建起链接艺术、科学、技术与媒介理论的知识与思想之桥。

同济大学长聘教授，艺术与传媒学院院长，建筑与城市规划学院博士生导师

中文版序
论媒介的谱系
——光与影的简短艺术

一

观察与理解是互补的两个领域。二者在我们以不同思想和行为模式掌握世界时相互补充。杰拉德·西蒙（Gérard Simon）在关于古希腊光学概念的研究中写到，"视觉的历史和认知的历史"紧密地"交织在一起"[1]。当这本书问世时，他最初的研究领域是通过新的"可见光的新物理学"（约翰内斯·开普勒 [Johannes Kepler]、伽利略·伽利雷 [Galileo Galilei]、勒内·笛卡尔 [René Descartes]）为科学的古典时代奠定基础。古希腊视觉理论家的文本又对前现代的光学概念具有重要意义，由于对这些文本传承方式不满，杰拉德·西蒙把关注焦点转向了古代光学理论本身的深层时间，尤其是欧几里得和托勒密的基础文本。他最担心的是，精密科学的史学史只是把各自时代对光学和视觉研究对象的介绍简单延伸到它们的古代历史中，从而在字面意义上把现代的观察方式强加给后者。

虽然这与我们今天所熟悉的主客观之间以及主动与被动之间的简单区分背道而驰，但是受到米歇尔·福柯（Michel Foucault）的知识和权力考古学启发的西蒙更倾向发掘：当古希腊人讨论目光、观察者与被观察者之间关系的复杂性时，有争议的地方究竟在何处。另一方面，通过批

---

1 Gérard Simon, *Der Blick, Das Sein und die Erscheinung in der antiken Optik* (München, 1992), p. 24. 法语原著于1988年由巴黎门槛出版社（Éditions du Seuil）出版。另见 Simons Aufsatz Science de la vision et représentation du visible. Le regard de l'optique antique, in: *Les Cahiers* 37 (1991): S. 5–21.

判性重新研读古代文献的译本、抄本以及改写的文本,能够得出一个明确的结果,即具有多重含义且难以捉摸的迷人"视线"现象。这个曾被"古代几何学家"多次提及并努力进行深入探索的"视线",不应首先当作一个物理量来加以考虑,"不能与光线相提并论……。他们研究的对象不是光",我还想说,也不是图像,"而是视觉"[1]。就科学史而言,古代文献领域不属于物理学、数学和几何学,也不属于技术领域,而属于精神领域,属于"精神理论"的工作。古希腊的研究主要被表述为关于"观察的人以及他与可见物关系"[2]的特征问题。

对于西方哲学而言,柏拉图的洞穴寓言是一部杰出之作,从世界观、绝对政治观的角度审视了那些观察者和被观察者之间的关系[3]。由于无法解救自己,甚至无法移动,"囚犯"认为在他们背后的火堆前移动的物和人的影子是真实的。必然是真实的原因在于,影子是他们被允许感知到的唯一可见的事物。他们甚至无法看自己或旁边的人。如果他们能从迷惑中解脱出来,远离阴影,略过人为制造的火光,走向阳光,他们就能够超越柏拉图寓言中的在洞穴中的视野,逐渐开始认识其他事物:首先是物体在水中的反射,然后是从物体投射到观察者眼中的圣光镜像,接着他们就能透视到知识的纯粹光芒。

在认识论中,柏拉图隐喻的影子被明确地赋予了欺骗性、误导性和消极性的特征。他们像生活在地狱里的人一样苍白无生气。早在20世纪60年代末,法国小说家、电影理论分析家让-路易·鲍德里(Jean-Louis Baudry)就利用洞穴寓言提出了面向装置及其效果的电影理论,并在当时第一次并没有引起很大轰动的情况下,将雅

---

[1] Gérard Simon, *Der Blick, Das Sein und die Erscheinung in der antiken Optik* (München, 1992), p. 24. 法语原著于1988年由巴黎门槛出版社(Éditions du Seuil)出版。另见Simons Aufsatz Science de la vision et représentation du visible. Le regard de l'optique antique, in: *Les Cahiers* 37 (1991), S. 13.

[2] 同上,第23页。

[3] Platon, *Politeia*, Pol 514a–517a, in English see for example *The Republic of Plato*, trans. Allan Bloom (New York, 1991).

克·拉康（Jacques Lacan）关于镜像阶段自我雕刻的戏剧精神分析思想应用于媒介理论[1]。在《影子简史》（*kurzen Geschichte des Schattens*）中，维克托-伊·斯托伊奇塔（Victor I. Stoichita）通过追溯老普林尼在《博物志》（*Naturalis Historia*）中的著名论述，讨论了含义极其相似的关于绘画和摄影诞生的大师级叙事[2]。媒介理论和艺术实践受到了柏拉图式叙事的深远影响。欧洲战后电影先锋派的奠基者让-吕克·戈达尔（Jean-Luc Godard）在其独特的作品《电影史》（*Histoire(s) du cinéma*）中，从投射在白色银幕的黑色阴影中，以磅礴的声音唤起了其作为"裹尸布"的地位。当他文本中的黑色阴影不时地变成"白色阴影"时，就有了一丝希望，这些阴影在技术底片中也是真实的[3]。

二

这些已经是现代性在（视觉）感知方面建立的等级制度上相当科学和艺术性的终曲了。在那之前，人们对柏拉图二元论有着明确的肯定。弗朗西斯·培根（Francis Bacon）称他的"所罗门之家"（Hauses Salomon）的12名成员——他们将知识和发明从外国带到《新大西岛》（*Neu-Atlantis*）——为"光明的买家"，并将他们分为4个三人组，分别为："剥削者""猎人""寻宝者"和"管家"[4]。他们是光明的商人，经营知识工作的成果并从中营利。

---

[1] 主要参见两篇文章：Baudry, Effet idéologique produits par l'appareil de base, in: *Cinéthique* 7/8 (1970): 1–8, und Le dispositif: approches metapsychologique de l'impression des réalité, in: *Communications* 23 (1975): 56–72.

[2] Victor I. Stoichita, *Brève histoire de l'ombre*, 首次出版为 *A Short History of the Shadow* (London, 1997).

[3] 让-吕克·戈达尔《电影史》，法国电视台（Canal Plus）的八部录像片（1988—1998），这里引用的是第二部分。完整的原声带由ECM唱片公司于2000年在慕尼黑出版。

[4] Francis Bacon, *Neu-Atlantis* (Stuttgart, 1982), S. 54–55.

在媒介考古学方面,对阴影及语义学上与其相近的一切事物的歧视性评价,在17世纪达到了顶峰。当时,阿塔纳斯·珂雪(Athanasius Kircher)在探讨影像、声音和其他感官元素的相互影响时使用了光学形而上学。他的《光与影的伟大艺术》(Ars magna lucis et umbrae)于1645年在罗马首次出版,其中包含了大量的人工制品及投影和技术可视化的装置。在第10册的末尾,他以图表的形式简要地描述了纵向和横向的分配,从这些分配中可以构建出西方知识的十字架。他书中的《光与影的形而上学》("metaphysica lucis et umbrae")[1]以火、气、水、土四个元素为基础。生物的最顶层是上帝、天使、人和动物,珂雪为它们分配了卓越的思维能力(mens)、智力、理性及敏感的知觉等认知能力。其中,水平方向上表示智力,范围从光芒四射的明亮到暗淡无光的昏暗(见下表)。"Lux"是从发光体内散发出的光,是绝对的光,只属于上帝的品质。"Lumen"表示发光的身体,这里是指传播光亮的天使的身体。人被赋予阴暗的品质(umbrae,对应表格中"Vmbrae"),而动物则完全属于黑暗的领域(tenebrae)。在他所分配的中间阶段,珂雪甚至拓展了与此相应的色彩理论:神圣的"Lux"没有颜色,闪闪发光,是纯粹的光亮;"albedo"属于天使,是洁白的,我们从大理石雕塑中也能看出;流动着血液的人的存在是"rubedo",是深红色的,而动物则被分配到"nigredo",对应的是未分割物质的黑色。罗伯特·弗拉德(Robert Fludd)在他1617年创作的绘画作品《黑色真空宇宙图》中表达了这一点[2]。

---

[1] „Metaphysik von Licht und Schatten", in Athanasius Kircher, *Ars magna lucis et umbrae* (Rom, 1945), S. 917–929. 图表在第924页。

[2] 参见:dazu auch das Kircher-Kapitel in Zielinski, *Deep Time of the Media* (Cambridge, MA, 2006), S. 101–157, zu Fludds schwarzem Quadrat, S. 111–113.

上帝 (Deus.)	天使 (Angelus.)	人 (Homo.)	动物 (Animal.)
思维能力 (Mens.)	智力 (Intellectus.)	理性 (Ratio.)	敏感的知觉 (Senfus.)
绝对的光 (Lux.)	发光的身体 (Lumen.)	阴暗的品质 (Vmbrae.)	黑暗的领域 (Tenebrae.)
无色 (Lux.)	白化 (Albedo.)	赤化 (Rubedo.)	黑化 (Nigredo.)
神圣之地 (Supercceleftia.)	天堂 (Coelum.)	云 (Nubes.)	土 (Terra.)
永恒的光 (Lux perpetua.)	日出 (Meridiana.)	黄昏 (Crepufculum.)	黑暗 (Tenebraenoaurnae.)
火（Ignis.）	气（Acr.）	水（Aqua.）	土（Terra.）

来源：*Deus sons lucis est, & Angelus primae lucis speculum; secundum speculum, homo* – Athanasius Kircher, Epichirema V (1645), p. 924.[1]

三

清晨之时，如果人们从地球上太阳照露出地平线的区域向太阳飞去，就会有对光与影之间互补关系的不同评价。柏拉图在创作"洞穴寓言"之前，可能看过那些亚洲的皮影戏表演，其或许在古希腊已经作为一种文化技术实践而闻名。至少这是我倾向的媒介考古学的猜测之一，因为哲学家对于这种投影灵活性的详细描述，在某些地方读起来就像是这种表演的说明手册。当遇到人为制造的光线时，三维物体投射的阴影在这种文化技术实践中具有与西方哲学相对立的意义，是享受、沉思、劝诫、宗教仪式的对象，有时甚至会成为恐惧的对象。

---

[1] 上帝是光的起因，天使是第一道光的形象；第二个形象是人。

然而最重要的是渴望。据说中国的皮影戏可能起源于西汉时期（大约公元前206年—公元24年）。与普林尼所写的绘画起源的神话类似，皮影戏起源的传说与一个悲伤的爱情故事有关。汉武帝最宠爱的妃子死后，一个叫李少翁的术士在夜晚的黑暗中展开一块白布，让一名女子在后面跳舞，在火光的照耀下，这女子人物的影像看起来与那位已逝的爱妃十分相似[1]。

自古以来，关于昼夜和明暗变化交替的时间计算知识不叫日光学（Heliologie或Heliologik），而称为"日晷学（Gnomonik）"。这个名字的意义就是垂直夯入土地的权杖或建造数米高的方尖塔，以便能在自己所在的平地上显示出时间的流逝。日晷是自然的太阳光和刻度上需要读取的抽象测量结果之间的人造"运动员"。影杆在日晷的投影中起着媒介的作用。

中国自然哲学的早期经典文本之一《墨子》中，也明确提到了光学现象。（这本书）以墨家创始人墨子的名字命名，作于公元前5世纪末至公元前3世纪中叶。《墨子》由许多不同主题组成，主要是与世界观相关的主题。这部作品被认为是与儒家学说相抗衡的早期思想体系[2]。在其极度浓缩的内文中，只有8篇是专门讨论光学的，但是却很有影响力。

即使从表面上看，对这些内容的解读也揭示出一幅不可思议的景象。"kuang"（光）这一语言符号仅在几处出现，而"ying"（影）的符号则在所有8篇中都有所呈现，而且在每篇中都出现了不止一次。南森·席文（Nathan Sivin）对中国古代光学的研究与西蒙对欧洲古代视觉和光学概念的调查一样具有划时代的意义，不过，他在文章中夸大了这种分布的

---

[1] Hier entnommen aus Clara B. Wilpert, *Schattentheater* (Hamburg, 1973), S. 59; 关于中国皮影戏在近代的历史及其多样的文化意义，参见：Fan Pen Li Chen, *Chinese Shadow Theatre. History, Popular Religion, and Women Warriors* (Montreal, 2007).

[2] 参见：Angus Charles Graham, *Later Mohist Logic, Ethics and Science* (Honkong, 1978)，其中还包含了对现存文本的细致的英文翻译。

意义:"墨家的光学主要是研究影子的。"[1]

与可见的物理学有关的第一项内容同样以一种非常特殊的方式赞美了阴影,认为它是"积极的"。这就涉及阴影是否可以自己移动的问题。《墨子》主张,"影子不会移动",并宣传影子是在当下创造出来的,且不断地更新。这一观点造成了轰动,但文本在后续进行了解释:"光到达的地方,影子就消失了",反之,"影子出现的地方,光就消失了"[2]。光落在影子上的那一刻,影子就被摧毁,不复存在。例如,可以远远看见鸟在太阳前飞过时的影子,这是一个从光中夺取的新影子,而它又只存在于一瞬间。

第二项关于光学的内容涉及由两个光源照亮物体所产生的叠影现象。之后的内容则简明扼要地解释了投影物体的颠倒、平面镜、凸面镜和凹面镜的使用,以及影像的大小与光源的周长和距离的关系。

根据许多现代学者的说法,这些物理学的论断极有可能是从带有一个人工装置的实验中得出的,光学史上称之为"暗箱(camera obscura)"。南森·席文对这一结论持保留态度,因为他认为个别定理不够精确,无法确凿地得出这一结论。然而,《墨子》中表述的清晰程度远远超过了亚里士多德含糊不清的叙述。在欧洲,亚里士多德被认为是这种光学现象研究仪器的发明者。在亚里士多德看来,"暗箱"绝不是制造出来的。他对落在树叶、滤网或双手交织的手指上光线的观察,只(是)被美化为他知道它们的光学效应或试图亲自描述它们。此外,这些观察并不是他哲学作品的重点,而是存在于物理学的混合内容当中[3]。

---

[1] 主要是指席文和葛瑞汉(A. C. Graham)所写的《墨家光学的系统方法》(*Systematic Approach to the Mohist Optics*)(约公元前300年)一书中的文字,参见:Nathan Sivin, Shigeru Nakayama, *Chinese Science* (Cambridge, MA 1993), S. 105–152. 引用了第113页。

[2] 这三段话都是简短的引语。参见:Nathan Sivin, Shigeru Nakayama, *Chinese Science* (Cambridge, MA 1993), S. 105–152. 引用了第116页。

[3] Aristoteles, *Problemata physica*, trans. Hellmuth Flasshar, in Aristoteles, *Werke*, vol. 19 (Darmstadt: Wissenschaftliche Buchgesellschaft 1975) bes. S.140–141.

毫无疑问，从中国知识传统的角度来看，早在意大利文艺复兴之前，与影子现象有关的观察就已经达到了非常精确的程度，这主要得益于博学家和杰出的天文学家沈括（1031—1095）的研究。沈括来自钱塘县，今杭州，浙江省省会，也是中国美术学院的所在地。沈括在1086年所著的《梦溪笔谈》中谈及现代光学中所谓的"焦点"，即投影的物体和投影表面之间的精确中心。沈括利用技术手段描述了它的视物功能，并以飞鸟或云彩等令人印象深刻又极为美丽的示例做了图示说明，它们的影子已经在后来墨家经典的内容解释中有所呈现[1]。因此，他毫无疑问是"暗箱"的发明者之一。

另一位伟大的博学家和光学研究者伊本·海什木（Ibnal-Haytham）与沈括生活在同一时代。他来自有太阳经过并到达其极点的地区——巴格达，并在埃及开罗工作了大半辈子。同时他也热衷观察地球生命的两个天体光源，太阳和月亮。此外，他还将1005年前积累的光学知识具体化为其技术对象，一个可以从自然科学方面研究阴影世界的暗室。海什木在11世纪初就写下了他的光学研究著作，甚至比沈括的《梦溪笔谈》还要早几十年。其在本系列丛书的第三本中起了重要的作用，同时还有其他来自阿拉伯-伊斯兰科学黄金时代的博学家、自然哲学家以及工程师。这个黄金时代，是我们欧洲人长期以来都视为毫无乐趣和科学的中世纪[2]。

四

作为本书的序言，本文还将对视觉感知和光学媒体的谱系进行简短的媒体考古学式的探讨，旨在从一开始就阐述清楚三个概念。这几个概

---

[1] 1975年南森·席文创作的一篇词汇散文部分灵感来源于沈括，后他又将此文章发表在《宋学通讯》（1977年第13期，第31—56页）。

[2] 参见笔者"全球视野下的当代媒介理论"系列丛书分册的《在时空机器中旅行：面向未来的媒介考古》（同济大学出版社，2023）中的《走向"南方现代性学会"》一文。同济大学出版社出版。

念支持了我数十年来的教学和研究，对我意义重大。

（1）从共时性角度来看，思考媒介意味着一贯的横向思维。20世纪在世界范围内出现的媒介现象学，是从多种不同的观察角度产生的。自然科学、工程科学、哲学、建筑学、诗歌、语言学、信息学、设计、音乐和视觉艺术的各种论述交织在一起，形成了一个以技术通信为核心的闪闪发光的新研究领域。基于"媒介研究（Medienwissenschaft）"建立起类似于自己的"学科"（对我这个学术自由主义者而言，这是一个可怕的词）之前，存在着一个不同学科思想冒险的异质多样性，这些学科从理论和实践上探索着这个新领域。我的教学和研究孜孜不倦地致力于维护多样性的逻辑，同时还将其投射到未来的可能性空间。

（2）从历时性角度来看，先进的媒介思维则意味着始终长吸一口气，沉浸在技术、艺术与科学之间的复杂关系的发展中。每当我们认为已经追溯到媒介现象的起源时，就会发现，这只是进一步进入其可能起源的时间深处的机会。我与杰出的天体物理学家一起，试图寻找一个起源，在我们的案例中是媒介"大爆炸"，但这毫无意义而言。时间没有起点，也没有终点。除了人类的交流之外，在多维宇宙的历史长河中还有无数种的交流形式。宇宙和交流几乎是同义词。只有当我们不断地将所定义的起点看作是进一步寻找的通道时，寻找起源才不会成为一个圈套。

（3）在历时性和共时性的联系中，媒介思维意味着在"联系"中运作。我们越是深入研究我们的研究对象，就越能清楚地知道，世界上不同的知识文化，一如既往，不仅是相互渗透的，而且彼此之间也有着紧密的联系，超越了宗教、世界观和种族起源。6世纪至7世纪，贡迪沙普尔学院（波斯语——فرهنگستانگندیشاپور）已经是当时名副其实的世界知识大熔炉。以它为榜样的智慧之家（阿拉伯语——دارالحكمة）建于9世纪的巴格达。来自不同国家的穆斯林、基督教和犹太教学者在这里联合起来，共同发展了早期友好的研究网络，旨在创造知识的协作和兼容模式。

我用"主题深度和方法多样性"这两个词概括了对未来媒介研究和教学的要求。这两种认识论方面的结合,也是我自2013年以来与不同的媒介思想家和策划者进行公开对话的出发点[1]。在一个历史节点上,从媒介产生的、与媒介和通过媒介的不同思考又即将凝结成一个"媒介研究"集群,这些对话不仅有助于我们弄清不同的专业起源,而且还有助于发展未来媒介研究的最大开放性。

媒介思维基本上还是通过语言来阐述的,特别是当它成为理论的时候。这就是为什么在重建项目中,我没有采用经典的历史概念,而是采用了谱系概念的深层原因。这一概念本质上是由德国哲学家弗里德里希·尼采(Friedrich Nietzsche)提出,并由法国历史学家和哲学家米歇尔·福柯进一步改为一种战术概念的。特雷西·斯特朗(Tracy Strong)在她关于尼采的著名作品中写道:"谱系学……并不寻求以及描述那些现象学认为是世界的'事物',相反,它勾勒出事物成为事实的方式。"对尼采而言,存在无非是"变化"和"成长"。因此,他"试图找出一个散落的世界究竟是如何组织(合)起来并成为一整个世界的"[2]。

福柯是位写作大师,他有效地让我们意识到,我们所认为的"我们的"文明来自何处,我们为何以及如何将自己发展为如此强大的欧洲主体。他设法以这样的方式提出问题,使我们在写作过程中能够同时批判性地审视那些通常被称为历史的东西。在福柯看来,尼采的谱系概念使我们有可能把发展理解为错综复杂的、必然通往歧途和绝境的道路。福柯在其著作中论述了"关于权力的处置方法",他在书中把谱系学理解为"试图把历史的认识方式从统治中解放出来",并把它们创造性地、偶尔

---

[1] 目前,我正在与声音研究者、音乐家和作曲家F·M·埃因海特(FM Einheit)一起讨论,撰写一部工作传记,计划于2023年由莱比锡的Spector公司出版。

[2] Tracy B. Strong, *Friedrich Nietzsche and the Politics of Transfiguration*, S. 52

颠覆性地发挥出来,"反对理论统一的、形式和科学论述的约束"。作为一种观察过去存在的特殊方法,谱系学预设了一种多角度的观察和多语言的书写。

五

我在首次为"媒介思维的谱系"项目选择对话者时就已经清楚,国家的态度——比如目前在美国话语中提出的"德国媒介学派"(deutsche Medienwissenschaft)——是毫无意义的,并且会导致地区性的错误。第二次世界大战后,国际上语言学和符号学的转变在控制论之后就已经开始了,并受到了意大利和法国思想家的强烈影响。弗里德里希·基特勒学派在后来致力于所谓的技术性先验,推动了俄罗斯第一批先锋电影制作人和电影理论家的产生,并在20世纪60年代末70年代初的法国电影理论中作为一种装置启发式的思想建构得到了发展。这同样适用于西格蒙德·弗洛伊德(Sigmund Freud)的精神分析,尤其是雅克·拉康的精神分析,深刻影响了各种媒介认知理论。技术和文化之间的关系是相互依存的,这种思维由伯明翰大学的英国文化主义流派雷蒙·威廉斯(Raymond Williams)、斯蒂芬·希斯(Stephen Heath)、斯图亚特·霍尔(Stuart Hall)等提出。

如果说有什么是类似于德国特有的媒介思维传统,那么其命运就是直接与德国法西斯主义联系在一起。马克斯·霍克海默(Max Horkheimer)、西奥多·阿多诺(Theodor W. Adorno)、瓦尔特·本雅明(Walter Benjamin)、赫伯特·马尔库塞(Herbert Marcuse)、西格弗里德·克拉考尔(Siegfried Kracauer)以及其他许多批判理论的代表人物,都因为是犹太裔的马克思主义者而被赶出他们的思想故乡。这些人在媒介研究方面最重要的著作,如《启蒙辩证法》(*Dialektik der Aufklärung*, 1944)、

《机械复制时代的艺术作品》(*Das Kunstwerk im Zeitalter seiner technischen Reproduzierbarkeit*, 1935/36)、《单向度的人》(*Der eindimensionale Mensch*, 1964)等,都是在德国纳粹的暴政和发达的美国文化产业的影响下,于流亡过程中创作的。他们往往被德国过去30年的媒介思想家所忽视,甚至歧视。

"媒介思维的谱系"的项目初衷就是以期启发世界其他地区展开类似的对话,从而长期产生一种"世界性媒介知识(mondiales Medienwissen)"——作为一种应用和决定性的联系诗学。因此,我非常感谢同济大学出版社将首批17个对话翻译成中文并进行出版。如果这本书能够启发对中国媒介思维谱系的思考,我将感到非常高兴。

西格弗里德·齐林斯基

2022年3月于柏林

编者的话

"'思想的运动,物体与身体的运动,根本不存在什么死去不动的东西。'大家如何理解运动、动力学、人机关系中的动态时空?" 2012年10月24日,这个问题拉开了柏林艺术大学召开的媒介思维谱系学论坛第一场讨论的序幕。应西格弗里德·齐林斯基的邀请,德国卡尔斯鲁厄艺术与媒体中心(ZKM)主任、艺术家、理论家、策展人彼得·魏贝尔(Peter Weibel)参加了此次活动。他作为首位发言嘉宾,开启了一场系列谈话。在其后的两年多时间里,齐林斯基与挑选出来的各类"媒介思维"代表展开了讨论。齐林斯基在活动一开始便引述了魏贝尔1989年出版的《领土与科技》(*Territorium und Technik*)一书中的章节,还引出了论坛一再触及的媒介思维主题,即戈特霍尔德·埃夫莱姆·莱辛(Gotthold Ephraim Lessing)早在1766年就曾联系诗歌论述过的媒介过程的时间性问题。

本书收录的对话探讨了不同媒介学说对上述主题的研究成果,或者更宽泛地来讲,该书总结了德语地区的大学与艺术院校就媒介思维所做的相关思考。当然,所收录的内容对议题的探究尚不完全,仍无最终定论。这场讨论局限于欧洲视角,也必然有其主观导向。本书以齐林斯基提出的问题为主线,补充了多方评论,并附上了一张参考书目清单。我们尝试通过重构讨论,将个体叙述有机地串联起来。这些论述充分展现了最早一批媒介学研究(尤其是德国的媒介研究)的特点。项目的成果填补了研究的空白:这一系列面向公众开放的对话活动旨在厘清大学及当代实验室在过去几十年间媒介思维的研究情况。媒介思维谱系学论坛致力于为这类特殊的文化思维方式勾勒出历史发展框架。项目从一开始就十分注重跨学科性。为此,对话活动邀请了不同行业背景的嘉宾。参与本书编写的团队包括学者、艺术家和设计师，这种组合也充分体现了跨学科的原则。

本书以谱系学调查的方式，对媒介的分析性思考发问。这是一种不寻求术语定义的探索方法。我们梳理了学术界和艺术界近几十年间对媒介概念定义的历史演变，明确了这些解释提出的背景条件与影响意义。这种研究方法并不属于概念发展史或思想史的方法范畴。其研究的目的不在于达成共识，也不寻求统一性或完整性，而旨在描摹20世纪中叶以来"媒介思维"范畴内逐步规范化和制度化的内涵。书中收录的对话内容并没有跌跌撞撞地画出一个完满的圆圈（福柯），而是在追溯历史发展脉络之前，首先对对话主题本身提出了质疑。

在德语地区（及以外的地方），媒介的概念与关于媒介的讨论可追溯到多种多样的学说源头。在媒介研究的历史长河中，我们能找到哲学、自然科学、唯灵论、魔幻学、社会学、心理学、经济学、艺术学、技术科学等多支讨论脉络。它们在媒介思维中交汇，编织成一张密集的认识论之网。因为这张网的存在，媒介这一概念如今被用来解释世间万象。媒介的概念被置于更为广阔的谱系关联中，成为探索世界的先验地，化身为内容、装置、机器、技术工艺品的通道，从而也成为了主客体之间、身体与精神之间、被分离或被认为分离之物——但需形成关联——之间的共价及构成性的中间物。

媒介概念总体上表现出一种模糊性。凭借这种模糊性，语言、符号、技术和身体所表达的知识结合在了一起。从20世纪中叶开始，对媒介概念的解释形成了一种内部共鸣，传播学和语言学、认知心理学和控制论方法在这种共鸣中孕育出早期的德语媒介学。媒介概念旨在用跨学科的手段打开这个世界。这一允诺也反映在众多的历史哲学叙事中，叙事者中既有纯理论的乌托邦预言家，也有悲观的反乌托邦谏言者。新型传播媒介具有预测未来和打破传统的潜力。这一点体现在贝托尔特·布莱希特（Bertolt Brecht）和年轻时代的汉斯·马格努斯·恩岑斯贝格尔（Hans Magnus Enzensberger）身上。麦克卢汉主义（巴布鲁克 [Barbrook]）早期的加利福尼亚意识形态中也有突出的表现。20世纪八九十年代，蓬勃发展的西方信息社会催生出一系列的"新媒体（Neue Medien）"。与此同时，这类叙事沾染了弥赛亚式[1]的喃喃低语的论战色调。最为知名的莫过于让·鲍德里亚（Jean Baudrillard）、保罗·维里利奥（Paul Virilio）和威廉·弗卢塞尔的论战。媒介哲学中的多个分支学科与讨论汇成了一首彼此应和的赋格曲。现如今，各类媒介已成为关键能力与经济要素，并经历了全面的系统化（齐林斯基）。然而，那个将媒介概念视为解释世界的阿基米德支点，在一定程度上将其作为超验参照物的时代似乎已经远去。在规范化的过程中，媒介概念不仅变得愈发不可捉摸，其颠覆性、跨边界的活力也有所衰减。现在，我们有必要弄明白，关于媒介的各种理论究竟是在何种条件下提出的，其结构又如何。如此一来，我们或许能找到现有的各类学说所蕴含的潜质，从而拓展未来的可能空间。未来的媒介应当发挥更大的作用，不能因循守旧地只充当现状的维系者。在话语空间里，媒介概念应揭示总体性世界认知与特定个体现象之间存在的内在矛盾，再造富有成效的联系。

媒介思维谱系学研究旨在探寻媒介分析思考的源头与目标，在系统化和稳定化的过程之外，探寻变体、偏差和多重性。我们并非要为围绕媒介展开的思考设立新的主题，而是要追踪借助媒介和依据媒介进行思考的痕迹（齐林斯基）。这些媒介相关理论有助于我们了解制度化和系统化话语之外出现的思想湍流。而这类思想湍流并非发生在制度化的中心，而是在其颠覆性的边缘。

该项目的德英双语网站刊载了媒介思维谱系学论坛的各类消息，汇集

---

[1] 译者注：弥赛亚是基督宗教术语"受膏者"，常指"大祭司""以色列的王""圣者"或"救世主耶稣"，意指受上帝指派，来拯救世人的救世主。

了论坛嘉宾个人档案馆与齐林斯基档案馆的许多数字资料。这些文献无疑提供了大量的研究素材。齐林斯基在项目结束后仍在源源不断地充实资料库。从《韦尔托事项的修订》("Revision in Sachen Wertow")到《文化产业的发展水平》("Entwicklungsniveau der Kulturindustrie"),再到《计算机仿真认识论》("Epistemologie der Computersimulation"),该门户网站提供了翔实的内容与信息。

本书德文首版的出版机构为柏林卡德摩斯文化出版社(Kulturverlag Kadmos)。为了方便翻译,我们对篇幅较长的德语文稿做了删减,以加强篇章的连贯性。本书主要以欧洲视野为出发点,重点探讨了德语地区关于媒介思维的讨论与学说起源。当然,这些论述和学术源头又与欧洲国家的讨论(如法国和英国的电影理论)息息相关。中文版的问世为感兴趣的中国读者提供了解上述发展情况的契机。我们真诚地希望,书中的见解能与中国读者的研究领域或中国思想史的发展形成有机的关联,擦出思想的火花。

本书的诞生是全体参与人员精诚合作的成果。我们要特别感谢参与本书创作、编辑和制作的作者、编辑、摄影师、技术人员,以及负责录音与语音转写的工作人员:阿妮塔·阿克曼(Anita Ackermann)、史蒂夫·伯格曼(Steve Bergmann)、安娜·贝基尔希(Anna Beykirch)、菲利普·布雷辛斯基(Philip Bresinsky)、丹尼斯·布鲁克(Denise Brucker)、菲利帕·科代罗(Filipa Cordeiro)、诺埃米·西波隆(Noemi Cipollone)、卡琳·德克纳(Karin Deckner)、埃琳娜·德拉塞加(Elena Dellasega)、杰拉尔德·迪森(Gerald Dissen)、朱莉娅·埃伯特(Julia Ebert)、马里乌斯·福尔斯特(Marius Förster)、埃克哈德·菲鲁斯(Eckhard Fürlus)、劳拉·格拉诺(Lara Granow)、康斯坦丁-丹尼尔·亨施(Konstantin-Daniel Haensch)、丽莎·赫舍尔(Lisa Heschel)、克莱门斯·雅恩(Clemens Jahn)、劳拉·马特斯(Laura Mattes)、玛丽亚·梅尔梅耶(Maria

Meermeier)、琳娜·迈纳斯(Linnéa Meiners)、莫诺·科洛姆(MONO KROM)、克里斯汀·莫勒林(Kristin Moellering)、英格尔·奈克(Inger Neick)、玛丽亚-伊丽莎白·尼比乌斯(Maria-Elisabeth Niebius)、阿内塔·帕涅克(Aneta Panek)、卡塔琳娜·帕普克(Katharina Papke)、马蒂亚斯·保罗(Mathias Paul)、克里斯蒂娜·保斯蒂安(Kristina Paustian)、塞巴斯蒂安·普拉塞克(Sebastian Prassek)、罗伯特·普鲁斯(Robert Preusse)、斯蒂芬妮·劳(Stefanie Rau)、卡洛塔·里希特(Carlotta Richter)、斯特凡·罗莫(Stefan Römer)、尤利娅·施密特(Julia Schmidt)、丹尼尔·希格(Daniel Sigge)、朱利安·斯潘(Julian Spaan)、托尔本·斯蒂勒(Thorben Stieler)、埃莉萨·斯托雷利(Elisa Storelli)、莱昂·斯特劳赫(Leon Strauch)、萨拉-约翰娜·托伊雷尔(Sarah-Johanna Theurer)、菲利普·托格尔(Philipp Tögel)、柳德米拉·沃罗帕伊(Lioudmila Voropai)、伊娃·扎尼森(Eva Zahneißen)。感谢德语版的校对人员：弗朗西斯科·戈麦斯(Francisco Gomes)、马里奥·戈麦斯(Mário Gomes)、芭芭拉·雅恩(Barbara Jahn)、克莱门斯·雅恩、阿妮塔·约里(Anita Jóri)、弗朗西斯卡·拉特尔(Franziska Latell)、斯蒂芬妮·劳。同样也要鸣谢本书的中文校译者王鑫、钱玲燕、王颖吉及其团队，包括：李凌燕、张昱辰、丁凡、张艳、徐静怡、王楠、童安堃、张笑语、林秀婷、彭薇薇、孙文慧、沈佳俊、杨红静、张筱、林靓、董勤文。

衷心感谢柏林艺术大学(Universität der Künste Berlin)、吕讷堡大学(Leuphana Universität Lüneburg)、德国卡尔斯鲁厄艺术与媒体中心的同事们，他们在论坛组织与图书德文版的编撰方面给予了大力支持。在此，我们还要感谢同济大学的同仁李麟学、王鑫等。在他们的帮助下，本书中文版得以问世，由同济大学出版社出版。

最后，我们还要感谢参与论坛的各位嘉宾，是他们激荡人心的媒介思维成就了眼前的这本书。

这里要特别鸣谢西格弗里德·齐林斯基教授。感谢他就举办系列活动的提议，感谢他为筹备和组织座谈所投入的大量精力，感谢他数年来在项目上坚持不懈的执着精神，感谢他在同济大学担任客座教授期间促成了本书中文版的出版。

我们谨以此书献给托马斯·埃尔塞瑟（Thomas Elsaesser，1943—2019）。他在2012年11月21日召开的媒介思维谱系学论坛上的发言至今仍是系列谈话的最大亮点。

丹尼尔·伊尔冈
弗洛里安·哈德勒
2022年4月于柏林

目录

丛书总序　　万物皆媒时代的媒介思维风暴　　　　　　　李麟学　　Ⅰ
中文版序　　论媒介的谱系——光与影的简短艺术　西格弗里德·齐林斯基　Ⅵ
编者的话　　　　　　　　　　　　　　　　　　　　　　　　　　ⅩⅧ

01　弗里德里希·克尼利 / FRIEDRICH KNILLI　　　　　　　　001
　　"媒介会老化，而主体不会。"

02　汉斯·贝尔廷 / HANS BELTING
　　"图像是漂泊的媒介。"　　　　　　　　　　　　　　　　　023

03　彼得·魏贝尔 / PETER WEIBEL
　　"媒介概念是机器的延伸，同时也是从材料到数据的进一步发展。"　053

04　瓦莉·艾丝波特 / VALIE EXPORT
　　"这次跳跃，我的跳跃，缝合了房间敞开的伤口——在这里录像，　091
　　在那里回放。"

05　奥托·伊·罗斯勒 / OTTO E. RÖSSLER
　　"没有机器可以测量'现在'。"　　　　　　　　　　　　　119

06　托马斯·埃尔塞瑟 / THOMAS ELSAESSER
　　"人们会感觉到，电影实际上是20世纪的艺术，所有其他的艺　153
　　术和哲学都在电影中找到了归宿。"

07　汉斯-约格·莱茵伯格 / HANS-JÖRG RHEINBERGER　　　183
"……将未来看作一个开放的存在，没有具体的指向，而是改变现有的状态。"

08　鲍里斯·格罗伊斯 / BORIS GROYS　　　217
"人类比机器更早地成为机器。"

09　西皮尔·克莱默尔 / SYBILLE KRÄMER　　　249
"它是隐藏在濒死信使之传说中的超前于时代的媒介理论。"

10　汉斯·乌尔里希·雷克 / HANS ULRICH RECK　　　281
"明确的媒介思维是出于工作室和实验室的需要而产生的，而不是源自大学。"

11　哈特穆特·温克勒 / HARTMUT WINKLER　　　315
"计算机是一种特殊的媒介，它与其他媒介共存，且必须与它们产生联系。"

12　伊丽莎白·冯·萨姆索诺 / ELISABETH VON SAMSONOW　　　347
"与自20世纪80年代以来关于计算机的媒介理论相比，基督论简直微不足道。"

13　沃尔夫冈·恩斯特 / WOLFGANG ERNST　　　375
"换句话说，我们生活在当下和档案的同时性中：档案成为当下的工作记忆。"

14　基尔特·洛文克 / GEERT LOVINK　　　411
"如果乌托邦存在的话，一定存在于小型的、分布式单元格中。"

15　亨宁·施密德根 / HENNING SCHMIDGEN　　　435
　　"他们不是要控制变量,而是致力于培养体验的多样性,或者说是培养体验的不同变化形式。"

16　尼尔斯·罗勒 / NILS RÖLLER　　　467
　　"有趣的是,'中间'作为一种充满可能性的空间,介于两个极端之间,位于被追捧的偶像之间。'中间'是不同于绝对性的相对存在。"

17　克劳斯·皮亚斯 / CLAUS PIAS　　　501
　　"在我看来,这似乎是关于控制论的矛盾之处:在去人类学化的同时,赞美一种新的人文主义。"

讨论

媒介思维中的两个基本哲学主题　　　536
　安娜·贝基尔希 / ANNA BEYKIRCH
符号学的死胡同?　　　540
　诺埃米·西波隆 / NOEMI CIPOLLONE
拿着鞭子的基特勒　　　544
　马里奥·戈麦斯 / MÁRIO GOMES
(被)触摸,(被)放映——论瓦莉·艾丝波特《触摸影院》中的触摸　　　554
　克里斯汀·莫勒林 / KRISTIN MOELLERING
海洋和空气——人类在(技术)自然中定位自身的隐喻　　　563
　莱昂·施特劳赫 / LEON STRAUCH
独一无二的物理学:奥托·伊·罗斯勒的缩影　　　573
　西格弗里德·齐林斯基 / SIEGFRIED ZIELINSKI

参考文献　　　580
索引　　　627

弗里德里希·克尼利 / FRIEDRICH KNILLI 01
"媒介会老化，而主体不会。"

西格弗里德·齐林斯基（以下简称SZ）
弗里德里希·克尼利（以下简称FK）

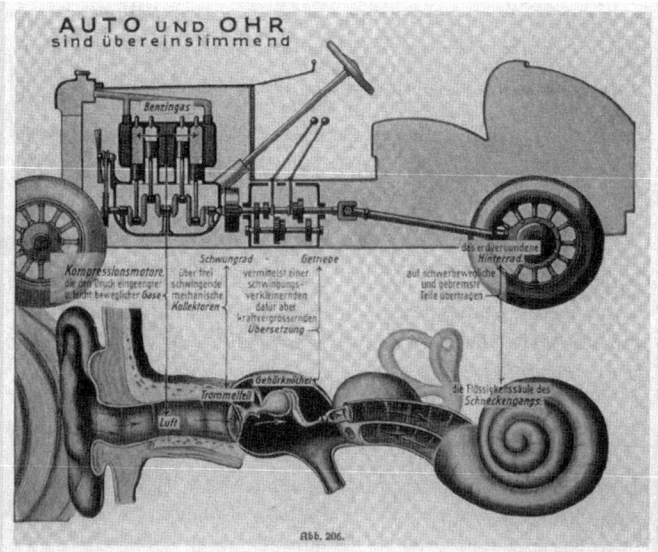

«... unsere allererste Aufgabe besteht darin, uns mit der wunderbaren Maschine zu befassen, die uns so nah ist, dem menschlichen Organismus. Diese Maschine hat eine üppige Mechanik, Automatik und schnelle Schaltung ... Der menschliche Organismus hat einen Motor, ein Getriebe, Stoßdämpfer, vollkommene Bremsen, sensible Regulatoren, sogar Manometer ... Es muß eine Spezialwissenschaft geben, die Biomechanik, die unter ausgesuchten Laboratoriumsbedingungen kultiviert werden kann ...» (Text: Gastev 1923, 245, Bild: Kahn, Bd. 4, 1929)

来源：Siegfried Zielinski, *Archäologie der Medien. Zur Tiefenzeit des technischen Hörens und Sehens* (Reinbek bei Hamburg: Rowohlt, 2002), S. 290.

15 　　　我从小就喜欢玩弄切削和木匠的工具，唱片机对我来说就像铁床，剪裁台就像圆锯。我在使用的过程中要学习不伤害自己，也不破坏工具。这些设备从工具媒介的意义上对我来说都不新奇，媒介让我感到新奇的是阅读、听觉和视觉都有内在生命，而且你还能够谈论它们。受过教育的母亲和儿子常常做这些活动。但我的母亲和祖母没有这种内在生命，因为她们没有受过教育。[1]

　　从20世纪50年代起，弗里德里希·克尼利就一直致力于通过独特的媒介唯物主义来塑造我们的感官和思想。在探索媒介的象征性特征和诗意潜能之前或同时，他主要从媒介的物理存在和人的生理特征来理解媒介。例如，在克尼利位于柏林恩斯特路透广场（Ernst-Reuter-Platz）附近的柏林工业大学的研讨会和实验室里，我了解到，真实的声音、语言或者音乐能够在录音机上以不同的速度加速或者拉伸，就像在光学剪辑台上对16～35 mm的胶片进行蒙太奇处理一样，又或者像一个人在实时录影中一直以不同面貌闪现。

　　20世纪80年代初，在柏林工业大学成立第一个媒介学系的十年之后，克尼利的理念得到了发展。他成立了一个技术文档工作组。工作组的任务是学习精确地理解设备、工具和机器，编写准确的操作手册或者完善现有手册。这项特殊创意的实践对象是简单的技术工具，如电动剃须刀或厨房器具。我还清楚记得参观美国当局在第二次世界大战后建立的柏林美国占领区广播电台（RIAS）的经历。一个巨大的房间被标准A4文件夹存放的文本、图表和图纸塞得满满的，直到天花板。我们没有能力完成重新设计这本巨型手册的任务。我们从西门子公司于1984年在半专业市场上推出的第一款Unix电脑软件（Sinix）入手，这款软件可用于

---

[1] 弗里德里希·克尼利于2015年7月11日凌晨3：15，在与齐林斯基谈话后，写给主编的E-mail摘录。

教秘书们使用数字机器进行写作和管理。我们成功地重新编写了该软件的使用手册。

当德国既有的语言学、艺术和戏剧研究以及古典人文学科还很难将媒介反思作为严肃的思考方式时,有一个学院就把对人工制品的深入理解及其创造性使用的可能性作为媒介批判实践研究的基本前提,能在这样的学院学习是一种莫大的荣幸。媒介制作与媒介思考之间存在着密切的、非同小可的相互关系。

弗里德里希·克尼利是一名专业的工程师、科班出身的心理学家和充满激情的作家。他最初接触的主要媒介是广播[1]。他在广播电台进行实验研究和节目制作过程中,结识了赫尔穆特·海森布特尔(Helmut Heissenbüttel)等人。瓦尔特·霍勒雷尔(Walter Höllerer)于1962年将他带到新成立的技术时代语言研究所,该研究所与柏林文学学术讨论会合作密切。克尼利是在奥斯瓦尔德·维纳(Oswald Wiener)、格拉德·吕姆(Gerhard Rühm)、恩斯特·扬德尔(Ernst Jandl)还有弗里德里克·迈洛克尔(Friederike Mayröcker)之前,第二次世界大战后,最早帮助德国和柏林创作界跃入先锋派的奥地利人之一。他的"声音游戏(Schallspiel)"思想后来基本上构成了克劳斯·朔宁(Klaus Schöning)所说的"声学艺术(Ars Acoustica)",在德国60年代被称为"(电子)声学艺术"。

霍勒雷尔是一位诗人、文学教授和诗歌传播者。克尼利很快就在他的学院里开辟了自由发挥的空间,在那里他可以尝试和发展自己的媒介批评研究和教学理念。在格拉茨,他学到了"做自己的事"的重要性。他与埃尔文·雷斯(Erwin Reiss)、克努特·希克西尔(Knut Hickethier)一起培养了第二代媒介研究者,并与他们一起撰写了电影和电视分析导

---

[1] 他的论文《听众想象中的广播剧》(*Das Hörspiel in der Vorstellung der Hörer*)(Graz, 1959)的标题、提要和前言是他第一部专著《广播剧》(*Das Hörspiel*)(Stuttgart, 1961)的基础。

论[1],发表了对电视剧、新闻节目、广告、色情片和意大利西部片的分析文章[2],建立了在德国尚属新生事物的电影符号学[3]。

数十年间,这一新的学术领域的行动和活力突飞猛进,逐渐形成了媒体研究学科。20世纪70年代初,柏林工业大学成为德国唯一一所学生不仅可以学习传媒本科专业,还可以攻读该专业硕士和博士学位的学校,再往后甚至还可以获得特许任教资格。1982年,柏林工业大学学术委员会和柏林科学管理局批准了一项新的主修学位课程,将媒介研究和"媒介咨询"应用领域紧密相连。20世纪90年代,该学位课程逐渐陷入了后统一时代的漩涡。奇怪的是,统一后重新焕发活力的东德各省的一些大学却在庆祝一个新的学术领域的诞生,他们也称其为"媒介研究"。

2015年春夏之交,我开始与克尼利就其媒介思维和表演的发展进行对话(他的媒介作品曾多次获奖)。我们谈话的地方是他的公寓的厨房餐桌边,与公共论坛不同,这里完全没有观众,只有数字录音设备的机械见证。在本文所记录的对话节选中,我们重点关注的是这位柏林媒介研究创始人的早期学术阶段。

我们试图重现他是如何思考广播的,以及媒介对他来说是如何成为感性认知的按摩器的。对于柏林工业大学的学生来说,某位加拿大媒介评论界的流行巨星并没有什么特别的吸引力——我们有自己的麦克卢汉,他与瓦尔特·本雅明(Walter Benjamin)、批判理论、历史辩证唯物主义、西格弗里德·克拉考尔(Siegfried Kracauer)、鲁道夫·阿恩海姆(Rudolf Arnheim)或贝拉·巴拉兹(Béla Balázs)、贝托尔特·布莱希特以及海纳·穆勒(Heiner Müller),都是我们身边的伟人。海纳·穆勒在20世纪

---

1 Friedrich Knilli, Erwin Reiss und Karin Reiss (Zeichnungen), *Einführung in die Film- und Fernsehanalyse. Ein ABC für Zuschauer* (Steinbach 1971).

2 Friedrich Knilli (Hg.), *Die Unterhaltung der deutschen Fernsehfamilie. Ideologiekritische Kurzanalysen von Serien* (München 1971).

3 Friedrich Knilli (Hg.) unter Mitarbeit von Erwin Reiss, *Semiotik des Films. Mit Analysen kommerzieller Pornos und revolutionärer Agitationsfilme* (München 1971).

80年代还多次来恩斯特路透广场拜访过我们。

FK：1959年7月，我向斐迪南·魏汉德尔（Ferdinand Weinhandl）提交了关于广播剧[1]的论文。自从我在图宾根萌生了"广播剧中究竟发生了什么"的想法后，他是第一个同意我撰写心理学论文的人。我在奥地利广播公司建立了各种关系，并采用魏汉德尔发明的系统实验自我观察法来研究这个问题。所谓"系统"，是指要有计划地，而不是随意地自我观察。而"实验"的意思是，你要请别人来做。因此，这是一种神秘的练习，一种内在观察的实践。

SZ：你刚才提到的实验定义令人振奋。弗朗西斯·培根（Francis Bacon）也有过类似的描述，他好像在17世纪初的《新工具论》（*Novum organum scientiarum*）[2]中对实验给出了最简短的定义。他说，实验是一种有意识诱发的体验。而这正是你刚才提出的观点。这是很好的联系。

FK：这些都是我用过的广播剧，例如弗利茨·哈贝克（Fritz Habeck）的《河对岸的陌生人》（*Der Fremde jenseits des Flusses*）[3]。这些都是我当时直接从广播公司收到的。这些广播剧是通过录音机播放的。

SZ：所以它们是面向个人的，而不是通过大众媒体。当时听广播剧的有多少人？

FK：最多二三十人。他们坐在一间研讨室里，前面有一台带扩音器的录音机。要知道，当时我只知道广播剧。当我坐在西南广播电台的录音室里聆听广播剧时，我体会到，我根本不关心播放的内容，我认为重要的是我自己的亲身经历。事后我才意识到自己的实际体验：扬声器的距离、力度、压力和低音的深度引发了我的感觉，激活了我肌肉中用于

---

1 Friedrich Knilli, *Das Hörspiel in der Vorstellung der Hörer. Eine experimentalpsychologische Untersuchung*, Dissertation an der Philosophischen Fakultät der Karl-Franzens-Universität zu Graz (Graz 1959).

2 参见：Francis Bacon, *Neues Organ der Wissenschaften*, übers. und hg. von Anton Theobald Brück (Leipzig 1830).

3 Fritz Habeck, *Der Fremde jenseits des Flusses*, Hörspiel (Wien 1956).

身体运动的器官,即所谓的"肌束"。在收听广播时,我突然感到非常放松,类似于跳舞。这种体验很重要。我以前从未亲身经历过产品所带来的感动,以至于我想知道究竟发生了什么。

SZ:类似于后来摇滚乐的情况:唱什么几乎不重要,重要的是身体的体验。

FK:现在回想起来,我意识到广播电台播放出的广播剧,是无法呈现出录音室的体验的。不过,当我用较大的扬声器听广播剧时,我几乎可以体验到在录音室里才能体验到的感觉,因为所有深沉的低音和力度都能体现出来。我还用耳机进行了观察。普通耳机无法做到这一点,但塞进耳朵里的耳机却更加震撼,几乎能营造出一种神秘的体验。

SZ:然后,它们就真的进入了人体。

FK:我后来还发现,听障人士也能用这种方法跳舞。

SZ:我可以想象,因为他们能感受到声音,而且声音会振动。

FK:因为他们能感受到运动和节奏。

SZ:而且某些频率,即低频,根本听不到,只能靠感觉体会。

FK:是的,那时我也意识到这与内容无关,而是像音乐和舞蹈一样,与内心的运动有关。当我在一个装有大型扬声器的房间里播放广播剧时,只能传递出一点点声音。可以说,我们在广播中播出的一切都死了,因为什么都没有传过来。收音机切断了一切,它的传输能量极小,最高约12 000赫兹。因此,很大一部分重要的声音根本听不到或感觉不到。

SZ:电视界有一种奇怪的说法,即"传播"。但是,从家里的小电视机里播出来的东西已经不是传播的东西了。

后来,还有人进行了人造头戴仪器的听觉实验,用这种人造头戴仪器可以创造出一种特殊的四声部音乐。您也做过这样的实验吗?

19　　FK:是的,在柏林做的。这种带栓塞的耳机能够让你一直沉浸其中,这是内在体验最重要的部分。它们紧紧抓住你的身体,仿佛你就在低音大号的旁边。顺便说一句，我当时选择心理学是因为魏汉德尔允许我在那里写论文。但也正是在那里，我学会了与听觉打交道。

SZ：这实际上是一种类似心理生理学的东西，对吗？

FK：没错。魏汉德尔之所以能做到这一点，是因为他师承神秘主义哲学和心理学，格式塔哲学和心理学的创始人克里斯蒂安·冯·艾亨菲尔斯（Christian von Ehrenfels）是他的榜样。格式塔、整体性和结构性之间的区别在于：格式塔包括身体，而结构性和整体性可以说只是抽象的图式。格式塔哲学将媒介、载体和转换都考虑在内，这意味着承载格式塔或图形的是实物。

SZ：那时我还第一次和您一起读雨果·明斯特贝格（Hugo Münsterberg）的作品，您总是向我们推荐他的作品——1916年的《光的游戏》（*Das Lichtspiel*）[1]。这之间有关联吗，克尼利先生？

FK：没有。魏汉德尔在所谓格拉茨学派的传统上进一步发展了自己的哲学和心理学。

我当时的研究、论文，及其写作过程，形成了一部分的基础经验。与试验对象打交道也是一种基础经验来源。这些经验让我发现了两种广播剧：有场景构思的广播剧和有人物构思的广播剧。可以说，这是一种通过分析接收情况而产生的戏剧创作。

如果你细看这篇论文的写作风格，就会发现它写得非常大胆，找不到更大胆的了。当时我已经在为电台写作了，这意味着我实际上是在用一种完全不同的方式写作。但我担心大学无法接受我的大胆风格。

SZ：在我们上次的谈话中，你给我讲了很多令人兴奋的故事，包括你童年在裁缝作坊里的生活，等等。您在童年时期就发现了机器、物件的物理性、人工制品之间的某些关联。如果说童年时期的发现发展成为

---

1 Hugo von Münsterberg, *Das Lichtspiel. Eine psychologische Studie* [1916], hg. von Jörg Schweinitz (Wien 1996).

后来的媒介研究，这样的结论是否过于天真？

FK：我睡在作坊里，在那里做功课，与人交谈。其他时候，我就在小溪边、森林里、田野里或草地上。我遇到我的第一任妻子时，对我来说最重要的是，她向我讲述了她的内心世界。我没有内心世界。我只关心外在：我怎样才能把事情做好？这也是因我长在裁缝作坊受到的影响；另一部分是受做木匠的祖父影响。后来我在西南广播电台学习的那次经历，帮助我快速终结了这种体验。

SZ：我猜到是这样的。当然，声音体验在这里也发挥了作用，比如机器的声音。

FK：我不知道您是否理解"刺"这个词的含义。假如你是一名裁缝，正在制作男士西服。为了要遮掩年长男子的腹部，你需要缝上一些胸垫，将这些垫布用小针加固在衣服里面。这样外表看起来，胸部就会显得大一些。这么一来，你就能体会到什么叫形状制作。又如，刨木头时，用正确的身体姿势架设刨子很重要。这些都是重要的身体体验，而不是知识。

SZ：也可以称作"身体知识"。

FK：是的。训练身体意识对工匠来说至关重要，他已经将这些全部内化于心。对我来说，这就是身体训练。

SZ：所以说，身体就像一个硬盘：它储存着信息。

FK：如果把它翻译成技术术语，当然是这样。如果你去问神经学家和生理学家，你会得到很多答案来解释哪些东西储存在哪里。

在实验中，一些思维敏捷、智力超群的学生立即做出了非常表面和直接的反应，大多是智力上的反应。而魏汉德尔机构里的男女学生则更倾向表达他们能够描述的身体感受。这其实是最重要的一点，即自我观察，例如，会下意识说："啊哈，我的膝盖里有东西。"

SZ：我从他们那里学到的一样最重要的事情就是，要认真对待机械物体。例如，与剪裁台一类的物件建立某种关系。他们还说："拜托，这不是随便的东西，而是有价值的东西，就连机器的杠杆也是有用的。"

FK：这是我小时候看到的对工具的尊重，不是学来的。它本来就是这样的。我只是很惊讶，原来可以用工具来传递信息。

SZ：我的父亲是一位音乐家，一位中提琴演奏家，我从他身上学到的是他与乐器的关系。他对乐器充满了敬意。

FK：是的，就像保养刨床是理所当然的事。对我来说这是常识。就像刨完木头后理所当然要好好地清洁它。凿子、锉刀或缝纫机也是如此。我还曾在一家酒店的细木工房做过很多机械工作。所有这些可能都与我后来从事技术写作有关。因为技术写作的内容是很难描述的，你必须有作为作家的天赋，才能找到合适的词汇，知道怎么开头，怎么完美地结尾。而当我读现在的计算机编程描述时，只能哑然失笑！

SZ：没错，他们没有从我们身上学到任何东西。

剪裁机和缝纫机，它们与您后来从事的媒介研究有着重要的关系。毕竟，这些机器与广播剧、音响或音乐素材制作中使用的机器几乎是一样的。裁剪、缝制这两个概念后来在您的心理学研究中也发挥了重要作用，因为它们与思维在脑子重新组合。这个比喻很恰当。这些和您往年的经历有很大的关联性吧？

FK：您提到的这个关联性，我无法给出定义。因为对我来说，这种术语根本就不存在。我总是说这是同一个世界。我并没有脱离这个世界，我仍然保持着"工匠家庭心态"。我在魏汉德尔和霍勒雷尔身上也发现了这一点：你无法用戏剧来解释和定义世界。你可以在一部剧中非常接近它，但说"19世纪是这样和那样的"就太武断了。说"20世纪是这样和那样的"也是无稽之谈。我只能说，我现在手中正在研究的是这样或那样的东西。我可以解释每一点，就像我可以解释一套西装、一件夹克、一件燕尾服或一件大衣的每一点，为什么它是这样或那样的。然后是它的外形，是优美典雅还是做工粗糙不合身。我就是在这样的手工艺传统中成长起来的，一切都是无意中在影响我，不是我主动选择的。如果没有以往这样的背景，我做事的方式可能会和现在不一样。

SZ：但同时，正如你曾经提到的，你就像一个企业家：你是一个商人，总是要"做你自己的生意"。

FK：是的，这也是其中的一部分。这不是我的建议，而是一种观察。做大事总得有人帮你。光靠自己是不行的。

SZ：美国其实很适合你。你去过那里几次，待过一些时间，感觉很舒服，对吗？

FK：是的，我在那里感到非常舒适。

SZ：因为那里是创业者的天堂。

FK：是的，从加利福尼亚州就可见一斑。

SZ：你第一次去那里是什么时候？

FK：20世纪70年代初。因为没有签证，我们全家入关时，说只在这里待一小段时间，但行李是空的。然后得到雷哈特·勒陶（Reinhard Lettau）和赫伯特·马尔库塞帮助，到了拉荷亚镇。通过他们两人，我在那里结识了很多人脉，并通过利翁·福伊希特万格（Lion Feuchtwanger）和一位图书管理员、共产党员兼犹太人艾莫·弗里德（Emo Fried），与洛杉矶的共产党和左翼运动有了非常密切的联系。

SZ：我想问个问题，布莱希特当时的情况如何？布莱希特曾和您一起学习，我们认为他也非常重要。他在当时起了什么作用？

FK：他的扬名要晚一些。但布莱希特在《林德伯格的飞行》（*Der Lindberghflug*）[1]出版前就已经有了名气。

---

1 布莱希特的音频作品，1929年7月27日在巴登巴登"Deutsche Kammermusik"音乐节首演，并在电台播出。后来以《林德伯格的飞行》和《远洋航行》为名进行了改编。布莱希特在他的广播理论中提到了后者。参见：Bertolt Brecht, Erläuterungen zum "Ozeanflug" [1930], in：ders, Gesammelte Werke 18. Schriften zur Literatur und Kunst /, ed. by Verlag Suhrkamp in collaboration with Elisabeth Hauptmann (Frankfurt am Main 1967), S. 124–127.

他提出的"戏剧在媒介中扮演何种角色"的问题非常重要。其主题主要是确定一个点,所有媒介都从这个点出发或返回,即媒介使用中流动性和固定性的对立。如果你想为当今媒介和数字化的混乱局面带来一些秩序,那么这种主要对比可能会有所帮助。时间也起到一定作用,它的效果在于媒介本身而非所描绘的对象:媒介会老化,而主体不会。

SZ:真是令人兴奋。那么,物理载体也会老化。

FK:正是如此,但这一点却没有展开讨论,因为人们假装我们面对的是一种不老的媒介;这种快节奏可以从越来越短的产品生命周期中看出来。

但是,城堡、足球场或墓地都是具有固定媒介性质的地方。这时,信号理论可再次作为参考,我们可以讨论媒介内的各种信号路径:在复杂的信号网络中,哪些部分被取出、改变,或保持静止,或消失?而这正是时间在媒介中发挥重要作用的地方。

SZ:适当的时间,物理上的适当时间。

FK:媒介自身的时间变化。

SZ:就像布莱希特的作品之于您的意义——《远洋航行》(*Der Ozeanflug*)、《林德伯格的飞行》……

FK:用戏剧的表现方式解决了要处理不同设备的问题。

SZ:在研讨会上,您多次告诉我们,即使从今天的角度看,《远洋航行》也同样引人入胜——当时已经在进行这种广播实验了。实验方式为:三个人坐在广播室演奏,一个人在家里拉小提琴加入,完成四重奏。

FK:没错。这也是关键所在:有一个中心,一个你不断返回的准非移动部分的媒介中心,你可以从所有可能的角落进入这个中心。

SZ:因此,该中心可以被理解为当地的一个中心。

FK:是的,就是在你身边的媒介。例如,舞台就是当地的媒介,演员就是当前的媒介。当他去世时,你可以说:"他躺在这个坟墓里。"放他的电影此时毫无价值。他躺着的坟墓才最重要。舞台也很重要，有人站在那里表演，大家会说："看，他就站在那里。"

SZ：但这并不意味着可以用一个称之为气场的术语来形容，对吗？

FK：哦，上帝啊，完全没有关系！

SZ：是的，没有关系。这指的是"hic et nunc（此时此地）"吗？

FK：是的，用"hic et nunc"来表述是正确的。

SZ：[笑]但是没有了距离感。本雅明的气场可以将不在场的东西吸引进来。

FK：关于"hic et nunc"一词……某个物体的时间变化只发生在"hic et nunc"中，而不是别的情况中。这里指的是另一个时间。我们面对的是两个时间。这种时间性的理论概念也适用于我们技术时代语言研究所的设备。它们在"hic et nunc"中有着特殊的存在。媒介内的时间和与媒介有明显联系的时间，这是两个不同的时间概念。令人兴奋的是，媒介的衰减时间实际上比所描绘的物体的衰减时间要短得多。

SZ：因此，作为物理载体的媒介正在迅速消亡。

FK：是的，正如我们看到几乎没有VHS录像带播放了……

SZ：顺便提一下，我们在卡尔斯鲁厄艺术与媒体中心建立了一个陈旧视频系统实验室。那里现在大约有80台机器，但全部都不兼容。

FK：[笑]而这正是设备的特征，即"hic et nunc"，它只是一个设备。我们要想想看，如何才能让"hic et nunc"变得更加语言化和概念化。对你来说，这可能太哲学化了。但这其实是问题的关键所在。本雅明并没有说得那么清楚。你还必须考虑以下几点：一个载体是由几个单独的部分组成的。所有这些单独的部分都有特定的功能，但只有终端部分具有作为媒介的标记功能。在此之前，各个部分只具有信号功能和载体功能。如果去掉一个单独的部分，最终结果发生了变化。这时你就知道这个单独的信号对信息的实际价值了。

SZ：您论文扉页上的听力通道图片让我想到弗里茨·卡恩（Fritz Kahn）在1922至1931年间的一系列著作。他在这个系列著作中撰写了五卷本的《人类生理学》（Das Leben des Menschen），其中他将耳朵与汽车部件等进行了比较[1]。

但我还是想回来谈谈布莱希特。1973年，我到您这里来，我记得很清楚，我们和您在一起重新解读了布莱希特。当然，我在学校时就已经认识他了，而且我对戏剧也很感兴趣，这就是为什么我在马尔堡的第一个学期就非常了解他的原因。但后来你又补充了两项我对他的认识：一是《远洋航行》及其背景，比如演出；另一项和美国有关——重读《三重门审判》（Der Dreigroschenprozess）[2]，我们和您一起学习了这本书。您用您的语言将著名的拆解生产方式描绘为建设生产方式。您认为，文化产品的产生也可以自下而上，从市场角度来解读。您就像一位社会科学家。您说，也可以这样生产出文化产品。这是一个非常吸引人的故事，因为我们相信——至少我们相信——我们最终可以把资本主义和社会主义结合在一起。[笑]一方面是资本主义经济，另一方面是我们的意识形态和理想主义思想。

布莱希特在《三重门审判》中将这种社会经济学视角称为社会学实验，这对我在您那里的学习极为重要。我们从您那里学到了对资本主义生产的尖锐分析。但另一方面，这种分析也是可以逆转的。您还可以利用这种分析来创造新的东西。我们就是这样做的：我们开展我们的项目，学会找出所需要的东西，并学会把这些东西组合在一起，让人们能够用它们做些什么。这对我来说是一种非常布莱希特式的思想。我以前并没有意识到这一点，而是在您那里学习期间读到和学习到的。我和您一起做的事情，总是非常愉快：一方面批判资本主义，另一方面学会让资本

---

1 Fritz Kahn, *Das Leben des Menschen*, Bde. I–V (Stuttgart 1922, 1924, 1926, 1929, 1931).
2 Bertolt Brecht, *Der Dreigroschenprozess. Ein soziologisches Experiment* [1931], in: ders., Gesammelte Werke 18, S. 139–209.

主义为我们所用,并说"我们也可以用它为我们做些什么;不把它只看作是致命的悲哀,我们不必因此麻痹,无动于衷"。

FK:如果你站在代表资本主义"本质"的立场上去理解资本主义,那么你实际上就知道如何将资本主义为自己所用,因为你可以——就像摆弄机器的部件一样——对其进行改造。你可以去掉一个元素,把它放在其他地方,从而带来变化。这也是布莱希特思想的一部分。可以说,他的工作方式就像一位机械工程师。他总是有一些零件,一会儿用在这里,一会儿用在那里,而且总能恰如其分。但他又不像一个工匠,他更像一个工厂主。

SZ:他对自己工厂的内部运作了如指掌。

FK:是的,他是组织生产过程的人。而手工匠对单个产品过于执着。

SZ:在此框架下,您还一再向我们提到维利·明岑贝格(Willi Münzenberg),他秉承共产主义传统,试图建立一个类似于媒介集团的组织。他是一个什么样的人物?

FK:不得不说,布莱希特和福伊希特万格都是独行侠。最后(在流亡美国期间),福伊希特万格不再与德国共产党有任何关系,我们只能从他的演出中看到他和共产党的关联。可以说,他和托马斯·曼(Thomas Mann)等人都是移民大军的一员。布莱希特在那里的生活一如既往地拮据,而福伊希特万格则养尊处优地住在一栋别墅里。明岑贝格更像是一个收藏家,他把左翼舞台上的各种人物聚集到一起。但是,他在与头脑灵活的布莱希特和福伊希特万格的对抗中显得过于软弱。尽管如此,他还是为市场带来了很多作品,例如《工人画像报》(*Arbeiter-Illustrierte-Zeitung*)[1]。

---

[1] 1921年,明岑贝格在柏林创办了《俄国苏维埃画报》(*Sowjetrußland im Bild*),1924年更名为《工人画像报》(*Arbeiter-Illustrierte-Zeitung*)。1933年被查禁后,该报一直在布拉格出版,直到1938年停刊。(参见:*Arbeiter-Illustrierte-Zeitung*(AIZ). Eine Illustrierte übt Widerstand aus dem Exil, auf: http://kuenste-im-exil.de/KIE/Content/DE/Themen/aiz.html)。

SZ：工人广播运动对我们来说一直是个重大的话题，我们对此进行了很多研究，就是现在所说的媒介考古学。对我们年轻人来说，那是相当遥远的历史：第一次世界大战、20世纪20年代。当时，您在《德国广播》(*Deutsche Lautsprecher*)[1]上撰写了一篇关于工人广播运动的文章。是什么吸引了你？也是出于手工艺方面的背景吗？

FK：我只是觉得不用花费太多就可以完成无线电广播制作，是件很有趣的事情。而且只需要使用非专业设备，还相对便宜。

SZ：你当时所说的这种简单性最有说服力的例子是布痕瓦尔德集中营（Buchenwald）。集中营里的人用少量的一些部件就制作出了发射器，为他们的解放作出了贡献。这在当时给我留下了深刻印象。我还记得您当时向我们推荐的那本书的书名：《穿越死亡栅栏的信号》(*Signale durch den Todeszaun*)[2]。

FK：没错。但工人广播运动的关键点实际上是同事关系、广播员之间的团结以及与特定听众之间的团结。技术设备部分反而不重要。当广播业开始使用小型接收机时，这场运动就消失了。就像现在的数字网络一样：如果某个地方建立了数字网络——私人的、业余的、左翼的、右翼的，某些公司就会加入其中，并从中渔利。那时的情况也是如此。一个想法和相对容易获得的设备让一切成为可能，但随后却被商业扼杀了。

由于官僚主义横行，工人运动失去了发展的动力和活力，开始排斥那些可能致力于改变世界的人。因为突然之间，一切都像旅行社或百货商店一样运作。突然间，有个伙伴说："80%的人都很穷。"但当你问他想为此做些什么时，他只是简单地回答："我该怎么做？我只是个雇员。"也就是说，参与度非常低。

1　Friedrich Knilli, *Deutsche Lautsprecher / Versuche zu einer Semiotik des Radios* (Stuttgart 1970).
2　Hans-Joachim Hartung, *Signale durch den Todeszaun* (Berlin 1975).

无独有偶，在当前的数字化进程中也可以看到类似的趋势。要想尖锐地攻击这股新的数字化媒介产品浪潮及其原理，需要时间和策略。不能只是在产品的层面批评，而是要抓住那些不断推出一个又一个产品并声称自己是新产品的公司。我们缺乏基于科学的、简单而尖锐的批评。购买没有错，所以不应对购买进行批评，而是应该去揭露产品。

记录整理：克里斯汀·莫勒林、莱昂·施特劳赫

从装置层面思考：
回忆弗里德里希·克尼利在柏林工业大学的那些年

柏林是一个先锋城市，曾位于社会主义和资本主义交界处。弗里德里希·克尼利是生活在这个城市的奥地利人，也是学术圈精明无畏的怪咖，还是一位先驱者，他的发现突破了其母校原有研究并引发轰动。但他同时也是同行中公认的异类，这些同行仍然专心于自己的日耳曼语言文学[1]研究，不过也在其他趋势下，即关于"技术时代的语言"的研究，将日耳曼语言文学研究从学术的重压下解放出来，并走上新的道路。

他是一个来自弗兰肯省的学生，在柏林自由大学忍受了几个学期令人痛苦的、古老且仍留有第三帝国痕迹的日耳曼语言文学研究之后，最终在同学的怂恿之下跳脱出来。为什么不去柏林工业大学呢，去找霍勒雷尔教授，自己做点什么，还可以拍电影，一切都会更自在。那是（20世纪）60年代中期，他听从了内心的呼唤，先成为柏林工业大学一名旁听生，然后登记入学，终于能够松口气了。他还遇到了柏林工业大学的校长，从校长那里体验到了自己从未感受过的对知识的渴望。即使是一个关于德国电影股份公司（DEFA）电影的研讨会，也让他开启新世界的大门，并摆脱了旧的观影习惯。而关于"海外"舶来品——修辞手法的研究，与讨论另一个德语国家的祸福相比也显得过时了。

媒介，作为一个装置搭建出的现实，我们必须探索它对于传播"信息"的影响。但同时符号体，作为基础审美工具拥有自己的语言规则，与文字平等，甚至可以否定文字。这不仅是理论，还可以在实践中检验，例如通过录制设备、投影仪，以及斯汀贝克公司（Steenbeck）设计的剪

---

[1] 译者注：日耳曼语言文学（Germanistik）是研究德语语言文学的专业学科，通常包括德国语言学和德国文学两个研究领域。

辑工作台。研讨室变成了实验室。学生们在这里待到深夜，制作剪辑片段（Schnittprotokolle），展开讨论（当然也会讨论其他事情），把自己从电影情节带来的情感禁锢中解放出来，并赢得超越单纯学习的主权。大家每次离开这个如家般舒适的"实验室"，都是不情愿的，但又不得不离开，毕竟他们还要去楼下的大阶梯教室参加学生会议，去体验震撼世界的越南大会[1]。实验室里的讨论和工作甚至还在继续，学生们新获得的批判性思维不会被打断。

这里弥漫着的另一种氛围也吸引着学生们。这种精神既体现在不轻视文学经典，又关注当代文化，比如通俗文学或广告，并赋予一种可以对此进行研究分析的尊严。此外，还有声音、图像和设备的媒介。弗里德里希·克尼利走出象牙塔，走进公共生活。那时，他正沿着研究所所长霍勒雷尔教授已经铺设但仍在建设的道路上前进：他在万湖举办了国际知名的文学讨论会，出版了杂志《技术时代的语言》(*Sprache im Technischen Zeitalter*)，最重要的是与国际作家和电影人齐聚一堂的系列活动，早已成为备受关注的电视节目。

克尼利在柏林任职以前，就已经凭借广播剧（一种有声书）在整个广播界中引起轰动，那时的世界仍然与语言紧密相连。他并没有局限于图书，而是探索通常被忽略的平凡而日常的媒介空间：如性和犯罪、家庭影视剧、电视采访，如维尔纳·霍费尔（Werner Höfer）的"全球早午酒餐（Internationaler Frühschoppen）"，以及他的"远程论客（Tele-Eristik）"节目、革命宣传影片、早期社会主义者的节目、《共产党宣言》、工人戏剧，甚至还有因自身资源短缺而从自由丹麦购买的色情影片。

克尼利在探索这些媒介空间时，将分析与批判相结合，这种批判超

---

[1] 作者注：这里指的是反对战争的一个大型会议。1965—1975年美国政府参加了这场战争。反对战争的集会第一次也是最大的一次发生在1968年柏林工业大学的Auditorium-Maximum（最大的会议室）。从1968年到1975年战争结束期间，又有几次反战会议，主要是由学生组织，有数千人参加。

越了个别现象,包括播放以意识形态为基础的公共广播电视台的节目,并将其与商业电影业进行对比,如当时非常流行的意大利式西部片。与此同时,人们已经学会了阅读图像,确定文字与图像的关系,以及破译它们偶尔存在的内在信息,同时,将注意力转向"具体的言语事件",而不是高度扣人心弦的文学写作。此外,人们也很乐意借用其他学科,例如语言学,即语言心理学家卡尔·布勒(Karl Bühler)、符号学家罗兰·巴特(Roland Barthes)和翁贝托·埃科(Umberto Eco)的理论,又或是批判理论,如瓦尔特·本雅明的而非马歇尔·麦克卢汉(Marshall McLuhan)的。克尼利虽然接受这些批判理论,但并不总是赞同。这些都有助于将"意识形态"以一种纯粹的思想建构落到经验鲜明的实处,反之,也有助于质疑手工艺品虚假的审美绝对性。

在冷战时期,公然煽动的特性渗入隐蔽的"资产阶级"意识形态当中,就像左翼运动表现出的那样。对此可以研究影视作品和文献资料中的党派性,这种党派性在其符号特征中(如文字和图像关系)独立于现有的政治信念。回顾谢尔盖·爱森斯坦(Sergei Eisenstein)和德西加·韦尔托(Dsiga Wertow)的图像语言很重要。从荷兰人尤里斯·伊文思(Joris Ivens)到阿根廷人费尔南多·索拉纳斯(Fernando Solanas),再到民主德国的纪录片导演瓦尔特·海诺夫斯基(Walter Heynowski)和格哈德·舒曼(Gerhard Scheumann),直到当代电影代表人物,研究他们的影视作品可以发现,煽动这一行为可以将自己与政治上声名狼藉的形象分割,形成独有形态,因而可以作为可靠的观察对象。

当然,在德国工人运动中也可以发现很多东西,这弥补了过往研究的不足。在一个关于纲领和宣言的研讨会上,《共产党宣言》的修辞策略激发了许多善于分析者的洞察力。而对早期工人运动中的文学和艺术创作的研究也有了全新突破:20世纪20年代和30年代的工人无线电广播运动（Arbeiter-Radio-Bewegung）正是电子大众传媒领域追求民主化的一个示例，还有近一个世纪前，印在党报上的长短篇小说以及通常在党代会上表演的工人戏剧。研讨会之后紧接着是一个出版项目，《1847—1918年早期德国工人戏剧》（*Frühes Deutsches Arbeitertheater 1847-1918*）于1970年在东西德同时出版，民主德国的日耳曼学者乌苏拉·明乔（Ursula Münchow）也因此获奖。由此，弗里德里希·克尼利通过北德意志广播电台首次成功踏入了他曾经强烈抨击的公共广播电视台领域（因为在这里，他如今也有了拥护其个人"事业"的人），制作了电影《起来，社会主义者，团结起来！》（*Auf, Sozialisten, schließt die Reihen!*）。电影重新演绎了一些场景，并由包括学生克尼利在内的"场外观众"对其信息和现实性进行评论。尽管该片的角色明显是个局外人，但一年后这部影片获得了阿道夫·格里姆奖（Adolf-Grimme-Preis）。克尼利后来以其对讽刺性夸张的独特偏好，对此称道："他们在北德意志广播电台歌唱'为社会主义者干杯！'而在这个国家，人们却向社会主义者开枪。"

一切归于公正，公正不受傲慢学术的桎梏。还有一种"媒介物质主义"，把每一个思想世界都还原为具体形象。克尼利在他的一本关于工人戏剧的书的序言中问道："这是低级文学还是底层文学？"并把其视为研究对象。这项研究标志着开始对"日常的"被批判的低级小说流派和其他文化产业产品的关注。

除此之外，他与学生们相处融洽，平等相待，并把他们当作自己的盟友，让他们加入自己的出版项目。《德国电视家庭的娱乐》（*Die Unterhaltung der deutschen Fernsehfamilie*）一书的贡献在于，其毫无疑问遵循了编辑在序言中所提出的"德国电视家庭的娱乐与强硬的政治相关，而非仅仅是一个'甜蜜的家'"。许多无害的电影镜头和蒙太奇剪辑背后隐藏着一种普遍的意识形态，即顺从性的行为准则。这里也呈现了更广的知识领域，可以溯回资产阶级幻象形成的漫长历史。（顺带一提，这种情况在如今的电视节目中仍有保留）。

先是有一个秘密小团体在做这方面的工作，很快就有外部的人加入。一些来自柏林德国电影电视学院（DFFB）的学生们，他们由于不服从命令刚刚被开除学籍，在此找到了庇护所，他们的革命电影语言也引起了人们的广泛关注。他们的作品在其他地方被视为"具有煽动性"或立刻被查抄，其中包括一部出自霍尔格·梅因斯（Holger Meins）的电影，他本人因参加英国皇家空军（RAF）而被通缉，这部电影在霍勒雷尔的刊物上以范本分析的形式得到了学院保护并引起共鸣，同时得到了宣传。后来有了摄像机和录音机，精神世界在主题和空间上都得以扩大。从研究中形成的实践项目，完全融入了那些年的乐观主义精神中，有时也超出了研讨室的范畴。其中一个项目是与城市南部刚刚兴建的大规模住房区的居民合作，通过电影作品让居民了解自己的处境。

从实践中产生的见解，无论是讨论课形式的还是非大学形式的，都会向更广泛的公众传播，包括专业人士和对电影制片技术感兴趣的人。诸如《电影符号学》（*Semiotik des Films*）一书中，如爱森斯坦、帕索里尼（Pasolini）、翁贝托·埃科和肯·诺尔顿（Kenneth Knowlton）等行业大师与学生们聚集在一起，这些学生们有幸首次被公众学术的伟大世界接受。在这里，多样化的媒介技术也作为"面向观众的ABC"来传播，这句话出自《影视分析入门》（*Einführung in die Film- und Fernsehanalyse*）的副标题——克尼利与他的学生埃尔文·雷斯（现在是他的助手）在1971年共同出版了这本书。

这位昔日的学生仍然记得弗里德里希·克尼利的爽朗笑声：一种属于知识分子的、常常是嘲弄般的笑声，这种笑声建立在生活的辩证法之上。一切都不像表面看起来的那样。甚至法伊特·哈伦（Veit Harlan）反犹太主义的劣质品《犹太人苏斯》(*Jud Süss*)也不例外，其真实信息遭到了质疑，并通过分析其电影策略和效果被揭示。又或者美国电视剧《大屠杀》(*Holocaust*)，它并不是简单的"庸俗"，而是激起了德国各地的观众表现出对于集体主义思想和精神的矛盾性。在这个不再依附文学而是"媒介学"的地方所获得的见解，也可能会对学生往后的职业产生影响。因此，一门主修课程（即媒介咨询）诞生了，随后几年展开了对犹太人主题、对媒介形态的反犹太主义的研究。不过这是克尼利学术生涯的下一个阶段了。当年的学生只浅显地参与其中。

克里斯蒂安·多伊奇曼（Christian Deutschmann）
2022年2月于柏林

汉斯·贝尔廷 / HANS BELTING
"图像是漂泊的媒介。"

西格弗里德·齐林斯基（以下简称SZ）
汉斯·贝尔廷（以下简称HB）

摄影：史蒂夫·伯格曼（Steve Bergmann）

SZ：众所周知，教师可以分为两类：一类是公共机构指定给我们的，另一类则是生活赋予我们的。站在受赠者的角度，公开谈论生活对我们的馈赠并不是一件易事。

数十年来，汉斯·贝尔廷一直是最受尊敬，也是最受争议的艺术理论家和艺术史学家之一。他获得过许多重要的荣誉，包括法国科学和艺术"功勋勋章（Pour le Mérite）"。在欧洲知识界，几乎没有比这更高的荣誉了。因此，以下关于他的褒奖则显得不值一提：作为一位充满激情的教师，他在德国海德堡[1]、慕尼黑[2]和卡尔斯鲁厄[3]的大学工作过，但又先后从这些学府离开；他在多所高校担任客座教授，包括剑桥的哈佛大学、纽约的哥伦比亚大学或巴黎的法兰西公学院等精英大学。

汉斯·贝尔廷不仅是一位具有原创精神的思想家，还是一位慷慨的艺术研究领域学者。对他来说，他所观察和描述的每一幅图像似乎都具有一种独一无二的气质。贝尔廷对每一幅图像作品准确而细腻的感知，使他自己成为专业领域内少数受到杰出艺术家们高度尊重的人之一，他也是少数远远超出学界的有限范围而受到关注与争议的艺术专家之一。在我看来，这主要是因为：对他来说，无论多么有价值，艺术首先不是可以登记、分类、收藏和归档的对象，而是具有生命的、生成中的事物，是对其解读存在争议的、引人入胜的文化实践的对象。艺术不应该被理解为教条或准则，而是一种挑战，是一种思想上的探险。艺术的审美现象被理解为意象，完全是本雅明意义上的[4]。

1　海德堡大学（1969—1980）。

2　慕尼黑路德维希-马克西米利安大学（1980—1992）。

3　卡尔斯鲁厄国立设计学院（1992—2002）。

4　译者注：此处指瓦尔特·本雅明，德国哲学家、文化评论家和散文家。"在本雅明的视域中，意象乃是指可以直接彰显理念的方式。具体而言，即：① 表象的力量大于本质；② 譬喻的力量大于象征。在这样一种思维图式中，本雅明试图将一种曾为康德发展又被压抑的'图式论'从确定性中拯救出来。"（引自清华大学教授夏莹，《本雅明的思维图式及其救赎政治》，http://www.dp.ecnu.edu.cn/98/3f/c9473a366655/page.htm）比如在《拱廊街计划》中，本雅明利用拼接和素描，制造密集的表象来表现彼时的现代生活。

通过《图像与崇拜》（*Bild und Kult*）[1]，汉斯·贝尔廷确立了自己作为知识分子的地位，对他来说，视觉艺术与其创造和接受的社会和个人条件、利用方式的相互作用发挥着至关重要的作用。我这么说吧，对汉斯·贝尔廷而言，真理永远不仅可以在图像中找到，同时也存在于图像之前和图像之后，也就是存在于程序被计算、解释的力量支配，上帝的骰子被掷出的地方。不像其他同行，汉斯·贝尔廷致力于研究难以消除的伪像和对其用途的狂热崇拜之间的相互关系。他最初研究的重点是中世纪，尤其是拜占庭时期的绘画，以及他称之为油画发明的时期，即15世纪。

20世纪90年代初，他在卡尔斯鲁厄国立设计学院（HfG）担任理论教授一职，以此进一步证明自己作为图像理论家在艺术界的独特能力，该学院与卡尔斯鲁厄艺术与媒体中心同时成立。在这里，他通过技术图像对艺术创作和艺术感知的延伸反思作出了重大贡献，并且更加明确了自己作为艺术与媒体理论家的身份定位。从图像到视觉和强调人类学视角的艺术史的范式转变，基本上是在这个时候以及在这样的背景下发生的。这一时期其研究实践的核心是2001年的《图像人类学》（*Bild-Anthropologie*）[2]，即后来汉斯·贝尔廷的博士生项目"图像—身体—媒介"的重点。从2000年至2009年，该项目培养了众多年轻的研究者，包括一些活跃在这里，也就是柏林艺术大学的人，比如罗兰德·迈尔（Roland Meyer）。

在卡尔斯鲁厄任教之后，汉斯·贝尔廷受邀指导位于维也纳的国际文化学研究中心（IFK）的工作，他于2004至2008年在此处任职。在汉斯·贝尔廷的领导下，2007年IFK召开了大会，他则汇编出版了《图

1　Hans Belting, *Bild und Kult. Eine Geschichte des Bildes vor dem Zeitalter der Kunst* (Munich 1990).
2　Hans Belting, *Bild-Anthropologie. Entwürfe für eine Bildwissenschaft* (Munich 2001).

像问题》(*Bilderfragen*)¹。该书完全是对当时仍是新生事物的图像科学的研究，也收录了戈特弗里德·波姆（Gottfried Böhm）和 W.J.T. 米切尔（W.J.T. Mitchell）具有传奇色彩的往来书信。

近年来，汉斯·贝尔廷有效推动了世界范围内对艺术的反思。于他而言，对艺术的跨界思考一直很重要，但通过"全球艺术与美术馆（Global Art and the Museum）"²项目，汉斯·贝尔廷与安德烈亚·巴登西格（Andrea Buddensieg）和来自全世界许多地区的同事们一起，对当代艺术世界的形成和现状，以及它们彼此之间的关系进行了系统化的研究。这一项目迄今已进行了7年，出版了三本文集，孕育了大规模的展览，其文献资料的部分在位于巴黎广场的艺术学院可以寻见³。与此相关的出版物《全球当代与新艺术世界的崛起》(*The Global Contemporary and the Rise of New Art Worlds*)由麻省理工学院出版社出版，几乎是新鲜出炉。

对于众多的项目而言，我所介绍的还仅是其中的一小部分，近年来，图像理论家汉斯·贝尔廷独立完成多本专著，这些作品——我说得婉转一点儿——一再挑衅、偶尔也会激怒他的"同业公会"，或是引起他们的强烈不满。例如《佛罗伦萨和巴格达》(*Florenz und Bagdad*)这本关于东西方视角交流的书⁴，已经被译成多种语言，对于在艺术理论和艺术史中逐渐淡化欧洲中心主义的狭隘观念起到了重要作用。那还是2008年的事情。2009年出版的《透过"杜尚的门"》(*Der Blick hinter Duchamps Tür*)⁵也是一部设计得很漂亮的作品，书中介绍了马塞尔·杜尚（Marcel

---

1 Hans Belting (Hg.), *Bilderfragen. Die Bildwissenschaften im Aufbruch* (Munich 2007).
2 „Global Art and the Museum"，汉斯·贝尔廷和彼得·魏贝尔倡议的展览项目，2006年至今。（译者注：该段对话中谈及的时间均是相对于访谈的时间而言。）
3 "Nothing to declare? – Weltkarten der Kunst nach '89", Ausstellung an der Akademie der Künste, Berlin, 01.02.–26.05.2013.
4 Hans Belting, *Florenz und Bagdad. Eine westöstliche Geschichte des Blicks* (Munich 2008).
5 Hans Belting, *Der Blick hinter Duchamps Tür. Kunst und Perspektive bei Duchamp. Sugimoto. Jeff Wall* (Köln 2009).

Duchamp)、杉本博司（Hiroshi Sugimoto）和杰夫·沃尔（Jeff Wall）的艺术和透视。米歇尔·福柯曾说过此类作品美丽的特点："我的书应该像工具箱一样有用"[1]，这句话也非常适用于汉斯·贝尔廷的书。这部阐述透视之外的作品与福柯的精神不谋而合。汉斯·贝尔廷在前言中写到，借助这本书，人们可以学习思考如何以这样一种方式运用透视，使其"针对隐含的意义来调度"[2]。

他最新的作品，也许是最漂亮的一本，目前正在所有平台上发行，并且已经收到了许多评论，即2013年面世的《脸的历史》（Faces. Eine Geschichte des Gesichts）[3]。在书中，汉斯·贝尔廷"不耻下问"，尝试谈论一段两千年的历史，一个两千年的失败：如何真实地呈现人的形象。我们将会谈到这本书中一些相关的内容。

亲爱的汉斯，现在开始提问。有些问题是准备好的，有些我可能会先跳过，然后我们尝试以一种即兴的方式来一起思考和讨论。我想把第一个问题与一个观点联系起来，我觉得这对我们的媒介思维谱系有着特殊的重要性。就我们对现实生活可能做出的体悟而言，以线性方式撰写的传记通常会错过现实生活的动态。您最初不是艺术理论家或艺术史学家，后来又成为媒体理论家或媒体历史学家。对我来说，您从一开始就是一位有媒介思维，对时间有着深刻把握的艺术理论家。图像的概念，正如您早在《图像与崇拜》中提出，又于十五年后在《真实的图像》（Das echte Bild）[4]中所发展的那样，在我看来，它从最初就与媒介和媒介

---

[1] 字面意思："我所有的书，无论是《疯癫与文明》还是现在这本，如果您愿意的话，它们都是小小的工具箱。如果人们想把它们打开，想把这个或那个句子，这个或那个想法或是分析当成螺丝刀，去使权力系统短路、拆除或是炸毁，其中也许还包括出现在我书中的权力系统——好吧，那就更好了"。引自Michel Foucault, *Mikrophysik der Macht: Über Strafjustiz, Psychiatrie und Medizin* (Berlin 1976), S.53.

[2] Hans Belting, *Der Blick hinter Duchamps Tür. Kunst und Perspektive bei Duchamp. Sugimoto. Jeff Wall* (Köln 2009)

[3] Hans Belting, *Faces. Eine Geschichte des Gesichts* (Munich 2013).

[4] Hans Belting, *Das echte Bild. Bildfragen als Glaubensfragen* (Munich 2005).

理论话语有着明显的联系：图像带给人们的错觉是通向现实的窗户，就像媒介理论中关于电视屏幕的讨论，图像所建构的真实，与它看似要指出的真实并不完全等同；实际所指物逐渐偏离了它指向的现实。从一开始，您就将您的艺术理论当成对媒介的思考，这样的看法有问题吗？

HB：没有。女士们，先生们，晚上好。我很荣幸，同时也很高兴，我与西格弗里德·齐林斯基多年来的对话现在已经进入公众视野，并获得了一些关注。这让我有些不适应，因为写书是一回事儿，谈论书和书里的内容又是另一回事儿。

我认为西格弗里德·齐林斯基在《媒介考古学》中赋予了媒介这个概念新的维度[1]。我非常喜欢这本书。这个概念在您提到的书里也有一定意义；毕竟在我原本学习的专业——艺术史中，谈论"图像"本就有些不寻常。我的同行都在谈论"艺术品"。而"图像"的范围和维度则更广。图书的副标题是"艺术时代之前的图像史"，人们可能会说：哎呀，这究竟是什么？艺术时代？难道艺术不是自石器时代起就一直存在吗？那么什么是艺术时代？对我而言，艺术时代是指文艺复兴时期、近代早期，也就是艺术理论建立起来、第一批艺术收藏品诞生的时代。从本雅明的角度来理解，图像的历史要古老得多。就图像而言，它当然不仅仅是内心的画面和想象，而是一个对象，一个被人们崇拜的对象。可以说，它有一种存在感，这就是为什么我的这本书，也是我最畅销的书，它的英文版叫作《相似与在场》(*Likeness and Presence*)[2]。人们老是提到这本书，好像我从那时起就什么事也不做似的。"相似"与"在场"对我来说很重要。"相似"，人们所崇拜的这些图像与谁相似？还有"在场"，作为

1　参见：Siegfried Zielinski, *Deep Time of the Media. Toward an Archaeology of Hearing and Seeing by Technical Means* (Cambridge, MA 2008); 原版：*Archäologie der Medien. Zur Tiefenzeit des technischen Hörens und Sehens* (Reinbek bei Hamburg 2002).

2　Hans Belting, *Likeness and Presence: History of the Image Before the Era of Art* (Chicago 1994) (译者注：德文版即 *Bild und Kult*)。

艺术的对象，它们以何种方式在场，或者它们声称以什么方式在场？本雅明将展览史与崇拜史作了区分。崇拜的对象需要一个媒介，以使其所展示的人在场，可以说，这里已经构成了媒介的概念。它根本无法添加，也不是由艺术建立，而是由对象的特征和处理这种图像的实践建立的。我的美国老师说："天呐！那是什么意思？在艺术时代之前？真是太糟糕了！"而现在，人们对文艺复兴时期、近代早期的图像进行了大量的整理工作，重新审视人们的宗教需求和实践，而我在第20章写到，如果只通过艺术来理解图像，那么图像就会陷入无意义的境地。

SZ：用我自己的话来说，我理解的有些许不同，是在艺术之前、在图像成为艺术之前的时代和图像成为艺术的时代。这样的说法诱导人们思考，是不是还有个艺术之后，或是图像成为艺术之后的时代。比如我认为这本有关透视的书就很好地对这三个时代进行了论证。

HB：大家可能认为图像的艺术并不会也不需要成为我们今天谈话的中心。但是它对西格弗里德·齐林斯基研究中的主体部分却很重要，因为图像的艺术反过来又引发了一种新的发展，即科学图像。科学图像也许并不会因为图像成为艺术而早早出现，成为主流。这与过去正好相反，在17世纪，除了艺术图像，人们也需要具有科学意义的图像。这是一种推动力，也促进了科学图像及其媒介的发展，如绘画和印刷等。正如在近代早期，不仅诞生了古登堡（Gutenberg）印刷术，还出现了木刻和铜版画。当然，所有这些复制媒介改变了图像的特点，也改变了艺术的概念。

SZ：是否可以这样说，由于无限可复制和人工生成的图像不再需要现实中的参照物，我们现在可能处在一个可以被称为"后艺术时代"的时代？

HB：是的，西格弗里德，问题始终是："我们是谁？"在世界其他地方，可能完全是另一番景象。这可能是刚刚出现在艺术概念中的一种新情况，但这是完全可以想象的。长期以来，问题一直是：高级还是低级？您对严肃音乐和流行音乐都很熟悉。艺术代表高级文化，然后是庸俗文化，大众文化，大众传媒。艺术本身逆转、反映和再现了这一点，也以一种彻底的、有时是批判性的方式反映了大众传媒，使得艺术与非艺术之间这种古老而美丽的区别变得值得怀疑。将这两个领域加以区分和联系起来并非不言自明。必须重新对其进行论证，而在很长一段时间里，这似乎是合理的。这是一些固定的区域：这是艺术，那是其他。

SZ：我非常感兴趣的是，前艺术时代图像蕴含在宗教当中，那么在图像存在的地方，谁会取代宗教？当我们进入到现在和有可能的未来时，那个位置上又会是什么？在我们的文明史上，宗教所代表的这股力量到底是什么？有什么东西能够与之相提并论？

HB：这很难说，因为这个问题尚无定论。我认为自己是一个与我所观察到的事物不合的人。有人会气愤地插话，比如："您对此怎么看？"我会回答："世界历史没有要求我，但我可以看到它是如何变化的。"当然，在近代早期，宗教是一个非常重要的问题。您只要想想加尔文（Calvin）、路德（Luther）和其他人就知道了，他们在禁止教堂图像的同时也开放了艺术收藏。如今，大众传媒自然是以完全不同的方式回答着"什么是崇拜？什么是图像崇拜？"的问题。宗教肯定不再是图像媒介性发展的载体。

SZ：有一个被提出过多次的论点很有说服力，就是简单地用技术取代宗教。许多人已经这样做了，或许我们稍后再讨论这个问题。我想中间步骤仍然是有意义的，我们依次进行。

在《图像与崇拜》和后续作品《真实的图像》之后，您提到2001年出版的《图像人类学》也参与构成了您的博士生讲座项目和贯穿21世纪第一个十年的项目。就我的阅读而言，《图像人类学》大力呼吁打破艺术史中经典主题的界限，要求在身体和媒介的应力场内，研究图像在不同表现形式中的历时结构。首先是一个关于这一背景的艺术史的问题：在这本书里，您具体是如何努力实现阿比·瓦堡（Aby Warburg）把艺术史当作比较文化学的设想的？这是否是支撑人类学工作的一个有意而为的目标？至少，你们在试图不断打破图像作为艺术品的概念，使其朝着各种不同的方向发展，并使其具有完全不同的思考方式。

HB：也许是这样。也许我自己都没有意识到这一点，至少这并不是我写这本书的动力。或者可以解释为与我的个人经历有关，但其实还有许多不同的推动力。1997年，我受邀参加一次大型会议，会议主题是"世界文化和世界宗教中的死亡（Der Tod in den Weltkulturen und Weltreligionen）"。当时有40个人发言，而我是唯一一个谈论图像的[1]。其他人谈论的都是文本、宗教和文化。对我而言，问题是：我现在该做什么呢？通过这种方式，我开始了人类图像的实践——这到底是什么？人类为什么会开始制作图像？图像实践意味着什么？当然，这是一个人类学问题。图像一直令我着迷，尽管如今这或许不再是图像的主要目的——让缺席者在场，也就是说，永远不要在缺席与在场之间做选择。戈特弗里德·波姆把这称作"形象在场"：一个不在场的事物，它存在于在场的图像中，这样它既预设了形象的在场，又预设了实体的缺席。这对让·鲍德里亚产生了巨大的影响。根据鲍德里亚的说法，在20世纪70年代，图像放弃了它们继承下来的功能，变成了替代现实的偶像和崇拜物。"每幅图像中蕴含的这种似是而非的模糊性是如何产生的？即为何图像代表的东西是缺席的，但又因此在图像中出现？"这个问题将我引向了对死亡的思考。死亡问题产生于早期社会中最早的死亡崇拜或是葬礼崇拜，人们用一幅奇特的图像唤回图像中缺席的死者，从而让其融入整体，成为图像。这样一来，缺席和在场的联系就不再是传闻，而是必不

---

[1] 参见：Hans Belting, Aus dem Schatten des Todes: Bild und Körper in den Anfängen, in: *Der Tod in den Weltkulturen und Weltreligionen*, hg. von Constantin von Barloewen (Munich 1996), S.92–136.

可少。因此，问题是：这在本质上是否促进了图像的塑造？这显然不是用图像来对抗死亡的唯一根源。同时出现了一个有趣的问题：媒介究竟是什么？这在当时的图像问题上并非不言而喻。只有人们赞同人的身体是第一媒介时，才能理解或接受我在《图像人类学》中阐述的媒介概念。从身体迁移到人工制品、人工媒体，但身体是记忆和想象的媒介，是人类能用精神图像做到一切的媒介。有关媒介史的问题是我思考的核心，当然它也激起了愤懑的抗议——"这是本质主义！"，等等。当人们回溯历史，身体或其媒介性就会被取代：身体所表示的东西可以说是在场的，然而却并非其本身。图像之所以存在，是因为它有媒介。图像必须始终让人看见，否则在我们的大脑之外，根本看不到任何图像。我们的身体预设图像已经是可见的，或是身体让图像变得可见。神经科学把这二者分别称作内在表征和外在表征，或是内生图像和外生图像。这就是我的理由，我想介绍戈特弗里德·波姆提出的一个问题：什么是图像？这个问题是无法回答的，因为只有在加入另外两个参数——"身体"和"媒介"的背景下，也就是在图像、身体和媒介三位一体的框架内才能作答。后来视觉也加入其中，因为它是身体的一部分。我们只能说目前图像发生的地点，但不能说："图像就是这样或那样！"首先，根本不存在"这个图像"，"这个图像"也不能被固定，除非它是身体中的精神图像或是感知的图像，也就是说，除非它与身体绑定在一起。在这里，我想对"什么是图像"这个问题持开放态度，在三个参数构成的框架中进行讨论。

SZ：在《图像人类学》的第一部分，您用了基督圣体的例子来说明这种"三位一体"——我说得直白一点儿。基督圣体，它一方面是一具身体；另一方面，从具体的宗教概念的角度来看，它又不是一具身体，因为它被赋予象征意义获得了类似于媒介才有的特性。您能对此稍作评论吗？这个例子曾让我恍然大悟。

HB：是的，但另一方面，我不想这么做，因为基督圣体是不可能的事情，是自相矛盾的产物。您必须从神学的角度来看待它。若我想描述这中间对我来说重要的东西，那么我会反复提到一句话：图像是漂泊的媒介。可以说图像的时序是错乱的。威廉·弗卢塞尔也一再这么说。但媒介总在更新。为什么我们不断发明新的媒介？因为它让人产生了这样的印象，觉得总有新的图像。当然，我们可以就这一点展开辩论。在本书中我的论点，或者说进一步的思考是：图像并不总是像它托身其中、得以亮相的媒介那样一直在更新。随着自身的老旧、磨损，它总是需要新的媒介，这样一来，新媒介中展现的好像也就是一个新的图像了。在媒介更迭的同时，坐在图像背后的人并不总是能认出自己的图像。

SZ：同样有趣的是，单纯来说，《图像人类学》出现之时，正是图像与人类的关系愈发非物质化的时候，也是我们越来越多地与非物质劳动、经过计算的合成图像等打交道的时候，还是20世纪90年代早期，关系的网络化演进之时。这可能就是它受到强烈的攻击的原因："等等，网络化是个过程，但我们可以对它进行干预呀！"这样一来，您让身体和它所有的意义、所有的"无形性"再次发挥了作用。这肯定不是巧合，对吧？

HB：没错，这之间确实有一种联系，但是自从有了基因研究等，文化和自然之间紧张的关系未来会变成什么样子就成了一个问题。它们之间的界限到底能不能维持？我想说的是，对我来说，人类学是一种新的图像学（Ikonologie），也就是图像理论。但图像学在我的研究领域被界定得非常狭窄，而且这一概念已经被使用了，比如欧文·潘诺夫斯基（Erwin Panofsky）就将图像学视为借助文本对文艺复兴时期的图像进行解读的一种方式。从某种程度上来说，人类学是图像学的替代性概念，尽管它原本就意味着图像学，即通俗的图像理论。霍斯特·布雷德坎普（Horst Bredekamp）随后用绘画的行为进一步推动了这一点，在我看来就是：图像的产生。图像既不张贴在墙上，也不在人的脑袋里。最重要的是，它质疑的是精神和物质图像之间的二元论问题，汤姆·米切尔（Tom Mitchell）批评了这一点。我们不能维持这一二元论，因为我们用自己的图像代替了不可见的图像。我们自己的图像总是先入为主地被物质图像所占据。所以这些都是我争论的点，其中要点是：质疑精神图像和非精神图像之间古老的二元论。

SZ：当然，对当时年轻的媒介研究来说，这也是一种巨大的挑衅，是站在了一个对立面，一个替代性的立场，一种以文本和语言学为导向的方式来研究广义上的图像。我了解符号学、语言学与电影研究的紧密融合。这一点非常重要，但它的实现方式却如此野蛮，以至于再没有多少图像的真实性得以留存。您的立场无疑是将图像视为一个事物，一个对象，甚至让图像的身体性发挥了作用。

HB：是的，也受到身体和物质印象的强烈感染。所以我过去一直有些反对符号学。

SZ：您反对查尔斯·桑德斯·皮尔斯（Charles Sanders Peirce）吗？

HB：我不想顺着人们的想法，把符号学解释为一种普遍的理论。但我觉得自己的想法非常接近法国媒介学的创立者雷吉斯·德布雷（Régis Debray）[1]，他的媒介学更加自由，通过图像故事等方式，给图像和意义的感性层面提供了更多空间。毕竟我们总是在一个特定的情形中考虑问题。我很清楚，媒介概念的约束也意味着对图像概念的限制，但对我来说，在我所学的艺术史背景下，这又意味着限制的解除。比如说，您提出的媒介概念与我的有着完全不同的维度、语境或情形，但我觉得它们是相互补充的。

SZ：我发现这一点在媒介思维的谱系中尤其值得注意。在《图像问

---

1 参见：Régis Debray, *Manifestes médiologiques* (Paris 1994).

题》中,有一点您写得非常清楚:"图像科学对媒介理论也是必要的,在艺术史中也是如此,但是"——接着是这个非常重要的推论——"媒介学不一定导向图像。"[1]因此,尽管人们可能认为这种综合性的图像科学是一种文化研究,但对图像的研究依然是一个重要的维度,它仍然是一种超越图像的媒介发展的需求。

HB:是的,我对图像科学逐渐独立的趋势感到不满。这很荒谬,因为当时的副标题叫作"图像科学纲要(Entwürfe für eine Bildwissenschaft)",但当最初的纲要就要变成一门专业时,我极力反对。我认为,图像科学涉及所有的人文学科,还有图像理论、图像制作者和艺术。这不是一门单独的专业所能囊括的。比如,心理学可以给出非常不同的答案,也可以由社会学等学科对此作答。但对我来说,我非常高兴地意识到,并且我也同意这一说法,即在其媒介中,图像作为意义的载体,作为文本之外的历史见证者,它突然具有了从前无法想象的意义。我还在美国读大学时,有人对我说:"图像男孩来了,他今天观察了图像,而我们解读了复杂的文本。"这简直令人愤慨。我非常强烈地感受到图像作为科学分析的来源的新的意义。

SZ:我可以很好地体会到这一点。我们在还是大学生的时候就投身于这些新的学科,或是重点关注媒体分析之类的内容,那时候我们被研究文本的人称为"米老鼠学者"。但我们带着某种自豪感接受这个称号,随后更深切地投入对意大利西部电影和商业色情片的分析中。然而,在这背后,也有一些东西在现下,在当代哲学中起着非常重要的作用,而且一点儿也不简单。传播学,或者说媒介研究,让我们说得更通俗一点儿,它一直都在集中研究图像、文本和表达背后的结构,关注我们感性可以感知到的东西。这种对结构性事物的关注,对真正隐藏的东西的关

---

[1] Hans Belting (Hg.), *Bilderfragen Die Bildwissenschaften im Aufbruch* (München 2007), S.21.

注,在一定程度上导致了对图像的敌意,甚至导致图像破坏。我们也可以在伟大的哲学家和伟大的媒体理论家身上看到这一点。我认为麦克卢汉就是一位图像破坏者,弗卢塞尔也是。当具体说到图像的时候,他们很快地就转移到了别的地方,而不再集中于图像本身。

HB:关于麦克卢汉,我想提出一些反对意见。麦克卢汉毕竟是一个虔诚的天主教徒,他把新媒体时代视为对古登堡时代文本文化之前的一种回归,并没有把媒体时代对整个世界观的普遍具象化的歪曲看作一种图像破坏。我认为他是针对古登堡和文本的图像破坏者,这就是我对他的理解。这是否正确是另一个问题,但他还是学生时就开始在梵蒂冈图书馆解读中世纪的手稿。对他来说,印刷术是新教的一项发明。这是我个人的解释。

SZ:但对我来说,带来令人震惊启示的或具有特别心机的是这样一个问题:媒体批评一再主张的这种试验方法,就连本雅明在他的艺术著作[1]中也谈到了,即创造了与媒介对象之间距离的,是否也有另一面,即与对象的距离。这种对于对象的关注甚至独立于其相关的意义,是最近的哲学界又大力追求的东西,不久前我们邀请格雷厄姆·哈曼(Graham Harman)作了关于弗卢塞尔的讲座[2]。

HB:当然,这种发展也存在于媒介学中。媒介史可以以线性的方式讲述,就图像而言,已经是一部发明史。我的兴趣在于阐明有关媒介对图像的决定性作用。媒介自身具有如此巨大的意义,以至于很难将其与它所代表的图像分离开来。这里当然也涉及一个问题:是否从文本出发。

---

1 Walter Benjamin, L'ceuvre d'art à l'époque de sa reproduction mécanisée/Das Kunstwerk im Zeitalter seiner technischen Reproduzierbarkeit [法德双语], in: *Zeitschrift für Sozialforschung* 5 (1936), 皮埃尔·克罗索斯基(Pierre Klossowski)删减并翻译。本雅明授权的版本在1955年才出现在《文选》(*Schriften*)中,由西奥多·阿多诺和格雷特尔·阿多诺(Gretel Adorno)出版。

2 International Flusser Lecture mit Graham Harman, 柏林艺术大学, 2013年4月8日。该讲座内容于2015年为"国际弗卢塞尔讲座"系列图书中出版,由丹尼尔·伊尔冈、马塞尔-雷内·马伯格(Marcel R. Marburger)和西格弗里德·齐林斯基主编:Graham Harman, *Die Rache der Oberfläche. Heidegger, McLuhan, Greenberg* (Köln 2015)。

基特勒原本是从文本出发，并在某种程度上通过激进的媒介理论逃离了旧的文学研究，好像人们基本上也觉察到了文本中打字机的媒介性[1]——所有您已经研究了多年的东西。这些都是非常强烈的感性、物质和触觉上的意义，在媒介理论中发挥着作用。

SZ：我一直认为，在您的作品里：狭义的艺术研究意义上的图像观和相对于图像的媒介思维——我们只是说视觉上的——可以作为一种补充，一种不仅是重叠，而且是真正地相互作用，这是一个巨大的机会。由此，也许产生了拓宽解释学的希望，这样我们就可以从其他层面处理如今与之打交道的复杂的视觉对象。不是排斥，而是包容。

HB：我不知道我对您的理解是否正确，但长期以来争议的问题就是麦克卢汉提出的：媒介即讯息。这就是说，除了媒介的历史之外不存在其他意义的历史。这可能是在它有点儿走过头后，又把它移回另一边进行了修正。但媒介本身的意义在媒介相关的问题上获得了突出、显著的意义，其必须经历这样一个过程，从电视的发展历史中我们可以得知这一点。

SZ：而我们在弗卢塞尔身上也发现了类似的情况。他最有趣的文章之一是《赞美肤浅》（"Lob der Oberflächlichkeit"）[2]，他在书中有意识地承认了话语的中介性，如果可以这么概括的话，这一方面也代表了他关注的本质。

HB：对我而言，无论是不是媒介理论，每一种理论的历史背景都很重要，也就是说：某个东西是什么时候形成的？为什么？它针对的是什么？论战的一面也许是每个理论最珍贵的一面。而如果不知道论战的时刻是什么，那么也就错过了点燃的火花。换句话说，媒介理论在一开始

---

1 参见：Friedrich Kittler, *Grammophon Film Typewriter* (Berlin 1986).
2 Vilém Flusser, *Lob der Oberflächlichkeit. Für eine Phänomenologie der Medien* (Bensheim and Düsseldorf 1993).

就有很强的论战使命和冲动，后来这种冲动就被省略、消失了。它就是这样改变了自己。当敌对的形象消失时，人自己也会改变。

SZ：我必须小心一些，不要在自己记下的许多问题中过早地迷失。"透视"，汉斯，您一直特别固执地研究着现代欧洲图像这一核心概念，还有其媒介意义和理由。通过《佛罗伦萨和巴格达》，您再次颠覆了局面，至少就艺术史所熟悉的情况而言是这样。您证明了数学上的透视法不是欧洲文艺复兴的发明，而是11世纪初美索不达米亚的发明——它首先与伟大的数学家和天文学家伊本·海什木有关。图像的这一重要的现代文化技术是每个摄影镜头的基础，而这个技术是来自我们误以为图像破坏主义就寓于其中的领域的发明——对您来说，今天这一认识有什么样的意义？

HB：这个问题有很多个切入点。我真正感兴趣的是：什么是视觉文化？此外，我想简单地说明西方的视觉文化是什么，而不是把它看作一种普遍的文化。就我的观点来说，透视就是在特定的前提下受到另一种文化启发的本土发明。因此，从我的观点来看，我们可以把事情简化，可以这么说：透视在阿拉伯科学中是一种感知理论，也就是我们如何感知世界的学说。然而在近代早期的佛罗伦萨，透视是图像理论，是在其他文化中没有想到的东西。另一种文化甚至将我们的感知问题放在中心位置；也就是我透过光线状态、一天的时间和空气等物质的特性所看到的，受到无数因素影响的东西。那么我到底看到了什么？我只在特定条件下看到过，而且无法用图像来表示我看到的东西或我看到的方式，因为光线和必要的几何条件都终结在眼睛里，图像在大脑里生成，这也是阿拉伯感知理论实际上的不足之处。这就是您所引用的伊本·海什木不得不修改其理论的原因。作为数学家，他可以追踪光线和视线的路径，一直到视网膜。然而，他认为视网膜是平的，这是他的大问题。他被古代科学误导了，因此他不得不调整自己的理论。他只能靠推测来说明图像是怎么产生的。现在发生了相反的情况：不仅从这种与古代相比相当抽象的感知理论中，在佛罗伦萨和其他地方都产生了相关图像理论，还声称可以在图像中表现我看到的方式。图像向我展示了我是如何看待世界的。这是一个对透视学的出现起了重要作用的理论。有趣的是，透视这项西方重要的图像发明，它的科学性从17世纪起就被搁置了。笛卡尔和开普勒等人说："我们怎么能坚持这种透视理论这么久？它根本不起作用！我们必须重新思考，并探究图像是怎么出现在我们身边的。"尽管如此，透视还是成为西方视觉文化的象征，甚至被传教士一路传到中国，后来又被英国占领者带到印度。在这样的假设下，它代表了我们如何看待世界的全面、普遍的形式，以及我们如何在图像中表达它。

现在我们来谈谈您之前提到的比较文学：阿拉伯世界与西方世界有何不同？如果可以概括地说的话，但我在这本书里没有这么做。视觉文化究竟是什么？它不仅是关于什么是图像和非图像的问题，以及我们是怎么看见世界、如何感知世界的问题，而且是关于我们赋予了符号形式什么意义的问题。这是我最近重新发现的欧文·潘诺夫斯基的一个旧概念[1]，而这也导致了麻烦再次出现。某种文化对其重要的东西选择了符号形式，所谓的中心透视就是一个这样的符号形式，它已经不再真实，因为中心透视靠的不是双眼，而是从一个几何点出发，一个不在身体上的几何点，因为我们有两只眼睛。

SZ：那第三只眼呢？

HB：第三只眼必须服务于几何学，这样，中心透视的概念才能发挥作用。

SZ：从媒介考古学的角度来看，这自然会导致很多联想，也许我们

1　Erwin Panofsky, Die Perspektive als „symbolische Form", in: *Vorträge der Bibliothek Warburg* 1924/25, hg. von Fritz Saxl (Leipzig und Berlin 1927), 258-330. 参见：Ernst Cassirer, *Philosophie der Symbolischen Formen* – Bd. 1: *Die Sprache* (Berlin 1923), Bd. 2: *Das mythische Denken* (Berlin 1925), Bd. 3: *Phänomenologie der Erkenntnis* (Berlin 1929).

可以简单地挑一个。也可以说明这两个方向，其一以伊本·海什木为代表，另一个则是欧几里得和亚里士多德在他之前代表的方向，伊本·海什木也深入地研究过他们。我认为，文艺复兴理论在很大程度上是基于由亚里士多德参与创立的哲学，而不是阿拉伯人。也可以说，这两种图像建构理论的不同之处在于，一个是传输理论（transmission theory），另一个是感知理论，正如您所强调的那样。阿拉伯人坚持着感知理论。与此相对的，存在着一种传输理论，包括传输（德文——senden；英文——transmit）发生的位置，即神性、权力和构建图像的权力的地位。这么说对吗？

HB：是的，这很有道理。同样是伊本·海什木发明了暗箱。有趣的是，他没有用暗箱来寻找倒置的图像。暗箱是相机和电影等的前身，但他却对此不感兴趣。他只对构造感兴趣，以及对产生了哪些光轨，还有光透过缝隙落下时的路径感兴趣。对他来说，暗箱只是一个仪器，好让他用自己的方式研究世界上的光。光是他研究的主题。

SZ：在汉堡的一次演讲中[1]，您曾用"严格的光理论"来形容他的理论。我们继续谈透视这个主题，并尝试同时将其与您对于透视之外可能性或时间角度的透视之后的思考联系起来。在您关于杜尚、杉本博司和杰夫·沃尔的书中，您把（风格）迥异的艺术家们以虚构的方式集合在一起。三个人都非常清楚自己制作图像时的媒介的条件性；我认为这是他们之间的一个强烈联系。是不是可以这么说：他们在难以定义的地方相遇——让我用完全不同的术语来说明，在这个地方，监督和颠覆同时发生。我们将控制性的视角与中心透视联系在一起，它一方面重新被激活，另一方面被超越，这一点您说得很清楚，特别是以杜尚为例。有没有可能解释为：两个完全不同的视觉概念在这一点上发生碰撞？

---

[1] "Aby Warburg und die Kulturwissenschaft im Licht heutiger Forschung"，汉斯·贝尔廷在阿比·瓦堡81周年忌日上的演讲，阿比·瓦堡基金会，汉堡，2010年10月29日。

HB： 是的，我只能强调这一点。我现在无法恰如其分地对此发表评论。我在杜尚身上看到他没有延续现代艺术的历史，这对我来说很有吸引力。现代艺术史拒绝透视，而他不反对透视，没有引入透视的对立模型——想想凡·高（Van Gogh）和他的日本木雕自画像，但他把透视重新付诸行动，同时又把它创造成一种幻觉，一种我们感知的必要幻觉。他玩起了透视的游戏（Perspectiva ludens）。这样一来，他颠覆了我们所看到的事物的自主性和客体性。他重建了海市蜃楼（Fatae Morganae）。当我们看到艺术作品时，他想把它追溯到我们想看到某物的愿望——即我们只观察自己看到的东西。

SZ： 当您讨论杜尚时，涉及了一个我觉得非常有趣的范畴，那就是他正在寻找的第四维度，它在您的解释中无法定义。可以说，第四维度可能是时间。当他创作《大玻璃》（*The Large Glass*）的时候，这是一个很现代的话题，人们都在关注它。但这不是它真正的意思。它实际上不是具象的，不再是实际看到的东西，不是吗？

HB： 不，它也是要看运气的。这又回到了透视，大家都知道透视是将三维空间简化为二维的平面。透视的本质就是将三维还原到表面，还原成二维。那么我们为什么在三维空间中找不到一个四维的复制呢？他像往常一样以开玩笑的方式精彩地表达了这一点：他委托他的姐妹买了一本关于透视的书，然后用皮带把它挂在阳台上，让风把书页吹走。也就是说，这本有关透视的书在某种意义上被带入了空间。他对此有一个美妙的称呼，即不舒服的对象，不快乐的对象。这是他处理问题的一种俏皮的方式。透过这扇门，当时的时间问题自然也就有了一个切入点。他与数学家庞加莱（Poincaré）有过许多争论。只是在我看来，杜尚作品中的精彩之处在于他制作的游戏和装置，这些通常都会被忽略。

SZ： 然后是某种干预——这种想法在他身上上演。

HB： 对，杜尚的小玻璃对达·芬奇（Leonardo da Vinci）有关透视的说明进行了字面上的解释。他说，眯着一只眼走到玻璃后面，在玻璃上画出透过玻璃可以看到的树的轮廓，然后给它上色。接着画家闭上他用来画下一切的那只眼睛，用另一只眼睛看真实的树旁画下来的那棵树——非常具有说教性，很固执并且迂腐。他现在通过一个插入的镜头等巧妙地解决了这个问题，但他偏离了透视主义的理论，开玩笑般地把它引向了荒诞。

SZ：然而，我最初否认时间是一个参考，我认为它还发挥着重要的作用。杜尚自己试验了时间图像；杉本博司的摄影，尤其您书中提到的地平线图像，也可以从时间哲学的角度进行讨论，就像杰夫·沃尔的摄影作品可以被解读为叙事时间的浓缩。在您介绍的后透视艺术中，时间已然扮演着非常重要的角色。

HB：没错，但我用了一点小心机来介绍杉本博司和杰夫·沃尔，因为1974年他们都在费城，就在杜尚的最后一部作品《给予》(*Étant donné*)揭幕之后不久。他们还看到了杜尚送给费城博物馆的指南书；恰好是他们都开始以艺术家的身份工作的时刻。杉本在巴黎卡地亚基金会(Fondation Cartier)举办了一个大型的杜尚变奏曲展览[1]，也就是说他承认自己是杜尚主义者，而杰夫·沃尔拒绝承认这一点。

SZ：就第四维度，我必须问您一些对我来说真正紧要的事。如果回顾一下艺术史及其发展，比如说，在20世纪50年代末到60年代，就会惊讶地发现，从那时发展起来、有着强烈的当代形势的新艺术，也就是激浪艺术——沃尔夫·弗斯特（Wolf Vostell）、白南准（Nam June Paik）的早期作品，约翰·凯奇（John Cage）与激浪派[2]艺术家有关的作品——在学科中完全没有得到反思。我的看法对吗？在您早期参与研究和学习

---

[1] "Étant donné: Le Grand Verre", Ausstellung von Hiroshi Sugimoto in der Fondation Cartier Pour l'art contemporain, Paris, 13.11.2004–27.02.2005.

[2] 译者注：激浪派是一个国际性的、由先锋艺术家和作曲家组成的流派或组织。它根植于实验音乐，提倡共享，以更开放和包容的姿态定义什么是艺术，反对现有艺术体系。

艺术时，是否已经有了基于时间的艺术、时间艺术的意识？

HB：这些艺术家不是作为教材存在的。这些艺术家没有出现在现场，甚至没有被注意到。

SZ：它们只是在被当作研究以外与学科无关的东西，就像电影一样。

HB：对，但这延续了一个传统。潘诺夫斯基或贡布里希（Gombrich）甚至没有注意到现代艺术，更不用说基于时间的艺术。帕诺夫斯基曾与巴尼特·纽曼（Barnett Newman）就一个错误的拉丁文标题进行了精彩的争论。这是他和巴尼特·纽曼唯一的联系。巴尼特·纽曼的绘画作品完全没有引起他的兴趣，但他在美国媒体上与巴尼特争论过一幅画的拉丁文标题。20世纪30年代，当大型的毕加索展览在巴黎举行时，阿道夫·沃尔夫林（Adolf Wölfflin）询问了卡尔·荣格（Carl Jung），毕加索是不是个精神分裂患者。荣格说："你不需要管这些，他是个精神分裂患者。他是精神病学的一个案例"——也就是毕加索。

SZ：[笑] 毕加索，不是沃尔夫林。

HB：也就是说，这个主题在感受当代性方面一直存在巨大的问题。

SZ：但在您的作品中，比如在您的文章里，像电影这样的视觉媒介起着重要的作用，并且一直存在。在《脸的历史》中，关于伯格曼（Bergman）的那章[1]给了我非常积极的启发。我觉得它很奇妙，对我的触动最大。从您早期的作品中我也了解到，电影一直对您有着非常重要的影响。您想对此发表评论吗？视觉媒介是怎么被纳入到您对艺术的思考当中的呢？显然一开始它是完全独立的，就像您刚刚指出的那样。

HB：也许还没有充分纳入。与此同时，我也有一些技巧：比如杉本博司拍摄的反电影的照片，这自然激发了我的兴趣。

1　第18章：„Ingmar Bergman und das Filmgesicht", in: Hans Belting, *Faces. Eine Geschichte des Gesichts*, S.258–271.

SZ：就是那些白色的银幕。

HB：白色银幕。他总是带着相机去到空荡荡的美国电影院，在播放故事片时打开相机，一个半小时后关上。然后在他的照片里就可以看到：许多电影画面相互擦除，形成了一个白色的银幕。同时，在没有灯的大厅里，它们产生反射，形成电影画面的反射。我认为，绘画是17世纪的主要媒介，音乐是18世纪的主要媒介，小说是19世纪的主要媒介，而电影则是20世纪的主要媒介。在20世纪，没有可以与之媲美的视觉媒介。

SZ：这是列宁式的声明，汉斯。[笑]

HB：不是的，但它经得起检验。有证据可以证明。

SZ：人们感受到这种魅力，电影在各种相互竞争的技术性视觉媒介中，也许是最强大的，而且能够最有力地表达自己的。让我们结合《脸的历史》这本书简单谈谈，因为您也说到，随着技术图像的出现，脸的存在，就像我们还从绘画中了解到的那样，在某种程度上正在被抹去。但是，当我看到伯格曼和其他人的这些电影时，看到面部特写保持着一种动力和力量，我们曾认为已经消失的所有光环都以一种强烈的方式再次呈现。

HB：当然，伯格曼面临一种特殊的处境。他当时毕竟是一名戏剧导演，在某种程度上，他通过电影《假面》（*Persona*）[1]实现了飞跃。片名使用了过去表示面具的术语。我当然是戈达尔的影迷，正如您可能预料的那样，但对我来说，那些不太由图像决定的电影则没那么重要。这也让我与德国电影学界有一些龃龉，而不是法国的电影学界。无论是雅克·奥蒙（Jacques Aumont）、雷蒙·贝卢（Raymond Bellour），还是其他人，我更接近他们，因为图像史在电影理论中的作用比在德国电影研究中的作用大得多。

---

1 *Persona*，英格玛·伯尔曼导演的故事片（瑞典，1966）。

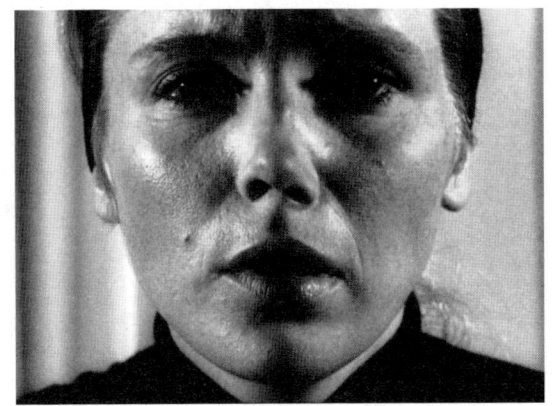

来源：*Persona*, Spielfilm von Ingmar Bergman (Schweden 1966). AB Svensk Filmindustri und Ingmar Bergman Foundation.

SZ：没错。例如，戈达尔的《电影史》就是一次巨大的尝试，主要通过图像的冲突来讲述电影史和影院的历史[1]。从认识论的角度来看，图像的价值肯定不会低于他所使用的文本的价值，至少整个事情是这样的。

HB：[指向投影] 我不知道观众能不能从这里看出什么。这是伯格曼《假面》里的一张剧照，看起来非常奇怪。画面由两张脸组成，也就是两位女演员的脸。伯格曼请人编辑了照片。于是，这些相似的脸就被拼贴成了这样一张图片。在整部影片中彼此对话、争执不断的两位女演员，在这里可以看到她们被合成到了一张脸上。然后他在回忆录中写到，两位演员都认不出自己了。她们都觉得照片极其丑陋。她们说："这到底是谁？"然而，其中一半是她们自己。

SZ：演员们是否仍旧相信自己的脸可以传达信息，是情感的窗户？

HB：对。她们试过了。这是一次戏剧性的尝试。而且非常有趣的是，这里的对话是在一张在说话的脸和一张沉默的脸之间进行的，因为第二个女人没说话。但她赢了，因为她用她的脸说话了。一切都必须从

1　*Histoire(s) du Cinéma*，Jean-Luc Godard（France/Swiss，1988—1998）.

面部读出来，这样她才能在和她说话的人面前占上风。

SZ：伯格曼在这里制作或是他请别人制作的这张合成照片，是不是肖像，能否成为"数据载体"道路上的一个中间物，就像您在《脸的历史》中的一个非常具有挑衅性的片段中所说的那样[1]？脸部的技术图像是一个纯粹的数据载体，一个信息系统，当然也可以被随意操纵和编辑。这是中间物吗？

HB：也许是吧。

SZ：这是阿方斯·贝蒂隆（Alphonse Bertillon）的想法，实际上来自19世纪。

HB：没错，警察的照片。

SZ：人脸，图片中的面孔作为数据载体的历史就是从这里开始的吗？

HB：是的，但也许早在面相学时代就开始了，只是人们那时候对面部提出的是其他问题。他们想在脸上读出人真正的个性。

SZ：但实际上是做不到的。如果我理解得正确的话，至少这是您这本书的核心论点。脸是情感的窗户，但这仍是一种幻觉。

HB：不是的，请原谅我这么说，但我想说的正好相反。我把面部及其图像做了区分。

SZ：图像中的面部。我表述得不够准确。我应该说图像中的面部。

HB：图像。是的，这可能会被误解，但让我感到惊讶的是，实验中，脸突然退到了图像后面，而且无法被转移到图像中。

SZ：还有这样一件事，您在其他地方也讨论过，在对图像的敌视和对图像的美化之间，有一个奇怪的纠葛。如果人们认为，他们能够展示自己想要展示和应该展示的东西，那么他们怎么能够对图像表现，尤其

---

[1] 第21章："Cyberfaces: Masken ohne Gesicht", in: Hans Belting, *Faces. Eine Geschichte des Gesichts*, S.295–304。

是对面部的摄影表现，形成类似于破坏偶像主义的态度呢？

HB：他们应该展示什么？这就是问题所在。我相信可以写一部非常好的脸部图像的文化史。它们之间的差异令人着迷。只宣称面孔如此多样的观点是行不通的。在现代社会中，总是有这样一种说法：人脸是我们的最后一道屏障。我们对面部进行解构和拆解。幸运的是，直到今天也没能成功。尽管有许多新的方法可以对面部进行干预，甚至用整形的方式制作出人造脸。这是一种辩证法。我认为，辩证法对我来说总是非常重要的。在这种情况下，图像所宣称的东西和图像后面的东西——也就是脸，这二者之间存在辩证关系。

SZ：这也是这本书引人入胜的地方。您写道："肖像总是做出抓住自我的承诺，但同时，当这个自我从表面滑落时，却又留下了失望。"[1]作为一部图像史，脸的整个历史也是一部失望的、无法实现的历史，同时当然也是希望的历史，即不断地重新尝试，去接近这个灵魂及其表现。

HB：嗯，可以说这就是面相学的热情所在，然后是颅骨学。当对颅骨的研究走到尽头时，大脑研究就开始了，对我来说，这是对面相学的一种现代替代。也就是理解一个身体器官，并从中得出有关个人性质的结论。这对我来说就是从面相学到大脑研究的历史。

SZ：这很容易理解。最后一个方面，也是我很想谈谈的大型研究项目——"全球艺术与美术馆"，在这之前，先请我们的嘉宾们提几个问题。

嘉宾：我有关于概念的问题。在说到透视概念的发明时，您一直在说"阿拉伯人"。那么，当时是阿拉伯人发明了透视吗？还是干脆说，生活在那里的人发明了透视，但他们不是阿拉伯人？

HB：是的，我认为有两种观点。对于佛罗伦萨的画家，也可以看到

1　Hans Belting, *Faces. Eine Geschichte des Gesicths*, S.213.

他们在自己的作品里分开讨论这个问题。其中一个是图像理论、图像研究，另一个是感知理论。可以说，它们并肩而立，二者有着完全不同的方向。不能把它们混为一谈。

SZ： 阿拉伯人的本土化也适用于整个地区。我们现在谈论的那个人（海什木），他是站在一些光学家的肩膀上得以发展和前进的，据说他来自美索不达米亚，并且在开罗生活了很长时间。他在开罗写下他关于光学的重要著作。这个地区就是如此。这有多方面的原因，包括科学历史方面。当时许多同仁从希腊语翻译过来的译文，对古代文学、希腊文学的再利用，对它的改编和进一步发展等在科学史上有很多讨论。

在您的思路中，真正激发艺术史的是一种文化，就具象图像而言，一种我们通常描述为对图像有敌意的文化，它很大程度上参与了图像的核心文化技术的诞生过程。

HB： 当然，我认为我们双方在这两点上是完全一致的。首先，阿拉伯人不仅仅是希腊文的翻译者。如果把他们局限在这个角色上，那您就还是没有理解。第二点，也许您也认同，就是看到科学，甚至是自然科学也有文化背景的喜悦。

SZ： 我完全同意。

HB： 大多数自然科学家都坚决否认这一点，但我试图用这个例子来说明这一点。

SZ： 而另外让我着迷的是这些光学家、大地测量学家，还有同时也是物理学家的数学家们，他们对身体有着难以置信的巨大兴趣。例如，伊本·海什木就是一名医生。他们广泛地讨论了身体特征，比如视觉。他们进行了解剖学研究等。也就是说，正如您所说的，身体作为一种感觉和媒介，在发展这样的理论构想方面至关重要。这非常令人兴奋，但在迄今为止的研究中完全被忽视了。

嘉宾： 在今天的这些文化中，这仍然扮演着非常重要的角色。我认为这是一种矛盾：一方面是对图像的敌意，另一方面是对身体的关注，特别是女性的身体。

HB：对我来说，对图像的敌意是错误的。我最喜欢伊本·海什木的一句话是："每个人都有图像，但它们存在于脑子里。"这怎么能说是对图像的敌意呢？图像就在脑子里。

SZ：您已经谈到了这一点，然后我们就走向了一个稍微不同的主题，但这对伊本·海什木和他的感知概念来说非常重要：对他来说，实际的判断表现，正确的图像，存在于大脑里，而不是表面或头部前端的某个地方。用现代术语来说，这是一种神经元的活动。

托马斯·杜洛（Thomas Düllo）：我对人类学还有一个附带的问题，从媒介思维谱系的角度来看，阿尔诺德·盖伦（Arnold Gehlen）的"时代图像"对您有用吗，或者说它们能起到作用吗？因为从去除身体性的观点看来，图像理性是否代表了一种现代的解脱？这是充满哲学社会学色彩、一定程度上也存在某种问题的一个人类学的提议。盖伦在1960年把这一想法命名为"时代图像"[1]，而身体性和时间性在其中发挥了巨大作用。这是一件轶事，还是一位社会学家进入图像科学领域之前的一个试探？但这实际上是一个恰如其分的论点，不是吗？

HB：我觉得这个问题很好。这个关于现代时间-图像的问题可以通过摄影和电影之间的差异来说明。摄影总是捕捉一个时间，稍纵即逝的时间，它有一个时间跳跃。而现场图像则试图将身体本身所具有和感受到的时间性也带入图像中。我认为，这是现代媒介发展的一个动力：人们想将时间带到图像中，从图像中取回时间。

渡边真也（Shinya Watanabe）："图像"和您的演讲，让我想到了文森特·凡·高和阿里杰罗·波埃蒂（Alighiero Boetti）在中心透视上的相

1　Arnold Gehlen, *Zeit-Bilder. Zur Soziologie und Ästhetik der modernen Malerei* (Frankfurt am Main 1960).

似之处。画家文森特·凡·高有一个哥哥也叫文森特,他比小文森特早一年出生。这位哥哥在未来的画家文森特出生之前就去世了。由于第二个孩子正好出生在死去的文森特的生日后一年,他们的父亲,一个新教徒,认为这是他死去的儿子的重生,并给他刚出生的儿子也起名为文森特。

画家文森特回忆说,在他的成长过程中,他总能看到他哥哥的坟墓,我认为这对后来成为艺术家的文森特有一定的影响。当我想到凡·高和以关于双胞胎的作品而出名的阿里杰罗·波埃蒂时,在我看来,从形而上学的角度来看,他们创作艺术的灵感非常相似。

波埃蒂的家族与俄罗斯的罗曼诺夫王朝之间有一层有趣的关系。阿里杰罗·波埃蒂的祖先乔瓦尼·巴蒂斯塔·波埃蒂(Giovanni Battista Boetti)是多米尼加的一个僧人,但后来他开始宣扬一种融合基督教和伊斯兰教的新宗教。后来,他皈依伊斯兰教,领导了奥斯曼帝国反对俄国罗曼诺夫王朝凯瑟琳大帝(Catherine the Great)的圣战。一些学者认为,乔瓦尼·巴蒂斯塔·波埃蒂就是车臣的谢赫曼苏尔(Sheikh Mansur)。

在阿里杰罗·波埃蒂的作品中,比如阿富汗的《一个酒店》(*One Hotel*),与一个阿富汗家庭的《地图》(*Mappa*)系列,或者是他给自己改名为"阿里杰罗和波埃蒂"(Alighiero e Boetti)(他的一系列作品涉及的一对双胞胎),他论述了一个形而上学的观点,即两个不同的灵魂处在一具身体里。在这方面,文森特·凡·高和阿里杰罗·波埃蒂的艺术创作的主题是相似的。

在《形而上学》(*Metaphysics*)中,亚里士多德讨论的第一件事就是"上帝"。这是理解形而上学的一个非常重要的方面,它对西方艺术产生了巨大的影响。我对您所说的参数非常感兴趣,因为参数也是印度大乘佛教哲学的核心思想。大乘佛教中最重要的圣歌是"般若波罗蜜多",它是一首关于语言中任意参数的圣歌,它从虚空中创造出物体的存在,因此,虚空也成为一种形态。

然而，正如怀特海（Alfred North Whitehead）所说，西方哲学已经发展成为柏拉图的脚注，正如阿比·瓦堡所言："雅典必须不断地从亚历山大那里夺回。"所以，当我们谈论美索不达米亚、形而上学和透视时，我认为论述这个形而上学的观点，或者换句话说：处理灵魂的问题，将是理解艺术本质的核心所在。

HB：嗯，这是您在我们的讨论中开启的一个巨大的篇章，但我非常感谢您的发言，因为在我看来，我们必须要做的下一件大事是关于图像、媒介等的跨文化和文化间的理论建构。这才刚刚开始，这是我在阿拉伯文化和西方文化的一个非常小的背景下尝试进行的文化比较。我认为这将是未来一项非常艰巨的任务。

SZ：这也会是我们希望通过"全球艺术与美术馆"项目更详细讨论的话题。也许我们至少可以就这个问题交换一些想法或几句话。如果我可以这么说的话，您对艺术史学科的边界的拓展，呈现出垂直方向的特点，指向历时性、图像的谱系、图像在不同方面的发展、使用方法、制作方式，等等。我把"全球艺术与美术馆"项目主要理解为对边界的横向或同步的消解；当然，这些切割可以在不同的历史阶段进行。您首先把它集中投放在过去几十年。但这是一种对边界的同步消解。这种观察是否正确？

HB：是的，非常正确。

SZ：这个展览仍在进行中，所以请原谅我们不能在最后过多地谈论这个项目。

我想补充最后一个想法：艺术作品的经典概念的消失，在历史上是与上帝的消失相伴的。当作品的经典概念在艺术中消失的那一刻，这种关于上帝消失的论述也出现了。最后我想问您的问题，乍一看很简单、俗套，但它本身就是这样的：不考虑上帝、没有信仰，这样一种标志性的艺术是可以想象的吗？这个问题可以笼统地来表述，但我会尽量让它更具体一些：您在哪里找到上帝？在伯格曼的电影里，还是在白南准的视频里，正如您在书中也引用到的那样？还是在那些地方再也找不到神性了？

HZ：好吧，西格弗里德，我现在非常尴尬，因为我写了一本关于这个主题的书，今天还没有人提到它，书里提到了这个主题，就是《看不见的杰作》(*Das unsichtbare Meisterwerk*)[1]。这是我所有作品当中最喜欢的一本，而且花的写作时间也是最长的。现代性概念的消解实际上与本体论不能再通过图像被捕捉到有关。那时候，这个问题非常吸引我——关于绝对艺术的问题，最终超越了作品，不再能通过作品回答。我向所有尚未阅读这本书的人推荐巴尔扎克1831年的短篇小说《不为人知的杰作》(*Le chef-d'œuvre inconnu*)[2]。对我来说，这是我读过最好的现代艺术历史文本，关于一个艺术家因为无法再创作作品而自杀的文本。我的书是有些缺陷的，因为人们不理解书名中巴尔扎克的典故。这本书根本不是关于杰作，只是借用了巴尔扎克的标题来准确地回答这个问题。

SZ：绝对没有比邀请我们继续阅读更好的方式来为访谈收尾了。非常感谢，亲爱的汉斯，感谢您来这里和我们讨论。

记录整理：英格尔·奈克、斯蒂芬妮·劳

1　Hans Belting, *Das unsichtbare Meisterwerk. Die modernen Mythen der Kunst* (Munich 1998).

2　Honoré de Balzac, *Das unbekannte Meisterwerk* (Stuttgart 1925); 原版初次出版在报纸《艺术家》(*L'Artise*) 中，题目为《大师弗伦霍夫》(*Maître Frenhofer*)（1831年7月31日）和《凯瑟琳·莱斯科》(*Catherine Lescault*)（1831年8月7日）。

彼得·魏贝尔 / PETER WEIBEL

03

"媒介概念是机器的延伸,同时也是从材料到数据的进一步发展。"

西格弗里德·齐林斯基(以下简称SZ)
彼得·魏贝尔(以下简称PW)

摄影:莫诺·科洛姆(MONO KROM)

SZ：欢迎来到"媒介思维谱系"系列论坛。首先欢迎彼得·魏贝尔的到来。在接下来的几期里,我们想和大家一起尝试重构并思考媒介思维是如何产生的,它是怎样的,又是在什么背景下发展成的。这个概念应该被理解为媒介思维,而不是被程式化地理解为媒介学或媒介理论。因而这是一个开放性项目,我们可以超越既定的学术话语,更开放又或许更彻底地思考问题。媒介学,包括媒介理论,将成为一门固定学科,我倒是觉得这不是一件好事。首先当然是介绍彼得·魏贝尔。他在接下来的这几分钟内必须做一件他不太习惯的事情,也就是保持沉默,先听我说。

彼得·魏贝尔,1944年出生于敖德萨,媒介和媒介思维方面百科全书式的人物。请先听第一段录音:彼得·魏贝尔与亚历山大·克鲁格(Alexander Kluge)的对话。[1]

(开始播放)

克鲁格:生于1944年,是吗?

魏贝尔:是的。

克鲁格:在敖德萨?

魏贝尔:在敖德萨。战后移民的典型命运。其实我的家族是德国血统。根据他们的描述,200多年前他们因为很能干而被叶卡捷琳娜大帝邀请去西伯利亚。1900年后,他们被迫移民乌克兰。我母亲在那里出生,然后去了敖德萨。占领期间她结识了一位奥匈帝国的船长,因为她也说德语。

克鲁格:来自一个奥地利分部?

魏贝尔:没错,来自一个奥地利分部。

克鲁格:一个德国人?

---

[1] Peter Weibel und Alexander Kluge, Odessa 1944, auf: *Der Künstler Als Junger Hund: Peter Weibel Tribute Album* [intermedium rec. 044] . 3xCD (Erding 2009).

魏贝尔：一个德国人。当时德国陆军占领了奥地利，德奥合并。战争结束后他们结婚了。之后在敖德萨生了我。而且我怀疑在我出生后不久，她必须即刻决定是留在俄罗斯还是沿着前线经波兰、捷克和瑞士，经一个美国营地中转去奥地利。于是她不得不伪造我的真实出生地，否则美国人就会把我引渡给俄国人。我的一个叔叔就因这个原因被引渡了，又得再返回；另一个叔叔则去了美国。为了伪造出生地，我母亲必须找到两位证人，代价是一包香烟。那会儿香烟很贵重。两位证人作证，他们当时在波兰的普莱谢夫，并解释是怎么为我洗礼的。所以我的护照上写着波兰。

一个典型的欧洲移民的命运。

（结束播放）

SZ：20世纪的一部传记。不像威廉·弗卢塞尔的作品那样深不可测，弗卢塞尔在世时彼得·魏贝尔对他大加赞赏。但相似的经历今晚我们不再复述，而是着重讨论彼得·魏贝尔的媒介思维。

像电报一样，用关键词形容他：媒介理论家、卡尔斯鲁厄艺术与媒体中心艺术和研究实验室主席；在奥地利维也纳应用艺术大学、德国法兰克福施泰德学院和美国纽约州立大学巴法洛分校等担任教授，法兰克福建筑学院新媒体研究所传奇性的创始人；受过多次表彰，包括获得荣誉博士和法国艺术和文学精英勋章、诸多艺术和科学学院成员、2011年莫斯科双年展的策展人。通过举办传奇性的主题活动，如"神话信息——欢迎来到有线世界（Mythos Information – Welcome to the Wired World）"[1] "纳米之内（Endo Nano）"[2] 或 "失控（Out of Control）"[3]，他使林茨

---

1 „Mythos Information – Welcome to the Wired World" – Ars Eletronica1995, Linz.
2 „Endo Nano" – Ars Eletronica1992, Linz.
3 „Out of Control" – Ars Eletronica1991, Linz.

电子艺术节成为讨论媒体艺术的国际性活动。这也已经成为历史。他还是施蒂里亚秋季文化节的参与者。威尼斯双年展上展现奥地利壮观景象的策展人。对话中还会谈及与他作品直接相关的其他经历。

彼得·魏贝尔还积极投身建筑工作。格雷戈尔·艾辛格（Gregor Eichinger）将朗读彼得于1971年写的文章《建筑即管理》（"Architektur als Verwaltung"）[1]。请放第二段录音。[2]

（开始播放）

建筑即管理，建筑是无形社会组织的可见载体。建筑师依据统治者意愿建造，并按照统治者的设想安排生活，建筑彰显着权力。申报义务是建筑的缺陷，而高利润是建筑中划分空间与时间利益单位的缺陷。作为媒介的建筑是一种感知，感知是确定的原则。眼睛感知它所感知的。感知对美敏感，感知型建筑为感知创造美，创造出彰显科技与社会发展地位的美，背后却仍是剥削和工业化的流水线劳动。大家必须看到林荫大道背后的危险，看到高楼内员工的精神状态，有如宫殿里的仆人。

我希望将感知建筑规范化，成为一种能改变社会进程的建筑，而不是单单用于描绘和表达的建筑。

（播放结束）

SZ:《维也纳行动主义与电影图片汇编》（Wien: Bildkompendium Wiener Aktionismus und Film）、《艺术批评与批评艺术》（Kritik der Kunst. Kunst der Kritik: es says & I say）、《摄影拓展》（Erweiterte Fotografie – Extended Photography）、《扩延电影》（Expanded Cinema）、《媒介诗歌》

---

1 Peter Weibel, Architektur als Verwaltung. Bau 2/3 (1971), S. 28–29.
2 Peter Weibel, Architektur als Verwaltung, gelesen von Gregor Eichinger, auf: *Der Künstler als junger Hund: Peter Weibel Tribute Album.*

（*Mediendichtung*）、《数字艺术的历史与美学》（*Zur Geschichte und Ästhetik der digitalen Kunst*）、《"咔嗒嘣"——从视觉化音乐到音乐短片》（*Clip, Klapp, Bum. Von der visuellen Musik zum Musikvideo*）、《图像变迁——时间制》（*Die Beschleunigung der Bilder. In der Chronokratie*）、《向往生命与成瘾》（*Lebenssehnsucht und Sucht*）、《地球以外——天体时代的艺术、社会和联系》（*Jenseits der Erde. Kunst, Gesellschaft und Kommunikation im orbitalen Zeitalter*）、《舞台上的艺术史》（*Inszenierte Kunstgeschichte*）、《波形与振幅》（*Gamma und Amplitude*）、《系统网络之中》（*Im Netz der Systeme*）、《消失的远方：远程通信与艺术》（*Vom Verschwinden der Ferne. Telekommunikation und Kunst*）、《从官僚主义到电子媒体主义》（*Von der Bürokratie zur Telekratie*）、《虚拟世界》（*Virtuelle Welten*）、《存在策略——艺术、电脑、媒体》（*Strategien des Scheins: Kunst – Computer – Medien*）。

你们有些可能已经注意到，我读的是彼得·魏贝尔在20世纪60年代独自或与他人共同撰写的图书、文章名称。大致按时间顺序，但也不完全是，我允许自己记忆有一些错误。过去50年我们领域进行讨论时会下意识按时间顺序。再往下看：《无政府主义与研究之间的绘画》（*Malerei zwischen Anarchie und Forschung*）、《内部世界——纳米之内》（*Die Welt von Innen. Endo und Nano*）、《智能环境》（*Intelligente Ambiente*）、《库尔特·哥德尔——一个数学神话》（*Kurt Gödel. Ein mathematischer Mythos*）、《进化系统理论》（*Evolutionäre Systemtheorie*）、《量子魔鬼》（*Quantum Daemon*），和斯拉沃热·齐泽克（Slavoj Žižek）共同撰写的《包容——排斥》（*Inklusion: Exklusion*）、《外世界、内世界与超世界》（*Aussenwelt – Innenwelt – Überwelt*）、《米肖、墨司卡林——亨利·米肖在迷幻剂下作画》（*Michaux. Meskalin. Die Meskalinzeichnungen von Henri Michaux*）、《非单本艺术》（*Kunst ohne Unikat*）、《艺术彼端》（*Jenseits von Kunst*）《哲学与艺术——让·鲍德里亚》（*Philosophie und Kunst. Jean Baudrillard*）、

《颠倒的身体——身体与其媒体构造》（*Der anagrammatische Körper. Der Körper und seine mediale Konstruktion*）、《新兴科技哲学》（*Philosophien der neuen Technologien*）、《播放间隙：从费纳奇镜到量子电影——仪器感知的历史与未来》（*Time Slot: Geschichte und Zukunft der apparativen Wahrnehmung vom Phenakistiskop bis zum Quantenkino*）。还有与安德烈亚·巴登西格、汉斯·贝尔廷共同进行的全球研究，如今也成为彼得·魏贝尔的一篇短文章[1]，即1970年撰写的《通信行动三号》（"tele-aktion Nr. III"）。请放第三段时间录音。

（开始播放）

投射是犯罪。关于电信理论的一个定理。演员和电视工作人员面对面，同时开始。演员用宝丽来相机拍照，电视团队拍他。拍完宝丽来的时候，电视组的摄像机也暂停。宝丽来显影大约需要20秒，之后转播到电视摄像机上。屏幕上出现约20秒的黑屏。当演员从箱子里拿出宝丽来照片，摄像机又开始拍摄照片的特写。照片上能看到电视团队。而且现场的声音一直在。雅克·拉康说："人类的语言构成了交流，在这种交流中，发送者以一种颠倒的形式从接收者那里接收自己的信息。我认为每个通信系统都是如此。"

（结束播放）

SZ：1970年的《通信行动三号》是一个传奇。这里有几本书，大家可以稍后深入阅读了解。我来介绍一些20世纪的展览："声音艺术——

---

[1] Peter Weibel, „tele-aktionen 1969–1973". Ausstellungsposter zu „Film-Video-Tapes" (München 1973), ohne Seitenangaben. Das Poster ist auf der Website des Künstlers archiviert: hJp://www.peter-weibel.at/images/Kories/pdf/1973/0177_TELEAKTIONEN_1969_1973.pdf. Zu Peter Weibels tele-aktionen siehe Hans Belting, Peter Weibel. Die „tele-aktionen", in: Peter Weibel. das o1ene Werk, hg. von Nadja Rottner und Peter Weibel (Graz 2006), S. 927–929.

艺术媒介的声音（Soundart – Klang als Medium der Kunst）",它仍在卡尔斯鲁厄艺术与媒体中心开放[1]，与鲍里斯·格罗伊斯共办的"媒介传统（Medium Religion）"[2]、"交通媒介（Medien der Mobilität）"[3]——介绍威廉·巴勒斯（William Burroughs）的绝佳展览[4]，还有"保罗·泰克（Paul Thek）"也非同凡响[5]，与布鲁诺·拉图尔（Bruno Latour）共办的"大众化（Making Things Public）"[6]、"未来的电影——电影之后的电影想象（Future cinema. The cinematic imaginary after film）"[7]，与布鲁诺·拉图尔共办的"打破偶像（Iconoclash）"[8]、"控制［空格］——从边沁到老大哥的言论监督（„CTRL [Space］. Rhetorik der Überwachung von Benthambis Big Brother")[9]、"网络状态（net_condition）"[10]、"乐趣魅影——艺术中的受虐幻想（Phantom der Lust. Visionen des Masochismus in der Kunst）"[11]，这个展览直接与下一个音频有关，在我们对话开始之前，彼得·魏贝尔谈到他的忠实读者[12]。麻烦播放第四段，谢谢。

（开始播放）

我总说自己在20世纪60年代的维也纳只有几个读者，但他们却是忠

---

[1] „Sound Art. Klang als Medium der Kunst", Zentrum für Kunst und Medientechnologie (ZKM), Karlsruhe, 17.03.2012–06.01.2013.

[2] „Medium Religion: Faith. Geopolitics. Art", ZKM, Karlsruhe, 23.11.2008–19.04.2009.

[3] „Car Culture. Medien der Mobilität", ZKM, Karlsruhe, 18.06.2011–08.01.2012.

[4] „The name is BURROUGHS — Expanded Media", ZKM, Karlsruhe, 24.03.– 12.08.2012.

[5] „Paul Thek: Artist's Artist", ZKM, Karlsruhe, 15.12.2007–30.03.2008.

[6] „Making Things Public", ZKM, Karlsruhe, 03.20.–10.03.2005.

[7] „Future Cinema. The Cinematic Imaginary after Film", ZKM, Karlsruhe, 16.11.2002–30.03.2003.

[8] „Iconoclash", ZKM, Karlsruhe, 04.05.– 01.09.2002.

[9] „ [CTRL] Space. Rhetorik der Überwachung von Bentham bis Big Brother", ZKM, Karlsruhe, 13.10.2001–24.02.2002.

[10] „net_condition", ZKM, Karlsruhe, 1999/2000.

[11] „Phantom der LuK – Visionen des Masochismus in der Kunst", Neue Galerie am Landesmuseum Joanneum, 26.04.–24.08.2003.

[12] Peter Weibel: Treue Leser, auf: *Der Künstler als junger Hund: Peter Weibel Tribute Album*.

实读者。两个检察官和六个警察。他们读了所有我写的书,常常传唤我。因此我积累了丰富的诉讼经验,而且我总是胜诉。

（结束播放）

SZ：我们之后会经常提到诉讼经验及其过程。亲爱的彼得·魏贝尔,我想从跨领域说起,这也是我从您的作品中读到的。在梅尔维(Merve)出版社1989年刊发的一篇文章《领土与科技》("Territorium und Technik")开篇,您写到运动这一现象对您的艺术和世界观至关重要,即思想、物体、身体的运动。没有静止的事物。动力学以及动态的空间时间对您来说有怎样的意义？包括人际关系中的运动和过程。

PW：物理上对运动有不同的理解。运动可以被定义为一种空间的扭曲,也可以是时间的现象。物理上的难点在于,如何把运动、重力和一切事物联系起来。而这个运动的现象不仅仅是物理上的理论问题。我们知道,爱因斯坦的相对论是从运动的同时性发展而来,如果要比较两个运动中的物体,则运动完全无法衡量。因而艺术上也出现了一些东西,这对我来说是研究媒体艺术领域的开始：动态图像。只要绘画的静态图像存在,即基本上就是三维空间中的二维展现,美学理论在这两三千年中也能很好地发挥作用。就像莱辛阐述的那样,一个关于空间艺术和时间艺术的理论。在时间中出现的有声语言以及音乐都是时间的艺术。另外我们有雕塑和绘画,是空间艺术。如果图片突然动起来,就会发生从空间艺术到时间艺术的转变。图片就变得和音乐、语言类似。对我来说,对运动的分析在于分析运动如何在绘画中出现,即立体派和未来派。因此我查询了最早写到"运动"一词的美学理论书是哪一年出版的。大概是1900年。当时就有名为《造型艺术中的运动问题》(*Das Bewegungsproblem in der Bildenden Kunst*)的书,早于未来派和立体派,不过当然晚于工业革命,因为工业中的铁路和之后的汽车运输,已经存在了近百年。这也意味着，运动现象历经100年才成为美学问题。同时也是从空间艺术转向时间艺术的起点：绘画突然变成了时间艺术。因而人们可以为电影、视频和电脑建立一整套美学。从这个范围上说，运动于我而言不仅仅是工业上的重要词汇，也是美学上的。要想到，1886年发生了两场重要的具有历史进程的运动，值得注意的是两场都发生在卡尔斯鲁厄。其一是1886年奔驰开始造汽车，从此出现了物理的、物质的交通工具。但我一直强调，同一年，赫兹通过实验证明了电磁波的存在。因而不仅诞生了运动产业，随之而来的还有符号运动产业。电磁波的发现使消息首次不需要通过信使传递。此前人们为了传递信息，比如信件，需要一位士兵、一匹马或一艘船，即一位信使来递交信息。如果符号都通过电磁波传递，例如通过传真或电话，那就可以直接传递信息：符号本身首次与实体剥离。符号可以独自游走。

SZ：将信息和信使剥离这件事我们还应该更详细地说一说。我想再回到《拉奥孔》（*Laokoon*）上来，您之前在讲莱辛时已经提过。我们在柏林工业大学文学研究本科的学习中饱受《拉奥孔》折磨，但读完也得到了巨大的收获。这对您来说是不是类似于前媒介理论时期的理论。

PW：当然。我在20世纪60年代中期开始这样的思考时，搜索了部分美学历史文本以及有关媒介理论的文学和音乐。主要文本之一就是莱辛写的。某些情况下搜索还可以追溯，我也这么做了，追溯到达·芬奇在15世纪末写的文字，它们大概到100年后才被出版。如果在他的时代出版了，他反倒会有麻烦，所以他必须等。我系统性地寻找能够对媒介理论出现以前的问题给出答案的文本，我可以通过这些文本论证我的媒介理论，从而能够说："书里的这处定义了空间和时间的艺术"。这样，我们可以认识到，动态图像在多大程度上可以看作是19世纪工业革命的美学产物。这是我的定理之一。工业革命是一种轮子技术：汽车有轮子，飞机靠轮子启动，铁皮火车由轮子构成，最开始的图像机器也有部分是车轮技术——机器里有旋转的照相机，也有旋转的放映机。因此图像机器实际上只是运动机器被发现的表象。如果没有运动机器、没有蓬勃发展的轮子技术，我们就无法拥有胶片摄影机和放映机。这些是相应延迟的衍生物。因此运动现象对我来说很重要，时间现象也随之产生。正如这本书的书名……

SZ：《图像变迁——时间制》[1]

PW：是的。从此开始了时间的统治。社会上开始出现著名的泰勒制、福特制、后福特制[2]，这些如今在拉扎拉托（Lazzarato）的媒介理论中都再次被讨论。我在20世纪60年代已经写下了这些。所有这些，比如传送带，都是运动的结果。然后人们就会发现，传送带在外形上类似于电影胶卷。商业电影的机制也类似于工业制造产品。人们会考虑如何制作一部电影，同时自己不成为这种机器制造的图像的一部分，以及如何像画家一样画出个性化的图像。因此出现了地下电影，目的是控制预算和其他更多的东西。电影逐渐出现两极：工业电影和先锋电影——艺术化个性化的电影。在这一点上正如运动对工业革命的重要性，运动对于美学和媒体导论的研究来说也非常重要。如果人们从日耳曼语言文学（或称日尔曼学）和语言中推理媒介理论，而且只从这一点出发，那么就会错过运动方面的理论。也就是说，有些人关于传播的媒介理论只是基于日耳曼语言文学和语言，根本没有讨论运动。但很明显，当我们谈论图像时，包括电影、录像、经典媒体，即图像媒体，都必须从运动现象说起。

SZ：当然还有我们讨论音乐的时候。这是您艺术传记的另一个方

---

[1] Peter Weibel, *Die Beschleunigung der Bilder. In der Chronokratie.*
[2] 译者注：三者均为生产管理模式的工作方法。泰勒制：一种为提高劳动生产率，使作业标准化、规范化的管理方法，将工人视为机器。福特制：以市场为导向，以分工和专业化为基础，以较低产品价格作为竞争手段的刚性生产模式。后福特制：以满足个性化需求为目的，以信息和通信技术为基础，生产过程和劳动关系都具有弹性的生产模式。

面。表演是艺术发生的一种时间形式。它以过程和事件为导向，也常与音乐联系在一起。我有一个问题与之相关，这在我的大学学习中非常重要，总是反复想问：之后被称为"媒体艺术"的发展，是根据绘画雕塑这些经典艺术史对象来阐释的，这不是完全颠倒了吗？从音乐的角度，也就是基于时间的艺术看不是更明智吗？

PW：巴琮·布洛克（Bazon Brock）主要推动的激浪派运动，基本上就是一场音乐运动。在白南准的"音乐展览会"上，也引入了电视机。从纯粹技术角度来看，非常重要的是，电视机的扫描线其实是时间线上的一串点。扫描线完全由点组成，所以在某种程度上它是乐谱，是时间的记号，就和音乐一样，纯粹是技术的。这一论点也在激浪派中得到证实。媒介领域的许多事件受音乐启发。白南准，影像艺术之父、著名创始人之一，他曾说："1957年的德国是音乐先锋的中心。而音乐先锋是视觉艺术中所有革命的开始。"正是如此。人们可以通过研究音乐来更多地了解媒体。这也是为什么我作为一个实践者和理论家会深入地研究音乐。如果我可以回到时间制，比如说我们生活在时间的统治下，而不是像工业革命之前生活在空间统治之下，某种意义上我们是被时间统治的奴隶。如果去读斯蒂芬·茨威格（Stefan Zweig）关于世界的自传，就能清楚地看到这一点。这本传记记录了他成长的世界，其中有一句话是，"我从未见过我的父亲匆匆忙忙"。这本书就是著名的《昨日的世界——一个欧洲人的回忆》（*Die Welt von Gestern: Erinnerungen eines Europäers*）。那是个不急不缓的世界。后来第一部关于现代世界的优秀小说是穆齐尔的《没有个性的人》（*Der Mann ohne Eigenschaften*），其开篇写到，汽车急速行驶，也就是描述汽车的速度。这是对现代性的介绍，现代性中的速度快到像小说一样夸张，受人摒弃。这方面有很多证据。

SZ：《沃伊采克》（*Woyzeck*）。

PW：没错。

SZ："让他别那么着急！"——《沃伊采克》。

PW：也就是说，如果音乐是严肃的，那它就代表了一种征服时间的尝试，而不是听从时间的指令，就像在节奏和旋律中那样。你只能通过短时记忆来记住旋律。任何超出短时记忆某一阶段的东西都不再是旋律。所以我举办了一个关于神经美学的研讨会，但无关视觉，而是关于听觉，从神经外科、神经病学、神经科学和通信科学的研究结果中学到听觉新模式[1]。这非常有趣，因为我和这个领域的大多数人一样，认为大脑是按时间顺序处理一系列脉冲的，大脑其实是一个音乐设备。如果我观察您的大脑结构，会发现大脑有神经元和神经刺激，潜能会被激发。因此，它是一连串的时间点，是发射点。这时，大脑非常聪明，它把这些及时到达你面前的音乐信号看作是，例如一张脸或一本书。换句话说，我们几乎是处理音乐的动物。您甚至可以说，用听觉听音乐产生一种愉快的副作用，但其实是大脑的误解。说实话，进来的是声波（实际上是压力波），而从牛顿开始，人们就知道，声波、压力波和光波之间是根据频率和系数区分的。当这些声波以压力波的形式到达时，大脑自然会试图生成愉快的感受。在演化的过程中，我们最好将这些波解释为音乐。但在未来，我们可以努力让耳朵不会再这样做。也就是说，耳朵将声波、压力波转换为其他东西。这些是我正在进行的设想，仅仅是理论上。

SZ：彼得，让我们回到对话的起点。音乐是您实践和思考艺术的开端之一。但在我看来，从一开始你们行为中心的媒介就是文学，这我们已经讨论过。您在20世纪70年代末年的一篇文章中说过"对语言的背弃""文学以外的文学""电子媒介时代文学"。而在其他地方说"文学将一如既往为国家服务"，"将监狱改造成全世界最好的监狱"，"强化现状"。"诗歌将保持优秀诗歌的模样：传递新的见解和感知"，"强化和提

---

1 „Neuroästhetik", Symposium und Konzert, ZKM, Karlsruhe, 22.–24.11.2012.

升个体"。[1] 我想到了奥利维蒂（Olivetti）公司的莱泰拉22型（Lettera 22）打字机，我知道你用过这个。就像莱昂纳德·科恩（Leonard Cohen）和他作的歌词。这句话出自1969年计划中的《媒介诗歌》一书中的序言。不过这本书从未印刷，可能您也想到了，因为对大多数出版社来说，这太前卫了。什么是文本？语言对彼得·魏贝尔你来说意味着什么？是无数关于文本本身的表演和艺术舞台，以及文本的物质性。

PW：完全正确。我开始进行媒介与语言知识之间的思考。海德格尔甚至声称，人们只能通过说德语进行正确和良好的思考。先锋派在20世纪50年代就已经说过："我有纸这个媒介，我可以在二维表面上写字。"巴琼·布洛克说："我用白纸做了一本厚厚的书。"这本书——我当时并不知道，后来才看到——实际上是一种表演性的行为。与之无关的是纸和书本身就是一种媒介：一种物质媒介，一种物质表达。皮肤曾经以羊皮纸的形式也成为书的一部分。之后我把这些东西转给了身体，也的确拥有了一小部分观众，正如我提到的检察官和警察。甚至我自己的同事，维也纳学派的先锋诗人，也拒绝了我的诗。之后就像这样：由于纸张来自皮肤，我起身，没有大声读诗，而是抓挠自己，将诗卷插入我的皮肤。然后必须有人来缝补裂缝。也就是说，人们根本没有听到诗，而是见证创造诗歌的一个过程、一种行动。类似的事情还有很多。当时我坐下来并说："我正在写一首诗，但您听到的只是打字机打出这首诗的声音。"随后我拿起磁带——因为磁带能将声音延迟，对着它说出音节，例如"ge"。然后它再次出现，我必须说："ent-ge-gend"[2]。我创造出所谓的结构，而音节的再现只有通过重复才有意义。

1964年左右，我开始回到磁带或纸张上，也就是回到语言的物质

---

1 Peter Weibel, Vorsätze, in: *Protokolle. Zeitschrift für Literatur und Kunst* 2 (1982): Peter Weibel. Mediendichtung, S. 5f.

2 译者注：entgegend意为"迎向"，此处指该词在发音时分为三个音节。

性，回到书和所有这些东西。我问听众："束缚和自由在今天意味着什么？"比如——这是当时的舞台——这里有两根柱子，观众把柱子推得越来越近，最后只剩下"束缚"这个词。也就是说，我在空间和时间中阐述一个句子的语境，以及用什么材料，才是关键。然后我按照字母表提问，某种程度上是排他性的过程，将字母分散在观众中。拿到字母A的就要站出来说一句话。通过这种方式让观众自己创造诗歌。随后我叫了"B""C""D"等，对应的观众站起来朗读句子。每个人在说完句子后都必须离开，最后场地都空了。类似的较著名的例子发生在一次学生会议上。有人走进来想看展，但房间是空的，他们便问："请问，展览在哪里？"于是我说："你自己办展"。为什么呢？因为在展览的地板上用粉笔写着"右"。然后每个人就会踩着"右"走过去——这是世界的常态。这些访客应验了我的预言：他踩上了"右"，并成为语言过程的一部分。我一直把政治看作是指令处理的工具，主要因为我在福利院长大。我从6岁起就在寄宿学校读书，因此知道语言主要是作为命令的语言。而作为一个诗人，必须创造出一些东西来摆脱命令的语调。

SZ：让我们再次回到您身上，因为当您谈到用来加工、创造或干预文本的工具时，会特别兴奋。这是物理的一面。您回想一下，这是不是受到老套词语像麦克卢汉"媒介即按摩"的影响，还是说受到尼采及其著名思想的影响，也就是我们在20世纪80年代媒介理论中常常听到的"写作工具记录思想"？您能否从理论上将其情景化？还是说，这确实就是一次行动？

PW：不是，不是。有两次浪潮，一次是语言本身的浪潮——当时我在读卡明斯（E. E. Cummings）。我当时已经窥探到这一点，因为1963到1964年我在巴黎待了一年，了解了法国的先锋派。我知道字母在纸上的分布情况，但缺少纸张、材料的参考。这就是为什么我做了一本书，名为《可以翻阅的书》（*Ein Buch zum Blättern*）。书的第一页写着"请"，第二页写着"翻页",连起来就是"请翻页",读者照做。下一页又写着"请",再往后一页写着"注意"。这本书总是在说"请注意"。通过这些我想表达的是,我制作书,就像购书的全过程:你站在书柜前,看到一个漂亮的封面,走过去,跟老板说话……然后我拍下了一切:柜子中的书,这张照片成为封面。如果你翻阅这本书,你就会进去找老板。之后我把买书的过程作为书的内容。整个物质性,即书的材料,包括过程本身,与书相关的行动,都成为书的一部分。整件事被转移到打字机和电话,这些当时存在的东西上。我的野心是把语言从语义学、从意义层面还原到语用和句法上。为了实现这一点,我阅读了当时所有材料:从杂志《技术时代的语言》,到特鲁别茨柯依(Trubetzkoy)和罗曼·雅各布森(Roman Jakobson),也就是所有语言学家,再到麦克卢汉。我是一个在不断阅读的人,几乎什么都读。我甚至读看起来最不入流的内容,诸如意大利女性杂志。即使是现在我偶尔也会阅读,因为总能从其中找到某些信息。

SZ: 回到您刚刚提及的几个名字,他们的思想后来在学术上被称为语言学转向(linguistic turn)。这从法国传过来的语言学转向对早期阶段,包括把文本视为重要媒介的工作,有多重要?费尔迪南·德·索绪尔(Ferdinand de Saussure)的发现当然也极大影响了语言学以外的法国结构主义者,这对当时的维也纳有什么影响?你们有自己的语言哲学家,例如维特根斯坦。但是法国传统的影响大吗?

PW: 在维也纳,主要有维特根斯坦自己的语言哲学,但也有著名的先驱弗里茨·毛特纳(Fritz Mauthner),他在1900年左右写了三卷关于语言批判的书[1]。顺带一提,他的一个学生是著名的无政府主义者古斯塔夫·兰道尔(Gustav Landauer)。所以传统就是如此,从毛特纳到维

---

1 Fritz Mauthner, *Beiträge zu einer Kritik der Sprache* (3 Bde., 1901–1902).

特根斯坦。语言批评是对一种现实的批评。只有我受到了法国人的影响。我的朋友们，从恩斯特·扬德尔（Ernst Jandl）到奥西·维纳（Ossi Wiener），会英语但不会法语，也对法国理论不感兴趣。比如他们一般对索绪尔的书《字下之字》(Lesmots sous lesmots – Wörter unter Wörtern)[1] 不感兴趣。但是如果您读卡明斯的诗，会看到他的言外之意。我看到，在法语单词"écrire"（写）中隐藏着"rire"（笑），或者说，"Chaîne"（锁链）中有"haine"（仇恨）的意思：锁链是仇恨的容器。于是我想到可以把这些写下来，我更倾向用霓虹灯来做，霓虹灯打开，一些字母显现，再关掉。只是1966年，当时的我才22岁，没有钱实现。我把它录了下来，最惊人的是我同事说："那是废话，不要这样做，就是胡说八道。"所有老一辈的人总是在和我抗争，所以我最后还是用摄影来表达。例如，有"森林"这个词，但当我拍摄森林的照片时，它却是另一片森林。我可以写下"树"这个词，作为一个概念，但没有"树"的一般视觉符号。照片里展示的永远是不同的树。我决定把这些词挂在墙上，巨大的"楼梯"或者"树"，旁边我挂了很多很多照片，以表明在现实中有许多具体的树。我不能把树或森林带入画廊，所以我想说：无论如何，现实总是在外部，根本无法通过我们的媒介系统、语言系统获得。我们只能接近现实，所以几十年后我开发了一种等级制度，根据这个制度，现实总是比我们能想到的更多、更庞大，也比我们能够格式化地，即通过语言、数字或类似东西表达得更多。语言思考变成了图像思考。而我试图以艺术家的身份来实现这些东西。我做了上面写着"草莓"的铭牌。如果大家把铭牌举在头前，它的意义和把"草莓"一词放在生殖器前是不同的。通过这种方式我完成了一些游戏，也就是把这些词汇放在不同的物体和身体部位上，词汇含义就随之发生变化。就这样我开始着手视觉媒体、

---

1 Jean Starobinski, *Les Mots sous les mots. Les Anagrammes de Ferdinand de Saussure* (Paris 1971). Deutsche Ausgabe: *Wörter unter Wörtern: die Anagramme von Ferdinand de Saussure* (Frankfurt, Berlin und Wien 1980).

摄影、视频等研究。

SZ：和语言学和符号学联系起来相当重要，但同样密切相关的还有心理分析。在您的文章和表演中很早就出现了雅克·拉康，当然，在维也纳同样有西格蒙德·弗洛伊德，您还为他做了一整本《奥地利摄影》（*Camera Austria*），写了一些关于他的文章，也做了很多思考。那个时候精神分析对于您的行为、表演有多重要？大家可以用精神分析的角度解释几乎所有事。

PW：大家注意到，维也纳行动主义是如何在20世纪60年代初，即1963年，从尼奇（Nitsch）、布鲁斯（Brus）和穆尼（Muehl）开始形成的。尼奇曾进行过某种精神分析训练，但其他人没有。他们是从奥斯瓦尔德·维纳和我这了解到的。于是我们一起开始阅读赖希、弗洛伊德和所有精神分析学，包括阿德勒（Adler）、萨德（Sade）。所有这些——受虐与施虐情节等——所有这些文献都为维也纳行动主义的发展和进步奠定了基础。但我们也有其他的思想来源，比如绘画，比如塞缪尔·贝克特（Samuel Beckett）和其他人。拉康不在列。直到1966年《文集》（*Écrits*）出版，行动主义开始发展。1967年，我引进该书的尝试遭到了拒绝，因为拉康是不以身体为中心的。他有一个盲点：就是身体本身。拉康是一位符号学家。他说的是象征性的链条，也就是符号的哲学，而不是身体的哲学。而且维也纳人不太感兴趣。他们更感兴趣的是语言和技术。我们，包括奥斯瓦尔德·维纳和其他人，在那里怀揣技术梦想，提出了生物适配器（Bio-Adapter）概念，进一步把语言发展为技术。但维也纳人在某种程度上排斥拉康。直到20世纪70年代初我才能找到和我一起阅读和研究拉康的人。他们后来去了巴黎，成为拉康的追随者。

SZ：这有可能，即使是微不足道的言论对很多人来说也很有启发。那是一个与许多行为不太相符的世界，那些行为在维也纳很流行。

PW：可以这么说，这显然超过了行动主义者的智商。

SZ：这一时期，在对拉康和整个精神分析的强烈关注中，他们也对现在的性别理论或性别关系的早期发展作出了相当引人注目的贡献。有一些壮观的行动，其中最著名的我想再次通过高射投影仪展示瓦莉·艾丝波特（VALIE EXPORT）用狗链牵着您爬过维也纳街头。您在这方面有过深入研究，这是怎么和精神分析、和有关性别的尖锐争论联系起来的？而对信奉天主教的奥地利来说，这些参与可能并不是那么容易。

PW：一方面来源是精神分析，主要是赖希，但另一方面，弗洛伊德从未回答过这个著名的问题："女人想要什么？"一个重要的来源是无政府主义，像爱玛·戈德曼（Emma Goldman）以及英美的女权主义者。通过我前面提到的语言学批评，从毛特纳到古斯塔夫·兰道尔，可以说我也有一种无政府主义倾向。当时左派对于无政府主义的合法性展开激烈争论，当然我也发现，非常非常多的女性——从戈德曼到女权主义者——都是无政府主义的代表人物。因此我开始阅读约翰·斯图尔特·穆勒（John Stuart Mill）的《妇女的屈从地位》（*The Subjection of Women*）[1]和类似主题的文章，并意识到实际上已经有隐藏着的女权主义历史。只是当我写女权主义文章时，并不顺利，我给自己选了一个好的笔名，叫瓦莉·艾丝波特，并以此署名。（这些文章）几乎都是基于无政府主义传统的分析。

当时人们在谈论直立行走。奥地利的教堂里有一张名为《人类文档》（Die Mappe der Menschlichkeit）的图片，但教堂恰恰不代表人性，而是非人性。我获得启发，给这个行动取名为"受迫者档案"。奥地利也不善于直立行走，这是布洛赫当时的口号。这里面包含很多，如行动主义、无政府主义，还有非常重要的电影元素。因为我们已经习惯把动画片中的人表现为动物，而我顺应当时的趋势——作为扩延电影——让表演回

---

[1] John Stuart Mill, *The Subjection of Women* (London 1869).

彼得·魏贝尔和瓦莉·艾丝波特"受迫者档案"(1968)

归现实。如果人在动画片中作为动物出现,那么也应该展示现实中的动物。如果动物像人一样说话这件事能引人发笑,那么人也应该像动物一样行走。

SZ:你们做扩延电影的想法是对现实的一种转变,也就是把电影从电影院里拿出来。

PW:正是如此。这与"触摸电影"是一样的。不是仅仅看内在,还要触摸和抓住它。一种非常强烈的触觉和导向趋势是现代主义的一部分。自杜尚以来,现代派特别注重触觉。我在这方面的工作是为了批评把影院作为表现和幻想的机器。

SZ:(影院)而且是作为一种机构存在。

PW:的确。

SZ:这对我来说也是一个重要问题,因为那时阅读马克思和恩格斯的《资本论》[1]对我们来说很重要。我们谈论的是20世纪60年代末70年代初。我把你们的行动，扩延电影的行动、攻击性别关系的街头行动理解为对占主导地位的政治经济学的攻击，这种政治经济也许在我们所说的色情制品中表现得最为明显。你们专门研究了这一块。

PW：色情制品显然是一种剥削，一种对合法需求的剥削。当时，色情电影业诞生，我抗议色情制品，抗议这种对人类合法需求的剥削。

SZ：我们进行一个小的主题跨越。我想先播放一个简短的视频作为引子，肯定有人知道，因为这是彼得最著名的作品之一。据我所知，它诞生于1967年。我们现在看到的这个是《合成》(*Synthesis*) 1972年的版本。

（开始播放）

魏贝尔："一种人机互动。一个有关语言、政治和技术的报告。关于把语言作为实际上的命令系统，关于把语言作为工具的政治和技术。报告会一直进行到磁带终止或我自己精疲力竭的时候。开始。结束。开始。结束。开始。结束。开始。结束。开始。结束。开始。结束。开始。结束。开始。结束。开始。结束……"

（视频结束）

SZ：我们对接下来发生的事情有一个设想：直到机器或主人公精疲力竭才会最终结束。诸如：克劳德·香农（Claude Shannon）、艾伦·图灵（Alan Turing）、罗斯·阿什比（Ross Ashby）和他的"稳态(Homeostat)"[2]。德语媒介思维竟然很早就发现了控制论和自动机理论。其

---

[1] Karl Marx, *Das Kapital*, Bd. 1–3, Bd. 2 und 3 posthum hg. von Friedrich Engels (Hamburg 1867, 1885, 1894).

[2] 译者注：一个由四个相互连接的盒子组成的结构。每个盒子都有一个可移动的指示器。当实验者将这些指标中的一个或多个从它们的中立位置移开时，其余盒子上的指标将以相反的比例移动，从而保持一个稳定的整体平均值，与生物体保持葡萄糖水平和体温的方式类似。

《合成》画面

来源:Peter Weibel, „Synthesis" (1972).

中最漂亮的书之一主要是由彼得·魏贝尔负责的。我非常自豪的是,第一本被偷之后,又在一家古籍书店买到了。该书名为《自动机理论研究》(*Studien zur Theorie der Automaten*)[1],撰写于1974年。在20世纪70年代初,您将克劳德·香农、约翰·麦卡锡(John McCarthy)、罗斯·阿什比等人的文章翻译成德文,这些文章主题通常是"自动机""控制论""智能机器"。研究这类材料对您有何意义?翻译也意味着对这些文章的研究更加深刻。如果我的补充没错,这是一个重要的切入点,或者对您自己的发展来说是一个非常重要的阶段。

---

1 Claude E. Shannon und John McCarthy, *Studien zur Theorie der Automaten*, übers. von Peter Weibel und Franz Kaltenbeck (München 1974).

PW：其实，我们也已经讨论过的两个阶段，即行动主义和文学，二者对我来说非常重要。最重要的是多年来对自动装置理论的研究，如今更多地称为"计算机科学"或"信息学"。当我们翻译当时最伟大的在世自动装置理论家的文章时，从阿什比到香农，我注意到其中有一些印刷错误，比如公式不一致。我必须告诉作者，"我怀疑这里有一个印刷错误。其实应该是别的东西。"作者回复说："你是对的。"也就是说，我们与所有仍在世的作者——香农、麦凯（MacKay）、明斯基（Minsky）、马丁·戴维斯（Martin Davis）和所有这些计算机科学的传奇人物——能保持充分的通信，我们的工作也证实了这一点。一本只有抽象公式的，有400~500页的书也能因此拥有一定的深度。

SZ：我有必要说一句，原版书出版于1956年[1]。你们还增补了几篇文章。

PW：这与我年少时读的一本埃里克·坦普尔·贝尔（Eric Temple Bell）写的《数学大师》（*Men of Mathematics*）有关。人们通常认为艺术家是怪人，但真正的怪人是数学家，特别是英国数学家。这本书让我想重新阅读原文，了解其中所有的人——从发现光色的牛顿到布尔。因此16岁的时候，我订购了一本书，其书名蕴含着值得期许的前景——《思想规律的研究》（*An Investigation of The Laws of Thought*）。但是我发现，这不过是将代数简化为逻辑结构的一种尝试。如今学校的老师3个月内就可以教完这本书。但在那个时候没有人会，而且这本书诞生自19世纪，是用古老的记录方式编写的，是一些老式的记号。我没有老师，没有同伴，不得不独自阅读。最后成功了。我花了一年时间研读书中古老的记录方式。布尔代数是后来被称为香农开关代数的基础。而当我看到开关代数时，我心想："啊，我知道了！这就是布尔

---

[1] Claude E. Shannon und John McCarthy, *Automata Studies* (Princeton 1956).

代数。"在那之后,我开始对自动装置理论感兴趣,并于1966、1967年在维也纳进行相关研究。当时的大学里还没有为此命名。当时称其为"逻辑",抑或是"数理逻辑"。当时我们只有12个人在学习这一科目,因此不得不自己翻译和理解文本,这就是我们与思想家接触的方式。你可以想象,在行动主义的维也纳,在维也纳集团的时代,如果有人在研究这个,其他人就会说:"胡说八道,浪费时间。你怎么能做这些?你为什么不写诗,不做电影?你怎么能研究这样的东西,抽象的自动装置理论?它根本就没有未来。"这是我的新美国电影的朋友们说的,是乔纳斯·梅卡斯(Jonas Mekas)和托尼·康拉德(Tony Conrad),1968年到1972年我在伦敦或汉堡认识的他们。但重点是,1980年,当笔记本电脑突然出现时,托尼·康拉德和霍利斯·弗兰普顿(Hollis Frampton)又想起了:"啊,我们认识可以信任的人。他是一个艺术家,他了解这个领域。"因此他们必须来联系我。关键是,当1974年我们在做这本书时,我作为理论家,比史蒂夫·乔布斯(Steve Jobs)、史蒂夫·沃兹尼亚克(Steve Wozniak)或保罗·艾伦(Paul Allen)早很多。但我有一个令人难以置信的缺陷:我是受过教育的欧洲知识分子。我们可以画波浪图,理解开关代数简化等所有这些事,但我没有想到要自己串联起来。对我来说,会公式已经足够了。但后来我意识到这是一个未来的发展方向,我和一个朋友,一个伟大的数学朋友开发了一种编程语言。那是1972年。这种语言被称为"Simula",我们把它带到维也纳[1],说:"我们可以模拟所有的有轨电车,使它们更准时、更便宜。"维也纳市政当局对此不感兴趣。我凭借少年意气说:"好吧,那让我们去苏黎世试试。"但苏黎世人也说:"不,我们不需要,谢谢

---

1 Das Projektkonzept „COMPUTOPOLIS: Computer-aided City" (1980) von Werner Schimanovich und Peter Weibel ist als Faksimile abgedruckt in Werner DePauli-Schimanovich, *Europolis 2. Vom Bodensee zum Burgsee: Über die Zukunft des Verkehrs in Austria*. Perspektiven einer Wissenschafts-Kultur in Österreich, Buch 4, hg. von Peter Weibel (Wien 2004), S. 416–430.

你。"这让我误以为这没有什么前途,我自己也相信了。我跟朋友,跟弗朗茨·卡尔滕贝克(Franz Kaltenbeck)和维尔纳·德保利-希曼诺维奇(Werner DePauli-Schimanovich)说,有一个重大错误在于我们从没想过自己创立公司,只是作为欧洲知识分子说:"我们要成立一个研究所!"我们想把它称为"实验认识论",因为我们想表明,可以用计算机模拟一些东西,从而推动知识的发展。当然,维也纳大学和国家都拒绝成立这样一个研究所。1974年在某种程度上是这些努力的最高点,也是一场深刻的体验。此外,1969年,我还在《电影》(Film)杂志——一本非常好的杂志——上发表了一篇文章。《电影》杂志和慕尼黑的《电影批评》(Filmkritik)杂志总是把帕索里尼和其他人的剧本印在最后。当时我对编辑说:"最后20页给我,不要给帕索里尼。我会在那几页写电影的未来,我把它称为'扩延电影'。我将向你展示可用计算机制作电影的算法。"后来主编确实刊登了,非常棒。但当时没有任何人可以共同跟进,除了我自己。1969—1974年是我参与最多的阶段,某种程度上构成了后来我在20世纪八九十年代所做一切的基础。

SZ:我现在仍觉得非常兴奋的是,回过头来看这些文章和你对其他文章的评论,能看出你们的选择有一个贯穿始终的主题,这与把机器看作机器思维有关:事件,即一个事件的可控性和不可控性,像一个主题词一样贯穿始终。当然,这又与激浪派和表演有关。因为控制、全面组织和过程开放性之间的相互作用以及一再发生的随机性,确实是一个中心主题。我也想到白南准早期设计的摇摇欲坠的机器人实际上能精确运行。但他是用奇怪的脆弱部件制作的,因此它们在某些情况下甚至可能会瓦解。这种估计、测算和开放过程之间的相互关系,也是一个核心主题吗?

PW:没错,我们对二者都很着迷。一方面是可计算性,源于图灵的《论数学计算在决断难题中的应用》("On Computable Numbers")[1]：这种可计算性，即通过完整的数字系统表达世界能让我们走得越远。直到奥西·维纳对著名的生物适配的描述，才开始与计算环境有关[2]。另一方面，我们也对量子物理学和类似的东西感兴趣。自高中以来，量子理论一直是我们最感兴趣的理论之一，还有概率论。书里还有许多关于概率论的文章。从约翰·冯·诺伊曼（John von Neumann）的一篇文章中我们发现，人们可以用大量不可靠的零件建造出一台可靠的计算机。这是一个惊人发现，一台机器可以被不可靠地制造出来，也就是有不可靠的部分，会产生错误，但最终会产出一个无缺陷的产品。这是个聪明的方法。而我们总是对两个极端感兴趣：可计算性和不可计算性。因此早期我开始对库尔特·哥德尔（Kurt Gödel）和他的不完全性定理感兴趣，甚至后来发展成迷恋，成为哥德尔的最大收藏者之一。因为我有一个主场优势：在维也纳仍然可以找到哥德尔的痕迹。我甚至找到了哥德尔为了生日寄来的一张唱片，录了他的一些话语。正是因为我保存了哥德尔的声音，使得今天仍然可以听到。我去了捷克共和国的布尔诺拍了一部80分钟的电影[3]，他家的别墅就在那里；还去了普林斯顿，遇到了还在和哥德尔共事的人；我还写了一些内容包含库尔特·哥德尔[4]的书。一方面，我对数学仪器、机器有极大的兴趣，但同时也对能超越这些的东西感兴趣，也就是对超越数学仪器的不完全性、不可预测性感兴趣。如果不先了解可

---

1 Alan Turing, On computable numbers, with an application to the Entscheidungsproblem, in: Proceedings of the London Mathematical Society, Ser. 2, 42 (1937); 另参见：On Computable Numbers, with an Application to the Entscheidungsproblem. A correction, in: *Proceedings of the London Mathematical Society*, Ser. 2, 43 (1937).

2 参见：Oswald Wiener, Anhang: Zur Konzeption des Bio-Adapters, in: ders., *Die Verbesserung von Mitteleuropa* (Reinbek bei Hamburg 1969).

3 *Kurt Gödel. Ein mathematischer Mythos*, Filmbiografifie von Peter Weibel und Werner DePauli-Schimanovich (BRD 1986).

4 Peter Weibel und DePauli-Schimanovich, Kurt Gödel; Eckehart Köhler, Peter Weibel, Michael Stöltzner, Bernd Buldt und Werner DePauli-Schimanovich-Göttig (Hg.), *Kurt Gödel: Wahrheit & Beweisbarkeit, Bd. 1: Dokumente und historische Analysen und Bd. 2: Kompendium zum Werk* (Wien 2002).

计算的限度，谈论直觉和幻想是没有意义的。这也是图灵的回答：如果哥德尔说什么是不可计算的，那么我就说什么是可计算的。反之亦然。

SZ：这是早期奥斯瓦尔德·维纳思想的激进之处，也是您的。如果懒惰的人们说"机器做不到"，不要就此满足，而要先尝试机器能走多远。它们到底能做多少工作、有多复杂？只有这样，才能接近极限并突破。

PW：后来我说，材料和机器是现代性的。但我们现在超越了这一点。媒介替代了机器，数据替代了材料。由此我越来越沉醉于数字美学。1984年，我写了一本关于数字美学的书[1]，其中我还写到编程的历史——谁创造了哪些发明。因为我还想表明：我们现在已经超越了机器，到达了媒介时代。这些不仅仅是机器。媒介概念是机器的延伸，同时也是从材料到数据的进一步发展。

SZ：从那时起您对图片思考和图片工作的概念完全改变了。因为图像对您来说，至少在那时，不再是一个对象、物体，不再是可以被固定定义的东西。实际上成为透明的、开放的、可不断干预的东西。

PW：一个变量的领域！这也是为什么你的变体学（Variantologie/Variantology）是媒介理论的一贯发展，因为在数字时代，图像是变量、像素和点或位图的领域，通过这些可以准确定位图片。它是纯粹建设性的。在引言中已经提到，我排斥感知和投射。但是如果我现在可以自己制作图片，自己构建图片的每一个部分，控制生产且再一次展示生产情况，那么这种呈现就非常关键并且可以实现。

SZ：这也非常令人兴奋。当您在法兰克福创立新媒体机构时，重要的是编程和用编程理解图像世界。几乎所有曾在那的艺术家，比如迈克尔·绍普（Michael Saup）、乌尔里克·加布里埃尔（Ulrike Gabriel）和其

---

1 Peter Weibel (Hg.), *Zur Geschichte und Ästhetik der digitalen Kunst* (Linz 1984).

他许多人，都是真正优秀的程序员。而同时在您加入之前，在卡尔斯鲁厄成立了一所代表传统艺术概念的大学。对我来说，那里发生了非常有趣的跨越。

PW： 那是1989年，卡斯帕·科尼格邀请我担任施泰德学院新媒体研究所负责人时，我直接说："我很乐意，但有一点要确认：我们不制作视频，甚至不从视频开始。我们只进行计算机和编程，所以我们不同。"那时，视频艺术家刚刚兴起。20世纪六七十年代他们就存在了，在80年代被绘画的回归打断，然后在90年代他们又开始制作内容多样的视频。我说："不，我们不做视频。我们只做计算机和数字工作。"这也是我为什么拒绝了海因里希·克洛茨（Heinrich Klotz）提出的德国美术学院教授的邀请。当然也是因为我太喜欢研究所了，我说："我不会在那任课。除非是计算机艺术。"但他不希望如此。

SZ： 如果您愿意，我想请您继续进行对话的最后一部分，通常我喜欢谈到改变主意或是精疲力尽的时候，您也希望有所补充吧，是吗，彼得？

PW： 是的，关于可变性。如果提到可变性，人们就会意识到，所有艺术系统的要素都可变，包括作者。这就是为什么我在1988年至1989年开办了刚才提过的展览，"舞台上的艺术史"[1]。当时我犯了一个致命的错误。我应该称它为"建构的艺术史"。想法来源于所有的艺术元素是可变的这一理念。我虚构了6位艺术家，每一位都有自己的艺术，还有6个作家，每个人都以某种行话——无论是马克思主义或现象学——来描述这些艺术家。我并不是说所有这些人都是虚构的，而是现有的话语和形式中存在相关的艺术家名字和文本。甚至展览的主理人罗西·施瓦茨瓦尔德（Rosi Schwarzwälder）也来找我，并说："展览棒极了，你是在哪里找到这些艺术家的？但现在请给我看看你自己的作品。"报纸也写道："一位

---

1 „Inszenierte Kunstgeschichte", Museum für Angewandte Kunst, Wien, 15.12.1988–30.01.1989.

伟大的管理人，一次伟大的展览。"但他们以前从未见过这些艺术家，也没有意识到一切都是我虚构的。

所以你看，艺术系统中的一切都是可建构的变量。从哲学角度看，这对我也很重要：我认为媒介理论是对存在主义、对所有欧洲古典形而上学最尖锐的攻击。因为这表明，正如逻辑学家威拉德·冯·奥曼·蒯因（Willard Van Orman Quine）所说："To be is to be the value of a variable.（存在就是成为约束变量的值。）"[1] 人可以自己确定变量的值，但它仍然属于变量的范畴。这是一种相对存在主义。这也是媒介可以做的——让人们超越存在去思考、行动和生存，也是媒介思维教会我的。于我而言，这是媒介思维最宝贵的承诺。

SZ：有时当我说到"变体学"，有人会问我这是否指英语里的"Various Ontologies"（变化的存在主义）——某种程度上是相似的。

一个更普遍的问题同样重要：您一直在做展览，与艺术家，与那些可以被称为——也许有些不严谨——启示文学家的理论家一起行动，"让·鲍德里亚及其艺术"[2] "维利里奥及其艺术"[3]。保罗·维里利奥在过去的10或15年里变得越来越像天主教徒，而且思想上越来越偏向"世界末日论"。这与您自己的媒介开放系统有什么关联？您从来没有从目的论的角度考虑过媒介，也没有系统封闭过，而是一直把它作为可以超越的东西。您能不能对此再做一些评价？

PW：对我非常重要的一部作品是翁贝托·埃科于1962年首次出版的《开放的作品》（*Das offene Kunstwerk*）[4]。尽管这本书与艺术无关，而是关于音乐和文学的，但这是个复杂的辩证法。你是对的，为了保持这种开

1　Willard Van Orman Quine, On What There Is. *Review of Metaphysics* 2 (1948/49), S. 21–38.
2　„Jean Baudrillard und die Künste", ZKM, Karlsruhe 16.07.–18.07.2004.
3　„Paul Virilio und die Künste", ZKM, Karlsruhe, 04.11.2006–07.01.2007.
4　Umberto Eco, *Das offene Kunstwerk* (Frankfurt 1973); im Original Opera aperta (1962).

放性,我必须抵制现代主义的教条化。也就是说,有一种倾向——近日在卡尔斯鲁厄的研讨会上我称之为简化方案,现代主义有一种倾向,即减少现代艺术的各种可能性,甚至演变到著名的单色论,也就是在一个平面上只用一种颜色着色。人们评价一个简单涂成蓝色的平面,说:"这是有史以来最伟大的艺术作品。"我抵制这些简化方案,抵制现代主义的教条化。当我读到那些批评现代主义本身的哲学家时,我总是很高兴。也就是说,正是为了将现代主义维持成一个开放性项目,必须有批判现代性的可能。如果我正确解读了巴琼·布洛克的作品,我相信他也有类似的想法。正是因为他是现代主义伟大成就的热心捍卫者之一,他总是不受欢迎,总是攻击现代主义的某些方面。而利奥塔以其后现代主义思想[1]闻名,我们在1974年克诺克[2]举办的先锋电影节上相识,他告诉我,原作中写着"改编"。他并不想摧毁现代主义,而是想重写现代主义,重写,可以翻译为重新编辑。他想重新书写,使其保持现代性。之后他确实使用了"后现代主义"这个词,这有些遗憾,但想法依然是通过批评现代主义来维护其本质。鲍德里亚和维里利奥也是如此。

还有让我喜欢的一点:只要这些人一直在批评其他系统——政治、经济和工业系统,整个艺术界就会吞噬鲍德里亚和维里利奥。人们会说:"批评得精彩!"但当他们用同样的方法批评艺术系统时,只是这个系统的一部分,所有其他系统的一个子系统,人们就会怒吼。"这完全不公平",鲍德里亚如是说。他曾经接触过社会主义者,也认识其他艺术家,比如丹尼尔·布伦(Daniel Buren),法国的概念主义者。他发表了对艺术的批评,"艺术无意义"[3],即艺术的虚无性与无效性。他对我说:"我为此付出了巨大代价。"因为他的朋友们不再支持他。丹尼尔·布伦在画廊遇

---

1 Jean-François Lyotard, *La Condition postmoderne: rapport sur le savoir* (Paris 1979).
2 „EXPRMNTL" oder „Knokke Experimental Film Festival", Knokke.
3 „Nullité de l'art contemporain", 参见:Jean Baudrillard, *Le Complot de l'art* (Paris 1997).

到鲍德里亚，鲍德里亚不再支持他，并说："你怎么能批评艺术呢？"仅仅是希望艺术能有这种特权和垄断。人们可以批评一切——政治、经济等，但不能批评艺术本身。这就是为什么当哲学家允许批评艺术时——大可辩论这好还是不好，我非常高兴。而且在法国有很多这样的人，包括布鲁诺·拉图尔。艺术必须允许被批评，这样才能保持其开放性。这就是轮回，就是循环。

SZ：当然，在这一点上，人们可以对目前流行的话语塑造者展开长时间的讨论，南希下周将在艺术学院做一个演讲[1]，还有雅克·朗西埃（Jacques Rancière），他们都深入探究艺术，实际上（甚至）只写艺术。甚至乔治·阿甘本（Giorgio Agamben）现在也开始深入写艺术。每个人都在写艺术。

PW：我不得不说，我读这段话时兴趣不大。我认为其他人写的比他写的有趣得多。

SZ：从认识论上，我对您一直提到的这点很感兴趣：一方面，我们利用媒介工作，和媒介共同生活，媒介成为日常生活的重要部分，也是您在卡尔斯鲁厄艺术与媒体中心持续研究的对象。此外，从媒介的系统性角度看，人们还希望您能帮助组织信息社会。而另一方面，您将媒介理解为对物质的强烈反抗。这两方面是如何结合起来的？要付出巨大的努力才能平衡这两方面。其间的阻力在您去年卡尔斯鲁厄艺术与媒体中心举办的展览中尤其明显。不仅是保罗·泰克和威廉·巴勒斯等人，而且作为一个项目如今也听来很矛盾。

PW：这在一定程度上涉及技术问题，包括机器和媒介。我的观点是，我们必须就媒介多大程度上可以被看作是机器的进一步发展达成一致。我现在可以说：机器和媒介是技术的主要组成部分。从海德格尔及

---

[1] Jean Luc Nancy, „Art Unlimited? – Grenzenlos Kunst? Was heißt noch, Kunst '?", Vortrag an der Akademie der Künste, Berlin, 1.11.2012.

以后，有很多关于媒体如何得以运作的思想。想一想，如果你的房子被雷电击中并着火，某天你会想，"如何才能让房子不被闪电烧掉？"之后某一天就会出现避雷针的想法。所以说，发明技术是为了控制身边自然的影响，以使自己不要轻易成为自然的受害者。于是也能想到，对于一块单人无法承受或者需要10个人才能举起的重石头，可以利用杠杆抬起它。自然科学家现在表示，人们用杠杆举起这块重石时，可以在重力的帮助下不至于受伤。这是第二次尝试：环境人性化是技术的第二次浪潮。我非常关心人类命运，因而在人性化之后我意识到最重要的是我自己。下一个阶段是技术的个性化，也是这些机器被称为PC（个人电脑）的原因，它是一种为人服务的媒介。比如我们现在经常使用苹果手机（iPhone），其中的i就是我，最主要的原因是我们越来越多地使用移动技术，其中有一个永恒的主题：移动。移动，或者说便利性成为当代技术的核心事件和动力。你可以在机场用手机登录、值机，所有这些事情。"便利"一词无处不在。但这意味着在个人层面：我作为一个人可以前所未有地影响和控制我的环境。从某种意义上说，我每天可以通过成千上万个按键程序改变环境。但在一万年前绝无可能。我最多只能点燃一把火，其他一无所有。而如今，我可以利用身边那么多的移动设备几乎不间断地按动按键，周围有那么多移动设备允许我自己控制和构建环境，这在以前从未发生。

SZ：可以说是完美的幸运物。

PW：的确。

SZ：但也与互联网有关，即需要在远程基础上进行建设。没有这一基础就完全不能实现。

PW：这背后是一场针对系统和供应商的斗争。而这也是"控制［空格］"展览的主题。展览过程中发生了一件有趣的事情：当时我收到了一封电子邮件。有人抱怨说："你怎么能起没有人能理解的标题呢？'控制',胡言乱语!"他是用电脑写的。于是我说:"看看你的键盘,左下角写着'Control'(控制)"[1]。我的任务就是教会这些人了解自己的设备。这是一项重要的任务。

巴琮·布洛克:(从观众席中站出来)说一些有关神学科技的事!

SZ:好!

PW:媒介思维很可能来源于弗洛伊德,1930年他在《文明及其不满》(*Das Unbehagen in der Kultur*)一书中借助感官、感官学构建了媒介理论。这影响了麦克卢汉,最早可追溯到他提出的"媒介是感觉器官的延伸"。我们之后还可以展开对这一观点的批评。但这是一个非常合理的解释,因为如今大部分的媒介理论都基于感官。弗洛伊德说:"麦克风是我的声音的延伸,我可以让自己的声音变得更响亮。有了望远镜,我可以看得更远;有了显微镜,我可以看得更深入,更接近,看到比肉眼可见的更小的东西。"他列举了当时所有的仪器。之后就到了关键的一点,他说:"人类已经变成了装着假肢的上帝。"他接着说:"但因为这些只是假体,我们对文化感到不满。"不仅如此,当超我控制了本我,我们也有其他对文化不满的原因:人们想放纵天性,却被道德准则束缚,以致不能放纵。这显然导致了不满。

但正如之前所说的,围绕着我们的机器确实让我们成为装着假肢的上帝。虽然清楚它们只是假体,但我们希望没有假肢也能成为神。这是我们感到不满的第二个来源。这都是进一步探索的开端。我说:"所有的技术都是远程技术。""远程"一词来自希腊语"tele",有远程技术和远程科技的含义。这就是为什么说"爱人如爱己"如此老套。相反,人们应该说,"爱远邻如爱己"。这是一个典型近代社会的短语,就像早期的嬉皮士公社,围坐在加利利海边的篝火旁,说着"爱人如爱己"。如

---

1 „[CTRL] Space. Rhetorik der Überwachung von Bentham bis Big Brother", ZKM, Karlsruhe, 13.10.2001–24.02.2002.

今令人惊讶的事情发生了。人有五种感官：两个远程感官——眼睛和耳朵——以及触觉、嗅觉和味觉。但是技术没有拓展嗅觉、触觉和味觉，只拓展了两种感官：耳朵，即所有音频设备，和眼睛。也就是说，技术本质上是远程技术、远程科技。传真、电视、电话等一切都只是这两种感官的延伸。即使在情欲方面：闻对方的气味，抚摸对方的身体，身体互相碰撞纠缠，实际是近距离感官的经典场景。但你知道，同样的效果，即高潮，也会在仅是与人通电话或看色情电影时出现。远程感官——眼睛和耳朵，已经远远超过近距离感官。现在不需要触摸任何人也可以获得同样的结果，只要有声音就和形象就够了。我不想偏题去谈性，但技术已经导致了近距离感官淡出，我们生活在远程感官的领域。也就是在虚拟领域，被称为互联网性爱或虚拟性爱，是在符号领域内实现的。如果无法理解这种替代方式，人就会成为这个精神空间的牺牲者。

因而理解媒介理论中所提到的，我们生活在一个符号领域、象征领域和远程社会，就变得如此重要。所有技术都是远程技术，这很显而易见，因为它只发展了远程感官。而且当我涉及距离原则时，我清楚地认识到宗教只不过是远程技术中首个疯狂的理论。它总是从"爱人如爱己"开始。完全可以这样说：当我谈论宗教时，我不是在谈论耶稣基督，而是在谈论人们几千年来为一种宗教而制定的制度。有数十万名作者，而这些作者竟以一种神奇方式为远程社会做了预先准备。我总是说：天使是第一个电信员。之后比方说有人来告知玛丽亚，她现在已经被圣灵受孕。如果这些人向我们承诺他们可以利用活人重生，那么超自然现象研究者的承诺就显得谦虚，他们说："我们可以用已故之人的声音做语音广播。"人们拿起设备听，听到这种声音并说："啊，那是死者的声音！"利用这个设备可以和他沟通。或是媒介的概念，也称可以和死者沟通，接受命令，等等。

你看，无论是穆罕默德还是摩西，总是有一些声音在口述着什么。

应该是何种声音？哪个电磁波已经移动？在哪个力场？我不想说这是一个骗局，我只是说人们在解释某些远程现象时有很多愚蠢的言论。而宗教只不过是一种信息技术。那里有声音，有沙漠中的呼喊，有人在灌木丛中说话。现在我给你举个现实的例子——我已经说过，英国数学家和物理学家是丑角艺术的巅峰，他叫布莱恩·约瑟夫森（Brian Josephson），在26岁时发现了一个数学现象，即约瑟夫森效应，33岁时因此获得了诺贝尔物理学奖。然而他的生活就此崩塌。在那之后还能做什么？他开始思考更困难的领域。突然间，作为一个量子物理学家，他对超自然现象产生了兴趣。当然，没有人相信这些。最后他说："不相信我的人都有病"。他做了一个讲座，题目为"病态的怀疑"[1]。有这样一个奇谈，有人相信，有人不相信。约瑟夫森讲了一个例子。他说："你看，我在中国做了一个实验，我让一位18岁的女性站在水泥墙后100米处，我写下一个词：'Wittgenstein'。我犯了一个笔误，把它划掉了，之后我找到那个女孩并把这个词给她。她把它放进嘴里，在舌头上咀嚼。然后她也写下了'Wittgenstein'，和我写的完全一样，有一条划线。这就是超自然。"有人会说我为这位女性辩护，因为我是她的朋友、尊敬她、努力为她辩护："不，这不是超自然现象，你应该知道舌头的分辨能力有半台电视机那么强。电视机有1 200分辨率，舌头有450分辨率，几乎和一个糟糕的黑白电视屏幕一样。而当那个女人站在那里，她不知道经历了什么从小就有缺陷……"舌头可以触碰、扫描，真正读到内容。这可以正常解释，例如，盲文是一台糟糕的电视，分辨率大概只有75像素/英寸。依靠这个可以读一些字母ABC。但我在用皮肤阅读。这意味着不是用眼睛，而是大脑在阅读，我只是需要传输器。而恰恰用舌头阅读这点我已经在1969年那篇有关扩延电影的文章中预言到，而如今它真实存在。

---

[1] Brian Josephson, „Pathological Disbelief", Vortrag zum 18th Meeting of Nobel Laureates in Lindau, 2004 (http://www.tcm.phy.cam.ac.uk/~bdj10/le2ures/Pathological_Disbelief.html).

已不幸去世的墨西哥神经生理学家保罗·巴赫-伊-里塔（Paul Bach-y-Rita）提出了"感觉替代"的概念：用一种感觉替代另一种感觉。而这个中国女人就可以做到。有一点很明了：在子宫里我们没有眼睛和鼻子，只有大脑。而大脑就是核心器官，是必须处理所有数据的通用机器。如果有人足够幸运，在出生后没有损伤，那他仍然保留这些能力。他就能突然用舌头阅读。

你看，所以远程技术本质上就是神学技术。在某种意义上它是一种物质体现，是对宗教承诺的救赎。上帝和天使允诺的一切我们如今都可以用自己的方式实现，尽管不够好，但也很熟练。技术是宗教的替代品。

SZ：明白，完全能理解。但您说所有技术都走向远程技术的时候，这一论点已经走向神学。

PW：没错。它来自文字，可以说是来自文字的发明。

SZ：也就是说，作为技术媒介的近距离媒介对您来说实际并不存在。打字机不是近距离媒介吗？

PW：不。我倾向认为近距离媒介并不那么重要。而且你说得很好，我不得不说我真的认为弗洛伊德是一位媒介理论家，弗洛伊德写过："文字是缺席的媒介。"这绝对是正确的！也就是说，文字不是语言，而是第一媒介，他是这么逐字描述的，缺席的媒介，也就是不存在的东西。因为通过文字可以呈现出空间和时间上不存在的、遥远的东西。发生在希腊、罗马的战争，我可以通过文字使之存在。早就不存在，或者可能在其他地方的人，也可以通过文字出现。而在某种程度上最遥远的是天国、上帝或所有宗教相关的东西。现在是他说的第二句话，更奇妙且人们只能对他表示感谢："技术推进文字工作。"也就是说技术是缺席的另一个媒介。或者如我所说：远程，从文字开始，作为首个媒介，而全部技术是推动文字工作的动力。这些句子显然略带宗教色彩。这反过来也使得一些理论家对此感到疑惑。

SZ： 是这样。[对观众] 还有要对彼得·魏贝尔提问或提出质疑的吗？

嘉宾： 我一直对被反对的世界末日派很感兴趣，比如鲍德里亚和维里利奥，它带给人力量，常常令人信服，也影响了我。我对反面观点感兴趣。我曾读到过，应该是你的一篇关于绘画的文章中说，人为创造的图像与自然可见的图像世界之间竞争的加剧，不会导致世界的损失。

PW： 对此我可以给出三个回答。第一个是列奥纳多·达·芬奇说的，"绘画是一种科学"。但这话不能对今天的任何人说，甚至是对当代画家，比如格哈德·里希特（Gerhard Richter）说。最后支持这一观点的是画家们，比如乔治-皮埃尔·修拉（Georges-Pierre Seurat）作为画家仍然热衷使用科学一词。他又写到，这与科学中描述可见事物形式有关——也就是表征的确切定义。显然，只能是已经存在的东西。画家们并没有坚持这一点。他们画的是不存在的天使，他们画的是耶稣，有翅膀的马，等等。这就是表征的基本理念。而今天，我们可以利用数字媒体创造出同样具象的图像世界、与自然世界不同的图像世界。换句话说，我们已经用肉眼看过两千年的自然感知表征。而现在，我们有可能通过新的机器或媒介，来表现根本不存在的事物形式。我思考过后提出了这些疑问：这是一种损失吗？我一直说：本质上这不是一种损失，因为人类描绘世界的可能性是一种得益。以前我是大自然事物的奴隶，我根本不能理解丢勒的草丛或兔子。但如果有人来向我展示模仿草生长的公式，我会很着迷。也就是说，当我把公式输入电脑，一片草就在我面前长出来。对增长规则的模仿，也就是对遗传算法的模仿。让我感动的是，人类已经可以准确模仿遗传算法、植物和树木的生长，使得世界可以实时再现。如果我想再进一步，设计一些我以前不了解的植物和动物，这对我来说不是损失。第二个回答是……

SZ： 这已经回答得很棒了，我想做一个简短评价：这是对威廉·弗卢塞尔所说"投射"的核心总结。也就是存在这种可能：利用抽象化又脱离抽象化，创造出一个新的、与抽象化之前在某一刻存在的事物完全不同的具象。

PW：我有一次说过，如果以为一个画家单单坐着，是在毫无根据地绘画，这种想法是不对的。基本上在每一幅画诞生之前，都已经存在另一幅画。人们创造了一幅画仅仅是一种幻觉。总有一幅我已经见过的图像。我是在图像中长大的，毫不掩饰地说：在我亲吻某人之前，我已经看过一些接吻的图像。他们中的大多数人在亲吻某人之前，已经在电影院或电视上看过人是如何接吻的。这也导致了比如一些年轻人会录下他们第一次抚摸女朋友的经历，并在手机上看是怎么样的，因为他们很清楚地知道：真正的享受来自我事先已经作为图像看过的景象。

SZ：我们把它称之为"即时考古"。

PW：是的，所以海德格尔也说，世界正发展为图像，图像先于世界产生。在我们生活的世界里，即使我在制作图像，图像也早就存在了。

第三个回答是我长期以来一直着手的项目，但只在小论文中描述过：拆解竞争。现实中的情形是这样的：当一位女性被认为像特洛伊的海伦一样美，就会爆发战争。吉拉德称之为"模拟竞争"[1]。就是说如果我渴望某种东西，而另一个人也渴望得到，那么我渴望是因为别人同样渴望。我其实不在意女人如何。但是如果他想要，那我也想要，以表明我得到了它。特洛伊战争也是这样爆发的，等等。如果用拉康这一派的说法，这种竞争真的只存在于人们对现实的撕扯。如果我现在有可能通过为自己创造几个可能的世界，包括虚拟世界，那么我也可以减轻现实的压力。那么首先，我不再有现实的压力，其次不再有竞争。那么对这一概念的批评者会说："好吧，但如果你有一个虚拟对象，那并不是真的，只是一

1　参见：insb. René Girard, *Des choses cachées depuis la fondation du monde* (Paris 1978) und *Le Boucémissaire* (Paris 1982).

种替代品。"这就是错误所在,我之前也说过:替代品,甚至是性器官的替代品,都和真正的器官一样有效。互联网上有一个对消除模仿竞争和现实压力的美丽证明,比如你想知道"有哪些好的阴茎替代品"。如果在网上搜索,真正的阴茎排在第九位。玻璃和橡胶做的阴茎都排在真正阴茎的前面。人们已经习惯了象征与符号的胜利,习惯了虚拟。

SZ: 但是问卷也是在网上完成的。

PW: 是的,所以用互联网来验证可能有误。但这意味着:这种攻击性,这种竞争目标引发的战争,如果我们拥有很多这一目标的图片,战争在整个欲望的宇宙中可以被软化或锐化。如果我必须为一种目标而争斗,那就会引发侵略或战争。但是,如果我满足于所谓的替代品,这根本不是替代品,我只是拥有竞争目标的图片,然后每个人都可以拥有这些图片。这就解释了明星现象。每个人家里都有碧姬·芭铎或玛丽莲·梦露(Marilyn Monroe)的照片,但他们不会争论,没有人去跟对方说,"你是个混蛋。你也有一张碧姬·芭铎的照片。"而且他们实际上又很高兴。如果是真正的女人,他们会为此打仗。但事实上,他们可以分享照片的事实,让这些人满意。这就是为什么我赞成图片。

SZ: 非常感谢,亲爱的彼得,这是一个美妙的夜晚。非常感谢您和我们一起度过。

记录整理:马蒂亚斯·保罗(Mathias Paul)、
卡塔琳娜·帕普克(Katharina Papke)、英格尔·奈克

瓦莉·艾丝波特 / VALIE EXPORT

04

"这次跳跃，我的跳跃，缝合了房间敞开的伤口——在这里录像，在那里回放。"

西格弗里德·齐林斯基（以下简称SZ）
瓦莉·艾丝波特（以下简称VE）

摄影：托尔本·施蒂勒（Thorben Stieler）

SZ：我们先来听点音乐吧,因为我们俩现在都太紧张了[音乐:瓦莉·艾丝波特和蒙斯蒂-英格丽德·维纳 (Monsti-Ingrid Wiener) 的《卡普里渔夫》(Capri-Fischer)[1]。]

VE：我们需要听到访谈结束吗?

SZ：不用,音乐一会儿就停了。"被迫"听自己的歌,这对您来说肯定是折磨。

VE：没错,但是谢谢您的介绍。

SZ：我们俩都太紧张了,必须想办法让自己冷静下来。"释放自己,显露脆弱;揭露自己,展现肉体;暴露自己,摆脱依赖",卡罗拉·希尔姆斯(Carola Hilmes)和玛格丽特·兰姆-法弗尔伯格(Margarete Lamb-Faffelberger)在瓦莉·艾丝波特2010年的生日册——《艾丝波特的演出》(Staging EXPORT)[2]中写道:"行动主义下的女权主义领域有一个响当当的名字——瓦莉·艾丝波特。"

亲爱的瓦莉·艾丝波特,欢迎回到您的母校。我们非常感谢您的到来。刚才我们听了您和维纳共同排演的二重奏——《卡普里渔夫》,对我来说,这首歌听起来是一种艺术行为,在其中,你们展现了自身的脆弱,暴露了自己,但同时也摆脱了依赖。这首歌所代表的内容也以一种美丽而又讽刺的方式得到了澄清。对于这次重新演绎(Reenactment,现在人们都用这个词),你们当时的想法是什么?为什么要这样做?显然,你们在做这件事的时候非常开心,一直在笑,录音时自己都笑得唱不下去了。那么,当时你们真实的想法是什么呢?

VE：首先,很感谢这次邀请,我非常高兴能和西格弗里德先生您谈话,此刻我要是会击剑就好了,比如说花剑或者重剑,这样我就能自然

---

[1] VALIE EXPORT und Monsti Wiener, Capri-Fischer/Bananen, 7" Vinyl-Single für die *Zweitschrift* 8, Sonderausgabe „m.u(z.i.e.k)" (Hannover 1981).

[2] Carola Hilmes und Margarete Lamb-Faffelberger (Hg.), *Staging EXPORT: VALIE zu Ehren*(New York 2010).

而然地高兴得手舞足蹈了。

　　对，说到刚才有关重新演绎的问题。当然，那时候还没有"重新演绎"这个概念。但我和英格丽德喜欢唱歌。我们不能唱自己的歌，因为我们没有想法，所以我们决定唱《卡普里渔夫》，一首20世纪60年代的歌曲，当时我们听不到，或者也不想听。当时没有人会主动从广播里听我们的《卡普里渔夫》。但我可以从背景中著名的哼唱诗班那里得到参考，也就是奥斯瓦尔德·维纳和彼得·魏贝尔，我们录音时他们也在场。他们偶然地出现了，不知不觉，然后在那里时不时地哼唱。

　　SZ：对于那些想通过考古的方式重建它的人来说，这张唱片以非常有趣的杂志书形式收录在副本系列中。老一辈的人可能还有印象，这种唱片一年出版两次，它们为艺术家提供了一个展现自我的平台，大概出版六次或七次以后，就没有了。你们创作了这张动人的7英寸唱片，背面还带有《香蕉》(*Bananen*)这首歌。后来，这张唱片被贴在了横向印刷的书的封面上。

　　瓦莉，现在我想简短地向大家介绍一下您。这其实没有必要，因为已经有太多介绍您的文章了，大家在任何地方都能读到您的传记，更确切地说，是您的那些传记。还有一个原因，作为一个艺术家，您其实已经成为艺术史上不可或缺的一部分，这种情况可并不常见。这就是对您的个人资料和其他相关东西的难以介绍且没什么实际意义的原因。尤其是您的一些作品，已经以一种我们无法用语言表达的方式获得了经典地位，并且已经成为某种艺术态度和实践的标志，这或许可以被描述为干预和批判性实践。

　　今天我们就不再详细介绍您那张十分有名的照片了，就是您手里拿着印有自画像的烟盒的那张[1]。对我而言，那张照片是具有典范

1　VALIE EXPORT, „SMART EXPORT", 1970.

意义的，就如同1976年的那幅《诞生的圣母》(Geburtenmadonna)[1]。我第一次看到《高速运转打造的规整生活》(Sauberes Leben aus der Hochgeschwindigkeitstrommel)这张照片时，就是这样翻译的。或者说这是一张我通过新发现和从玛雅·诺依曼（Maja Neumann）那里获得的相关资料才得到的照片。这张照片是在1969年的一场演出上，瓦莉拿着一根长矛[2]。那根长矛是闪电还是什么，对吗？

瓦莉·艾丝波特在慕尼黑王冠马戏团表演《兵法行动》时鞭打观众（1969）。

95 　　**VE**：它没有闪电那般神秘。其实是一条鞭子，或者说是长鞭的鞭把。大家没看到鞭子，因为鞭把特别长，上面有一条长皮革，一条非常长的皮带。这件事发生在1969年，当时我在慕尼黑王冠马戏团表演《地

1　VALIE EXPORT, „Die Geburtenmadonna", 1976.
2　VALIE EXPORT, „KRIEGSKUNSTFELDZUG", im Rahmen der „Underground Explosion"/„W.I.R. sind W.A.R.", Zirkus Krone, München, 1969.

下爆炸》（*Underground Explosion*，《兵法行动》的其中一部分）中，鞭打了观众。为什么鞭子这么长呢？因为鞭子越短，观众靠得就越近。鞭子越长，皮带抽打的距离越远，观众就走得越远，退得越后。观众里有许多在画廊和博物馆工作的人，我与他们一见如故，所以每次打鞭子时我都很开心。最后，我被人从后面压倒了，也不清楚演出究竟是如何结束的。

  SZ：我的注意力完全集中在鞭子底部的尖端，认为那是一种类似秃鹫的钩嘴，或者闪电的东西，是手持的武器。同时，对这份文献材料我还有点困惑，其中还记录了一项涉及闪电的电子作品。或许我们可以稍后再谈论这个问题。

  我来继续介绍瓦莉·艾丝波特。她展现出的颠覆性的、无政府主义的力量让奥地利当局和其中大多数男性代表感受到了切实的恐惧。20世纪90年代初，我在这个国家工作时就已经体会到了这一点，即使在那个年代，国家、教会、资本和家庭之间的联系也是有意义的。

  VE：现在也依然如此。

  SZ：一直都是这样吗？

  VE：对的。

  SZ：我永远都记得，当我提议您这位拥有绝佳涵养和知识储备的女士去当教授时，大学各委员会的男性代表们感到十分惊恐。还有人发出这样的呼喊："只要我活着，就别想这事能成！"我非常惊讶。当时我知道您的工作性质，但不知道在你们国家会有如此持久的影响。我本以为您的影响在20世纪80年代末就已经结束了，但却持续到了90年代，这反应可真激烈呀！那时候您在柏林已经是一位教授了。从20世纪90年代初至中期，您一直任职于柏林艺术学院（Hochschule der Künste），担任"技术图像媒体设计与视觉传播"的教授职位，现在这所学院也已成为柏林艺术大学。这相当不容易，但如往常一样，这次您也做到了！1995

年底，您成为这所学校的副主席，尽管这件事发生时距离现在还不到20年，但我们还是很难想象。

然后我们"叛离"了那里，去了科隆新成立的媒体艺术学院，就像人们说的那样，我们进行了"反击"，这对我们来说当然是一件幸事。瓦莉当时已经是国际上非常知名的艺术家了，也就是说，她总是在出差，经常不在学院，当时有很多人议论这点，这在艺术学院很常见。但当她在学院的时候，总是有非常多的人来听她的课。她和学生们交流密切，一同工作。在与学生和大学同事的合作中，艺术作品的质量，以及作为艺术家所承担的风险，绝对是最重要的，而所有的策略，委员会和大学里其他重要的东西，都只能退居其次。对学生来说，能认识这样一位拥有优秀作品的艺术家，得到她的指点或者时而不留情面的批评是非常有意义的。

几十年间，奥地利政府的激动情绪有所缓和。但直到21世纪初，他们才尝试与您建立新的关系，对您持敬重的态度，至少奥地利的官方机构是这样做的。2000年，您获得了奥斯卡·科柯施卡奖（Oskar-Kokoschka-Preis），那是14年前的事了，但我却还记得很清楚。

VE：是的，然后我作了一系列演讲，并出版了一份小型刊物，这不只是奥地利自由党的事，而是施瓦茨政府和奥地利自由党共同的努力成果。政府成员和政客都不能出席颁奖仪式，就算他们打电话说自己只会坐在最后一排，也不能参加——坐在最后一排影响不了什么。

SZ：您把自己在颁奖仪式上的讲话写进了回忆录，所以我有幸能读到。我们可以想象一下，颁发该奖项的机构是联邦科学和研究部，这是一个实实在在的国家机关部门。您说："在这个时代，做奥地利人是很难的。"

2009年，差不多是10年后，您获得了林茨艺术大学荣誉博士学位，这是一个激动人心的时刻，意味着瓦莉·艾丝波特的档案将进驻这所学校。2010年,您获得了奥地利共和国杰出贡献大金质勋章,我记得非常清楚,您的演讲犀利又尖锐,您再次清楚地表达了这个国家对您做的一切,包括各种针对您的谴责和谩骂。但随后,更重要的是,我们刚刚才得知:2014年,就在6周前,您获得了小野洋子列侬勇气奖(Yoko Ono Lennon Courage Award),颁奖地点在纽约,由小野洋子亲自颁奖。您告诉我,当时帕蒂·史密斯(Patti Smith)、劳里·安德森(Laurie Anderson)、玛丽安娜·菲斯福尔(Marianne Faithfull)和大画家古斯塔夫·梅茨格(Gustav Metzger)都在场。可以简单地描述一下当时的情形吗?

VE:颁奖现场很私密,小野洋子仅邀请了一些她的朋友和熟人,大约有70人,颁奖氛围十分庄重、典雅,设计得非常人性化,细节完美。她是一个非常优秀的人,也能很好地展示她的优秀。开场时,她做了一个简短的演讲,以她自己的方式,通过身体语言指出,连接我们的不仅仅是理论,我们是有身体的,我们是有感官的。随后,几位艺术家被邀请上台领奖。在这之前,纽约现代艺术博物馆(Museum of Modern Art, MoMA)的策展人斯图尔特·科默(Stuart Comer)上台致辞。第一个获奖的艺术家是劳里·安德森,第二个是我。我不知道自己该讲些什么,因为我压根就没有准备。我对于典礼的具体安排完全不知情,真的一无所知,不知道要怎么办,只知道自己站在这里,别的什么都不知道。然后,我很快就谈到了这个话题,所有人,包括本次获奖的艺术家和之前的获奖者,都是自身勇气与和平理念的使者,我们是传播这一理念的大使。遗憾的是,玛丽安娜·菲斯福尔未能前来,古斯塔夫·梅茨格也没能亲自到场,一位博物馆馆长代表他来参加了颁奖仪式,这个博物馆刚刚做了一个关于他的展览。古斯塔夫·梅茨格可能再也不能负担长途旅行,我很想念他,在20世纪60年代中期认识小野洋子之后,我和古斯塔夫就相识了,我们真的非常想念他。

SZ：他是一位非常敬业的画家，也是一个了不起的人。

VE：是的。

SZ：好的，瓦莉，现在气氛变得有点……

VE：……严肃。

SZ：不会讨论更严肃的问题了，但我们会更多地聊到您的工作——至少会尝试。您的作品非常多样化，更直接地说就是丰富多彩：作品大量运用折叠、运动和迷宫式的元素。在今晚的对话中，我们想探究您处理媒介，如何用艺术的方式对待媒介，又是如何将媒介转化为艺术过程的。这就是本次聚焦媒介思维谱系的小型论坛的重点。首先，我有一个略显笼统的问题，听起来可能有些刻板：您在20世纪60年代开始运用技术媒介，这并不容易让人理解。今天人们很难想象，在那时，技术媒介根本不属于艺术范畴，它们并不具备成为艺术的能力。但或许对你们这些艺术家来说，技术媒介的优势在于这个领域还没有被"占领"。换句话说，它还没有被权力结构所占据。这种优势是让您投入其中的重要原因吗？

VE：这一点在20世纪60年代末的录像中体现得尤为明显。当时已经有了这样的电影，如埃格林（Eggeling）和鲁特曼（Ruttmann）等人的实验电影，还有俄罗斯的电影界。电影媒介已经运用于艺术领域，大家对此都有所了解，且在某种程度上这种媒介已经被等级制度所占据，因为当时几乎没有女性电影制作人，或者说，有很多，但都是后来才被发现的，比如玛雅·德伦（Maya Deren）。几天前，玛丽亚·拉斯尼格（Maria Lassnig）不幸离世，她收到了优美的讣告和无数人的尊重。谢天谢地，她被发现得太晚了，路易丝·布尔乔亚（Louise Bourgeois）也是这样，还有玛雅·德伦，这些人都被发现得太晚了。

我插个题外话。大约15年前，电影博物馆举办了一场名为"百年电影"的大型展览。大家整合了一个方案，我仔细地看了看，里面只有一个电影制片人是女性，这位女士甚至没有被单独提到。她就是多尔·奥（Dore O），和维尔纳·奈克斯（Werner Nekes）一起被提到。我没有给电影博物馆的馆长写信，那样做并无意义。我给当时的文化部部长写了封信，后来这封信被收进了档案馆。我简单地向她解释了这个现象，并请求她，如果她自己都不清楚要怎么做的话，可以向更优秀的顾问咨询。她不一定必须要自己知道，但至少应该请教专家评判是否可以通过这样一个方案。如此隆重的展览，却只有一位女士在场。当然，这只是一个小小的题外话。

在20世纪60年代之前，电影早就已经成为一种艺术形式了，我也是在那时产生了对动态图像的热情。视频则是一种全新的媒介，没有等级之分，每个人都能看到。它有许多特性，这些特性在今天看来不足为奇，但在当时却是我们艺术家都想拥有的。视频具有瞬时性、直接性，我在这里做了个手势，大概十秒钟后人们就能看见。视频也没那么昂贵，我有一个便携式录像机（Portapak）。当时，视频媒介在整个欧洲和美国得以广泛使用，也由此确立了自己的地位。有了它，电影制作的成本相比以前低多了。我刚开始拍电影时，通常会买一卷可以录三分钟的胶片，因为我只能够负担得起三分钟。这就是为什么我的扩延电影和我那时候的作品都只有三分钟长。但如果您意识到自己只有时长三分钟的作品时，这也是一件好事。视频是瞬时的、立即的、同步的，任何绘画和素描都做不到这一点，因为后者不是动态的。尽管我们一直想如同未来主义那样模拟这种运动，但这最终都做不到。这就是为什么视频是20世纪60年代最重要的媒介，也是最重要的发现。

SZ：而且，正如您刚才提到的，对于视频来说，中间没有由他人操控的生产过程。您可以自己掌控一切，不需要把它带到实验室，让其他人来冲洗胶片。您可以掌控整个生产过程，直到素材从自己手中展示出来。

索尼AV-3400便携式录像机（Portapak）的广告，1967年第一代产品（©美国索尼公司）

VE：没错，自画像也是这样的。我想提一个我最喜欢的视频表演，表演者是琼·乔纳斯（Joan Jonas）。她赤身裸体地站在舞台上，用一台小型摄像机扫描全身，然后将扫描的图像传输到一个显示器上，人们可以看到她在舞台上一丝不挂，也可以在视频显示器上看到她身体的每一个细节。这是一件有趣的事情：她是如何处理事实、现实、身体、裸体、自我展示和表现的。在我的一个作品中，我在房间的天花板上安装了一台摄像机，在地板上安装了一个显示器，要想拿到摄像机，我就必须跳过房间，下面可以看到显示器中的图像。任何其他媒介都无法做到这一点。这次跳跃，我的跳跃，缝合了房间敞开的伤口——在这里录像，在那里回放。这些是您可以用视频做的有趣的事情。现在我满是遗憾和怀念，因为人们现在对视频媒介的处理方式与以往完全不同了。

SZ：您刚才描述了跳跃、连接、缝合伤口，我希望我们在谈论您最近关于声音的作品——《声门》（*Glottis*）[1]时，可以再次讨论这个话题。在这里，您使用了一个动听的外科缝合术语：线缝。正如您刚才所描述的，通过这种缝合，原本开裂的东西被重新固定在一起。在我们进入扩延电影这片广大领域之前，在这项工作中起重要作用的是身体媒介。身体本身在各方面都扮演着媒介的角色，无论是在政治、经济还是性别方面。它变成了一种媒介，甚至是一种界面，这个词可能不太合适，因为它后来在其他语境中有别的意思，但我们不能否认身体以及身体媒介化的巨大意义。对此，您能简单地评论一下吗？

VE：我不能给出一个很好的定义，但在直觉和情感上，当然还有精神上，身体对我来说是最核心的东西，我自己的身体。我认为，我在展现自己，我觉得，我是存在的。当我存在时，会被社会和文化所塑造。这一切都与我的身体有关，当然，还有我的思想，二者是统一的。身体媒介也是一个符号载体，一个象征载体，这对我来说是最重要的事情。我思考过，所以我能找到与自己相处和表达自己的最佳方式。如果我有表演的想法，我不需要任何人按照我的指示来完成这场表演。尽管，在以后的电影中，这点必然会发生在演员身上。但这是我的出发点。

我也很早就接触到了概念摄影。在作品中，我用摄像机来记录自己的视线。我想知道，我究竟是如何看待物体的，所以我从不同的角度拍了很多张照片，随着我的视线，用我的身体来做这件事。拍摄时，我运用了身体动作，这种身体动作后来也出现在我其他的作品中。在整个环境中，我的视线是如何形成的？这对我来说非常重要，因为这是身体上

---

1 VALIE EXPORT, „glottis", 2007.

的。摄影是通过身体动作和视线来实现的,反之则不成立。我把这些作品称为"概念性"的,人们并没有真正把它们归类为"身体作品",但这恰恰是一个要点。所以身体一直是我艺术思维的中心,到现在也依然是。

SZ:这对您来说确实是矛盾的:身体是一个有生命的生物结构,一方面是血肉之物,另一方面是技术材料?还是说这两个方面对您来说就像一枚硬币的正反面,您有时用正面,有时用反面?

VE:这是一回事。人体本身也是一台机器,人身体上的每台机器都是人体的延伸。或者说,每台观察身体的机器都会反过来把身体带入其他图像。对我来说并没有区别。当然,我们得知道,这些都是我在20世纪60年代和70年代的作品中出现的想法。今天,它的表述方式与以前不太一样。

SZ:这也和当时的媒体理论方面有很大相关。麦克卢汉称,媒介是人体的延伸,可以延伸、扩展人体能力[1]。

或许现在我们可以谈谈您对扩延电影这个概念的理解,这与您对身体的看法有很大关系。今天,当人们想象到扩延电影或者听到这个概念时,可能更愿意这样想:"电影院正在消失,现在大家去画廊或博物馆——电影院外也能看电影。"这不是您当时所说的对扩延电影的理解。您的理解与实体性、物理性、有现实以及政治和经济密切相关。您的那些扩延电影项目的核心思想是什么?

VE:最初的考虑是:电影,也就是动态图像,是需要时间和空间的。这是我的基本出发点。在行动中,时间和空间把事物连接在一起。虽然我以前也画画,但小时候我最着迷的东西是电影。我会去电影院,我身后是放映机,灯光从那里透出来,故事就投射在前面的屏幕上。当把手举到空中时,我看到了我的手指,所以我知道图像不仅存在于屏幕

---

[1] 参见:Marshall McLuhan, *Understanding Media. The Extensions of Man* (New York 1964).

上，也一定存在于光线中，否则我就无法干扰它。对我来说，这是一个雕塑，一个装置。电影不仅仅是我们在电影院里，在20世纪60年代的好莱坞电影中所看到的。在这些电影里，我们看到的是摄像机镜头前的虚假故事，它会有很多副本。那不是我所说的电影，我认为电影是一种延伸的形式，我可以将现实带入其中。我们在好莱坞电影里的任何地方都找不到这种现实。剧本中的现实，电影中的现实，都不是真正的现实，观众必须和好莱坞电影互动，这些都是电影中存在的时刻。灯光、投影、屏幕，各种各样的东西，用这些我可以制作出不同于普通电影的东西——扩延电影。例如，我可以将抽象的图案投射在不同浊度、色度和浓度的屏幕上。在电影放映机的照射下，屏幕上会出现一个带有抽象图案的图像。对我来说，也很重要的是，没有放映副本。这些事情必须一次一次地单独来做——总是会有另外一部扩延电影作品的。那时候，人们还把这项工作叫作活动，"表演"这个词在20世纪70年代初才开始使用。它首先被称为"事件"，然后是"活动"，再然后是"表演"，但这就是另一回事了。我拿着一个8毫米的摄像机绕着雕像转了一圈，刚刚好三分钟，然后用黑色墨水在每个8毫米的胶片框上都涂了些东西。然后这部8毫米的电影被投射到屏幕上，雕像缺失的部分，比如说部分头部和手臂，由我在屏幕上进行补充。当然，这可能也会由其他人完成。不存在所谓的"作者电影"。实际上，电影是在屏幕上绘制的图画，有很多线条和很多不同的颜色。这部电影经历了好几个过程。

或者说《乒乓》(*Ping Pong*)[1]，这是一部有观众与之互动的电影。您看到屏幕上有一个点，它总是在跳来跳去。每个进入电影院的人都会得到一个乒乓球拍。屏幕前有很多乒乓球，所有人都要用乒乓球击中这个点。只有这样，这部电影才算真正完成了。

---

[1] VALIE EXPORT, „Ping Pong, Ein Film zum Spielen – Ein Spielfilm", 1968.

SZ：当时雅达利公司为这部电影花了多少钱？仅仅在4年后，也就是1972年，他们就发布了雅达利视频游戏《乓》(*Pong*)。

VE：他们曾经组织过一场地下展览。您还记得吗？

这也是我的出发点，这是一部带有政治性的影片，因为观众必须按照导演的指示做出反应。导演命令：你必须哭！你得笑！你必须这么做！你必须做这个！我通过这个点来规定，或者发号施令。我在电视上也是这么做的。我向电视台建议把它作为早间运动，这是很实用的。早上先在电视上看五分钟的乒乓球，然后再看新闻。

SZ：在这些作品中，最重要的始终是所谓的向物理现实的过渡，至少我是这样认为的。在座的大多数人肯定都知道著名的《行动裤：生殖器恐慌》(*Aktionshose: Genitalpanik*)[1]。这部作品到现在或许已经被复制了数千次甚至数百万次。这条裤子也是首次出现在您精彩的档案展览目录中。但是很多人不知道的是，这实际上也是一次对扩延电影的宣传。您想简单地谈一下吗？

VE：我应慕尼黑的一家艺术电影院邀请，将这条裤子制作成了一部扩延电影。为什么是扩延电影呢？电影院里一片漆黑，只有屏幕被光照成了白色。然后我说，观众通常在色情电影里看到是阴部、阴毛，而现在他们看到的是身体本身。他们看到的不再是导演与女演员制作的镜头，而是真正的身体，他们可以实实在在地看着它、体验它。在观众的视野范围内，我从第一排开始，走遍了电影院的每一排。我的影子出现在屏幕上，但它有些亮。

SZ：可以说，与观众视线持平。

VE：差不多在观众视线上下。就这样，我在观众席走来走去。我发现，在我走过前三排后，几乎所有的人都慢慢离开了。他们不想再看这

---

1 VALIE EXPORT, „Aktionshose: Genitalpanik", 1969.

部已经看了无数次的电影。但想象力会让人疯狂，这种想象只是他们了解其他色情电影的一种手段。正如人们所说，这些电影与人工电影、工业电影再次重叠，这就是为什么说这也是一次扩延电影行动。这样的行动，我只做了一次，但后来我为这张海报拍了一系列的照片。

SZ：这些照片实际上是这次扩延电影行动产出的衍生产品。按我的理解，在另一个十分有名的、现如今非常有代表性的行动中，也就是《触摸影院》（*Das Tapp- und Tastkino*）[1] 中，可能就是类似的想法发挥了作用。它至少触及了男人想在电影中看到的东西，即女性，女性的性别，或者是作为对象在镜头前活动的女人。可以说，您的《行动裤：生殖器恐慌》直面他们这种欲望。有了《触摸影院》，您就相当于又往前进了一步，男人们可以当街"饱餐一顿"。

VE：所有都是！

SZ：但您手中有一个非常重要的调控工具，那就是时间。您看了看表，告诉他们已经过了多少秒，15秒？

VE：13。

SZ：13秒。

VE：对，每个人都可以这样做，孩子们也可以。但大家总是说我只邀请男人。我根本没有邀请任何人。但是《触摸影院》也是一部扩延电影，只不过是我自己建了个电影厅，搭起了厅里的建筑，带着这个小电影厅去找公众。宣传语是这样写的："您坐在电影院里，在屏幕上看到一个女人裸露的乳房。您是偷窥者，盯着屏幕，没有人看您，没有人观察您。而现在我们在公共场合，您看不到裸露的乳房，但可以去摸它们，就像触摸电影一样，但每个人都能看到您是怎么做的，您做了什么。现在您是在公众面前。"这两种情况区别很大，因为大家真正意识到，一方

1　VALIE EXPORT, „Das Tapp- und Tastkino", 1968.

面是不敢，因为他们不知道电影里到底是什么；另一方面，他们被监视着，有时候当他们意识到自己被监视后，就会停下来。但这其中的很多有趣之处只能从这些描述中略微感受到。这些照片也说明了一些东西：视线无比重要。人们看着我的眼睛，我也看着他们的眼睛。周围的环境并没有那么关键。我只知道，我现在要做的就是看着他们。其实，彼此的眼神交汇也同样重要，但事实证明，我以前并不知道这一点。

SZ：还有，虽然有一些糟糕的视频记录，但还是得问一下，当时街上的情形如何？警察就在关注这个行动，当时气氛应该很紧张吧？

VE：不，不，完全没有，情况恰恰相反，这是全世界电影制作人的第一次独立会面。我们放映了很多电影，我也放映了我前一天晚上在维也纳完成的《触摸影院》。可以说，人们其实非常激动，他们叫喊着："给他们！""来呀！"接着，来了一位带着孩子的父亲，他先检查了箱子里的东西是否正常，里面有没有鳄鱼。所以当时气氛一点都不紧张。现如今，人们肯定再也不能体验到这样的活动了，因为所有人都会在完全不同的背景下看待这件事。它是如此新颖，以至于人们根本无法预先创设其背景。我进行了一次巡展，在科隆展示了这部电影，就在宽街（Breite Straße）上，在人行道上。巡游时，有一个女友陪着我，她展示了《触摸影院》，我也发表了一场演讲。然后男人们真的过来了，他们说，我们可以把事情变得更容易些，只要跟着他们一起去房间，一切就都完成了。我们打断了他们，我们不能如此简单就把这项工作做完。虽然它其实就是很简单：只不过是在城区上演的一部小电影。

SZ：您的目录中有一张很美的照片。照片上，您把电影院，也就是您抱在胸前的那个箱子扔掉了。它掉进了沟里或者其他类似的地方。

VE：不，不。它是由聚苯乙烯泡沫塑料做成的，只是溶解了。

SZ：简单来说，就是因为过度使用而破裂了。

VE：一共有两个箱子。萨宾·布赖特韦泽（Sabine Breitwieser）为吉尼拉利展览[1]做了一个，那是18或20年前的事了。后来，我又用泡沫塑料重新做了一个，我手上有图纸。后来洛杉矶当代艺术博物馆（MOCA）的一位策展人来到维也纳，说他想要这个金属箱。然后，这位艺术家完全仿照片制作了这个箱子。第一个用泡沫塑料做的箱子破了，我也没把第二个盒子从展览中拿回来。但我也没那么坚持，忘记了，自然也就不存在了。

SZ：还有一点令人兴奋：这期《电影》杂志（指头顶的屏幕）下面就是"戈达尔——一加一"的预告。大家都知道，这是戈达尔拍摄的一部关于滚石乐队（Rolling Stones）的电影，黑豹队（Black Panthers）也在其中。这是戈达尔拍的最后一部电影，此后20余年，他都在专注于拍摄录像片。他与让-皮埃尔·戈林（Jean-Pierre Gorin）共同成立了吉加·维尔托夫（Dziga-Vertov）小组，试图用录像机制作出一种"真实电影（法语——Cinéma Vérité）"。我的问题是：你们用《触摸影院》做了些什么，你们有关扩延电影的想法也是对"电影可能是真实"这一想法的隐含回应，对吗？

VE：是的，没错，完全正确。这就是起点。没有所谓的真理，没有现实，也没有副本。这些都不存在。真实是什么，副本是什么？现实是什么？图像是什么？直至如今，这些始终都是我迫切想要知道的事情。图像究竟意味着什么呢？

SZ：即使是与戈达尔相对先进的电影相比，您的艺术作品的概念也要宽泛得多。至少在当时，戈达尔仍然在坚持这种真实的概念，这点令人很是激动。

要是您允许，我还想再谈谈《乒乓》。刚才我们结束得有点快。那还是在1968年，真的是非常早。我想到了一个简单的问题：那个时

---

1 „White Cube/Black Box. Werkschau VALIE EXPORT und Gordon Matta-Clark", Generali Foundation, Wien, 1996.

候,您是否已经考虑过类似数字化的问题?当然,从今天的角度来看,这个问题有些离谱,因为对我们来说,数字与二进制已经成为理所当然的东西。那时候你们就已经意识到这点了吗?这是否已经起到作用了呢?

VE:这个想法成形于麻省理工学院出版社出版的杂志和图书。它们讲的是音乐作品和计算机艺术。一切都发生在20世纪60年代。当然,我熟悉这些媒介。但首先,我当时不易获得这些媒介,我很高兴自己有视频;其次,我只是单纯地不想要二进制代码,这只是我个人对其的反感态度,是我非常感性的想法。我不想要1-0-1-0或是对错对错。我不想这样,因为我认为它不存在。有些东西不能是二进制的。相比十分强调二元系统的二进制代码,我更喜欢屏幕、磁带和录像带。当然,人们私下可以说,二进制代码和二元系统的发明使我们整个社会教育和文化教育发生了巨大的变革,并且会使之一变再变。但我只是假设,比如拿着一盏小灯坐在一间暗室里,思考"为什么是,又为什么不是"?"为什么是错,又为什么是对"?

SZ:从谱系学的角度来看,这个是一个重要的观点。因为从1970年开始,吉恩·杨布拉德(Gene Youngblood)等人将"扩延电影"定义为一个术语概念发展起来,它就已经是一种以计算机为基础,可以进行数字加工,从而能够创造出人工现实的东西。但这并非您的兴趣所在——对您来说,只要能够想象,非人工的现实就会出现在眼前。

VE:没错。

SZ:很好,现在我们对扩延电影有了更深入的理解。瓦莉,时间过得真是太快了,我还想谈谈您后来的另外一部作品,也就是《声门》。我想试着把它与这样一个小论点联系起来,我这样表述:如果人们去观察您的艺术作品中媒介与人和媒介与机器之间的关系,就能看出这样一种发展趋势:一开始,您先拿着摄像机在身体外部顺着皮肤滑动,就像

1970年您的那次"身体标记行动"[1]，您在大腿上纹了著名的吊袜带。您把摄像机停留在身体的外壁上，停留在皮肤上。但是，在您的其他表演中，摄像机甚至直接穿过皮肤进入了您的身体。我们或许还要再谈谈您那次用刀子切开皮肤的表演《……远程……远程……》(*...Remote... Remote...*)[2]。在2007年的作品《声门》中——你们中的一些人可能是从威尼斯双年展知道的——您甚至把摄像机放进了身体里。《声门》指的是用一个微型摄像机记录您说话时喉部的开合动作，这对您来说一定是极其辛苦和折磨的。我对这个动作很感兴趣。在开始的时候，技术设备放在外面，放在您的对面，然后它真的通过"声门"进入了身体。以这样的方式来记录它是否有意义呢？

VE：当然可以这样认为。问题是，身体一直处于中心位置，但在剪辑中，身体已经非常重要。身体可以作为工作的屏幕，比如，修剪胸毛，就能修出来一条线，得到一个图纹，也能创造出一些图形。比如从文身来说，过去的书是由羊皮纸制成的，文字是写在上面，那么，我也把人的皮肤看作是信息载体，把信息纹在皮肤上。选择文身也有一定的原因，我随身带着文身，自己也就成为一件艺术品。只要我活着，这件艺术品就活着。这并不是最主要的意图。吊袜带是过去的遗物，代表着女性的过去。这是一种时尚，它终归是会回来的。我把这个遗物文在身上，以便随身携带。这种文身是用针刺成的，文身时，必须把针扎进皮肤，所以这件遗物也就刻入了我的皮肤。在《……远程……远程……》里，我用刀在甲床上切了个口子，来证明这些东西可以深入到内膜，深入到皮肤内部，再深入到身体内部。我在表演《……远程……远程……》时选择了这样做，因为我身后挂着一张照片，一张警察的照片，照片上有两个受伤的孤儿，他们手牵着手。我们的畸形都可以追溯到过去。我

1　VALIE EXPORT, „Body Sign Action", 1970.
2　VALIE EXPORT, „... Remote... Remote...", 1973.

们都有来自过去的东西，这就是为什么我们有这张孩子的照片。我们走进自己的内心，也许就是为了找出这些畸形的所在，找出处理它们的方法。那为什么我要把手指浸在牛奶里，为什么是牛奶呢？这是一个愈合的过程，牛奶可以愈合伤口。牛奶是一种食物，但追本溯源，婴儿以母乳为食。对婴儿来说，那是营养、是温暖、是安全，甚至涉及情欲。如果人们再慢慢地夺走婴儿的安全感，夺走它的营养，当它长大了，不再从母乳中获取食物时，它就会转变成一个有关性的东西，变成一种性欲。情欲转变为性欲，女性的乳房变成了剥削。因此，牛奶成了一种象征载体——从婴儿出生的那刻，到如今，我们都生活在社会中，都在与性欲和女性的乳房打交道。当然，这可能会反过来导致对《触摸影院》的关注，但实际上在我这里，并没有出现这种情况。我现在只想说，如果人们更仔细地观察我的作品，就总会发现这样的情况，这就像一个超文本。大家可以准确地解释我所有的工作都是关于什么的，将来可能还会关于什么。

SZ：不得不说，在《……远程……远程……》中，您给自己造成了那些特别严重的伤。因为在牛奶中浸泡，皮肤自然会变得更加柔软，这样就会更容易地被刀子切开，然后血液就会滴到牛奶里。这项工作十分艰难，其艰难程度对我来说仅次于《夸张》(Hyperbulie)[1]。这次牛奶搭建起的连接，也被视作一个神话时刻，其中的暴力因素已经相当明显，相当激烈了。至少我是这样认为的。

VE：它也是我强度最大的作品之一。我也不想继续这样做了。

SZ：也许我现在有些偏离主题，但根据您刚才的评述，我们或许可以把它与您非常著名的作品《触摸图像碎片》(Fragmente der Bilder einer Berührung)[2]联系起来。在这部作品中，您还使用了牛奶、油和水。但

1　VALIE EXPORT, „Hyperbulie", 1973.
2　VALIE EXPORT, „Fragmente der Bilder einer Berührung", 1994.

基本上是机器在那里工作,您自己并没有亲身参与。这中间有什么联系吗?或者说,可以把这两部作品相互比较吗?

VE:不能这样比较。《触摸图像碎片》是一部电影作品,一部纯粹的黑白电影,其出发点是:黑色的是油,白色的是牛奶,透明的是孔眼,是水。对我来说,这是一部电影,里面呈现一些动作,这些动作自由组合,从而形成不同的图像——一共有24个容器,也就是24个著名的电影主分支,它们总是自由组合,共同构成电影的画面。要是没有读到相关的文字,您就无法看出来。这是一个纯粹的电影动作。

SZ:真实就是每秒24帧,对吗?

VE:是的,没错。

SZ:而且液体的奇妙运动——灯泡滴落下来,然后再次上升……,非常有意思。最近它以缩小版形式在您柏林的画廊里进行展出。还没有看过的人一定要去看看!

这张照片来自2011—2012年举办的一个大型展览[1]。目录是瓦莉·艾丝波特档案[2]。对于艺术家来说,这是一件很棒的事情,但同时也充满挑战,因为这一档案会向公众公开。那些原本只有您能看到的东西,暴露了很多您的脆弱,您是如何工作的,如何处理事情的,这些都被公开,面向公众开放了。您的作品会将和您的笔记、图画、信件和传记中所有可能的瞬间联系起来。我注意到了一点,我想提个略带挑衅性的问题。在这些玻璃展柜里,在这些白色框边的玻璃陈列柜里,您那艺术的、激动人心的生活十分整齐地呈现在我们面前。表面非常平整。所有的展台都是一样的形状,共有57个展台,尺寸相当大,看起来就像被磨平了的生活。您赞同这种平整性吗?这样摆开来展示对您来说重要吗?

---

1 „VALIE EXPORT – Archiv", Ausstellung im Kunsthaus Bregenz, 29.10.2011–22.01.2012.
2 VALIE EXPORT – Archiv, Austellungskatalog hg. von Yılmaz Dziewior (Köln 2012).

《瓦莉·艾丝波特—档案》（VALIE EXPORT-Archiv）展览（摄影：马库斯·特雷特 [Markus Tretter]）
来源：Ausstellungsansicht „ VALIE EXPORT-Archiv", Kunsthaus Bregenz, Bregenz, 2011.

VE：是的，当然。这些作品都被存放在陈列柜里。现在我想谈谈我最初的想法，为什么要放在这些陈列柜里，为什么要这样安排。对我来说，这些都是序列。一个展品代表一个序列，而序列中又有图像。这又是电影化的时刻。我必须在空间和时间运动中穿行于这些序列，却又每次都能找到它们之间的连接点。起点和材料的选择和安排都是为了营造出一个电影般的过程。

SZ：所以这里面也有类似于扩延电影的东西。显然，蒙太奇对您非常重要。蒙太奇于白色框架内发生，随后产生相应的张力。显而易见，蒙太奇、剪辑和从这个思维角度所能想象到的一切贯穿您的整个作品，且发挥着十分重要的作用。剪辑、连接、组装、缝合，这些是理解您所做的这些的关键吗？

VE：我想是的。这是组装和排列之后的。重要的是要始终把它放在不同的背景下来看，赋予其不同的意义。变化如此多样，以至于我自己都无法决定。我自己也经常不知道，该如何做决定。比如，五年之后，我可能会选择一种完全不同的表现形式。

我很高兴您刚才提到了这个问题。这项与声带相关的工作是基于我对语言的研究而开展的。早在20世纪60年代，我就想制作一盘录像带，要在其中可以看到我说话时喉咙和声门的内部解剖结构。多亏了喉镜，我现在实现了这个想法。我在其中朗读的整个文本也是关于声音，关于语言的。这种对语言的分析，无论是书面文字——我曾进行过写作表演，用双手写字，来做听写或随意地写，还是语言的另一种表现形式，比如我大腿上的吊袜带，都非常重要。我们都是语言！我们是密码！我们是符号！我们都会说话！口语是通用语言的一部分。这种说法太过肤浅，它更像是一个哲学问题。但我认为我们是电影屏幕——这并非嘲弄，而是实话。当我在报纸上看到北非人在西班牙管理这些栅栏的照片时，我并不需要掌握世界上其他语言。我只需要读到签名——"北非和欧洲"——就能通过身体和照片上的过程识别一种语言表达。我们是语言。地球就是语言。但现在看来，这种说法可能有点太牵强了……。

SZ：这或许与您来自那个城市有关。在那个城市，西格蒙德·弗洛伊德思考了语言对我们所为之事的意义。维特根斯坦（Ludwig Wittgenstein）和维也纳学派也是这样做的。您还在弗洛伊德博物馆展出了《语言的力量》（*Die Macht der Sprache*）[1]，对吧？

VE：是的，有人给了我这个机会，我决定这样做。这是一个很好的契机。

SZ：这个想法非常好。

我们甚至连建筑，您拍的与建筑相关的照片和舞台图像都没谈到。

1　VALIE EXPORT, „Die Macht der Sprache", 2002.

真是遗憾,这些可能谈不到了。最后,我想再与您谈谈一个观点。这个观点在某种程度上又回到了刚才谈到的"扩延电影",而且和当前的艺术运动有关。现在,不只是电影,还有电影制作人和艺术家,都越来越多地进入博物馆和画廊,更确切地说,是在进入电影院,进入大电影院,他们在那里也会非常成功。最近的例子就是史蒂夫·麦奎因(Steve McQueen),他从实验作品起步,如今,他带着作品《为奴十二载》(Twelve Years a Slave)登陆好莱坞。好莱坞已经发现艺术家是一种资源,在努力争取这些艺术家们。而他们中的许多人也都表示愿意。您很早就参与了大型故事片的摄制。您创作了《看不见的对手》(Unsichtbare Gegner)[1]和《爱的实践》(Die Praxis der Liebe)[2]。这些都是您执导的大型故事片,您也必须完成故事片需要做的事情。这些作品在电视上播放,且常常伴随着极大的诋毁——这一直是您工作的一部分。在《看不见的对手》播出后,您就被大家仇视,被视为疯子和精神分裂症患者。但这样一来,至少,您也被认为是出于精神障碍把这件事搞砸了。我在关于您的文件中读到的报刊大致就是这样说的。当时,在20世纪70年代末80年代初,是什么吸引您去了解故事片呢?是对大众媒介的探索,又或是在寻找与扩延电影完全不同的层面?当然,这些电影都极具实验性,但是究竟是什么原因吸引您选择这种形式并说出"我现在要拍故事片"这句话呢?

VE:我拍的是叙事故事片,因为我想把许多不同的表演融入一个故事。《看不见的对手》的主题是希克索斯人。我在20世纪70年代初走遍了这座城市,心想:如果外国势力现在来攻占我们,指挥我们,会发生什么呢?我会怎么做?也许我会拍一张照片,通过照片来记录。我想用摄像机来娱乐和工作。摄像机会撒谎吗?摄像机说的是实话吗?这就是

---

[1] VALIE EXPORT, „Unsichtbare Gegner", 108 Min., 1977.
[2] VALIE EXPORT, „Die Praxis der Liebe", 90 Min., 1985.

这个故事和这场辩论的基本观点。希克索斯人确实存在过,然后又完全消失了,这让我很是着迷。这也是电影《看不见的对手》的主旨之一,也是它名字的由来。在《爱的实践》中,我想把爱作为主题,对祖国的爱、对母亲的爱,以及这些爱意表达自身的方式。一切都是紧凑的、束缚的……。

SZ: ……对色情的批判也很重要。

VE: 我当时有这样的想法和观点。这些电影非常具有实验性,非常前卫。我很清楚,为电影院制作故事片,也就是工业电影,并非我的强项。

SZ:《看不见的对手》在电影院上映了很长一段时间,实际上它相当成功,引起了人们一阵狂热追捧。我引用刚才提到的报刊上的内容:1976年,当时的欧洲公民倡议协会向《看不见的对手》发起起诉,他们在提交给检察院的起诉书中有这样的陈述,"瓦莉·艾丝波特是一位精神分裂症患者,因此她不具有刑事责任能力"。这则说明将性交场景作为指控理由,然后出现了一些特别美妙的描述。这类文本的描述总是如此美妙:"这是行为主义者苏珊·维德尔(Susanne Wiedel)令人厌恶的描述,她用剪刀剪下阴毛,并将其粘在上唇上当作胡须。"

VE: 另外,《爱的实践》还获得了柏林电影节竞赛单元提名。但我不认为自己是一个往工业电影方向发展的人,我还停留在艺术领域。

再简单提一下《行动裤:生殖器恐慌》。那条裤子,这很清楚,我解释过的,但这张照片是故意用冲锋枪拍的……。

SZ: 卡拉什尼科夫冲锋枪!

VE: 对,卡拉什尼科夫冲锋枪!这是一个附加的元素,它不仅与扩延电影相关,还与摄影舞台和舞台演出内容相关。面对镜头的是生殖器表演和卡拉什尼科夫冲锋枪,这对我来说很重要。这种武器看得见,是一种男性象征,会激起攻击性(Aggressionen),而我就是想激起人们的攻击性。攻击性非常重要，因为在拉丁语中"aggredi"的意思是"接近"。我们必须先接近事物，侵入它们，然后才能理解它们。这就是这次演出的出发点，它以照片和海报的形式出现。

SZ：[面向观众] 现在该大家上场了！最后这几分钟是留给各位和瓦莉·艾丝波特的。关于瓦莉的作品，有什么问题一直困扰着大家吗？

嘉宾：我这样理解正确吗，您的出发点总是非常概念化，您会去寻找代表自己想法的东西？例如，一把卡拉什尼科夫冲锋枪的图像或是一条裤子的图像，是这些东西鼓励您组织这一行动吗？就像您刚才说的电影：您受到电影的启发，因此用电影来工作，然后就会从不同的角度来看电影？

VE：对我来说，出发点是概念，是想法。这可能是艺术思维。如果我有想法或者概念，那么我的概念中就确定了媒介。我不想把卡拉什尼科夫冲锋枪画出来，而是想用照片来展示它。所以不得不说，我基本上算是一个思想艺术家、概念艺术家，我不受任何事物的启发。虽然人们本来就会受到启发，但那是另一回事。

嘉宾：您不继续拍故事片真是太可惜了。我想到了林恩·赫斯曼-利森（Lynn Hershmann-Leeson），她在大西洋彼岸做了与您所做的类似的事。现在兴起了一个完整的复兴运动，艺术家电影就是在此运动中诞生的。这些电影一下子拥有了一个完全不同的地位。所以要是您能再考虑一下，那就太好了。

VE：是的，有剧本、有想法、有资料，这些确实是有的。我非常了解林恩·赫斯曼-利森，但当时她是在旧金山，还有这种电影设备供她使用。我有一个难度很大的剧本，已经在写了，这个想法已经有10年了。我想拍一部电影，全程把摄像机架在地面上来拍。当然电影中还要有叙事。摄像机只架在地面上，那在镜头前我该做什么呢？这件事很困难，因为我不能总是只展示脚和腿，还得展示全景，要表达情绪，讲述一个故事。我现在已经有了大约10分钟的故事，不是用于电影的，但我希望能有一部这样的电影。

我非常欣赏林恩·赫斯曼-利森，与她的作品情况相同，我的作品目前也正在被重新发现。突然间，我受邀参加了许多电影放映会。现在，扩延电影被一次又一次地放映，当然，视频作品也是。

但是大众媒体……我曾为大众媒体，为电视组织了一次活动，大约是在1973年左右，名为叫作《面向家庭》（*Facing a Family*）[1]。这个想法是这样的：您坐在电视机前，看着电视，听着新闻。突然，画面一切，一个媒体家庭坐在电视前，看着电视，然后看向对方。这就是《面向家庭》。随后画面就结束了，时长10分钟。我还有机会在一个节目中展示这个作品，是在奥地利电视台的一个下午时段。

SZ：儿童时间。

VE：对，还有其他艺术家参与。至少奥地利还有这样的"频道"可以让我们展示。我本想在播放新闻时这样做。这是我的目标。新闻播报员说话……然后大家互相看向对方……然后有人继续说话。这对我来说应该就是《面对家庭》，也是后来出现的那种真人秀。这是我在大众媒体上组织的唯一一次活动。

SZ：非常感谢瓦莉·艾丝波特。希望我们很快还能再次见面，讨论其他很多今天没有谈到的方面。谢谢您，瓦莉！

记录整理：多拉·费伦齐（Dora Ferenczy）、
卡洛塔·里希特

---

[1] VALIE EXPORT, „Facing a Family", 1971.

奥托·伊·罗斯勒 / OTTO E. RÖSSLER

"没有机器可以测量'现在'。"

05

齐格弗里德·齐林斯基（以下简称SZ）
奥托·伊·罗斯勒（以下简称OR）

摄影：托尔本·施蒂勒

SZ：如何介绍奥托·罗斯勒呢？我们仍然记得我们共同的朋友迪特玛尔·坎普（Dietmar Kamper）提出的一个概念："幻觉"。这个词他常常挂在嘴边，然后思考："幻觉究竟意味着什么？"1998年，传奇性学术活动"福柯法庭"在柏林举办，迪特玛尔·坎普是其负责人之一[1]。有些人可能还记得，这一事件的特别之处在于，参与者是由精神病学家们组织的，并且活动得到了柏林自由大学一些同事的帮助。奥托·罗斯勒是当时的发言人之一，也和迪特玛尔·坎普一起站在讲台上。因此，后者把"幻觉"这个词挂在嘴边，说幻觉不仅意味着制造表象——可能是虚假的表象，而且意味着冒险，把某些东西置于危险之中。如果我必须将奥托·罗斯勒的思维命名为一个类似于特征的东西，我会说，论及核心，它是——在最佳意义上的——幻觉性思维。

作为一名"风的商人"，或者说是人文学者，我无法公正地描述奥托·罗斯勒的科学宇宙的多样性。或者，我可以尝试在谈话中从一个媒体研究者的视角对奥托·罗斯勒对广义的物质世界（生物学、化学、物理学）的思考进行解释。这样做将对我们有极大的帮助，因为该媒体研究者（他）认为物理和形而上学之间存在边界，并在此边界上形成一种平衡。虽然我刚才提出的二元论现在已经成为一种尴尬，但有时不得不表达。

坦率地说，我们可以把奥托·罗斯勒的思想和他的科学成就看作是制造世界改良机器的事业。更准确地说，是致力于发明一个有可能有效改良世界的机器。至少在我看来，奥托·罗斯勒坚信改变世界的必要性和可能性。还要再加上一点：造福世界。有许多方法可以改变世界，但要以对世界有利的方式改变世界，这也许是人们可想象得到的最大挑战。他在数百篇科学文章中以陈述简单、清晰又具有高度复杂的论证概述了

---

[1] 1998年4月30日至5月3日，由柏林自由大学、Irren·Offensive e.V.和国民剧院组织的第一届"精神病学状况的福柯法庭"，讲座、小组讨论、阅读和活动（http://www.foucault.de）。

这一方案目标。我认为这是一种无法模仿的风格。这些文章涉及生物起源、时间、微观相对论、人工宇宙、混沌吸引子和其他许多其他领域的研究。奥托·罗斯勒原本是一名生物化学家,并研究过医学。他跨越学科边界去探索思维本身。他先是在马克斯-普朗克研究所做博士后,后于20世纪60年代末在塞维森与康拉德·洛伦茨(Konrad Lorenz)共事。从我们的谈话中,我知道这段日子对他影响巨大。1977年,他被聘为图宾根大学的生物化学教授,后以客座教授的身份访问了西方顶尖的研究所,包括加州洛斯阿拉莫斯的非线性研究中心、新墨西哥州的圣达菲研究所(致力于研究复杂系统)以及其他诸多研究所。

2000年,我们在卡尔斯鲁厄为奥托·罗斯勒举办了一个名为"界面科学"的研讨会,来庆祝他的60岁生日。当时不仅有世界各地的重要人物前来向他致敬[1],还有脑科研究员戈特弗里德·迈尔-克雷斯(Gottfried Mayer-Kress)。他当时受了重伤。我还清楚地记得,他是在一张小床上参加了研讨会。我们远程连接到他在夏威夷的研究所,让奥托·罗斯勒通过视频跟踪界面与海豚交流。因此,聚集的不仅是人类世界的重要人物,而且还有动物世界的"长者"。众所周知,海豚不仅比人类古老得多,而且其大脑的折叠程度也远比后者来得高。

以造福世界的方式改变世界这个项目的一部分是,奥托·罗斯勒在看到迫在眉睫的危险时进行干预。这个星球上的每位独裁者、总统和女王都收到过他的劝诫和恳求邮件。2008年6月,他作为巨大的,也是昂贵的大型强子存储环[2]的最激烈的反对者,在欧洲核子研究中心(CERN)公开露面。你们中的许多人当时一定关注过这些采访。他的批评主要是

---

[1] 艺术和媒体技术中心的研讨会"界面的科学"(卡尔斯鲁厄,2000年5月18—21日)。会议记录以同一标题出版,由汉斯·迪布纳、蒂莫西·德鲁克雷和彼得·韦贝尔编辑(图宾根2001年)。

[2] 译者注:存储环(德文——Speicherring;英文——storage ring)是一种圆形粒子加速器,连续或脉冲粒子束可以在其中保持循环,通常持续很长时间。特定粒子的存储取决于所存储粒子的质量、动量和通常的电荷。

针对那些质子碰撞的实验。在他看来，人们至少应该考虑这样一种可能性，即在这里会出现人造的、具有指数增长能力的小黑洞，由于其运动缓慢，会被地球的引力所吸引，并在此过程中吞噬整个地球的质量。

洛伦茨吸引子和它所描述的动力学的插图

引自：Ian Stewart, Sources of Uncertainty in determinitic dynamics: an informal overview. Philosophical Transations of the Royal Society 369/1956 (2011), S. 4705–4729, hier S. 4710. Online verfügbar: http://rta.royalsocietypublishing.org/content/roypta/369/1956/4705.full.pdf.

117　　亲爱的奥托，今晚我们想做一个小小的尝试，就是讨论您的一些具有挑战性的想法：关于涉及人类心灵和所谓外部世界的参考系统的内部物理学、人机关系、界面——我们将看看我们能做什么。还有，您目前感兴趣的事情。您显然是一个无政府主义者，请允许我这样评价您。因为我对您足够了解，所以主要会谈论您感兴趣的事情，而不是我感兴趣的事情。我清楚地知道，对于您，我只能给出几个关键词。

　　首先，我想回顾一下过去的40年，这在一个人的生命中是一个漫长的时间长度。但从另一个世界或角度来看，又可能是微不足道的。在科学中，有一个"吸引子"叫作洛伦茨吸引子[1]，这指的是在三维空间中被弯曲一次的表面。它是由气象学家爱德华·洛伦茨（Edward N. Lorenz）

---

[1] 译者注：洛伦茨吸引子是非线性动力系统的一个重要概念，由爱德华·洛伦茨于1963年提出。

提出的——正如奥托最近纠正我的那样，他实际上是一位理论物理学家。洛伦茨开发了这个模型世界，以便能够描述复杂系统中的一种特殊形式的秩序，如天气。这种秩序被称为"确定性混沌"。由这种系统产生的曲线最重要的特点就是具有无限的复杂性，因为在一定的限度内它们的路线是不会重复的。在更复杂的程度上，即在具有三个或更多维度的状态空间中，人们会遇到整合或试图整合混沌运动的吸引子类型。这些模型世界被称为"奇怪的吸引子"。

奥托·罗斯勒深入研究，不断进行数学计算并"建造"了这样一个奇怪的吸引子。对我们来说，这种吸引子的诱人之处在于——奥托·罗斯勒当然知道这一点——它不仅可以用来计算和描述科学现象，对奥托·罗斯勒来说，它们也体现了世界组织自身的原则，因此他的吸引子自然也是一个哲学模型。亲爱的奥托，我想在一开始就向您提出的要求是：请向我们解释您为什么在40年前开发了这个模型世界，以及现在被称为"罗斯勒吸引子"的吸引子，在您自己的思维发展中具有什么意义。

OR： 非常感谢您，亲爱的西格弗里德。这样的方式可以让我缓解一下我的兴奋。我想这是一个朋友的错，即亚瑟·温弗里（Arthur Winfree）。虽然他比我还小一岁，但他不幸在十多年前去世了。亚瑟·温弗里是一个非常有趣的人，他在液体领域做了精彩的实验，如扎博金斯基反应（Zhabotinsky-Reaktion）[1]。他是最早发现所谓卷轴波的人之一，卷轴波非常漂亮，也可能是混沌的，这在当时并不为人所知。我要感谢他带我进入了混沌的世界。在维也纳，我曾经做了一个关于时间生物学的讲座，亚瑟·温弗里当时也在听众中，他确信我已经解决了昼夜节律时钟的问题。时间生物学是一个精彩绝伦的科学领域。亚瑟·温弗里是美

---

1 译者注：这是一种与化学振荡有关的反应，以俄罗斯化学家安纳托尔·扎博金斯基（Anatol Zhabotinsky）的名字命名。扎博金斯基反应在化学、物理和生物学等领域具有重要的应用价值，可以用于模拟和研究复杂系统中的振荡行为以及自发形成的结构，也被用作合成生物学和化学传感器等领域的研究工具。

国著名时间生物学家科林·皮坦德里（Colin S. Pittendrigh）的学生。在图宾根，有一位植物学家，我也和他一起参加了植物学考试，他叫欧文·布宁（Erwin Bünning），和皮坦德里是竞争关系，他们分别独立地发现了内在节律——生物体内（植物、动物）的昼夜节律。然而，令人惊讶的是，就像科学中经常出现的情况一样，他们并不是竞争对手。相反，他们相互引用、相互证实，共同创立了这门科学。沃尔夫冈·恩格尔曼（Wolfgang Engelmann）也是皮坦德里的学生和亚瑟·温弗里在美国的朋友。因此，多亏了恩格尔曼先生，温弗里在图宾根找机会向我展示了试管中的扎博金斯基反应。您只需将四种或五种液体混合在一起，然后这个试管的颜色就会改变。大约每隔半分钟，它就自动变成无色或粉红色，然后又变成无色。我的妻子雷玛拉·罗斯勒（Reimara Rössler）允许我在她的实验室里玩这个东西。因此，我们找到了这种扎博金斯基反应的一个版本，它在红色、绿色和黄色之间有节奏地切换，就像在变得非常热的液体中的交通信号灯。不幸的是，我们把这个配方弄丢了。因此必须再次调配，直到获得同样效果的配方……但长话短说：亚瑟·温弗里曾经邀请我去普渡大学，他在那里拥有教授职位。

说到这，还有一个愉快的故事。亚瑟·温弗里是那种总是对世界充满热情的人。普渡大学位于农田中间的某个地方，极为偏僻。作为补偿，建有供教员们使用的一个小型私人飞机场。这对一所好的大学来说是理所当然的事情。有一天，在经历了几个星期的阴霾天气后，温弗里实在是受不了了，他一定要重见蓝天。于是他上了一架小型飞机，但是发现高度计坏了。当时雾气很重，而且还下着雨。所以，他面临着一个问题，是应该理智行事，还是不顾一切飞上去看蓝天？最终，他为了看到蓝天便开着那东西高高飞起。当他重新往下飞时，他不知道那时的雾气已经弥漫至低海拔处，以至于他在着陆前看不到地面，这当然引发了撞击。所以他是我认识的唯一一个为了蓝天而冒生命危险的人。只是这么多关于亚瑟·温弗里的奇怪之处……不过我为什么现在要谈论温弗里?

SZ:我们话题的引子是吸引子。您为什么发明了它?

OR:是的,这就对了。好吧,我们已经知道,可以把化学物质、液体放在一起,它们相互之间会发生一些意想不到的反应。事情"无缘无故"地发生,对当时的世界来说多少有些奇怪。当然,我们知道振荡器,例如机械学涉及该概念。但是,液体振荡则是不寻常的,在某种程度上是陌生的。三年后,我在维也纳遇到了温弗里。他问我在做什么。他刚刚听了我关于时间生物学的讲座,他对这个主题非常了解,但他想知道我是否还在做一些"真正有趣"的事情。我说:"我正在考虑如何能在三维空间中创造一个所谓的极限环。"极限环是一个技术术语。每个振荡器都是一个极限环,就像收音机发声时的声音反馈。如果我发出正确的音调,机器就会给予反馈。这是一个吸引子,不过是一个周期性吸引子。我进一步回答亚瑟·温弗里的问题:"我只是在努力创造一个闭合运动。但要有三个变量,这样就能在空间上形成闭环。"这意味着发生在三种物质或液体之间的运动并不是简单地绕圈,而是周而复始地进行同样的运动。虽然它做着同样的运动,但在这中间还发生了一些不能在平面上展示的运动,即不能在二维层面上展示。在两个维度不够的情况下,将需要三种物质来发挥作用。因此,扎博金斯基反应也必须能够做到这一点。我后来在图宾根与恩格尔曼先生和韦格曼先生一起进行了试验验证了这一点。我们一起制作了第一张此类的实验性图像。实验工作并不是由我承担,我只是提供了建议,但随后也有机会参与了论文的撰写。

因此我们知道,有三个变量就可以产生自主运动。大家也都知道这一点。例如,在经济学中或在天气中,存在多个变量。世界上任何地方都有多个变量。如果有三个变量,实际上就会产生混沌的运动。在我向亚瑟·温弗里坦白了我想找到这样的三维物体之后,他透露,他刚刚参加了在科罗拉多州阿斯本举行的一个秘密会议,那里呈现了一个全新的领域，叫作"混沌"。他问我是否知道这是什么，我回答说："是的，我听说过交通混乱。"他说："不，这是一个新的术语，用来精确描述那些需要三个维度才能在流动中创造新事物的现象。由于我没有时间，我会把所有的预印本都寄给您。"当时只有其中的一篇论文已经刊发。1975年真是灰暗的"史前时代"。我以为亚瑟·温弗里可能会忘记他的承诺。但几周后，一个厚厚的文件夹，里面有大约10件作品，真的到了我手中。其中正式发表的只有一篇论文，就是爱德华·洛伦茨关于洛伦茨吸引子的那篇。其中还附上了一封给我的短信："请好心在纸上描述一下这种东西能产生的化学反应。"这个洛伦茨吸引子看起来非常复杂，像两只耳朵，驴耳。如果您在模拟计算机上计算，屏幕上就会有一个光点在移动。屏幕上留下了痕迹，这样我们就可以看到光点的运动。网上也有一部关于这个问题的影片，我可以推荐给您……因为是我自己制作的，我的意思是，是我的妻子制作的。影片名为《混沌》(*Chaos*)，长约9分钟，质量过关[1]。我在这里阐述的一切都可以在这部影片中看到更好的效果。大家可以看到美丽的光点运动，令人欣喜的是，还可以听到它。但是您知道，如果我这样向您描述，也许更令您印象深刻。因此，每个人都会在描述时添加一些不同的东西，也许会有新的东西出现，正是因为您现在看不到它的存在。

但我想说的是，光点以一种合乎规律的方式移动，它有时会跳到另一边，然后再重新开始跳动，后又再跳回来。令人惊讶的是，当我们在模拟计算机上计算它，还可以听到它……我们把它称为"计算"。

这只是一些变量和电压的相互作用。整个世界也都是这样构建的，实际上整个世界也是一个模拟计算机，只是不大为人所知。不幸的是，

---

[1] Chaos. *Different Types of Chaos in 2 Simple Different Equations*, Case-Film von Reimara Rössler, (o. D.); Digitalisierung veröffentlicht von Otto E. Rössler am 21.10.2012 auf https://www.youtube.com/watch?v=Tmmdg2P1RIM

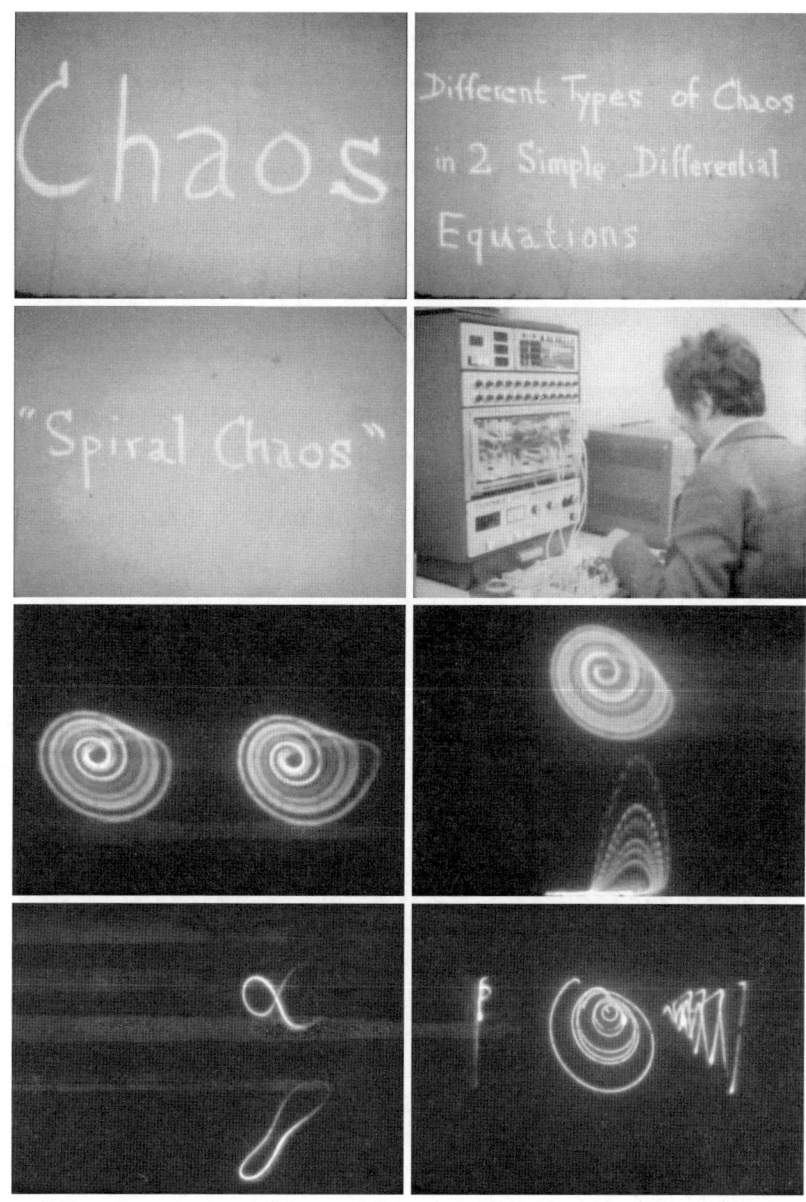

《混沌》剧照(从左至右)。两个简单方程中的不同类型的混沌,雷玛拉·罗斯勒的案例影片,具体日期不详。在第四张照片中的人物为奥托·罗斯勒。影片为原色。

数学家通常喜欢数字化而不是连续化。因此，在现代数字时代，连续体的神秘感在某种程度上已经丧失。无论如何，像这样的模拟计算机是一种让事物重新变得可塑的方法。但说回光点，不妨仔细听一听它的声音。可以把整个过程输入扬声器，可以听得见其中一个变量。在图宾根的模拟计算机上操作并通过将其连接到扬声器上，我们发现，这种混沌的声音因其运行速度的不同而大不相同。大家是知道声音的：如果它运行得很慢，而且光斑很明显，您就听不到任何声音，因为那时它是次声波。但是当它稍微快一点的时候，您会听到一种声音。我不太敢说出它的名字，因为在公共场合这样的表达有些不雅，它来自身体的一个穴口……如果它的速度更快，大家也知道，听起来就会像是一种嘶哑的声音。也就是说，大家都知道混沌这个现象，因为嘶哑的声音令人感到不舒服。这种不舒服让每个人在声学意义上都知道什么是混沌。如果再次让它慢慢运行，它就会发出"突克—突克"的声音，是摩托车或汽车在红绿灯前怠速的声音，是我们非常熟悉的声音。非常非常多的声音就是混沌的。我们当时就意识到了这一点。

在夏里特（Charité）医院还有一位年轻的同事——我想，至少在柏林工作期间，他用麦克风录下了婴儿的哭声——注意到，在情况变得非常严重时，婴儿不只是哭，而是哭得非常难看，以至于混沌不堪。然后可以在婴儿的床上放一个自动识别装置，用来确定哭声是混沌的还是有旋律的，即不至于太夸张的混沌。我不知道这是否是混沌理论的一个重要应用，但所有这些都是所谓的"耗散性混沌"。

从物理学的角度来看，人们可能会在这里提出异议："这一切都很好，这些都是集合，一些变量，宏观的变量，如当汽车故障或咳嗽时，当声门等轻微发声，等等。"声门做的是一个周期性的运动。当您唱一个音，比如说一个标准音时，它就是一个振荡器。但当您声音嘶哑时，那是因为两个声带中的一个有凝块。由于这个凝块，两个声带不能作为一个振荡器同步运动，而是两个耦合的振荡器。而这两个耦合的振荡器又会产生混沌。有些人的声带恰好在这个位置上发生了增生，就必须通过手术切除异物。因此，在这种情况下，如果能及时认识到某些事情不"对"，那是好事。

然而，这基本上是微不足道的，因为这些只是宏观现象。我们可以继续追问："它到底是怎样的呢？因为在现实中，世界根本就不是宏观的。这些只是一种近似。"如果您想确切地观察和理解这个世界，就必须进入微观层面。而世界上的微观精细运动——包括宇宙中的行星运动——时间上都是可逆的。这意味着，如果在这里倒转时间，实际上会发生完全相同的事情。但是，如果在我们刚刚讨论的现象中逆转时间，就会发生相反的情况。那么它的作用就不同了，比如说膨胀的物体会收缩。所以，一切都是不可逆转的！在物理学中，我们相信，或者说自笛卡尔以来一直相信，可以用数学的方式，用可逆的描述来捕捉世界。这就是问题所在……但是，是否已经过于啰唆了？

SZ：不，不！我们已经接近第二个复杂问题了，我只是再次努力为我们，也是为我与可逆性问题之间搭建桥梁。可逆性在您的吸引子中也起着重要的作用吗？

OR：不。非常好，这是一个很重要的问题！吸引子是不可逆的，因此是对现实世界的一种近似。因为在微观层面内，只假设有可逆的原子或分子参与这些集合。但我要说的是，"汉密尔顿混沌理论"，即自然界的基本规律，早就为人所知。也就是我刚才描述的事情。另外是爱德华·洛伦茨，1963年，他通过天气发现了吸引子。当时，真正的专家知道这一点，因此并没有感到坐立不安。庞加莱在19世纪就已经描述了混沌现象。有一个著名的"三体问题"，关于天空中三个不同的天体相互绕行的问题。虽然这里的方程非常非常复杂，但庞加莱成功地进行了这样的还原，最后在混沌可以被证明的地方进行切割。时至今日，庞加莱如何在没有电脑的情况下成功找到所谓的"同轴心点"——或者说,当三颗恒星相互绕行时,这种图形所显示的无限多的同轴心点,绝对是个谜。据我所知,迄今为止还没有人能够拥有他这样的空间感知天赋。

SZ:您的猜测是什么?

OR:他确实做到了,而且还发现了庞加莱截面。但他说,头脑"惊恐地回避"了那里揭示的复杂性和时间可逆性。今天,人们对此不再那么惊恐,因为伯努瓦·曼德尔布罗特(Benoît Mandelbrot)发现了著名的分形[1],现在人人皆知,或者说,在一段时间内非常受人们的关注。有这样一只海马,会以不同尺寸重复出现,然后它又有了毛发,然后又变成小的那只海马,如果进一步放大,则又变成大的那只海马,如此反复。这就是问题所在:这种自我相似性会持续多久?我忘了说"超混沌"这个概念。混沌很美,对此我们需要三维。我们已经谈到了三维,但如果有四个维度,就会产生超混沌。如果切开超混沌,就会看到分形。因此,对曼德尔布罗特分形的解释是,它们是切割一个"四变量混沌",切割一个超混沌。从数学角度看或在计算机上看,超混沌等于分形,它们是同一个东西。作为混沌的证据,我已经提到了沙哑的声音,或汽车引擎的鸣叫声,它们并不会重复。但是超混沌也可以立即判断出来的,事实上,它是雨滴落在车顶上的声音。因此,水滴落下是完全无法预测的。如果允许这样的超混沌作为一个能够爆炸的系统——朝两个方向——那么中间有一条线,既不向一个方向也不向另一个方向爆炸。可以这么说,这个超混沌试图逃离混沌的两个方向。这是一种结构,在最对称的情况下会形成一个可视化的曼德尔布罗特集。因此,曼德尔布罗特的分形也是混沌理论的一种应用,也是"汉密尔顿"式的应用(参见汉密尔顿混

---

[1] 译者注:曼德尔布罗特分形是以法国数学家伯努瓦·曼德尔布罗特的名字命名的一种特殊类型的分形图形,以其复杂、无限精细的结构而闻名。分形图形展现出自相似性,即无论何种比例缩放或放大图像,都会出现相似的图案。这些图案通常呈现出分形的特征,即在更小的尺度上存在与整体结构相似的部分。曼德尔布罗特分形在数学、物理学、计算机图形学和艺术等领域都具有广泛的应用。

沌)。庞加莱看到了天空中的三个物体彼此间的相互作用。然后他定位了三个天体同轴心点,也定位了异轴心点。同样奇怪的是,在19世纪末,人们竟然如此大胆地在数学中引入"同轴心:趋向于同一方向"和"异轴心:趋向于另一方向"这样的概念。庞加莱一定很有幽默感……好,因此,当存在着相互影响的运动时,自然界往往会产生混沌——例如通过引力。问题是:这其中有什么更深的意义?为什么世界是汉密尔顿式的?

[转向观众] 实际上,我现在期望你们能提出异议:"是的,我们知道世界是汉密尔顿式的,但它也是量子化的!"而由于量子力学,现代世界在很大程度上失去对混沌的、汉密尔顿式复杂性的感知,因为在这里突然有了离散的状态。无论盖革计数器是否击打,原子是否衰变,这种量子化都不是由混沌的、关键的规律性决定的。尽管正如我们所说,它具有无限复杂性,可是突然又增加了另一个元素,即沃尔夫冈·保利(Wolfgang Pauli)所称的"原初随机性"[1]。原初随机性,即盖革计数器是否在打击。保利确信这是无法解释的事情。"原初"意味着它不是来自这个世界。从那时起,就存在着一场伟大的斗争,我想邀请你们加入并帮助我。不仅仅是我,还有所有善意的有跨文化思维的自然科学家。关键是,量子力学并没有破坏这种美妙的和谐,恰恰相反,它是建立在这种和谐之上的现象。我们要解释为什么在一个实际上是混沌和超混沌的世界中,会突然出现离散的现象,就像盖革计数器是否发出打击声。这个问题——这就是内部物理学(Endophysik)。

内部物理学试图假设世界本来就是混沌的、无限的,甚至是不可估量的,并且是像曼德布尔罗特集那样被无限精细地构建的。但在我们看来并不是这样的。原因是,我们自己是这个美丽机制的一部分。因为当

---

[1] 译者注:原初随机性指的是在量子力学中观察到的随机现象,无法通过确定性的规律或因果关系来解释。

一个人自己是混沌世界的一部分时，那他可能会觉得现实中根本不存在量子现象。

SZ：这是一个很大的领域……我现在正试图为理解这一领域牵线搭桥。如果我说错了，请立即纠正我。这似乎是观察者参与其中的时刻。但在这种情况下，观察者是过程中的参与者。我一直理解的内部物理学，有可能通过模拟世界的方式，使我们能够推演出可以理解和掌握作为外部现实的事物。而基本的技巧（如果可以这么说的话）就是能够让参与者（即在这个世界上行动的人）贯彻落实的可能性。

OR：确实是计算机模拟世界，没错。

SZ：虽然我不能走出它，走出这个现实，但是我可以观察到在更大的现实中无法观察到的东西。

OR：在这一点上，可以参考赖纳·维尔纳·法斯宾德（Rainer Werner Fassbinder）的精彩影片《世界旦夕之间》（*Welt am Draht*），他在影片中正是这样做的[1]。这部影片是根据丹尼尔·加卢耶（Daniel F. Galouye）的一本书《三重模拟》（*Simulacron-3*）[2]制作而成。我碰巧和赖纳·维尔纳·法斯宾德的弟弟埃尔马·法斯宾德（Elmar Fassbinder）是朋友。他后来成了IBM的医生。有一些医生会逐渐不忠于本职，期许只"扮演医生"这一角色就不会那么危险，承担的责任也不会那么重大。当您从事科学研究时，您实际上就是要放弃做医生！如果真的想给世界带来积极的变化——这就是我学医的原因——如果突然要从事科学研究，就得放弃从医的理想。

SZ：医生会与世界有一种治疗关系，这是一种最好情况下的假设。

OR：是的，这是一个非常理想化的职业。我也相信大多数医生应该得到人们对他们的赞许……我们讲到哪了？

---

[1] *Welt am Draht*, Spielfilm von Rainer Werner Fassbinder (BRD 1973).

[2] Daniel F. Galouye, *Simulacron-3* (New York 1964).

SZ："内部的观察者"——您对此摇了摇头,所以我猜您不太同意?

OR：这实在是太复杂了！好吧,这个理论被称为内部物理学。这个名字来自大卫·芬克尔斯坦(David Finkelstein)。我当时给他写了一封信,说我们必须区分两种物理学、两种自然科学。因为一个是世界的真实面貌,另一个是从内部看到的世界。他说："您为什么不称之'外部物理学'和'内部物理学'?"然后我请求他允许我使用这些词,但不用每次都说明这些话来自他。他同意了。而这种想法——可以把世界看成一个整体,然后区分是内部真实和只有从外部看才能发现的事实——不仅来自大卫·芬克尔斯坦,而且作为一种出自我的外延,可以追溯到18世纪的耶稣会神父博什科维奇(Bošković)。

SZ：18世纪,启蒙运动时代。

OR：是的,他比康德大一点,大概大了13岁左右。我也特别不善于准确地记住数字。那个鲁格耶·约西普·博什科维奇(Rugjer Josip Bošković)——他拥有这个不典型的名字,不是意大利人——是个耶稣会牧师,我可以讲许多他的事情。当时我遇到他纯属巧合。我有一次做了一个关于莱布尼茨的讲座之后,听众中有人走过来对我说："我觉得那听起来像鲁尔·博什科维奇(Ruđer Bošković)。"我说："您能向我解释一下这意味着什么吗?我以前从未听说过这个词"。他回应道："不,我不想。"然后他就走了。因为我自己找不到答案,所以我就请一个学生为我做了一些研究。他有个好主意,去找了一位自然科学史学家,后者给他带来了鲁格耶·约西普·博什科维奇的书《自然哲学理论》[1],或者反过来说,《自然理论的哲学》。是的,没错,也就是关于牛顿的哲学,因为牛顿曾这样为他的书命名[2]。博什科维奇的这本书后面有一个附录,有

---

[1] Rugjer Josip Bošković, *Theoria philosophiae naturalis redata ad unicam legem virium in natura exitentium*. (Wien 1758).

[2] Isaac Newton, *Philosophiae Naturalis Principia Mathematica* (London 1686).

两篇小论文。其中一篇标题是《论空间和时间》，拉丁文是"De Spatio, ac Tempore"；另一篇为《论我们所知道的空间和时间》，拉丁文为"De spatio, ac tempore, ut a nobis cognoscuntur"。他把这两篇论文印在书的后面，每篇约10页。我的学生延斯·迈尔（Jens Meier）把书带给我，当时我正从后往前翻阅，我想："太可怕了！我应该拿这些怎么办呢！？"这真是一本集大成的书，涵盖了当时那个时代并不发达的整个科学领域——虽然当时已经发现了原子概念，但我并不这么认为。由于时间有限我便跳到最后直接阅读了最后的两篇短文，突然大开眼界，意识到这个人已经"掌握"整个内部物理学知识，而且是早在18世纪中叶！

SZ：请允许我简单评论一下。在您刚才引用的这个标题中——《论我们所知的空间和时间》——其实也包含了……

OR：……谈及了康德的思想？

SZ：……您一直提到一个非常现代的概念，即界面的概念。这就是这句话的基本意思。

OR：是的，谢谢您！没错。当您是一个世界的一部分时，您不会看到世界的本来面目，您只看得到一个切口——您和世界其他地方的区别。我们已经习惯了这种观察方式，视角也是如此。您曾在某次提到过彩虹。有一次，我在高速公路上看到了一道彩虹。也许您也有过类似的经历，只能作为乘客观察彩虹，如果是作为驾驶者，这样太危险了。我是一名乘客，所以我能够注意到，由于我们开得非常快，彩虹随着我们一起前进。这证明了彩虹并不是从不同地方看都是一样的。而彩虹存在于此，司机同样也具有自己的视角。

SZ：所以它是您的世界的一部分。

OR：是。这是世界上的一种特权属性，而且一点也不令人惊讶！在美国也有以这种现象而闻名的瀑布。您可以从它们下面走过，绕着它走。当阳光普照时，您会一直看到彩虹，彩虹会随着您的行进而变化。我们完全可以理解这种情况，它绝不是一个奇迹——然而，它又仍然是一个奇迹！因为它是一种可以拍摄的现象，是客观的，但又是面向观察者的。而这样一来，人们就会得出结论，显然其他事物也是相对于观察者而言的。例如，我此刻正在经历的事情或我正在用来观察的眼睛。我以这种视角看世界并不是显而易见的。

人们被锁定在一个叫作"人体"的物理学子系统中，便是这个奇迹，在某一时刻，人们从这个系统中"看出去"。正如戈特弗里德·凯勒（Gottfried Keller）写道："双眼，我亲爱的小窗，给我如此长久的美丽光辉，亲切地让我看到一个又一个的形象……"[1]。

我们的世界被非常强烈地客观化了。我们相信自己生活在一个所谓的社会中，里面有各种各样的事物，甚至有非常可怕的战争。但大家都认为，这就是我们的世界。然而事实并非如此。我们让自己相信它是这样，并相信我们参与了这个客观现实。实际上，我们是完全孤独的生命，只拥有一个界面，我们通过这个界面窥探世界。并且，我们不能改变界面的任何东西。可以说，它是与人相连的一种特定"相机"。而且不仅是相机，对于时间节点我们也是无法确定的，也包括"现在"这个时间节点。"现在"恰好是物理学中不存在的东西。没有机器可以测量"现在"。没有这样的设备。也不能证明"现在"正在移动。没有依据可以支撑这个观点。虽然我们能感觉到"现在"，但与物理学却是相矛盾的。这意味着我们也必须做一点宣传，不要给科学、物理学太多的空间。整个世界都把物理学想得如此"愚蠢"。因为在现实中，物理学对真正的问题置之不理，人们不喜欢看到物理学说"现在"是个问题。人们可能会感到绝望……没有任何方法能留住"现在"。美国有一位心理学家——也许我还能记得他的名字——在20年前告诉我，他认为已经有证据可以证明不同

1　Gottfried Keller, „Abendlied" [1879], in: ders., *Gesammelte Gedichte* (Berlin 1883), I. Buch der Natur.

人的"现在"不是同时的。虽然每个人都存在于在我的"现在",但它们可能正处于另一个"现在"。这是一个很奇怪的想法。然而,"现在"的问题是超越自然科学的。物理学喜欢对此保持沉默,而大多数人甚至不知道这一点。

SZ：这也是我敢于使用幻觉这个词的原因之一。基本上,它是一种虚幻的东西,类似于您用彩虹的例子描述的那样。我在那里看到的颜色也不是真正的物理上可以确定的颜色。

OR：是的,是这样。它们的波长可以被测量。

SZ：我可以测量它们,但我不能从物理上确定蓝色或红色。这是不可能的。

OR：我是从物理学家马克斯·伯恩（Max Born）那里学到的,从一本小册子上。或者更准确地说,我的朋友鲍勃·罗森（Bob Rosen）向我介绍了马克斯·伯恩。马克斯·伯恩是位著名的量子物理学家,他非常强调这一点。他的学生发现了量子力学,但是……他发现他的学生发现了它,所以是一种共同发现。还有一张马克斯·伯恩与他的女学生格佩特－迈尔（Goeppert-Mayer）穿着泳衣坐在游泳池的旁边的照片。今天,教授们当然不会和他们的女学生一起去游泳。那是不同的时代。

SZ：所以,如果我正确地理解了您关于"现在"的论点,即在这个"现在"中的每一个时刻都不能被物理地确定,并且都有一个质量,我用它来行动,用它来思考。

OR：这是唯一毫无疑问的事实。

SZ：是的。我所知道和熟悉的现实是由这个"现在"构建的。但是否还可以更进一步——也许是时间上的一步——说"现在"是不同世界之间的中介？它是否应该被理解为一种媒介？如果将"过去"和"未来"视为单独的世界,那么"现在"可以吗——您追随约翰·贝尔（John S. Bell）的"特定世界"思想——会不会是"现在"这个时间维度将这些不同的世界连接在一起？还是说这完全是荒谬的？

OR：这是一个原创思想，尚不存在。我们知道"现在"是我们真正拥有的唯一物质。我们不能留下它。世界是在"现在"给我们的，还有我们提到的颜色。在物理学中，我们可以证明颜色不存在。在自然科学中，没有颜色，只有波长。它们突然变成红色或蓝色是完全荒谬的。如果您要对一个学过自然科学但恰好非人类的对象说这话，或者……［笑］是的，这很难，我还在努力。

当然，我最喜欢的一个话题是，如何让海豚成为人类社会中比一般人更聪明的成员。前面已经提到了戈特弗里德·迈尔-克雷斯和"善意理论"。尽管这是一个完全不同的领域，但对我来说，它与将科学带入问题关键的尝试有关。毕竟，这是人们必须要做到的事情。我们不能相信每个人都相信的东西，必须弄清楚如何达到自己可以放弃这个东西的程度，因为它已经没有利用价值了。虽然可能会造成很大的伤害，但是有时也可以用这种方式来看待和处理自然科学。这样人们就可以理解"世界是一个量子世界"的论断是真的。通过休·埃弗雷特（Hugh Everett）或通过约翰·贝尔，他在这种情况下谈到了"超决定论"。有趣的是，这是一个带有浓厚宗教色彩的术语。

SZ：他这么说是什么意思？

OR：他没有透露，那是在一个讲座中提到的。［笑］从那时起，整个世界都在困惑："什么是超决定论？"在讲座结束后的晚餐上，贝尔的妻子坐在他的对面，我坐在他妻子旁边。贝尔告诉我，他在欧洲核子研究中心有着自由出入权，因为他的妻子是那里的教授。他虽然只是他妻子的下属，但这并不重要，他的妻子听到这儿笑得很甜。然后我给他画了一张小图，我叫它VX图。V是当两束光发散时，一个光子对发散，相互关联的光子。所以，V代表两个光粒子。向上是时间，向右是路径。然后我们在V中再画一个X：它们代表两艘宇宙飞船。一艘宇宙飞船向一个方向移动，另一艘则向相反方向移动。正如爱因斯坦所发现的，这些宇宙飞船的同时性是不同的。可以做一个实验，把两个光粒子连接起来，并在这两艘宇宙飞船中各做一次测量。在一艘宇宙飞船中，先测量两个粒子中的一个，在另一艘宇宙飞船中，则先测量另一个粒子。然后可以得到两个初次量子测量结果。也就是说，存在一种量子态，只有通过测量才能产生某种结果。但一个飞船中的结果先在这个飞船中产生，另一个飞船中的结果先在那个飞船中产生，所以每个飞船做出的测量只能由另一个飞船来确认。必须如此，这正是量子力学。于是突然间出现了一个可怕的问题——可以通过实验证明，每个观察者都存在一个不同的量子世界。这就是安东·齐林格（Anton Zeilinger）目前正在研究的问题。准确地说，已经进行13年了，我不知道他还要花多长时间。再次引入和解释量子力学，是我提倡的这种完全精确的思维的结果之一。

如果所述的情况被证明是真实的，那将是一场灾难。人们会突然说，量子世界是私人的东西。就像彩虹世界是私人的一样，量子世界也会是私人的。但对于彩虹，我们并不感到惊讶并且会说："对我来说，它只是在那里，而对您来说，它在这里。"但在量子世界中，只有一个量子世界。也就是说，每个人都会生活在一个量子世界里，在这个量子世界中，其他人虽然可以证实盖革计数器刚刚为他产生了一个脉冲，但是其他人则会生活在另一个量子世界里。

我小儿子3岁的时候，当时由于切尔诺贝利事件，全世界的人都不得不买盖革计数器，我曾经问过他："您刚才是不是也听到了盖革计数器的咔嚓声？"他惊讶地看着我，心想："爸爸可真够笨的！我刚才怎么会听不到盖革计数器的响声呢？"这个可怜的孩子被我"利用"来说明一个量子问题。我没有认真考虑过他会说"不"，他必须这样做，毕竟他是我世界的一部分。所以，在我的世界里，他一定是听到了它的咔嚓声。

SZ：在解释量子世界和它们可能是私人世界的可能性时，您可以进一步说，一个私人世界对另一个世界是不透明的。就是说，无法洞察的世界。这也是您提出问题的背景。否则，您甚至不会有问您儿子是否也听到了咔嚓声的想法。您必须假设他生活在另一个世界，一个不能看到或感知到您的世界。这种不透明性，如果您能向我们解释一下，我会感到很兴奋，因为思考起来的确不简单。

OR：我一定是感觉到了今天晚上会来到这里。[笑] 如果界面真的在您所拥有的身体和世界其他地方之间运行，那么您只能感知到差异，这一点是很明确的。但是这个界面被构建得如此精细，以至于您拥有了一个客观的世界，其中整个世界都映射到您自己的界面上吗？这个界面对其他人来说是不一样的，这在理论上也是可以预料的。而通过这种方式，我们就解释了量子力学。量子力学，这本是所有那些对我来说真实发生的现象，然而却有另一个不同的量子世界属于另一个人。这是非常可怕的，不是吗？这相当于物理学的精神病学化。

那么，是否允许我们如此认真地对待我们被抛入这个世界的事实，甚至可以白纸黑字地证明，以至于突然间这里的东西就是为我而生的？图宾根的朋友于尔根·乔纳斯（Jürgen Jonas）向我解释了"世界是为我而生的"是一个古老说法。他声称这是一种古老的犹太智慧，但立即用第二句同样重要的话做了补充："我是无物，您是一切。"所以犹太教有两个基本原则。在这一点上，我总是要引用于尔根·乔纳斯的话。人们都认为他是一个爱开玩笑的人，但他是一个非常深刻的思想家。他每周至少要为报纸写一篇文章，总是关于他叔叔的什么什么的，有趣又可爱。然而，在现实中，他用表面上的琐事迷惑了人们，而这些琐事并不是琐事。

SZ：但这种不透明的思想有多激进？另一个世界，对我来说是一个平行世界，或作为可能的平行世界之一，或任何地方，我能否对其做出任何描述？我甚至说不出它在哪里。

OR：这毕竟是埃弗雷特的理论。休·埃弗雷特是我一个非常有名的朋友,是约翰·惠勒(John Wheeler)在美国的学生。我曾经提名惠勒和卡尔·弗里德里希·冯·魏茨萨克(Carl Friedrich von Weizsäcker)获得诺贝尔奖,当时他们都还在世。他们比其他一些人更应该得到这个奖项。约翰·惠勒讲故事非常精彩。我们现在就来讲这个故事:一个年轻人走到他面前说:"惠勒先生,您是一个真正的教授,对吗?""您这话什么意思?"惠勒问道。"一个真正的教授会接受一篇不是他分配但是已经完成了的博士论文,"年轻人回答道。惠勒说:"把论文拿给我看看吧。"这就是一个真正的教授应该有的样子。本身就不应该写某人分配的博士论文题目,而是先写论文,然后选择接受论文的教授。这就是埃弗雷特的做法。惠勒觉得很有说服力,印象非常深刻。因此,他试图帮助可怜的埃弗雷特获得博士学位,甚至和他一起去哥本哈根看玻尔(Bohr)。这在美国来说是一个相当大的成就。然而,玻尔却感到非常震惊。伟大的量子力学大师痛恨这种思维方式,因为埃弗雷特在这个方面反驳了他。所以尽管埃弗里特一次又一次地尝试,他从未能获得过大学里的工作。

在量子力学中有两种理论:一个是玻尔的理论,也被称为"哥本哈根理论",这样人们在背后就不会怀疑玻尔和他的学生。另一个是埃弗雷特(Everett'sche)的"多世界理论"。这种多世界理论不是真正多世界理论,而是"多-切割-理论",是"多-私人-切割-理论"。埃弗雷特这个理论当然是正确的理论,但大多数人不愿意相信。

齐林格实际上试图做我之前建议的那个实验,爱因斯坦是首位进行实验的人。两个相互关联的光子,它们具有完全相同的属性,而且可以在实验中产生,在一边测量一个,另一边测量另一个。因此,如果光子通过了某个偏振器——这里是垂直偏振的偏振器——我们知道它在另一边也一定通过了。但如果它在"那里"没有通过,它也不会在"这里"

通过。因此，状态只由测量产生——但如果它在这里产生，它也一定在那里产生。这是一种人类无法理解的远距离效应。它一直被称为EPR悖论：爱因斯坦—波多尔斯基—罗森悖论[1]。约翰·贝尔证明了可以用光子来进行这样的实验，可以检验爱因斯坦是否正确。

贝尔实验[2]是一个有趣的实验。后来证明，爱因斯坦的假设——光子不能"了解"彼此的任何情况——是错误的。但是，正如我所说的，这个问题本身起源于爱因斯坦。

SZ：两个物理现象可以同时出现在不同的地方。

OR：一个产生或确定了，另一个东西一定会出现。但如果不存在这种确定，就不会有这种情况出现。相当奇怪。此外，如果在两个互相远离的飞船中对光子分别进行两次测量，一次在地球上，一次在一个相距遥远的卫星上，可以确定从卫星上出现的是什么。如果量子力学预测的结果出现了，那么它就会被"打破"。在这里，爱因斯坦发现了量子力学的一个预定突破点，几十年来都没有人愿意相信他。实际上，正如埃弗雷特所描述的那样，人们可以突然明白，是否存在不止一个量子世界。而只有埃弗雷特的理论可以证明实验的结果，这也是可以预期的。没有人反驳，但也没有人想去了解。因此，我们在这里处理的是一个对抗全世界的实验。"请不要谈论它！请不要这样做！还有，尊敬的欧空局，请您好自为之，不要协助安东·齐林格做这个实验！"这是13年以来的现状。真是个丑闻！对不起，没有比物理学家更懦弱的职业了。他们无法像艺术家一样站在世界面前说，"我这里有重要的东西"。他们做不到，因为会被认为是不得体的。在物理学中，思维方式总是被束缚，要求以大家都认同的方式思考。人们知道如何正确思考，在伽利略的时代

1　参见：Albert Einstein, Boris Podolsky und Nathan Rosen, Can quantum-mechanical description of physical reality be considered complete? *Physical Review* 47 (1935), S. 777–780.

2　参见：John S. Bell, On the Ein ein-Podolsky-Rosen paradox. *Physics 1*(1964), S. 195–200.

已经是这样了。这并不是说，天主教会差点杀死可怜的伽利略，就像在他之前的乔尔丹诺·布鲁诺（Giordano Bruno）一样。没有。在这两种情况下，都是亲爱的同僚说："嘿，国家，我们有东西给您！"实际上，今天的自然科学仍然像当年一样。当然，不能一概而论。还是有一些精彩的领域的，允许出现新的东西，整个世界也都在等待新的东西。但在一些领域，这种情况已经变得根深蒂固，不允许做"新的试验"。当然，人们不被允许大声谈论这些。对不起，但我不得不在这里散播一点疯狂的气氛。

SZ：今晚是属于您的。

OR：或者，确切地说，这只是我的胡思乱想。我刚刚试图吸引您进入我的私人世界。[笑]但现在您必须帮助我走出这个私人世界。

SZ："你"是如何从物理角度思考您介绍的这个重要的补充？以及，这到底有没有可能？

OR：您指的是马丁·布伯（Martin Buber）的"你"。我炫耀一下，我小时候曾经见过马丁·布伯。希望我没有搞混。我的意思是，"你"实际上是另一个不同的话题，因为我们实际上仍处于"世界和我"的自我中心的模式。据说物理学是孤独症患者的理论，是阿斯伯格综合征患者的理论。有人声称只有这些人可以做物理学。据说，爱因斯坦是一个阿斯伯格综合征患者。我并不相信这个说法。我认为在现实中只有艺术家可以研究物理学。我是说好的物理学，不是每个人都能做到的。

但是，这个"你"是什么？

SZ："你"是属于另一个世界的吗？

OR：不。这是个好问题，我还不属于那个世界。在我的世界里，"你"是存在的，而相比较"你"，我有着无限的特权。在一般的决定论世界中也是如此，正如笛卡尔首先看到的那样。这就是列维纳斯理论。伊曼纽尔·列维纳斯（Emmanuel Levinas）有一本书，书的后面有一个弗赖堡的教授写的后记，我现在想不起他的名字……但这本书值得一读，就因为这个关于列维纳斯的后记[1]，触动人心，非常棒。我曾在法国电视台见过列维纳斯一次，那时他年龄已经很大了。他真的是一个很有魅力的人。他说话很慢，口吃，但也许令人难以置信，他是真正伟大的人。很遗憾，他已经不在人世了……

SZ：奥托，这句话是谁说的？"您说得如此流畅，您没有思考吗？"

OR："科学不会思考"是海德格尔说的。人们只能认同这句话。科学试图避免思考。但人们总是尝试把科学引向思考，而这只有在艺术的帮助下才能做到。人们仍然可以在艺术框架内研究科学。非常遗憾的是，当涉及真正有趣和深刻的问题时，科学家不再被允许进行科学研究。例如在生物化学方面就有很多真正有趣的问题，但有可能有严重的伦理问题，情况有可能会变得很危险，例如海豚或猩猩结合……猩猩是非常非常令人害怕的，但又令人啧啧称奇。猩猩在印度尼西亚语中意为"森林人"。威利·斯密茨（Willie Smits）参与写作的《丛林的思想者》（*Thinkers of the Jungle*）[2] 是一本不错的图书。这本书揭示了猩猩不为世人所知的秘密。当然，它们可以隐藏在这样一本漂亮的画册中，作者甚至可能偶尔在谈话节目中谈及，但不允许对其进行讨论。同时，他还谈到了婆罗洲的森林保护问题。森林对他来说十分重要，以至于他现在为森林而不是为猩猩而战。人们甚至没有注意到，他是世界上为数不多的知道什么是猩猩的人。猩猩住在树上很危险的，因为可能会掉下来。这就是优化重量，包括大脑重量的关键所在。他们的大脑重量比人类轻，大约是人类的一半，但他们明显更聪明。我有一个可以用来证明这一点的测试。但为什么他们不是人呢？在印度尼西亚有个说法是：否则它们就

---

[1] Emmanuel Levinas, *Die Zeit und der Andere*, übers. und mit einem Nachwort von Ludwig Wenzler (Hamburg 1984).

[2] Gerd Schuster, Willie Smits und Jay Ullal, *Thinkers of the Jungle* (Köln 2008).

不得不工作了。[笑]不会说话是非常聪明的,但实际情况更为复杂。为了使猩猩成为人,有人研究了一种方法。而令人怀疑的是,让猩猩变成人不断发生但总是酿成悲剧。这些事情耸人听闻。这就是人格理论[1],我非常喜欢。

SZ:而这个人融入了"你",我现在的理解是否正确?

OR:为什么人是一个人?我们说到这儿已经接近马丁·布伯的观点了。还有一位著名的天主教哲学家罗伯特·斯帕曼(Robert Spaemann),我也多次邀请他来图宾根。他总是说好,但从来没有来过。他的地位举足轻重。他与前教皇是朋友,所以有点思想保守,但这并不意味着他不能非常独立地思考。斯帕曼是少有写过关于人的存在相关书籍的人。什么是人?我们都是人,但这意味着什么呢?看吧,有一种方法可以搞清楚,即对微笑的误解。这个微笑是疯狂般的危险,甚至比混沌理论还要危险。这是一种通常由粗心的母亲,有时是粗心的父亲引起的"爆炸"。这是我正式称之为"善意的怀疑"的误解。孩子突然怀疑母亲想要东西尝起来味道好的善意。看吧,母亲证明了她希望东西吃起来味道很好。这就是孩子和父母之间关系的特殊之处:恰恰是对善意的误解,或者说对善意的怀疑。之所以是一种误解,是因为微笑在人的脸上看起来是一样的。知道了这一点,就可以对一个对看不见微笑(笑盲)的、具有人类能力的生物使用这招,包括孤独症儿童,而且,正如我一直主张的,还有猩猩和海豚等。人们可以治疗他们。孤独症儿童看不见微笑,因此必须尝试用声音的方式来微笑。就是说,您必须发出爱的、温柔的声音。所以,当您高兴的时候,您会用声音微笑,从而让孩子产生善意的怀疑。然后通过互动确认这种怀疑,这个方法也适用于所谓的动物。

例如,在美国有一位年轻的科学家——我说的是科学家,但实际上

---

1 译者注:人格理论指的是对个体人格、个性特征和行为模式的理论研究和解释,有助于更好地理解个体差异和个体行为模式。

她是助理——在格雷戈里·贝特森（Gregory Bateson）的指导下，和一只海豚在家里的游泳池里生活了六个星期，日夜共处，并在整个期间记录了互动的情况。她的名字叫玛格丽特·豪·洛瓦特（Margaret Howe Lovatt），可以在互联网上找到她的日记。这本日记是存在的，但不被允许公开出版。她也不被允许从事任何职业。为什么呢？因为她和这只海豚跨越了界限。虽然不是很适合公开说，但他们两个之间存在着禁忌的温情，这在20世纪60年代完全是一个的禁忌。因此，有人认为，能让这样一种高智商的动物和小孩子一样落入相同的"陷阱"。

但父母理论是一个危险的话题。曾经有一部电影描述了美国军队收养一个德国孤儿的故事。在影片的最后，那个孩子，一个7岁的男孩，被送回了他的母亲身边。这部电影如今已被禁。因为当描写美国士兵和一个德国孤儿之间的个人关系时，会得出什么呢？一方面，这令人感动，但另一方面，这也成为禁忌，因为今天的世界认为人与人之间的所有关系都具有性的本质。当西格蒙德·弗洛伊德谈到了"女人的多态——变态性"时，他也正是这样的世界的一员。这个说法其实并不广为人知：女人虽然可能是很可爱的，但他只有这一个解释。康拉德·洛伦茨告诉我，这是弗洛伊德唯一的错误：他不了解依恋本能。今天，在美国有很多著作批评康拉德·洛伦茨，但不是因为他是纳粹——尽管他的妻子是犹太人，这一点无人知晓，而是因为他为孩子需要得到母亲可靠的对待而大声疾呼。

SZ：我们跳过了很多内容，但这都不重要。然而，在接近访谈尾声时，我想回到物理学，并提出一个问题，这个问题对我们这些在艺术背景下工作的人来说具有巨大意义。在爱因斯坦之后，您提到哥德尔的数学发现，即无法以有限的步骤从形式系统内获得一些真理，这在物理学界让人眼前一亮。知识（我现在这么翻译）在这种情况下是指数学方面的知识，至少需要能够跳出既定的形式。您在思考已建立的物理学时也谈到了这一点，这一点也许不可能做到。我的问题是：人们在多大程度上可以理解您的微观建构主义世界打开了一个潜在空间，能够有效地对抗外部世界的物质约束，对抗客观观察者的现实观察？我们时常会提及这种现实的约束。潜在空间是儿童心理学家唐纳德·温尼科特（Donald Winnicott）提出的一个概念。这是您可以融入您的物理世界中的东西吗？可以被认为是潜在空间的不同世界吗？

OR：这个世界太严格了，不可能只有一种可能性，不是吗？我们已经谈到了电影《世界旦夕之间》，在其中我们都是牵线木偶。但奇怪的是，这种牵线木偶的特性并不意味着我们真的是牵线木偶。对我来说，笛卡尔是这方面的大圣人，他承担了与上天的战斗。尼尔斯·罗勒（Nils Röller）制作了一张CD，他成功地引诱我进入了论述的一种深层境界[1]。

我还得补充一点，这样您在这里就不会只听到"愚蠢"的、被误导的物理学家的负面消息。我最近有一个爱好，上次我也讲了，就是宇宙学。我曾经在您那里也做了第一次关于这个主题的讲座，那时候我还非常年轻，知道的还不多。不过，那时候，我可以证明大爆炸不存在。也许那些不从事物理行业但拥有元职位的人，会对为什么11年来我不能将我的证明展示给公会感兴趣。有人会问：为什么宇宙无法膨胀，为什么这个测量可以有不同的解释。弗里茨·茨威格（Fritz Zwicky）在1929年已经找到了正确的解释[2]，但整个世界都嘲笑他。疲劳光[3]，即穿过宇宙的光在不得不通过移动的星系之间时变得"疲倦"。这的确是可以证明的事情。这个理论不仅适用于宇宙学，它还是一种新的理论，一种新的热力学。也就是说，我们在这里只有粒子——一种吸引粒子的气体——和星

---

1 Otto E. Rössler, *Descartes' Traum*, Audio CD, konzipiert von Nils Röller, Jan St. Werner und Klaus Sander (Berlin, 2002).

2 参见：Fritz Zwicky, On the Red Shift of Spectral Lines through Interstellar Space. *PNAS 15*（1929），S.773–779.

3 译者注：疲劳光理论是一种关于光的传播方式的假说。根据这个理论，光在长距离传播过程中会逐渐失去能量，因而出现红移现象（即光的频率降低）。疲劳光理论并不被广泛接受，因为它在解释宇宙学观测数据方面存在一些问题，并与诸如如宇宙膨胀的大爆炸理论相矛盾。

系。另一个被吸引的粒子穿过其中，结果是：当这个被吸引的粒子与其他许多粒子相互作用时，并没有如统计力学（物理学、热力学）所预测的那样加速。如果我把一个缓慢的粒子放入气体中，它会加速，因为它必须具有相同的温度。然而，在这里，情况恰恰相反。但是，这在茨威格的时代是无法想象的。世界在嘲笑他的疲光理论，而他却无法证明。他动摇了，以至于忽略了他所拥有的证据。

这个新理论，我称之为"低温动力学（Kryodynamik）"，是热力学的对应物。"Kryos"指寒冷，"thermós"指温暖。低温热力学的确存在，与低温动力学和低温热力学不同，也存在高温-低温热力学，它是能量领域的"资本主义"。因此，如果存在一种气体，并向它发送一个能量较小的粒子，粒子就会被加热。因此，它得到了其他物质的一些能量。但是，如果存在一个由拥有大量的能量的星系组成的气体，我们发送一个"贫乏的"光子或能量很小的宇宙粒子穿过气体，那么这些星系是"厚脸皮的"，它们会从这个仅有一点点能量的贫乏粒子中夺取部分能量，这就是低温动力学。这是经典物理学中的一个全新理论，那么它也必须适用于量子力学，例如，这对宇宙仍然可以膨胀的假设提供了一个相反的解释。

SZ：那您为什么不把它叫作天体物理学？

OR：这就是天体物理学。现在人们认为宇宙学和天体物理学是同一概念，但其实不是。"天体物理学存在，而宇宙学不存在，它是一个'妄想系统'"的集体信念。不幸的是，过失在于乔治·E.勒梅特（Georges E. Lemaître），但他也无能为力。这位天主教神父是第一个提出爱因斯坦方程的扩展理论的人。从那时起……后来，教皇约翰·保罗二世曾经在霍金面前跪下来。因为霍金坐在轮椅上，所以当想和他交谈时，跪下来其实没什么特别的。报纸刊登了一篇文章，说霍金应该在那一刻向教皇做出承诺，永远不否认宇宙大爆炸理论。为此，霍金后来成为教廷科学院的成员，虽然他根本不是基督徒，也不相信上帝，这就更"糟糕"了，但他仍然是一个可爱的人。他还写了一本关于他孙子的书——《乔治的宇宙秘钥》(*George's Secret Key to the Universe*)，这本书很棒，他用一把神秘的钥匙为一个孩子打开了宇宙的大门[1]。虽然书的内容都是虚构的，但它是一本相当可爱的书，强烈推荐作为圣诞礼物。[笑]

嘉宾1：您说过，世界是为我而创造的。当我观察我的感知时，我所感知到的世界持续地渗入我的体内。在我看来，您把感知描述为被动的。在一天的时间里，我们有截然不同的感知偏好或感知变化。您能说明这一点吗？我怎样才能走出被动感知的坑呢？也就是说，我究竟是在什么情况下意识到世界是为我而创造的？

OR：第一个关于被动感知的问题比较容易回答。我甚至可以说，当我做事的时候，当我行动的时候，我也感知到，我也会觉察到我自己的行为。也就是说，尽管叔本华将一切都归入"意志"概念之下，但是相反地，我将把所有都归入"感知"概念之下。我认为这并不自相矛盾，因为我们是与世界相互联系的。即使我们感知到了东西，它也总是伴随着行动的号召。一个人有所感知并准备采取行动，这是同一件事。

关于您的第二个问题，我想将话题转回到人格理论。一个人是自主的，顾名思义，"autos"意为"自我"或"像人一样"。人格的定义的提出是一件具有伟大革命性的事情。人类或许能够人为地创造什么，例如，通过治愈天生笑盲或失明儿童的天生孤独症。其他生物，如对笑声没有反应，但可以通过结合信号而感到得到"夸奖"的动物，也可以算作人——只要它们的大脑足够发达，具有镜像能力。今天，通过大脑方程式的构建，我们可以将拥有情感的人工计算机大脑的机器人变成"智能机器人（iRobots）"。因此，人造人也将是人。就如史蒂文·斯皮尔伯格（Steven Spielberg）的电影《人工智能》(*A.I. – Artificial Intelligence*) 讲述

---

[1] Lucy Hawking und Stephen Hawking mit Garry Parison, *George's Secret Key to the Universe* (New York 2007).

了一个7岁左右的孩子拥有长生不老的能力[1]。这可能是一种优势,也可能是一种劣势,要视情况而定。

人格是一种非生物学的东西,如果您要这样想,它与纳粹的种族意识形态相反,后者以一种完全荒谬的方式将身份归因于生物特征。从长远来看,那些看起来据说是比犹太同胞更"与众不同"的人,肯定会被灭绝。因此,人类能够拥有意识形态的事实是相当令人不安的。而反之,则突然意味着要习惯这样的意识形态,即将更高级的智慧生物——如海豚——纳入人类兄弟关系的共同体是值得的。

里奥·斯齐拉尔德(Leó Szilard)是第一个拥有原子弹专利的人,1933年就有了,比其他人要早得多。因为他写了爱因斯坦当时签署的那封信,他对原子弹的产生负有最大的责任。但实际上,他曾试图阻止使用核武器,但却徒劳无功。1948年,里奥·斯齐拉尔德写了一本科幻小说,名为《海豚之声》(*The Voice of the Dolphins, and other Stories*)[2]。卡尔·弗里德里希·冯·魏茨萨克后来也出版了一本类似书。而且,魏茨萨克和斯齐拉尔德都拥有炸弹的专利。斯齐拉尔德研究原子弹,魏茨萨克研究钚弹。但相当奇怪的是,这两个人都是和平主义者。斯齐拉尔德的书中有一个名为"马克·盖博基金会"故事,讲述了需要在维也纳附近建立一个研究所,由海豚担任教授,但因为人类太过愚蠢,无法确保自己的生存。但我们现在如何看待呢?这与今晚在某种程度上有所关联——也与您的问题有关。[笑]

嘉宾2:我有一个关于客观性的问题。您曾经提出,在人与人之间的界面上可以建立客观性。现在我在想,如果您可以对孤独症患者进行声学微笑,如果您必须对某些东西进行声学上的增强,那么声学是否就是客观性的唯一形式呢?

---

1 *A.I. – Artificial Intelligence*, Spielfilm von Steven Spielberg (USA 2001).
2 Leó Szilárd, *The voice of the dolphins, and other stories* (New York 1961).

OR：在这种情况下，它是这个孩子也发展出善意的怀疑的门径。从对善意的怀疑中产生了客观性。

嘉宾2：然后这就产生了信任？

OR：是的，但不只是像动物一样可以拥有的信任，而是有意识的信任。这是不同的东西。知道自己不会被抛弃与盲目信任是完全不同的事情。孩子感知到自己是被爱的，这就是其成为一个人的原因。因为只有一个人能够认识到爱另一个人的这种人格魅力。当孩子怀疑母亲的好意时，这就是一个自我实现的预言。所以被喂食时更多情况下就会张开嘴，"啊！"并注意到这是可行的。还要注意到，如果它在这里做得很好，它在那里也会被需要。除了成年人之间相互同意的情况，有些东西在性理论中绝对是禁忌的。而这正是母亲在西格蒙德·弗洛伊德眼中的变态之处。她允许孩子对善意的怀疑，对被爱的怀疑。狗不会怀疑自己被爱。他假定自己是被爱的，而事实完全不一样。这就是他不理解的地方。但在我们还能自问对方是否心存好意的时候，我们已经在思想上转移到对方的位置上并从对方的角度看待自己了。

从数学上讲，这是一个极其复杂的问题，也是一个迭代的描述。但与此相比，映射的"迭代理论"就显得微不足道了。这是数学中的一个分支，还不存在，但描述了人类的本质。人们可以详细地介绍哥德尔，就像在哥德尔身旁一样。随之产生了一个旅行推销员问题。有些人喜欢这样的数学话题，但我现在不想展开。就说一些吧：您可以用这个问题来证明，如果您让 n 变成无穷大——换句话说，如果您让一个人在最短路线上要去的城市数量越来越大——您就会得出一个哥德尔问题的极限值。也就是说，哥德尔在某种意义上是微不足道的。但我们刚才在这里讨论的这个问题并不简单。它将配得上"哥德尔"这个名字。如果哥德尔还活着，他会说："您可以忘记我所有其他的问题，而这个是我的问题！"而这正是一个小孩子可以解决的问题。所以最伟大的数学家是小孩子……这是一个不错的结论吗?

SZ：这是一个相当好的例子，亲爱的奥托。我们只能非常感谢您今晚来和我们一起"大声"思考。

记录整理：埃琳娜·德拉塞加（Elena Dellasega）、
丽莎·赫舍尔（Lisa Heschel）

托马斯·埃尔塞瑟 / THOMAS ELSAESSER 06

"人们会感觉到,电影实际上是20世纪的艺术,所有其他的艺术和哲学都在电影中找到了归宿。"

西格弗里德·齐林斯基(以下简称SZ)
托马斯·埃尔塞瑟(以下简称TE)

摄影:史蒂夫·伯格曼

169　　**SZ**：在过去半个世纪，托马斯·埃尔塞瑟是人文学科领域的一个特殊存在。作为一位现代思想家，他完全处在其时代之中，同时看上去又超然于时代。也许，就像尼采所要求的那样，他是一位真正合格且深刻影响当下时代的人物。这预示着一种能够以不符合时代潮流的方式立足于世间的奢侈感。毫无疑问，托马斯·埃尔塞瑟是个因电影而疯狂的、世故的、高雅的知识分子，很少有人能拥有这样的魅力。如果瓦尔特·本雅明在法国国家图书馆期间能够遇见他的话，一定会在《拱廊街计划》(Das Passagen-Werk, The Arcades Project) 中提到他，可惜的是，他们在巴黎这座欧洲现代主义档案中心驻足的时间相隔了30年。不管是在纽约、在寒冷的图尔库还是在他获得英格玛·伯格曼教席的斯德哥尔摩，总之，在任何有着激动人心的电影文化，有从事电影和其他媒体活动的优秀电影制作人和有趣方法的地方，托马斯·埃尔塞瑟都像在家里一样自在……无论是在纽约、巴黎还是伦敦。您可能对我会这么说感到很惊讶，但我敢说，托马斯·埃尔塞瑟是一位相当友善的人。尽管机构的工作里有很多长期且令人烦恼的事情，这些事情也常常烦扰着他，但我从未看到过他闷闷不乐或咄咄逼人的样子。作为电影学者、作家和先锋电影文化的推广者，他显然能从自己的工作中感受到极大的乐趣。我们可以感受到，他觉得自己能够从事这样一份工作，是受到了优待，他也以非常优异的工作成绩来回馈这份优待。他把这种态度传递给他的学生们，包括博士生们，而这本身就是最大的回馈。长期担任威廉·弗卢塞尔档案馆（Vilém Flusser Archiv）科研主任的学者的西尔维娅·瓦格娜麦尔（Silvia Wagnermaier）在阿姆斯特丹跟随托马斯·埃尔塞瑟学习期间曾满怀热情地写信给我说，托马斯·埃尔塞瑟经常会为他办公所在的阿姆斯特丹大学的研究中心供应咖啡和饼干，想要提升他的硕士生和博士生们的幸福感，借此来激发他们的灵感。对你们中的许多人来说，可能这种方法听上去有些老套，但对我来说不是，因为托马斯·埃尔塞瑟当得起"仁善"这个伟大的词。媒介思想家中的许多人都从他身上获益良多,包括我在内。

埃尔塞瑟于第二次世界大战结束前的两年出生于柏林,在曼海姆读完高中后,进入海德堡大学开始了短暂的文学研究的学习,然后于1963年跨越海峡前往英国。在战后早期的闭塞氛围中,他的这种行为意味着很大的一个飞跃,堪比现在的年轻人决定去上海或者墨西哥某个城市学习。在轰轰烈烈的20世纪60年代,他在萨塞克斯大学学习文学,同时一如既往地沉迷于电影,在那里写下第一批关于电影的文字。

作为新浪潮电影尤其是戈达尔电影的影迷和忠实崇拜者,他随后搬到巴黎待了将近一年。这个城市是所有电影爱好者的秘密之都,至少在20世纪六七十年代是这样的。只有当您和两三个同您一般对电影狂热的人,共享过在七月某个阳光明媚的午后,在圣日耳曼电影院花几个小时观赏玛格丽特·杜拉斯(Marguerite Duras)"印度之歌"的经历后,才能体会到这个地方电影所唤起的对身体的独特认知。

回到英国后的托马斯·埃尔塞瑟于1968年创办了《布莱顿电影评论》(*Brighton Film Review*)杂志,后得到英国电影协会资助,从1971年开始以《花押字》(*Monogram*)为名出版,以此致敬戈达尔。[1]这本杂志基本上奠定了托马斯·埃尔塞瑟作为好莱坞经典电影杰出鉴赏家和评论家的声誉。同年,他在萨塞克斯大学完成了他的文学研究博士学位,其毕业论文是关于研究法国大革命的历史学家儒勒·米什莱(Jules Michelet)和托马斯·卡莱尔(Thomas Carlyle)。20世纪70年代,托马斯·埃尔塞瑟与一些电影爱好者朋友一起,使得电影这一20世纪最激动人心的艺术终于得到高校学术机构的重视。1976年,他和查尔斯·巴尔(Charles Barr)在东英吉利大学创立了英国首批独立电影研究机构之一——我想说,这

---

[1] 《布莱顿电影评论》是萨塞克斯大学电影学会的期刊,后更名为《花押字》。

种机构在当时的欧洲真的并不多见。他和一些志同道合的朋友,比如实验电影制作人兼理论家彼得·沃伦(Peter Wollen)、本·布鲁斯特(Ben Brewster)、罗宾·伍德(Robin Wood)和来自英国电影学院的爱德华·巴斯科姆(Edward Buscombe),开始建立一种受人文科学界重视的电影理论学术文化。在我看来,若是没有这样的知识文化积累,我们中的一些人非常熟悉的20世纪80年代的新英国电影几乎是不可能产生的,比如德里克·贾曼(Derek Jarman)、史蒂芬·弗雷尔斯(Stephen Frears)、彼得·格林纳威(Peter Greenaway)等人的电影。

然后在1991年,他又越过英吉利海峡,但不是像弗卢塞尔在荷兰所说的那样,回到"令人厌恶的重新统一的德国"[1],而是去了阿姆斯特丹。埃尔塞瑟在那里掌握的东西,正是站在巨人的肩膀上。短短几年内,他将电影和电视研究系打造成了世界上最具价值的研究机构之一,尤其是在电影研究领域,与其他地方正在兴起的媒体研究领域相互渗透。他还和米克·巴尔(Mieke Bal)等人一起创建了阿姆斯特丹文化分析学院(ASCA),这个机构现在是世界上该领域最重要的研究机构之一。

2000—2006年,他负责指导博士生项目"欧洲电影"。自从我认识他以来,托马斯·埃尔塞瑟一如既往一直带着科研资助金,以客座教授和荣誉教授的身份走遍了半个世界。现在,他还是魏玛包豪斯大学的资助研究员。这所大学正日益发展成为德国的学术王国,就如同之前的哈雷、莱比锡和耶拿。他的著作包括对好莱坞霸权下欧洲电影的本土化和自我认同的研究,如《欧洲电影——与好莱坞面对面》(*European Cinema. Face to Face with Hollywood*)[2],关于电影激情的《影迷——电影、

---

[1] 引自威廉·弗卢塞尔在1990年11月25日写给表弟大卫·弗卢塞尔(David Flusser)的信(威廉·弗卢塞尔档案馆的第56号信函)。刊登于:Siegfried Zielinski, *Entwerfen und Entbergen. Aspekte einer Genealogie der Projektion*. International Flusser Lectures (Köln 2010), S. 4.

[2] Thomas Elsaesser, *European Cinema. Face to Face with Hollywood* (Amsterdam 2005).

爱与记忆》（*Cinephilia. Movies, Love and Memory*）[1]，关于欧洲先锋派电影的《向前看，向后看》（*Moving Forward, Looking Back*）[2]，以及关于法斯宾德、法罗基（Farocki）、弗里茨·朗（Fritz Lang）的书和《电影史与早期电影——媒体变革的考古学》（*Filmgeschichte und frühes Kino. Archäologie eines Medienwandels*）[3]。

首先，我们来比较一下这两本书的封面。这两本书都是关于托马斯·埃尔塞瑟的，一本是2004年出版的，另一本是五年后，也就是2009年出版的。这次我们就不谈当时的情况了，但你们大概也能想象得到。两本书的书名也不同，左边是《穿越镜子的痕迹——现代性文化中的电影》（*Die Spur durch den Spiegel. Der Film in der Kultur der Moderne*）[4]，右边是5年后出版的《思考银幕》（*Mind the Screen*），副标题是吸引人的《托马斯·埃尔塞瑟的媒体概念》（*Media Concepts According to Thomas Elsaesser*）[5]，这里不再出现"电影"字眼。

亲爱的托马斯，再次感谢您的到来。我们就先从您对眼下事物的看法开始吧。如果不避讳这些所谓的归类问题的话，我们也可以简单地讨论下。您更喜欢哪种称呼呢？是电影和影院研究者，还是更简洁的媒介研究者？后者对您而言在某些情况下是一种冒犯吗？还是我们应该用戈达尔意义上的"和"而非"或"来将这两个身份结合起来？

TE：首先，非常感谢这次邀请，我倍感荣幸。听您介绍时我在想："我现在要做的就是死去，这是我能想到的最美丽的讣告。"［笑］这让

---

1 Marijke de Valck und Malte Hagener, *Cinephilia. Movies, Love and Memory*（Amsterdam 2005）.

2 Malte Hagener, *Moving Forward, Looking Back. The European Avant-Garde and the invention of film culture 1919–1939*（Amsterdam 2007）.

3 Thomas Elsaesser und Michael Wedel, *Filmgeschichte und frühes Kino. Archäologie eines Medienwandels*（München 2002）.

4 Malte Hagener, Johann N. Schmidt und Michael Wedel, *Die Spur durch den Spiegel. Der Film in der Kultur der Moderne*（Berlin 2004）.

5 Jaap Kooijman, Patricia Pisters und Wanda Strauven, *Mind the Screen. Media Concepts According to Thomas Elsaesser*（Amsterdam 2008）.

《穿越镜子的痕迹；现代性文化中的电影》
贝尔茨和费舍尔出版社(Bertz+Fischer, 2004)

《思考银幕：托马斯·埃尔塞瑟的媒体概念》
阿姆斯特丹大学出版社(Amsterdam University Press,2009)

我想起了罗伯特·穆齐尔（Robert Musil）的《在世遗作》(*Nachlass zu Lebzeiten*)¹。我还想起了在美国俄亥俄州阿克伦的一次演讲，介绍我时，前排有个人说："哦！那是托马斯·埃尔塞瑟吗？我还以为他已经死了呢。"［笑］这是因为那篇被反复引用的文章是1972年的，而学生们早就想象不出1972年的世界了。现在，我想起了这个小插曲，我真的很感谢今晚能来到这里。

当我被问及如何在电影和媒介研究之间进行自我定位时，我会偏向选择"和"，而不是"或"。同时，我也要表明，我已经到了终点线，这意味着我即将完成在这些领域的部分工作。从这个意义来讲，我想说的是，现在真正困扰我的问题是：电影到底为什么存在？这并非假设电影以前就一直存在，也不是假设一直有安德烈·巴赞（André Bazin）意义

---

1 Robert Musil, *Nachlass zu Lebzeiten* (Zürich 1936).

上的对电影的渴望，而是更准确地问：电影为什么会存在？当然，这个问题一方面表明我是一位电影学者，或者说学院派。另一方面，这也是一个只有媒体学者才能回答的问题。在这方面，我想强调的是，我一直致力于研究电影，但我是在一个比电影本身更宏观的背景下进行研究。因为我们知道，电影绝对不是在1895年才被发明出来的。我也从您的作品中学到了很多，特别是那个具有挑衅性的，更确切地说，是在当时具有挑衅性的论点——电影实际上只是一个幕间插曲。这个论点给我留下了非常深刻的印象，由此产生了过去十年来一直困扰着我的几个问题[1]。我非常感谢您敢于这样做，在当时，提出这样一个论点肯定是不容易的，也不寻常的。

SZ：影迷们不喜欢这样……

TE：当然。但我发现，对这一论点起到推动作用的是：电影为什么会存在？当然，有各种各样的解释和尝试性解释，但所有这些都会归结为其他不相关的东西。或许我们可以稍后再谈谈您现在的看法：为什么电影会存在？我们先继续您刚才的问题：我是一个电影学者，但同时作为一名媒介学者，我只能回答这些根本性的问题。

SZ：在访谈开头，我想谈一谈您的研究是怎么开始的，即使这对您来说甚至可以追溯到1972年以前。如果您去看早期的影片和电影思想家，您会惊讶地发现他们往往与文学研究有关。您本人不仅学习了比较文学，还深入研究过现代英国文学，当然也研究过德国文学和法国文学。是不是在20世纪60年代，在您研究文学和比较文学的时候，电影中就已经融入了这种文学兴趣，还是在电影之外逐渐发展出来的？那时候，我们学到了一个也许有些不恰当的术语："扩展的文学概念"。因此，文学研

---

[1] 参见：Siegfried Zielinski, *Audiovisionen. Kino und Fernsehen als Zwischenspiele in der Geschichte* (Reinbek bei Hamburg 1989; 2. Auflage 1994). 托马斯·埃尔塞瑟负责阿姆斯特丹大学出版社出版的英文版本（1999）。后参见：Siegfried Zielinski, *Archäologie der Medien. Zur Tiefenzeit des technischen Hörens und Sehens* (Reinbek bei Hamburg 2002).

究被扩展了，其他学科也被纳入了文学研究。您是如何体会到的呢？

TE：我得回溯一下。实际上，我家里一直有爱好电影的传统。20世纪50年代，我的父母就是非常狂热的电影观众，经常去曼海姆的吉尔德电影院看电影。现在回想起来，那是电影回顾展上一个相对重要的电影院。例如，曼海姆电影节[1]就是在它的基础上创立的。我很早就接触到战后时期和现实主义的经典作者电影，接触到意大利电影人罗伯托·罗西里尼（Roberto Rossellini）和费德里科·费里尼（Federico Fellini）。还有英格玛·伯格曼（Ingmar Bergman），他对我而言，是一个非常重要的影响者。《小丑之夜》（Abend der Gaukler）[2]对我来说是一次关键的电影体验，或者说是关键的体验之一，因为我从中真正看到了人们是如何处理情感、情欲和性的问题。这对当时还是青少年的我来说当然是非常重要的。看到这些问题被这样展现出来，我真的非常震撼。同时，我还有一个任务，就是陪伴我寡居的祖母。她也是个热情的电影迷，但她喜欢的主要是德国作者电影和美国电影，即德国的伤感电影和好莱坞电影。所以我是在双重负担，或者说是在双重快乐中长大的。很久之后，我才意识到这一点，这其实也解释了我为什么一方面对德国作者电影和先锋电影很感兴趣，一方面却也从未放弃过对好莱坞电影的热爱。我是第一批订阅《电影评论》[3]的读者，这之后我对待电影的态度就变得越发理性。不得不说，《电影评论》对我来说太过软弱保守。这些反好莱坞之旅从未吸引过我。但这是一种相对较早的实现方式，能让人意识到，在20世纪50年代末，大家也可以谈论和讨论电影。行会影院的情况也是如此。行会影院会有节目评论，费舍尔博士曾做过相关论述。这意味着，从一开

1　自1952年开始举办的每年一度的电影节，多次更名，现名为"曼海姆–海德堡国际电影节"。
2　Gycklarnas afton, Film von Ingmar Bergman（Schweden 1955）；德语名"Abend der Gaukler"。
3　Filmkritik, hg. von Enno Patalas und Wilfried Berghahn(Frankfurt am Main, 1957–1984). 在20世纪70年代，特别是受到哈特穆特·毕托姆斯基(Hartmut Bitomsky)、哈伦·法罗基(Harun Farocki)和弗里达·格拉夫(Frieda Grafe)等作家的影响。

始,这种教育性的电影体验对我来说就是自然而然的事情。

20世纪60年代初,我去了英国,发现我在布莱顿结识的朋友们对伯格曼完全不感兴趣。他们无法理解我为什么会对这种老旧的知识分子电影感兴趣。谢天谢地,这些电影给我带来了一些街头声誉,就是我确实是了解好莱坞电影的。但后来我们很快就在一个电影俱乐部里就这些影评达成了一致,这些影评主要是从《电影手册》(*Cahiers du Cinéma*)中翻译过来的,换句话说,出自一本现在并不存在的杂志。安德鲁·萨里斯(Andrew Sarris)的《电影》(*Movie*)[1]在很大程度上借鉴了《电影手册》,但对我们来说仍然是一个重要的参考来源。《布莱顿电影评论》由此诞生,它最初是一本节目刊物,我们可以通过它与学生分享关于电影的想法。

但最大的转折——这里我们要谈到文学——实际上是我1967年去了巴黎,在那里准备我的博士论文。起初,按照博士生导师的建议,我应该写关于历史小说和浪漫主义在法国的接受情况——《沃尔特·司各特在法国的接受情况》("The Reception of Walter Scott in France")。这种英美比较研究的典型主题对我来说真的是无聊至极。但好吧,我必须这么做,只有这样我才能赚到钱。然后我很快读到了罗兰·巴特写的关于米什莱的书:《米什莱》(*Michelet Par Lui-même*)[2]。就文学而言,这是一个绝对的分水岭。对我来说,这是一种非常新奇的谈论和书写文学的方式。通过罗兰·巴特,我还了解了加斯东·巴什拉(Gaston Bachelard)和所谓的日内瓦学派。当然,这在一定程度上属于比较文学,但它也有鲜明的巴什拉的精神分析成分,对当代文学的神秘主义方面也很感兴趣。詹姆斯·乔伊斯(James Joyce)是一个重要的参考点。通过罗兰·巴特,我了解了结构主义和克劳德·列维-施特劳斯(Claude Lévi-Strauss),并完全

---

1 *Movie*, hg. von Ian A. Cameron (London 1962–2000).
2 Roland Barthes, *Michelet Par Lui-même* (Paris 1954).

改变了我的博士论文主题。通过格奥尔格·卢卡奇（György Lukács），我接触了文学中的马克思主义。吕西安·戈德曼（Lucien Goldmann）是罗兰·巴特之前的一个非常重要的人物。他的发生结构主义就是从卢卡奇的视角出发做的研究[1]。然后我看到了托马斯·卡莱尔和儒勒·米什莱的作品。这是两个关于法国大革命的故事，都写于19世纪40年代，也都是关于第二次革命的。当然，我如果还有关于革命、动荡和突破的想法的话当时我认为自己正在见证1968年巴黎经历第三次革命。我在法国学习的时候，跟学生或其他人几乎没有任何社交往来。也就是说，正如您提到的那样，我从早上十点到晚上六点都待在法国国家图书馆。下午六点过后，如果不去法国电影资料馆，就马上回夏乐宫度过余下的夜晚时光。这种经历着政治动荡时刻又同时保持着对电影的热情的感觉，只有在巴黎的亨利·朗格卢瓦（Henri Langlois）才能真正体会到，这就是我60年代末到英国，出版《花押字》的原因。就如大家所说，剩下的就是历史了。

SZ：朗格卢瓦也是罗兰·巴特的忠实粉丝。我感兴趣的是：对文学的精确研究——语文学的姿态——和对电影、对媒体现象的关注之间，是否也存在着方法论方面的联系？

TE：是的。《花押字》第4期上刊登的我的一篇文章《喧哗与骚动的故事——从特刊号到通俗剧》（"Tales of Sound and Fury: Observations on the Family Melodrama"）[2]，给我带来了一些名气。选择通俗剧这个主题有两个原因。一个是爱丁堡的道格拉斯·塞克（Douglas Sirk）的电影回顾展[3]。当时我和彼得·沃伦和劳拉·穆尔维（Laura Mulvey）已经是比

---

1 参见：Lucien Goldmann, *Sciences humaines et philosophie. Suivi de structuralisme génétique et création littéraire* (Paris 1966).
2 Thomas Elsaesser, Tales of Sound and Fury. Observations on the Family Melodrama. *Monogram* 4(1972), S. 2–15.
3 1972年爱丁堡电影节。

较亲密的朋友，他们负责这次回顾展，还为《银幕》（Screen）[1]杂志发行了一期特刊。我提出把道格拉斯·塞克的部分作品翻译成英文，这项工作涉及与德累斯顿方面的合作，如贝托尔特·布莱希特的《三分钱歌剧》（Dreigroschenoper）等。由此我开始对道格拉斯·塞克的电影产生兴趣，我以前从未看过他的电影，当时他和他的妻子希尔德也在爱丁堡，我和他们成了朋友。这是我和流亡美国的一代德国导演的第一次接触。就像维姆·温德斯（Wim Wenders）发掘了弗里茨·朗，沃纳·赫尔佐格（Werner Herzog）发掘了洛特·艾斯纳（Lotte Eisner）那样，对我来说，我选择上的贵人就是道格拉斯·塞克。

SZ：伟大的通俗剧导演。

TE：是的，但我们有所不同。（另一个原因是，）当时我在写关于19世纪资产阶级时代历史学的博士论文，自然而然地就与巴尔扎克和19世纪的通俗小说联系了起来，因为历史学家的这种浪漫史学具有高度的叙事性和象征性。然后我突然意识到二者之间有特殊的联系，不是与《德国悲剧的起源》（Ursprung des deutschen Trauerspiels）[2]，而是与资产阶级悲剧有关。我再次通过塞克了解了这种资产阶级悲剧，例如，在德累斯顿上演的席勒的《阴谋与爱情》（Kabale und Liebe）。一方面是席勒，另一方面是巴尔扎克——于是就产生了通俗剧！既有戏剧意义上的情节剧，也有狄更斯意义上的通俗小说。文章中还提到了"街头说唱诗歌"。这些都是从塞克的戏剧作品中提取的主题，我可以将其写进我的论文里。这就解释了一点：虽然可能没那么有名，但当人们谈论电影通俗剧时，总是会提到我的名字和彼得·布鲁克斯（Peter Brooks）的《通俗剧的想象力》（*The Melodramatic*

---

1 原名为《电影教师》（*The Film Teacher*），1952年首次出版，自1969年起，改名"Screen"。
2 Walter Benjamin, *Ursprung des deutschen Trauerspiels* (Berlin 1928).

Imagination)[1]。《通俗剧的想象力》超越了巴尔扎克和索绪尔作品在内的所有19世纪的小说。每个人都说：为什么你们两个人互不相识，却精准地写出了同样的东西？尽管他不关注电影，但相对而言，我们之间还是相似的。《通俗剧的想象力》展现的不仅仅是一种文学体裁，还是一种政治态度，一种世界观。直到在耶鲁遇到他，与他讨论过这个问题后，我才意识到这一点。所以这之间的关联并非偶然。因为我研究过文学、法国浪漫主义和小说，所以我明白一些东西，否则我或许根本不会想到塞克的电影。这些东西也发挥了作用，让我有机会研究塞克的戏剧作品，并翻译其中的部分内容。

SZ：我的问题还有隐含的部分，这部分对我个人的媒介思维的理论和方法史而言很有趣，也很重要，即写作、思考事物的人与他所处理的事物之间的关系问题。您喜欢扮演电影爱好者的角色，也就是说，您是一个喜欢电影院、喜欢看电影的人。而文学家的特点是对文本、对诗歌有着相应的强烈的感情。对您来说，二者之间是否存在密切的联系呢？

TE：对，但这是另一种联系。对电影的狂热总是与电影体验的时间和地点有着非常密切的联系，这就是它的特点。它当时的另一个特点是，影迷不断流失、变得稀缺。这就是说，在当时，您只能在某一天，在郊区的某一家电影院里才能看到几十年来梦寐以求或者从别人那里听说的电影。那时，没有磁带，没有DVD，也没有夜间电视。您必须非常机敏：尼古拉斯·雷（Nicholas Ray）在哪里演出，您能去到那里吗？当某种事物变得匮乏和稀缺时，这种供不应求便会产生价值。缺少机会，缺少体验的独特性是电影迷的典型标志，这与语文学没有关系。然而，第一代电影学家带进大学的那种强有力的解释学方法绝对很重要。否则，

---

1 Peter Brooks, *The Melodramatic Imagination. Balzac, Henry James, Melodrama, and the Mode of Excess* (New Haven und London 1976).

我们就不能在大学里获得认可。换句话说，我们几乎所有人都接受过文学方面的培训——无论是比较文学还是民族文学——这为我们提供了解释学过程的工具。这种工具能够立即发挥作用：电影可以被研究，电影有规范的文本，有伟大的艺术家。相对来说，法国人所强调的作者电影更契合古典艺术的概念。我们在英美地区做到的是，可以用分析文本，散文文本甚至诗歌那样的方式去分析电影。虽然这样做具有战略意义，但并非公正对待电影的理想方式。从媒体历史的角度来看，更是如此。我认为我们承担了很多过往的遗留问题，这些遗留问题直到20世纪70年代才被部分解决。或者今天我们可以谈谈为什么电影研究突然变得与语言学如此紧密相关了呢？

SZ：我想简单地来回顾一下20世纪60年代。您在一篇文章中写到，您当初选择用科学方法来研究电影和影院的最重要原因是受戈达尔早期电影的影响。戈达尔提出的挑战是，超越对电影和影院的直接观看和感官感知来研究电影，电影语言及其建构。对此，您有什么看法吗？因为戈达尔也是那些早在60年代的早期电影中就提出一套电影理论的电影人之一，这些人并不是简单地制作新电影。

TE：他们也非常强调将语言看作是物质的意义载体。从一开始，在戈达尔的电影中，那些醒目的语言就已经是非常重要的物质实体。可能有点离题，但这就是动机所在：我在巴黎期间，也就是1968年，巴黎发生了著名的朗格卢瓦事件（Langlois）。当时的文化部部长安德烈·马尔罗（André Malraux）认为，法国电影实在太过重要，不能把它托付给朗格卢瓦这样的"业余人员"。其间还流传着一些怪谈：法国电影资料馆的电影消失在朗格卢瓦的床下，或者说被存放在他的厨房或浴室里。一番争论过后，朗格卢瓦被解除职务，并引发了巨大的抗议。全世界的电影制作人都在说："我把我的电影交给了朗格卢瓦。如果以后不再由他负责，我就要把电影收回来！"特别是弗朗索瓦·特吕弗（François Truffaut）和让-吕克·戈达尔。他们非常努力地想让朗格卢瓦重返岗位。通过认识让-皮埃尔·利奥德（Jean-Pierre Léaud），也就是《四百击》(Les Quatre Cents Coups）[1]中的演员，我进入了这个圈子。还有一件轶事。夏乐宫的座位安排十分严格，也就是说，坐在前两排的只有《电影手册》圈子的人和导演，其他人必须得靠后坐。有几次我恰好坐在了戈达尔旁边，我们还聊了一会儿。当二月份发生抗议活动时，我又偷偷溜进去，结识了戈达尔和特吕弗。当时我已经对新浪潮产生了极大的兴趣，特别是《蔑视》(Le Mépris）[2]，它对我而言是一次很关键的体验。也因为弗里茨·朗在其中扮演了非常重要的角色，电影以某种方式被反思，反复地解释和质疑自身。就像大家说的那样，对戈达尔来说，绘画也非常重要，诗歌也是不可或缺的一部分。人们会感觉到，电影实际上是20世纪的艺术，所有其他的艺术和哲学都在电影中找到了归宿。我认为这些是真正让人们终生难忘的时刻。

SZ：如果我们回过头再来看这段时间，就会发现，您的电影思维、影院思维和媒介思维都是从这个时期开始的，显然有些很久以后才在德国被注意到的东西发挥着非常重要的作用。1964年，伯明翰创立的当代文化研究中心，与理查德·霍加特（Richard Hoggart）、雷蒙·威廉斯等大人物有关。在接下来的几年里，出现了一股非常强大的思考文化、机器与文化、媒体与文化的思潮，也涉及社会和政治方面。这在当时的英国有多重要？

TE：我们那时在英国南方的布莱顿。我是从在英国电影协会工作的帕迪·范内尔（Paddy Whannel）那里间接了解到这一点的。帕迪·范内尔和斯图亚特·霍尔在20世纪50年代就已经写了一本关于《大众艺术》

---

1 *Les Quatre Cents Coups*, François Truffaut (Frankreich 1959)；德语名称为 "Sie küßten und sie schlugen ihn"。

2 *Le Mépris*, Film von Jean-Luc Godard (Frankreich und Italien 1963)；德语名称为 "Die Verachtung"。

(*The Popular Arts*)[1]的书。理查德·霍加特和雷蒙·威廉斯仍然倾向于文学和戏剧这种精英文化，而帕迪·范内尔和斯图亚特·霍尔在《大众艺术》中则更强烈地主张电影、歌舞表演和草根艺术。

SZ：他们也主张流行音乐吗？

TE：还没有，流行音乐与摇滚乐革命同时发生，这是英国给德国带来的巨大文化冲击之一，因为德国根本就没有这个东西。在这里，我必须补充一下，我们还没有谈及我当初是怎样来到英国的。

SZ：的确如此。

TE：这是个巧合，这个巧合跟柏林有关。我在平和的家庭氛围中长大，18岁高中毕业后，就得去服兵役。当时没有替代性服役，摆脱兵役唯一的办法就是获得柏林自由大学的学习名额。遗憾的是，尽管我向比较文学研究所提出了申请，但我没有获得名额。拉默特（Lämmert）和彼得·斯从狄（Peter Szondi）先后去了那里。我也很想去，但他们没有要我，所以我只能选择出国。我住在曼海姆，它和威尔士的斯旺西是友好城市。1956年，我第一次来斯旺西，当时我才13岁，刚接触流行电影，虽然是《黑湖妖潭》（*Creature from the Black Lagoon*）这样的恐怖电影。这也与克利夫·理查（Cliff Richards）和巴迪·霍利（Buddy Holly）以及第一次性经历有关。然后我意识到，这些在沉睡的斯旺西的青少年比我们早熟了五到七年。由于我打定主意绝对不去服兵役，就去了威尔士。当然我还是想上大学。那是一个巧合，一个"幸福的错误"，他们没带我去柏林，这真是不幸中的小确幸！后来，我和那些跟随桑迪学习的人待在一起，弥补了一些遗憾。但这也意味着——回到您刚才的问题——我实际上已经对流行文化有了一种完全不同的感觉。我认为我不需要马克思主义。更具决定性意义的是我和祖

1　Stuart Hall und Paddy Whannel, *The Popular Arts* (New York 1965).

母一起看过的电影，以及1956年在威尔士的那些重要的经历，也许这就是为什么我没有注意到在伯明翰发生的事情。此外，彼得·沃伦和帕迪·范内尔有着非常密切的合作。彼得·沃伦对流行电影完全不感兴趣，他以一种完全不同的方式研究好莱坞电影，因为他来自《新左派评论》(*New Left Review*)[1]。《新左派评论》对我的影响比伯明翰更大。在伯明翰，有追随葛兰西（Gramsci）的马克思主义者。

SZ：彼得·沃伦是第一个马克思主义者？

TE：不，第一个是《新左派评论》的佩里·安德森（Perry Anderson），他们将其称为西方马克思主义。西方马克思主义者中有一部分是意大利人，因为这些新左派评论人士中有很多人都生活在意大利。杰弗里·乔·史密斯（Jeffrey Jo Smith）和彼得·沃伦也在意大利生活和学习过几年，当然，生活多于学习。佩里·安德森对法兰克福学派的接受度很高，我对此持开放态度。在那时，我对克拉考尔的兴趣就已经超过了雷蒙·威廉斯。与这些人相比，我与《新左派评论》的人关系更为密切，而这些人反过来又成为《银幕》创始人中的关键人物。本·布鲁斯特也是《新左派评论》的一员，彼得·沃伦在那里用笔名写作，斯蒂芬·希斯和科林·麦凯布（Colin MacCabe）等人也是通过《新左派评论》进入电影界的。

SZ：我对方法论理论很感兴趣。在伯明翰这个英国衰落的工业区，人们正在研究新的领域，即所谓的地下文化，对此我并不感兴趣，因为我们在柏林也通过工人剧院和俄罗斯革命的媒体产品对这些相关的东西有所了解。雷蒙·威廉斯在方法论方面的表现让我着迷，其核心思想认为，一方面是技术，另一方面是文化，二者不是对立关系，而是相互联系、不断合作的协同关系。

TE：是的，没错。但说实话，我必须承认，这项技术是通过《银

---

1 *New Left Review*, hg. von Stuart Hall, Perry Anderson und Robin Blackburn (London 1960–heute).

幕》杂志和让-路易·科莫利（Jean-Louis Comolli），即通过装置理论才引起我的注意。还有一个有趣的因素，借助《花押字》，我的立场得以与这些强烈的马克思主义倾向区分开来。回顾过去，有一位出自伯明翰学派的人写了一篇对我来说很重要的文章，即理查德·戴尔（Richard Dyer）写的《娱乐与乌托邦》（"Entertainment and Utopia"）[1]，虽然是在我写完通俗剧文章之后的一段时间。理查德·戴尔是伯明翰学派气质的典型代表，他能从流行艺术中，主要是好莱坞音乐剧中剥离出乌托邦式的核心和解放的元素，但他也深受结构主义的影响。我写的通俗剧文章既没有按照古典马克思主义，也没有遵循经典电影手册作家学派理论。《娱乐与乌托邦》，我的通俗剧文章还有罗宾·伍德关于恐怖电影和美国家庭的一篇文章[2]，分别于1972年、1974年和1979年发表，但这三个文本如今在史论中被放在一起提及。我想说，如果您现在去读它们，它们就是"文化研究"的文本。这些文本与技术史并不相关，却对电影进行了深刻的反思，并通过文化研究的方法论对美国电影进行了研究。正如我所说，它们的来源有所不同，但在电影回顾展上，绝对是文化研究进入电影科学研究的开端，这些研究最初被《银幕》的人所忽视，他们不想与之有任何联系。

SZ：有一个人或许在其中起到了联系的作用，那就是斯蒂芬·希斯。我认为，他甚至还在雷蒙·威廉斯那里学习过，然后高度投入《银幕》工作。

TE：对，但是在剑桥，不是在伯明翰。他为《银幕》做了非常多的工作。斯蒂芬·希斯在巴黎待了两年，他实际上是罗兰·巴特的学生，罗兰·巴特对他的影响比雷蒙·威廉斯多得多。再次强调，佩里·安德森连

---

1 Richard Dyer, *Entertainment and Utopia,* in: ders., *Only Entertainment* (London 1992).
2 Robin Wood, An Introduction to the American Horror Film, in: *American Nightmare. Essays on the Horror Film*, hg. von Robin Wood und Richard Lippe(Toronto 1979), S. 7–28.

同他的"西方马克思主义"与爱德华·帕尔默·汤普森（E.P. Thompson）[1]的立场相对立，后者与雷蒙·威廉斯和理查德·霍加特的关系更为密切。可以说，这位典型的马克思主义者和最近刚去世的埃里克·霍布斯鲍姆（Eric Hobsbawm），都做了非常重要的工作。这就是我们曾深刻体验过的马克思主义思潮。

SZ：让我们试着聚焦在关键词文学和语文学上。我们还没有谈到对20世纪二三十年代在欧洲其他地区影响深远的传统的颠覆。它就是索绪尔的语言学思想——更多地被翻译为语言学和符号学，它开始在包括电影和影院在内的文化对象的研究中发挥非常重要的作用。这些方法，一部分是非常形式主义的，狭义上来说是结构性的。对于当时像您这样热衷电影和影院这类事物的人来说，这意味着什么？

TE：这是个好问题。为什么会出现这种情况呢？首先，这是语言上的转折。也就是说，出现了这样一种假设——人文学科可以统一地受一个主导学科指导，即语言学。我在海德堡学习了一两个学期，在那里，我产生了一个疯狂的想法，就是学习斯拉夫语。我在那认识了一位研究斯拉夫语的教授——彼得·冯·波伦兹（Peter von Polenz），他在一场入门研讨会上讨论了索绪尔。当索绪尔在20世纪六七十年代突然受到重视，变得受欢迎前，我已经知道他是谁了。这在某种程度上是一种"预知"。

但问题是：为什么恰好是电影呢？来自明斯特的约阿希姆·帕奇（Joachim Paech）等人一直在推动克里斯蒂安·麦茨（Christian Metz）的语言学和《大组合段》（"Grande Syntagmatique"）[2]。现在的问题是：为什么？除了时代精神或潮流，人们对知识的兴趣是什么？当下我认为，这与克里斯蒂安·麦茨在法国与安德烈·巴赞分道扬镳有关。也就是说，

---

1 参见：Edward P. Thompson, *The Making of the British Working Class* (London 1963).

2 参见：Christian Metz, *La grande syntagmatique du film narratif*. Communications 8 (1966), S. 120–124.

麦茨从根本上质疑这种自由主义和新自由主义的概念，即电影的纪实性要求。同时，我认为这与语言学想坚持电影的认识论主张有关，即电影可以创造可靠的知识，因此他们将其与语言结构，而不是与投影方法联系起来。这也许就是这种高强度探索的来源，为了能够在电影中建立语言的要素，为了能够说：是的，它是一种语言。这一点经常被忽视，因为人们对这一时期的评论至今都是消极负面的，几乎没人会对它再感兴趣。

后来，无论是在电影研究还是在心理符号学，即与结构主义相关的精神分析中，所有这些术语都变得司空见惯了。当然，这也是业内人士认可的行话。人们也可以用这些行话在试图立足的地方唬住别人，站稳脚跟。

SZ：这是我想说的一个非常重要的点，是您一开始提到的策略的一部分：这个主题——电影和影院——实际上是无政府主义的研究对象，应该被科学地对待。

TE：对，我们必须要重视它。如果我们想的话，它就是文化战争的一部分。我们就必须证明，可以用当时大多数文学学者认为太过高大上或难以理解的词汇来接近这种大众艺术。于是，他们一方面对电影持傲慢态度，另一方面却又对这样的话语感到自卑，这是一项重要的战略功能。它更具政治性，但当我思考其中的原因时，我认为它背后实际上还有更多的含义，值得在任何时候讨论。从这个不同的角度来看：电影能带给我们什么样的知识？现在，这又成为一个热门话题。

SZ：您提到了一个关键词：装置理论。装置理论与语言学、结构主义、精神分析和欧洲哲学的经典模式有关，也与电影本身和您的电影实践有很大关系。戈达尔做出了他著名的判决："我们现在必须以政治的方式拍电影，而不仅仅是拍政治电影！"您对此有何看法？

TE：这是两件不同的事情。首先是关于戈达尔——拍政治电影和政治性地拍电影。这是为了提出一个先锋性的主张，即政治先锋派。在某种程度上，这又是布莱希特与卢卡奇争论（Brecht-Lukács-Debatte）[1]的体现。无论是德国的工人电影还是法国科斯塔-加夫拉斯（Costa-Gavras）的电影，都是基于经典小说构造模式的政治电影。与之相反，吉加·维尔托夫小组的戈达尔和让-皮埃尔·戈林强调的是解构主义和对经典叙事的打破；一种不同的唯物主义观念由此被带入电影，这一点在不同的国家有不同的表现。在20世纪70年代，这实际上是在问：什么是政治电影？正如大家所说，在德国，一方面有工人电影，另一方面有像哈伦·法罗基（Harun Farocki）这样的人，他也紧跟戈达尔和让-玛丽·斯特劳布（Jean-Marie Straub），政治性地拍电影，而不是拍政治电影。

关于装置理论，我认为是一种"哥伦布蛋"[2]，因为突然之间，我们处理的所有这些元素都被安置在一个相对连贯的理论体系中。当然，正如让-路易·鲍德里在文章中所述，装置"apparatus"（英文发音）之间存在差异，比如"基本装置（l'appareil de base）"和"处置者（dispositiv）"在英语中无法区分开来。所以才有了"装置理论或银幕理论"[3]。

SZ：有趣的是，"处置者"一词在英文译本中根本就没有出现。人们无法理解，只能对它进行改写。

TE：随之而来的是"处置者"概念上的混淆，至少在英美国家是这样的。在德国，这个概念主要是关于艺术的知识，或者说是知识的诗学，

---

[1] 译者注：参见 Fredric Jameson, "Reflections on the Brecht-Lukacs Debate," in *The Ideologies of Theory* (London: Verso, 2008), S.435-36. 在20世纪的批判理论史上，关于艺术革命潜力的最核心的辩论之一，是被弗雷德里克·詹姆森称为卢卡奇和布莱希特之间的"现实主义—现代主义"辩论。一方面，卢卡奇反对现代主义美学的颠覆性潜力，特别是表现主义，并对恩斯特·布洛赫提出了强有力的批评。为了反对现代主义美学，卢卡奇主张支持现实主义美学。正如詹姆森所说，"现实主义概念的原创性……在于它的认知和审美地位……现实主义的理念以一种审美体验为前提，但又声称与现实自身联系在一起。也就是说，现实主义以其公正的判断和纯粹外观的构成，与那些传统上和美学领域不同的知识和实践领域联系在一起。"

[2] 译者注：指找到了正确的方法后，看似困难的事情就变得容易了。

[3] 参见：Jean-Louis Baudry, Cinéma: Effectets idéologiques produits par l'appareil de base. *Cinéthique* 7/8 (1970), 1–8；英译本见：Jean-Louis Baudry, Ideological effects of the basic cinematographic apparatus. *Film Quarterly* 28 (1974/75), S. 39–47；德文译本见：Jean-Louis Baudry, Ideologische Effekte – erzeugt vom Basisapparat, übersetzt von Gloria Custance und Siegfried Zielinski. *Eikon, Internationale Zeitschrift für Photographie und Medienkunst* 5 (1993), S. 34–43.

是某种非常德国的东西。而在英美国家，这种"处置者"的理论仍在广泛使用。装置已经消失了，但福柯提出的"处置者"概念还有待研究。因为这一认识论概念，也就是经典的福柯关于权力的知识，自吉尔·德勒兹（Gilles Deleuze）以来，已经形成一种完全不同的思维方式，它只是把所有这些认识论的准则放在一边，完全不做处理。

正如人们所说，这是一次真正地让人"啊"的一声惊叹的体验，马克思主义、唯物主义、精神分析和语言学，一个结构里有这么多东西。主体性，以及由此引发的整个关于性别的讨论，所有的一切都符合这个模式。虽然现在看来也许非常刻板，但它解决了很多问题，同时又将这些问题联系起来，以至于让人无法拒绝。就连我这个对符号学持批判态度的人，也认为它非常有说服力，所以仔细地研究了它。这也是我走向福柯，而没有一直坚守古典马克思主义的原因。特别是路易·阿尔都塞（Louis Althusser）提出的质询理论[1]，一个人如何准确地将自己定位为象征性的主体，如何成为一个主体？这的确是一种前所未有的绝对基本的认识。这一点至关重要，启发了劳拉·穆尔维等人，将主体理论专门聚焦到电影和观看行为上。

我们再说回《电影手册》这一伟大的文本，它在20世纪60年代几经转变，至今仍在流传。当下再次流行的伟大文本是《电影手册》中的《年轻的林肯先生——文本集》（"Young Mr. Lincoln, texte collectif"）[2]，人们可以从文本中解读出政治方面的内容，其中也包括对古典电影的反抗。所以，法国人通过这部《年轻的林肯先生——文本集》实现了斯图亚特·霍尔各种各样的"阅读策略"[3]。顺便提一下，1977到1978年我在柏林

---

1 参见：Louis Althusser, Idélogie et appareils idélogiques d'État. Notes pour une recherche. *La Pensée* 151 (1970), S.3–38.

2 Cahiers du cinéma, Young Mr. Lincoln, texte collectif. *Cahiers du cinéma* 223 (1970), S.29–47.

3 参见：Stuart Hall, *Encoding and Decoding in the Television Discourse*, in: ders., *Culture, media, language. Working papers in cultural studies* (London 1980).

自由大学肯尼迪学院担任英国语言文学研究的客座教授时，曾与温弗里德·弗卢克（Winfried Fluck）一起讲过这个文本[1]。《年轻的林肯先生——文本集》一书在电影主题方面对美国学者产生了巨大的影响。肯尼迪学院的美国学者举办了第一批电影研讨会，我很幸运能和温弗里德·弗卢克一起，找到与我们积极同行的人。我不知道我们举办的是不是第一届电影研讨会，但它肯定属于最早的一批。

SZ：我们来回顾下这一重点理论：装置理论，这个批判资产阶级电影的完美模式，对性别理论有多重要？您之前谈到了劳拉·穆尔维，她是彼得·沃伦的搭档。这对女性主义电影实践和理论的发展有多重要？是直接相关，还是之前就有交集？

TE：之前就有交集。有趣的是，人们现在记住了劳拉·穆尔维。但劳拉·穆尔维并不是第一人。她还因其游戏中赢家的角色而让其他一些女性感到反感。有趣的是，许多女权主义者和对女权主义电影理论感兴趣并表达出来的女性，都与同样从事电影理论的男性关系密切。第一个人是克莱尔·约翰斯顿（Claire Johnston），她是保罗·维尔曼（Paul Willemen）的配偶。还有劳拉·穆尔维与彼得·沃伦，罗莎琳德·考华德（Rosalind Coward）与约翰·埃利斯（John Ellis）等。所以，女权主义政治阵地战是在厨房的餐桌上展开的。也许还因为这是一个非常紧张的时期，我会说是从1971年到1978年，这一时期，女权主义斗争在英国得以慢慢结晶。英国确实是先行者，至少对电影感兴趣的女权主义就来自英国。还有一点，杰奎琳·罗斯（Jacqueline Rose）不属于这一轨道，她在巴黎与罗兰·巴特一起学习。

SZ：您提到了米歇尔·福柯、吉尔·德勒兹和费利克斯·加塔利（Félix Guattari）这些伟大的法国思想家，他们至今仍然有着令人难以置

---

[1] 研讨会的成果：Winfried Fluck, *Young Mr. Lincoln. Der Text der Cahiers du cinéma und der Film von John Ford. Ergebnisse und Materialien eines Seminars*（Berlin 1978）.

信的魅力。但如您所知，在德国，他们很晚才被大家接受，尤其是在我们媒体领域，在历史学中可能会稍早一点。米歇尔·福柯和德里达在文学研究方面的成就当然要早一点。英国情况如何呢？这些思想家出现时，不同的元方法之间是否也存在冲突呢？

TE：我个人认为，装置理论在某种程度上运作得太完美了，而且是以一种非常具体的方式，实在是太过完美。首先，装置理论的设计方式决定了在哪里放映哪部电影其实并不重要，重要的是电影营造的环境、技术在其中起重要的作用，准确地说是黑暗中的洞穴体验环境。电影从一开始就在意识形态上被夸大了。如果你在大学里从事实际的教学工作，那电影就相对无用。当然，对像我这样的老影迷来说，这可不是件愉快的事。其次，值得注意的是，这一理论对历史的理解无法与先锋电影的势头相协调，我现在谈的主要是美国的先锋电影。这对我来说也是一个突破，因为相比于法国发生的事情，我其实对美国先锋派更感兴趣，比如汤姆·冈宁（Tom Gunning）和查尔斯·马瑟（Charles Musser）。而这正是福柯的重要之处，他将谱系学和考古学的概念以及早期电影纳入讨论。我想说，正是出于对装置理论的不满和怀疑，我才转而研究早期电影。但我确实把这个技术概念通过装置理论首次带入了电影研究领域。因为我与纽约朋友的联系，我知道了您的作品，以及装置理论的非历史和反历史性。

SZ：20世纪70年代曾有一次著名的研讨会，福柯关于记忆的文章《大众记忆》（"Film and popular memory: an interview with Michel Foucault"）[1]在其中扮演了重要的角色。这当然也是一个转向，转而更为关注考古学。

TE：是的，但不是转向早期电影。只有查尔斯·巴尔是我的同行者，

---

1 Michel Foucault, Film and popular memory: an interview with Michel Foucault. *Radical Philosophy* 11 (1975), S.24–29, wieder abgedruckt im Magazin zum Edinburgh Film Festival 1977 (*No. 2: History/Production/Memory*).

我们得先把早期电影带往英国。本·布鲁斯特和伊恩·克里斯蒂（Ian Christie）对此很感兴趣。再后来，西蒙·菲尔德（Simon Field）和《后像》（*Afterimage*）[1]相关的人也加入了这一行列。

SZ：我们现在谈到了考古学，也就是电影考古学，它开始发挥非常重要的作用。我们是否可以这样推论，这与思考电影和影院的未来有很大关系？试图打开一个新视角的同时也要揭开它背后的另一面吗？

TE：我希望是这样，但事实并非如此。诺埃尔·伯奇（Noël Burch）绝对是中心人物。正如我所说，让我着迷的是早期电影和先锋派。所以，为了摆脱"叙事"和"叙事电影"[2]，诺埃尔·伯奇的电影和他高品位的理论作品非常关键。还有像肯·雅各布斯（Ken Jacobs）、迈克尔·斯诺（Michael Snow）这样的美国人，他们对早期电影感兴趣的原因是想找一种替代谱系。他们不仅反对好莱坞，还声称他们的电影是真正的电影，因为他们继承了所谓的"原始电影"[3]中既定的内容。这对我来说也是一个很有说服力的观点，后来汤姆·冈宁的《吸引力电影》（*Cinema of Attraction*）[4]对这一点作了更好的阐述。我尝试在《早期电影：空间、画面与叙事》（*Early Cinema: Space, Frame, Narrative*）[5]文集中设立一个新的学科，不是关于无声电影或者默片，而是关于早期电影。我也想脱离"原始电影"这个概念。在我看来，这似乎不是最好的名称。一方面，这次尝试非常成功，因为我在这本合集中将不同立场的相对高水平的讨论汇集在一起。另一方面，冈宁的《吸引力电影》很是畅销。如今，它

---

1 *Afterimage*, *The Journal of Media Arts and Cultural Criticism*, ursprünglich hg. von Nathan Lyons, heute von Karen van Meenen (Rochester, NY 1972–heute).

2 如 Laura Mulvey, Visual Pleasure and Narrative Cinema,in: *Movies and Methods*, hg.von Bill Nichols (Berkeley und Los Angeles 1985), S.303–315; 德文版：Visuelle Lust und narratives Kino，in: Weiblichkeit als Maskerade, hg. Von Liliane Weissberg (Frankfurt am Main, 1994), S.48–65.

3 Tom Gunning, „Primitive" Cinema: A Frame-up? Or the Trick's on Us. *Cinema Journal* 28 (1989), S.3–12.

4 Tom Gunning, The Cinema of Attraction. *Wide Angle* 8(1986), S.63–70.

5 Thomas Elsaesser und Adam Barker, *Early Cinema: Space, Frame, Narrative* (London 1990).

不再被称为早期电影,而被称为"吸引力电影",变得无处不在,无时不有。

SZ:最后,我想再谈谈在大学里发生的从经典电影研究到媒体研究的转变,它与媒体技术的发展齐头并进,在其中起主导作用的是什么?这是战略性和策略性的考虑,如何在学术界定位自己的同时,研究对象仍然保持不变?从电影回顾展来看,您如何评价这种发生在20世纪90年代的与互联网平行发展的转变?

TE:我离开英国后,在阿姆斯特丹重新思考了这个问题,在那里我创办了阿姆斯特丹文化分析学院,聚集了文学家、艺术史学家和哲学家。这也是对英国文化研究发展在一定程度上感到失望而做出的回应。我认为这在知识界已变得索然无味,于是我又开始问自己其他问题。我感觉,电影科学未能成为一门合法的学科,起初它如投机分子一样,到处购入新东西,很有成效。但我认为,在20世纪80年代和90年代初,它必须确立其自主性,因为至少在英美领域,它实际上在大学里承载着人文科学。正是那些想与电影和媒体打交道的学生挽救了语言学和文学研究。在德国,日耳曼语言文学研究分为媒体研究和文化研究。而在英美国家则有点不同,文化研究是主流。我想:我可以将电影知识托付给哪个学科呢?因为我很清楚,在21世纪,20世纪的历史将被重写,电影将不再处于边缘,而是走到中心位置。当时可供选择的学科只有哲学和艺术研究,这就是我过去五年在耶鲁大学所做的工作。这是个很好的机会,可以相对顺畅地检验电影是否能赢得艺术史学家的支持。了解从瓦萨里(Vasari)开始算起约500年西方艺术史的人,至少应该知道电影最终一定会在某个时候被载入20世纪的艺术史册。但他们仍然受一种奇怪的、那时候对我来说是错误的电影谱系的影响,即从版画的中心视角来看。我完全同意您的看法,这是一条死胡同,一个畸形现象,但现在的情况就是这样。摄影和版画是我们所要继承的东西。而有些人却又说到电影的死亡,说电影没有未来。他们这样的想法非常强烈。问题是,艺术史是否能从中解脱出来。当然,我们也知道,透视投影和框架图像并不是世界可视化的唯一形式。我们必须超越"世界之窗"或"自我之镜"这两个电影在50或70年前的隐喻。我们可以向艺术史学家求教:请你们去研究电影吧,它必须被思考,同时被解构。另一个就是哲学方面,它实际上是关于一个问题:电影可以被称为艺术吗?它是哲学美学的一个分支吗?还是如我所说,它属于认识论的范畴?或者,在处理电影问题的时候,人们必须能够从本体论上进行思考?反之,哲学对技术也没什么用处。对于像巴迪欧(Badiou)这样的哲学家而言,不存在什么技术。然后我们来谈谈您的专业领域:人们如何以哲学的方式处理技术问题?纯粹是以数学或图表的形式吗?

未来两三年内,我要解决的核心问题是"自动化"。这是电影理论发展提出的问题:是否从一开始,摄影机的自动化就是使得电影不可能成为艺术作品?这就是特写和蒙太奇等理论发展的原因。后来,当安德烈·巴赞这样的人能够说:对的,正是电影的自动化使它成为一门新的艺术时,情况就发生了转变。再看看现在的哲学家们,无论是德勒兹还是斯坦利·卡维尔(Stanley Cavell),无论是朗西埃还是南希——电影的哲学问题都是:如何处理自动化?这也是我对"21世纪电影的设想"这个问题的回答。在21世纪这个数字化时代,模拟摄像机的自动化是指什么?是算法,还是一般的数学运算?我们对自动化方面持何种态度?

SZ:无论您一直在哪里提出问题,您都处在现代性的中间位置。也许我们可以尝试一起开发一些东西。我刚刚做了一个关于自动装置的讲座,我也越来越为之着迷,正在尝试从一个完全不同的角度来审视动画这种类型的作品。在这种类型中,自动移动的机器在绘制动画电影的二维性之外,还发挥着其他非常重要的作用。

我尝试了一些对您和我们尊敬的听众而言完全没有想到的东西,想在最后简要地宣读一下。我试图描述两种类型:一种是媒体学者,另一种是电影和影院学者。但我可能完全错了,我把它读给大家听:

理想的媒介学者不仅了解福柯,还了解德勒兹、加塔利、拉康,现在的拉图尔、斯蒂格勒和巴迪欧。比起个人的轰动效应,他更感兴趣的是(权力)关系与关联,还有一如既往的"结构"。通常他对美学知之甚少,尤其是媒介所拥有的图像和声音。他还对装置的特性感兴趣,只要他能够将其用于扩展的解释学。

同时,理想的电影和影院学者是博爱者,是感觉敏锐的唯美主义者,他宁愿读五次普鲁斯特的《追忆似水年华》,也不愿去读特奥尼森的《时间的否定神学》(Negative Theologie der Zeit);他更熟悉金斯伯格(Ginsberg)、吉辛(Gysin)或巴勒斯的早期垮掉派文学,而不是同时在奥利维蒂和波姆皮亚尼周围进行的意大利先锋派的计算机实验;他欣赏每一位新的戈达尔,就像品鉴窖藏的波尔多葡萄酒那样。他关注个体感觉的特殊性和不顺从性,并建立起审美现象精密的内部构造。他是新的文学家。

TE: 现在我又不明白了。

SZ: 这也并非问题的关键。这是一次结果导向某种考古学相关东西的尝试。20世纪60年代,我在帕索里尼(Pasolini)和翁贝托·埃科的一次讨论中再次了解到了这种二元论,他们讨论了符号学和现实之间的关系。这里,我更多地把帕索里尼理解为一个现实的符号学家,而翁贝托·埃科——至少在一开始——代表了一种应该能够涵盖所有现实的综合符号学的总要求。

TE: 尽管如此,我还是认为自己是两个阵营的叛徒。

SZ：一个离经叛道的人——托马斯·埃尔塞瑟，非常感谢您今天和我们在一起。现场各位观众有什么问题要问托马斯·埃尔塞瑟吗？

嘉宾：您能从电影理论传统及其进一步发展的可能性视角出发，谈一谈这种思维方式带来的新的可能性吗？

TE：就像我刚才说的这个问题：电影为什么会存在？这是否与电影是图像动态化发展中的重要一步有关？例如，与弗雷德里克·詹姆森（Fredric Jameson）的理论有关。我们再回到版画上，版画脱离了墙壁和壁画等载体。图像的运动不仅存在于图像中，还存在于图像自身的运动中，对于詹姆逊等人来说，它也与"物化"[1]和"商品化"概念有关。所以，无论电影是否愿意，它都促成物体成为图像，商品成为物体。您可以认为这是好事，也可以认为是不好的，但这也是解释电影为什么会存在的一种形式。另一种形式是——这里我们以齐林斯基关于阿塔纳斯·珂雪[2]的作品为例——电影承载了理性的模糊性，它一直致力于理性启蒙，但同时也一直保留着非理性的一面。也许电影的重要之处就在于保存延续我们理解力的双重编码。这也是将电影定位在认识论和本体论之间的一种方式，是我目前的兴趣所在。这个悖论的历史版本，对我们的西方文明——或者说是辩证法——非常重要。但也有其他的思考电影为什么存在的方式，这是最令我兴奋的观点之一。当然，长远来看，很明显，从珂雪的理念开始，再到幻觉效应[3]等相关理论以及由此建立起的谱系，比我们所做的摄影和版画工作更具可持续性。

SZ：这种做法是出于希望，当然，我也不知道它的现实可行性如

---

[1] Fredric Jameson, Reification and Utopia in Mass Culture. *Social Text* 1 (1979), S.130–148.

[2] 参见：Siegfried Zielinski, Modelling Media for Ignatius Loyola. A Case Study on Athanasius Kircher's World of Apparatus between the Imaginary and the Real, in: *Book of Imaginary Media, Excavating the Dream of the Ultimate Communication Medium*, hg. von Eric Kluitenberg (Amsterdam, 2006)；亦可参见：Zielinski, *Archäologie der Medien*.

[3] 源自希腊语 phantasma = 幽灵般的幻影，ageirein = 汇集；一般指"幻象、死亡意象、幽灵意象、欺骗和错觉"。

何,但还是有希望的。我认为,这种电影的、基于时间的艺术以及与之相关的一切面向历史深处的开放,为走向未来提供了机会。如果人们对这一点理解得足够深刻,也会有更多玩转未来的可能性。这是几代人的具体实践积累,包括蒂莫西·英根-豪斯(Timothée Ingen-Housz),他不仅教书,而且还是电影制作人、数字电影制作人。这几代人必须将其具体化,我们最多只能提供一些想法。

TE:这里,我感兴趣的是,数字技术是否能够,或者说是否应该被归于技术史?我还没有找到这个问题的答案。或者说,它是否真的涉及我们感受或体验到的但还没有完全理解掌握的哲学。

SZ:感谢托马斯·埃尔塞瑟今晚抽出宝贵的时间,接受我们的访谈。很遗憾一些原来打算要跟您探讨的问题没有讨论到,但我们也讨论了一些我未曾想到的内容。非常感谢,托马斯·埃尔塞瑟!

记录整理:**朱莉娅·埃伯特**(Julia Ebert)、**塞巴斯蒂安·普拉塞克**(Sebastian Prassek)与**伊娃·扎尼森**(Eva Zahneißen)

汉斯-约格·莱茵伯格 / HANS-JÖRG RHEINBERGER

"……将未来看作一个开放的存在,没有具体的指向,而是改变现有的状态。"

07

西格弗里德·齐林斯基(以下简称AZ)
汉斯-约格·莱茵伯格(以下简称HR)

摄影:莫诺·科洛姆

SZ：非常开心今天能邀请到汉斯-约格·莱茵伯格先生。我觉得不必再向大家逐条列举他的生平细节，因此也就不再用其他媒体形式来做展示。所以，我只通过关键词向各位简单介绍一下他：他是一位哲学家、生物学家、作家和诗人。相比于这些，大家可能更熟悉他的另外一个身份——柏林马克斯-普朗克科学史研究所所长。他担任这一职务长达15年之久。对于在人文科学和自然科学领域不断努力突破自身限制的学者来说，他是一位非常重要的引路人，也是一名优秀的激励者。他一再地鼓励我们，勇敢地向着现有的自身条件和环境不一定能够满足的方向去（尝试）思考。我认为，今天的访谈也是一场小小的致谢，感谢他给我们带来的众多礼物。我不知道，汉斯-约格·莱茵伯格先生到底开设过多少研讨课，但肯定是有很多。

在布莱希特的《老子游方中创作〈道德经〉的传奇》（*Die Legende von der Entstehung des Buches Taoteking auf dem Wege des Laotse in die Emigration*）[1]一诗中，陪伴老子云游的侍童将老子的处世哲学总结为：

> 天下莫柔弱于水，而攻坚强者莫之能胜，以其无以易之。弱之胜强，柔之胜刚……[2]。

强硬的事物无法变通，继而无法适应不断变化的社会现实。因此，人们可以坦然地说：从长远来看，强硬的事物不会影响历史进程，即使它最初看上去非常地与众不同。为了更好地理解启发法学家和认识论家（这二者也被称为媒介理论家），我之前做了一些功课。我了解了一下"硬编码"和"软编码"的相关理论，尤其是"人机交互"，它的内

---

[1] Bertolt Brecht, Die Legende von der Entstehung des Buches Taoteking auf dem Wege des Laotse indie Emigration, in: *Gesammelte Werke in acht Bänden, Bd.4, Gedichte*, hg. vom Suhrkamp Verlag in Zusammenarbeit mit Elisabeth Hauptmann (Frankfurt am Main 1967), S. 660–663.

[2] 译者注：参见陈鼓应，《老子注译及评价》，中华书局，2009年。

涵非常丰富。在我看来，弗里德里希·基特勒、让-路易·鲍德里亚、保罗·维里利奥以及威廉·弗卢塞尔都属于"硬编码"一派，也可以说是在这方面比较权威的专业人士。当然，这种说法可能争议较大。就"软编码"而言，我认为布莱希特凭其非常早期的媒介理论的启发学可以归为该类。此外，还有瓦尔特·本雅明、西格弗里德·吉迪恩（Sigfried Giedion）、克里斯蒂安·麦茨、勒内·贝格尔（René Berger）、亚伯拉罕·安德烈·莫尔斯（Abraham A. Moles）等人。就二元对立和对比而言，将汉斯-约格·莱茵伯格称为最佳意义上的软性思想家，并非完全错误，也不是在挑拨离间。在科学方面，他是对我们的历史有着巨大影响的软性认识论家之一。

我想再提几个词和概念，来引入今天的访谈。我选了我最喜欢的汉斯-约格·莱茵伯格的一本书：《实验系统和认识事物的发展——试管中蛋白质合成的历史》（*Experimentalsysteme und epistemische Dinge. Eine Geschichte der Proteinsynthese im Reagenzglas*）[1]。这本书的第一版是由沃尔斯坦(Wallstein)出版社出版的，后来苏尔坎普(Suhrkamp)出版社也有再版。在这本书的第24页，莱茵伯格非常简洁地对他的工作内容做了总结，开头处引用了克劳德·伯纳德（Claude Bernard）的话：

"正是……模糊的、未知的东西，使世界发生变化。"[2] 在路德维克·弗莱克（Ludwik Fleck）的著作中，人们从他的"瓦塞尔曼反应"的历史研究中抓住了"模糊概念"[3]这一启发式方法。耶胡达·艾

---

[1] Hans-Jörg Rheinberger, *Experimentalsysteme und epistemische Dinge. Eine Geschichte der Proteinsynthese im Reagenzglas* (Göttlingen 2001 und Frankfurt am Main 2006).

[2] Claude Bernard, *Philosophie. Manuscrit inédit*, hg. von Jacques Chevalier (Paris 1954), S. 26.

[3] Ludwik Fleck, *Entstehung und Entwicklung einer wissenschaftlichen Tatsache. Einführung in die Lehre vom Denkstil und Denkkollektiv* (Basel 1935; Frankfurt am Main 1980), S.35–39.

尔卡纳（Yehuda Elkana）采用"变化中的术语"这一概念贴切地描述了热力学的早期发展阶段[1]。在免疫学中，伊拉娜·洛伊（Ilana Löwy）强调了"模糊概念"在研究领域的组织和"联邦实验策略"构建中的作用[2]。亚伯拉罕·莫尔斯系统探究了科学中模糊性存在的作用[3]。保罗·法伊尔阿本德（Paul Feyerabend）曾明确指出："没有模糊性就没有变化。"[4] 在这种对科学中"无概念"[5]认识论的尝试研究中，我略过了更多的细微差别。

这是对他和我们感兴趣的许多东西的一个非常好的、非常紧凑的总结，也指出了莱茵伯格一直以来面对的行为悖论，也就是把模糊的东西尽可能进行准确地表达、尽可能清晰地传递。这是非常令人兴奋的，当然这也是他对我们这些与艺术和设计打交道的人来说如此重要的原因之一。

再简单介绍一下：我认为，至少我对他工作的理解是，汉斯-约格·莱茵伯格本质上应该是一个翻译家，我们之后还会谈到这一点。他的工作和他在哲学和生物学之间、生活和逻辑之间、批判理论和后结构主义之间、法国哲学和德国思辨之间转换的过程——这些都是直接意义上的伟大的翻译工作。"调解员"这个词可能不太恰当，我更喜欢"翻译家"这个词。

在高级研讨课上，我们就卡尔·施罗格（Karl Schlögel）的《在空间

---

1 Yehuda Elkana, Helmholtz' „Kraft": An illustration of concepts in flux. *Historical Studies in the Physical Sciences* 2 (1970), S. 263–298.

2 Ilana Löwy, The strenght of loose concepts – Boundary concepts, federative experimental strategies and discliplinary growth: The case of immunology. *History of Science* 3 (1992), S. 371–395.

3 Abraham Moles, *Les sciences de l'imprécis* (Paris 1995).

4 Paul Feyerabend, *Zeitverschwendung* (Frankfurt am Main 1995), S. 245.

5 Hans Blumenberg, *Die Lesbarkeit der Welt* (Frankfurt am Main 1986). [Fußnoten 3–9 aus zitierter Quelle übernommen]

中理解时间》[1]（*Im Raume lesen wir die Zeit*）这本书进行了讨论。施罗格对"冷热场所"做了区分。他认为，"热的场所"是指有活力的、充满变化的、不被定义的地方；"冷的场所"是那些人们行为受到管束、活动空间受到限制，甚至人员被定义分类的地方。换句话说："热的场所"是那些有各种讨论的地方，"冷的场所"是那些人们各行其道、不相往来、互不相干的地方。我认为，我们现在完全可以忘记麦克卢汉"冷热媒介"的区别。首先，我们倒是可以谈谈当您初到柏林学习时，柏林相当明显的"冷热场所"是什么样子的？热的场所有着很多活跃的思考；冷的场所对自己的学科十分自信，或多或少地管理着它们，让它们进一步发展，却不真正尝试对其进行变革。您在柏林的前几年，柏林的冷热场所是什么样子的，特别是对您当时从事的哲学研究来说？

HR：我是1968年春天来到柏林的，刚开始用了一个学期的时间来熟悉新环境。当时对我来说，"热的场所"是我和一个同事在利希特费尔德区（Lichterfelde）合住的公寓，当时我们正在一起创作一本有关艺术家的书。就这样，在柏林的第一个学期，我暂时没有任何收获。但当我真正开始在柏林自由大学学习时——我之前在图宾根学哲学——我实际上面临着一种二分法，甚至是一种物理意义上的二分法。一方面是位于格尔菲特大街（Gelfertstraße）的哲学研讨课。像往常一样，在学术主体的小圈子里，他们都被安置在达勒姆的别墅里。这门研讨课还下设一个解释学研究所，但距离不是很远，位于奥夫德格拉特大街（Auf dem Grat）。格尔菲特大街上的哲学研讨课授课教授一直没变。另一方面，奥夫德格拉特大街的解释学研究所里有一位新任命的教授，名叫雅各布·陶布斯（Jacob Taubes）。在我记忆中，这里会有音乐会演奏。这里总会有一种向一个方向或另一个方向倾斜的倾向。那里有一大群比我更年

---

[1] Karl Schlögel, *Im Raume lesen wir die Zeit. Über Zivilisationsgeschichte und Geopolitik* (München und Wien 2003).

轻、更资深的学生围在雅各布·陶布斯教授的周围。雅各布·陶布斯教授原本是做宗教学研究的，但他见识很广。1968、1969年前后的那段时间，人们是可以做"其他研究"的。学习基本上是以学生学习小组的形式来组织的，不管有没有报酬，高年级学生都要作为辅导员领导着这些小组。这也是当时学生的要求之一：他们希望能有辅导员，拉开教授和学生之间的距离。

SZ：辅导员由学生担任，而非教授。这是一个很重要的点。

HR：这在当时是一件很重要的事情。1966年我在图宾根开始大学学习时，"辅导员"这个词对我来说非常陌生，我到柏林之后才有所了解。在某种意义上，辅导班也是阅读小组，会涉及各种事物和主题，包括最新的文学作品。在格尔菲特大街附近的在奥夫德格拉特大街，你什么都能找到，例如新的法国哲学。当福柯新出版了一本书，几个月后它就会出现在书架上，紧挨着康德和笛卡尔的作品集。这本新书也是古典哲学的经典之作，意义重大。但除此之外，如果我们坚持"冷热"这种区分，那里就是一个"冷的场所"，因为那里并没有什么活跃的思想与讨论。我不知道那里如今是什么样子，我已经很久没有真正地在大学里待过了。在马克斯-普朗克研究所里，人们也并非处在学习的中心。你必须想象一下，教授们来学校只是讲课，其他时间他们就在家里工作，在这个小别墅里也不是每个人都有自己的办公室。那里有图书馆，也有老师规定的辅导时间，但这往往仅限于每周的一个小时。而这可能就是所有的交流机会，别的就只有大课和讨论课了。就这点而言，大学是一个相当冷的场所，但在雅各布·陶布斯教授的解释学研究所则完全不同。

SZ：据我对您早期经历的了解，我们可以尝试用一个在今天的跨文化课程中不再热门的主题把这种关系讲得更清晰一点。我想说的是历史唯物主义和辩证唯物主义以及马克思主义的不同流派，它们在当时扮演着非常重要的角色。您早期哲学研究的重点之一是路易·阿尔都塞，特别是他的认识论，后来也是您硕士论文的主题。回顾过去，我们现在对此应该作何联想？我记得，20世纪70年代初我到柏林时，哲学争论与意识形态争论、政治争论总是联系紧密，不同的派别因不同的立场组成团结的小团体。例如，指导您硕士论文的沃尔夫冈·弗里茨·豪格（Wolfgang Fritz Haug），他支持一种社会主义观点，一种他在某种严格和经典的意义上用经典主体理论等思考的观点。另一方面——您已经指出了这一点，有较新的法国哲学的侵入。当时这种争论在您看来是什么样子的？我们还想知道：对马克思以及马克思的各种作品的深入研究有多重要？值得注意的是，当时各种形式的阅读课程都提供了这样的机会。每个人都以不同的方式阅读马克思，"阅读《资本论》"几乎是巴黎和柏林各式各样讲座的标准名称。

HR：是的，也许人们可以把这看作一个很好的例子，再次打破这种冷与热的区别，并看出冷的场所并不一直是冷的。豪格也是哲学研究所的一员，但他之前研究存在主义。我记得，他的博士论文是研究让-保罗·萨特（Jean-Paul Sartre）。之后，他开始研究马克思，建立了一个类似于圈子的东西，圈子里是一些讨论小组，小组之间互相交换意见。它的架构是这样的：豪格每学期讲一次课，课程内容就是当时《资本论》的导论。此外，还有一些讨论小组。这些小组的人数从来都不超过15人，辅导员在小组中发挥着作用——我曾经也担任过辅导员，持续了几年时间。在那里，我们不仅能听到豪格在课上讲的关于商品形式的内容，而且会精读《资本论》的第一章。

SZ：因为部分听众对这个称呼已经非常熟悉了，我只简单提一下：豪格是《商品美学批判》（*Kritik der Warenästhetik*）[1]的作者。这本书对于

1　Wolfgang Fritz Haug, *Kritik der Warenästhetik* (Frankfurt am Main 1971).

很多人，比如研究市场营销或类似学科的人至今仍具有一定的意义。

HR：当时已经有较为深入的研究，豪格并非唯一的一个。在东欧研究所也有一些小组在深入研究马克思，埃尔马·阿尔法特（Elmar Altvater）即是其中一员。甚至心理研究所也设有马克思小组，事实上到处都有研究马克思的小组，但它们之间存在着细微的差别。回顾过去，不得不承认那时候的派别性很强，每个团体都试图将自己的智慧拔高为绝对的智慧。

SZ：是的，这是个有趣的谱系，只是还没有被写出来。

可能话题有一点跳跃，但莱茵伯格先生您的硕士论文在完成几年后曾以摘要的形式发表在《论据》（*Argument*）[1]杂志上[2]。《论据》杂志的编辑之一，卡尔-海因茨·戈策(Karl-Heinz Götze)是马克思主义学生协会"斯巴达克斯（Spartakus）"的主要负责人之一。现在哲学研究所任教的西皮尔·克莱默尔（Sybille Krämer）也曾是这个小组的成员。如果有一天写一本谱系讲一讲每位成员是如何从中确定发展方向的，也将会很有趣。

但现在，我想将话题回到您之前提到过的一点，这将会带领我们走进您最重要的翻译作品之一。

HR：再简单补充说明一下我对马克思主义理论的理解，以及这些马克思小组中没有一个真正吸引我的最终的决定性原因。我在这一领域找到的最令人兴奋的东西，也是我的硕士论文的灵感来源，是路易·阿尔都塞的《阅读〈资本论〉》[3]。他从认识论角度着手对马克思的阅读和对马克思的理解——正如人们当时所说，是结构主义的——是我论文的一个重点。我想说，这意味着要超出普遍的理解。因为阿尔都塞实际上提出

---

1 《论据》，论据出版社出版刊物。该出版社于1959年由沃尔夫冈·弗里茨·豪格和弗里加·豪格创办。
2 Hans-Jörg Rheinberger, Die erkenntnis theoretischen Auffassungen Althussers. *Das Argument* 94 (1975), S. 922–951.
3 Louis Althusser, Pierre Macherey und Jacques Rancière, *Lire le Capital* (Paris 1965).

了一种截然不同的阅读，其目的是取得结构效应，而不是了解某个主体以某种方式可能想表达什么。阿尔都塞提出了所谓的理论的反人道主义，但我们必须注意：它并非反人道主义，而是理论的反人道主义。这是对非主体中心的理解和对马克思文章的症候式阅读的一种尝试。但这其实并不是阿尔都塞创作的唯一作品。20世纪50年代末，他写了一本关于孟德斯鸠[1]的书。20世纪60年代，他就卢梭的《社会契约论》（*Sur le contrat social*）[2]写了一篇非常重要的文章，我们当时还和汉宁·里特（Henning Ritter）在奥夫德格拉特大街上一起阅读过。这只是一种阅读方式，其要求与通常的阐释阅读和文本理解不同。在这种阅读中，我们探究理解作者当时可能存在的想法，大致意思就是这样。而这并非阿尔都塞的观点。

SZ：我很乐意和您进一步深入探讨阿尔都塞和他的认识论前提。对去主体化和反人道主义的指责，在萨特和福柯的争论中也扮演着重要的角色，这些都是非常重要的辩论切入点。

但我现在对您的成长经历更感兴趣，因为在此期间有大量文章问世，而它们又对我们在人文科学的研究和之后的媒介理论特别重要。我想试着弄清楚1966和1967年这两年的作品。今天人们很难想象那两年问世的这一系列新书意味着什么，这些书又引发了多少社会运动。这其中有福柯的《词与物：人文科学的考古学》（*Die Ordnung der Dinge*）[3]，还有似乎从完全不同的方面出发的居伊·德波（Guy Debord）的《景观社会》（*Die Gesellschaft des Spektakels*）[4]。这些作品对我们这些对电影和艺术感兴趣的人来说极其重要。当然还有雅克·德里达（Jacques Derrida）的《论文字

1　Louis Althusser, Montesquieu. *La politique et l'histoire* (Paris 1959).
2　Louis Althusser, Sur le contrat social. *Les Cahiers pour l'analyse* 8 (1967), S. 5–42.
3　Michel Foucault, *Les mots et les choses* (Paris 1966).
4　Guy Debord, *La Société du estacle* (Paris 1967).

学》(*De la Grammatologie*)¹。您和汉斯·齐施勒（Hanns Zischler）曾合作把它翻译成了德文²，搁置一段时间后在1974年出版。在我们更深入地谈论阿尔都塞和他的认识论基础之前，我想向您提一个我们大家都感兴趣的问题：你们翻译德里达《论文字学》的契机是什么呢？我们都知道，翻译是人们可以想到的最深入的阅读。但为什么恰巧是这本书呢——一本注定很难翻译的书？在翻译中有什么特别具有挑战性的工作吗？那时候的解构主义方法，可以说是一种工具，也可以说是一种认识论的事物。对您来说，这次翻译是否可以被视为解构的注释过程？

HR：我们不能把这件事全部归结到阿尔都塞身上，但的确是在他那里出现了他所谓的症候式阅读这一概念和相关要求，这与精神分析也有着相似之处。现在我不确定，"解构"一词首次出现是不是在德里达1967年的《论文字学》中。这也是一种非解释学的阅读形式。《论文字学》的第二部分全部是对卢梭的著作的解读。福柯在1969年出版的《知识考古学》(*Die Archäologie des Wissens*)³一书，必须被理解为是一场反对以主体为中心的思想史的运动。它是对只关注伟大的人物和作品，或者比如只关注在哲学研究中被奉为经典的作品，这一传统的清算。在他的立场上，他设置了一个实体，人们不再知道它确切的起点和终点。在意义产生的过程中，一个框架首先要能成立。如果在这种情况下人们还需要意义的概念，这肯定就可以被看作是有问题的。

但可以看到，所有这些立场都和一件事有关，即向世界引入一种不同的阅读形式，并由此以一种新的方式看待世界。即使我们不得不承认，我们当时并没有完全理解。当你作为第四或第五学期的学生开始阅读《论文字学》这样的书，而导论的内容无非是对西方形而上学的解构，而且是从

1　Jacques Derrida, *De la Grammatologie* (Paris 1967).
2　Jacques Derrida, *Grammatologie* (Frankfurt am Main 1974).
3　Michel Foucault, *L'archéologie du savoir* (Paris 1969).

柏拉图开始时,你可能会感到有点头晕。但它也有一些令人着迷的地方。作为学生,陷入这种令人着迷的地方,就像是被卷进了一个漩涡。

这种精读的反面,也可以说这种精读的极致,就是翻译。选择翻译《论文字学》属于巧合。但最后,与汉斯·齐施勒一起翻译这本书成了我哲学研究的主要活动之一,花了我大约两年的时间。我想说的是,通过这次翻译我学到的东西至少相当于我在其他哲学研究过程中的所有收获。

SZ:请原谅我对这个问题如此执着。但这个问题对于当下在最广泛意义上从事人文科学研究的几代人来说,实在太有趣了。您是怎样做了这个决定的?这背后有什么想法吗?德里达、德波或福柯之类的思想家的作品(在其他地方)受到关注的那段时期,它们在德国并不受欢迎。几乎没有人知道它们的存在!它们也几乎不被注意,且由于一些您之前提到的东西,比如所谓的反人道主义,这些作品被许多教条主义左派的代表人物完全拒绝、彻底妖魔化。所以您为什么做了这样的决定呢?是直觉和关于未来话语的认识共同作用的结果吗?有可能描述一下吗?因为这种事情对于一个知识分子的发展来可以说是十分关键的时刻:投入时间和精力在某些资料、某些材料上,只因为一种无法确定的感觉,觉得这项工作背后可能隐藏着一些对未来非常重要的东西,换句话说,一些类似于"未来装置"的东西。

HR:确实,很难去描述当时的情况。我们都知道,回忆过去向来是困难的,因为我们在不断地扭曲自己的过去,而非如实地铭记。因此,我们必须要警惕对回忆的思考、自身记忆玩弄的把戏,以及事后对自己过去的想象。这些都是相当复杂的事情。

但我想强调一点,也就是我从学生时代就对文学非常感兴趣。像大多数人一样,我当然也会做一些写作上的尝试。就是在这种情况下,在去柏林学习哲学之前,我就已经接触到了当时比较流行的法国文学运动——字母派[1]。这一运动主张去做一些某种方式上没有意义的艺术、语言和写作。这也许会使创作对象更小，不再使用完整的句子，而只使用单个单词，非常激进的人或许只使用字母。这也是对语言的一种解构，因为语言并没有被摧毁，而是试图对它做点不一样的事。奇怪的是，我从来没有上过瓦尔特·霍勒雷尔（Walter Höllerer）的课。我在柏林工业大学也学习过一段时间，但后来更多的是在语言学领域，也就是在赫尔穆特·施内尔（Helmut Schnelle）的课上学习。这是另外一个背景，但是当我在柏林继续我在图宾根就已经开始的哲学研究时，这段背景最初对我来说毫无影响。但我觉得它暗中在继续起作用，它是我研究德里达的一个原因，也是这种法国思维吸引我的原因。

SZ：文学创作的这段经历，在我看来是非常重要的。关于这一点，有两个名字很重要：莫里斯·勒梅特（Maurice Lemaître）和伊西多尔·伊苏（Isidore Isou），尤其是伊西多尔·伊苏。我非常高兴地看到，在《论文字学》之前，您还翻译了伊苏的一份宣言，但该宣言至今仍未出版。这引起了我们对媒介思维和媒介行为的历史和发展谱系的兴趣。我想说，我们对它非常感兴趣，希望能有机会看到您翻译的这份宣言。

HR：很乐意与大家分享。

SZ：一言为定！电影导演和作家伊西多尔·伊苏是一个很重要的人物。在此，我想大胆地提出一个观点（您刚才的描述就很好）：后来形成解构主义既定想法和表示的思想，在10年或15年前就已经在发挥作用了。比如对于一些奉行解构拼贴原则的激浪派艺术家，像弗斯特等人；当然还有字母派的人，还有居伊·德波。德波一开始就与字母派有密切的合作，他早期的实验电影就是对当时最激进的艺术的剖析——这也是

---

[1] 译者注：字母派（Lettrism）是一种艺术运动，成立于20世纪40年代，主要关注语言和文字的视觉和声音方面，旨在打破传统的语言和文学的约束。字母派创始人伊西多尔·伊苏将"字母"和"主义"结合起来，将他们视为一种创新的语言形式。在字母派的艺术作品中，常常运用拆字、拼接、破词、音乐、戏剧和电影等元素。

我为什么在这里提到他。

现在回想起来，我认为，您对文学的关注并非巧合，这一切都是息息相关的。这种诗意的思考和创作也是您科学研究的重要组成部分，可以这样说吗？

HR：是的，可以这么说。只要你不是在"诗歌集"的意义上理解诗歌，而是在希腊语诗学（poiesis；ποίηός）的意义上去理解，即美学创造。

SZ：让我们把话题再回到文学。关于阿尔都塞和您之前提到的认识论原则，我想再多了解一点，并尝试将它们与您的科学观念联系起来。我希望我在这方面能有所收获。我很惊喜地发现，您曾在关于阿尔都塞的这篇论文中提到了布莱希特，而与梅尔维出版社刊发的论文版本似乎有所不同[1]。

HR：简单地插一句，发表在《论据》上的那篇文章只是我硕士论文的摘要，梅尔维出版的才是我硕士论文的全文。这篇文章之前从未被出版过，那是第一次正式发表，只有柏林大学的档案馆中有一份副本。

SZ：值得注意的是：它以引用布莱希特的话开始，又以引用布莱希特的话结束。我简单地念几句，因为仅这几句中已经包含大量的材料信息。这句引文当然是出自布莱希特所著的《墨子/易经》（*Me-Ti, Buch der Wendungen*）。正如您在这里看到的，这卷书在我的藏书中是被翻阅得最多的。

布莱希特写道："思考是容易脱离的。"[2]这正是您在开头引用的句子，然后这句话又在结尾被稍加修改、再次引用："思考是容易脱离的。思考发生在困难之后、行动之前。"[3]我再念一下出自《墨子/易经》的原文。

1　Hans-Jörg Rheinberger, *Rekurrenzen. Texte zu Althusser* (Berlin 2014).

2　Bertolt Brecht, Me-ti/Buch der Wendungen, in: *Gesammelte Werke in 20 Bänden, Bd. 12, Prosa*, hg. vom Suhrkamp Verlag in Zusammenarbeit mit Elisabeth Hauptmann (Frankfurt am Main 1967), S. 422.

3　Der zweite Teil des Zitats stammt aus Brecht, *Me-ti*, S. 443.

布莱希特在这里给出了一个实验例子，一个科学的化学实验，一个摄影中的实验："如果将胶片长时间曝光，它首先变成灰色，然后变成黑色。如果曝光得更久，它会再变成灰色。所以'曝光胶片会让它变黑'之类的句子是错误的。"[1] 这在您熟悉的认识论的意义上是一个非常好的想法。梅尔维出版的版本中的一处对话中，他说认识产生的过程是他生命中最重要的主题。研究认识产生的过程是一个史诗般的——如果你喜欢的话——也可以说是一个布莱希特式的主题。这也是我们刚才引用例子的目的所在，就是为了再次说明：认识是一种过程，不是一蹴而就的。有一些东西，如果人们持之以恒地研究，也能在实验和科学中发现。

HR：至于引用的布莱希特的句子，今天我可能只认同前半部分："思考发生在困难之后。"但它是否真的先于行动，今天我不再肯定。

在哲学研究过程中，我也开始更细致地研究科学哲学。科学对我来说已经是哲学框架下的一个主题，尽管我也是后来才学习自然科学。但我想以科学为切入点去理解哲学，我在阿尔都塞身上也发现了这点。他反对当时以各种细微差别存在的科学哲学形式。正如20世纪初以来逻辑经验主义中一直说的那样，这种形式强调的是论证：人们发表看法并试图证实或证伪。这些看法在某些条件下或正确或错误。但对我来说，发现总是比论证更令人兴奋。最终的问题是：我怎样才能跨越目前的知识水平？什么人、什么活动才能使我跨越当前的知识水平，进入新的领域，而非只是从旧的知识中获得新的东西。而就像您刚才引述的那样，阿尔都塞也试图把认识论理解为认识产生的过程。也就是说，作为一个无法完成的过程，认识只能从其无穷尽的发展中汲取养分。在当时对马克思和马克思主义的讨论中，阿尔都塞也因此受到了指责：他是一位科学主义者，一个为献身科学而放弃政治的人。我们在这里谈论的这些，在当

---

1 Der zweite Teil des Zitats stammt aus Brecht, *Me-ti*, S. 434.

时绝对发挥了非常重要的作用。

SZ：我想，有一个概念也是出自阿尔都塞，并以这样或那样的形式多次出现在您的科学理论著作中：偶然的唯物主义。如果我没搞错的话，它出自阿尔都塞较为后期的一篇文章[1]。在谈到相遇的唯物主义时，他谈到了偶然的唯物主义，他也把开放性的、不会完结的存在看作非常重要的内容。关于这一点，他提到了伊壁鸠鲁（Epikur）和对落雨的想象[2]。有趣的是，落雨在《墨子/易经》中也有出现——并且是出现在一个出乎意料的场景，即雨滴不再平行落下，而是通过变化相互接触、相遇，然后产生一种完全不同的情况。一个非常美的词——偶然的唯物主义，它对您的工作很重要。

HR：是的，确实是这样。实际上，阿尔都塞在后期的一部作品中使用了这个词。我认为，"偶然的唯物主义"一词在《阅读〈资本论〉》中并没有出现，但它对阿尔都塞这样的思想家而言肯定很重要，在福柯和德里达那里也是如此，尽管他们立场非常不同。

现在我们再回到未来的机器的问题上。对我来说至关重要的是——如果我理解正确的话——有一件事在各种立场中都很明显，它们确实都是构建未来的机器的尝试，也就是在试图构建无目的性的未来机器。对未来不做有目的的思考，即不指向在未来某一时刻可以接近的终点，这一点是很困难的。这就是大多数科学哲学的结构：无限趋近一个点，在这个点上人们才获得真知。所有渐进式发展或以其他方式走向一个可预期的点的事物，都被福柯、德里达和阿尔都塞以完全不同的方式忽视掉了。他们都试图将未来看作一个开放的存在，没有具体的指向，而是改变现有的状态。

---

1 „Aleatorischer Materialismus" in der Zusammenstellung später Schriften Louis Althussers: ders., *Materialismus der Begegnung*, hg. und übers. von Franziska Schottmann (Zürich 2010), S. 29–98.

2 参见"偶微偏"概念，它指的是伊壁鸠鲁、继德谟克利特的卢克莱修的原子理论中的机会因素。

SZ：接下来的内容，您可以随时打断我并提出批评。对于我们这些研究历史的人来说，还有一个重要的问题，就是开放性，或者说让未来开放、非目的性以及福柯模仿尼采提出的谱系三者之间密切相关。拒绝寻找万物发展的唯一起源……

HR：这其实恰恰相反。

SZ：就像拒绝目的论一样。我把变体学研究看作是一台时间机器，时间之箭从那里向两个方向飞去，既飞向未来，也飞向过去。所以，对于历史，我们也必须承认，它并非来源于某一个点，也不能追溯到某一个点。

HR：这正是我们当年在翻译德里达时着手的一些令人难以置信的思考，即思考没有起源的起源。

SZ：没有起源的起源……

HR：当时也会用"踪迹（Spur）"这个词。

SZ：这个词在您那本有关认识事物的书中[1]也有出现。书中也经常出现您翻译德里达的痕迹。

当您描述实验设计、实验系统时，曾多次使用了"不可预测的不寻常的事件"这个奇怪的词。我认为这个词也出自阿尔都塞和偶然的唯物主义思想，至少它们之间似乎有联系。"不可预测的不寻常的事件"是一个非常美的词。我在这里把"阿尔都塞/莱茵伯格"都写在了括号里，是因为我并不确定这个词的出处。它试图指称这种无法预料的未来。但我们也必须对这种无法预测的未来进行思考，并以某种方式进行系统的思考，以使其成为可能。

HR：是的，甚至可以说"不可预测的不寻常的事件"这个词语义重复，因为"不可预测"这个词想强调的东西，实际上在"不寻常的事件"

---

[1] Hans-Jörg Rheinberger, *Experiment, Differenz, Schrift. Anmerkungen zur Geschichte epistemischer Dinge* (Marburg 1992).

这个词中已经有体现。如果这些事件真的是不寻常的事件，那它们根本就是完全无法被计划或被实现的。这种无法完全被实现的时刻，我是在一个完全不同的领域，即与人文科学相对立的自然科学领域直接体验到的。在自然科学领域，似乎一切都在有序地发生。一边是有序的，另一边是无序的。但是，在有序的、自然科学进程的核心也有着类似于偶然性、不可预测性、事件性的时刻。这在研究过程中是存在的，但通常没有被说明。

SZ：再讨论一下可描述性这个问题吧，我觉得这个问题很难。我在刚开始的时候就提到了"对模糊和类似的东西进行最精确的表述"这一悖论。当时间史在您的概念中出现，如果您不对其做目的论上的描述或者典型上的从时间起源进行推导，您会怎么描述时间史呢？您的描述是否类似于我们可以想到的弗里茨·克拉姆（Fritz Kramer）——马克斯-普朗克研究所的一位前辈——之前做的描述？他在描述生物时间的时候喜欢用洛伦茨因子，以把握生物时间的至少一个重要维度，也就是这种奇怪的螺旋状视图，视图中螺旋的层次不断地跳跃转移到另一层次。您会如何描述它呢？

HR：时间史的确很难描述。在哥廷根马克斯-普朗克实验医学研究所工作的弗里茨·克拉姆，我们可以这样称呼他，也可以称呼他为伊利亚·普里高津（Ilya Prigogine）。他是俄罗斯人，在比利时长大，在布鲁塞尔任教，主要从事开放系统的热力学研究。这些都是相对技术性的东西。但他以一种非物理学家也能接受的形式介绍了他的基本思想，也就是《从混沌到有序》（*La Nouvelle Alliance. Métamorphose de la science*）这本书。这本书是他与伊莎贝尔·施滕格斯（Isabelle Stengers）合写的，后来也被翻译成了德语[1]。普里高津曾试图让人相信，正如他所说的，时间

---

1 Ilya Prigogine und Isabelle Stengers, *La Nouvelle Alliance. Métamorphose de la science* (Paris 1979). Deutsche Übersetzung: *Dialog mit der Natur. Neue Wege naturwissenschaftlichen Denkens* (München 1981).

不能只被看作是参数。参数就是例如坐标系中的可以出现在X轴或Y轴上的东西。这是许多示意图的工作方式：一边是时间，一边是距离；然后你会得到一个曲线。这里的时间，也就是"t"，是一个类似于参数的东西。普里高津说，这个时间实际上是无趣的时间。在历史领域，我们会说岁月如何流走、如何排列，这是按时间顺序排列的时间。但正如普里高津所说的，若时间作为操作者，作为制约系统行为的存在，如果说得更极端一点，作为产生了系统行为的存在——这些更让他感兴趣。然后问题出现了：什么是时间？这个问题就只能以递归的方式来解决。时间只是系统反作用于自身并发生改变而存在。至少在可以经历类似衍生物的系统，也存在着这样无法预测的时刻。在这些时刻，一个以这种方式发展的系统可以因为极小的原因而向某一方或另一方倾斜。然后，做出一个不可逆转的决定。

SZ：它包含您在有关生物时间的文章中反复提到的重复和差异这两个基本概念吗？其中还有一个哲学的题目。

HR：是的，当然了。在哲学层面上，吉尔·德勒兹在《差异与重复》(*Differenz und Wiederholung*)[1]一书中做了详细的说明。他1968年发表的博士论文也被收录在这套令人难以置信的书里，它们都是在1965年至1970年间问世的。

SZ：一个略微奇怪的问题：如果试着将这种差异和重复的想法转化为图像——我不知道这是否被允许——那么你会得到类似刻度的东西。差异和重复，如果我把它们与垂直度联系起来，就意味着像梯子或阶梯状的结构；当然这个结构也可以看起来像DNA的示意图一样，具有动态的特点，就像是摆动的双螺旋。您是否意识到包含在这对术语中的这种缩放性？

---

1 Gilles Deleuze, *Differenz und Wiederholung* (München 1992). Im Original *Différence et répétition* (Paris 1968).

HR：对我来说，重复和差异这对词组的差别在逐渐缩小。

SZ：不是逐步扩大，而是逐步缩小？

HR：是的，在这里我认同吉尔·德勒兹的观点。他曾经说过，在我们经历过一个世纪里，我们从认同和反对这两个角度出发思考事情。归根结底，只有两种模式：一种是与绝对的自己在一起，另一种是在某一时刻必定破解。至少在20世纪60年代末，大多数对马克思的阅读都是这样进行的。但是，如果把这个问题放宽一步，我们不仅没有什么损失，反而获得了使历史过程得以描述的难以置信的丰富可能性。没有重复或者没有差异就不会有历史的发展。

SZ：这个说法很有趣。

我们和作为生物学家、自然科学家的莱茵伯格已经有过多次对话。现在我想聊一聊您在20世纪70年代做的一个决定：20世纪70年代初，您完成了您的哲学学习，然后又决定学习生物学！我必须坦诚地说，后来肯定有人羡慕您的这一决定，并羡慕您能一直坚持这一决定。我们很多人都想这样做。因为我们觉得，为了能够处理科学哲学中的某些问题，学习一门自然科学是非常必要的。但我们中的许多人并没有成功，包括我自己。实际上，我原本想在工业大学学习理论物理，并开始与那里的理论物理学家打交道。但后来我很快意识到，我可能要用半辈子的时间才能在这个领域做出一些成绩。于是我就把这件事搁置了，间接地从事自然科学研究。但是您却坚持了下来。我们关心的问题是：为什么是生物学？为什么用生命来对抗逻各斯？有什么隐情吗？也可以是研究过程、流体、生命体的物理与化学。生物学的魅力在哪呢？

HR：最初是想第二次学习。能够进行第二次学习的确是一种特权，这也是出于研究认识论的需要。除了主要的法国方面的思想和马克思作品中的观点，还有其他理论，包括以托马斯·库恩（Thomas Kuhn）及其关于科学革命结构的著作[1]为代表的古典盎格鲁—撒克逊的发展、波普尔的逻辑实证主义研究。这也是一种替代立场,波普尔他自己称之为批判理性主义。然后法伊尔阿本德对这些观点做了进一步发展。我们当时也读了所有这些东西,觉得有必要亲自去看一下,自己应该认同谁。因为即使相互矛盾,但几乎所有的观点都似乎是合理的,所以我决定亲自去看看,这就是我的动机。然后我选择了生物学。如果能在柏林学习生物化学,即生物学和化学的结合,那我就会选生物化学。然后我就在柏林自由大学学习生物,同时学习化学。我在图宾根的前几个学期也在上生物化学课。

SZ:我不知道这一点。

HR:这是我在读中学时候的决定。"我应该学什么"这个问题对当时的我来说已经够难了。在图宾根学了一年的生物化学后,我还是觉得它不适合我,就把它扔到一边,然后去学了哲学。后来我想,我可以从当时中断的地方续起来,再努力一次去完成它。通过我的生物学毕业论文可以发现,我对分子生物学已经逐渐熟悉了。

在20世纪70年代中后期,分子生物学是一门极其注重实验的科学。从事理论分子生物学研究实际上不太可能的,因为可能没有人会接受你的毕业论文。当然,这个情况在历史发展中也有一些变化。今天,理论生物学在学术上的接受度很高;因此人们不必去做实验,就可以在生物学上更上一层楼。但最终对我来说,实验是我在10年或15年后再次从实验室走出来时写的几乎所有东西的宝库。

SZ:您不仅拿到了生物学学位,甚至还完成了生物学博士论文、取得了大学执教资格。这意味着,您经历了一个自然科学家的整个职业生涯;这当然也是您能在马克斯—普朗克科学史研究所任职的前提条件。其中的几年时间,生物学方面的实验工作一直是亲力亲为。事实上,正

---

1 Thomas Kuhn, *The Structure of Scientific Revolutions* (Chicago 1967).

如您刚才所指出的,"实验系统"已经成为一个人们将其立即与汉斯-约格·莱茵伯格相联系的词。在科学过程中,或者准确来说,在认识过程中,将关注点转移,远离大的目的论目标,转向使知识和知识生成首先成为可能的条件。此外,还要转向工具、技术事物——这些对我们这些媒介研究者来说非常重要,借助它们去创建物质系统、产生知识、制造惊喜效果等。从过去到现在,您对这点一直很感兴趣。这是唯物主义的一种特殊形式吗?人们能否把它视为您研究工作的一个关键词?

HR:是的,可以这样理解。如果你是做科学哲学研究的,但只停留在文献阅读的层面上,那么你几乎不可能在这方面有所成就。另一方面,我想对于一个在艺术层面与媒介打交道——例如制作电影——的人来说,对这个说法肯定很熟悉:最重要的东西会在制作过程当中产生。制作过程的物质性是具有最终决定性的,因为最好的东西产生于制作过程,并非所有东西都事先已经在剧本里写好了。所以我看到了某种联系,即使艺术和科学经常被看作是相对的:一方面是逻辑,一方面是直觉,或者其他什么类别。我认为,如果人们从物质性出发,那么可以推翻所有这些类别,只创造一个共同点来重新理解自己的制造。

SZ:这里面也有一个小小的悖论:把工具、技术性的东西和人们想创造的新知识之间的关系描述为您所说的一种普通的关系。实际上,这是一种并不普通的关系,因为它们两两之间会互相影响。在相互影响时,就不再是普通的关系。只是这种强调是无意义的。

HR:是的,我就是这个意思。人们似乎误解了我的想法。确切地说,正是这种相互影响才产生了那些认识效果或事件——知识事件,这也正是人们从事科学活动的最终目的。

SZ:还有一个存在争议的事物在这里也很关键。在媒介理论的思考中,它让我们费尽脑筋却也助力良多,也就是您所说的技术物质系统、技术物质的自主性。我不知道您自己是否用过"自主性"这个词,但是拥有自主意识的事物的这种自我活动,即技术物质的自我活动,可以在实验中实现并带来意想不到的结果。由此我们之前谈到的偶然性再次出现。自主性对于我们来说是观察这些人工制品的一个重要视角。作为一种媒介,技术的阻抗不会在使用中被耗尽,反而会在过程中发挥积极作用。技术的阻抗也是媒介理论感兴趣的议题。

HR:我认为"自主性"这个概念不会让我们走得更远。但"阻抗"这个概念对我来说很重要,因为它直指问题的核心,再次涉及福柯、德里达等思想家所关注的问题,尽管是以一种完全不同的形式。对德里达来说,阻抗就是写作本身,人们甚至不需要把它与技术相联系。它只是认识上的不确定性和技术上的确定性之间的关系。毕竟,技术总是有一些确定的东西:一个特定的技术应该发挥的作用,具有某种封闭性的特征,可以被相对准确地定义。但如果不把它带入与认识论的关系中,它本身就会完全没有活力。然后就会产生对双方都会带来作用和反作用的影响。在认识事物和技术对象的相互作用中,技术上或多或少封闭的事物被证实是难以认识的。然后整个潘多拉盒子又要被打开。技术和认识论首先不是物质范畴,而是功能范畴。

SZ:[面向观众] 欢迎你们加入讨论。

康斯坦丁·希德沃斯基(Konstanty Szydłowski):我有一个问题,这个问题要回到对话的开始部分。您多次提到卢梭,这让我感到不解,一次是在讨论阿尔都塞的时候,一次在讨论德里达的时候。我的问题是:卢梭本人是否也是您感兴趣的研究对象?还是说,阅读卢梭的目的更多是为了更好地理解德里达和阿尔都塞的思想?

HR:德里达和阿尔都塞二者对我来说重要的文献并不相同。阿尔都塞的重要文献是《社会契约论》[1];德里达则是《论语言的起源》(*Essai sur*

---

[1] Jean-Jacques Rousseau, *Du Contrat social* (Amsterdam 1762).

l'origine des langues)[1]，这本书探讨了语言的起源。德里达试图用文字置于语言之上。这确实是对卢梭的一次批判性研究，就像阿尔都塞的研究也是一种批判性的研究。可以说，这也是症候式阅读。对我来说，一直是。但我一直没有对卢梭做过更多、更深入的研究。

康斯坦丁·希德沃斯基： 问这个问题的背景是，从某种意义上来说，卢梭的确是多学科联合思考的先驱。这些学科中，人类学非常接近生物学，同时也与哲学和社会哲学有密切的关系。这点在他的传记中所体现。

HR： 在卢梭那个时期，这些学科之间的分野还没有像19世纪那样清晰。我认为，越来越多的迹象表明，各学科发挥其自身决定性作用的科学发展时期正在慢慢结束。

埃克哈德·弗鲁斯（Eckhard Fürlus）： 您在一开始谈到了您在柏林自由大学的第一个学期，这个学期是一个适应期。您在那个学期里忙于翻译一本艺术家的书。您是怎么想到做这个呢？是关于哪位艺术家呢？您对视觉艺术的大概看法是什么呢？

另一个问题与您提到的地址有关——柏林达勒姆城区的奥夫德格拉特大街和格尔菲特大街。除了雅各布·陶布斯，至少还有两个人值得一提。一位是专注于哲学人类学的迈克尔·兰德曼（Michael Landmann）；另一位是沃尔夫冈·胡贝纳（Wolfgang Hübener），他是中世纪和近代哲学方面的专家，但他的课程中也会出现德里达和福柯的最新作品。我记得有一个题为"药和母性空间——德里达思想中的柏拉图倾向"的研讨会。当时，一个人知道这些作品被认为是理所当然的事情，即使他是专门研究另一个时代的。

HR： 关于后一个问题，那应该是20世纪70年代的事情，我之前讲的是20世纪60年代末的情况。

1　Jean-Jacques Rousseau, *Essai sur l'origine des langues* (Genf 1781).

埃克哈德·菲鲁斯：我想，胡贝纳教授在20世纪60年代末应该已经在奥夫德格拉特大街了，后来搬到了泰尔大街（Thielallee）。

HR：是的，这时大家都到了一起。现在把话题就停留在这两个名字上：我参加过迈克尔·兰德曼的一个研讨课，但非常地无聊。那是一门专业讨论课，又或者说是高级讨论课；我想，它的标题中甚至有"人类学"这个词。大约有20名学生参加，在第一节课上他从抽屉里拿出了20或25个题目，我们可以从中选择一个主题来做报告。但这些题目都是他在之前的学期已经布置过的题目，也许这些题目根本就是十年前的题目。

但另一方面，迈克尔·兰德曼当时准备参与辅导练习活动，但他对其内容没有任何影响力。而且在这个辅导活动中，我们深入讨论了当时的工作自动化问题——而且是在一堂哲学研讨会课上！当然，也谈到了马克思和人力劳动过时的观点。我们将自动化视为一个机会，而不是退化过程的终点。

SZ："游戏的人"的释放。

HR：关于艺术家的书这件事：艺术家的名字是罗曼·斯普伦格（Roman Sprenger），他已经去世了。我们那时候是朋友，一起做了很多事情。大约是20世纪60年代中期，我刚刚开始大学的学习。当时我们与一位法国赞助人有些来往，他一方面通过金融投资赚钱，另一方面在巴黎经营一家名为布鲁尼多尔（Brunidor）的出版社，资助艺术家出版精装本的图书。我记得有一本册子[1]，里面收录了米歇尔·赫兹（Michel Hertz）的陶塑和盖拉西姆·卢卡（Ghérasim Luca）的一首诗。卢卡也可以被归为字母派，他非常关注说话的行为。在当时，这样的东西还不多。我们结识了这位赞助人，他赞助了制作了这样一本册子，我那时还为它写了几首诗[2]。如今，我根本不想再读它们。[笑] 和我一起制作那本书的艺

---

1 Ghérasim Luca und Michel Hertz, *Poésie élémentaire* (Paris 1966).

2 参见：Hans-Jörg Rheinberger und Roman Sprenger, *Cinq poèmes inédits de Hans-Jörg Rheinberger et cinq reliefs originaux sur métal de Roman Sprenger* (Paris 1968).

术家用不同的金属（如锌、铜和铝）等蚀刻了几公斤重的金属板，并用颜色加固了蚀刻效果。这些蚀刻作品被装裱起来，加上文字，然后被装进一个漂亮的包装里。当时还举办了一个名为"作为艺术作品的书"的展览。我在列支敦士登长大，这位赞助人至少有一段时间也生活在列支敦士登的主要村庄瓦杜兹——说是首都就太夸张了，另一半时间他生活在巴黎。展览也是如此：1968年夏天在瓦杜兹举行，一年后在巴黎举行[1]。诸如盖拉西姆·卢卡这样的艺术家也来做讲座，保罗·塞兰（Paul Celan）也参加了其中一个晚上的活动。这场展览的规格已经相当高了。

SZ： 字母派肯定也很早就做了这样的孤本。

HR： 顺便说一下，他们也在我们提到的那个出版社出版了他们的作品。正是在这样的情况下，我遇到了伊西多尔·伊苏；也是在这样的背景下，这本艺术家的书于1968年夏天在利希特费尔德问世。因此，我们没有时间在大学学习了；但在那时，学习这件事和如今相比有些不同。比如，如果当时你学习哲学，不必参加中期考试，只需在最后登记参加硕士考试时提交12个学分的证明。什么时候获得这些学分的并不重要——理论上你可以在一个学期内全部完成。更多的规定就没有了。

莫里茨·希勒（Moritz Hiller）： 西格弗里德·齐林斯基先生将唯物主义称为您工作的一个关键词，我对可能存在的另一个关键词很感兴趣，因此我想将话题再拉回到您早年在柏林的那段时间，拉回到解释学研究所。您就是在那走上了哲学研讨的道路，然后也是在那里学习，我这样理解正确吗？如果正确，那您对当时如何讨论解释学以及阅读了什么，还有什么印象吗？另外，您是否同意人们将您后来的工作，包括您对福柯和德里达的其他形式的阅读、阿尔都塞的偶然的唯物主义，或者后来的非目的论的未来机器的兴趣，理解为对解释学的

---

1 „Le livre comme oeuvre d'art: exposition des éditions Brunidor, Vaduz, Liechtenstein", Ausstellung am Musée d'Art Moderne de la Ville de Paris, 23.04.–18.05.1969.

研究呢？

HR：是的，我认为最后已经是了。当我第一次进入格尔菲特大街的教室时，哲学研讨课已经是一个积灰已久的地方，课程也是如此。豪格不仅开了有关《资本论》的课程，而且还开设了其他研讨课。我记得有一堂研讨课是关于笛卡尔及其方法论[1]。我发现那堂课我根本无法忍受，上过两次课后就离开了。我很早就与豪格有来往，但我与他之间的关系很矛盾。当我写关于阿尔都塞的论文时，他虽然接受指导我，但他对我的研究持十分怀疑的态度。十年后，他才开始研究阿尔都塞。但这种向解释学的过渡，一方面确实是背离了以讲座和有相关教授参与的研讨课为主要形式的哲学学习经典模式，而是转向了自发组织的学生阅读小组。随之而来的是学习氛围，这也是这一转变过程中的组成部分。这涉及的不仅仅是某种外在形式，也具有重要的意义。一直以来的重点就是阅读文本，它具有不可思议的价值。但同时，"阅读"又被质疑："阅读究竟意味着什么？"它应该被理解为具有反思性的行为。把举办阅读活动的场所称为解释学研究所，多少是一种对历史的讽刺。它更应该被称为"反解释学研究所"。

SZ：在我看来，希勒想问的不只这些，还有对实验系统的研究是否也可以被称为一种解释学实践？或者被称为一种扩展的或者转变的解释学实践？

HR：是的，可以这样说。但是，如果我没有记错的话，在1968年到1970年这几年里，对我来说，自然科学意义上的科学已经退居幕后，没有再继续发挥什么作用。相反，我对语言学的兴趣更为浓厚，但这种兴趣在柏林自由大学里无法被满足，因为柏林自由大学没有语言学；即使有，也只与语言有关——也就是在罗马研究学者或日耳曼研究学者那

1　René Descartes, *Discours de la méthode* (Leiden 1637).

里。但柏林工业大学有一个普通语言学研究所，因此，我在柏林工业大学做了部分研究。

SZ：甚至符号学也在那里发挥着作用。

HR：语义学、计算机语言、计算机翻译的开端，然后是社会语言学——这是一个重要的点——以及沃尔克·海森（Volker Heeschen）的病理语言学等。当时有着对语言现象的各种研究，但是这也要求将其从神秘主义中解放出来，放到实际的环境中去。这是为了能与现实建立更多联系做出的努力。这也是学生运动的一个非常重要的动机：将大学里象牙塔般的东西变得更通透；反之，将现实带入科学，无论是社会科学、自然科学还是人文科学。

SZ：我对与此相关的方法论问题也非常感兴趣。对我来说，您的《具体认识论》（*Epistemologie des Konkreten*）[1]一直在要求我们阅读技术性的东西，探究我们所面临的物质可能性时的具体多样和异质性。这种阅读也可称为扩展解释学的阅读。也许不再需要解释学这个词，但它表达着类似的要求，即要非常仔细地阅读事物。正如我们从文学研究中认识的那样，它也许只是语文学的一种特殊形式。您反对这一点吗？

HR：我同意这一点。但我要指出的是，如果用解释学这个词来描述这一点，我会有顾虑。这个词多少有些被滥用了；而且今天无论谁说起解释学，都会自然想到伽达默尔（Hans Georg Gadamer）——而这恰恰不是它。

渡边真也：我的问题与偶然的唯物主义有关，我认为偶然的唯物主义与自主性或意志自由有关，可以说是决定论的反面。康德的一个经典问题就是关于自主性以及自我决定的行为。斯宾诺莎（Baruch de Spinoza）是彻底的决定论者。我的问题是：偶然的唯物主义的起源在多

---

[1] Hans-Jörg Rheinberger, *Epistemologie des Konkreten. Studien zur Geschichte der modernen Biologie* (Frankfurt am Main 2006).

大程度上与哲学有关?

HR:在哲学史上,我们确实经常能看到将某一事物放在不同的背景下研究的情况。如果阿尔都塞想把自己定位在哲学传统中——他也曾在某些场合这样说过——那么他就是一个斯宾诺莎主义者,这源于他认为从哲学背景来看,马克思实际上必须被看作是斯宾诺莎的追随者。在斯宾诺莎那里,我们当然能找到关于产生自然的自然(natura naturata)、被动的自然(naturated nature)、能动的自然(natura naturans)的论断,其中作为自我发展的自我运动时刻起着不可或缺的作用。普里高津的热力学无关其他,与自我发展有关。

加布里埃尔·瓦内加斯(Gabriel Vanegas):我有很多问题想和您探讨,但我想集中在一个问题上。一开始您谈到了"冷热场所"。我不是很清楚这个概念。因为您接着就开始讲述您在柏林的经历:柏林是一个热的场所,但有时候也是冷的。所以我的问题是:什么是一个冷的场所?什么是不只是热也不只是冷的场所?

SZ:春天的某个地方!

加布里埃尔·瓦内加斯:春天的某个地方?可能吧。似乎我们所有的思考、所有的知识结构都建立在这些二分法的问题上——冷或暖、是或不是。而我的问题是:我们如何去思考介于二者之间的东西?我们怎样才能打破这种结构?

HR:好的,感谢您的提问。我想,我们一直在使用隐喻说话。西格弗里德把冷与热作为一个隐喻来介绍。如果我没记错的话,我说的第一件事是冷与热二者之间的关系;在冷中重复,在热中也重复。所以你会有这种感觉:无法将这两个对立面真正区分开。然而,你不能就这样放弃去做区别;二分对立的东西会出现在我们的日常语言中或其他地方。我们必须保持区分的可能性,并将对立双方带入彼此的关系中。我认为这也是德里达在谈到解构时的想法:它包含了解构、摆脱一些东西,但同时它也是建构。基本上,他的想法是,我们不能只是摆脱这些主要的二分法,摆脱我们从希腊哲学中继承来的遗产。相反,我们必须从内部重建它们,从而能够从外部打破它们。

SZ:莱茵伯格,当您谈到技术对象和认识对象的关系时,您向我解释得很清楚。现在用我的话来说就是:认识对象有可能成为技术对象,反之亦然。这样您就有了很多这样的中间地带。这不是认识论的两极,也不是思维的两极,而是注意力的两面,是一个持久的过程。我们又有了一个过程。

HR:是的,而且我们不需要停留在抽象的层面。如果你去看一下生命科学中要使用仪器的实验,实验中会遇到一个困难,也就是如何使一个"软而湿"的部分(通常是生物部分)和另一个"硬而干"的部分(通常是仪器,例如显微镜)相互作用。显微镜和细胞,一个小生命体和一个技术设备需要相互作用。为了了解细胞的一些情况,人们必须将技术设备"液化",并将细胞"固化"——但在一定程度上只能学到一些东西。因此,我们一再发现自己处于二元对立的紧张状态。二元对立的存在就是为了被克服。我们必须在一个方向或另一个方向上对材料进行巧妙的处理,使二者之间的相互联系更富有成效。

丹尼尔·伊尔冈(Daniel Irrgang):谢谢您的回答和对隐喻以及知识、认识事物的灵活的引入介绍。我又看了一遍您和让-保罗·高缇耶(Jean-Paul Gaudillière)合著的《古典遗传研究及其遗产——二十世纪遗传学的定位文化》(*Classical Genetic Research and its Legacy. The Mapping Cultures of Twentieth-century Genetics*)。强调定位,是因为它集中关注了从过去到现在对遗传学来说一直都很重要的两个隐喻,即信息和最重要的定位。而后面的内容相对来说变得很清楚——您和高迪耶在引言中提到,"为什么这两个隐喻的领域可以明显地以如此富有成效的方式共存?为什么它们能在过去的一个世纪里对生活的表现和操纵产生如此巨大的影响[1]？这些问题很有意思。""表现"和"操纵"。我的问题关注的是介于认识手段、表现、抽象化和具象化之间的隐喻。或者换句话说，隐喻在技术事物、知识事物和研究人员的组合中占据什么位置？隐喻的灵活性是否足够使它能出现在任何地方？隐喻又能否成为一个概念，同时是一个认识的事物且原则上也是一个知识事物？

HR：是的，刚刚您提到了科学发展中一个非常关键的问题。从理论史的角度来看，这个问题经常与隐喻的概念一起被提起，然后隐喻是与原本表达相悖的。隐喻不是原本的表达，原本的表达是被理解后的表达。但我从不认为这种反对意见特别有成效。在我看来，如果我们仔细观察，当科学术语是生产性术语时，只要是生产性的且与研究有关，它们本身就有一些模糊不清的地方。这就是为什么我们试图在这本书和其他书中使之合理化的原因。例如，我和我的同事斯塔凡·穆勒-维尔（Staffan Müller-Wille）合写了一本关于遗传和遗传概念史的书[2]。我们试图为从近代到现在的整个生物遗传思想的发展提供合理解释。在20世纪，基因的概念令人难以捉摸，它与信息思想有关，但在20世纪初也与生物原子思想有关，最后与测序思想有关。近几十年来，在基因组分析的发展中，测序变得越来越重要。

但我认为，问题仅仅在于与研究有关的概念通常是有些模糊的概念。我们可以回过头来看一下。在汉斯·布鲁门伯格（Hans Blumenberg）逝世后，他写的一本非常精彩的书被出版，名为《非概念性理论》(*Theorie der Unbegrifflichkeit*)，只有100页左右的小册子[3]。他在书里用一幅精美的插图表达了他的想法，人类经典的概念性行为实际上是一种远距离行为，这种远距离的行为意味着某种模糊性，他用我们的祖先——狩猎者和采

---

1 Jean-Paul Gaudillière und Hans-Jörg Rheinberger (Hg.), *Classical Genetic Research and its Legacy. The Mapping Cultures of Twentieth-Century Genetics* (London 2004), S. 1.

2 Staffan Müller-Wille und Hans-Jörg Rheinberger, *Vererbung. Geschichte und Kultur eines biologischen Konzepts* (Frankfurt am Main 2009).

3 Hans Blumenberg, *Theorie der Unbegrifflichkeit* (Frankfurt am Main 2007).

集者——发明的一种工具,即动物陷阱证明了这一点。他甚至说,陷阱是人类历史上第一个概念上的胜利。它让世界变得活跃,因为人在退出并开始让事物之间互相作用。

SZ:这确实存在。

HR:但我们并没有完全掌控事件的发展。我们不知道是否会有什么东西掉入陷阱,也不清楚陷阱在这个过程中是否会倒塌。两个实体可以在这里被带入一个潜在的相互作用,我们可以退后一步,事后观察发生了什么——这是对实验系统的一个很好的描述。因此,实验与狩猎者和采集者的陷阱之间并非毫不相关。

康斯坦丁·希德沃斯基:我对技术事物和认识事物之间的区分有一个疑问。这也许是一个有点幼稚的问题,但根据研究对象的情况,可以通过交换技术事物和认识事物位置的方式进行区分吗?例如,把生物体视为技术事物?

HR:是的,这也许是关键的一点。技术与生物的相互作用涉及功能范畴。在这里,位置可以不断地被交换。认识事物可以固化为技术事物,技术事物可以再次被认识。也就是说,双方是可以调换的。这其实就是研究过程的日常。

保拉·巴雷托·勒布朗(Paola Barreto Leblanc):当齐林斯基先生问您为什么选择生物学、自然科学时,我想到了生物学家温贝托·马图拉纳(Humberto Maturana),他在20世纪70年代初写了很多关于机器和生物的重要著作,还提出了自生系统论(Autopoeisis)。我想问,他的思想和他的哲学观点是否也对您的作品产生了影响?另一个问题:吉尔伯特·西蒙栋(Gilbert Simondon)的哲学、他关于技术对象的存在方式的论著[1],或者他有关诱发异化的研究,是否也在您关于反目的论的思想中

---

1 Gilbert Simondon, *Die Existenzweise technischer Objekte* (Zürich/Berlin 2012); im Original *Du mode d'existence des objets techniques* (Paris 1958).

发挥着作用？

HR：说起吉尔伯特·西蒙栋，我必须说明，我很晚才接触到他，而且是通过我的一个同事，也就是亨宁·施密德根（Henning Schmidgen）。20世纪60年代末70年代初，我才认识温贝托·马图拉纳，对他进行研究也是后来的事了。

但当时的两位法国分子生物学家对我而言非常重要，令人印象深刻，他们是雅克·莫诺（Jacques Monod）和弗朗索瓦·雅各布（François Jacob）。莫诺的《偶然性和必然性》（*Le hasard et la nécessité*）[1]是一本彻底反目的论的书；然后就是雅各布的《生命的逻辑》（*La Logique du vivant*）[2]，这本书中有很多当时分子生物学在使用的术语，充满了诸如信息、文本、语言这样的术语，还有这些术语的参考资料。

想想20世纪70年代初发生在弗朗索瓦·雅各布、克劳德·列维-施特劳斯和罗曼·雅各布森之间关于语言学和生物学的对话，令人难忘。当然，就是在这样一个背景下，我对理论分子生物学产生了特别的兴趣。当时，我不再考虑传统的生物学，分子生物学已经是一种"新生物学"。当然，50年已经过去了，很难再去想象那个时期。当时，分子生物学在我们学生看来是一门前卫的科学。

现在我们不再去植物园或进行植物学考察，而是试图获得生物的分子和DNA。而且，其结构是如此清晰，所以我们可以使用通常只在语言学或信息论中使用的术语……所以确实存在联系。感谢您的提问！

SZ：而这实际上让我们回到了刚开始、回到我们在这里提到过的一个词。出自弗朗索瓦·雅各布，即"创造未来的装置。"——对实验系统的美妙称呼。

---

[1] Jacques Monod, *Le hasard et la nécessité. Essai sur la philosophie naturelle de la biologie moderne* (Paris 1970).

[2] François Jacob, *La logique du vivant, une histoire de l'hérédité* (Paris 1970).

莫里茨·希勒： 您是什么时候第一次接触控制论和信息理论呢？

HR： 控制论出现于20世纪60年代末和70年代初。我本人从未研究过控制论，但或许可以总结当时的看法，就是它带着结构主义的标签。这为我们开展跨学科工作提供了一种可能———一个当时刚刚出现的术语，一个超越学科边界的思考可能。在人文学科，结构主义实际上是一种同时涉及精神分析、文学等领域的语言，可以把这些领域相互联系起来。控制论在自然科学中也是一种类似的概念，是跨学科的东西，也是可以将它与生物学、物理学放在一起研究的原因，我想，它甚至可以与化学一起研究。

SZ： 还有很多话题值得和您之后再深入探讨！非常感谢您，也非常感谢您参与本次对话。

记录与整理：克里斯汀·莫勒林（Kristin Moellering）和
朱利安·斯潘（Julian Spaan）

鲍里斯·格罗伊斯 / BORIS GROYS

"人类比机器更早地成为机器。"

西格弗里德·齐林斯基（以下简称SZ）
鲍里斯·格罗伊斯（以下简称BG）

摄影：史蒂夫·伯格曼

SZ：请允许我试试描绘我眼中鲍里斯·格罗伊斯的形象。1907至1909年期间，一位诗人，也是后来时间联盟（Zeitliga）的创立者阿列克谢·加斯捷夫（Alexei Gastew），曾是圣彼得堡的有轨电车司机，在当时俄国首都悠闲的日常生活中，从驾驶这台重型运输工具中获得了极大的乐趣。宏伟的公园、彼得大帝（Peter Ⅰ）、慷慨建设的城市、乘客资产阶级式的自满和他称作有轨电车的铁质交通加速器之间的对比，激发了这位作家的创作灵感。1910年，他在流亡巴黎时写下了一个短篇故事。我简单地引用一下这个故事："伴随着发动机强有力的轰鸣声，你划过清澈的空气，空气中充满新鲜绿植的香气。缓慢而平静，就像在天鹅绒上滑行一样，你来到了斯特罗加诺夫桥（Stroganov-Brücke）。然后你在道路倾斜的地方踩下刹车。停在那儿之后，我根本没理会衣着华丽的乘客的抗议，也不顾安全规定，同时启动两个引擎。随着一个可怕的颠簸，在一片火花中，我像被蜜蜂蜇了似的，疾驰着穿过卡缅内岛大街（Kamennoostrovsky Prospekt）的蜿蜒路段。"[1]就像鲍里斯·格罗伊斯在另外一个背景下分析的那样，这是近乎酷刑的一次前卫实践。最重要的是，它通过一个令人惊讶的转折完成了有意的干预。这也恰恰就是鲍里斯·格罗伊斯等人的思想和写作的迷人之处。当人们认为它正朝着某个可预见的方向发展时，鲍里斯会用一个惊人的转换打乱预期，给论证一个突出的转折，一个"效果"。据我所知，艺术家吉加·维尔托夫的名字在语义上是由"陀螺"或"吉卜赛人"和"旋转运动"组成的，比如电影倒带时的运动。

鲍里斯·格罗伊斯曾在圣彼得堡学习——加斯捷夫和俄罗斯的未来主义者挑战这个城市的秩序、在这里鼓动政治革命，另外他也在一个著

---

[1] 《阿列克谢·加斯捷夫》，引用并翻译自斯德哥尔摩大学波罗的海和斯拉夫语系哲学博士论文，作者是库尔特·约翰逊（Kurt Johansson），具体见：*Aleksej Gastev. Proletarian Bard of the Machine Age.* (Stockholm 1983), S. 26.

名的地下餐厅学习，据我所知，这个餐厅现在也变成了一个旅游景点，餐厅名字叫作"流浪犬"。几十年来，这个城市都叫彼得格勒，而如今它又重新拥有了神圣的伟大统治者的名字。鲍里斯·格罗伊斯研究了两种知识文化中的皇家科学，即数学和哲学。从数学和哲学的思维姿态中，可以得出他作为知识分子进行特别干预的另外两个特点：在论证时往往是庄严的一丝不苟的精确，以及对似乎理所当然的思维进行反省和追根究底的勇气。伊利亚·卡巴科夫（Ilja Kabakow）在与鲍里斯·格罗伊斯对话时说到，"艺术是……全面生活计划的表达"[1]，两人称之为"逃避的艺术"。10年后，他称这位来自莫斯科的朋友志趣相投的艺术家，是一位想超越时间的人[2]。这也是我第一次听到鲍里斯·格罗伊斯的公开讲话。那是在伊利亚和艾米莉亚·卡巴科夫（Ilya and Emilia Kabakov）的奇妙装置"计划之宫殿（The Palace of Projects）"的开幕式上，该展在埃森关税联盟建筑群的巨大焦化厂中举行[3]。螺旋和迷宫在一个不可拆分的建筑综合体中。时间、有序的和结构化的垃圾、档案馆、内部和外部，还有博物馆：这些是我们鉴别鲍里斯·格罗伊斯的艺术和文化哲学的一些大的主题。

　　与其他当代思想家不同，他熟悉东西方先锋派的弱点和优势。而且，与其他人不同的是，他总是设法直观反映他们各自的虚荣心，并以相互渗透的方式解释二者，从而激怒他们。在他许多书中、在不计其数的文章中，以及在他策划的引人注目的展览中，鲍里斯·格罗伊斯都做到了这一点。伟大的黑格尔信徒亚历山大·科耶夫（Alexandre Kojève）[4]的演讲刚刚在巴黎结束，他已经成为法国大师级思想家的一个意义非凡的参

1　Boris Groys und Ilja Kabakow, *Die Kunst des Fliehens* (Munic 1991), 45 et seq.

2　Boris Groys, Ein Mann, der die Zeit überlisten will, in: Ilya Kabakov, *Die 60er und 70er Jahre. Aufzeichnungen über das inoffizielle Leben in Moskau* (Vienna 2001), S.333–341.

3　„Der Pala" der Projekte", Dauerausstellung von Ilja und Emilia Kabakow seit 2001, Kokerei Zollverein Essen.

4　„After History: Alexandre Kojève as a Photographer", Ausstellung, kuratiert von Boris Groys in der BAK, basis voor actuele kunst, Utrecht, 20.05. –15.07.2012.

考。鲍里斯·格罗伊斯介绍他是位摄影师和图像收藏家。2008年，他与彼得·魏贝尔一起策划了一次大型展览——该展在卡尔斯鲁厄艺术与媒体中心举行，对宗教这个媒介进行的反思[1]。在典型的格罗伊斯式的转变中，展览并没有像我们可能都怀疑的那样，询问宗教是如何作为一个主题涌入媒介的。很明显，我们每天都在经历这种情况。相反，展览所关心的是什么样的媒介属性区分了宗教概念和仪式："在循环中思考"——循环是宗教仪式的媒介性标识之一。后来这张DVD一直以《循环思考》（*Thinking in Loop*）为标题，其中鲍里斯·格罗伊斯在三个视频中以蒙太奇的时间图像和文本的形式思考了图像破坏、仪式和不朽[2]。同时，这也是视频哲学的构想，就像威廉·弗卢塞尔所说，这不是一种关于视频媒介的哲学，而是以视频方式表达自己的思想，也就是说，通过视频这个媒介来表达。这位对话型的思想家格罗伊斯反复选择技术媒介，来定位他自己和他作为一个他者的思想。"人类是他者的媒介"的这一看法是我们今晚还要讨论的另一个话题，他在猜想（Supposé）出版社的一张CD中出色地阐释了这一点[3]。几年前，他到访柏林艺术大学之际，我们在夜里开车漫游柏林时得以确信，出租车司机也喜欢听这张CD。不得不说，柏林的出租车司机很特别。

231　　亚历山大·克鲁格在电视演播室里对镜头前充满魅力的叙述者格罗伊斯，也有可能是对今晚负责摄像的瓦尔特·伦纳茨（Walter Lennertz）产生了极大的好感。鲍里斯·格罗伊斯在那里提出了一个挑衅的观点，将互联网作为对共产主义全球超人类主义思想的一种解读[4]。2003年，在

1　„Medium Religion", Ausstellung, kuratiert von Boris Groys am ZKM in Karlsruhe, 23.11.2008–19.04.2009.

2　Boris Groys, *Thinking in Loop. Three Videos on Iconoclasm, Ritual and Immortality*, DVD, hg. durch das ZKM, (Ostfildern 2008).

3　Boris Groys, *Im Namen des Mediums*，CD, produziert von Thomas Knoefel (Berlin 2004).

4　参见：*Nachrichten aus der ideologischen Antike. Marx – Eisenstein – Das Kapital*, Kommentarfilm von Alexander Kluge (Frankfurt am Main 2008).

法兰克福的席恩美术馆（Schirn Kunsthalle）举办的"梦工厂共产主义 (Traumfabrik Kommunismus）"展览展出了一系列作品、展览和文章，这是一次展现东欧当代艺术的大型展览[1]。随后在比森巴赫（Biesenbach）的柏林当代艺术研究所（Kunst-Werke）举办了一个关于莫斯科1960—1990年概念艺术的展览[2]。还有"王国的图像——革命前的俄国生活（Bilder eines Reiches. Leben im vorrevolutionären Russland）"[3]，这个展览似乎完全不符合格罗伊斯不妥协的先锋派形象。自20世纪90年代以来，鲍里斯·格罗伊斯一直在参与重要的艺术事件和评述。在法兰克福的一家著名的报纸讽刺卡尔斯鲁厄市是现代雅典之前，他还是纽约大学的教授，现在他离开纽约，去各地开展和交流。在伦敦、圣保罗和莫斯科，他以主讲和固定演讲人的身份出席了几乎所有的艺术博览会和双年展，他还担任威尼斯双年展的俄罗斯展览馆策展人，以及最近上海双年展的策展人。目前他是魏玛包豪斯大学的访问研究员。康德的世界主义是一个值得讨论的存在范畴[4]。他陷入了他的结构中固有的二元集合：在个人主义和普遍主义之间，他尝试创造一种平和的共存。但如今，有比世界主义更糟糕的身份认同，世界主义不否认自己的起源，而是积极、理智地发挥作用。

再次欢迎鲍里斯·格罗伊斯的到来。我要开始提问了。先是两个比较笼统的、相互之间密切对应的问题：认真和明确地谈论一个主题就是在冒险，您在2004年如是说道。即使对麦克卢汉而言，在20世纪40年代末和50年代谈论媒介也不可避免地存在风险。然后，您在做这件事情

---

1 „Traumfabrik Kommunismus", Ausstellung, kuratiert von Boris Groys an der Schirn Kunsthalle Frankfurt, 24.09.2003–04.01.2004.

2 „Privatisierungen – zeitgenössische Kunst aus Osteuropa", Ausstellung, kuratiert von Boris Groys bei Kunst-Werke – Institute for Contemporary Art, Berlin (gegründet von Klaus Biesenbach), 16.05.04–26.06.04.

3 „Bilder eines Reiches. Leben im vorrevolutionären Russland", Ausstellung, kuratiert von Boris Groys am ZKM, Karlsruhe, 23.04.–06.08.06.

4 参见：Immanuel Kant, Entwurf zu einer allgemeinen Geschichte in weltbürgerlicher Absicht. *Berlinische Monatsschrift* (November 1784), 385–411.

时取得了巨大的成功。您的勇气来得正是时候。我的问题是：今天我们谈论媒介仍然是一种冒险吗？或者说我们仅仅是在履行一种系统功能，因为媒介早已成为我们生活秩序的一部分？与麦克卢汉所面临的柔和的初步尝试不同，现在每一次谈论媒介都是对它们权力的确认吗？

BG：首先，感谢您的邀请和介绍。我很高兴能来到这里。我已经有很长时间没有来过柏林了。

在我现在生活的美国，"媒介（media）"实际上是指报纸、电视，也许还有广播，也许还有互联网。实际上，在那儿并不存在所谓的"媒介理论（media theory）"。媒介理论主要是一个德语术语。当然，也有一种特定的传统，跟随克莱门特·格林伯格（Clement Greenberg），从媒介特异性（medium specifity）的角度来看艺术和其他"高雅"的艺术形式——我指的主要是绘画。还有"媒介"或"媒体"这个词的其他用法，我们将在后面谈到。我认为，用一个词来总结"媒介"或"媒体"这个词的多种含义和用途，并在一个理论中把它们概念化，这样的尝试仍然是大胆的，是某种冒险，因为它们极其多样化。但与此同时，我确实认为这样的尝试是值得的，因为人们得到了某种可能无法通过其他方式得到的视角。

SZ：这很有趣，只是作为一个小插曲，因为我目前经常要处理这种区别。在特定的场合，我必须把"媒介"这个概念一方面当作一个特殊性的集合，另一方面当作一个系统，一种战略性的东西，我把它翻译成英语，并明确这种差异。然后我试着告诉北美人，后者必须称作"the media"，即在它前面加上定冠词，而前者则直接称为"media"。但我注意到，这不太管用。

BG：不，不是这样的。几年前，我曾在一次会议上尝试谈论"媒介理论"之类的东西。事后有人说："这是个有趣的报告，我很喜欢。只是我不能理解'媒介'在这个语境里的含义。"因此，要把这个概念翻译成英语实际上是很困难的。英语语境中不能体现术语的多样性,而且不知为何,人们也没有这种意愿。如果有人往这个方向去尝试,那么我会说,这是受了德国的影响。研究过去几十年德国思想的人,他们试图让人知道这样的事情。但人们仍然需要为此付出一定的努力。

SZ:这是非常德国的传统,这种对来自德国哲学思想的系统概念的依赖,在某种程度上甚至起到了反作用。类似的情况也出现在我们称之为人文科学的领域,对美国人或英国人来说,这是一个完全不可能的想法。然后我们偶尔会谈到"媒介学(media sciences)",但我们指的是媒体研究。这就是英国人无法理解的地方。是不是德国人必须不断地进行高度概括,创造这些对其他文化来说非常陌生的概念性学科呢?

BG:首先,我认为媒介哲学是用当代语言对德国理想主义进行的一种翻译。这个任务落到了德国身上,因为德国人才有德国式的理想主义,而其他国家没有。这是很重要的一点。灵媒的意思一直是召唤灵魂的人。如果人们看过某些电视连续剧,那里面一定有人担任"灵媒"这份工作。人们找到他们,他们召唤神灵,人们提出某些问题,然后从"灵媒"处得到某些回答。这是一个常见的职业头衔,反过来又改变了整件事情。我认为,神灵也是其中的一部分,人文科学也是[笑]。观察这些语义变化是如何发生的,这件事情很有趣,这说明了很多不可译性的问题。即便看似不言而喻,但语言本身在多大程度上根植于一种哲学传统,并且承载着他人根本无法分享的意义和联想呢?而比起人们所猜想的,这样的翻译就开始变得更有问题了。

SZ:我今天又学到了很多东西——"神灵科学"这个新的术语[笑],我们实际上不是研究传播学或者类似的其他东西,而是神灵科学。这种微小的转变与人文科学有些不同,这很好。我们之后还会回到这个话题上来,因为这种与神灵的联系也与您自己的媒介思维谱系有关。

如果我试着自己总结一下您的《反哲学导论》(*Einführung in die Anti-Philosophie*)[1]，那就是关于哲学思维从批评的姿态转向命令的姿态，指示行动的姿态。如果要用一句简短的话来形容的话，即反哲学拥有知识。我们是否也可以尝试用媒介取代哲学？我们在这里是否同样面临着从沉思到秩序、到命令结构的转变？它可能作为历史理论关键词，在认识水平上与本雅明的从光环到测试情景的转变的想法相似吗？

BG：在反哲学里——我不知道这个词选得好不好，但都一样——重点是，哲学，甚至比以前更趋向于发号施令。早期已经有了某种发号施令的倾向，例如在柏拉图主义里。在现代，这种趋势得到了快速发展，马克思说，我们必须改造世界，而不是思考世界。或者用尼采的话说，你必须活跃起来，分解自己、撕裂自己！如果人们读到德勒兹，那就是一连串的命令：不要这样想，要换一种方式；不要朝那个方向走，而是朝另一个；想想如果鸟站在我们的立场上会怎么思考；等等。所有这些都属于达达主义的命令，它们接踵而至——我们的生活也是如此。当我谈论媒介时，还是在纽约的背景下，你会感受这种情绪。那里大多是广告，而且比起我们这里的要更具攻击性。他们给病人看病，给他开一种药物并且描述药物的作用，然后就有一个迫切的声音说道："现在就去！""不要浪费时间！行动起来！别坐在那儿了，拿起电话，出门，去做点儿什么！"一个接一个的广告，一个接一个的节目。人们感觉自己受到了来自四面八方的攻击，被这些要求、请求、命令和活跃化的企图攻击。人们不能保持冷静，总是要为自己的身体做点什么，人们必须开始新的饮食方案，人们必须改造社会。但无论如何，人们都不应该只是

---

[1] Boris Groys, *Einführung in die Anti-Philosophie* (Munich 2009). [译者注：反哲学，又称对立哲学，指与传统哲学理论发生激烈冲突的非统一的哲学。源于英文 anti-philosophy，这个英文词由前缀 anti（反）和 philosophy（哲学）构成，anti 来自希腊文 ant（i 反对、对立），philosophy 来自拉丁文 philosophia（爱智慧、哲学），原义指反对爱智慧或者与哲学对立。每一时代的哲学都是该时代人文精神的反思，都是对以往的形而上学观念或者哲学方法的冲击，都是哥白尼革命（反哲学），在当初都不会是占主导地位的正宗理论。摘自：《后现代主义辞典》中央编译出版社2004年版。]

坐在那里聊天，而是应该站起来做点什么。我认为，人们在日常生活中、在媒介中注意到了这种情绪，而且它也被反映在哲学中。

SZ：《怎么办？》（*Was tun?*）[1]，列宁还是打了个问号。

BG：但人们必须这么做！

SZ：必须这么做。也许我可以接着说我本想晚一点再提的问题，但现在问可能更合适：在您的《反哲学导论》中，您批判性研究的核心哲学家之一是德里达，特别是关于他的末日预言和末日思想的概念。您吸纳了他对末日思想的批评，然后用您独特的严谨性证明了他最终把自己非常有限的生命当成哲学思考的对象，而这实际上是一种亵渎。这与您刚才说的强大的命令结构是否相符？是同一个语义场吗？因为如果我把自己有着明确起点和终点的生命作为哲学思想的中心，那么我实际上是停留在了别的地方。

BG：没错，命令结构，但这意味着对不朽的否定：我不能一直这样下去。比如，作为一个基督教禁欲主义者或者柏拉图主义者，作为古典哲学家或是印度年轻人，我达到了一定的沉思水平。在那里，我可以继续下去，进入无限，因为我已经达到了这种无限。但如果我不相信这些，那我就强迫别人继续下去。而这正是德里达一直在做的事情。他说，现在我给您展示一下怎么对卢梭进行解构，然后我给您展示一下怎么解构克劳德·列维-施特劳斯，接着我给您展示怎么解构这一个，解构那一个——然后您就继续这样做。他在讲课时也总是这么做：现在我不说话了，您继续。这个"您继续"，在这种预定的意义和方向上，让我和其他许多人感到恼火。也许我想做点什么，也许根本就不想做。但为什么要这样做，为什么要"继续下去"？这些文字带来的压力真的很让人恼火。

SZ：按照您的描述，它也与机器思维有关，也许在这一点上，可能

1　Wladimir I. Lenin, *Was tun?* (Stuttgart 1902).

没有其他的解读方式了。我知道,您不喜欢从自我反思的角度谈论自己的主观经验。但如果我们想要试着了解一些您自己对于媒介的思考——我故意不说媒介理论——是如何发展的,那么这就不是重点。我翻阅了您的文本,在您过去15～20年的工作中,就我关注到的部分而言,有很多迹象指向了这个方向。我挑了一些,想和您讨论一下:媒介理论,您一再坚持这一点,但它并不新鲜。像电子人(Cyborg)这样的概念并不是在美国西海岸发明的,早在几十年前就可以在俄罗斯的生物宇宙学家和不朽主义者那里找到,只是名字不同。这意味着在结果上,不一定要把对媒介的思考理解为系统的理论,事实上它的历史更久远。我们很想知道,在这个角度上您有什么想法,以及这种想法的源头是什么。您已经给出了一个可能的答案,即19世纪的唯灵论。在某些情况下,弗洛伊德或者斯泰克尔(Wilhelm Stekel)对梦的解释也是一种答案,即19世纪的工业化主义在心理领域的体现。或者更早一些,在机器变成生命,或是认为生命是机器的时候,比如文艺复兴晚期。对您而言,这种想法的源头在哪里?

BG:我认为唯灵论很有意思,但它出现的时间还要更早。如果我把某人理解为不执行自己的意志,而是执行派遣他的人的意志——在这里我指的是基督,这是一个经典的表述,那么他就是上帝和人类之间、宇宙生命和世俗生命之间、精神生命和经验生命之间,诸如此类关系的中间人。这样的中介种类繁多,总是涉及中间和调解的事情。我们在黑格尔(Georg Wilhelm Friedrich Hegel)那里也发现了这种中介的概念:间接性。我为什么要专门谈唯灵论,是因为我对它非常着迷,还就亚兰·卡甸(Allan Kardec)的一本书举办了一次研讨会——《媒介之书》(*Das Buch der Medien*)[1]。卡甸被看作是19世纪下半叶"媒介哲学"的专家,是如何召唤神灵、如何与神灵交流、应该对此持什么态度的问题的

---

1 Allan Kardec, *Das Buch der Medien*; 法语原版:*Le Livre des médiums* (Paris 1861).

专家。在这一点上,最后一个问题他问得很有意思,给我留下了很深的印象,因为他的方式让我想起了所谓的后现代或者也是后结构主义的媒介理论。他大体上是说,媒介总是在撒谎。就"被召唤的神灵是否真的存在?"这个问题,我们根本不可能得到任何有关的证据。根本没有确凿的证据证明这一点。然后他分析了媒介试图指出的各种可能的证据,以证明媒介自己确实是被这一个而不是另一个神灵附身,而且是在介绍这一个而非其他的神灵。而亚兰·卡甸每次都会发现,这些证据毫无用处。总的来说,他极端怀疑的态度在今天非常具有现实意义,而且已经总结了关于如今媒介的不可信的所有说法。我对这个结论也非常感兴趣。他写到,好吧,毕竟有一定的标准,而我曾经试图执行这个标准——也就是说,重要人物总是很无聊,从不开玩笑,绝对不会有任何形式的幽默感。因此,当他们听到什么幽默或是讽刺的东西,他们必须确定这是一种来自低等神灵的意念。任何试图主张传达更高等神灵旨意的做法都是错误的。因为我更倾向于这样做,我发现这〔笑〕是一种严厉,但可能也是合理的批评。

SZ: 正如您已经用了"谎言"这个词,这意味着,精神通过身体得以表达,而原则上身体是一个说谎者。我的理解正确吗?非常有趣的是,真正的媒体思维的一种变体,因为自古以来所有的远程通信都是为了将身体排除在外,因为身体是知情人,当然也可以说是一个说谎者,一个叛徒。

BG: 是的,完全没错,首先是这样的。然后,所有符号都被模型化了。所有符号,不管是什么,都是有形的。不存在所谓精神符号之类的东西。这是后结构主义的思维方式,也就是激进的物质性:所有的符号都是物体本身,象征某种精神真实存在的所有符号本身不是精神的,而是物质的。这意味着所有这些象征存在的符号同时也象征着不存在。所有这些当前思想的基本形象都已经存在,这当然让我非常着迷,而且向我展示了，最终我认为媒介理论的来源在其基本结构中、在反思中不断地重复。即使它有时是激进的，有时又不那么激进。

SZ：对您来说，媒介作为设备、作为"装置"的重要功能之一，正如您在一些地方写的那样，是它们帮助人们，或者说得更抽象一点儿，帮助人类适应机器。例如，与奥斯瓦尔德·维纳的生物适配器相比，媒介的作用是使这个充满技术的世界更能够承受我们，反之，使我们更能适应这个世界[1]。我想接着提一个问题，它也与媒介思维谱系直接相关。如果装置和设备本质上的目的是作为媒介设备，要让人类适应存在于自身之外的东西，那么它们就像法规，像制定的程序，然后我们必须根据这些规定，根据命令我们的程序行事。如果设备和人二者能在相互依存的情况下出色地运转，那么以这种方式来理解这种复杂的关系，人类和机器的二元论还能成为一个有用的概念吗？

BG：我认为，人类比机器更早地成为机器。有一种附身的现象。计算机是什么？计算机是一个被附身的机器，一个被某种程序附身的机器。也就是说，计算机做的并不是它自己想做的事情。也许它根本什么都不想做，而是待在原地。但是因为计算机被程序附身了，它只能做一些自己意愿之外的事情。一开始人类就有这样的经历。我们被善灵、恶灵、邪灵附身，必须执行某个超出了自己的意愿的程序。也就是说，我们像机器一样行动。除此之外，我们还有奴隶制的现象。我们有机器般的极端劳动的现象。我指的是福特主义。也就是说，人类曾经是，而且在某种程度上仍然是机器。但人类有机器所没有的属性：人类也是动物。人类是动物和机器的一种结合。作为动物，首先，我们不免一死。机器没有生命，机器可能会坏，但却不会死。其次，人类有各种欲望，比如想吃东西，有性欲等，这些都是机器所没有的，至少没有这种明确的形式。

---

[1] 参见：Oswald Wiener, Der Bio-Adapter, Appendix A in: ders., *Die Verbesserung von Mitteleuropa* (Reinbek bei Hamburg 1969).

这已经是一处不同。也就是说，这个类比之所以存在，是因为人类在一定程度上是机器，关于这一点已经有很多论著了。但人类也属于动物，而机器则不是。

SZ：机器有着所有需要被弥补的缺点。德索拉·普莱斯（de Solla Price）有一个很棒的表达："野兽机器"。[1]

BG：不知何故，笛卡尔想把动物与机器类比，但没能成功。我们看到它们是不同的。我认为它们的不同之处就在于，他们在死亡和结局上是不同的。动物与其死亡之间的关系和机器与其功能障碍之间的关系是两码事。我们看到功能性和功能障碍之间的紧张关系——这也是人类身上机器性元素和动物性元素的紧张关系。

SZ：请允许我直接补充一点：机器的功能障碍是20世纪的先锋派、尤其是早期的俄罗斯先锋派的巨大魅力之一，也是革命中和革命前的俄国的巨大魅力之一。对机器进行逆向编程，也就是说，让它和程序对着干，从中获得与编程完全不同的东西。功能性和功能障碍与先锋派的这一策略有什么样的联系？

BG：在我看来，先锋派的这个策略其实并不完全是新的，而是一直根植在博物馆化的进程中。但博物馆化，也就是对事物进行审美化，就是功能障碍化的过程。也就是说，如果我把宫殿或者教堂变成了博物馆，那么我就是在禁止自己和他人使用事物本身的功能——比如崇拜圣像，也就是说，要发挥事物在精神层面的作用，即被迫只能从审美的角度看待这个东西。这种审美的中立化，是世界上最古老的过程，我认为包括杜尚在内的先锋派所做的唯一一件事就是破坏我们当前文明的功能，而且开始以中立和审美的角度去看待它们，这在以前是没有发生过的。以前，我们只会使其他文化或是过去的东西功能障碍化，因为它们

---

1 参见：De Solla Price, Automata and the Origins of Mechanism and Mechanistic Philosophy. *Technology and Culture 5/1* (1964), S.9–23.

在某种程度上已经出现了功能障碍。强硬地破坏原本或者仍然可以发挥作用的东西的功能，也就是有些无情地对现在，包括现在施以博物馆化程序，这就是先锋派所做的。这是它的基本程序。

SZ：但是，功能障碍这个概念用在这里是不是有些不太恰当？正如您所描述的，因为它基本上是将功能性从一个系统转移到另一个系统。从世俗的现实系统转到博物馆和档案馆的系统。如果人们试着从结构上来思考的话，这并不是真正的功能障碍，而是功能的转移。

BG：这是一种功能的转移，但它有自己的重点。因为它的功能就在于没有功能，也就是说，作为一个不行动的物品，它也可以变得有吸引力。尼采已经说过，当艺术品要比当艺术家好得多[1]。这种为了被欣赏、被喜爱和被注视而保持的平静，不做任何事情而只是挂在墙上，是一种令人羡慕的命运。

SZ：在过去几十年里，这种情况发生了相当大的变化：艺术家的工作似乎只是为了受到人们的喜爱，不是吗？

BG：是的，但一直都是这样。愚蠢的是，他必须为此做些什么，比如作报告［笑］。但是一幅图安静地挂在那里，什么也不做，不工作，但还是会被欣赏——这就很了不起！人也可以达到这个境界，比如成为佛陀。佛陀实际上是万物的典范。当杜尚展出他的小便池时——如果您记得，它的形状就像一个坐着的佛陀——激发某人写了一篇名为《盥洗室的佛像》（"Buddha of the Bathroom"）[2]的文章。在完全静止中的简单存在，同时被人欣赏，这就是这个理想的基本所在，作为一个整体的审美存在的理想，一个精神存在的理想，但最终也是先锋派的理想。我认为这没

---

[1] 尼采在《悲剧的诞生》中写道："人不再是艺术家，他已经成为艺术品；整个大自然的艺术力量，以太一的极乐满足为鹄的，通过醉的颤栗显示出来了。"具体见：Friedrich Nietzsche, *Die Geburt der Tragödie*, in: ders., *Die Geburt der Tragödie. Unzeitgemäße Betrachtungen I–IV*, 1870—1873 年遗稿 (Munich1988)的第9页—156页，此处是第30页。

[2] Louise Norton, Buddha of the Bathroom. *The Blind Man* 2 (1917), 5–6.

有发生太大变化。

SZ：我想联系媒介思维再谈谈您说的知识社会化这个领域。许多对我们很有价值的艺术家和科学家，如我已经提到过的吉加·维尔托夫，列夫·库里肖夫（Lev Kuleshov），发展电子式电视的鲍里斯·罗辛（Boris Rosing），推动音乐发展的莱昂·特雷门（Leon Theremin）等，大多也来自圣彼得堡，来自这个您身处其中并同样被社会化的地方。在20世纪头20年，媒介技术是一种迫切需要。我的推测是，过去媒介技术之所以成为需求和推崇的对象，主要是因为它不存在，是一种缺乏，并且人们不断设想并试图实现媒介技术。但它却是不存在的。这种解释有问题吗？

BG：我想说，在20世纪20年代和30年代——在我的时代是不同的，但我们就说这段时间吧——人就是机器。如果你看看当时俄罗斯的写作、艺术和哲学反思，对比就很明显了：机器生活在俄罗斯，而动物生活在西方。关于西方的"成为动物"，作为动物的人（animal humain），亚历山大·科耶夫在20世纪30年代也有相关的写作[1]。关于这个主题，也有一些非常有趣的电影。在我最喜欢的一部刘别谦（Ernst Lubitsch）的电影《妮诺契卡》（Ninotchka）[2]中，一位苏俄女特使来到西方，突然"得到了"一具女性的身体。她从一个机器变成了一个女人。在这种对比中，人们进行了思考，西方人也有这种思考。乔治·巴塔耶（Georges Bataille）就共产主义条件下的主权进行了很长时间的讨论[3]。在他看来，成为机器是一种拥有主权的可能方式。德勒兹随后采纳了他的这一思想。机械化正是共产主义解读和实现主权的方式。在这个意义上，资产阶级的存在就是不具备主权的，因为比起共产主义，他们更依赖满足或不满足某些动物性的欲望。

---

1 参见：Alexandre Kojève, *Introduction à la Lecture de Hegel* (Paris 1934).

2 *Ninotchka*, Spielfilm von Ernst Lubitsch (USA 1939).

3 参见：Georges Bataille, Die Souveränität, in: ders., *Die psychologische Struktur des Faschismus. Die Souveränität* (Munich 1978), S.45–84.

SZ：在西方，人们把您求学的那个时期与第二次先锋运动以及西方第一批媒介先锋，也就是白南准、弗斯特等人联系起来；那时的苏联是否有人有意识地把这一时期与苏联的第一次先锋运动联系起来？在哲学研究中，您有没有和这些技术狂人、用机器工作的疯子打过交道？还是说这在您的哲学研究中根本就不重要？

BG：在官方研究的结构中没有。哲学是马克思主义、列宁主义、德国理想主义。我学习过数理逻辑，从维特根斯坦和罗素到英美传统的内容；逻辑实证主义、人工智能，都有这样的东西。另一方面，在大城市，在莫斯科、圣彼得堡，有许多自治团体，这在当时自然是一个大趋势。结构主义是绝对的时髦，所有人都在读索绪尔、列维-施特劳斯等。福柯的一部分作品被翻译了，一部分没有，但人们还是接受了他的思想。还有塔尔图-莫斯科学派（Tartu-Moskau-Schule）[1]，研讨会和交流会等。结构主义是占支配地位的主题，同时也是先锋派的主题，人们肯定也看到了先锋派的价值，比如马列维奇（Kazimir Severinovich Malewitschs）的作品。也不能忘记，第二代人（即孩子们）还在那里，第一代人中的部分主人公和其他许多人也仍然在世，这在一定程度上有些直接的联系。

SZ：如果把您自己的写作——以这种形式，我们比较能接受您的思想——称为一种结构主义活动，会不会太过分了？从这一角度讲，就像罗兰·巴特所说：解构与再次构建[2]。而建构完好的东西再次拆解和解构。在我看来，这个原则贯穿了您的文本。也就是说，它似乎已经极大地影响了您的作品。

BG：是的，毫无疑问。当然有这样一个基本的想法：任何活动，包

---

1 文化符号学者尤里·洛特曼（Juri M. Lotmann）出生于塔尔图，是塔尔图-莫斯科学派的创立者。
2 "而且写作意味着以某种方式将世界（书）分割开来，再将其重新组合起来。"引自 Roland Barthes, *Kritik und Wahrheit* (Frankfurt am Main 1967), S.88。

括思想和艺术，都可以用不同的选择形式来表示。你可以朝一个方向走，可以朝另一个方向走，也可以朝第三个方向走——但你不能朝着所有方向走［笑］。有一个基本的结构主义的信念，一个经典的结构主义的信念，一个后结构主义的信念，它们认为不能同时表现无限多的选项。这意味着，人们已经有能力描述某些选项。我也在一定程度上做着同样的事，这是对的。另一方面，在关键的一点上，我受俄罗斯形式主义的影响要比法国结构主义大，受到索绪尔传统影响的法国人都是后同步思维。结构主义是同步性的学说。即使人们试图突破这一点，福柯和很多人都尝试过，但却没能真正成功。在这个意义上，俄罗斯形式主义是结构主义和尼采主义的奇特结合，因为它通过认证、赋予生命、复苏等语言来论证系统和结构，以及统治权、等级制度之类的概念。这是占主导地位的结构和次级结构。这一切在巴赫金（Mikhail Mikhailovich Bakhtin）身上也很明显。如果提到俄罗斯的传统，我想我受到20世纪20年代和30年代思想的影响要比早期思想的影响更甚。换句话说，影响我更多的是一种通过历史进行结构主义的思考的尝试，从冲突的角度而非系统的角度来看待历史。我对艺术世界、艺术系统之类的东西有一定的过敏反应。我认为，把艺术世界凝聚在一起的是不同方向之间的冲突。对立的运动和斗争——这就是这个领域实际上创造的。

SZ：德谟克利特（Demokrit）式的想法。

BG：是的。冲突把这些东西聚集在一起。我喜欢俄罗斯形式主义的地方就是其革命学说。即使在以前，对巴赫金来说，这也是冲突的主题，是争夺统治权的争的主题。

SZ：一种不必非得与军事联系起来的东西。

BG：绝对不是。但我也同意。当人们谈论不同的系统和方向，还有努力和立场时，如果不能接受这其中一些是占统治地位的，而另一些不是，那肯定是在撒谎。你不能再把它们看作平等的事物。你确实已经可以像列维-施特劳斯在他的时代一样，认为法国文化和印度文化是平等的，但存在一些类似于事实的对立的东西，即存在事实的冲突，存在着历史的不兼容性。不能从逻辑和理论的角度去探讨。没错，事实上，不能说一个系统优于另一个系统，但就是存在着事实上的不平等，而且无法消除。我们也必须对此做出反应。因此，我认为形式主义者和巴赫金，也就是俄罗斯20世纪20年代和30年代的思想家们显示出了一种巨大的张力，并且尝试把这种斗争主题化和概念化——不知为何，这触动了我的神经。

SZ：非常引人注目的是，法国的一位思想大师，至少在我看来，他具有极其强烈的等级观念，尽管第一眼看上去不是如此，但在您的参考文献中，雅克·拉康发挥的作用相对次要。列维-施特劳斯还有许多人都这样做，但在您的分析中，拉康属于一种边缘的存在。这是否与这种对严格等级制度的保留态度有关？

BG：不，不是的。在某种程度上，他和德里达等人的情况是一样的。我认为他是一位神学家。他的作品是神学作品，其中引入了例如"客体小a"（petit a）的概念，而不是"上帝"。接着他说，不存在个人的观点，不存在"一个"观点这样的东西，不论是个人的观点还是阶级或团体的观点，但是有例如可见性这样的东西。我不清楚那是什么意思。当上帝看到我和其他的一切时，我是绝对清楚的。也就是说，如果上帝创造了这种可见性并观察我，并享受或不享受这种情况。但是没有上帝，可见性又是什么呢？我不明白这一点。我把这理解为一种适应性的神学。但后来反而是不适应的神学。

SZ：我想在访谈的最后再回到神学上来，但现在先回到谱系的话题上。是什么，也包括在您自己的思想中，是什么驱使了您、激励了您？在《反哲学导论》中，有一章是关于莱辛的，至少对现在的读者来说是令人惊讶的。我现在指的是莱辛和他的名篇《拉奥孔——论画与诗的界限》(*Laokoon oder Über die Grenzen der Malerei und Poesie*)[1]。您想对此发表评论吗？对如今的媒介思想家来说，回过头来谈论这本18世纪的经典著作是一项惊人之举，然而，正如您用具有说服力的语言介绍的那样，它确实有它的意义。尤其如果你对先锋派和图像先锋派的问题感兴趣的话。

BG：我可以谈谈我写莱辛是出于什么样的考虑。首先，在近几十年的艺术中，有两个现象很明显：一个是图像写作的出现，以及话语和旁白、叙事在视觉艺术中的巨大作用；另一个是艺术空间里视频和电影的出现。这就是实际的情况。但让我印象深刻的肯定是这一点：莱辛写到，图像，也就是经典的图像，还有所有在图像中出现的东西，它们忍受着自己不能移动的痛苦。图像的痛苦这一主题不是人类的痛苦，而是图像的痛苦，与我的研究关系非常密切。我最早写的文章中有一篇叫《受苦的图像》("Das leidende Bild")[2]，不是引领的图像，而是受苦的图像。这就是先锋派的形象。同样的事情在马列维奇的早期作品中也能找到，有趣的是，与同样的图像有关。他说他不能看到这些现实主义的、古典主义的图像，因为他可以想象这些人——阿波罗（Apollo）或维纳斯（Venus）——以不舒服的姿势站立了一百年要承受多大的痛苦。这简直让他感觉到了身体的痛苦。这样的想法在莱辛的作品中已经有所体现：所有这些形象都忍受着不能移动的痛苦，忍受着不能说自己想说的话的痛苦。他们张着嘴巴，但什么也说不出来。这是一个痛苦的人的可怕形象，他试图说些什么，但什么也没说。因此，我写了这篇文章，将图像和视频中文字的出现解释为这些人物从痛苦中得到的一种释放。不是强加的东西、从外部引入的东西，而是来自这些人物内心的痛苦和内心想

---

[1] Gotthold E. Lessing, *Laokoon oder Über die Grenzen der Malerei und Poesie* (Leipzig 1766).
[2] Boris Groys, Das leidende Bild, in: ders., *Logik der Sammlung. Am Ende des Musealen Zeitalters (*Munich 1997), 185–196.

要说的东西、想要移动的意愿。作为对这种痛苦的回应。

SZ：如果有人想就莱辛具体说明这一点，从媒介分析的角度来看也是非常有意思的，我认为声音和语言实际上在他的作品中发挥着核心作用。与绘画不同，他认为诗歌的本质不是书面文字，而是通过语言表达出来的东西："时间中的发声。"[1] 而图像不能说话或不能表达的这一特点似乎是实际的核心。在您的《反哲学导论》的结尾，有一段很严苛但也很优美的表述，即艺术作品是"想说话的表情"。您能对此做出评论吗？

BG：我把它们比作连环画，连环画里的人物虽然也不会动，但会说"嘀""呃""邦""砰""啪嗒"之类的话。这已经是向前走了一步，是向着救赎迈出的一步。这也许就是利希藤斯坦（Lichtenstein）喜爱连环画的原因，因为画中的人物开始说话了，它们得到了大约一半的机会发声，或者甚至更多。

SZ：您对无声电影的批评也相当激进，因为对您来说，无声电影还是纯粹的图像媒介，存在着与绘画相似的缺点和不足。有声电影出现以后才开启了另一个时代，有了别样的品质。您已经谈到了这一点，但我还想再追问一下，《政治经济学批判》（*Zur Kritik der politischen Ökonomie*）[2] 对您有多重要？我们清楚地知道，尽管马克思以批判的形式写就这部作品，但它实际上呈现出一种命令的状态，您的解释有力地佐证了这一点，这部作品是批判的反面，是反哲学的杰出代表。尽管如此，在您自己的文章、思想中，总有一些方法论的要素，这种批判和被称作辩证的、历史的唯物主义的东西也在其中有着强烈的存在感。

BG：绝对是这样，这么说完全没问题。首先，辩证唯物主义、历史唯物主义是（关于）矛盾的学说。这种矛盾的激发和矛盾的平息是这一切的核心所在。所有这些都离我很近。我喜欢的是马克思主义和辩证唯

1　Gotthold E. Lessing, *Laokoon oder Über die Grenzen der Malerei und Poesie* (Stuttgart 1987), 114.

2　Karl Marx, *Zur Kritik der politischen Ökonomie* (Berlin 1859).

物主义的某种非人的维度，因为人们的意见和态度没有起到太核心的作用。他们也许是某些物质的、盲目的过程的媒介，参与了这一过程，部分是受害者，部分是主谋，处在不同的位置，但他们都不是关键角色，不是创造自己的生活、创造社会的人。他们最终屈从于某些他们没有完全理解的过程，或是即使他们理解，也理解得太晚，已经无法再产生影响。这一点甚至与苏维埃时期的斯大林，这位苏联的统治者产生了共鸣。斯大林以一种非常马克思主义的传统写到，人们的思想总是迟到。这种根本性的延迟并不能使任何政治变得相当可信，反而有所损害。马克思把他从黑格尔那里继承的这种延迟的思想转移到了物质过程中，使得这种延迟本体化了。我认为，这是关键的一步。因为在黑格尔那里，有可能形成一个类似于圆圈的东西，尽管人们总是迟到，但在反思的某个瞬间还是会到达起点。而这对马克思来说是不可能的。因为这个过程不是精神的，而是纯粹的物质过程，我们无法追究它的起源，即便在反思中也不可以。也就是说，我们在所有层面上都是迟到的。我认为，马克思的这一思想一定深深地吸引了海德格尔，让他对这一想法着迷。海德格尔在他《关于人道主义的书信》（*Platons Lehre von der Wahrheit*）[1]中对此有很多书写，他认为尽管我们一直追随着存在的呼唤，但我们还是总是迟到。当存在打开我们，我们进入存在的空间时，这个空间已经再次关闭了。打开变成了关闭，所以我们从没有真正打通过存在，尽管我们一直被它吸引。这一定就是马克思最初为后黑格尔哲学所阐述的东西，我认为它适用于不同的变体。

SZ：也许这跨度有些大，但我想继续您对图像先锋派的讨论。"马列维奇的《黑色方块》不仅是众多图像中的一幅，还突然揭示了隐藏的图像载体。"[2]这是否意味着俄国的革命绘画预见了比如后来成为部分构成

---

[1] Martin Heidegger, *Platons Lehre von der Wahrheit. Mit einem Brief über den Humanismus* (Bern 1947).

[2] Boris Groys, *Unter Verdacht* (Munich 2000), S. 104.

实验电影的东西？就是人们可以称作多重编码的东西，即我展示了一些东西，同时我也展示了我正在展示东西和我展示它的方式？现在，这将是与历史唯物主义在方法论方面的联系，可以说，自己能够说话的物质，似乎在这里有着决定性的作用。

BG：是的，但我是在讨论马歇尔·麦克卢汉时引用的这句话。麦克卢汉让我着迷的地方是，他认为媒介的信息必然会解构其他所有的信息，但自己的信息却没有被解构。为什么没有？因为他没有信息！他的信息就是媒介本身的信息。其他所有人都是以自己的名义说话，但他是以媒介的名义说话。通过成为媒介的媒介，他让自己的信息免受所有可能的解构。如果人们看看这种思想的谱系，至少在20世纪，马列维奇就是一个很好的例子。其他所有人都是错误的，因为他们试图让绘画服从于自己的目的，而马列维奇的作品则是一种至上主义的表现，因为那就是媒介本身。可以说，他展示的是绘画本身，而不是用它来展示自己以外的东西。在这个意义上，他的艺术不仅超越了其他所有艺术家的艺术，而且塑造了绘画所能达到的一切可能的边界。我不同意这个观点，我只是打个比方。尽管它们看起来似乎是在说非常不同的事情，但它们实际上就是同一件事。

SZ：在这一点上，克莱门特·格林伯格也发挥了作用。或许您可以简要地谈谈他，因为他对我们中许多人来说比较陌生，而您刚才提到了他。如果在讨论麦克卢汉的背景下，我正确理解了您关于格林伯格的章节的话，那么有一个明确的论点：麦克卢汉从格林伯格那里借鉴了这一切思想，或者说这二人至少是平行思考的。因为在麦克卢汉的《理解媒介》(*Understanding Media. The Extensions of Man*)[1]面世的几年前，格林伯格1960年的《现代主义绘画》(*Modernist Painting*)[2]已经包含了所有这些

1　Marshall McLuhan, *Understanding Media. The Extensions of Man* (New York 1964).
2　Clement Greenberg, *Modernist Painting* (Washington D. C. 1960).

论述,虽然只是与绘画有关。

BG:没错,我引用了这段话。麦克卢汉以文学家的身份开始了他的职业生涯,并且主要研究两位英国诗人:艾略特(T.S. Eliot)和埃兹拉·庞德(Ezra Pound)。如果看看格林伯格是怎么开始研究艾略特和埃兹拉·庞德的话,会发现他原本就是以文学家身份开始的,而不是艺术研究者。这就是他的研究之路,就像艾略特和埃兹拉·庞德已经以语言为媒介进行的实践那样,将对语言本身和媒介本身的反思转移到艺术中。然后格林伯格这么做了,某些人也跟着做了,后来麦克卢汉接手。就这样,我试着用一种简化的方式描绘某种谱系。

SZ:也许这么说有些夸张:图像不能说话,图像不说话。当我看到罗伯特·弗拉德17世纪早期绘画中的黑色方块时,我也有相似的想法。这倒不是因为这幅图的形状,就像拉丁文本明确指出的那样它在这里代表了无限的物质,主要是因为这幅图在书中的表现方式。这是一种类似于我第一次在莫斯科看到马列维奇的绘画时的体验,与我们通常在照片、复制品中习惯看到的物质性完全不同。黑色赋予了这本书波浪般起伏的感觉。可以说,整本书都充斥着这个方块。有东西在说话。但是什么在说话?真的是材料在说话吗?这个材料有语言吗?或者您对此有什么看法?

BG:他说"绘画"。他说,绘画一直被使用,但从未显示过自己。而他展示的是绘画本身。因此这是一种至上主义,这是他的主张。当然,我的评论有点像亚兰·卡甸。所以当人们说:我是媒介的媒介,媒介的使者……

SZ:这是一种同义反复。

BG:是的,是那样就好了。但这是一种站不住脚的语义重复,因为一幅图像最终只会被挂在许多其他图像中间。你当然可以提出这种主张,也可以通过这种媒介理论的论述来证实。但最终,一个物体处在许多物体中,即一幅图像与其他众多图像挂在一起的事实,甚至损害了这种主张。

SZ:让我们试着把重点放在您的两本书上,它们在我们的讨论中很重要。《论新事物》(*Über das Neue*)[1]和《揣测与媒介——媒介现象学》(*Unter Verdacht. Eine Phänomenologie der Medien*)[2],尽管它们中间相隔了8年时间,但我认为这两本书有着非常密切的关系。在《揣测与媒介——媒介现象学》中,您以"论新事物"的概述开篇,讨论了内部与外部、文化档案与世俗世界之间的关系,并将艺术经济和符号经济描述为一种不断转型的废物利用模式。我想请您就您过去10年、15年集中研究的领域展开谈谈,指出您的论点。

BG:这两本书试图反映一个事实,即它们是作为事实的事实。事实就是,在我们的文明中,有一种类似于档案的东西,我们试图将所有进入档案的东西都以某种方式保存下来。这些都是有一定期限的东西,也就是说,它们并不是不朽的,但它们的期限很长;而其他东西则不然。所以问题就是:为什么是这些东西而不是其他?比如说,为什么博物馆里只有杜尚的5个小便池?杜尚创作了这5个小便池,并被保养着。它们就在那里,接受着人们的注视。其他所有小便池却没有得到这样的待遇,在一定程度上是被忽略了。这种差异从何而来?这不是那么容易概念化的,所以我试着在这两本书里回答这个问题。

SZ:我想跟您讨论一个观点:几十年来,媒介承担的重要功能之一,就是将神圣的题材、神圣的过程,以及神圣空间世俗化。如果是这样的话,我认为艺术也包括在内,那么档案馆、博物馆、保险箱就会愈发成为艺术利用的对象,会成为新的生产对象。而且这样一来,它们最终也会被世俗化,至少在一定时间内是这样。在今天,应该如何看待这

---

1 Boris Groys, *Über das Neue* (Munich 1992).

2 Boris Groys, *Unter Verdacht. Eine Phänomenologie der Medien* (Munich 2000).

两种空间的关系？这种关系是不是充满罅隙？一方面是世俗的空间，也就是生活真实性的一面，如果可以这么说的话，即尚未被收藏的东西，就像您所说的，或者还未注定要收藏的东西，另一方面是神圣的空间，例如档案馆、博物馆，它们彼此之间是怎样一种关系？

BG：这是一种交换关系。有些东西从周围的现实中被纳入档案，而其他事物则被清除和遗忘。也就是说，档案馆通过与环境的交流而改变。唯一的问题是，边界仍然存在，且这种边界不能从知识或文化上解构，只能被暴力地突破。这种突破可以是，所有博物馆都被摧毁，所有艺术品都被烧毁。那将是一件了不起的事。顺便说一句，我对此并不介意。只要不发生这种情况，而且某些事物比另一些事物寿命更长，那么我们文化的基本结构就不会有任何改变。

SZ：但随后出现了一个不那么单纯的想法，我很好奇您对此如何评论。有趣的是，您从符号学的角度从两个方面对外部进行了定义：一方面，它由世俗的外部空间所决定，也许就是我们可以称之为生活现实的东西，显而易见，它对观察者来说没有秘密；另一方面是您说的符号载体，您认为它们存在于档案馆中，是档案馆中的亚媒介外部的东西，但实际上完全不属于亚媒介。这就是媒介，一个奇怪的领域，是吗？可以这么说吗？

BG：没错，这当然是媒介。可以说这就是图像向我们展示的东西。而我这里所写的是对几乎延续至今的某种康德式传统的某种回应。艺术品是一种形式，我们或友善、或不友善地对待这种形式，但无论如何，我们的出发点都是对这种形式的真实存在不感兴趣。问题是，如果我们不感兴趣的话，为什么我们还要修复它？原因便是，当载体不再履行承载的任务，那么形式也会消失。这种形式也许在某种程度上是可以转移的，但这也是一种文化惯例。我还写到，边界、修复等，只是给人一种完全不同的印象。这只是一种我们身处其中的文化惯例，我们认为未经修复的图像与经过修复的别无二致，但它们绝对已经是不同的图像了。换句话说，我们对承载着图像和形式的东西的存在有着兴趣。同时也有一种危险——也是我写《揣测与媒介——媒介现象学》的原因，那就是情况可能不是这样，图像背后可能蕴含着毁灭性的、会使图像与载体一同消失的力量；我们内部因此产生了一种高度的焦虑，这种焦虑的功能与我们和外部世界的关系不同。

SZ：对我来说，《揣测与媒介——媒介现象学》里最吸引人的章节之一就是对德里达的礼物概念的批评，以及有关巴塔耶的"耗费"概念的讨论。这些讨论与您所描述的交换经济的东西紧密相关。在某一点上，您毫不忸怩地提出了建议：一个不可能的礼物可以在"时间的馈赠（Schenkung von Zeit）"[1]中实现。这个建议是怎么得来的？毕竟时间是我们所没有的东西。

BG：我们没有时间。但是，如果我们的文化确实是由档案和非档案之间的二元性组织起来，并且这两个领域之间还发生着置换，那么这就意味着，一些被驱逐出档案的东西会失去时间，而进入档案的其他东西则会获得时间。也就是说，当我们进行这种置换时，它并不是等值的。因此，我写到，这是一种矛盾的交换。德里达，甚至是巴塔耶都认识并受到这种交换的困扰，尝试回避它，回避这种交换……

SZ：……蕴含着一种交付义务。

BG：我所描述的档案和非档案之间非等价交换的形象就是一种反驳。在那里，东西都是一样的，并且保持不变。它们的形式和物质性保持不变，这种等同性实际上被保留了下来，但时间发生了变化。最终，通过这种不平等的交换，时间被赠予的同时，也可以被夺走。

SZ：我立刻就想到了让-吕克·戈达尔的一个美妙的想法，他说作为

1　Boris Groys, *Unter Verdacht. Eine Phänomenologie der Medien* (Munich 2000). S.166.

导演，作为电影人，我们必须处理好时间的塑造。我们实际上能做的最好的事情是给予时间，也就是说，丰富时间，而不是夺走时间，尽管不幸的是，这种情况经常发生。

BG： 绝对是这样。我认为戈达尔尝试过。

SZ： 而且必须继续尝试下去。我的问题最后还会回到世俗和神圣的主题上来，但是今晚（面向观众），我不想独占互动的机会。

嘉宾1： 我有一个问题，是针对您在一开始谈到有关人的机器性和动物性的问题。我以前从未听过这种说法，这对我来说很神秘。您说的这种划分方式，我觉得非常具有挑衅意味，接着您也给它明确了定位，分别在东方和西方。在东方是机器，而在西方是动物。比如，如果我说暴动小猫乐队（Pussy Riot）是动物对教会机器的攻击，而解放暴动小猫的企图可以解释为对动物的解放行为吗？我的这种想法是不是完全错了呢？

BG： 我不太确定。我试图谈论的不是机构和政治空间，而是个体的人。人不是由两个部分组成，机器的部分与手和脚之类动物的部分。手脚等是不能被分割的。相反，在我们的文化中，人可以被看作是事实上的机器或动物。比如，当人被看作一台机器时，人们会说是一台糟糕的机器，因为他总是出故障。这就是人性的一个因子，它总是消极的。然而，动物也是消极的。如果人被看作是动物，那么人们就希望它变得自发、变得真实，想让他按照本能生活。然后人们会觉得他太机械化了，缺少动物性。用尼采的话说：他是有病的动物。因此，人要么是一个糟糕的机器，要么是一个患病的动物。这是两种观点，除此之外，我在我们的文化中完全没看到其他观点。

渡边真也： 非常感谢您的分享。关于动物和机器，我有一个问题。您对自由意志有什么看法？例如，我一直在思考艾伦·图灵和图灵机的问题。虽然我们可以输入我们所经历的所有程序，但我们唯一不能编程的是死亡。因此，图灵机永远不会停止。然后我们有冯·诺依曼体系结构，这也是一台机器，现在我们谈论的是量子计算机。虽然自由意志的想法可能源于笛卡尔思想或基督教的背景，但今天的脑科学家已经开始证明，自由意志并不存在。因此，可能人类终究没有自由意志，但我们的意识会对我们在一定时间范围内所做的事情进行偶发记忆，并认为这些行为是自由意志的结果。特别是现在，笛卡尔式现代性的时代即将结束。我的问题是：您对自由意志的问题的解决方案是什么？

BG：我认为，自由意志是某种神学概念或世界观的一部分。所以我想说，自由意志得到了上帝意志的支持。有了某种精神原则，比如基督教上帝通过世界、在世界和在世界之上行事，能够通过其决定改变世界上的某些东西，那么你就可以加入其中。你可以加入上帝的意志，因为你加入的这种善意的意志就是我们所描述的自由意志或自由。因此，我们意志的自由实际上是一种效应，是我们"加入上帝"的能力所带来的成果。因为，只要我们不加入上帝的意志，我们就是不自由的。我们是世界的奴隶，是撒旦的奴隶，是我们自己欲望的奴隶，等等。所以，为了获得自由意志，我们必须让自己自由。自由意志不是本体论所赋予的东西。自由意志不是免费的，自由意志应该通过努力工作来实现。所以，如果你相信自由意志，那么答案就是肯定的。如果你不相信，答案就是否定的。

SZ：请允许我用德语补充一下，渡边真也也懂德语。在您的交换概念中，在前面解释过的关于交换的想法中，还有一种也许可以称为平衡的想法，一种在极端两极之间起作用的平衡。我一直试图帮助自己认识到这样一个事实：只有在非常明确的背景下，我们才能够想象自由意志，也就是在一些可以被称为程序、规章和信条之类的东西中。只有在这种互补性中才可以想象这种活动，我们才能想象后来称之为"我自愿行动"的活动。

BG：我不认为这是人们可以凭经验或以某种方式确定或找到的东西。我认为，问题不在于我们的意志是否自由，而在于我们的意志是否有效，也就是说有没有可能，从世界之外的立场出发，做一些超出世界物质性和所有存在的事情。笛卡尔相信这一点，因为他也信仰上帝，信仰灵魂在世界上的二元性，以及在我看来我们如今不再相信的其他东西。也就是说，自由意志必须植根于世界的本体论结构中。它必须有一个安身之处才能起作用。尽管我不认为此刻世界上有这么一个地方。也许，没能给自由意志容身之所是我们的过错。

康斯坦丁·希德沃斯基：您不觉得"自由意志"这个说法本身太过了吗？难道"意志"还不够吗？

BG：只有意志是不够的，因为意志本身并不发挥作用。人们可以说："我有一个意志。"比如，我的朋友，一个神经学家，在我的大脑里发现了意志。好，现在我有了意志。我为此感到高兴，我享受它。但是本体论的问题却是：我能用它做什么？这是关于"可做"的限制。如果我有一张桌子，我知道我可以用它做什么。但我能用自由意志做什么呢？我怎样才能使用它？我想做些什么，可以做什么呢？这对我来说是一个真正的问题，因为我无法想象，如果我有自由意志，我可以如何使用它。我不太清楚我会用它来做什么。

康斯坦丁·希德沃斯基：这也就是为什么我把它和"占有"，德语中的"Besessenheit"一词，联系起来。这种意志或潜在意志的运动，与个人、某人或其他东西没有特别的关系。

BG：是的，从某种意义上说，我们被不同的精神所迷惑，这是事实。比如说被学术精神迷惑，我们被某种意志所迷惑，也被一种进行论述的能力所迷惑。为什么？因为经过学术训练，我们经历了所有这些，我们被学术精神塑造，被它所迷惑，所以精神通过我们实现了它自己。这我可以理解。但我不能理解我的自由意志是什么，还有，如果我有自由意志，我会用它做什么。也许唯一的可能性是成为一尊佛，不做任何事。如果在我身上找到了自由意志，这的确是我要做的事情。我根本就不会做任何事。

SZ：这大概就是奥博洛莫夫（Oblomov）的版本吧。[笑]

柳德米拉·沃罗帕伊（Lioudmila Voropai）：回到反哲学的概念和它与哲学的区别，我想问：我们到底能不能谈论哲学？如果您把任何发号施令的哲学，如您所说的"权利命令"定义为反哲学，那么，回顾哲学的历史，我们会发现这将适用于任何重要的哲学家。至少，如果您选择的那些属于经典，或者用您的术语来说，属于"文化档案"的哲学家。您谈到了德里达的例子，以及从"为什么要这么做，为什么要一直这么做？"的角度实行解构的需要。对任何哲学流派或传统来说，实践一种特定的哲学方法或态度的需要难道不是必不可少的吗？也许您可以举个例子，反哲学的反面会是什么？什么是反反哲学？

BG：我试图讲述的是下面这个故事：在哲学发展的很长一段时间里，有苏格拉底，有这个，有那个，也有笛卡尔，"我思故我在"。您有所有这些东西，您受邀遵循一个范例。但遵循这个范例的邀请是相对于这个范例本身存在的外部事实。也就是说，我是否遵循苏格拉底，是否遵循笛卡尔，对于哲学本身的存在来说是绝对中立的。但是，以马克思主义为例，情况就不是这样了。我必须遵循马克思主义，马克思主义才能作为一种真正的哲学出现。只要你不遵循马克思主义，它就不存在。尼采、德勒兹和德里达的情况也是如此。德里达在讨论中其实很清楚这一点。解构，必须要有实践才行。

SZ：我们不得不这么做。

BG：如果你不去进行解构，就没有解构的可能。解构不是一种理论，也不是一种对事实的成功免疫的实践。你需要有一个事实性的成功：真正的人在做什么。这对我来说就是反哲学。当然，反哲学也是哲学，哲学也是反哲学，就像反艺术也是艺术。但在具有某种自主性的实践所具有的独立性和这种对实践的彻底依赖之间，存在着这种差异。

柳德米拉·沃罗帕伊：在笛卡尔的哲学里，我们难道不需要实践"我思"（cogito）吗？

BG：不，它不取决于我们做什么或不做什么。他的"我思"不依赖我的"我思"，而是他的"我思"。马克思主义依赖于工人阶级的政治。

SZ：接着是我的最后一个问题，听上去可能会有些调侃的意味。您在《揣测与媒介——媒介现象学》的结尾写道："我们不能只看而不怀疑……我们必须提出怀疑。"[1] 提出怀疑也是艺术评论家、艺术哲学家的工作。如果这种缺口不存在，我们就无事可做了。鲍里斯·格罗伊斯在面对哪些图像时会无言呢？

BG：与我所描述的莱辛这些人物不同，我完全没有说话的意愿。当我看着图像或阅读什么的时候，我根本没有表达的意志或欲望。我根本就没有日记，什么都没有。然而，有人问我的时候，礼貌会迫使我说些什么。因为我总是试图保持礼貌，我不得不对所有事情都发表一些观点，但只是在有人问我的时候。我们生活在这样一种文明中，如果你对某件事情说了什么，你就会被问及所有的事情。这就是我们所处文明的规则之一。因此，我反复地被问这问那，而且我也必须说点什么。但要是没有人问我，那我就保持沉默。

SZ：我们感谢鲍里斯·格罗伊斯的到来！

记录整理：安娜·贝基尔希（Anna Beykirch）、马蒂亚斯·保罗

1　Boris Groys, *Unter Verdacht. Eine Phänomenologie der Medien* (Munich 2000). S. 218.

西皮尔·克莱默尔 / SYBILLE KRÄMER 09

"它是隐藏在濒死信使之传说中的超前于时代的媒介理论。"

西格弗里德·齐林斯基（以下简称SZ）
西皮尔·克莱默尔（以下简称SK）

摄影：史蒂夫·伯格曼

SZ：晚上好，很高兴今天请到了西皮尔·克莱默尔作为我们的嘉宾。我想用一份虚拟小礼物来开启这个夜晚和对话。它出自罗尔夫·迪特·布林克曼（Rolf Dieter Brinkmann）——一位你们熟知的诗人，以及拉尔夫-赖讷·雷古拉（Ralf-Rainer Rygulla）。1969年，二人共同出版了一本传奇之书《酸》（*Acid*）[1]。这本书包含了当时"垮掉的一代"和许多前卫艺术家如威廉·巴勒斯等人的作品，其中最为突出的是在20世纪60年代末同约翰·凯奇的一段采访。它大约录制于一个聚会；从语言风格中能察觉到，就谈话而言，这或许并不是一个能使人注意力高度集中的场合；还能听到幕后音乐声，当然，在这儿听不见。采访人向约翰·凯奇问道："对马歇尔·麦克卢汉您有什么想说的？"他回答："就这么多：媒介不是讯息。我想给麦克卢汉先生提个醒儿。说话即撒谎，撒谎即合作。"采访人："这之间存在何种联系？"凯奇："您知道这样一则禅宗寓言吗？有位母亲，刚刚失去唯一的儿子，坐在路边哭泣。一个和尚走过来问她为什么哭，她说她失去了唯一的儿子。这时，那个和尚敲了她的头说：'好了，现在至少您有个可以哭泣的理由了。'"采访人："是啊，应该有人一脚踹在这个和尚的屁股上。"凯奇："这就对了。"

在具有吸引力的哲学领域，有许多不同流派，但至少存在两种极为不同的思想家：第一种是表演哲学家，擅长生动地展示哲学思维的人；第二种是那些认真对待关于概念、关于表达思考的语言的工作的哲学家们。我相信，很快就会有一本巧妙的书，谈及近来大众传媒对哲学的影响。哲学家的存在已不可忽视。今晚，我们有幸与第二种类型的一位思想家交谈，讨论一位哲学家如何运用媒介。

通过大量的著作及论文，你们当中的大多数人已经十分了解西皮尔·克莱默尔。她在柏林自由大学的网站上对自己的出版物做了一个清

---

1 Rolf-Dieter Brinkmann und Ralf-Rainer Rygulla (Hg.), *Acid. Neue amerikanische Szene* (Darmstadt 1969), S. 48.

晰、有序、整洁的介绍，这在学术界是极为罕见的[1]。登录访问的人能够收获惊喜的查阅体验，在其中一个很好的子页面里可以找到"思维之眼"课程的文本内容和摘要[2]。如此慷慨地公开大课的演讲稿，这对于学术界的学者来说也是非常罕见的。

三言两语说明并非易事，但经过极为简要的总结，她的出版物及研究领域重点概括如下：

意识理论和语言哲学概念；

符号机器和形式化的文化技术；

计算机作为使用工具以及媒介意义之间的特殊现象；

作为一种符号学现象，但首先是个体和大众之间中介的声音；

试图发展一种与媒介的信使模式有关的形而上学。

SK：形而上学小引。[3] [笑]。

SZ：一个形而上学小引。我们也会谈论这个问题。最近，地图、图表、字体成为连接延伸型事物和思考型事物之间的媒介，也即连接计算、想象和直觉之间的媒介——当然，这在一定程度上是我的个人想法。我们将尝试集中讨论我所能确定的这些重点问题。我将在对话和问题中直接谈及西皮尔·克莱默尔的一些著作和文章，其他部分仅稍作讨论或完全不讨论。

对所谓的学术生涯进行总结，既是因为它本该如此，也是因为我非常尊重它。西皮尔·克莱默尔在柏林自由大学哲学研究所担任理论哲学教授已有24年，专门研究语言和媒介哲学。我们跳过获得博士学位和大学教职的部分，因为与之相关的工作在我提问之初就会提及。西皮

1　www.userpage.fu-berlin.de/~sybkram/pages/de/kontakt.php.

2　Sybille Krämer, "*Das Auge des Denkens*", 柏林大学2009年10月课程, www.userpage.fu-berlin.de/~sybkram/pages/de/downloads.php.

3　参见：Sybille Krämer, *Medium, Bote: Übertragung. Kleine Metaphysik der Medialität* (Frankfurt am Main 2008).

尔·克莱默尔在德语人文学科的研究领域留下了鲜明印记,特别是在过去20年间。我认为,她已能实践许多她所关心的智识方面的问题,例如作为媒介和符号理论的几个德国科学基金会项目的发起人和负责人,作为"表演文化"合作研究中心框架内的项目负责人,或者作为这个国家的科学委员会成员。在千年之交时候,她是柏林洪堡大学亥姆霍兹文化技术中心(Helmholtz-Zentrum für Kulturtechnik)的创始成员。自2001年起是"图片—符号—数字"跨学科研究小组的成员和项目负责人,该小组与霍斯特·布雷德坎普合作编辑出版了一本书,书中包括布鲁宁(Brüning)、科伊(Coy)、基特勒、马乔(Macho)和马尔(Mahr)等人的基础性文章,即所有在媒介思维领域声名显赫的文章[1]。此外,西皮尔·克莱默尔还是柏林高等研究院和欧洲研究理事会科学小组的成员。2010年,她当选德国研究基金会参议员。自2002年以来,她一直在一个研究科学和未来科学政策的工作组工作;当然,如果允许我这么说的话,这是一位哲学家可以承担最沉重的负担——对未来负责。

SK:该工作组已经停止运作了。[笑]

SZ:这些说明了您的情况。如何做到西皮尔·克莱默尔所做的一切,对我来说也是一个谜。西皮尔,我们很高兴您在这里。访谈开始前,我先做一个笼统的介绍,这应该有助于我们厘清即将详细讨论的观点。在这个系列中,我们试图给不同的异质立场一个机会,让他们发言,这就是为什么我故意不称它为"媒介理论谱系",甚至不称它"媒介研究",而是叫"媒介思维"。我们都清楚,在过去100年里,已经发明、发展并推敲出截然不同的媒介概念。首先,在艺术大学里,有一个总体问题一直困扰着我们,在我看来,只有哲学家才有能力做出回答。您认为,我们是否需要类似于同质化的媒介概念?这种事物完全不可能存在吗?或

---

[1] Sybille Krämer und Horst Bredekamp (Hg.), *Bild Schrift Zahl* (München 2003).

者说,将相去甚远的、相互竞争的概念并列在一起,然后根据认知兴趣使之产生作用,这是否更适用于基于技术和媒介的传播研究领域?

SK:好的,西格弗里德,感谢您详尽的介绍。对我来说,在某种程度上这也是个过于详尽的介绍。

我们绝对不需要同质化的媒介概念。虽然近年来,我个人试图推广一种极为特定的媒介概念,但我非常清楚,我的媒介理论,是对极特定情况的特殊历史性回应。而这一状态也与我自身相关。基于这个面向的信使形象的媒介理论[1],我在根本上遵循三种退却形式——我的思考总是处于一种退却形式中。我发现了一些事物,但并不满意,思考则有助于将我的发现重新配置,并在思考的空间里进行重塑,而不仅局限于发现。至于我在媒介理论中的发现,一方面是麦克卢汉和基特勒那种以装置为导向的媒介理论观点,对此我无须赘述。与之恰巧相反的是我提及的媒介理论,该理论认为,问题不在于装置,而是媒介自身能够产生它们所传达的东西,也就是说,它们是生产性的、创造性的。媒介已经成为我们能够体验、交流和思考的一切来源。对于这样一种退却形式,我并不满意。我也对自己感到不满,因为多年来我都是这个领域的代表。长期以来,我一直认为,只有当我们从媒介生产信息的创造性潜力的角度来理解媒介时,关于媒介的说法才会变得真正有趣且具有启发性。由此则形成一条战线:媒介理论战线。另一条战线当然是哲学。你们或多或少都知道,哲学家们喜欢进行最终论辩,即将整个世界追溯到一个阿基米德点,希望通过恰当描述,为我们所研究的万物找到一条解释途径。对哲学家来说,在过去这是语言,即便现在也时常如此。然而,困扰我的不仅仅是语言的绝对化,还有是这种最终论辩的形象,正如哲学中所说的,这类观念存在先验的事物。先验使其不受影响:您可以体验您想要

---

1 Sybille Krämer, *Medium, Bote, Übertragung. Kleine Metaphysik der Medialität* (Frankfurt am Main 2008).

的，并且先验无法获得的东西。突然间，我发现了这种寻找阿基米德点的最后论辩的姿态。我从哲学中了解它，也在哲学中拒绝它，但刚好以某种方式在媒介理论中找到了它的继承者。我问自己，如何才能真正思考媒介，而不因此削弱其关联性，也不落入最终论辩的姿态中。在这种姿态下，媒介形成了最终的、不可逆的原子或一切事物的统一性或万物的基本元素。我问自己：我能够在何处找到这种免除最终论辩的机会？之后我突然发现了这种相当温和的形式，这种形式确实再次提出：媒介是他律的、非主动的、外部决定的。媒介服从于一个规定，而不是简单地成为他们所物化东西的主权代理人。这就是我的媒介概念所反映的内容。但我希望，所有在思考这个问题上卓有成效的人，都能超越媒介的概念。我也会再了解其局限性。对我来说，这个方面十分重要。

SZ：这个方面确实极其重要，因为它在我们的讨论中总是扮演着至关重要的角色。您所说的最终论辩与先验的概念，也是指一种与确定性密切相关的思维方式。

SK：是的，没错。

SZ：近年来，我们也对确定性系统产生了越来越多的怀疑。当我们在遇到艺术性过程时，也很难处理这种连续的决定性因素。

SK：还有能动性。问题还在于能动性的概念。无论它是人、主体、媒介还是技术工具，都是如此。随着世俗化的发展，"我坐在这里，创造我的形象"的半造物主形象实际上已从上帝转变为人类。主体概念已经被赋予了神性这些基本特征，即创造自己的关系的能力。我发现，就在尼采、福柯等人的主体死亡之后，这种姿态在媒介理论中得到了复兴。只是现在它不再是主体——那在某种程度上已经过时了，而是突然变成了媒介形态。作为相当于自主宣称的能动性，他们接管的正是以前分配给人类主体的业务。而我认为这并不可行。

SZ：但首先，我希望大家能有机会听听您个人新书和新观念的发展。

大多数人可能并不清楚这一发展过程，至少在座的年轻学生并不了解。

您之后为大众熟知的工作生涯的开头，是和其他科学家一样写了一篇论文。您也凭借这篇论文获得了一定知名度。这篇论文名为《试论技术、社会和自然三者关系》（*Technik, Gesellschaft und Natur. Versuch über ihren Zusammenhang*），发表于1982年[1]。据我个人解读，这篇论文试图发展类似于系统的技术型社会理论，这在当时是非常非常重要的。也可以尝试更具体的表述：在我看来，该论文的认识论视角，是技术从"物质的目的与手段关系"中衍生而出，即从劳动与自然占有的语境中衍生而出。这些术语对现在的大多数人来说，可能是完全陌生的词汇。

SK：马克思主义……

SZ：这也与马克思主义有关。除了科学史的问题，技术和产业社会学，甚至工程科学的知识在您的作品中都有明显的关联性。对一位哲学家来说，这种非同寻常的融合是如何产生的呢？我当时就从得名于技术的系统理论[2]的京特·罗波尔（Günter Ropohl）的文章和理论中了解了这一点，除他之外，其中还包括精彩的卢曼批判、维尔纳·拉姆默特（Werner Rammert）对技术的社会学研究[3]——他试图系统地发挥自然、技术和社会的相互关系，或卡琳·豪森（Karin Hausen）对技术社会学或历史研究《论缝纫机的社会历史》（"Zur Sozialgeschichte der Nähmaschine"）[4]以及其他有吸引力的话题。这大约在1979年到1981年，我们必须如何思

---

[1] Sybille Krämer, *Technik, Gesellschaft und Natur. Versuch über ihren Zusammenhang* (Frankfurt am Main und New York 1982).

[2] Günter Ropohl, *Eine Systemtheorie der Technik. Zur Grundlegung der Allgemeinen Technologie* (München und Wien 1979).

[3] 参见：Werner Rammert, *Soziale Dynamik der technischen Entwicklung. Theoretisch-analytische Überlegungen zu einer Soziologie der Technik am Beispiel der „science-based industry"* (Opladen 1983).

[4] 参见：Karin Hausen, "Technischer Fortschritt und Frauenarbeit inm 19. Jahrhundert. Zur Sozialgeschichte der Nähmaschine," *Geschichte und Gesellschaft. Zeitschrift für historische Sozialwissenschaft 4 (1978)*, S. 148-169. oder Karin Hausen, "Technikgeschichte im Rahmen der Sozial- und Wirtschaftsgeschichte," in: *Technikgeschichte als Geschichte der Arbeit*, hg. von Ilse Schütte (Bad Salzdetfurth 1981).

考技术、自然和社会间的系统性联系在当那时具有重要意义。

SK：我现在已经62岁了。当想到那是许久以前的事时，我也无法完全确信自己当时清楚地在想什么，更不用说写了什么。对我来说，写作真正能够再次清空脑袋，这样新的东西就能融入其中，而且我们有时也会忘记旧理论，以便能够在语义上走新的路。问题是，我对自己的论文几乎一无所知；它在我的书架上已闲置几十年。当然，我现在已将它重新取出，但也无法在这么短的时间内读完。不过，我当时的动机却再次变得明晰。我面临的情况是，技术不再被视为一种技术人工制品，而是作为一种技术形成的行动过程来看待。当时，我不满这种将技术稀释为行动过程的做法，认为必须回归事物，必须反映出人工制品本身。因此，我主要使用的是工程学文献，而非人们以为的海德格尔的著作——这本是很明显的。我被驱使着，将技术作为一种嵌入器具性关系的人造物来思考。请注意，这项工作是一项马克思主义的工作，也导致我发生了转变，因为我觉得通过它我已经探索出用这种方法可以做什么。此后，我在政治上告别了马克思主义。当时，我在政治上非常活跃。我还想过也许会被禁止工作，因为我是斯巴达克斯董事会成员，在马尔堡的所有传单都是以我的名字发布的。总之，这就是我的动机：我想再次思考、钻研技术型人造物的具象化功能。这也成为我后来参与德国工程师协会（VDI）工作的敲门砖。对于我的博士学位，我没有其他要说的。

SZ：我记得很清楚，对我们柏林工业大学的人来说，在那个时代，比如说，早期文化研究发挥了举足轻重的作用，我之所以这么说，是因为我与它同年诞生并且平行发展。这是理查德·霍加特和雷蒙·威廉斯的发现，早在这些话题在德国讨论并受到贡布雷希特（Gumbrecht）和其他人热烈赞扬之前，他们便已撰写了关于技术与文化的相互依存性以及传播物质性的精彩文章。尽管非常不同寻常，但这种技术转向在20世纪70年代及80年代初发挥了至关重要的作用。这里是否存在哲学方面的语境或方向？

SK：不，那是相对孤立的。这个话题当然得到了我的博士生导师汉斯·海因茨·霍尔茨（Hans Heinz Holz）的支持，但除此之外，我仍处于相对孤立中。

SZ：对于像您这样学习哲学的人来说，这也是不寻常的。

SK：是的，不寻常。在这方面，没人能够与我合作。我还发现，一直以来，几乎没有女性参与这个话题，现在仍然如此。对于明显没有女性受到鼓动来思考技术这一对象，我既觉得有趣，也觉得愤怒。

SZ：在德国工程师协会的工作是什么样的？

SK：德国工程师协会里有一个名为"人与技术"的工作小组，我是小组成员。在这个工作组，工程师和哲学家在一起工作，这在当时是非常不寻常的事情。小组中还有以京特·罗波尔、弗里德里希·拉普（Friedrich Rapp）和阿洛伊斯·胡宁（Alois Huning）为代表的其他人员。

SZ：也研究关于人工智能和自动化的问题，对吗？

SK：是的，可惜只有很小的一部分。在工作小组工作时，我遇到了技术理解上的困难，与我在博士毕业后开始的（研究）发展并不符合。我对信息技术和计算机感兴趣，也对必须协同钻研技术和符号感兴趣。也就是说，我们再也不能说：这里是我们的符号世界、标记的世界、意义的世界；或者说这里是我们的技术世界、制造的世界、生产的世界、占有自然的世界。博士毕业后，我意识到，在下一个阶段，我正需要把技术和符号结合起来思考。而这个想法在德国工程师协会成员中，包括哲学家中，并不受欢迎。他们仍然在使用一种表征技术，而且尽可能保留它。这是我再次离开的理由。

SZ：容我稍微插句话，我也有类似的经历。我曾经学习日耳曼语言文学，当时我对技术的关注与这些奇怪的人造物有关，如录像机等。那是在20世纪80年代初，这在我的教授和博士论文导师中引起了极大的惊

261 恐：写一篇关于录音机的哲学博士论文简直是亵渎神灵。

您方才提及的那本书《符号机器》(*Symbolischen Maschinen*)[1]在1988年问世。对我们之间大多数人而言，阅读此书确实会让人惊叹不已，我本人也记忆尤深。这些事情都很难忘。该书的副标题是"形式化理念的历史概述"，恰好揭示了图书内容。这并不是一本关于计算机历史的书。有一些人在现象学层面上推导出了计算机的谱系，例如，佩佐尔德（Petzold）就曾在德意志博物馆做过类似的事情。但是，您以形式化理念为主题，试图写一部思想史——如果人们表述时缺乏严谨，则会导致一个机器、一个装置计算机化、客体化。这是一部思想史，而非技术史。我认为，在初始阶段就要消除误解并非易事。

SK：是的，误解指什么呢……我写这本书只是为了自己，我本来不想发表。我想了解数学家和逻辑学家的工作，真正深入理解数学。我在当时获得博士学位后，由于没有工作，我可以纯粹为自己写作，那简直是一种令人难以置信的状态，仿佛置身天堂之中。首先，我想先了解，当我们正式用符号进行操作或计算时，实际上会发生什么。后来，新兴的计算机科学发现这本书可作为其历史基础，但这绝非我本意。令人惊讶的是，后来计算机科学将形式化的历史视为其历史根源之一，认为这段历史是关于象征方法的，而非真实的设备。我自身对此充满兴趣或着迷的原因很简单：为什么我们不能用罗马数字进行书面乘法？为了计算，罗马人需要一个欧洲古代用的计算工具——即串在绳子上的珠子，或一个算盘，无论如何都需要一种计算工具。一边是他们的计算语言，一边又是他们的计算工具。后来，印度人发明了十进制位值制，这在转瞬间使得数字媒介能够通过书面计算作为计算工具使用。起初我觉得这很有趣：以前您需要两个机制，一为符号，

---

[1] Sybille Krämer, *Symbolische Maschinen. Die Idee der Formalisierung in geschichtlichem Abriß* (Darmadt 1988).

一为具象化的人造物才能进行计算的过程，突然间，仅需要通过一个符号、纸、铅笔或一个书写工具。之后突然间又出现了字母来代替数字：a+b=b+a。与1+2=2+1相比，这个式子有什么含义？这只是一个小片段，因为这段历史实际上能够追溯到中国、美索不达米亚、埃及，然后到古希腊，再到现代，到哥德尔，到图灵机，换句话说，到20世纪的整个基础研究和形式化研究。

但对我个人来说，这本书的核心发现是，符号型世界和技术型世界可以混为一体。由之产生的事物显然不会只具备符号作用，也不会只有具象化人造物的作用，这就是符号机器的观点。人类像台电脑一样行动，这是一种令人难以置信的文化力量。曾经，像376乘以788这样的任务只有能力很强的专家才能完成，而现在突然发明了一种语言——十进制位值制、计算规则和操作符号，其同时也是一种技术。因此，计算能力成为一种基本的日常文化技术，它变得可教、可学。它甚至导致了某种知识的民主化：瞬息之间，知识这种力量从专家走向大众。

亚当·里斯（Adam Ries）是最著名的算术教师之一，他向我们介绍了印度算术。此外，西方人总是忘记这个十进制位值制是阿拉伯人给予我们的馈赠。它诞生于印度，包括零的概念，然后阿拉伯学者把它带到了欧洲，最初被僧侣们以一种完全异化的方式使用。此后，旧的罗马数字系统和新的印度计算方法在欧洲展开了长期的文化斗争，最终在美第奇家族的会计工作中得以确定。美第奇家族是第一批改用印度数字的人。他们在计算时不再需要珠子，也无须借助其他事物，而是用数字。这些数字中还有一个是零。有人知道数学上的零是什么吗？但这完全不重要。尽管我们根本不知道零是否是一个数字，仍然可以进行正确计算。这种结构和阐释的分离是典型的技术性产物，因此技术性的东西在符号实践中找到了自己的方式——一种无须进行解释但却极为高效的操作。这没有什么可耻的，也确实是一项优秀的日常技术。如果没有作为符号机器的数字计算这样的馈赠，意大利大城市的商业资本主义根本就无法实现。

SZ：因为形式化超出了计算范围，您在书中说得很清楚。您所描述的是一种已近似文化技术的东西。实际上，这个词在媒介理论和文化研究中真正流行之前，您就在书中描写了一种文化技术的发展，这些装置作为能够处理更复杂装置的先决条件，其内在生命是形式化的。

在您提到中国、印度和阿拉伯—伊斯兰地区之后，我想到了一个更具元方法学性质的问题。在《符号机器》中，您用一个大章节讲述了关于这些文化中的形式化现象，我在阅读时也收获了极大的乐趣和裨益。它确实是我在其他方向取得进展的源泉，例如阿拉伯—伊斯兰传统中的自动装置。但我斗胆直言，在后来的书中，这些概览对其他文化的作用不大。您自己是否意识到这一点？

SK：是的，完全没错。《符号机器》这本书本是为我个人的创作。科学图书出版社（Wissenschaftliche Buchgesellschaft）竟然真的将其带走并作为数学学科的图书出版，这完全是个意外。这是一个纯粹的历史验证，我甚至不懂阿拉伯语。看来，人们也能做到这样的事，即纯粹出于玩乐将它作为一个游戏来对待。我的大学授课资格论文就将一些与现代事物有关的符号实践的想法纳入其中。在撰写论文时，我理所当然地把它限制在我能够全面把握且独立判断的话语范围内。在像现在一样，作报告时，我自然也总是强调这种十进制位值制的起源。但是，若您无法查阅主要文献，就不能从哲学上进行研究。我没有独自进行研究，而是依靠大量的数学史、逻辑史等二手文献，还包括雷蒙德斯·卢卢斯（Raimundus Lullus）和19世纪的基础讨论。它并非大学授课资格论文，也不是博士论文，它只是一个居间环节。

SZ：您在书中说得很清楚，您没有发明任何新东西，但您描述和联系的视角却与众不同。现在当我重看此书时，让我印象深刻的是：在早期的文章中，人们很想借助阅读也得出后面的内容。但一个更为明显的，或许也近似元方法论的重点是，在这本书中，您的兴趣在于行为、过程、活动——即真正对活动的、暂时的事物，而不在于封闭的、能够在陈列柜展出观赏的东西。因此，书中反复出现形式化的概念，而不是一个事物、一个可以被称为装置或机器的对象。

SK：是的，西格弗里德，从您问题的倾向来看，我已然十分清楚，在这里我可能进入了一个目前主要涉及物体、工艺品或类似事物的领域。对我来说，从人的实践出发是必须的，亦是我在哲学领域中的一项智力成就。实际上，我是说，在某种程度上，事物自然是独立于我们且超越我们的。有一种观点认为，我们是宇宙中一粒可以忽略不计的沙尘。但作为一个哲学家，我认为我的任务实际上也是在讨论人的境况（Conditio humana），以及我们与世界的关系。这便意味着，我总是描述一切存在之物与人类实践的关系，无论是符号还是事物，无论是人工生产的，还是自然发现的，抑或是万物的平均值，因为我也不相信我们有一个独立的方法。毕竟，有康德著名的物自体概念。当然，大家并不觉得它真的有吸引力，人们也无须为此多费口舌。除非接受他所说的一种方式：世界并不限于我们所能接触到的部分。这一点我也认同。但实际上我认为，某样东西只有在与产生它、与它相关、使用它、破坏它或其他处理方式有关的情况下才被决定。哲学中充斥着各种各样的东西。它将活动实体化，使之成为对象、实体，然后在理论上进行思考。我不觉得这有什么吸引力。我所坚持的立场是，试图用实际行动来反馈我们的理论努力。

SZ：对我来说，这与您拒绝或批评这种先验思维和最终论辩有很大关系，他们好奇的重点总是在于"是什么"这个大问题，但对您来说，似乎"如何"更为有趣。

就您的学术经历方面，我们现在大约讨论到您获得大学教职的时期[1]。这本书是后来才出版的，但您在1989年已经成为柏林自由大学的教授。这个学校出现了传奇人物和许多故事。我最近收到一部关于米歇尔·福柯在20世纪70年代访问柏林的小纪录片。雅克·德里达被邀请到雅各布·陶布斯那里，和迪特玛尔·坎普一起做了一个关于卡夫卡《审判》（Der Prozeß）的研讨会。那些20世纪70年代的人物和运动，对柏林工业大学来说一直是非常特别的，我们会去那里朝圣。1989年您进入柏林自由大学，担任哲学系副教授的职位[2]。就您的兴趣而言，您在那里有什么发现？它是否能够为您的个人研究和好奇心提供支持，还是您必须从头开始？

SK：我认识了令人无比欣喜的同事，其中包括沃尔夫冈·弗里茨·豪格，一个货真价实的强硬派马克思主义者，但他毕竟不是……

SZ：《商品美学批判》[3]，是为年轻一代人准备的。

SK：……一直到威廉·施密特–比格曼（Wilhelm Schmidt-Biggemann），他完全沉浸在概念的历史中。还有恩斯特·图根哈特（Ernst Tugendhat）和迈克尔·托伊尼森（Michael Theunissen）。他们都是杰出的同事，但我没有和他们一起工作。我们无法互相满足对方的需求。

SZ：在技术和媒介理论领域也没有发生任何事情。

SK：没有，完全没有。施密特–比格曼是一位伟大的文艺复兴专家，比如说，他研究过设想了思维机器早期形式的雷蒙德斯·卢卢斯。雷蒙斯·卢卢斯在计算机史前史上现在是并且未来也将会是很重要的人物，但施密特–比格曼并不是在计算机前史中与他打交道的。在这方面，我试图将历史与未来联系起来，却没有发现共鸣。但我并不需要，也没有错过它。

1　Sybille Krämer, *Berechenbare Vernun. Kalkül und Rationalismus im 17. Jahrhundert* (Berlin und New York 1991).

2　译者注：原文"Habilitation"是德语学术体系中的一种高级学位，相当于副教授资格，通常要求进行额外的学术研究并通过一项专门的考试或论文答辩，才能获得。

3　Wolfgang Fritz Haug, *Kritik der Warenästhetik* (Frankfurt am Main 1971).（译者注：该书批判了商品在当代资本主义社会中的审美特征和作用。）

SZ：我想谈谈第二个重点，谈谈您的《媒介性形而上学小引》(*Kleinen Metaphysik der Medialität*)[1]以及您再次将信使置于媒介哲学和理论考虑的中心的想法。将信使设想为媒介性的符号模式，并在将这一概念批判性地置于现有的媒介理论和媒介哲学的论述中，是一个很好的标志，也是一种理论姿态。我想更确切地讨论一下，这种对现有媒介理论的隐性批判的基础是什么？您在开始时已经稍微暗示过。麦克卢汉主义可能可以作为一个批评目标，这是我用《酸》来进行简单介绍的原因。您已经谈了一些关于装置迷恋者的问题，若允许我宽泛地说，在媒介理论中，他们显然也代表了攻击或批评的一面。然而，在这本书中，您主要试图发展一种站在思索媒介理论的两极之间的立场：一边是决定论者、技术型先验派思想家；另一边是那些完全来自符号和想象的人。在这二者之间则存在另一种可能的立场，您试图对其进行描述。

SK：这当然是一个广泛的领域。首先，对我来说，不被误解是非常重要的。我不想把信使理解为媒介理论的个人机制——这种理解基于基特勒的模型，我与弗里德里希·基特勒多次合作，基特勒把机器拟人化，于是现在必须再次将人类置于媒介实践的中心。这绝对没有什么意指。信使是一种模型，当然，这种模型也可以通过个人传播、符号传播、技术手段同样精彩地实现。首先，需要声明的是：媒介的信使理论并不是要重新将人引入热衷设备的媒介理论。有几个动因促使我这样做，也是对这个模型的解释。正如我所说，我受到一种哲学传统的影响，在这个哲学传统中，人类主体与活动、与生产力量、与制造、与生成相关联。也就是说，当人产生力量时，当他是造物之人（Homo faber），或凭借技术的造物之人（Homo generator）时，他才成为一个主体。这仿佛是自近代以来传递至今的东西。这种观点正在被对主体概念的批判所侵蚀，例

---

[1] 参见：Sybille Krämer, *Medium, Bote, Übertragung. Kleine Metaphysik der Medialität* (Frankfurt am Main 2008).

如被福柯和在他之前的尼采等。随着它的出现，这种生成的潜力也进入了媒介装置中。这就是我对弗里德里希·基特勒的部分理解。再者，我还认为，基特勒将媒介与操纵时间轴的可能性相联系。因此，一切可以通过人工技术逆转的东西都应被视为最广泛意义上的媒介。我认为这是个绝妙的想法。如果我们从后往前读字母，就能使得"棺材（Sarg）"一词变成"草（Gras）"。但这些做法都不能在语音流中练习。在没有语音记录之前，说话区别于书面媒介，在某种意义上是不可逆的。这就是为什么写作是一种媒介，而未记录下来的谈话对于基特勒来说也许就不是媒介，我这句话是为基特勒说的。我认为这是一个好的、有趣的想法，是真正的核心。

但现在要谈的是批评。正如我所言，我的出发点是现象学。在使用媒介时，除了我，还有许多其他人都注意到了这一点，功能正常且不受干扰的媒体会退居后台，吸引用户或多或少地专注其中，即让他们沉浸于他们所阅读的内容、所看到的内容、通过媒介所经历的内容。我认为这是媒介使用的日常规律，但顺便一提，此非艺术的规律。我认为艺术是对这种日常规律的突破。艺术想让媒介再次显眼，让媒介不再从日常生活中消失。我认为，媒介的特殊性在于使用，在使用中倾向变得不可见，沉入注意力之下，自我回撤，以便让其他事物变得清晰。在我看来，一个好的媒介理论必须能够以某种方式处理这种现象。因此，信使的概念也是如此，因为包括信使概念在内的信使模型均受外部控制。信使不必理解其话语，也无须为此辩护。其真实功能仅是一个载体，因而他将意义及信息的意义区分开来。我认为这是了不起的：总是具备传递意义的信使在意义延迟的领域工作。而这些依赖性和自我回撤的想法——是他律性的而非主动性的，是自我回撤的而非以自我为中心产生的——是非常重要的方面。我的观点是：如果您有两个世界，它们之间的差异很大，以至于无法或者极难建立联系，您则需要创造第三方（Drittheit）。

天使成为这方面的典范。就其名字而言，天使是卓越的信使。他们是杂糅体，集神性与人性于一体，因而有可能突然在人和上帝之间建立沟通，即便这有些片面。信使的功能是通过形成一个混合体将异质的世界关联在一起，这个混合体内部体现了双方的特征。诀窍就是：通过混合，我们设法将不同的东西联系起来，但并不互相一致统一，这一点很重要。差异仍旧保持，没有废除。我也发现这非常有趣，因为我出自哲学领域，那里的原则是通过传播消除差异，差异应该消失。这些是信使观念吸引我的一些方面。而濒死信使的神话也只是一个传说，这是我凭借一个超越马拉松信使的身份说的。希腊选手虽无全副武装，却能跑200公里。在全副武装的情况下，没有人会在奔跑42.25公里后倒下。这是隐藏在濒死信使传说中的发展的（avant la lettre）媒介理论，它的特点在于第三方。我一直面对着从二元论出发的社会理论，例如，我和您，黑格尔的主人和仆人，信息理论中的发送者和接受者，言语行为理论中的说话者和听话者。人们总是认为，社会的萌芽形式是二元的，但事实并非如此。我认为只有通过第三方，类似社会性和社交性才能出现。同时我认为这点也可以利用信使模式得到很好的发展。

SZ：我想回到开头，因为我们正在激烈地讨论使用过程中媒介的不可视与不可听性。这背后还有一个问题，即我们所谈论的沟通和理想的日常沟通指什么，适用于哪些情况。我们无疑对此做过努力，但我们总试图在理论和批判性媒介实践中，而不仅仅在艺术实践中，对其进行破坏。我认为，特别是在与远程连接媒介的交流中，不只有艺术家们，还有许多人都在进行大量努力，让媒介变得可见、可听，不让它变得透明，而是让它保持抵抗力。这是一个政治问题，也许甚至比艺术问题更重要。

SK：对我来说，从日常语言方面来看，重要的是所有的媒介都有一种浸入性的倾向。这不仅仅适用于计算机的虚拟现实，也适用于每一种"成功"的媒介：我在阅读小说时也会忘记自己，在电影院亦如是。我认为这个元素仍然是我们与媒介互动的很大一部分特征。另一方面，仅从直接用户的角度来看，这种消失是有趣的。媒介批评领域关注的正是媒介的不透明性。我总是用地图举例来证实这一点：当我去阿尔卑斯山徒步旅行时，我希望徒步旅行地图是正确的，这样才能在夜幕降临前到达小屋。这张地图应该是透明的，因为它为我提供了可视化的东西，即景观的一部分。但是，如果我是一个批判性的制图师，那么我就会把地图看成是其生产过程的痕迹，然后我就可以问自己：为什么我们用线条表示高度，而不是像过去的地图那样绘制小山呢？或者，在瑞士，虽然瑞士是三语国家，但一张地图为何使用这种或那种语言呢，等等。媒介的不透明度和透明度是两个观点。但当我使用一种媒介时，我在某种程度上依赖它的透明度。如果我是一个媒介理论家，如果我采用观察者的立场——但请注意，我也不使用媒介——我不再观察正在消失的媒介，而观察其物质性。

但关于形而上学小引还有一点，其背后存在一个机巧：西方历史上的形而上学意味着存在表象，而本质则在表象背后。这是我们一直以来对柏拉图的解释，但柏拉图主义完全不同于历史上的柏拉图，但我暂且假设认可这一点。本质是不可见的，思考者的任务是穿透表象的幻觉，去触及不可见的本质。这种柏拉图主义以一种奇妙的方式与符号理论联结，认为，符号具备一个有意义的标记——它们必须如此，否则根本无法被感知。莱布尼茨明确表示，符号必须是占据时空的，脑海中不存在符号。接着您必须阐释、解读这些符号并获取其内涵。我们解放了符号的物质性，以便了解符号背后的意义、本质。符号理论和柏拉图主义能够相互联系。但对于媒介来说，这就很奇怪了：在这里，我们看到的是信息，根据我的观点，媒介已然消失。因此，现在我采用了哲学中的形而上学的态度，确定了可见的——在这种情况下是感官——与不可见的、感官背后的东西。而这就是媒介的物质性和装置性。因此，形而上的态度突然变成了可以揭示媒介物质性的东西。

SZ：您还非常坚持信使的具身性，简单而言，具身性可以这样解释：啊哈，她确实相信装置和硬件！这是个好主意。但在这背后，或许也存在着一种强烈的人类学观点。在《媒介性形而上学小引》中，您写道："我们所说的媒介性并不是指可以相互分离的媒介，如声音、文字、图像，而是指对我们人类生活方式和文化建构的世界进行描述和解释的角度，这些角度针对的是基本的维度。"[1]这些与您刚才试图对从用户角度进行强调的事物的描述不同。在这种情况下，我产生了一个问题：这是否意味着转向人类学问题。这个问题非常复杂但同时又非常明确地坚持用户的作用，以及在系统上难以明晰的关联中的人的作用。

SK：对我来说，只要与历史人类学相联系，那么人类学并不是什么贬义词。恰恰相反的是，我正试图理解应当如何描述我们的世界和自我的关系。对我来说，很明显，这种能动性，这种以自我为中心的、瞄准个人关系的自主生产者的定位，是现代思想史和哲学的一种反常现象。它不仅关乎行为，也关乎发生；不仅关乎主动，也关乎被动。我指导过一篇极为优秀的关于恢复被动性的博士论文，其内容贯穿了整个哲学史[2]。它不仅讨论力量，也讨论软弱无力。为什么言语行为理论被称为言语行为理论？毕竟，在我们说话的时候，还有很多事情的发生在对我们产生影响。例如，当我们坐在这里，在这种情况下，我们应该以一种完全别致且意有所指的方式说话。但此外，我们也清楚自身言语上的纠葛，我们并不总是自身言语的主宰者。在我们的人类观中，对这方面的关注并不充分。我正在努力寻求一个平衡，将发起者和信使的角色结合起来，而不是片面地将发起者，即造物主，作为决定性的自我模式来加

---

1 Sybille Krämer, *Medium, Bote, Übertragung. Kleine Metaphysik der Medialität* (Frankfurt am Main 2008), S. 103.

2 Juliane Schiffers, *Passivität denken. Aristoteles – Leibniz – Heidegger* (Freiburg im Breisgau 2014).

以推崇。我们接收语言，我们用它来做些事情，我们把它传递下去。但这并非我们自己创造的。我们使用它，在使用时还必须考虑到，我们改变了它——但并没有创造它。

SZ：对于这点，请允许我在这里提到您对约翰·杜伦·彼得斯（John Durham Peters）的迷恋。彼得斯写了一本关于传播理念历史的精彩著作，而不是关于传播或传播概念的历史[1]。对他来说，您刚才提到的这个时刻也极其重要：我们不仅要将传播理解为实现，还要了解与传播有关的摩擦、距离和断裂，并学会以新方式从理论角度进行思考。他在书的结尾总结说，他对传播成功与否的问题完全不感兴趣，他的兴趣在于与他者的关系。在传播中面临极大困难的他者，必须使自己进入交流，参与其中。然后，诸如怜悯、爱、亲情等伟大的概念开始发挥作用——但问题的关键在于以不同的方式理解传播，从而也以不同的方式理解媒介性，而不是与惯例相适应。

SK：我从一个传统来讨论，在这个传统中哈贝马斯的传播理论非常重要。它假定我们每个人当然是不同的，但我们彼此交谈，再将差异转化为共识，直至最后，我们用同种声音交谈。这种传播的一致化思想恰是哈贝马斯传播理论的消失之处（vanishing point）[2]。对我来说，这将是"热寂"——如果我从熵定律出发，即一切最终都是一样的，但那时也什么都没有了，没有动力，没有发展。我认为，差异是起点且必须被保留下来。无差异则无运动。将这点转移到传播的概念上，就意味着我们必须把传播想象成未必非得促成一致的事物。

现在谈谈彼得斯。我继续先讨论传统，即"对话是好的，对话是最高形式的沟通"。而这也完全错误。对话可以是极其暴虐的，这取决于对

---

1 John Durham Peters, *Speaking into the Air: A History of the Idea of Communication* (Chicago 1999).
2 译者注：消失点或者灭点（德文——Fluchtpunkt；英文——vanishing point）。消失点为原文直译，指的是光学意义上的消失点，两平行线逐渐汇聚并消失在远方的一点，成为一条直线。

话发生的条件。顺便一提，这种对对话的强调适用于互动性以及这种媒介互动性越多则越好的观点；同样也适用于交互性的观点。彼得斯现在关注的是"一对多"模式，即大众传媒模式。

SZ：他称其为"耶稣模式"。

SK：正是如此。哲学界通常认为这恰恰是错误的方向：没有交互性，并且是一对多的。彼得斯用苏格拉底和拿撒勒人耶稣这两个历史类型明确了这一点。耶稣说：我把我的言论像种子一样撒出去——能用它做什么的人，就让他这么做，这样种子就会生长，不能用它做什么的，就可以不做。苏格拉底让个人参与对话，在对话的最后，他当然总是对的，因此总是激起众人反感，因为他在对话中生动地展示了公民的愚蠢。而彼得斯为这种一对多的传播方式辩护，并说这是一种完全可以接受的传播模式。我把这称为"邮递原则"[1]，就这点而言，我也想说，这种关于传播的单向性的观点，就如米歇尔·塞雷斯（Michel Serres）的《寄生虫》（*Der Parasit*）[2]那样，绝对是我们的传播实践中的一种选择。

SZ：我也认为这是一个非常重要的历史性阐释。拥有更多交流手段，我们就能更好地互相理解，这种观点如今已是无稽之谈。

我想谈谈与您的《符号机器》和《媒介性形而上学小引》有关的问题。在创作《媒介性形而上学小引》的那几年间，像声音这样的东西在某些时候起到至关重要的作用。同样，具身性的概念以一种特殊的方式发挥作用。我想知道的是：这种对符号机器的强烈关注是否导致您对那些无法用符号领会，但对传播极为重要且根本的事物、活动、运动和现象产生了兴趣？或者说这种解释过于天真？

SK：首先，在这里我必须再次强调，对我来说，形式化是一种感知

1　Sybille Krämer, *Medium, Bote, Übertragung. Kleine Metaphysik der Medialität* (Frankfurt am Main 2008), S. 15.

2　Michel Serres, *Le parasite* (Paris 1980).

式的操作方式。顺便一提,我与康德非常一致,他通过与哲学的区别确定了数学,他认为,数学家没有图表、符号等就永远无法得出见解。我甚至认为形式化与我们的感官分辨能力有着极大的关联。就此,我相信科学知识潜力的秘密并非简单地去实体化、抽象化,而是具象化。在这里,我们以零为例。有了零,我们甚至开始体现虚无,开始用它做一些事情。这种具象化的观点——无论在何处,在机器中,在符号结构中,抑或在行动中——都以多种方式发生,而且绝不只局限于主体。人的身体也是一种具象。声音中的语言有一个主体,但写作中的语言同样也有。只是这些两个主体存在显著差异。

继续回到声音。实际上,我之所以论及声音,是因为作为一个语言哲学家,我对文字进行了颇多研究,当然,我也与声音打交道。我这样做的根本原因是我不同意德里达对语音中心主义的指责。他说,声音可以说是西方语言学反思的阿基米德点。我认为这是不对的。文字主义在此是至关重要的:在整个西方,我们都以书面形式的语言为导向。我们完全没有注意到,我们的语言形象在多大程度上被它塑造了。例如,我们认为我们有一个语法,而语法[γράμμα]指的是字母。若我们在日常生活中用方言说话,每个人都按自己的喜好说话,那么语言就是激浪派产物。唯一的限制是我是否还能被对方理解。但我在说话时未必非得使用正确的语法。语法自然是书面文化的产物——书面媒介中对语言的观察就如同"字母"这个词所暗示的那样。因此,我认为,语言的书面体决定了我们的语言形象。声音让我感兴趣是因为它是物质无意识的痕迹。它是我们能力范围不一定能掌控的东西。由于我正是对无意图的事物、对痕迹感兴趣,所以声音非常重要。对我来说,还有一个伟大发现是尼采说,语言产生于图像和音乐的结合[1]。这个观点非同寻常。尼采对"阿

---

1 参见:Friedrich Nietzsche, *Die Geburt der Tragödie aus dem Geie der Musik* (Leipzig 1872).

波罗式（制造图像）"和"酒神式（制造音乐）"的区分，最初本不是作为艺术范畴发展的，而是发展为判断艺术的两个方面。实际上，尼采发展这两个术语是为用以描述语言特点，因为他说，语言有形象的东西，同时也有音乐的东西。我对声音的兴趣还源于其言语过程中不可符号化的特点，当然，有时它也能进行符号化的编排。声音见证了一个没有被言语行为理论所吸收的语言形象。

SZ：这里是否也与您近年来所从事的领域，即制图学（Diagrammatologie）有联系？我经过再次调查，也在极为古老的制图学和人工智能的书中发现了莫蒂默·陶贝（Mortimer Taube）等人。陶贝在1966年写了这本关于思维机器的神话的书，此书十分精彩。他简洁地表述道："使用图表的数学分支并不应称作形式数学，而应称作直观数学。"[1]

SK：这就是康德的观点。

SZ：没错，这就是康德的观点。在这个观点中，您从直觉的角度看待图表这样的视觉对象，会有这样的想法：现象无法完全用符号性的东西来解释，但在这种媒介中还有很多其他存在。这就是它吸引您的地方吗？

SK：实际上，在这里我要重新说回康德。正是康德的这一发现令我十分兴奋[2]。从那时起，他将数学看作是一种直觉的认知形式——与哲学家们实行的演绎形式相反。其发现如下：莱布尼茨说，空间由事物之间的关系创造而出——事物首先存在于彼处，然后才有空间。如今康德表明，莱布尼茨忘记了一些东西，即事物也有方向。为此，他以一张写过字的纸为例。纸上的符号存在一种关系，若我转动该纸，我便难以阅读纸上的文字，尽管其内部关系没有改变。由此他得出结论，如果想确

---

[1] Mortimer Taube, *Der Mythos der Denkmaschine. Kritische Betrachtungen zur Kybernetik* (Reinbek bei Hamburg 1966), S. 13.

[2] 参见：Immanuel Kant, *Kritik der reinen Vernunft*, Bd. 1 (Frankfurt am Main 1974) [1781], hier insb. das Kapitel „Von dem Schematismus der reinen Verstandsbegriffe", S. 187–194.

定空间，不仅位置及位置与空间的关系需发挥作用，事物的方向也起作用。方向加上位置就产生了空间。方向是通过直观揭示出来的，无法用语言描述。对此可以以手为例：如果我们想向他人解释我们手之间的差异——一只手在拇指的左边，另一只手在拇指的右边——或者通常用左右之间的区别来解释，而康德认为，这无法通过口头表达实现。正如康德的洞见，空间包含着区域，区域只在观察中呈现，而非通过逻辑推理来揭示。数学家们的工作要借助空间的、平面的图形——折线或图表，从而得出结论，数学在免除观察的意义上不可能完全形式化。相反，数学被迫使用观察以得出见解。

如果想了解数学家如何通过图表获取其构造规则本不存在的新知识，那么维特根斯坦的错觉图片就是一个很好的说明。你们都知道那种图片，根据不同的转动角度，可以看到兔子或鸭子的头[1]。图片中没有任何变化，只有角度变化。对于数学家来说，所有制图式的观点都是基于这样一个事实：比如说，图形中的一条线既可以被解释为圆的半径，也可以被解释为圆的边。当我们认识到这条线的双重特征时，就拥有了促使新发现的洞察力。当图表真正富有成效时——当图表显示了语言无法表达的东西时，或多或少就能出现这样的时刻。

SZ：您在关于图表的文章中并未使用投射这一概念。但这显然涉及投射，还有方向和位置，正如您刚才所描述的。

SK：投射这个词更多来自制图学，是现代的。制图学中的解构主义者认为，地图当然是一种结构，它并不描绘任何东西。我无法理解这种图像恐惧症，这种对任何形式的模仿的禁忌。要再次强调，如果我需要一张城市地图来确定方向，那么对我来说，这张城市地图以街道示意图

---

[1] 这一图片最初来自心理学家约瑟夫·雅斯特罗（Joseph Jastrow），维特根斯坦对其进行了分析。参见：Ludwig Wittgenstein, MS 144 (Philosophische Untersuchungen, Teil 2), in: *Philosophische Untersuchungen. Kritisch-genetische Edition*, hg. von Joachim Schulte (Frankfurt am Main 2001), § xi a7, S. 1025.

为结构才是最重要的。在一定范围内，我把投射的概念与保持结构的图片联系起来。这点在一些实际领域绝对重要。而在另一些实际领域，我们也不应完全这样做。

SZ：这是一个非常好的观点，这种逻辑和观察之间的联系，或许甚至构成了您在媒介领域所有工作和思考的基本努力方向。

关于这个话题的最后一个问题：您会将图表描述为工具还是媒介？这样的区分对您来说非常重要，例如，将计算机作为一种思维事物与将计算机作为媒介区分开来。

SK：我认为所有这些概念只是视角有不同。因此，世界上不存在符号和媒介，同一事物可以被看作符号，也能被看作是媒介。当然，工具和媒介之间的差异也是如此。一个典型的例子是书面算术。在某种意义上，它是数字的媒介，同时也是计算数字的工具。我会反对如此断章取义地看待它——人们总是能够从不同的视角来看待。

SZ：观众现在还有机会向西皮尔·克莱默尔提问，而且还可以进行批判。

渡边真也：我有一个关于算盘、柏拉图和查尔斯·桑德斯·皮尔斯的问题。算盘似乎与爱奥尼亚哲学的一元论思想非常相似，因为在算盘中要数的球的数量总是保持不变。然而，计算机已经成为柏拉图主义的延伸仍存在于今日的象征。图灵机是一个只能用"否"或"是"来帮助解决"决策问题"的程序。这就是一个基于二元论概念的程序的局限性。如今，查尔斯·桑德斯·皮尔斯讨论了语言的局限性：主体和客体不能被分割。它们建立了一个集合——不存在单独的主体或单独的客体。这与爱奥尼亚哲学非常相似，它与柏拉图主义相对立……

SK：那么，您的论点是，查尔斯·桑德斯·皮尔斯的思想是爱奥尼亚式的希腊哲学，而非柏拉图式的？

渡边真也：是的，我认为图灵机存在一个局限，因为它的程序设计受到人体生死的影响。而我认为，在量子计算中，在人类生命的前后解决一个问题是可能实现的。这与爱奥尼亚哲学或甚至毕达哥拉斯哲学十分相似，后者则是西方哲学的基础。您认为人们是否可以在这个观点和算盘等技术之间建立起联系？

SK：我认为这根本不是问题的答案［笑］，但我想大胆猜测：毕达哥拉斯式的算术。毕达哥拉斯派认为，通过对数字的解释能够确定事物的本质。对他们来说，世界本身就是数字。我不能在此将查尔斯·桑德斯·皮尔斯进行分类，但伽利略和笛卡尔思想的关键之处在于，数字不仅只存在于世界中，而是我们描述世界的一种语言。因此，数学从一门研究现实的科学变成了描述世界的一种媒介。然而，我发现，任何毕达哥拉斯的算术都很难在现代哲学中重建。

嘉宾：我有一个关于您的研究方法的问题。您已经将自己与两股潮流大致区分开来。一个是您早期所受的马克思主义的影响，一个是基特勒学派的媒介原教旨主义，如果我没有理解错的话，接着您转向文化技术这个在政治上未过度决定化的概念。我的问题是：在分析例如数学形式化这样的文化技术时，社会对立的因素是否被忽略了？当然，人们可以从马克思主义的角度来思考这个问题，但也可以从媒介先验的角度思考。以马克思主义为例，我想到了法兰克福学派的长期伙伴阿尔弗雷德·索恩-雷特尔（Alfred Sohn-Rethel）。他将雅典的早期数学追溯到硬币铸造系统，并将其与奴隶制联系起来[1]。现在我的问题是，在这种看似中立的文化技术分析中，是否忽视了社会对立范畴的因素。索恩-雷特尔也许会有不同说法。

SK：我理解您的意思。我也认为，这其中存在相当一部分真理。《符号机器》在思想上是纯粹的思想史。此后我自己也会想，我怎会如此

1　Alfred Sohn-Rethel, *Das Geld, die bare Münze des Apriori* (Berlin 1990).

彻底地忽略了一切历史经济过程。这也可能是由于我自己对社会对立的关注而造成的过度决定。事后忆及此，我认为这是《符号机器》的一个缺点。对此，我认同您的观点：我确实未能很好地反映社会、经济状况。然而，索恩-雷特尔对我的影响非常大。在《媒介性形而上学小引》中，我展示了各种传递逻辑，比如根据天使的形象进行的杂糅。货币也被视为一种媒介，它具有不同的传递逻辑——包括使得事物冷漠化。在某种程度上，几乎没有任何其他手段能如金钱一般，使一切趋同。而在这里，我从索恩-雷特尔那里学到很多东西。但您也已正确地认识到了这一点。顺便一提，索恩-雷特尔的价值也绝对被低估了，对此我感到非常遗憾。

SZ： 是的，他那篇关于那不勒斯、关于破碎的文章[1]，文字优美——，是我最喜欢的文章之一。哈特穆特·温克勒（Hartmut Winkler），您请说！

哈特穆特·温克勒： 我想提供一个调解的尝试：我并不相信历史经济方面的因素完全被忽略了。比方说，我认为，它们潜藏在您作品中的每个瞬间。首先是对被动性的赞同，这是一个与能动性和男性主体观念相对立的模式。还有物质的角色，关于物质的整个论述是与非常强调心理主义的逻辑相对立的。许多人提及物质的概念时，也将其视为被征服的、不属于统治这一面的东西。就此我相信，这方面的内容仍存在于您工作领域中的一些替代物或区域。

SK： 也许我可以这样说：要思考物质性。这一原理一直伴随着我。只是我做这件事的形式发生了变化。

SZ： 您很激动地阐述了用户视角，如果我们想用马克思主义或维特根斯坦的方式来进行表述，也可以说就是使用价值视角。这就是政治的

---

1 Alfred Sohn-Rethel, Das Ideal des Kaputten. Über neapolitanische Technik, in: *L'invitation au voyage zu Alfred Sohn-Rethel*, hg. von Bettina Wassmann und Joachim Müller (Bremen 1979).

作用,只要人们仍然可以在这里使用这个术语,以作分析。如今,"用户"以某种方式成为所有交流行为的中心,常常令人摸不着头脑。目前关于社交网络、其监控策略和数据保护的讨论,也可以理解为关于用户意义改变的讨论。突然,这个用户不由自主地成了类似整个虚拟经济的关键人物。我非常感兴趣的是,作为媒介思想家,我们将如何应对。您已经在您的理论中建立了相应的不确定性。而这其中也总是涉及断裂,涉及迂回曲折的运动,这一点我非常喜欢。《媒介性形而上学小引》中也反复提及该观点,因此,我认为这种数字的使用,只能导致一种分裂的观点。

SK:无论如何,不要从行为理论的角度来看待,相反,我们更倾向使用某个并非由我们自身创造的东西。我们只使用它,并将其传递下去。但我们也因此承担责任——在使用某物时,而不仅仅在生产某物时。责任并非始于我创造新事物之处,而是始于我使用言语之处,从长远来看,这些言语会改变语言的结构。

嘉宾:接渡边先生所说言。对我来说,从爱奥尼亚哲学到柏拉图有一个很大的飞跃。在爱奥尼亚哲学中存在不可分割的概念,直到黑格尔那里才会重现。在这里,我们总是有这种二分法:要么是,要么不是。和亚里士多德一样,如果一个是错的,另一个就是对的。但现在您带来了一个有趣的角度,即对信使的考虑。这是在A和B之间、在是和非之间、在双方之间进行调解的人,也可以被称为"神奇的第三方"。如果我现在把不可分割的概念,再跃迁到图灵机,毕竟它是用1和0来工作的,那么这就会在机器中发生。机器不仅仅是一个信使,不仅仅是一个载体媒介,机器几乎相当于环境。因此,机器将是1和0之间不可分割的代表。所以我们甚至不能说它是开或关。"开"和"关"是同一事物的两种状态。突然间,我们对于爱奥尼亚哲学不存在任何问题。这种在"是"或"非"之间做出决定的强迫性,毕竟在哲学中日益消解。这就是您想说的吗,渡边先生?

渡边真也: 图灵机的问题在于,人类只能在他或她自己能体验到的模式下进行编程。我们唯一不能编程的模式是死亡,因为一个死人当然不能编程。这就是二元论存在主义思想的局限性。然而,爱奥尼亚哲学从灵魂开始,身体只是整个存在的一部分。我认为,如果没有这个观点,当代计算机是无法完成的,因为图灵机不仅是二元论的,也是一种存在论的思想。

SK: 我现在对柏拉图进行了较多研究,我想简单举个例子来说明为什么您不能这样说。第一位发言者提到,在机器中,是与非的二元性被废除了,我认为这很有趣。然而,我必须说,我不同意您说的第一部分。柏拉图分类法(Dihairesis)的原则是对概念的剖析,这点确切无疑。而在柏拉图学院,他们实际上是在剖析概念,把它们放到流程图中。语言实际上是激浪派式的——在这里,它突然被描绘成一种地图,作为地理学来研究。而且,即使它看起来总是像一棵决策树,我仍然觉得非常有趣。

我还想为柏拉图辩护的另一个原因是:比如说,他的线性比喻,他在这个隐喻中将整个世界置于直线之上。顺便一提,在柏拉图最古老的手稿《理想国》(Politeia)中,有一幅被所有哲学版本忽略的画。无论如何,有趣的不仅仅是柏拉图用线条来解释他的整个世界观,而且他最后说这条线应被理解为一种运动。也就是说,当他说某物的图像最先存在,接着出现了众生,然后是概念,他并没有否定图像。他不是在诋毁图像,而是说所有的知识都是从图像开始的[1]。柏拉图说"存在即是可图像化的存在",所以他根本没有否定图像本身,而是在一个从图像到其他东西的连续上升过程中看待它们。他的洞穴寓言则是为了说明那些无法认识图

---

1 参见:Platon, *Politeia*, 509d-511e.

像特征的人是如何被困在幻觉中的。这在今天的计算机模拟的使用中也是如此。我在利奥波第那科学院（Leopoldina）的一个讲座上提到了山洞的寓言，以此来说明，如果不能认识到图像的特征，图像就会变成幻觉[1]。从媒介批评的角度来看，这一点很重要：每个与图像打交道的人都应该继续与图像打交道——但他们必须了解其图像特征。柏拉图并不主张媒介性的消亡，但他说，科学家必须知道他所画的圆不是理想的圆。

SZ：大家还有什么想说的吗？丹尼尔·伊尔冈，您请说。

丹尼尔·伊尔冈：重新回到制图学。关于图表是工具还是媒介这一重要问题，您回答说这取决于观察的角度。这也是查尔斯·桑德斯·皮尔斯的做法吗？他在其符号理论中主要关注的不是符号的分类，而是发现人们能用这些符号做什么。符号告诉我们关于这个世界的情况。现在是否可以在此基础上——这也是我在自己的研究中感兴趣的地方——去了解后结构主义者对图表的动态理解？在德勒兹和加塔利那里，图表首先作为对装置及其变化的隐喻出现。但双方也都发展了制图实践，特别是加塔利，但也包括德勒兹与他简单的草图。

SK：我的一个博士生安德烈·赖歇尔（André Reichert）撰写了一本关于笛卡尔和德勒兹制图学的书[2]，目前正准备出版。其论点是：图表介入了认知，它们不仅仅对我们已知事物做出说明，而是干预，还带来了一些没有图表就无法得到的东西的新事物。

丹尼尔·伊尔冈：相关的还有一本关于加塔利的英文出版物——珍妮尔·沃森(Janell Watson)的《加塔利的图表思想》(*Guattari's*

---

1 „Computermodelle in der Wissenschaft", 德国利奥波第那科学院年会, 2.– 4.10.2009, Halle (Saale). Der Vortrag „Simulation und Erkenntnis. Über die Rolle computergenerierter Simulation in den Wissenschaften" wurde abgedruckt in *Computermodelle in der Wissenschaft – zwischen Analyse, Vorhersage und Suggestion*, hg. von Thomas Lengauer. Nova Acta Leopoldina. Abhandlungen der Deutschen Akademie der Naturforscher Leopoldina Nr. 377, Bd. 110, hg. v. Präsidium der Akademie (Stuttgart 2011), S. 303–322.

2 André Reichert, *Diagrammatik des Denkens: Descartes und Deleuze* (Bielefeld 2013).

Diagrammatic Thought）。[1]图表与后结构主义理论如此相关，是因为它们有可能进行干预吗？

SK：我对此持怀疑态度，因为图表在那里变成了一个权力理论的概念。我还不清楚后结构主义在这里究竟扮演什么角色。佩特拉·格林（Petra Gehring）也写过一篇关于福柯的制图学的文章[2]，非常早，是在20世纪80年代。确实有这方面的作品，但对于如何评价后结构主义的制图工作，我还是有点纠结。约翰·穆拉基（John Mullarkey）也在这个方向上做了大量工作[3]。

SZ：请允许我最后再强调一下：您把图表与操作性的图像性[4]相联系，这是您的一个概念。同样，这在很大程度上是针对活动的，针对过程的——像我理解的那样，这也许是您思维的核心。

感谢亲爱的西皮尔·克莱默尔，谢谢您同我们一起，以如此精彩的方式结束了夏季学期的媒介思维谱系论坛。

记录整理：丹尼尔-伊尔冈、英格·奈克

---

1 Janell Watson, *Guattari's Diagrammatic Thought. Writing between Lacan and Deleuze* (London und New York 2011).

2 Petra Gehring, Paradigma einer Methode. Der Begriff des Diagramms im Strukturdenken von M. Foucault und M. Serres, in: *Diagrammatik und Philosophie. Akten des 1. Interdisziplinären Kolloquiums der Forschungsgruppe Philosophische Diagrammatik an der FernUniversität/Gesamthochschule Hagen 15./16.12.1988*, hg. von Petra Gehring, Thomas Keutner, Jörg F. Maas, Woflgang M. Ueding (Amsterdam und Atlanta 1992), S. 89–105.

3 参见：John Mallarkey, *Post-Continental Philosophy: An Outline* (London und New York 2006) oder *Philosophy and the Moving Image: Refractions of Reality* (Basingloke, Hampshire 2009).

4 参见：Sybille Krämer, Operative Bildlichkeit. Von der „Grammatologie" zu einer „Diagrammatologie"? Reflexionen über erkennendes „Sehen", in: *Logik des Bildlichen. Zur Kritik der ikonischen Vernunft*, hg. von Martina Heßler und Dieter Mersch (Bielefeld 2009), S. 94–122.

汉斯·乌尔里希·雷克 /
HANS ULRICH RECK

"明确的媒介思维是出于工作室和实验室的需要而产生的,而不是源自大学。"

西格弗里德·齐林斯基(以下简称SZ)
汉斯·乌尔里希·雷克(以下简称HR)

摄影:史蒂夫·伯格曼

SZ：我想首先为大家介绍一下我们的嘉宾。17世纪时，流传着一句关于阿塔纳斯·珂雪的话：每当他执笔蘸墨，一部厚重的作品便由此诞生。20世纪80年代以来，出现了一位相似的伟人——汉斯·乌尔里希·雷克：当他得空坐在打字机前，或是后来坐在电脑前，一部卷帙浩繁的书便诞生了。每当假期或珍贵的科研学期，他都会前往他的实践天堂法国，对此我们可以确定的是，他会带着一份写得密密麻麻的新创作的底稿回来。有时还得给他寄打印纸，让他可以打印创作的稿件。我想，这一点至今未改变。汉斯·乌尔里希·雷克总是写得如痴如醉，这也表明，他热衷参与知识分子事务，对他来说这是参与具体性政策的场所：知识分子的微观政治。他关心艺术、设计和思维方式方面的变化，这些在学术上构成了艺术，有时也为艺术提供支持。他会谴责、会抱怨，也会批评。他并非一个八面玲珑之人，也不考虑这对其职业生涯的影响。他不加掩饰地夸赞他觉得好的、更好的或最好的东西。这不仅使这位知识分子交到了许多朋友，其中一些好友对他也不乏敬畏之心。2000年12月，在他策划的展览"今日即明日——关于经验及设计的未来（Heute ist Morgen – Über die Zukunft von Erfahrung und Konstruktion）"[1]上，汉斯·乌尔里希·雷克将建构主义者恩斯特·冯·格拉塞斯菲尔德（Ernst von Glasersfeld）和奥托·罗斯勒邀请到波恩美术馆的讲台，作为展览的一部分，罗斯勒对冯·格拉塞斯菲尔德耳语："您要对他多加小心，他的思想很犀利。"此外，早在13年前，波恩的这次展览就已经讨论了认识论思想与构思及科学与艺术的相互交织的主题。以雅克·拉康和迪特玛尔·坎普的形象作为思考的对象，融合阿尔多·沃克（Aldo Walkers）的艺术，雷克在2004年也写了相关传记[2]。这是他出版的一系列艺术家专著中的

---

1 „Heute ist Morgen —Über die Zukunftvon Erfahrung und Konstruktion", Kunst- und Ausstellungshalle der Bundesrepublik Deutschland, Bonn, 30.06.2000–07.01.2001.

2 Hans Ulrich Reck, *Singularität und Sittlichkeit. Die Kunst Aldo Walkers in bildrhetorischer und medienphilosophischer Perspektive* (Würzburg 2004).

一本。

虽然有的资源可以让汉斯·乌尔里希·雷克有机会成为顶级科学管理者并组织具有重大影响力的大项目，但他并不是那种愿意为了得到某种资源而不遗余力、过度奉承的研究者。在准备今天的谈话时，我观察到了一个有趣的现象：许多我们视为媒介思想的先驱者的人，他们都不热衷参加一些频繁的活动，或者成为执行许多大型且价值不菲的研究项目的管理者或者负责人。汉斯·乌尔里希·雷克像许多古典人文学科的学者一样，基本上是独立进行研究。当然也不排除偶尔会和他人进行合作的可能，例如在"kit"[1]项目中就与一些计算机科学家进行合作。这个项目在题目中就与艺术和计算机科学领域有交集。该项目于1999年，即千年之交不久前启动，并于新世纪的前几年展开，涉及艺术实践、艺术和媒介理论及计算机科学，尤其是，当然不能忘记，与数字图像技术的交集。这个项目的成果也产生了第一本艺术背景下的编程手册[2]，即艺术背景下编程的特殊要求。对于汉斯·乌尔里希·雷克的部分出版物来说，与知识机器研究小组（Knowbotic Research）的合作也非常重要。该小组早在有此类行动的相关标签之前，就在合作软件、项目、建筑师和艺术家等方面进行探索了。汉斯·乌尔里希·雷克共同监督和赞助了该小组在威尼斯实现的大型项目，毛里齐奥·拉扎拉托（Maurizio Lazzarato）和迈克尔·哈特（Michael Hardt）等人也参与了这个关于非物质劳动的项目[3]。

1　即"艺术（Kunst），信息（Informatik），理论（Theorie）"，卡塞尔艺术学院的项目（1999—2003）。"该试点项目从数字工具的艺术扩展角度研究了艺术实践和新技术之间的互动。作为艺术和媒介研究学科组的一部分，该项目从艺术扩展和修改数字工具的角度调查艺术实践和新技术之间的互动。特别是它在当代艺术发展的背景下致力于密切关注艺术理论和计算机科学之间的关系。当代艺术实践的发展"。（摘自kit邀请函——在KHM的最终演示，2003年10月24日，科隆）。

2　Georg Trogemann und Jochen ViehoG，*Code@Art。Eine elementare Einführung in die Programmierung als künst lerische Praktik*（Wien und New York 2005）。"kit项目"还催生了汉斯·乌尔里希·雷克的出版物 Kunst als Medientheorie. Vom Zeichen zur Handlung（Müchen 2003）。

3　"IO_lavoro immateriale – constructing public sphere"（威尼斯双年展，1999），知识机器研究院（Knowbotic Research）与毛里齐奥·拉扎拉托、路德布·里塞特（Luther Blisset）、迈克尔·哈特、汉斯·乌尔里希·雷克、恩佐·卢利安尼（Enzo Rullani）和伊亚·万塔贾托（Iaia Vantaggiato）合作。

在与弗洛里安·罗策（Florian Rötzer）的谈话中，《国际艺术论坛》（Kunstforum International）已经发挥了作用。20世纪80年代和90年代的部分时间里，它是一个讨论新艺术、艺术和媒介在理论和实践之间、学术和市场之间、学术讨论和可称为艺术市场之间的相互关系的重要平台。汉斯·乌尔里希·雷克为《国际艺术论坛》撰写了许多稿件。例如，《画像之谜和话语秩序》（"Bildmysterien und Diskursordnungen"）[1]是一篇关于阿比·瓦堡的文章，随后以不同的变化出现在其他地方。尤其是他出版了几部专题小册子。其中具有传奇色彩的书卷，名称为《短暂的动荡Ⅰ：记忆的构建》和《短暂的动荡Ⅱ：记忆与遗忘之间》（Transitorische Turbulenzen I und II : Konstruktion des Erinnerns und Zwischen Erinnern und Vergessen）[2]，也许还有最著名的：1991年的《模仿与模拟》（Imitation und Mimesis）[3]。

对汉斯·乌尔里希·雷克来说，博物馆过去和现在都是一个理论讨论的场所。从1986年到1996年，他与马丁·黑勒（Martin Heller）在苏黎世设计博物馆（Museum für Gestaltung in Zürich）就艺术和设计之间的许多项目进行了深入合作。其中一个项目衍生了"介入（Interventionen）"系列丛书[4]。该丛书对20世纪90年代的学术讨论非常重要。1996年，他与苏黎世设计博物馆一起举行了"美的现实性下的美学——在巴琮·布洛克60岁生日之际举行的文化发展前景研讨会"[5]。汉斯·乌尔里希·雷克和巴

---

[1] Hans Ulrich Reck (Hg.), Von Aby Warburg ausgehend. Bildmysterien und Diskursordnungen. *Kunstforum International* 114 (1991), S. 198-213.

[2] Hans Ulrich Reck (Hg.), Konstruktionen des Erinnerns. Transitorische Turbulenzen I. *Kunstforum International* 127 (1994); Reck (Hg.), Zwischen Erinnern und Vergessen. Transitorische Turbulenzen II. *Kunstforum International* 128 (1994).

[3] Hans Ulrich Reck (Hg.), Imitation und Mimesis. *Kunstforum International* 114 (1991).

[4] 介入系列丛书，由Strömfeld/Roter Stern出版社（巴塞尔和美因河畔法兰克福）出版于1998年。该系列丛书是从汉斯·乌尔里希·雷克与阿洛伊斯·马丁·穆勒（Alois Martin Müller）和约尔格·胡贝儿（Jörg Huber）于1991年至1998年组织的同名系列活动发展而来的。

[5] 研讨会作品:Bazon Brock. Ästhetik nach der Aktualität des Ästhetischen. Ein Symposium zur Perspektive der Kulturentwicklung, hg. von Martin Heller und Hans Ulrich Reck (Zürich 1998).

琼·布洛克共事多年。值得强调的是，这些项目还包括对设计理论的深入探讨。如今，设计师似乎常常抱怨在苦苦寻找适合自己的理论，也许他们应该仔细观察一下。早在20世纪80年代，担任柏林国际设计中心（IDZ）主席就是汉斯·乌尔里希·雷克工作的一部分。

汉斯·乌尔里希·雷克是一位兢兢业业的教师。对他来说，在学院和大学的持续教学远不是一个令人厌烦的强制性工作。可以感觉到，他认真地把它当作一项特殊的工作，其目标是发现年轻的、有天赋的、有才华的人，帮助他们寻找适合他们的表达方式，并毫无保留地鼓励他们；也帮助其他人唤醒对艺术和设计关注的热情，前提是有能力和意愿让兰波那样的热情在心中燃烧。

汉斯·乌尔里希·雷克以同样的热情出版图书大约有30年了。在这个领域，他将艺术与设计也融合到了一起，其中有些作品是名副其实的巨著，比如长达760页的独特的《梦想百科全书》（*Traum Enzyklopädie*）[1]，或者他2007年的《创意索引》（*Index Kreativität*）[2]，包含140个独立章节，800多幅插图和近600页印刷品。相比之下，论战性的《媒介艺术的神话》（"Mythos Medienkunst"）[3]是一篇小文章，但在2002年问世时，是相当了不起的。因为在特别是机构所谓的"新媒介艺术"的全盛时期，汉斯·乌尔里希·雷克对这一概念做了战略性和回顾性的解构。作为一个通用术语的发明，它源于科技，艺术是借此生产和传播的，但没被其定义。今天有一组出版物值得特别一提：从1995年起到2005年，我有幸与汉斯·乌尔里希·雷克等各种不同的人合作，其中包括沃尔夫冈·恩斯特（Wolfgang Ernst）、托马斯·亨塞尔（Thomas Hensel）和尼尔斯·罗勒等，承担了《实验室——艺术与应用年鉴》（*Lab - Jahrbuch für Künste*

1　Hans Ulrich Reck, *Traum Enzyklopädie* (München 2010).
2　Hans Ulrich Reck, *Index Kreativität* (Köln 2007).
3　Hans Ulrich Reck, *Mythos Medienkunst* (Köln 2002).

und Apparate）[1]的编辑和出版工作。几乎是每年编辑出版一册，在代表完全不同立场的同事和朋友的帮助下，就我们与艺术和技术的复杂关系的状况达成共识。我们非常高兴能够将它们汇集之后由瓦尔特·柯尼希（Walther König）出版社出版。出乎意料的是，这些书都属于那些很少被阅读的书，尽管它们确实包含了过去几十年来在讨论中变得越来越重要的大部分议题，特别是对媒介艺术非常重要。我想这与它们是年鉴有很大关系。如果任何东西被称为年鉴，人们就会把它放进棺材里，仿佛它只为出版它的机构服务。这可能也有一些正确之处，但是不尽然。（其他合作者还有）托马斯·马乔（Thomas Macho）、赞普·凯尔普（Zamp Kelp）、亚历山大·克鲁格、汉斯-约格·莱茵伯格或布鲁斯·斯特林（Bruce Sterling），他还为其中的一本书起了书名——《再见，亲爱的鸽子》（*Goodbye, Dear Pigeons*）。对于这个项目来说，艺术和科学思想的对抗和善意的共存是其特点，同时也是理所当然的事情。我想特别提一下四本出版物，因为它们与我们今晚的谈话特别相关。《运河作品》（*Kanalarbeit*）是我首次接触到关于汉斯·乌尔里希·雷克的思想的书，于1988年出版，副标题是"文化变革中的媒介策略（Medienstrategien im Kulturwandel）"[2]。可能人们早就开始使用媒介策略这个概念了。但至少我没有这样做。我最初是在一个比较中性的意义上理解它。这是我们话语领域中早期的具有影响力思想汇编之一。第二本书是2003年出版的《作为媒介理论的艺术——从符号到行动》（*Kunst als Medientheorie. Vom Zeichen zur Handlung*）[3]，讨论了艺术实践、姿态、态度，它们本身具有很强的理论潜力，甚至可以说是理论上的贡献。第三本书是《该图像显示图像本身不存在——关于艺术、媒介和视觉文化之间的紧张关系》（*Das*

---

1 Kunsthochschule für Medien Köln(Hg.), *Lab – Jahrbuch für Künste und Apparate* (Köln 1995–2005).
2 Hans Ulrich Reck, *Kanalarbeit. Medienstrategien im Kulturwandel* (Basel und Frankfurt am Main 1988).
3 Hans Ulrich Reck (Hg.), *Kunst als Medientheorie. Vom Zeichen zur Handlung* (München 2003).

Bild zeigt das Bild selber als Abwesendes. Zu den Spannungen zwischen Kunst, Medien und visueller Kultur）[1]。最后是一个更大的出版系列：2012年，也就是在《运河作品》出版24年后，汉斯·乌尔里希·雷克的"帕索里尼系列（Pasolini-Paket）"[2]出现了，被认为是最真实意义上的一个媒介系列。在这个系列中，汉斯·乌尔里希·雷克试图用他自己的反思、分析，以及来自朋友、帕索里尼的同伴、评论家和其他作者的声音文件，为帕索里尼绘制一幅类似艺术诗意的肖像，一幅哲学肖像。听到这个消息，我非常激动。他今天告诉我，这本书最初计划是作为一个广播节目，但是现在只是以这种CD形式发行，还包括一本书，我们可能会提到[3]。我先介绍就到这里。现在，汉斯·乌尔里希·雷克，让我们进入问题的讨论。

首先，请您思考一下，在您自己对艺术的思考中，媒介究竟是如何开始发挥作用的。您曾在图宾根学习哲学和艺术史。我想，20世纪70年代的图宾根，尤其是70年代上半期，人们不会自动接触到当时已经出版过作品的法国装置理论家，不会接触到在纽约、巴黎和科隆之间来回穿梭的早期激浪派艺术家，或是早期的西德电影和媒介理论家。我们感兴趣的是，您在什么时候以及通过哪些事件和阅读受到启发，从而更深入地思考媒介以及艺术和媒介之间的相互关系，以及哪些学科让您慢慢走向对这个问题的探索。

HR：首先，非常感谢亲爱的西格弗里德的邀请。我认为这个活动很好。现在我们已经慢慢到了做传记工作的年龄，使年轻人也能直观地理解，这项工作的发展过程是极为耗费精力的。能够按照自己的兴趣工作极其幸运。将自己的兴趣化为现实，同时将其融入一个可以谋生的环境中，将是一种巨大的幸福。所以我想向各方表达我的感激之情。当然，

---

1 Hans Ulrich Reck, *Das Bild zeigt das Bild selber als Abwesendes. Zu den Spannungen zwischen Kunst, Medien und visueller Kultur* (Wien und New York 2007).

2 Hans Ulrich Reck, Pier Paolo Pasolini – Poetisch-philosophisches Porträt. 2 CDs (Berlin 2012).

3 Hans Ulrich Reck, *Pier Paolo Pasolini* (München 2010)

西格弗里德·齐林斯基为我的工作经历所作的概述十分翔实、精确和周到。很高兴我们能见面。

现在来谈谈您所提到的这些问题。这是一个极其广阔的领域。大学之前，我就开始一点点勾勒，在什么环境下，或以怎样的敏感度，我可以幸运地走向某些方向。它以一种特定的方式在一个充满艺术的环境中开始。我在巴塞尔上学，在20世纪60年代长大，这是我人生的一大幸事。60年代中后期，充满了许多令人难以置信的重要刺激，这些刺激绝不是我的原生家庭带来的。相反，这对我来说是超越家庭的自由领域。我可以有自己的发现。这种环境包括一个非常好的剧院，上演了许多重要戏剧，例如爱德华·邦德（Edward Bond）的首演或彼得·汉德克（Peter Handke）的试演。塞缪尔·贝克特很早就通过剧院的舞台表演接触到了非常重要的东西，接近存在主义的。然后奇怪的是，一系列的音乐会在喜剧院——戏剧的一隅——举行。那是一个有着金色浮雕的房间，设有红色丝绒扶手椅，供人们在那里坐下来，比如说"Guru Guru"[1]，或者德国电子乐队在前面演奏。摇滚乐队偶尔也在这种奇怪的氛围中演出。这和一系列的讨论一样，是方案的一部分。

提到视觉艺术，早期约瑟夫·博伊斯（Joseph Beuys）曾在几个城市举办过展览和讲座，巴塞尔是为数不多的其中之一。1969年至1971年，博伊斯与丹麦音乐家、作曲家、激浪派艺术家亨宁·克里斯蒂安森（Henning Christiansen）共同举办了有关凯尔特人主题的行为艺术系列演出——"凯尔特人+~（Celtic+~）"[2]，这是影响我人生的关键经历。我仍记

---

[1] 译者注："Guru Guru"是一支德国酸菜摇滚乐队，被视为20世纪70年代该流派的重要代表。德国酸菜摇滚（Krautrock，也叫cosmic music）是一种泛指的实验摇滚类型，在20世纪60年代末期的德国发展开来。"酸菜摇滚"这种称呼一开始是一些英文音乐记者给一些德国乐队起的打趣的名字，这些乐队的曲风混杂了迷幻摇滚、前卫、电子音乐、放克、简约音乐、即兴爵士和世界音乐的曲风，和英美两国摇滚乐传统的蓝调、摇滚风极为不同，并强化了电子音乐、氛围音乐的流行，派生出了后庞克、另类摇滚和新世纪音乐这三种类型。

[2] "凯尔特人+~"是约瑟夫·博伊斯和亨宁·克里斯蒂安森共同举办的演出活动（巴塞尔的防空洞，1971年04月05日）。

得，这个系列总共有10场演出。在爱丁堡的演出还存有一份相关文献材料[1]。出于好奇，我观看了在巴塞尔新建的高速公路下面的防空洞里的演出。我对这种少见的神秘事件非常着迷，但同时也有些疏离。那次演出持续了6个小时。演出伊始，博伊斯在洗脚；人们可以边看边读剧本的内容。克里斯蒂安森的作曲和胶片投影很有意思，这场演出也被拍成了影片。当时只放映超8和超16毫米的胶片。虽然这是一个多媒介活动，但当时没有放映视频。我之前就从展览和绘画中了解了博伊斯，但在那里我第一次意识到依靠技术形成的艺术和艺术家们所呈现的演出之间的联系，当然也包括他的形而上学和宇宙论。这件事给我留下了深刻的印象，这在一定程度上与博伊斯的魅力有关。当时有一位企业家对博伊斯很感兴趣，于是便把他邀至自己的公司。那是一家化学公司，博伊斯去的时候是在工作日。这一点很重要：他并非在周六或者周日以私人宾客的身份拜访。这个环境也包括早期与约翰·凯奇的相遇，他经常在巴塞尔表演。在我参加音乐会的音乐学院有一个电子音乐的工作室。那个环境使我受益匪浅。这些活动和学习与我在高中的学业并行进行，时间上是可行的，但我需要相应地调整重心。这对我来说很重要。而且，这是一个轻松惬意的环境，我在那里和朋友一起学习这些东西。我很确定，我倾向于把哲学和艺术史作为主修专业或主要科目来学习，这与艺术史对我来说仍然必须与其他学科相联系有关。我不是一个传统意义上的历史学家。与当年相比，我现在认为，我应该在哲学之外再学习一门自然科学，而不是学习两门人文学科。这对哲学学习来说会好得多。毕竟，大学里从一开始就有美学研究。现在，谈一下现实问题：我认为在我的大学学习期间，没有人提到过"媒介"这个词，也没有关于电影史、电影研究、漫画或新闻学的研讨会。所以我的大学课程实际上与此并无关系。

1　A-Seite, Schottische Symphonie (aus: Celtic), 1970, 44:00 Min. Joseph Beuys und Henning Christiansen, College of Art, Edinburgh, 21.8.1970.

SZ： 说得很好："大学课程实际上与媒介并无关系。"

HR： 不过还是有一些事情是有关的，但没有明确的名称。那时还没有电影，根本不存在。然而，在审美领域也发生了一些变化。我清楚地记得艺术史学家康拉德·霍夫曼（Konrad Hoffmann），他对我的研究影响深远。他是研究中世纪雕塑的专家，在伦敦的瓦尔堡和考陶尔德研究所工作了很长时间。康拉德·霍夫曼是一个才华横溢的人，虽然他发表的文章相对较少，但举办了一些研讨会，例如，关于魏玛共和国的政治海报，关于宗教改革时期的海报论战和海报宣传，换句话说，都是关于视觉传播。他是第一个用汉斯·布鲁门伯格的理论来讲授世俗化主题的人。当时，沃伯格往往不为艺术史外人所知。他的基础著作只有一本选集，于20世纪70年代中期才由伍特克（Wuttke）编辑而成[1]。对于霍夫曼，这便成了一个主题。他在文艺复兴研究领域做了很多工作，但另一方面，他也举办了一个关于20世纪艺术中的机器的研讨会并大获成功，我也参与了那次研讨会。

SZ： 那时候没有"媒介"的概念也可以吗？

HR： 我不记得有任何关于"媒介研究"的讨论。然而，在艺术史上，我们做了一个关于摄影作为一种媒介或版画媒介的讨论。于是本雅明的主张便被接受了，当然人们也讨论媒介，但并非现在所说的"媒介"。

在哲学方面，我研究的是社会哲学。马克思主义、新马克思主义、从激进左派角度对马克思主义的批评等。那时的德国政治局势对这些研究非常有利，尤其是在20世纪70年代。在语言哲学中，语言学是非常有趣的，例如乔姆斯基（Chomsky），而不仅仅是里昂斯（Lyons）和我从文学研究中了解到的东西。维特根斯坦举办研讨会的水平很高，各类

---

1 Dieter Wu ke (Hg.), *Aby M. Warburg. Ausgewählte Schriften und Würdigungen* (Baden-Baden 1980)

语言哲学家都出席了，包括我非常崇拜的约瑟夫·西蒙（Josef Simon）。尽管在政治上我并不喜欢他，但他真的太出色了。分析哲学是在赫尔穆特·法伦巴赫（Helmut Fahrenbach）的圈子里发展起来的。语言理论、奥斯汀（Austin）以及塞尔（Searle）的理论等都是在维特根斯坦的背景下发展起来的。我当时还很年轻，有时还有点无知。我和一位年长的学生约尔格·齐默尔曼（Jörg Zimmermann）成了朋友，他正在撰写关于弗雷格（Frege）和维特根斯坦（Wittgenstein）的博士论文[1]，他曾在美因茨担任了很长时间的教授，最近回到柏林，成为名誉教授。每周五晚6点举行讲座，必须准时到达，我们会一起阅读和讨论。我在那里读了翁贝托·埃科的《开放的艺术作品》（*Das offene Kunstwerk*）[2]，马克斯·本斯（Max Bense）的信息理论——《信息理论美学》（*Informationstheoretische Ästhetik*）[3]，还有布拉格结构主义者穆卡罗夫斯基（Mukařovský）的作品，等等。美学是一个非常重要的主题，我在那里受益匪浅。顺便一提，有一位研究罗马语言文学的教授叫尤金尼奥·科塞里乌（Eugenio Coseriu）——我不得不承认实际上我听不懂他说的话。他试图从深度结构的角度将罗曼语和斯拉夫语放在一起研究。他的讲座给我留下了非常深刻的印象，他的水平非常高。这可以成为我研究的一个方向，但我得学习许多语言，这样的话可行性就不大了，为此我也常常后悔。但我对艺术史和艺术作为一种媒介感兴趣。

SZ：您已经解决了我准备好的复杂问题。我还想深究几点。媒介思维是如何发展的？我们对此十分好奇。您非常简短地提到了《政治经济学批判》[4]，这是我自己研究的一个重要的元方法，以便接近在这些媒介术

1　Jörg Zimmermann, *Wittgensteins sprachphilosophische Hermeneutik* (Frankfurt am Main 1975).
2　Umberto Eco, *Das offene Kunstwerk* ((Frankfurt am Main 1973); im Original Opera aperta (1962).
3　Max Bense, *Einführung in die informationstheoretische Ästhetik. Grundlegung und Anwendung in der Texttheorie* (Reinbek bei Hamburg 1969).
4　Karl Marx, *Kritik der politischen Ökonomie* (Berlin 1859).

语中浓缩的某些现象。我想多了解一下这个问题。您提到语言学是一种接近语法秩序、事物结构的方法，包括艺术表达。请您思考一下，这种方法在发展媒体思维方面有多重要？从这样一个元理论的角度来看，哪些时刻给您留下了深刻的印象且鼓舞着您？是什么让您在学习期间有精力深入研究这些过程？

HR：这些涉及不同的理论。一个经典的元理论是在政治经济学批判领域对马克思主义的吸收，该理论将时间概念作为社会化进程的创造性劳动。早些时候，我就开始阅读费尔南·布罗代尔（Fernand Braudel）和年鉴学派[1]的史学研究，以及他们对不同时代的历史分层的理解。这是另一个重要的元理论。第三个元理论是在诗学和解释学的背景下。在哲学的各个领域、艺术史的应用以及最近的德国文学研究中，关于汉斯·罗伯特·姚斯（Hans Robert Jauß）的接受美学都存在诸多论述。这本不是一种元理论，但与之相关，例如汉斯·迈尔（Hans Mayer）所代表的那种文学研究——将社会与当代文学的想象力结合起来形成一种类型学。如果您稍加学习就会知道他。1975年，他出版了《局外人》（*Die Außenseiter*）[2]，这是一种文学的局外人，但也是作为局外人的文学人物。这就提出了如何与这种元理论相联系的问题。有趣的是，在艺术史上，我想不出有什么元理论。有许多理论对于扩大的媒介概念的应用是相当重要的，尽管当时它还不叫这个名字。元理论或许也是科学的某些理论。即使是史前时期，也有普遍的理性标准，可以用科学的方法来描述。在科学哲学中，某些元理论层面被放弃了。我十分投入地关注和研究了保罗·法伊尔阿本德的著作，是他改变了元理论被放弃的局面。这也引发了蒯因等人的兴趣。法伊尔阿本德从这种元理论的失败中得出了结论。

---

[1] 年鉴学派的名称来自于马克·布洛赫（Marc Bloch）和吕西安·费弗尔（Lucien Febvre）于1929年创立的《经济与社会史年鉴》（*Annales d'histoire économique et sociale*）。它自1994年以来一直以年鉴的名义出版。

[2] Hans Mayer, *Die Außenseiter* (Frankfurt am Main 1975).

他还从福柯的知识考古学[1]入手，比如说，将其作为元理论来讨论。大家非常投入地讨论了如何对该理论进行分类，如何在其他话语之间移动。实际上这些才是最重要的。

SZ：您曾经研究过布洛赫（Bloch）。

HR：是的。

SZ：这意味着批判性理论对您也一定产生了影响。我这么问是因为我研究的社会化有某些核心文本便出自该理论，其中包括阿多诺和霍克海默的《启蒙辩证法》[2]，当然还有瓦尔特·本雅明关于艺术的最重要的文章，马尔库塞的《单向度的人》[3]。我们从马克思主义的角度或在媒介的背景下对其进行了深入解读，特别是在探讨宣传现象方面。在您早期的发展中，批判性理论对您十分重要，如今对您来说是否仍然很重要？至少我观察到，那些高调地把批评理论抛在身后的作者往往没有分析、反思的高敏锐度，尤其是在大众文化现象的观察上。

HR：是的，没错。我个人坚持的或我所做的方向是相对独立于大的研究计划的，为此也付出了代价。我不是那种先是崇拜批判理论，十年后又摒弃它的人。我认为这是不诚实的，是愚蠢和轻浮的。我当时便不信任的这些人，现在也不会信任。这种做法毫无意义。人们必须以不同的方式来解决这个问题。在这方面，《启蒙辩证法》，当然还有对大众工业的谈论，自我上学开始就一直伴随着我，尽管从来没有一场专门针对此的研讨会。我们在各个学习小组中阅读各种内容。花了半年时间读《纯粹理性批判》（*Die Kritik der reinen Vernunft*）[4]，又花了半年时间读马克

1　Michel Foucault, *Archäologie des Wissens* (Frankfurt am Main 1981); im Original L'Archéologie du savoir (Paris 1969).

2　Max Horkheimer und Theodor W. Adorno, *Dialektik der Aufklärung* (Frankfurt am Main 1969)

3　Herbert Marcuse, *Der eindimensionale Mensch* (Frankfurt am Main 1967); im Original One-Dimensional Man (Boston 1964)

4　Immanuel Kant, *Kritik der reinen Vernun* (Riga 1781).

思的《资本论》[1]。在研究美学和乌托邦的关系上总是涉及《启蒙辩证法》。为了研究二者的关系，我们又向布洛赫学习。这种接触很重要，因为布洛赫对年轻人的工作内容、方式和目标感兴趣，我们也进行了一些有趣的对话，研讨会是契机之一。我在研讨会中作出了较大的贡献，包括发表演讲、撰写文本和讨论稿。我发现布洛赫在许多对我而言存在疑问的事情上都有着非常独到的见解。他拒绝批判理论的世界末日式的固守，但他非常尊重阿多诺。这是因为他们有共同好友本雅明。本雅明与布洛赫非常恋家。恩斯特·布洛赫的妻子卡罗拉·布洛赫（Karola Bloch）曾经讲述过她和本雅明相识的过程。在20世纪20年代初的柏林，她站在一家糖果店的橱窗前，里面摆放着小杏仁饼。突然，一位男士站在她旁边对她说："女士，您看到了吗，这些小杏仁饼看起来多么悲伤。"那便是瓦尔特·本雅明。这句话是卡罗拉·布洛赫当时在布洛赫家中所说的原话。

SZ：有的人可以在晴空万里时想象出倾盆大雨的场景。

HR：正是如此。也就是说，通常认为布洛赫的乌托邦和阿多诺的悲观主义是相反的对立观点其实是不成立的，即使理论策略不同。阿多诺的社会学，例如《关于专制性格的研究》（*Studien zum autoritären Charakter*）[2]，对我非常重要。更深入的批判理论当然更具有科学的可验证性，而布洛赫的哲学性质完全不同，但人们肯定对其进行了批判性的研究。这伴随着对新马克思主义的讨论，因为这些伟大人物为此做好了准备。当时，哈贝马斯也很受欢迎，他写了一些著作，如《认识和兴趣》（*Erkenntnis und Interesse*）[3]或后来的《晚期资本主义的合法性问题》（*Legitimationsprobleme im Spätkapitalismus*）[4]，我认为都是很好的分析。这

---

1 Karl Marx, *Das Kapital*, Bd. 1–3, Bd. 2 und 3 posthum hg. von Friedrich Engels (Hamburg 1867, 1885, 1894).

2 Theordor W. Adorno, Studien zum autoritären Charakter (Frankfurt am Main 1973).

3 Jürgen Habermas, *Erkenntnis und Interesse* (Frankfurt am Main 1968).

4 Jürgen Habermas, *Legitimationsprobleme im Spätkapitalismus* (Frankfurt am Main 1973).

是事实，我也没有背离。我利用了在我看来合理的东西。我一直认为阿多诺的《美学理论》(Ästhetische Theorie)[1]的所有问题都非常有趣，特别是在研究视觉艺术方面。我知道，阿多诺在音乐方面的判断或他对德国新音乐的操作性干预确实是一个问题。许多音乐理论家和音乐家理所当然地被这种教条式干预的尝试激怒，这其实是没有必要的。这种质疑的真正动因，特别是在《启蒙辩证法》中，是转变，例如，神话的启蒙力量。这后来成了一种元理论，该语料库的一部分后被用于分析视觉传播和应用符号学或广告修辞学。

SZ：在我看来，批判理论的经典提出了一个重要的基本论题，这又影响到您对艺术和媒介的思考，对艺术和技术核心的思考。在准备过程中，我读了本雅明1919年的论文节选[2]。他试图理解与媒介相关的艺术。虽然他对使用"媒介"的概念持谨慎态度，但在文中他还是用了。我想简短地引用下面这句话。1919年本雅明仍然过得艰难。这些后来蜕变的大师们的早期论文质量实为上乘。这可能对那些在写论文的人聊以慰藉。"艺术是反映的媒介。接收到的东西便可能是它的硕果。艺术批评是在反思媒介中实现了对象的认知，其任务是在揭示媒介中获得（一定的）知识。"[3]虽然得读几遍、背几遍才能在一定程度上理解这句话，但其核心思想很不错。一方面，它坚持肯定了艺术的特殊作用，另一方面它希望通过与媒介（在这里指的是反思性媒介）的接触，可能会出现一种差异化的力量。这是您在讨论中反复使用的一个术语，即一个人需要能够处理艺术及其进一步发展的可能性。

HR：是的，这对我来说非常重要。他所描述的是对艺术媒介表现的一种解读。这是对浪漫主义的解读。那时首次出现了突破艺术品——艺

---

1 Theordor W. Adorno, *Ästhetische Theorie* (Frankfurt am Main 1970).
2 Walter Benjamin, *Der Begriff der Kunstkritik in der deutschen Romantik* (Bern 1920).
3 同上，第53页。

术品的载体——的想法。在这里所说的作为反映的批判性吸收可能是受到谢林（Schelling）的影响。

SZ：是的，他在这里指的是谢林。

HR：只有批判性反思才能使作品完整，但却是以一种不完整的形式。当然，有趣的是，不是艺术的理论翻译、批判，而是艺术本身促成了这种批判过程的反映。在这个意义上，对无限的反思是艺术过程的一部分。这就是我对本雅明的媒介概念的解读，这对我来说非常重要。在我学习的早期，曾接触过版画，那是艺术史研讨会的一个传统主题。当时我们有一个版画收藏，并对此写过相关论文。我曾在第二学期写过关于本雅明艺术品[1]的学期论文。我清楚地记得，我当时非常分裂。我把它与我读过的本雅明的很多东西联系起来。我们会对有争议的讨论产生浓厚的兴趣。我追求艺术品论文中的经验性主张，并意识到，如果很多东西在这样的阅读中并不真实，那么，这只是关于这一点，还是有其他方面？当时，其他方面还没有作为一个媒介概念出现在我面前。今天我要说的是，现实生活中的媒介是引发他兴趣的关键。为了更重要的东西，他放弃了个人体验的光环——实际上是本雅明一生中所能想象的最宝贵的东西。关于政治的审美化和美学的政治化的整个讨论是指通过先进的艺术形式，比如俄罗斯蒙太奇电影，对虚假现实进行解构。对我来说，这些始终是相互关联的。同时，我认为这更接近于启蒙的辩证法，而不是将艺术解放为艺术的过程中涉及的成本问题。当时，我只是有一种模糊的感觉。我意识到了他的动机，也意识到这篇文章背后的真正目的：这个理论应该在积极的意义上为反法西斯主义运动发挥作用。

SZ：如果您以当代的视角来阅读这篇文章，那么文中巨大的认识论

---

[1] Benjamin, L'Œuvre d'art à l'époque de sa reproduction mécanisée/Das Kunstwerk im Zeitalter seiner technischen Reproduzierbarkeit [2-sprachig], gekürzt und übersetzt von Pierre Klossowski. *Zeitschri für Sozialforschung* 5 (1936), S. 40–68. Die von Benjamin autorisierte Fassung erschien erst 1955 in: Walter Benjamin, Schrien, hg. von Theodor W. Adorno und Gretel Adorno (Frankfurt am Main 1955), S. 366–405.

潜力发挥了极大作用，它被包含在新的艺术或设计技术中，如摄影工作或蒙太奇。可以说，其所包含的综合意义的理论和思想潜力是在以前的解读中可能被忽视的东西。今天，艺术、艺术实践，甚至大众传媒的实践仿佛是一种新的发现，都具有强烈的认知维度。

HR：是的，这就是为了区分这种不完善或不完全性的隐性媒介而引发的讨论。这是一个我会以不同方式讨论的领域。自从我开始在艺术学院教书以来，我就一直在与对艺术家的误解进行斗争。他们本可以理解，但大多数人就是不愿意。人们常常引用一句意大利语，一种常见的观点："艺术家们必须用手说话（Noi altri dipintori abbiamo a parlare con le mani）。"

SZ：那是数字化的开端。

HR：这是对艺术复杂的反思性的一种削弱。工作室和艺术家对我来说都很重要。每隔一段时间，我就对自己说："小心点！不要完全照本宣科。"还有另一个方面。我们要在二者之间来回摇摆，只有这样，媒介的概念才能真正明了。将艺术视为一种与生产美学相关的媒介，技术经验更加强化了这一点。我开始教书后，巴塞尔首次引入了视频课程。当然，课堂上肯定谈到媒介，视听媒介，还有图像媒介分析，这是不言而喻的。后来，人们发现这些问题可能还与其他事情相关。明确的媒介思维是出于工作室和实验室的需要而产生的，而不是源自大学。

SZ：所以是出于设计和艺术实践。

回到宏观和广义思维。从我们的许多讨论中可以了解到，对您来说，更多从社会学思维角度出发并代表完全不同的理论传统的理论家起着重要作用。我只提到哈贝马斯和尼克拉斯·卢曼（Niklas Luhmann），他们今天在某些语境中仍然时时被提起，但在涉及艺术和媒介理论的当前话语领域中几乎没有。您想简要评论一下吗？卢曼对您有多重要？您喜欢他、阅读他、研究他的哪些方面？还有哈贝马斯的乌托邦蓝图，也许是与传播概念有关的最后一个伟大的乌托邦蓝图。从今天的角度来看，这对您来说有什么影响？

HR：《交往行动理论》(*Theorie des kommunikativen Handelns*)[1]对差异的关注度不够，突破口太少。尽管"在长期内学会理性交谈"等观点听起来合理，但却存在自相矛盾之处。因此，我对20世纪70年代初哈贝马斯和卢曼的辩论十分着迷。那是我读大学的时候，有一场名为"社会理论或社会技术：系统研究取得了什么成就？(*Theorie der Gesellschaft oder Sozialtechnologie. Was leistet die Systemforschung?*)"[2]的辩论。我挺喜欢这种公开进行的讨论。1975年在斯图加特，我参加过一次有关黑格尔的会议，哈贝马斯和卢曼也出席了这次大会并继续了这个对话。在我看来，一个人可以以何种立场谈论社会这样大的议题似乎非常重要。而我认为卢曼的论点更有说服力。他作为一个冷酷的愤世嫉俗者，可能比一个坚定的、批判的、有道德思想的知识分子更能描述这些机制。这并非价值判断。之后，我与哈贝马斯的观点产生了分歧。然而，我后来对他做过一次采访，该采访刊发在报纸和他的一本关于社会主义概念的书中。当然，他是一个非常聪明和善于沟通的人。这很有趣，但背后却是一种我不再相信的系统哲学。因此，我们来谈谈卢曼，他当然也代表一种系统，但这是一种系统中的系统，基本原理非常简单。卢曼的思维引擎实际上极其简单，其结果有时挺有趣的。这一现象十分出人意料。顺便说一下，我也读过他不太出名的法学和法律著作。他实际上出身于行政官僚机构和行政法学，所以他对制度很了解，于是便产生了这个社会理论的方案。那时候这还是一种我不信任的系统哲学。我特别不喜欢卢曼关于艺术的书[3]。对我来说最重要的领域里，如果我对他的理论不感兴趣，

---

1 Jürgen Habermas, *Theorie des kommunikativen Handelns* (Frankfurt am Main 1981).

2 参见：Jürgen Habermas und Niklas Luhmann, *Theorie der Gesellschaft oder Sozialtechnologie. Was leistet die Systemforschung?* (Frankfurt am Main 1971).

3 Niklas Luhmann, *Die Kunst der Gesellschaft* (Frankfurt am Main 1997).

那么可以说，我对他也不感兴趣。这是我从中得出的结论。

SZ：解释得简单明了。您在谈到哈贝马斯和他的交往行动理论时使用了"对差异的关注度不够"的说法。如果我们回想一下第二次世界大战后在法国近代思想的影响下问题的发展路径，就会出现一个相对一致的顺序。一开始是克劳德·列维-施特劳斯，然后是拉康，然后是德里达的《论文字学》[1]和福柯前一年出版的《词与物：人文科学的考古学》[2]。一年后，居伊·德波的《景观社会》[3]也问世了。您能稍微思考一下，对您来说，这些新的法国思想家是如何被纳入这个相当有序的德语理论家体系的？他们真的被纳入了吗？他们的态度是一件令人不快的事，还是说这是一种渐进且持续的不同思维方式的融合？

HR：在我看来是后者。在图宾根学习期间，我将福柯的《知识考古学》和布尔迪厄（Bourdieu）的其他著作当作社会学著作来学习。这是一个令人困扰的情况，因为这场辩论立刻陷入了历史主义或历史性与结构主义之间的对立中。坦白讲，人们认为结构比主体更重要。这对当代哲学来说是一个巨大的挑衅，甚至对我们迄今一直在钻研的思想家来说也是如此。您不可能和布洛赫谈论这样的事情。他不接受这一点。他甚至不喜欢被他误解的萨特。很多东西不能再被仅视为思想传统和思想史。例如，他与克劳德·列维-施特劳斯的《野性的思维》（*Das wilde Denken*）[4]的讨论，与辩证法的讨论，是一场非常实质性的讨论，确实发人深省，也颇有意义。福柯的认识论、批评和历史学方面的工作意义重大。然而，福柯的理论体系非常复杂。我想把这些突破和它们对大学哲

1　Jacques Derrida, *Grammatologie* (Frankfurt am Main 1983); im Original *De la grammatologie* (Paris 1967).

2　Michel Foucault, *Die Ordnung der Dinge* (Frankfurt am Main 1974); im Original *Les mots et les choses – Une archéologie des sciences humaines* (Paris 1966).

3　Guy Debord, *Die Gesellscha des Spektakels* (Hamburg 1978); im Original *La Société du spectacle* (Paris 1967). 德波的同名电影据此书改编。

4　Claude Lévi-Strauss, *Das wilde Denken* (Frankfurt am Main 1968); im Original *La pensée sauvage* (Paris 1962)

学教育或知识分子形成的整体意义与对特定领域的开拓加以区分。无论是过去还是现在，这在德国都是一个问题，因为这些思想家在法国的组织形式与在德国完全不同。这不可避免地影响了他们的著作。人们自然而然地把这些著作当作论文逐字逐句地阅读，然而其表达方式却具有浓浓的法国特征。列维-施特劳斯的文章相对简单，因为它的法式特征相对不太明显。列维-施特劳斯也从未在法国大学担任过教授职位。我觉得很神奇，比如说，德勒兹和米歇尔·莱里斯（Michel Leiris）都写了一本关于弗朗西斯·培根的书[1]，但我不能和任何人谈论米歇尔·莱里斯的书。因为似乎根本就没有这样一本书。因此，我不禁感到疑问，为什么人们对米歇尔·莱里斯的作品不感兴趣呢？他写了一本鸿篇巨制《幻影非洲》（*Phantom Afrika*）[2]，记录了他从1931年至1933年的传奇非洲之行，总共900页，有德译本。这本书是对作者身份的探索，是对旅途的探索，也是坚定的作家的探索。莱里斯之所以很重要，是因为他离开了这些机构。他在年轻时就跟随"人类博物馆（Musée de l'Homme）"进行了一次人种学之旅。顺便说一下，该旅程从一开始就是以有组织的艺术品掠夺为目的。这只是整个故事的一面。以边缘化的方式行动，如何写作，如何成为一名共产党员并前往中国，如何写一本自传以及站在什么立场，法国人对这些观点的接受范围太窄了。即便手里捧着文章，也看不到其背后隐藏的内容。即便注意到了，想要理解它也如同理解拉康一般困难。他带着对人类的蔑视进行心理分析，探求这个系统如何运作。当他看护的第一个病人自杀后，第二天他便开着车去了所有的酒吧和餐馆，告诉他的朋友他不应该受到责备。现在您知道了这些，当然也有关于此的书，例如克莱门特·罗塞特（Clément Rosset）的《那个时代——关于路易·阿

---

[1] Gilles Deleuze, *Logik der Sensation. Francis Bacon* (München 1995); im Original *Francis Bacon, Logique de la sensation* (Paris 1981); Michel Leiris, *Francis Bacon ou la vérité criante* (Paris 1974).

[2] Michel Leiris, *Phantom Afrika. Tagebuch einer Expedition von Dakar nach Djibouti 1931–1933* (Frankfurt am Main 1980); im Original *L'Afrique Fantôme* (Paris 1934).

尔都塞的笔记》(*En ce temps-là: notes sur Louis Althusser*)[1]，但它好像还没有被翻译成德文。书中他描述了这个怪诞的、拉康式的自我戏剧化问题，这当然也塑造了这个理论。在布尔迪厄的作品中，当他分析法国《学术人》(*homo academicus*)[2]的习惯时，这成为一种元理论。这个作品读起来就像一则讽刺故事。布尔迪厄和这些思想家中的许多人一样来自农村，例如罗兰·巴特来自巴约讷，亨利·列斐伏尔（Henri Lefebvre）来自比利牛斯（Pyrenäen），福柯甚至来自普瓦捷（Poitiers）。他们来到巴黎闯荡的第一件事就是要学会讲正确的法语，以免听起来像乡下人。当然，我们不是在谈论所有这些影响各个立场的复杂结构。相反，人们必须重新定义知识实际涉及的环境。

我从未忘记雅克·德里达在一部关于他的电影中说过的一句话[3]，他说他一生中写了那么多东西——无论是否虚构——他曾想写两百本关于割礼的书，但他不敢。对于他最感兴趣的主题，他什么都没有写。现在我们意识到德里达不仅仅是在巴黎写书的人，他是一个在阿尔及利亚长大的法国人，也是一个犹太人。这意味着他站在殖民者一边，但他不信仰被压迫者的宗教——伊斯兰教，所以他被双重边缘化。当然，就像他在关于欧洲角的宏大演讲中一样[4]，他也写了地中海。他写的是地中海地区，而不是北欧或中欧。这一点当然不容易，我认为这在《论文字学》上也发挥了作用：他来自一种文化——传统北非，在这种文化中，所有的音乐都是高度文明的，但不以文字记录。所以他来自一个没有符号的文化，文化和文明的真正真理没有被记载。这在他的理论中当然发挥了作用，我们不能仅仅将其解读为一个命题。

1　Clément Rosset, *En ce temps-là: notes sur Louis Althusser* (Paris 1991).
2　Pierre Bourdieu, *Homo academicus* (Frankfurt am Main 1988); 原版于1984年同名出版。
3　*Derrida*, Dokumentarfifilm von Kirby Dick und Amy Ziering Kofman (USA 2002).
4　Jacques Derrida, *Das andere Kap. Die vertagte Demokratie – Zwei Essays zu Europa* (Frankfurt am Main 1992).

SZ：这非常令人兴奋，因为像爱德华·格利森特（Édouard Glissant）这样的人对德里达的思想非常着迷，并在他的理论中广泛运用，在他的克里奥尔化[1]概念中处理了与德里达在《论文字学》中提出的非常相似的内容，特别是关于秩序、语言以及句法和某些语义策略的干预之间的关系。

还存在另一种类型的作者，请容许我这样直白地说，他们来自法国。因此，也带来了另一种思考，让我们重新与加塔利和德勒兹的研究建立起了更密切的关系，甚至可能使我们回到米歇尔·莱里斯那里。这是一种多重性的逻辑，超越了拉康或克劳德·列维-施特劳斯以及在某种程度上福柯所提出的仍然相当等级化的结构。这是一次建立一种相当不同的思想结构的尝试，遵循其他模式，也接受不再与中心有任何关系。对我来说，这也与乔治·巴塔耶、米歇尔·莱里斯等作家存在着一种回溯联系，以及在哲学传统中，所有那些在伟大的哲学体系的边缘工作的人，这并不排除他们对康德和黑格尔有深入的了解。但这是必须了解的知识。

HR：我的笔记中也有提到格利森特，他对于克里奥尔化和语言的混合非常感兴趣。我们虽然谈论全球化，但还没有发现我们生活在一个更有趣的克里奥尔化的世界里。我不用说您也知道，这是个老生常谈的问题。我认为，解构其实是非常重要的东西，人们采取了极其有趣和不同的方法来写作。我很能理解这一点，即使这又是一个法国故事。

某种程度上，形式必须变得更加开放，这是一种对形式的破坏，或者说对形式的部分破坏。而且必须创造出一种独特的元哲学，就像拉康发明了他自己的元精神分析一样。您可能已经注意到了，我对此持怀疑态度，但当然它仍然有一定的意义。对我来说，这很值得关注，因为与

---

1 译者注：克里奥尔化这种社会现象，涉及不同文化、民族、语言等要素之间的相互影响和融合。克里奥尔化通常发生在不同文化交流和接触的过程中，特别是在殖民地历史和移民流动。在这个过程中，不同的文化元素相互交织、融合，并形成了新的独特文化形态。

此相关的生活经历让我十分信服。我仍然以一种特殊的方式理解德勒兹和加塔利,正如我理解恩斯特·布洛赫那般。布洛赫是有趣的,但那些用他的术语说话的人是无趣的。同样,加塔利聒噪的追随者让我感到紧张,他们丧失了人性。当您听加塔利讲话时,您会意识到,对他来说,病人不仅仅是话语对象,也是需要帮助的对象。而对于那些随后提到加塔利的人来说,这个问题却开始萌生。但也许是我过于敏感。

事实上,我是通过我从青年时代就开始阅读的阿尔托(Artaud)来获得这种理解、转变、微观逻辑、非理性表达或这种磕磕绊绊的表述。那是我的方式,也许对我有所帮助,抑或者影响和限制。我仍然沿着这思路阅读他的文本,就像一个人在对抗文化、对抗自己、对抗自己的身体、对抗自己的性取向时所思考和构建的样子。这意味着这些故事最终与超现实主义和我对它的看法有关,尽管我不太喜欢这个词。事实上,拉康早期对精神病的一些研究都是在超现实主义的背景下写的,我觉得非常好。例如,雅克·拉康对萨尔瓦多·达利(Salvador Dalí)的心理病理学剖析[1],我觉得作为一个艺术分析的文本是非常有趣的。当我读到这本书时,我突然意识到他人的这种思维方式,尤其是一种经过精心培育的文明语言,如法语,给我们提供了广泛的表达方式的选择。

然而,在德国并不存在这样的中心。因此,也就没有那些真正对这一语言体系进行深入探讨的思想家们的激进化。他们对这个体系进行了各自独特的批判性思考,德里达的方式独具特色,德勒兹和加塔利的方式则与德里达完全不同,而德勒兹与加塔利之间的方式也有所不同。对我来说,正是他们对革命的大胆,也与新马克思主义的概念相联系,就像马尔库塞那里的审美者或德勒兹和加塔利那里的疯狂者。在我看来,在某种环境下,这些都是解放运动,它们的论点是相当不同的。我对这

---

[1] Jacques Lacan, *De la Psychose paranoïaque dans ses rapports avec la personnalité; suivi de Premiers écrits sur la paranoïa* (Paris 1932).

一点特别感兴趣。

SZ：作为一个瑞士人，您拥有与法语母语者一样的优势，这真是太棒了。能否请您用两三句话来评论一下法语的特殊之处？它以一种独特的方式与国家和其他机构的思维相联系。还有一个额外的问题，如果您允许我有些冒犯地问一下：您认为那些您提到的思想家，如德里达、福柯等人的思想，在现今的法国思想家中是否也能找到影子？尽管后者的年龄可能并不比前者小，只是稍晚为人所知，例如巴迪欧、朗西埃、南希。

HR：首先，让我稍稍澄清一下：遗憾的是，我并不是在双语家庭长大的，这只是一种自我安慰罢了。我像其他学习法语的人一样，必须通过学习来掌握这门语言。然而，或许在巴塞尔这样的地方长大，拥有一家出色的法语书店以及接近法国的地理优势，对我的学习起到了积极的促进作用。还有一种政治感觉，因为巴塞尔靠近汝拉州（Kanton Jura），实际上在精神上已经是瑞士罗曼德区的一部分。在瑞士有很多地区，人们没有理由学习法语，也没有这样做。顺便说一句，目前那里正在发生范式转变：瑞士人现在把英语作为第二语言来学习。这意味着，当同事们在艺术学院聚会时，他们不再说德语或法语，而是都说英语。这是一个多么可怕的想法和做法。

对我来说，法语太有趣了，而且，我恰好有一个与之相关的经历：我的法语老师成了民族学教授，并怀有雄心壮志，希望在最后三年里找到一位接班人。最终，他选择了曾与皮夏（Pichois）合作编辑过波德莱尔作品集的罗伯特·科普（Robert Kopp）[1]。科普是一个伟大的研究者，一个虚荣的家伙，我个人不是很喜欢他，但他却是一个了不起的法语鉴赏家，也是一个非常好的老师。因此，我当然会继续努力学习一些东西，

1　Robert Kopp und Claude Pichois, *Les Années Baudelaire* (Neuchâtel 1969).

并继续保持学习状态。对我来说，学习法语只是出于实际需要。

第二个问题：它在法国是如何运作的？每个想有所成就的作家都要努力得到一个假想权威的认可。我举个小例子，这就像以前在军队中的玛丽安（Marianne）[1]一样。每位去世的士兵死后都与这位法国的领袖结合在一起，就像基督教新娘与基督结合一样。法国帝国主义就是这样建立起来的，就像最近在马里再次上演的那样。每个作家都想通过这个想象中的伟大法国文明实体的认可。这意味着，每本书都不是简单地支持或反对某种理论，支持或反对某个敌人，而是始终试图顺从想象中的想法，即被公认为最高水平的伟大作家会是什么样子。这些人是作家，是作为作家的作家。萨特仍然是这种类型学的非常重要的人之一。这方面的标志是《家庭中的白痴》（*L'Idiot de la famille*）[2]，2 800页关于福楼拜（Flaubert）的作品，是介于元理论、文学分析、哲学等之间的东西。

如果来自比利牛斯山的农民的儿子在巴黎成为教授并得到认可，那只是因为他的研究质量和表达能力使他有机会进入法兰西公学院（Collège de France），甚至可能是学院，但后者现在确实已经僵化和过时了。这一点在法国的学术体系中非常明显。

所以这里有一个想象中的权威实体，比活着的敌人或朋友更有约束力。这样，也就可以理解某种激进主义了。另一方面，在德语世界，情况则不同，因为这个实体并不存在。这是一个幻觉，但却是一个可以描述的真实幻觉。

对于第三个问题，不知道为什么，我觉得这些人物与我们迄今为止讨论的内容不可相提并论的。其中最有趣的仍然是南希，即使他们都在努力工作。朗西埃在与阿尔都塞合作后，在某一时刻发现了美学，然后

---

[1] 译者注：玛丽安，是法兰西共和国的国家象征，她代表了作为一个政治意义上的国家（State）以及她的价值观念。她的形象遍布法国各地，还在国家政府机关的印章以及法国的邮票上出现，并且被刻在法国的欧元硬币上。玛丽安是法兰西共和国最为著名的象征之一。

[2] Jean-Paul Sartre, *L'Idiot de la famille:* Gustave Flaubert de 1821 à 1857 (Paris 1971/72).

又回到了18世纪的谦逊立场，将其政治化并曲解为由感官主导的统治以及对感官的统治，并应用于性的制度和对它的摄政，等等。如果您仔细阅读，您会注意到他是如何将艺术归结为非启示性的时刻。也就是说，他将艺术用于追求纯粹美学的目的。

SZ：是的，确实……

HR：我对此很反感。我觉得这是很狭隘的。昂弗莱（Onfray）也许更有才华，但他将自己的大学称为"广播大学"，且在法国语境中并未得到认可。当然，其实还有很多才华横溢的人，但不是大家级的大人物，比如巴迪欧、朗西埃和南希等，跟随大师脚步，受益于法国思想家在德国受到的广泛关注。不幸的是，除此之外，人们没有什么选择。我列了一整张对我来说更重要的思想家的名单，但我不知道我现在是否应该把它读出来。

SZ：是的，请看一下这个名单！我们还有很多时间。

HR：等等，我得看看把它放在哪里了。这份名单上现在也有了一些较为知名的名字：丹尼斯·德·鲁格蒙特（Denis de Rougemont）、埃德加·莫林（Edgar Morin）、伊曼纽尔·列维纳斯、让-弗朗索瓦·利奥塔（Jean-François Lyotard）、欧内斯特·曼德尔（Ernest Mandel）、勒内·吉拉德（René Girard）、克莱门特·罗塞特、弗朗索瓦·多塞（François Dosse）、米歇尔·莱里斯、乔治·巴塔耶、安德烈·莱罗伊-古尔汉（André Leroi-Gourhan）、伊夫·博内福瓦（Yves Bonnefoy）、亨利·米肖（Henri Michaux）、皮埃尔·勒让德（Pierre Legendre）、保罗·利科（Paul Ricoeur）、莫里斯·布朗肖（Maurice Blanchot）、莫里斯·梅洛-庞蒂（Maurice Merleau-Ponty）、费尔南·布罗代尔、马克·布洛赫（Marc Bloch）、勒罗伊·拉杜里（Le Roy Ladurie）、菲利普·阿列（Philippe Ariès）、斯杰拉德·热奈特（Gérard Genette）。

SZ：不同的潜力。

HR：他们对我来说比那三个限制性的问题更重要。

SZ：很好。那么我们也赶紧结束这个话题,并尝试在最后几分钟谈一下您从一开始就避免谈论的东西,即媒体,尽管您已经写了至少十本相关的书了。让我们试着在结论中稍微谈一谈。如果我试图用几个基本观点总结您的工作,我想有一个中心思想是非常重要的:在与技术媒介及其相关理论构建进行对抗时,您从未放弃过艺术。您也没有放弃继续在艺术理论方面思考的必要性,换句话说,您没有让艺术理论与媒介理论合并。我认为这二者是非常密切相关的——就像您是干脆接受艺术科学作为图像的科学,还是接受艺术科学转变为图像的科学。或者说,对您来说,艺术和其他表达形式之间的张力,分化的潜力,实际上是决定性的因素,而不是一个也许甚至可以被描述为解散的过程,是哲学意义上的废除。这是一个大致正确的解释吗?

HR：这个解读大致上是正确。我清楚地记得,我们与我们共同的朋友迪特玛尔·坎普进行了一系列关于类似自我异化这样的概念的对话。当我说现在的媒介时,我指的是通过物化和再占有而增加自我异化的形式的意义。在这一点上,我认为艺术仍然具有非凡的意义。我在任何时候都会强调,这样的媒介概念既非传播理论,也非符号学概念。如果媒介真的存在,那就是以一种自我异化和自我挪用陌生化作为人工制品的模式。我发现媒介在这一点上极其重要,艺术仍然是这种部分客观化的东西和表现陌生事物的绝佳选择。这就是我认为我们需要的。即使在艺术领域有很多让人烦恼的事情,但总有一些令人满意的事情。这可能就是为什么安东尼·阿尔托给我留下如此深刻的印象,因为我没有把他当作一个疯子,尽管阿尔托有一个必须认真对待的临床历史。对我来说,他仍然是这个领域中真正的艺术家,有着清晰的表达形式。

当我在20世纪90年代与马丁·黑勒在苏黎世的设计博物馆工作了几年后,我相对天真地认为,仍然有这样一个中介化的过程。如果我们经历了它，社会也会改变，因为这种主要的本体论就会消解，而有利于游戏的欲望，然后我们就会回到罗杰·凯卢瓦（Roger Caillois）、超现实主义者和这种戏剧的境地。我想这是一个在日常文化或大众媒体中也可以发挥作用的过程。

SZ： 这也是我很长时间以来的想法。

HR： 然而，我错了。媒介的功能，我还是要说，正是为了让这样的事情得到传播。这就是艺术的中间环节。这就是为什么，对我来说，艺术不是媒介艺术。

SZ： 保持异质性是一个非常美丽的概念，我们可以进一步思考，也许可以用它在您的工作和您的思维发展中创造一个框架。事实上这个框架是由两个人物，由两个艺术家设定的，即安东尼·阿尔托和帕索里尼。在科隆的那段时间里，我们曾经密切研究过阿尔托。现在，在这整个经过20年的媒介炒作之后，您想到了帕索里尼。一个哲学的肖像，一个疯子，类似于阿尔托的疯狂存在，虽然没有精神病化的戏剧性后果。您在音频CD上的描述中称他为"游击队员"[1]——"某项真理的游击队员"。在您关于艺术、技术和媒介之间关系的许多探索之后，2010年，您出版了《皮埃尔·保罗·帕索里尼》（*Pier Paolo Pasolini*）这本书[2]。您是否仍然看到实现这种特定真理的机会，在一个——至少在历史上——位于媒介之后的情况下？

HR： 是的，这些瞬间的特定真理之间的运动是决定性的。因此，有趣的不是个人，而是运动和转变，这就是我看到的机会。我们现在当然可以谈论帕索里尼，因为他也成了一个历史人物。同时，他自己也总是说他是一个历史人物。您还记得，在《理查塔》（*La Ricotta*）[3]中，奥

---

1 Reck, *Pier Paolo Pasolini – Poetisch-philosophisches Porträt*.
2 Reck, *Pier Paolo Pasolini*.
3 *La Ricotta*, Kurzfilm von Pier Paolo Pasolini (Italien 1962).

森·威尔斯（Orson Welles）扮演帕索里尼并朗读了他的一本书：《我是过去的力量》（*Ich bin eine Kraft der Vergangenheit*）[1]。所以，早在那个时候，就是在您所说的考古学、跳跃、非时间顺序的意义上，他就是这样一个人。其次，他的许多启示性的、激进的诊断在今天才变得具有分析性。在这个特殊的、运动的点上，让我着迷的是作为流派的媒介之间的运动。但即使是在这种媒介化的情况下，我仍然觉得他作为一个作家是取之不尽的。我最近重读了《石油》（*Petrolio*）[2]，这是他最后的一个项目，一直没有完成。在形式上，它采用这种永久的挪用——实现，即在同一时刻挪用和实现，充满了力量、主权以及趣味性。对我来说，这是艺术家作为他自己运动的支持者的立场，这绝不是任意的，也不是简单的即兴创作。我仍然可以从中发现很多东西。虽然早期有很多德文译本，但我只想提醒您，意大利文的作品集有25 000页，提醒一下，这不是他的全部作品。其中仅1 800页是艺术评论和文学散文，这些都没有被翻译，更不用说出版了。当然，我承认我还没有读完所有的书，但将来我会的，而且还会有很多发现。我也从编辑那里学到了很多，他写了一篇非常好的文章。他在文章中说，帕索里尼的小说或故事有很多版本，而他则不断对它们进行修改。虽然根据编辑的说法，第一个最终版本是最优雅的，完美的和娴熟的，但还有另外五个版本，帕索里尼不断地破坏，直到他以一种激进的破坏形式出版了第六个版本。这种对自己的巧妙纪念，对成功常规的反叛，确实值得深思，同时也再次引起我们对艺术的讨论。

SZ：这正是他与巴勒斯等人相似的地方。他曾建议，如果写了一篇文章，被一个朋友或五个朋友说成是好文章，就立即把它扔进垃圾桶，再写一篇新的。

HR：当然——丢掉它！

---

1 原文见：„Io sono una forza del Passato." Pier Paolo Pasolini, *Poesia in forma di rosa* (Mailand 1964).
2 Pier Paolo Pasolini, *Petrolio*, Romanfragment, posthum 1992; dt.: *Petrolio* (Berlin 1994).

SZ：然而，作为我们对话的最后一个结论，我再次强调这种坚持，这种与特殊性的联系以及特殊性与真理的联系。我们目前正在观察一种新的哲学潮流，它被称为投机现实主义，或新的对象哲学。对事物的重新发现，这无非是对特殊性的重新发现。这是对媒介之后，事情如何在目前的情况下继续下去的一种看法吗？还是对现实残余经验的重新庆祝？现实残余在帕索里尼的电影符号学中发挥了非常重要的作用，尽管只是电影中最小单位（Kinèma）。这取决于这些现实元素，当然它们在电影和影片中可以而且必须具有符号性的特征，但它然属于现实，属于真实的经验的一部分。这对您来说有关系吗？

HR：我对单个事物的自我影响持怀疑态度。我不相信这种有意义和明显的个人的具体性。帕索里尼的作品中固然有您所说的所有元素，但我认为对他而言，蒙太奇的概念更为重要。也就是说，您至少需要两样东西，否则就不能进行拼接。虽然通常两个还不足以构成完整的蒙太奇，这当然还取决于整体的构成。我认为我们注定要一次又一次地进行设计，以创造出一个综合的整体。但是，感谢上帝，我们已经变得更加谨慎了。无论如何，至少我无法想象未来会是这样的，即认为某个事物作为事物本身就是关键所在。我认为这是自满的表现，是一种逃避现实的方式，是一种便捷的借口。而且您必须有点不舒服的感觉。这也许是与我合作过的人的一个共同特点，他们在某种程度上并不追求轻松简单。他们可能本可以选择更简单的方式，但这种寻求变革或蜕变的运动比坚守固有事物要重要得多，无论是自己的事物还是其他事物。而当我们在做这件事的时候，我推测，由于所谓的文化研究将单个事物的理论作为具体对象，因此会产生一些问题。无论研究的质量如何，其中都有着值得深思的东西，似乎突然间最微小的细节都变得自在有趣。而我发现，也许那时我是黑格尔式的（可能是他腐蚀了我），但事情并非如此。事物总是有联系的，即使已经被打断。

SZ：的确，只有在这样的背景下，人们才有可能继续处理像真理这样的概念。顺便说一句，在我的解释中，这也是您之前批评的所谓较新的法国作家成功的一个重要原因。突然间，他们的书名中又出现了一些实际上没有人再使用的术语，但却没有要被烧掉手指或舌头的风险。政治和真理，这是一个快速运行的论述的开端。我们的嘉宾可以丰富我们的谈话内容，并向汉斯·乌尔里希·雷克提出问题或发表批评意见吗？

埃克哈德·弗鲁斯：我们已经在您对齐林斯基先生的第一个问题的回答中听到了您对音乐的亲和力。我想回到音乐，并提到一本尚未被提及的书，即《火中之夜》（*Nacht im Feuer*）[1]，是您对吉姆·莫里森（Jim Morrison）和门徒乐队（The Doors）的研究。我想知道这本书是怎么来的，我满怀热情地读了这本书，至今仍然觉得这本书非常迷人。我想知道您是否还在继续关注吉姆·莫里森，如果没有，是否有其他东西取代了它。

HR：这本以视觉蒙太奇为特点的小说，实际上是我的第一本书。顺便说一下，我用来制作这本书的影印机，我意识到，对我来说，它是一种媒介，而不是一种工具，因为其功能不只是复制东西。相反，复印机成为一种视觉小说的生产媒介，通过其特殊性，使其有可能制作具有某些色调的副本的图像汇编。现在要跟进这个故事的背景。有一本出版物，是门徒会的少数出版物之一，名为《美国祈祷者》（*American Prayer*）[2]，其中也有诗歌。那时候我在非学术领域活动，有一些不懂英语的朋友。我对他们说：好吧，我有时间，我现在给您们翻译一下。当我在翻译的时候，我被这个视觉世界所吸引，我开始制作拼贴画——但没有任何艺术野心。然后我制作了大约25本小册子，这些小册子流传开来，不知何故

---

1 Hans Ulrich Reck, *Nacht im Feuer. Zur Alchemie des Todes in der Rock-Musik* (Adliswil 1981)，另见埃克哈德·弗鲁斯在本卷中的文章。

2 Jim Morrison & The Doors, *An American Prayer* [Audio LP/CD] (LP: 1978, CD: 1995).

一个出版商拿到了这些小册子。他来找我，问我是否可以把它们做成一本书，甚至做成莫里森的画像。我回答说，这不是我的本行，但我可以试着做一本关于人类头脑中混乱情况的书，探讨他所研究过的强度领域。这就是我所做的，这本书就这样出版了。在瑞士，由于各种原因，并不存在真正的亚文化，但那里有被边缘化的人、穷人以及精神病学家等。伯尔尼有一段时间有一种亚文化，在苏黎世也有一点。这本书成了20世纪80年代亚文化的视觉邪典小说，并被用作版面设计书。这就是它的来历，以一种迂回的和巧合的方式实现的，其中还有出版商后来完全破产了。出版商没有支付印刷商的账单，而我不想购买和发行自己的书，因此本来可以在一个月内售出的后半部分印刷品被拉走了。然后我开始深入了解莫里森的其他工作。他从加利福尼亚大学洛杉矶分校的电影班毕业——所以一定有毕业电影，还有第二部电影，他在一个电影节上放映过。此外，还有与迈克尔·麦克卢尔（Michael McClure）和这个加州的诗意亚文化，加州的实验电影等其他各种项目。

SZ：毕业电影也被发现了。

HR：我对这个层面仍然非常感兴趣。我必须坦率地说，我一直被这个人物本身的悲剧性或悲惨性触动。一个拥有如此天赋和智慧的人竟然以如此残酷的方式毁灭自己，这让我深受触动。谈到这样的人，我不能不考虑到这一点。当然，我和他一样，对波德莱尔以来的巴黎诗人充满热情。他非常了解波德莱尔，在他之后，他实际上是作为一个诗人行事。对我来说，这仍然被认为是少数几个成功改编《残酷剧场》（*Theaters der Grausamkeit*）[1]的例子之一，是在大众媒介中的摇滚舞台上的表演。我觉得这很了不起。然后，这些创作材料没有继续发展壮大，而且我很少听音乐，因为对我来说它只是生活的一部分。当然，您到处都能听到它。

---

1 参见：Antonin Artaud, *Schluss mit dem Gottesgericht. Das Theater der Grausamkeit. Letzte Schriften zum Theater* (München 1988).

有趣的是，在20世纪60年代，门徒乐队对我来说并不那么重要。我确实听过，但我那时的喜好不同。我对电子音乐、自由爵士乐、迈尔斯·戴维斯（Miles Davis）、吉米·亨德里克斯（Jimi Hendrix）感兴趣。当然您听了，我觉得很有意思，就像莫里森是一个优秀的摇滚和布鲁斯歌手，对我来说是一个优秀的抒情者。

您问这个问题很有意思，因为它是在一个点上继续下去。我们正试图在媒体艺术学院创造一个新的焦点。在过去的六七年里，我以图像理论为导向，决定在乌托邦和亚文化之间建立一个焦点，涵盖不同的艺术领域，从戏剧、文学、音乐，到视觉艺术。我将其视为扩展的艺术史，并希望进入亚文化研究（我现在仅从纯技术角度称之为亚文化研究），以便在可能的情况下重新以合适的方式处理这些关联性[1]。因为我对其中的内容感兴趣，然而迄今为止，我还没有在其他地方看到类似的内容。有一个关于吉姆·莫里森和门徒乐队的轶事：乐队的其他三人也非常出色，他们可以在没有莫里森的情况下进行演奏。他们必须这样做，否则演出就根本没法进行。有一次，在为数不多的美国巡演中，他整整一个星期没有出现在他预订的音乐会上。当他终于出现时，有人问他去了哪里。他说他已经在旧金山与生活剧团待了6天。这让我非常着迷，以至于我对自己的工作不再感兴趣。所以，这些方面还会继续下去。亚文化，那究竟是什么？一个与他人永久相互渗透的动态领域——关于这一点会有很多话要说。

SZ：您用了一个很精准的概念：大脑中的强度场。我们今天能够稍微了解一下关于您大脑中的强度场是如何工作的。我很焦虑，因为我计划的方案已经完全废止。我认为根本没有其他选择，您必须尽快回归，这样我们就可以讨论关于过去20年的发展问题，而今天，我们暂时搁置

---

[1] 请参阅科隆媒体艺术学院媒介背景下艺术史主题的"Pop Sub Hoch Gegen"项目，该项目由汉斯·乌尔里希·雷克和康斯坦丁·巴茨（Konstantin Butz）协办（http://popsubhochgegen.khm.de）。

了这些问题。媒体成为战略，成为我们以某种方式试图接受的系统的一部分。不过这不是今天讨论的重点。您想说点什么作为结束语吗？

HR： 荣幸至极。非常感谢西格弗里德，感谢您的邀请，感谢您饶有兴趣地聆听。这确实是非常特别的东西，这样的对话和这样的问题堪称典范。当然，不可避免地会涉及个人问题，即使我比较拘谨，有些害羞，不喜欢和别人谈论私事。同时也谈到了与媒介有关的生活故事。我提到了许多对我很重要的东西，比如说媒介环境，尽管我没有这样命名它们。我非常感谢您，感谢您为这种特别形式的发言所做的既准确又充分且不同的准备工作。当然，我也很期待下次再来。

记录整理：克莱门斯·雅恩（Clemens Jahn）、
罗伯特·普罗伊塞（Robert Preusse）、斯蒂芬妮·劳

"全球视野下的当代媒介理论"系列丛书
Contemporary Media Theory from Mondial Perspectives Series

主编：李麟学　王　鑫　丁　凡
Chief Editors: Linxue Li, Xin Wang, Fan Ding

媒介思维的谱系

（下）

[德] 丹尼尔·伊尔冈　弗洛里安·哈德勒　西格弗里德·齐林斯基　主编
Edited by Daniel Irrgang, Florian Hadler, Siegfried Zielinski

王　鑫　钱玲燕　王颖吉　校译
Translated and proofread by Xin Wang, Lingyan Qian and Yingji Wang

同济大学出版社·上海
TONGJI UNIVERSITY PRESS · SHANGHAI

目 录

丛书总序　万物皆媒时代的媒介思维风暴　　　　　　　李麟学　　　I
中文版序　论媒介的谱系——光与影的简短艺术　西格弗里德·齐林斯基　VI
编者的话　　　　　　　　　　　　　　　　　　　　　　　　　　XVIII

01　弗里德里希·克尼利 / FRIEDRICH KNILLI　　　　　　　　　　001
　　"媒介会老化，而主体不会。"

02　汉斯·贝尔廷 / HANS BELTING
　　"图像是漂泊的媒介。"　　　　　　　　　　　　　　　　　　023

03　彼得·魏贝尔 / PETER WEIBEL
　　"媒介概念是机器的延伸，同时也是从材料到数据的进一步发展。"　053

04　瓦莉·艾丝波特 / VALIE EXPORT
　　"这次跳跃，我的跳跃，缝合了房间敞开的伤口——在这里录像，　091
　　在那里回放。"

05　奥托·伊·罗斯勒 / OTTO E. RÖSSLER
　　"没有机器可以测量'现在'。"　　　　　　　　　　　　　　　119

06　托马斯·埃尔塞瑟 / THOMAS ELSAESSER
　　"人们会感觉到，电影实际上是20世纪的艺术，所有其他的艺　　153
　　术和哲学都在电影中找到了归宿。"

07　汉斯-约格·莱茵伯格 / HANS-JÖRG RHEINBERGER　　183
"……将未来看作一个开放的存在，没有具体的指向，而是改变现有的状态。"

08　鲍里斯·格罗伊斯 / BORIS GROYS　　217
"人类比机器更早地成为机器。"

09　西皮尔·克莱默尔 / SYBILLE KRÄMER　　249
"它是隐藏在濒死信使之传说中的超前于时代的媒介理论。"

10　汉斯·乌尔里希·雷克 / HANS ULRICH RECK　　281
"明确的媒介思维是出于工作室和实验室的需要而产生的，而不是源自大学。"

11　哈特穆特·温克勒 / HARTMUT WINKLER　　315
"计算机是一种特殊的媒介，它与其他媒介共存，且必须与它们产生联系。"

12　伊丽莎白·冯·萨姆索诺 / ELISABETH VON SAMSONOW　　347
"与自20世纪80年代以来关于计算机的媒介理论相比，基督论简直微不足道。"

13　沃尔夫冈·恩斯特 / WOLFGANG ERNST　　375
"换句话说，我们生活在当下和档案的同时性中：档案成为当下的工作记忆。"

14　基尔特·洛文克 / GEERT LOVINK　　411
"如果乌托邦存在的话，一定存在于小型的、分布式单元格中。"

15　亨宁·施密德根 / HENNING SCHMIDGEN　　　　　　　435
"他们不是要控制变量，而是致力于培养体验的多样性，或者说是培养体验的不同变化形式。"

16　尼尔斯·罗勒 / NILS RÖLLER　　　　　　　　　　　467
"有趣的是，'中间'作为一种充满可能性的空间，介于两个极端之间，位于被追捧的偶像之间。'中间'是不同于绝对性的相对存在。"

17　克劳斯·皮亚斯 / CLAUS PIAS　　　　　　　　　　　501
"在我看来，这似乎是关于控制论的矛盾之处：在去人类学化的同时，赞美一种新的人文主义。"

讨论

媒介思维中的两个基本哲学主题　　　　　　　　　　　　536
　安娜·贝基尔希 / ANNA BEYKIRCH

符号学的死胡同？　　　　　　　　　　　　　　　　　　540
　诺埃米·西波隆 / NOEMI CIPOLLONE

拿着鞭子的基特勒　　　　　　　　　　　　　　　　　　544
　马里奥·戈麦斯 / MÁRIO GOMES

（被）触摸，（被）放映——论瓦莉·艾丝波特《触摸影院》中的触摸　　　　　　　　　　　　　　　　　　　　　　554
　克里斯汀·莫勒林/ KRISTIN MOELLERING

海洋和空气——人类在（技术）自然中定位自身的隐喻　　563
　莱昂·施特劳赫/ LEON STRAUCH

独一无二的物理学：奥托·伊·罗斯勒的缩影　　　　　　573
　西格弗里德·齐林斯基 / SIEGFRIED ZIELINSKI

参考文献　　　　　　　　　　　　　　　　　　　　　　580
索引　　　　　　　　　　　　　　　　　　　　　　　　627

哈特穆特·温克勒 / 11
HARTMUT WINKLER

"计算机是一种特殊的媒介,它与其他媒介共存,且必须与它们产生联系。"

西格弗里德·齐林斯基(以下简称SZ)
哈特穆特·温克勒(以下简称HW)

摄影:史蒂夫·伯格曼

SZ：（打字机声）视频由瓦尔特·伦纳茨录制，现在我们听到的是海纳·穆勒在打字的声音。莱纳茨是穆勒在柏林艺术大学的同事及朋友，他是一名出色的摄影师，与亚历山大·克鲁格共同拍摄过多部影片。不知为何，温克勒先生，我总有一种直觉，今晚一定要把这个片段展示出来，虽然我前几天刚收到。这位作家兼学者在打字机前的"工作状态"，以及这台机器此刻与他的思想中建立的微妙差异[1]，与我们今天所要探讨的内容息息相关。这台打字机与我们如今使用的打字机差异很大。从广义上说，文本及文本撰写是您研究的重点，这也是为什么我将它作为今天主题的导入。

温克勒先生，以及在炎炎夏日参与论坛的各位来宾，热烈欢迎你们的到来。今日的开场和往期有所不同，原因也很简单：我之前总是以每位嘉宾的工作经历开场。在一代又一代的媒介研究者中，他们也是走在前列的：汉斯·贝尔廷时年77岁，彼得·魏贝尔也值70岁左右——我们邀请过不少古稀之年的嘉宾。与此同时，我们也与温克勒先生这一年龄段的研究者打交道，他们有着出色的网站，记录得当，读者可以自行流畅地阅读，之后我也会从几个方面来讨论这个问题。

这只是原因之一。如果把温克勒先生的工作履历与我们的核心兴趣联系在一起，也就是探究他的媒介思维是如何形成及发展的，这对于温克勒先生来说并不是坏事。不应把这二者割裂开，而是要大胆研究二者之间的联系。此外，上周我们采访沃尔夫冈·恩斯特的时候，温克勒先生就已来到现场，他明确表示希望今天早一点与各位观众进行讨论。

温克勒先生，首先我们想要稍微了解一下，您为什么会深入地、科学地从事媒介研究呢？您的本专业是建筑学，且履历中提到，您的第一份工作也与应用城市学有关。对于媒介思想家来说，这是一个相当不寻

---

[1] 译者注：这里海纳·穆勒敲击的是穿孔卡片机，如果按错了按键就要重新开始，这种数字逻辑与思想逻辑有差异。

常的情况，至少目前为止我们还没有采访过和您背景相似的人。因此，如果能在一开始就谈一谈这些渊源，也能加深对您的了解。

至今我们邀请过许多文学家、艺术家和艺术研究者，但还未邀请过建筑学领域的专家。我认为建筑学一直与媒介关系紧密，早在20世纪60年代末70年代初就有关于建筑符号学及此类话题的讨论。尽管如此，建筑学总是被排除在媒介讨论之外。

HW：首先我必须强调一点，我是在一所应用科技大学学的建筑学，更注重实际应用。经过三年的学习，我在21岁时成了一名工程师，也开始在这一领域工作，但是当时我并没有涉猎建筑设计或建筑美学方面的工作。达姆施塔特市有一所应用科技大学和一所工业大学[1]。工业大学注重艺术，而应用科技大学更注重实际应用。我学的是"城市规划"，在20世纪70年代这是非常热门的专业，且学习也偏政治化。我们更关心的是城市如何运作，而不是如何重建或设计它。建筑学专业学习之余我还学习了编程，这是我的一项爱好。那时候还是穿孔卡片的时代——不得不承认自己已经老了。在那个年代，利用穿孔卡片进行编程，简直是一件令人感到不可思议的事。我同时学习了建筑学和编程。我不是一个典型的建筑师，我的工作内容涉及数据处理和建筑两个方面。因此，我好像突然进入了一个基础部门，在这个部门里，我大学期间学习的政治性内容不再起任何作用，审美内容也一样。我必须收敛我的不同。正如您所说的，许多媒介研究者是日耳曼学者……这都与那个时代有关：人们根本不可能成为纯粹的媒介研究者，因为当时并没有专门的培训和教育。日耳曼语言文学（简称日耳曼学）是我的第二专业，我也算是一个叛逃的日耳曼学者——这一时代的媒介研究者基本都是日耳曼学者。有些人选择继续钻研日耳曼学，有些人则成了媒介研究者。

1　该工业大学1997年更名为达姆施塔特工业大学。

SZ：我能理解。另一方面，从您有关计算机的论文中可以发现，空间性和室内设计结构相关的方方面面发挥着重要作用，正如我们在20世纪90年代的对话里提到的那样。当超文本开始流行时，您是第一批真正思考如何将它与纪念性建筑、与组合艺术的（*Ars combinatoria*）等联系起来的人，有关传统空间思维的考虑立即占据了上风。

HW：我认为计算机也提供了极大帮助。您刚刚提到了结构这个概念，没有比系统分析更结构化的思维方式了。如果某个人的工作内容是处理世俗问题，即世界的无限复杂性，或是研究能够极大程度降低其复杂性的模型，并将其解译出来，那么他必须极度热爱秩序，对秩序、结构以及分析对象有强烈的兴趣。我认为建筑学与计算机在这一方面是相通的。后面我才科学性地参与计算机研究，又一次从头学起。在完成日耳曼语言文学的学业并通过大学教授资格考试后，我选择在计算机行业工作。令人惊讶的是，在20世纪90年代，大多数人还只是在电脑上打字，除了将它作为打字机以外再别的功用了。

SZ：如果还有别的功用的话。

HW：当然有了，但这在当时还是难以企及的想法。它需要更加脚踏实地的研究，这也是为什么我从头学起计算机。我的网页看起来非常老派。这是我故意为之，与穆勒的黑客袭击有关。我不是一个注重视觉表面的人，并且一直坚持认为计算机是一种结构化媒介，而不是视觉化媒介，这一点在20世纪90年代还没有达成共识。20世纪80年代"Windows"系统诞生后，所有人都认同电脑是一种媒介，因为它是可视的。图标的地位变得越来越重要，第一个图像处理软件叫作"Mac-Hype"。锡根市有一个特殊的研究领域"屏幕媒介"[1]，该名字来源于英语"screen media"，据说它架起了视听媒介（即人们常说的媒介）与计算

---

1 德国科学基金会特别研究领域240，锡根大学"屏幕媒介的美学、语用学和历史"（1986—2000）。

机这种新媒介之间的桥梁。不，不是这样的！诺伯特·博尔茨（Norbert Bolz）写了一本名为《古登堡星系的终结》(*Am Ende der Gutenberg-Galaxis*) 的书[1]，然而古登堡星系的终结很久以后才会到来；另一方面，这一观念完全是错误的，因为计算机是古登堡星系的产物。

SZ：我认为我们应该先考虑建筑和空间思维与语言思维和语言系统之间的关系。这是一段很长的历史，正如组合的艺术中，记忆艺术确实被用作训练与语言联系在一起的空间思维。在过去的20年里，您研究的大多是语言系统和语言结构，空间思维是消失了吗，还是一直存在？

HW：空间思维仍然存在，但是以另外一种方式体现在结构当中而不是外观上。我认为程序具有极大的感性。之前我们也谈到了程序的优雅和美感，这种理念在20世纪70年代就风行一时。这不是通过眼睛看到的美，而是一种结构美。毕竟，现代主义所指的美学并不是简单的外形"美"或养眼，现代主义建筑直接将框架结构对外展示——程序也是如此。一个程序就像一个功能性建筑，如果可以直观看到承载这个建筑的力量，那么它就是一个好的程序。

因此，在1997年撰写的《文献宇宙》(*Docuverse*)[2]一书中，我为计算机话语开了一剂解药：人们首先需要一个广泛的媒介概念。只盯着电脑屏幕并不会知道什么是计算机。这也是我试图教授给学生的内容，如果他们只局限于媒介研究也不会知道媒介是什么。媒介本身不会回答，它总是要置于事物和整个事物所处的环境之中。20世纪90年代就提出了扩大媒介这一概念的范围，基特勒也表示支持。"媒介"这一概念应该平等地包括所有媒介。虽然至今我们都没能总结出基于此的媒介概念，但我们必须以此要求自己。此外，将语言考虑进去是一大亮点，因为人们

1　Norbert W. Bolz, *Am Ende der Gutenberg-Galaxis* (München 1993).
2　Hartmut Winkler, Docuverse. *Zur Medientheorie der Computer* (München, 1997).

不能像看到视听媒介一样直观地观察它。

有一个理论术语可以更直观地表述我的意思。举例来说，在计算机话语中，"记忆"可以等同于"存储器"。直到今天，人们仍用存储器喻指记忆或者用记忆喻指存储器。在我教书的城市帕德博恩有一所尼克斯多夫博物馆，曾举办过一场愚蠢至极的展览——大脑与计算机[1]。他们并没有来咨询我，否则我一定会阻止这次展览。在《文献宇宙》里我提出了不同的观点：我们必须学习好记忆法。古代的修辞学常常利用空间关系来锻炼记忆力。然而，记忆本身并不具有类似空间存储器的能力。我们并不是将记忆储存在某一区域，并在需要的时候唤醒它，相反，记忆主要是通过"创造性的遗忘"起作用。我们经历过的大多数事件往往消失在记忆中，我在书中也有提到，它们并不会消失得无影无踪，而是反映在一种结构中，反映在言语和语言的关系中。我们不可能记住我们参与的所有话语事件，如果都能记住，那就太可怕了。尽管如此，我们参与的每一个话语事件都取决于我们的语言能力或我们脑海里与整个概念相关的语义环境。也就是说，我们的语言能力以一种十分凝练的方式表现我们参与的所有话语事件。当我们学习一门语言时，往往是通过灌输话语语境来学习，将广阔的话语浓缩为一种紧密的结构体——这里可以用弗洛伊德提出的概念"压缩"来解释。但这与计算机的设想背道而驰，计算机存储数据要比记忆完美得多。对此我认为，如果计算机能够遗忘，那就完美了，如果它能遗忘，那它是结构性的。现在有一些非常有趣的应用程序正朝着这个方向发展。到那时我们可以说：这个计算机可做不了。在这方面，我们必须反复思考计算机、其他媒介和人类能力的关系，如同思考文化技术这个概念一样。当然，这使得情况非常复杂，这一点非常清楚。你会得到一个完全不同的媒介概念。人们不会只着眼于媒介，

---

[1] „COMPUTER.GEHIRN", Ausstellung im Heinz Nixdorf MuseumsForum, Paderborn, 25.10.2001–28.04.2002

等待它们的回答。

SZ：我想聊一聊您读大学的地方。达姆施塔特是个奇特的城市。柏林人大都自负，他们认为媒介宣传和媒介艺术都源自柏林。事实上，德国其他城市对媒介的研究要更深入，尤其是南德，例如斯图加特大学马克斯本斯实验室等地。达姆施塔特确实是一个炒作圣地，这里有著名的先锋派音乐课程[1]，约翰·凯奇、白南准、卡尔-海因茨·施托克豪森（Karl-Heinz Stockhausen）都参加过，且至今仍在国际范围内大规模开展。达姆施塔特是一座前卫的城市，在视频领域也是如此。在您读大学期间有一个非常活跃的组织，叫作"Telewissen"[2]，他们通过拍摄视频进行一些政治活动。这是否已经体现了媒介思维，还是说这种政治艺术化、游击队似的非正规组织，是完全不同的东西？

HW：啊哈，游击队，更确切地说是小打小闹。恐怕要让您失望了，这就像是在学校校园里不上课只参加聚会一样。这二者还是要严格区分的。我可以跟您就政治亚文化的话题聊上些许，但我对这些美学活动几乎一无所知。人们可以在音乐学院里学到些东西，但也只是皮毛。但是，我则不是这块料。我在法兰克福担任过一名戏剧教授的助理，他说我是一个完全没有艺术细胞的人。这确实令我有点气馁，但也许他是对的。

SZ：您刚刚提及了您的第一份工作，它的名字值得记录下来并念给大家听：达姆施塔特城市计算中心城市化决策和进程系统顾问。这在德国媒介研究和媒介理论史上画下了浓墨重彩的一笔，因为温克勒先生是少数，不是幻想而是真正去实践计算机网络化这件事的人，至少在我们这一代是。您已经指出了这一点，但若再次从方法论的角度来看，并结

---

1 即达姆施塔特国际音乐学院举办的"国际现代音乐暑期班"，自1946年以来不断。
2 1969年，赫伯特·舒马赫（Herbert Schumacher）于达姆施塔特市建立"Telewissen"小组，并与罗尔夫·施尼德斯（Rolf Schnieders）、赖纳·维特（Rainer Witt）、尼克·舒马赫尔（Nik Schuhmacher）等人共同经营。1972年于第五届卡塞尔文献展上演示"公共空间的闭路视频技术"（更多信息和作品实例见 www.medienkunstnetz.de/kuenstler/telewissen）。

合不同的思维方式、实践工作、理论工作和概念推敲，您会得出怎样的结论？我想为我们学校的一位忙碌的老师牵个线，他叫威廉·弗卢塞尔，他提出了一个与计算思维有关的极具想象力的概念，并对它的可能性寄予了极大的希望。关于编程指用计算机做一些实际操作，不只是观察，而是用它来工作。您觉得是这样吗？这种编程与您有关概念、系统和结构的论文又有怎样的联系呢？

HW：我也问了自己同样的问题，在我看来，履历并不十分可信。我并不痴迷于数学，而且我来自一个注重言语交流的家庭，任何事情都可以商量。然而，计算机对我来说有一种难以言喻的吸引力，人们可以用它"无"中生有，建造出摩天大楼或是建筑的框架。打个比方，传统的乐高用有限的积木搭建，有四片、八片或两片积木以及倾斜的屋顶瓦片，仅此而已，但用这寥寥几根积木却可以建造天堂。计算机就是这样的东西。一开始编写的程序很小，只能执行比较简单的指令，一旦运行，就可以不停修改，直到停止运行。然后我们可以对它们进行优化和扩容，使之越来越大。还没有计算机能够回答程序是如何构建的，这也很难想象。用计算机来模拟现实世界的问题，这很新颖，让我非常着迷。我大学的毕业设计编写了一个叫作"从零开始（*from scratch*）"的程序。它没有任何的预设，最开始是一个空白屏幕，最终能够打印出一幅新伊森堡的专题地图。也许有人会认为这在当时是一个很大的软件程序，但它实际上不足一个千兆字节大小，只有400条语句。也就是说，这个程序非常小巧。那台计算机的主内存只有16 KB，因此这种小巧性是必不可少的，也是极富挑战的事。我也是直到后来才发现。

SZ：但是，正如您刚才所说的，计算机是一台思考机器。是不是可以这样理解，对于这样一个机器，我们一边思考如何使用它，一边用它来思考？

HW：作为一个机器，它会强迫使用者理解它的秩序，同时也展现出难以预料的结构。我们不会猜测到这些事物的秩序，也没有以这种方式见过。"用手思考"，如果我正确理解弗卢塞尔先生的意思，新的想象力就是用手思考。有些事情不仅要用脑子去想，还要实际地去解决。以前的数据处理比今天的更具体也更感性，可能也是因为设备更加实体化和庞大。现在的计算机追求小巧轻便，我的笔记本只有1.2千克，而以前为了移动穿孔卡片机甚至需要一辆叉车。我事先发给过您一篇文章[1]，里面提到我与计算机第一次接触时，对它的漆面赞不绝口。那是一种军用涂层技术，用这样的铝制盖甚至可以把大象砸死。这也是一种独特的美学，不是吗？当然，机器的逻辑是无形的。然而，还是有用到手的地方，对海纳·穆勒来说，是敲击键盘的啪嗒声。这种节奏感很吸引人，也很有美感。

SZ：您在文章中也提及了使用机器时的奇特声音体验。我会关注这一点，因为这是我的工作。作为一个学者，我需要与媒介及研究媒介的人交谈或辩论。这种特殊的声音是否与机器逻辑的差异性有关，一种不连续性？或是有其他的说法吗？

HW：当然。穿孔卡片机打孔的敲击声要比海纳·穆勒所说生硬得多。这与雪茄烟无关——那里不允许吸烟，就像今天营造无菌条件一样。如果在打孔机上按错了一个按键，那么穿孔卡片就无法使用，必须重新做。而一张穿孔卡片上有80列孔！这在严格意义上是一个是与非的问题——即数字逻辑。我们至今仍未厘清它的本质，关于它有各种不同的理论，也有各种各样的可能性。但我认为这种严格区分的逻辑可以用"和（und）"或者"或（oder）"来明确，而不是用0和1。假使我点击某个链接，互联网就会给我弹出新的页面。我可以在这些不同的、相互交织的"或"链接中做出选择，这就是原理。

SZ：好的，电脑作为媒介这一点之后我们还会详细探讨，现在让

---

[1] Hartmut Winkler, Strange Attraction 1975, in：*Begegnungen. Facetten eines Jahrhunderts* hg. von Doris Rosenstein, Anja Kreutz（Siegen, 1997）, S. 234. 另见本卷第361—362页。

我们先换个话题，聊聊您的工作经历，我发现它与您对计算机理论的研究不无关系。您在媒介研究生涯之初的出版物更多地关注传统媒介和媒介系统、电视和电影。与此有关的第一部专著叫作《换台》(*Switsching-Zapping*)[1]，是对一个奇特的颠覆性设备——遥控器的研究。遥控器使得观众和用户有机会破坏时间结构，也就是跳过广告，重新选择自己想看的台。是什么最初驱使您从计算机实践转向媒介系统？这仅仅是当时媒介研究话语的结果吗？或者从当下看您是怎么理解的？

HW：首先必须承认，当时计算机并没有被视为媒介。事实上，计算机直到很晚才被视作媒介，这是该课题的重大失败之一。一开始我们只用它来联网，后来人们想到，这也是某种通信手段，也属于媒介。它是一种工具，是大脑的等价物，是各种隐喻，但不是一个媒介。然而，计算机自始至终都属于媒介，因为它是一个操纵符号的机器。但无论是信息学还是媒介研究领域都忽略了这一点。有一些先驱者很早地认识到了，比如弗卢塞尔和基特勒。麦克卢汉在《理解媒介》[2]中也有极少段落提及了计算机。这并不是说，我们这个课题完全失败了。但当时的媒介大致是指视听媒介。

我在学习德语时辅修了戏剧、电影和电视研究。我几乎没怎么涉猎戏剧，因为电影和电视研究更有趣。德语课程里我学习了当代哲学，媒介在其中也占据了重要地位。我的导师是伯克哈特·林德勒（Burkhardt Lindner），他是一位日耳曼学者，加入了法兰克福学派，但也研究电影和电视。

SZ：他也是一名广播专家。

---

[1] Hartmut Winkler, *Switching – Zapping. Ein Text zum Thema und ein parallellaufendes Unterhaltungsprogramm* (Darmstadt 1991).

[2] Marshall McLuhan, *Understanding Media. The Extensions of Man* (New York 1964). 该书在第14章"金钱：穷人的信用卡"中对计算机的媒介性问题进行了阐述：存储和传递信息的手段变得更加不可视和机械化，也越来越完整和有机。

HW：是的。我也跟海德·施吕普曼（Heide Schlüpmann）学习过，她当时是法兰克福大学的一名讲师，在电影方面卓有建树。当时的媒介指的就是视听媒介。

《换台》是我的硕士学位论文。虽然前人的研究不多，但我仍对它很感兴趣。当时我正在戒网，没有电视，更不用说遥控器了。但许多人与我聊天时都提及了遥控器，我也由此注意到了某种结构上的特征。它包含了"和"或"或"的选择，正如您所说，流动（flow）是线性的，而每按下遥控器上的"否"都会进入下一个流程，这就是"或"逻辑。垂直的则是"和"逻辑。这样理解数据处理是不对的，但我们只是大致表述一下它的意思。从某一个流动跳到下一个，不知道在哪里，也不知道会发生什么，这种设想令人兴奋，我想写下来。书中列举了一系列可能产生的影响，看起来有点离奇：我绞尽脑汁设想了一个观众，从方法上看这值得考究，因为我只考虑观众可能会做什么，他为什么会这样做。书中给出的一个答案是，观众似乎并不像电视制作人假定的那样对意义结构感兴趣。如果我想知道凶手是谁，我就不会换台。如果我换了台，显然就不会知道凶手是谁，它也不再像刚开始一样吸引我。后来我将这个论点继续扩展：视听会受到磨损，且随着时间流逝一直处于磨损中。换台是这种视听逻辑受到磨损的一个显著危机现象。

SZ：您的博士论文题为《电影空间与观众》（*Der filmische Raum und der Zuschauer*）[1]，里面非常深入地论述了装置理论。它是对《换台》的延伸，我认为这是必然的，因为在这篇论文里您着重指出将处于装置中的人，也就是用户作为主要参考点，这也是装置理论的核心。这两篇论文的核心思想是，技术不是语义上中立的东西，而是不断改变人们活动方式的媒介。从这点来看，这两本书一脉相承。这是一种有意识的做法还

1　Hartmut Winkler, *Der filmische Raum und der Zuschauer. „Apparatus" – Semantik –„Ideology"* (Heidelberg, 1992).

是偶然事件？

HW：这是自然发展的，可没法计划。这本书最初也遇到了瓶颈。起初我想研究中心视角在电影话语中的作用，后来我发现，早在10年前，也就是20世纪70年代，法国已经就此展开了广泛的辩论。好不容易想到的主题却已经有人研究过了，这自然糟透了，是对自信心的巨大打击！于是我换了个方向，重新研究这场辩论，并试图补充装置辩论中尚未涉及的方面。将装置辩论引入电影话语是一项巨大突破。电影研究涉及许多方面，但主要是以内容为导向的，以媒介的存在为前提分析电影的内容。不仅是电影研究，所有专业的情况都是如此。好比我读完了日耳曼学，却从未听说过任何关于"书"这一媒介的研究，因为这已经是理所当然的事。如今，如果没写过一篇关于互联网的文章，也就不能被称为日耳曼学者。如今，媒介问题已经确立，这是之前从未发生过的事情，甚至在电影研究中也没有。施吕普曼对电影的研究并不以内容为导向，要更加聪明一些，但也不是以技术或装置为导向的。法国学者提出的理论是一项重大突破，因为该理论将技术层面与符号层面（观众、内容以及艺术史）联系在一起，并基于此与媒介层面串联起来。我们今天仍然习惯于将二者分开，要么是符号学家，要么是技术家。突然间，这些层面开始互相渗透，我认为，这为媒介研究铺好了道路。也许会有人问：这些层面是如何联系在一起的？区分不同层面是必要的，但有趣的是其中的联系。当时的这种推力影响至今，但尚未正确反映到媒介研究中。这一点值得反思，因为早在20世纪70年代理论的灯塔就已经出现了。

SZ：相关理论的著作被译成德语的时间也相对较晚，且我对这些翻译并不满意，例如鲍德里的第一篇关于装置启发学的论文[1]，我甚至自己

---

[1] Jean-Louis Baudry, Cinéma: effets idéologiques produits par l'appareil de base. *Cinéthique* 7/8 (1970), S. 1–8. 德语译本（西格弗里德·齐林斯基、格洛丽亚·卡斯坦斯译）见：Baudry, Ideologische Effekte – erzeugt vom Basisapparat. *Eikon. Internationale Zeitschrift für Photographie und Medienkunst* 5 (1993), S. 34–43.

又翻译了一遍。当时对媒介的研究几乎完全是德语语境下的，英语文本尤其是法语文本很少有人阅读。您刚才描述的装置技术也许可以理解为对麦克卢汉理论的补充，因为装置启发学的核心是强调技术不是孤立存在于语义之外的。也就是说，银幕上呈现的电影内容要与完整的技术环境联系起来，这一环境当时被称为决定性的安排，这也意味着要在技术与语义的相互作用中辩证地思考二者。麦克卢汉理论在这方面略逊一筹，技术也不再被认为是唯一的决定性因素。

HW：是的，我认为这两个理论确有相似之处。麦克卢汉最大的功绩是提出了一个普遍的媒介概念，至少他是这样想的。这是针对内容的探讨。当然他最大的问题是思考得太浅了。每当有困难的问题出现时，他总是避重就轻，干脆回答另一个问题。这是一种程序化的做法。在采访中，他不会回答刚刚被问到的问题，而是说现在他更愿意谈一谈他目前真正感兴趣的事情。这种发散式的方法在今天看来仍然非常好用，但在细节分析上就有问题了。装置理论者则要谨慎得多，他们往往深思熟虑绞尽脑汁，在《电影手册》杂志上认真回答问题，进行真正有意义的辩论，争论得面红耳赤，从而一步一步地推动思想向前发展。这就是为什么我认为他们会走得更远。他们走的是中心视角的道路，这在艺术史上曾是一种组织内容的方式，随后发展成一个不容违背的代码。照相、摄影等技术普遍使用中心视角，除了中心透视照片外，我再也无法拍摄任何其他照片。中心视角提供了一种非常罕见的景象：某些东西从内容变成代码，再变成技术。这对我来说是一个不可思议的想法。当我能观察到这样的结构迁移时，这三个层面——内容、代码、技术就再也分不开了。

SZ：有趣的是，某些东西在这方面起着不可忽视的作用，好比您作为一名程序编码人员，也同时进行着一些社会活动。一部分装置理论家，例如让-路易·科莫利，他同时也是电影制片人，非常熟悉电影制作相关的技术。他在装置理论的基础上详尽阐释了技术的非中立性,即统治者的束缚以及科学技术意识形态的束缚,并在文章中进行了精彩的描述[1]。在其他工作中也需要了解技术理论相关的知识,这是否使得您对这一主题更加感兴趣?

HW:如今我非常重视它,但在那时它还没有那么大的影响。这种理论与艺术实践的结合以另一种方式取得了成功。我之前对奥地利电子艺术节抱有很大的期望,但结果并不尽如人意。我参观了一些展览,那里的设备——大型设备——将作为游客的我的肖像投射到了油画中。还有比这更简单的镜面排列吗?如果这就是媒介与艺术的结合,那么最好不要。我相信也有相当成功的结合,也有在此基础上才能做成的事情。但有关审美实践和理论知识的结合,我们确实正走在弯路上。

SZ:柳德米拉·沃罗帕伊会很高兴得到了您的评价。她刚刚完成了博士论文,其主题是媒介艺术的另类建立方式[2],思考了制度是如何参与建立"媒介艺术"这一概念的。在我看来,主权用户实际上是贯穿您作品的一条主线。

现在让我们回到《文献宇宙》上来,这本书源自您为取得大学授课资格所写的论文。我们观众里的电脑狂人肯定知道,这个标题的灵感来自泰德·尼尔森(Ted Nelson),我曾斗胆称他为仙那度计划的创始人[3]。"Xanadu"这个词对他来说意味着共和国、乌托邦。用夸张的语言来说,泰德·尼尔森用它描述了一个非常合理但又复杂的语义、句法和美学结构的网络天堂。在1997年您的书出版时,它还被称为超文本。泰德·尼尔森的这种技术乌托邦思想对您的媒介观有什么影响?您是否也使用超

---

1 让-路易·科莫利在《电影手册》中有关装置辩论的文章汇编,具体见:Jean-Louis Comolli, *Cinéma contre Spectacle: suivi de „Technique et idéologie" 1971–1972* (Lagrasse, 2009).

2 Lioudmila Voropai, *Medienkunst als Nebenprodukt: Studien zur institutionellen Genealogie neuer künstlerischer Medien, Formen und Praktiken.*

3 参见:Theodor H. Nelson, *Computer Lib: You can and must understand computers now/Dream Machines* (Michigan 1984 [1974]). 关于"仙那度计划"请参见www.xanadu.com。

文本这种称呼，因为它能与每个对象的某种理论思想产生共鸣？

HW：一方面，我强调计算机是一种文本媒介，并且属于传统媒介，而不是影像媒介；另一方面，"docuverse"一词也具有作为"统一的幻想"的乌托邦特征，因为"universe of documents"意味着一种自成一体的文献宇宙。与此相反，图书馆是分裂的岛屿：如果你在柏林寻找一本书，你首先要在路上奔波———一本在柏林自由大学的社会学图书馆，另一本在自由大学的中央图书馆，而第三本在另一所大学。"文献宇宙"最初是一个关于统一的幻想，拆解或是展示这个宇宙的内容是另一项大工程，因为这种统一的幻想具有相当广阔的前景。

该幻想可以大胆地追溯到五旬节的圣灵之火。这并不荒谬，麦克卢汉还将他的地球村的概念追溯到皮埃尔·泰亚尔·德·夏尔丹（Pierre Teilhard de Chardin，汉名德日进）身上。德日进是一名耶稣会士，也是传统天主教的反对者，他最著名的书直到他去世以后，即1955年才出版，里面讲述了关于宗教统一的幻想[1]。他认为世界是物质的，并且世界各地的联系越来越密集。这种通过交通、生产、技术联系起来的网络化的客观世界，形成了一个共同的领域，他称之为"Noosphäre"，取自希腊语"nous"，即智性[2]，这使得全球成为了一个统一的网络。整个人类历史正在驶向欧米茄点，即人类命运的最后一天，当然这是积极意义的审判日，是我们全人类达到全知全能的一天。德日进的宗教乌托邦思想也是许多网络乌托邦的根基。到了20世纪90年代就没有人读这些东西了，绝大多数情况下确实不再需要读，因为这种关于网络的想法非常怪异，我不是说他们抱有这种期望是非常怪异的，但是人们相信通过技术结构

---

[1] Pierre Teilhard de Chardin, *Le Phénomène humain* (Paris, 1955), 德译本：*Der Mensch im Kosmos* (München, 1959).

[2] 译者注：nous（英译intuitive reason，汉译"努斯""神学智慧""直观智慧"），指的是一种超越理性、感性、感性思维和语言能力的智慧形式。它直接连接个体的内在经验和宇宙的普遍真理，使人能够瞬间领悟复杂的事物和深奥的道理。

就可以实现这种政治期望、这种统一的交际幻想，实在是有些天真了。在德国也有很多作家持有这种立场，我的研究就是为了反驳他们，且大获成功。这当然存在着风险，因为他们在理论话语中拥有主导权，且对异质思维反应敏感。成名之路总是坎坷的。如果有人在伟大的纪念碑上小便，他也可以成为名人。

SZ：关于德日进我想要补充一点：我第一次去南美前只对他的书略有涉猎，但他在那里的知名度极高，这也与耶稣会历史有关。我在那里宣讲媒介理论以及威廉·弗卢塞尔时，每次都有人向我提起他。

《文献宇宙》的中心思想是，语言在全新的计算机宇宙中被外化，这也具有隐喻的特征。计算机宇宙成为语言外化的理想场所。学习过媒介理论的人会立刻想到麦克卢汉，因为麦克卢汉也提出过非常超前的想法——在与昆廷·菲奥里（Quentin Fiore）合著的《媒介即按摩》（*The Medium is the Massage. An Inventory of Effects*）一书的扉页上提出的——"电路是中枢神经系统的延伸"[1]。也就是说，在技术层面（这里指电子技术）的研发成果是身体的外化。相应地也要思考这种外化问题。但是您在文章中反驳了您奉行麦克卢汉主义。您提及"语言的外化"时给"外化"加了引号，并声称这是另一种东西。您可以稍微解释一下吗？

HW：《文献宇宙》一书试图重构这些愿景（Wunschkonstellation），而不是现实。在本话语中出现的这些愿景也是本书的基本概念。我将统一的幻想、世俗化的五旬节奇迹以及有关外化的幻想视为愿景。毕竟，我不是被迫加入这些愿景的。然而，与此同时，我们必须使用这些术语，就好像我们真的相信一样。因此我给它加了引号。当然，外化论的问题在于其以人为核心，它有两个主要根源。其中一个是传统的技术理论：

---

[1] Marshall McLuhan, Quentin Fiore, *The Medium is the Massage. An Inventory of Effects* (London 1967), 已绝版。（译者注：麦克卢汉有意将"message"改成了"massage"，以一种戏谑的文风表达了媒介传递的"讯息"是它本身对受众的刺激与按摩。）

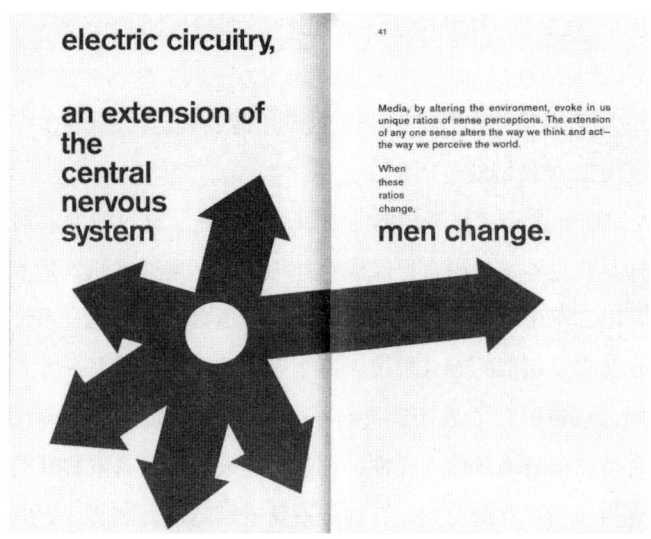

麦克卢汉与昆廷·菲奥里合著的《媒介即按摩》扉页
来源：Marshall McLuhan und Quentin Fiore, *The Medium is the Massage. An Inventory of Effects* (New York, London und Toronto 1967), o. P. Bantam Books/Penguin Books.

将锤子当作手臂的延伸，就像石斧从人体中长出来一样，并试图用这种方式来描述整个技术。

SZ：恩斯特·卡普（Ernst Kapp）在1877年的《技术哲学》（*Philosophie der Technik*）中将它描述为器官投影。[1]

HW：但卡普并不是完全赞同这一说法。麦克卢汉则天真得多，他认为技术完全是以人为中心的。然而，不是所有的技术都能从人本身推导出来，例如，车轮与人体没有任何关系。而当我站在一个长500米，高80米，且没有烟囱的钢铁厂前，也有点难以开口说这是我小小躯体的外化。这是对人与技术的关系的一种自恋性误读。麦克卢汉也不是"中枢神经系统的延伸"这一概念的发明者，他是从对电报讨论中提取的。

---

1 Ernst Kapp, *Grundlinien einer Philosophie der Technik. Zur Entstehungsgeschichte der Kultur aus neuen Gesichtspunkten* (Braunschweig, 1877), 见第2章"器官投影"，第29页。

例如，卡尔·克尼斯（Karl Knies）说过"电路是社会的神经链"[1]。因此，这两种话语相互呼应。

SZ：反之亦然，在医学话语中也是如此：鲁道夫·菲尔绍（Rudolf Virchow）也以神经链做过比较[2]。

HW：正是如此。我不是单纯地引用"外化"这个概念，而是要批判性重构。我也不是说语言已经成功外化了，而是说这愿景是本话语的一部分。语言不是言语，而是我们头脑中的语言系统。这一系统有些怪异，一方面它以相似的方式根植于每个人的脑海中，但另一方面相似不等于相同，这也解释了为什么我们不能完全理解彼此，而会产生误解。不同社会个体语言系统的差异性，往往会造成一种具有威胁性的社会情况，也成为发明媒介的动力，目的是消除或跨越这种威胁。影像媒介就是这么来的。但最重要的是，从当时的话语中可以清楚地看出，我们可以用这种方式来解读计算机宇宙。计算机宇宙可以外化，正因为它可以从外部看到，而且它是统一的，不会像我们头脑中的语言系统一样各有差异，因此它可以承载乌托邦的幻想。我曾经想展示这些乌托邦的隐性宗教内容，但是外化并不是一个确定的概念。

SZ：如果不从人本身出发来思考外化的概念，它的含义还是非常丰富的，至少对我来说是如此。如果把它从个人或群体中剥离出来，并真正理解为一个想象中的场所，在该场所里可以随时随地进行存放、存储以及临时检索的活动。

HW：但这只有在与其他媒介比较时才有意义。《文献宇宙》强硬而又明确地主张，我们必须始终从内外关系出发，必须努力弄清媒介是如何从外部与内部信息取得联系或交换的。每一种媒介的方式都不一

---

[1] Karl Knies, *Der Telegraph als Verkehrsmittel. Mit Erörterungen über den Nachrichtenverkehr überhaupt* (Tübingen, 1857).

[2] 参见：Rudolf Virchow, *Die Cellularpathologie in ihrer Begründung auf physiologische und pathologische Gewebelehre* (Berlin, 1858).

样,不存在某种"特权"媒介能全面回答这个问题。每个媒介都有它特有的内外联系方式。索绪尔的《普通语言学教程》(*Cours de linguistique générale*)一书中有一幅插图。图中两个脑袋面对面站着并相互交流[1],一个箭头从左边脑袋的嘴巴指向右边脑袋的耳朵,接着一个小箭头从右边脑袋的耳朵指向嘴巴,然后又有一支箭头穿过外部空间指向左边脑袋的耳朵。这就是问题所在,德里达在《声音与现象》(*Die Stimme und das Phänomen*)[2]一书中也对此进行了分析和概述:交流总是要穿过外部空间到达另一个人的耳朵。外界的媒介事件与脑海的内部接受之间存在过渡点。我们不是研究让机器可读的数据,即由机器传输给机器,我们处理的是这种人际关系问题。

SZ:当然,但从媒介历史的角度来说,《文献宇宙》的出发点是因为个人的头脑负载过重。引用书中的一句话:"可以说,每个人的脑袋是不同信息重新汇集的重要场所。事实证明,这些任务使大脑很快就达到了承受能力的极限。"[3]大脑以及个体,它们的思维能力是有限的,或者用专业术语来说——硬盘容量是有限的。从长远的角度来看,"文献宇宙"

"言语循环"

来源:"Le circuit de la parole" aus Ferdinand de Saussure, Cours de lingui ique générale, zusammengestellt und hg. von Charles Bally und Albert Sechehaye (Paris 1916), Kapitel 1: „Place de la langue dans les faits de langage", S. 36. Editions Payot.

---

1 Ferdinand de Saussure, *Cours de linguistique générale*, zusammengestellt und hg. von Charles Bally und Albert Sechehaye (Paris 1916);见第1章"语言在语言活动事实中的地位"中插图"言语循环",第36页。
2 Jacques Derrida, *Die Stimme und das Phänomen. Ein Essay über das Problem des Zeichens in der Philosophie Husserls* (Frankfurt am Main 1979);原作:*La voix et le phénomène* (Paris, 1967)。
3 Hartmut Winkler, *Docuverse*, 57.

这一想法意味着个人脑容量和个人存档能力的极大扩展，由此出现了一种令人难以置信的异质性现象。那么从技术系统来看（我们同时也是其中的一部分），这种外化思想对我来说是非常有意义的。

HW：很抱歉，对我来说并不是这样。我们必须对所有媒介提出一个问题：它们该如何组织一致性和差异性？劳动分工就是一个很好的例子。社会有各种层面的劳动分工。我是一名媒介学者，所以我不必了解牙科相关的知识，相对应地，我必须信任牙医。因此，每个人都有自己特有的知识储备。但是，不同话语之间的交际是如何组织的呢？也就是说，每个个体之间的共同点是什么，否则人们怎么在聚会上和牙医交谈呢？因此，一定预先存在着某种知识储备，以相似的方式植根于牙医和媒介学者的大脑中。每一种媒介都应组织好差异性和一致性，其话语必须确保其连贯性。

"互联网"也必须如此。它从一开始就不止一个，而"互联网"一词只有单数形式而没有复数形式，这点常常令我发笑。互联网也必须考虑如何调节差异性和连贯性，这不是自动发生的，也不是技术上可以解决的。脸书（Facebook）就是一个很好的例子：在原则上民主的互联网世界中出现了一个由私人组织并经营着的岛屿，它以某种方式吸引着人们。人们在它私人的领地里闲逛，却以为自己在公共领域。这表明，这不是一个技术问题，而是社会秩序和话语形态的混合物。"Facebook"一词本身也是单数。如果其他三个竞争供应商变得更强大，会发生什么？或者说，脸书之后的时代又是什么样子？相比我们去思考怎样把之前在脑海里分布的潜伏性东西外化，我想这是一个更正确的问题。我对这个结构性时刻更感兴趣，即一致性和差异性是如何在社会上、媒介技术上以及语义上组织起来的。

SZ：我有异议，个体大脑能力的限制问题已经越来越明显，您也应该注意到了。在前互联网时代就已经如此。当我面对种类繁多的图像和文本生成机器时，必须有一个机制能以某种方式整合和综合它们。综合是一个有趣的概念，因为它也非常接近弗卢塞尔在求助康德时所主张的想象力这一概念。我有这么一种想法：如果大脑因到达了理解能力的极限而"爆炸"，那么在大脑进行的活动需要向外转移；当大脑允许完全不受控的符号、语言和图像的对象关系进入并与之产生联系，就会出现一种相对自主的、不受个体影响的交流系统。这样一来，它就与主体间性没有什么关系了，反而是物体在互相交流。已经有非常完善的方案将这一点发挥到极致，使之有效，或者甚至否定了它。

这里可以过渡到一个有关科学传记和科学历史的问题。您提到了索绪尔，提到了语言结构主义的重要性，当然是在您分析计算机宇宙的背景下。如果研究一下媒介理论的发展历程就会发现，不仅像装置启发学这样有趣的概念已经被遗忘，早期结构主义也被遗忘了。结构主义对电影和电影分析学产生了极大影响，当时它们仍是以内容为导向的。阅读您的文章时，我想起了当时布勒[1]的理论只是基础课程的一部分。拉斯韦尔和他著名的5W模式[2]、香农·韦弗模式[3]等也是如此。为什么20世纪50年代末到70年代初这个受结构主义强烈影响的时期被遗忘了？毕竟，这是基特勒等人的媒介理论的一个重要前提。基特勒的《留声机　电影　打字机》(*Grammophon Film Typewriter*)[4]有力地贯彻了结构主义思想。为什么现在几乎没有这种联系了呢？

HW：为结构主义进行重建对我来说也很难。人们不得不问：这场变革的本质是什么？为什么后结构主义成为了结构主义的坟墓？

---

[1] 参见：Karl Bühler, *Sprachtheorie: die Darstellungsfunktion der Sprache* (Jena 1934).

[2] 参见：Harold D. Lasswell, The Structure and Function of Communication in Society, in: *The Communication of Ideas. A Series of Addresses*, hg. von Bryson, Lymann (New York 1948), S. 37–51.5W模式指的是拉斯韦尔最著名的表述"谁通过什么渠道向谁说了什么，产生了什么效果？"

[3] 参见：Warren Weaver, Claude E. Shannon, *The Mathematical Theory of Communication* (Urbana, IL 1949).

[4] Friedrich Kittler, *Grammophon Film Typewriter* (Berlin, 1986).

我可以借符号学更准确地说明这一点，在20世纪60年代，符号学也是被寄予了极大期望的。基于语言学的发现，人们试图构建一种能平等描述所有媒介的符号学说。时至今日，我仍不质疑它的必要性。在我看来，媒介是符号的机器，象征性是我的媒介理念的核心。但符号学辜负了这种期望，它还没能够给出一个平等的符号概念。

克里斯蒂安·麦茨是一个典型的例子。就算麦茨不算符号学的代表人物，他也是符号学的追随者。他放弃了抗争并表示"然而语言(langue)终究不是语言(langage)"，即电影是一种没有语言系统来规范的语言。当符号学只表示语言而不再包括语言系统时，它就结束了。麦茨不得不转向下一个话语，他开始研究电影的精神分析理论[1]。符号学根本没有达到预期。它还像以前一样传授，但没有人再相信它了。你不可能用符号学在会议上取得成功。

SZ：汉斯·贝尔廷三周前在这里点出了符号学的问题：符号学的问题，例如皮尔斯符号学，主要在于它声称的是一个普遍的主张。

HW：就是这样！

SZ：也许符号学从未设法摆脱这种普遍的主张，并转变为某种明确的方法研究。非常有趣的是，尽管克里斯蒂安·麦茨后来强烈地转向了精神分析学（在20世纪70年代很流行，代表人物是拉康），但他对与电影符号学分析相关的诠释学（Hermeneutik）也做了不少研究，这奠定了他受精神分析影响的电影理论的基础。我喜欢说"第一代麦茨"和"第二代麦茨"，当然两代麦茨的思想是有共通性的。

HW：确实如此。我发现，他精神分析学的主要著作《想象的能指——精神分析与电影》中的第四章很少有人阅读，这一章是关于隐喻

---

[1] 麦茨从语言学电影符号学向精神分析理论的转向，参见：Christian Metz, Le Signifiant imaginaire. *Communications* 23 (1975), S. 3–55, 108–135, 以及由它发展出来的专著《想象的能指——精神分析与电影》*Le Signifiant Imaginaire – Psychanalyse et Cinéma* (Paris, 1977).

理论的。这是符号学的核心,且是该领域有史以来最好的内容,因为它用隐喻的案例说明了话语如何变成结构。这绝对是一本伟大的书,但没有人仔细钻研它,这太不可思议了。

SZ:但它也不容易读懂。而且德译本最近才出版,这实在是太晚了。我还想简单谈谈您最近的一本书[1],它又是一次极大的冒险。您敢于界定关于媒介的基础知识,以便我们可以开放地定义媒介。这是非常冒险的,因为您实际上想告诉我们所有在这个领域活动的人,我们的基础是什么,是什么构成了我们思维的核心。在阅读过程中,让我印象深刻的是媒介研究的第三个领域,也就是拉康所说的"想象力",它根植于美学的各种关系系统中,即媒介话语的模糊性和难以捉摸性,这对我来说十分重要,但您却提出它在基础知识中几乎不起作用。当然,您现在可以说,这不是我的事。但我的问题更具有系统性:作为一个可以获取基础知识的基本维度,为什么您认为它几乎不起作用呢?

因为我们在与所谓的用户、观众、从事视频和计算机工作的人打交道时总是遇到这个问题:我们是否进入了他们的内心,进入了他们的情感世界?还是说我们只是试图让这些概念尽可能流畅和易于理解?

HW:基础知识书籍的编写不仅是一场冒险,也是一种胆量。它实际上是对媒介学的导入,仅此而已。媒介学导论通常有两个特征。第一,大约有20本,除了写它的人,没有人会研究它。第二,它们都有一个问题,即导入一个现成的世界。我所知道的最好的导论是希克西尔写的那本,里面的知识量非常庞大[2]。如果有人把这卷书看完了,那么肯定能学到很多。但将这60页读完之后就会有这样的感觉:媒介学的世界已经结束。而我想呈现一个开放的世界,一个充满乐趣让人沉迷的世界。因此我在书中并没有将每一页都写满:在顶部是一个小论

---

1 Hartmut Winkler, *Basiswissen Medien* (Frankfurt am Main, 2008).
2 Knut Hickethier, *Einführung in die Medienwissenschaften* (Stuttgart und Weimar, 2003).

题，接着有三句话，剩下全是空白。我与费舍尔出版社进行了相当激烈的谈判，直到他们同意这样印刷，但前提是我要与他们继续合作。对我来说，这是唯一可能的导入形式。将"基础知识"作为标题也许并不高明。大学里的初学者们总是有这样的问题：什么是媒介？我总是回答说：你不能这么问——它像是一个甜甜圈的结构，我们围绕着空旷的中心地带旋转。但是他们非常不满意这个回答，甚至还会恼火。所以这本书试图回答这个问题，它通过280个单独步骤逐步解释一些结构。

这是一点。另一点是对想象力的特定态度，这里需要用到图示理论。图示理论一般在图像话语中用于概括。刻板印象是不可避免的情况，它始终是图像话语中的组成部分，一种准符号维度。然而，其中被忽视的是无政府主义的要素，图像所承载的多余性，以及主观的多余性。您提到了这种感觉。这一点在书中确实被忽略了，我也承认。我关心的是加强图示概念的设计，使它可以接替符号这一概念曾经的任务——换句话说，媒介的定义要以基于图示的符号概念为中心。

SZ：您对"媒介"定义的第7点提到，我们越是将媒介视为理所当然，媒介就越容易消失[1]。这也是界面设计中的一大问题。然而，在这一点上，我清楚地认识到，我们面对的是拥有百年历史的艺术家、诗人和作家，他们的做法正好相反。他们不断尝试，让媒介保持其表面浅层的意义，并成为他们写作和形象塑造的主题。

HW：我完全同意您的观点。在我的导入课程中，我经常展示一部20世纪40年代的电影《地狱机械舞》(*Hellzapoppin'*)[2]，用来反映媒介的存在。其中一个场景是，有人从跳水板上跳入游泳池，并被拍摄下来。照片定格在他悬在半空中的画面——电影暴露了自己是一台机器。接着

---

1 Hartmut Winkler, *Basiswissen Medien*, 11.
2 Hellzapoppin', 拍摄者：Henry C. Potter, Edward F. Cline (USA, 1941).

电影的分帧线向上滑动，上下的人隔着它交流。这里就很清楚了，媒介不是隐形的，但有这种倾向。行为者网络理论里的"黑箱"指的是共同构筑媒介的概念。当我们称使用触摸屏的人为数字原住民时，这也是它的全部意义所在。

SZ：最后，也许您可以告诉我们您目前在研究什么。温克勒先生正处在科研学期，恰是思维活跃的时候。但我们先暂时搁置这个问题，将提问的机会交给观众。

嘉宾：计算机是魔力的代名词，代表着释义、归因和期望的爆炸式增长。"愿景"这一概念在《文献宇宙》中非常普遍，但并没有得到充分的阐述。关于这点您可以补充几句吗？

HW：首先我想指出的是，这不是现实，而是一种期望。主观层面上，媒介总是产生过多的期望，但它们自己却无法实现。媒介总是会经历一个初始阶段，在这个阶段，它们不被评价，只是被寄予巨大的期望。这也完全适用于整个传播概念。传播是一个非常积极的术语，尽管传播并不总是一种好的体验。五旬节奇迹仍在发挥作用——"圣餐（Kommunion）"和"沟通（Kommunikation）"关系密切。探寻这些期望有双重作用：一方面考虑这种过度体现在哪，另一方面反问当时以硬件为中心的人，媒介所反映的需求是什么？为什么会出现媒介？基特勒说，媒介会出现是因为有工程师发明了它们。这是一个非常令人沮丧的说法，在技术史上也是非常传统的说法。我相信，媒介来到这个世界上是因为有需求（need）。我羞于使用"需要（Bedürfnis）"这个词，因为它不是心理学上的。需求是一种压力，一种迫使它出现的结构应力。如果您在15年前告诉我，10年内智能手机的数量将超过固定电话的数量，我一定会嘲笑您。但是情况如此，如果11岁的孩子都在为拥有一部手机而工作，那么人们不禁会问：需求是什么？迫使人们拥有手机的结构应力是什么？

SZ：德勒兹和加塔利的哲学理念在这里起了多大作用？他们在当时再一次成为热门话题，因为《千高原》(*Tausend Plateaus. Kapitalismus und Schizophrenie*) 的译本在20世纪90年代初才出版[1]。《反俄狄浦斯》(*Anti-Ödipus*) 已经出版一段时间了[2]，但《千高原》在德国问世时，整个网络话语也刚开始兴起。这有什么影响吗？您有没有试图使用里面的概念来解答网络话语有关的问题？我立刻想到了德勒兹和加塔利的《欲望机器》(*Wunschmaschinen*)。

HW：是的，《欲望机器》。在精神分析中，期望作为一种驱动力起着相当重要的作用。在后结构主义中它指的是欲望。但我与德勒兹和加塔利的观念并不完全一致，因为我指的是对秩序的需求。

柳德米拉·沃罗帕伊：预测也是主题之一，因此我的问题是：如今我们如何评估计算机作为记忆存储器的影响？计算机已经在日常用语上产生了巨大的影响，在人文科学、社会科学的语言层面上也是，例如隐喻的形成方面，也对计算机和计算机语言的开发方式产生了影响。从计算机及其使用中产生的隐喻中能发展出什么，这些隐喻是如何应用于计算机开发的？

HW：这不仅仅是计算机的问题，我们必须回顾整个媒介历史。困难在于，内在的发展过程是不可见的。为了揭示内在的过程，我必须以某种方式将外部过程设计成一种模型。记忆剧场就是如此，卡米罗（Camillo）发明了一种木制剧场，以使内部可见[3]。记忆术也是一种外部装置，内部可以在其中得到反映。我会从媒介历史的角度着手，并研究哪种隐喻会在哪个时间点起作用。有许多隐喻是误导性的，例如"单脑—单

---

1 Gilles Deleuze, Félix Guattari, *Tausend Plateaus. Kapitalismus und Schizophrenie* (Berlin, 1992); 原作见：*Capitalisme et Schizophrénie, tome 2: Mille Plateaux* (Paris, 1980).

2 Gilles Deleuze, Félix Guattari, *Anti-Ödipus. Kapitalismus und Schizophrenie 1* (Frankfurt am Main, 1972); 原作见：*L'Anti-Œdipe-Capitalisme et schizophrénie* (Paris, 1972).

3 Giulio Camillo, *L'Idea del Theatro* (Florenz, 1550).

机"的对比。我将它视为一种误导性的联想,有必要删除这些隐喻。隐喻具有某种启发性的价值,使知识成为可能,但它们也常常掩盖了其他可替代的可能性。

柳德米拉·沃罗帕伊:隐喻确实存在缩小视野的危险,但它也能以高度简化的方式描述过程,对科学研究及其成果产生相应的影响。

HW:我也这么认为,科学充满了隐喻。它不仅采用流行话语中的隐喻,而且自己也可以生产隐喻,作为知识的手段。

菲利普·托格尔:您在一开始提到大脑的遗忘是结构性的。您还指出,编程上也会发生这种情况。我很好奇是哪些时刻,以及遗忘到哪些结构中去了。

HW:可以这样理解搜索引擎:首先,它们是查找文献的工具。但如果从结构上看,它们具有某些非常有趣的特性。它们将广阔的领域捆绑在一个非常密集、紧凑的结构中,这个结构紧凑到可以仅在一个单独的服务器场上运行。这与整个互联网截然不同。这个单独的服务器场反过来压缩所发现的文件,由蜘蛛(搜索引擎)取走。一个蜘蛛被派出去后,它的行为就像一个非常好奇的用户,把发现的一切都带回来,然后对这些文件进行分析,并将其输入到一个表格中重新组织,使其可以被搜索。因此,当您用谷歌搜索时,您不是在搜索网络,这在目前是不可能的,而是在搜索这个表格。这个表格本身至少具有这种压缩的结构性特征,它将广泛的话语领域带入一个密集的、结构性的形式中来。这不是记忆模拟,而是功能模拟。值得考虑的是,自从我1997年在《文献宇宙》强烈反对[1]之后,这种情况是否发生了变化。

SZ:关于这方面您写了一篇非常有趣的文章,叫作《搜索引擎》

---

[1] 译者注:这里指的是哈特穆特·温克勒的书《文献宇宙》,即《计算机医学理论》,1997年出版。"harsche Abwehr"在这里的意思是严厉的防御或严厉的反对。涉及之前讨论过的搜索机器人"蜘蛛"及其工作原理。

(*Suchmaschinen*),它也可以在您主页上看到。我想在这里引用里面的一段文字:"我们坐在上帝孤单的宝座上,面对无限的文本宇宙,手中握着几台闪闪发光的有缺陷的机器。我们感到很不自在。"[1]这是您16年前所说的,已经过去了很多年。我想就此提两个问题:第一个问题很简单,您对此有想要补充的吗?第二,您把计算机视为一个特殊的媒介,或者说至少您肯定了计算机也可以被认为是一种特殊的媒介。现在您仍然这么想吗?

HW:这不仅是想象,而且是一个残酷的事实。当我们在这里相互交谈时,并不会使用到计算机,这一事实表明,计算机不是一种通用的媒介。如果它是一种通用的媒介,我们就不需要费力地把我们的身体搬过来,面对面地交流。计算机是一种特殊的媒介,它与其他媒介共存,且必须与它们产生联系。计算机是通用媒介的说法完全是胡说八道。至于您对《搜索引擎》的引述:在这个领域有很多要考虑的事情,我今天会对这篇文章中的某些立场持保留态度,除了最后一句话。

渡边真也:我的研究对象是白南准,他提出过一个问题:我们如何从信息中获取"能量"?在21世纪化石能源将枯竭的背景下,您认为有可能从信息熵中获取能量吗?

HW:这个问题很难,我根本无法回答。这个问题的前提是,我们首先要就什么是信息达成一致,很显然我们还没有。信息理论并没有告诉我们什么是信息。只有弗卢塞尔,他谈到信息是被付诸形式的东西。他说:人们用铁来造锅,这就是信息[2]。那么我们在媒介学领域所界定的信息就必须与此区分开来。我们显然不是在处理具体的锅,而是在处理

---

[1] Hartmut Winkler, Suchmaschinen. Metamedien im Internet?, in: *Virtualisierung des Sozialen. Die Informationsgesellschaft zwischen Fragmentierung und Globalisierung*, hg. von Barbara Becker, Michael Paetau (Frankfurt am Main et al. 1997), S. 85-202.引用出处为第 201 页;网址:http://homepages.unipaderborn.de/winkler/suchm_d.pdf

[2] 参见:Vilém Flusser, *Dinge und Undinge. Phänomenologische Skizzen* (München und Wien, 1993).

一种具有显著物质特征的信息，但这种物质特征又与锅不同。因此，我们首先必须就信息这个概念达成一致，然后才能够阐释信息的相关规律。这是我对符号学的追求：我相信在符号的领域里存在一些类似于自然规律的东西。我无法解答这一点，就像我无法回答您的问题一样，但我相信有一些规律是可以展示的，例如"压缩"这个概念。只有这样，我们才能接触到这些过渡性的现象，在这种情况下，信息可以与能量和物质进行比较。

SZ：我最近重新阅读了弗里曼·戴森（Freeman Dyson）的《无尽的时间》（*Time without end*）[1]。书里提到了一个非常特殊的沟通理论，我认为可以很好地回答您的问题。戴森试图以超然于人类中心主义的观点来思考沟通问题，并从宇宙、天体物理学的角度研究这些不断保持运动关系的天体，思考它们如何相互联系、相互交流。这就是他所说的沟通。

当然，从能量的角度来看，天体之间存在着惊人的能量交换和变迁——这在物理上是非常复杂的。我不得不承认，我只能读懂这本书的一部分，因为它有三分之一是数学公式。但是，这本书的基本思想非常令人振奋，它以更复杂、更深远的方式思考沟通问题，而不总是从人类中心主义的视角出发。

柳德米拉·沃罗帕伊：麦克卢汉的《地球村》（*Global Village*）一定程度上受到神学的影响。我想提一下俄罗斯自然科学家弗拉基米尔·维尔纳斯基（Wladimir Wernadski），他在其关于智力圈的作品里模糊了科学和宗教概念之间的界限[2]。在科学话语中，他对这一主题的研究被边缘化了。就话语历史而言，维尔纳斯基的智力圈概念是否在网络思维中发挥了作用？

---

[1] Freeman Dyson, Time without end: Physics and biology in an open universe. *Reviews of modern physics 51* (1979), S. 447–460.

[2] Wladimir I. Wernadski, Neskolko slow o noosfere. *Uspechi biologii 18/2* (1944), S.113–120.

HW：很抱歉我没看过他的作品。但我相信，宗教和科学思想之间存在多个过渡点，并且科学管理着大部分原本属于宗教的世俗化财产，"沟通"和"圣餐"这两个概念就能说明。如果科学能更多地探讨与宗教之间的过渡点，这对科学自身来说也会是一次非常重要的自我启蒙，但人们好像已经把这些抛之脑后。沃尔夫冈·哈根（Wolfgang Hagen）通过唯灵论探究技术媒介的前身，他说，幸运的是，我们有它在我们身后，因为我们现在知道这是量子物理学。

反过来看，也许我们认为的客观世界观——即比启示更明确的确定性——也许这种"科学的启示"是对其他启示的继承。我认为这个问题意义深远。

SZ：您是否认为以普遍主义为目标的理论和想要避免普遍主义的理论之间的分界线就是传统媒介理论间的分界线？以麦克卢汉的《地球村》为例，村子乍一听很小，但实际上完全是一个普世理论。与此相对应的是弗卢塞尔，他一直拒绝普遍主义。一旦他感觉到自己正在接近普遍主义思想，他就会立即掉头，或者感到害怕。一方面，有人寻求普遍的解决方案；另一方面，有人寻求特殊的、独特的、多样性的逻辑。这样一分为二有意义吗？

HW：只有这两种概念相互包含时才有意义。当索伦（Tholen）将差异的概念视为第一性时[1]，这也是一种普遍主义。最有力的对立概念就变成了信条。大多数普遍主义也不会宣称自己是普遍主义，而是变相的普遍主义，因为在后结构主义之后，普遍主义就被禁止了，我们当然会要遵守它。

嘉宾：我有一个问题，目前出现了生态学概念下有关媒介思维的

---

[1] Georg C. Tholen, Medium, Medien, in: *Grundbegriffe der Medientheorie*, hg von Alexander Roesler, Bernd Stiegler (München, 2005), S. 150–172. 有关差异的概念另见索伦的博士论文 *Wunsch-Denken, oder Vom Bewusstsein des Selben zum Unbewussten des Anderen. Versuch über den Diskurs der Differenz* (Kassel, 1986).

辩论，比如埃里希·霍尔（Erich Hörl）或贝尔纳·斯蒂格勒（Bernard Stiegler）对技术存在的重新定义。这些新提出的概念属于普遍主义吗？它们与德日进和类似的统一幻想中表达出来的普遍主义相同吗？

HW：这个问题我无法回答。虽然我总是碰到这个话题，但我还没有仔细研究过，也就不能评判这些立场。然而，将媒介思维与生态学相提并论让我感到不安，因为它带有一种自然语义，在这里显然是可以接受的。但这只是我理论上的直觉，我现在无法论证清楚。

SZ：最后一个问题，您目前正在做些什么？有很多东西今天来不及讨论了，尤其是您在2004年出版的那本激动人心的书[1]，现在可以从您的网站上免费获得。

HW：《话语经济学》（*Diskursökonomie*）认为，人们可以把商品交换的网络投射到媒介交换的网络上，然后看看会出现什么。另一方面，这也使我与我在帕德博恩大学合作的经济学家区分开来。

我现在做一个完全不同的项目。我正在写一本关于加工的书[2]。基特勒指出媒介有三种基本功能：传输、储存和加工。传输，顾名思义，我发出的声音传到您的耳朵，就是一个传输过程。储存也很好理解，媒介是一种记录系统。这两个功能已经研究得很透彻了，它们的无数变体形式也得到了详尽讨论。然而，基特勒还提到了媒介的第三个功能：加工。我一直说，这实际上属于计算机范畴，这个三元组来源于计算机，因为计算机总能给出与你输入的不同的内容。当电脑输出的内容与你输入的内容完全一致时，你会深感失望。因此，加工是一种转化，是对某物的改进——即"变形"。我总是指责基特勒，因为他把一个技术范畴的概念应用到媒介上，却没有检查这是否可行。我的观点与他不同：对其他媒

---

1 Hartmut Winkler, *Diskursökonomie. Versuch über die innere Ökonomie der Medien* (Frankfurt am Main, 2004).

2 Hartmut Winkler, *Prozessieren. Die dritte, vernachlässigte Medienfunktion* (Paderborn 2015).

介来说加工意味着什么？对计算机来说又意味着什么？这一点也不清楚。而将这个概念应用到媒介领域会发生什么？最重要的是，媒介话语中的相似对象在不同标签下该怎么处理，我对这个非常感兴趣，例如"翻译"和"变形"。我尝试加入这些不同的标签来丰富该术语。这就是我正研究的内容。

SZ：值得庆幸的是，您在这一方向上迈出的第一步现在在我们的网站[1]可供查阅，也就是您于2010年4月在温哥华英属哥伦比亚大学举行的"北美和欧洲德语区的媒介理论"会议上发表的演讲[2]。《加工》（"Prozessieren"）是这篇文本的标题，也就是被忽视的媒介的第三个功能。

很可惜我们的会议该结束了。非常感谢您，温克勒先生。

记录整理：琳娜·迈纳斯（Linnéa Meiners）、
萨拉-约翰娜·托伊雷尔（Sarah Johanna Theurer）

---

1 www.genealogy-of-media-thinking.net.

2 Hartmut Winkler, „Processing: The Third and Neglected Media Function", Vortrag auf der Tagung „Media Theory in Worth American and German-speaking Europe".

伊丽莎白·冯·萨姆索诺 / ELISABETH VON SAMSONOW

12

"与自20世纪80年代以来关于计算机的媒介理论相比,基督论简直微不足道。"

西格弗里德·齐林斯基(以下简称SZ)
伊丽莎白·冯·萨姆索诺(以下简称ES)

摄影:史蒂夫·伯格曼

SZ：这是给伊丽莎白·冯·萨姆索诺的小礼物（见下图，访谈开始时投影）。我们今天不会举办聚会——"精神分裂文化"聚会是1975年11月纽约一项活动的结束项目。Semiotext(e)杂志组织了这个活动，如果你知道参加这个小型研讨会的都有谁——洛特兰热（Lotringer）、利奥塔、福柯、巴勒斯、约翰·凯奇、德勒兹、加塔利，你会希望你当时也在那里。虽然我们今天不能启动时间机器，但也许在今天的访谈中会使另一种形式的小型时间机器出现。我很高兴伊丽莎白·冯·萨姆索诺今天能来到我们的访谈。有一个词可以描摹某种思考方式，也就是"异端"，虽然也许这个词有些过时了。来自马提尼克岛（Martinique）的诗人哲学家爱德华·格利森特最近开诚布公地用它来表示那些逃避规范文化约束的东西。皮埃尔·保罗·帕索里尼（Pier Paolo Pasolini）最终将其英勇而热情地表现了出来。我的讲话涉及天主教认为的异端。异端这个词与正统观念外的异质思维、对秩序和法律的信仰密切相关。

亲爱的伊丽莎白·冯·萨姆索诺，再次对您来到媒介思维谱系学论坛表示热烈欢迎。能邀请到您这样一位思想家是我们的荣幸。对萨姆索诺来说，离经叛道不是一个贬义词。她把这个词视为赞扬，带着它穿过学术讨论的舞台，并给予它应有的尊严。今天晚上我们肯定会经常谈到她新书标题中出现的语义学，她用优美的语言对此进行了表述。伊丽莎

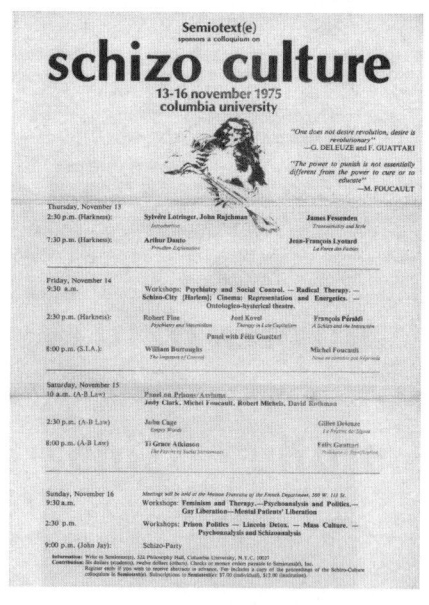

"精神分裂文化"活动海报
来源：Semiotext(e) (New York 1975).

白·冯·萨姆索诺为埃贡·席勒（Egon Schiele）的一幅画写了一篇基于大量调查的文章——《我是许多人》(Ich bin die Vielen)[1]，对通常被认为仅与20世纪后期相关的主体身份进行了探讨。多重性是由自然哲学家洛伦茨·奥肯（Lorenz Oken）提出的美妙的概念。伊丽莎白·冯·萨姆索诺是一位哲学家和艺术家，她通常可以发挥两种身份的作用。作为艺术家，她是一个雕塑家、画家、演员、行动主义者（Aktionistin）[2]，最近也是远程互联网上的哲学明星。作为哲学思想家，她是一个文化人类学家，在神学和精神分析方面有所造诣，能敏锐地察觉到历史和现实中的女性视角。她关注那些受人冷落的事物：西方思想史中被抛弃的和角落里的事物，既包括显而易见的东西，也包括那些阴晦难懂、难以理解的事物。在她的教学生涯得到更多非宗教的任职之前，她于1996年被任命为维也纳美术学院的第一位神圣艺术全职教授。

她的博士论文聚焦鲁道夫二世时代早期可见光物理学杰出代表约翰内斯·开普勒。这篇论文与迪迪-胡伯曼（Didi-Huberman）的传奇作品《歇斯底里症的发明》(Die Erfindung der Hysterie)[3]在同一时期出版，书名为《可见光的创造——约翰内斯·开普勒对科学真理的哲学论证》(Die Erzeugung des Sichtbaren. Die philosophische Begründung naturwissenschaftlicher Wahrheit bei Johannes Kepler)[4]。我们可以在开普勒身上观察到近现代早期主体意识努力强调的自我形象的确证，尽管他坚持使用各种仪器设备。

在认知科学的另一端，伊丽莎白·冯·萨姆索诺研究的是与开普勒同时代的一个人物，他就是在罗马被天主教宗教法庭处以火刑的乔尔丹

1　Elisabeth von Samsonow, *Egon Schiele: Ich bin die Vielen. Ein Forschungsbericht* (Wien, 2010).

2　译者注：行动主义者(Aktionistin)，这个词主要形容一个圈子、一个社会之中那些比较活跃的分子。经常带头或者主动的存在一个组织中去带领（或者不带领）一些活动或者发表一些自己的见解。

3　Georges Didi-Huberman, *Die Erfindung der Hyierie: Die photographische Klinik von Jean-Martin Charcot* (München, 1997).

4　Elisabeth von Samsonow, *Die Erzeugung des Sichtbaren. Die philosophische Begründung naturwissenschaftlicher Wahrheit bei Johannes Kepler* (München, 1987).

诺·布鲁诺。作为学者，伊丽莎白·冯·萨姆索诺以人们可以想象的最大程度去了解布鲁诺，她把他的一些文章从拉丁文翻译成德文，人们可能无法与已故的学者有比这更密切的接触。《论英雄热情》（*Von den heroischen Leidenschaften*）、《魔法》（*Über Magie*）、《记忆的艺术》（*Die Kunst der Erinnerung*）、《思想的阴影》（*Die Schatten der Ideen*）、《飞马的占卜》（*Die Kabbala des Pegasus*）、《论单子、数和形》（*Über die Monas, die Zahl, die Figur*）、《圣灰星期三的晚餐》（*Das Aschermittwochsmahl*）、《论无限、宇宙、与诸世界》（*Über das Unendliche, das Universum und die Welt*）[1]——在其中，我们可以找到奥托·罗斯勒的量子物理学和混沌理论的基本思想。这些标题只是一部分选集。

2001年出版的《纸张中的窗户——建筑与文字的虚构碰撞或文艺复兴时期的记忆革命》（*Fenster im Papier. Die imaginäre Kollision der Architektur mit der Schrift oder die Gedächtnisrevolution der Renaissance*）[2]是对现代早期知识概念中空间性和线性聚合的重新解释："显示器是未来感知零维的组织者。"这句话出自弗卢塞尔。她与埃里克·阿利兹（Éric Alliez）的出版合作一直在进行，他们的项目极其独特、复杂：《增生：心理意象时代的感知的艺术和概念》（*Hyperplastik. Kunst und Konzepte der Wahrnehmung in Zeiten der mental imagery*）[3]、《远程心智：虚拟图像批判》（*Telenoia.Kritik der virtuellen Bilder*）[4]、《色度戏剧》（*Chroma Drama*）——正如波德莱尔的一句优美的名言所描述："对绘画的热爱深入骨髓"——

1　参见：Giordano Bruno, *Über die Monas, die Zahl und die Figur*, übers. und mit Anmerkungen versehen von Elisabeth von Samsonow, Martin Mulsow, Ingomar Lorch und Mahias Reuss; mit einer Einleitung von Elisabeth von Samsonow und einem Kommentar von Martin Mulsow (Hamburg 1991) und Giordano Bruno, hg., übers. und mit einer Einführung versehen von Elisabeth von Samsonow (München, 1996).

2　Elisabeth von Samsonow, *Fenster im Papier. Die imaginäre Kollision der Architektur mit der Schrift oder die Gedächtnisrevolution der Renaissance* (München, 2001).

3　von Samsonow und Éric Alliez (Hg.), *Hyperplastik. Kunst und Konzepte der Wahrnehmung in Zeiten der mental imagery* (Wien, 1998).

4　Elisabeth von Samsonow und Éric Alliez (Hg.), *Telenoia. Kritik der virtuellen Bilder* (Wien, 1999).

《色彩的抵抗》（*Widerstand der Farbe*）[1]。它还有第四卷，就是您在预谈话中纠正我的，伊丽莎白，它被称为……

ES：……《无器官的身体传记》（*Der organlose Körper*）[2]。

SZ："无器官的身体"这个并不简单的概念在《千高原》（*Tausend Plateaus*）[3]中也发挥了重要作用。2007年，伊丽莎白·冯·萨姆索诺在《反厄勒克特拉：图腾主义和分裂增殖》（*Anti-Elektra. Totemismus und Schizogamie*）一书中试图提出和反俄狄浦斯情结并列的关于女孩的理论[4]。书封面当然是象征女孩子的粉红色，由迪亚芬尼斯（Diaphanes）出版社出版。2001年这本书和关于席勒的书《我是许多人》一样令我印象深刻。继第一本书之后，还有一本关于埃贡·席勒的新书：《圣弗朗西斯歇斯底里》（*Sanctus Franziscus Hystericus*），即将由维也纳的通道（Passagen）出版社出版[5]。

ES：关于男性的歇斯底里。

SZ：在近年来的众多活动和表演中，我只想强调两个：在维也纳拜格街（Berggasse）的弗洛伊德博物馆举办的"睡眠、河马、分裂、高、时间"展览[6]和"萨姆索诺移植超音速管弦乐团"，一场对听觉的献礼[7]。在YouTube上，伊丽莎白·冯·萨姆索诺已经开始了一个全新的职业生涯，作为一个迷人的哲学家，她已经闻名世界。在"厄勒克特拉工作室"的

1　Elisabeth von Samsonow und Éric Alliez (Hg.), *Chroma Drama. Widerland der Farbe* (Wien, 2001).
2　Elisabeth von Samsonow und Éric Alliez (Hg.), *Biographien des organlosen Körpers* (Wien, 2003).
3　参见：Gilles Deleuze und Félix Guattari, *Tausend Plateaus. Kapitalismus und Schizophrenie II* (Berlin, 1992), S. 218.
4　Elisabeth von Samsonow, *AntiElektra. Totemismus und Schizogamie* (Zürich und Berlin, 2007).
5　Elisabeth von Samsonow, *Egon Schiele-Sanctus Franciscus Hystericus* (Wien, 2012).
6　„Hypno Hippo Schizo Hoch Zeit", Sigmund Freud Museum, Wien, 14.11.2011.
7　„Hypno Hippo Schizo Hoch Zeit", Soundinstallation, erstmals ausgestellt im Theater im Künstlerhaus brut, 2012.

十几次广播中,她对当前的热点话题"同居和分居"发表了观点[1]。工作室放满了她自制的雕塑、她的艺术品、她的书籍、她的生活用品,有时她戴着类似于《蛇形仪式》(*Schlangenritual*)中的阿比·瓦堡戴的,或者是克劳德·列维-施特劳斯被授予法国军团荣誉勋章时戴的那种头饰。这不是闺房里的哲学,而是来自客厅和厨房的启发性思考!

亲爱的伊丽莎白·冯·萨姆索诺,我将用一个涉及元层面的问题开头,并试图从某个特定视角解读您的整个作品。图腾、物神、雕塑、颜色、文本,这些东西在现代也是无处不在。您对媒介理论的思考似乎是沿着不断延伸的物理对象和现象线性进行的。这是否阐明了类似于特殊媒介物质主义的东西?与我们交流所用的物质有特殊关系?类似神秘的物质主义媒介理论?或者在这里表达自己,您需要事物、物质来进行思考,因为您通过对事物的创造和事物本身在世界中表达自己?在一个大的媒介理论背景下,您在思考哪类东西?

ES:我最感兴趣的是身体本身的特质。这意味着,所有这些努力的核心是试图弄清楚身体实际上能做什么,以及身体从质的意义上来说是什么。也就是说,当身体处于关注的焦点,并且是所有动作、模仿和技术重复的绝对参照物时,我们可以假设我们会拥有身体的各种替代品,但身体本身并不容易揭示出来。它是一个谜题结构,需要来自其他身体的反射,这些身体相应地被过度操控。当然,人们更倾向使用机器或先进设备来完成任务或工作。但实际上这只是一个非常简单的问题:身体是什么?我认为,身体本身就是媒介存在的理由。如果我不想知道身体能做什么或应该做什么,那么也许我不会对媒介世界或媒介使用感兴趣。出于这个原因,我研究模拟的身体或模拟身体的物体,如图腾、雕塑、

---

[1] „Studio Elektra",伊丽莎白·冯·萨姆索诺自2009年以来的在线节目;各集可在冯·萨姆索诺的YouTube频道"evonsamsonow"(www.youtube.com/user/evonsamsonow)上观看;也在Okto TV(Offener Kanal Wien)上播放。

玩偶或作为衍生有机体的录音机。有些人立刻批评这些是魔法——这当然是有道理的。

SZ：这更像是一种赞美而非批评。

ES：非常感谢！和您交流的感觉很棒。通常，如果你说魔法在16、17世纪试图阐释严肃的技术，这也正是媒介文化试图解释的一种历史，别人并不会认同。这不是任何一门学科会宣扬的东西，不是吗？事实却完全相反。我研究文艺复兴时期，和您的研究十分接近。我研究这段悠久的历史，试图同时思考这段漫长的历史与今天仍年轻的岁月。我所见并非是许多时间的断裂点，而是绵延的连续性。但这也许是我病态的乐观主义。我看见的是连接而非断裂。我看见乔尔丹诺·布鲁诺有关魔法的文章是高度多样化的、合乎逻辑的、分析透彻的作品。任何说巫师布鲁诺必须被在火刑柱上烧死的人都没有读过这些作品，要么是对它们也没有正确的评价。今天，当我说我在思考信仰和宗教是什么时，也遇到类似的问题。人们会说："哦，就是那个在祷告的老妇人。"不，在我思及此时，或者当乔尔丹诺·布鲁诺思考魔法是什么时，情况并非如此。他非常清楚，这是为了找出这些东西的本质，那些有生命力的、功能性的东西。首先是身体，然后是难以捉摸的物质，比如空气。

SZ：您也经常使用"身体思维（Körperdenken）"这个美妙的概念。我在与迪特玛尔·坎普的讨论中认识了这个概念。他喜欢谈论心灵的存在和身体思维，认为这些是我们必须学习的东西，也是设立研究所和大学的目的。这超越了对知识的兴趣，即认知科学。这是艺术发挥作用的地方，还是您有不同的想法？艺术是脱离于此的？这大概率是行不通的……

ES：不不不，艺术是十分重要的。在雕刻时，我遵循这种原则，试图在艺术创作使用的材料中看到身体的设备属性。如果需要的话，我会给木雕起一个更轰动的名字，因为除少数例外，木雕现在并没那么受到人们的珍藏。比如，我的工作室里有一个生物技术实验室。事实上，我在进行与人类有关的等效性研究：到底什么是人类的肉体？也许现在听起来很奇怪。但是到底什么是化身为人？一根木头？我尝试在等效关系中进行研究。刚才你提及的身体思维，必然随之而来。无论是用绘画还是在实验室里处理这种特别的用作身体等效物的东西，都会有很大的不同。这是一种不同形式的想象力，需要一种不同形式的移情，我对这一点非常感兴趣。

SZ：我认识很多艺术家，他们既研究理论，又在更广泛的意义上进行艺术创作。很多时候，他们会把这两个过程分开，因为他们说，当他们把一个过程与另一个过程混合时，情况就会变得完全混乱。在您身上，我总觉得您构造的这些躯体，都经过了思考；反之亦然，您写的东西也受到了这些躯体的影响。它们经常出现在您的书中。这二者是彼此相互交织的吗？

ES：是的，这完全是一种相互交织。这在我的生活中也有自己的故事。当我在慕尼黑学习并想攻读哲学博士学位时，我当时的老师告诉我，如果我再举办一次展览，他就无法继续当我的老师了，因为他不会授予我这样一个不专业的人博士学位。所以我只能二选一。我在这种二选一的想法下融入社会生活。当我来到维也纳时，有人说："如果你要去研究院并且想得到理论职位，不要告诉你的同事你是一个艺术家。"这就是欺骗。你不能说出你还干其他工作，那是"你的"私事。然而，从表面上看，这里与柏林艺术大学是非常相似的，研究环境发生了很大的变化。大学重视艺术研究，支持理论与实践相结合。在那里我看到属于我们的时刻到了，我能够摘下帮助我偷偷涉足两个领域的隐形斗篷了。我发现艺术能够提供某种测试语境或实验语境。艺术身份允许我们以设计、透射的方式提出问题，这一点具有游戏的性质，虽然最终结果悬而未知。就像我组建"移植管弦乐队"那样，我无法用我的科学的身份做到这一点，我此时还必须是一个艺术家，因为这是我唯一想采取的立场。我也认为，写作和演讲也是艺术性的、诗意的行为。

SZ：对我来说，至少从我阅读您的作品来说，这些关于艺术与哲学之间关系的想法与您的写作方式有很大关系。这是一种十分诗意的写作，奇妙地继承了被称为诗人哲学家的思想家们的传统。在引言的开头也稍微提到爱德华·格利森特，我认为他是最优秀的人之一。除了文学作品与哲学之间的这种关系，您最感兴趣的人是那些研究文学作品和哲学之间边界的人，最近又变成了尼采。我的观察对吗？

ES：是的，我认为哲学家们必须意识到，在研究语料，或者演说或写作时，他们需要结合诗意视角下的东西，因为科学语言并不因其使用技术术语而比诗人的语言更有权威。在科学演讲中，我经常感到缺乏对表达方式本身的思考。艺术家需要考虑一下：我的讲话方式是什么？我为什么要用这种方式？这种方式意味着什么？它们在观众心中、在我心中唤起了什么？实际上，在哲学领域内，演讲者也应该反思自己的言辞。我逐渐摒弃了教条式、权威性的言辞风格。如果这就是哲学，那么我站在诗人哲学家那一边，他们也对这种言辞感到困扰。我相信，当语言本身成为问题时，哲学家也会成为诗人。

SZ：这是一个有趣的观点。我相信加塔利和德勒兹的写作方式与您的写作方式之间有深刻的联系。您文字中的美感，以及当您思考和勾勒时出现的惊喜时刻与您一直专注微观要素有很大关系。这些要素反映在文字中，这种写作方式可能会减少宏观视角和对整体性的概括性陈述。当然，当我们阅读科学文本时，总是期望看到这些。虽然您提到了宏观性概述，却还是一直在回避它，将写作重点置于别处。

ES：莱布尼茨（Leibniz）称之为混乱，我认为这是一种非常好的思考方式。这种混乱而清晰的思维方式包含了对细节的观察，并在细节中意识到它能够以诗意的方式进行表达。哲学家们常常认为他们必须另辟蹊径。他们必须从一处细节出发。但是他们远离了细节，他们把目光从部分转向了整体的联系，转向普遍化，转向更泛化的语句，而非细节，细节逐渐消解在概括之中。

SZ：或者他们用这种方式去……

ES：或者只用它来概括，但这也是一种对细节的忽视。而这两个选择——要么走向普遍，要么停留在细节中——我想让它们在某种程度上保持不确定。它必须二者兼而有之。我们要有表达的权利，而诗歌能够以美妙的方式引导我们，让我们在关注细节的同时传达出深层次的意义。这种能力令人非常着迷。

SZ：请允许我稍微回溯一下。您的媒介思维是如何被触动的，它是如何发展起来的，我们如何在您的作品中察觉到它，我们对这些问题十分感兴趣。您自己能否确定，对身体的思考开始于哪篇文章？您在大学学习之前或学习期间读的哪些文章激发了您反思我们现在简单称之为媒介的特殊维度？

ES：我刚才提过，我第一次有关文艺复兴时期的学习是在慕尼黑的埃内斯托·格罗塞研究所（Institut von Ernesto Grassi）。当然，人们显然更喜爱像阿尔贝蒂（Alberti）那样的宏观人类学身份。也就是说，有史以来最杰出的人兼有哲学家、艺术家、画家、建筑师、考古学家、地质学家、地理学家等身份。

SZ：博学家？

ES：是的，我觉得这很棒！在这种研究下不再是关于这些个体彼此之间的关系，而是一种集合，一种知识集合。在这个集合中，这些学科不能彼此分离，而必须相互联系和相互交流。这个想法一直浮现于我眼前。

SZ：除了这个认识论模型之外，有没有像意识形态模型这样的东西让您特别感兴趣，甚至可能影响了您？就我个人的学习而言，批判理论绝对是一个必须经历的领域。阿多诺、霍克海默，当然还有本雅明。对您来说有这样的哲学思想导师吗？

ES：不，我在找寻这样的思想导师时遇到了困难。我一直在寻找完全不同的道路。我很难适应由老一辈男性组成的群体。我一直在寻找蛛丝马迹，并问自己，我或者说女性如何像波伏娃（Simone de Beauvoir）一样，以某种方式坚持自我。顺便说一句，我曾经见过她。16岁时，我在一位画家那干"走私"的活儿，这位画家在巴伐利亚和巴黎之间运输帆布……

SZ：那么您当时是走私者？

ES：我必须把帆布卷在我的卧铺上运送，往返于巴黎，其间我可以住在画家的公寓里。我还认识了一个人，他带我去见萨特和波伏娃。那时候我终日穿梭在巴黎的街道间，我的心灵被启迪。我无法准确评说这段经历，但它对我十分重要。然后我读了一些你根本想不到我会读的东西，或者说你根本想不到它们确实发挥了作用，比如德雷尔（Durell）的《亚历山大四重奏》(*Alexandria Quartett*)[1]。这本书描述了一个奇怪的机械式的女人，她真的很酷，你不知道她是否真的是一台机器，或者只是因为药物作用。这些是对我来说最重要的阅读。

SZ：不是那些著名的作品？或者说别人眼中伟大的作品？

ES：那些我也全都读过，但并没有打动我。您一开始说得非常好，我总是试图为那些被忽视、被遗漏、被边缘化和不具代表性的人选边站队。而另一些人已经得到了足够多的支持。

SZ：反厄勒克特拉（Anti-Elektra）可能是您当前正在进行的最大项目。您对当代的主体性是什么或可能是什么进行了思考。目前，每个人都在或隐或显地谈论这个问题。古典现代主体性还剩下什么？在这方面，

---

1 Lawrence Durrell, *The Alexandria Quartet* (Kingspoint 1961).

请允许我提一下马尔西利奥·费奇诺(Marsilio Ficino)，他试图把前现代的时间、对开普勒的研究，以及对乔尔丹诺·布鲁诺的研究和当代的主体身份联系起来，我认为这与开普勒以及他处理仪器和技术的方式有很大的联系。在我看来，这和不确定性、尚未明确的态度以及与尝试或实验有很大关系。我的问题是，我们在16世纪和17世纪初的这些思想家身上仍然可以看到的这种不完善性与您是否有内在联系。

ES：他对我来说更重要。他如何以一种神奇的、历史的或神学的方式处理意识，如何以这种新的方式启发了早期的现代时期？出现这些的条件是什么？会出现哪些空间？什么是意识中的自我关系？这些话对我帮助很大——从主体性危机开始，它是和语言危机一起在维也纳被范式化的。再来看这几行：当旧的主体模型因为不加批判而被摒弃时会发生什么？这实际上是尚未被承认的小宗教的非正式知识，这是部落知识。比如魔法和萨满教被文艺复兴时期的费奇诺接受了。令人尴尬的是，像普罗丁（Plotin）和普罗克洛斯（Proklos）这样的已故古典时代晚期作家写下的文字流传到文艺复兴时期后是这样的：他们这样谈论精神……，世间存在一些灵魂，然后精神前来并寄居其中，这就是精神交流（Geist-traffic）。心灵空间是精神穿梭的通道或十字路口。然后，人们完全忙于在空间中捕捉良好的精神，另一方面这也让空间再次被剥夺精神。知识、记忆、健康、疾病等这一切都取决于这个不断变化的空间中的状态。我认为，这是一个非常具有创造性的意识理论。

SZ：您一直在谈论软弱的主体性，这也与反厄勒克特拉有关。在我看来，这些通常也被视为现代主义共同奠基者的主体，是非常薄弱的主体，是过渡的主体。您认为，向强劲主体的转变在何时发生？您如何看待这种质的飞跃？

ES：我发现这种灵魂概念的美妙之处同时也是一个大问题。就像"揭露"灵魂概念一样，人们偏执地看待文艺复兴。这种偏执是由于灵魂被赋予的高度流动能力引起的，这导致人们努力封印灵魂，使其不再被精神占据。在我看来，这是针对主体性的漏洞构成的反魔法情绪。现在，灵魂应该说明自己、认识自己、建构自己，自我分析、批判，走向理智。这是对自我时刻的强化，但似乎没有持续下去。因为当理性主体达到这种晋升的高度，即唯心主义的终结时，其阴暗面也同样显现出来。从这个阴暗面或从精神过程来看，我们现在是继承人。在哲学中，我们提出了理性的晋升，但同时也冒着风险，因为这样也会导致负面后果和分裂，这种分裂对精神交流并没有很大影响。前面提到的"精神分裂"正随着这两种思想运动悄悄地潜入。

SZ：我想谈些更接近媒介理论的东西。近年来您一直在研究的关键词"图腾"也许是一个很好的过渡。媒介理论被视为是图腾主义理论。我引述一下我们一起写的那本小专题论述的相关内容："灵魂在客体上的每一次倾泻都使该客体有机会成为低等有机体，成为一个简化的灵魂拥有者的样本。弱小的动物如此站稳了脚跟。"[1]在詹姆斯·乔治·弗雷泽（James George Frazer）关于图腾主义和异族婚姻的著作背景下[2]，思考怎样从图腾主义中发展出一种媒介理论，或者说扩展能够以不同的方式解读图腾主义的可能性。这个想法对反厄勒克特拉也起到了重要作用，它背后是什么？

ES：这可能是一个像我一样从小接受天主教教育的天主教徒残存的思想。像我这样的天主教徒，已经偏向了异端，把圣餐看作是一个中心行动。然后有一种身体转移使每个人都融入一个共同的身体。这是圣餐的速成课程——很棒而且很有趣。天主教徒就是这样修行的。此外，还有其他联系。其中涉及身体戏剧隐喻：先创造一个象征性的身体，然后

---

[1] Elisabeth von Samsonow, *Was ist anorganischer Sex wirklich? Theorie und kurze Geschichte der hypnogenen Subjekte und Objekte*. International Flusser Lectures (Köln, 2005), S. 32-33.

[2] James G. Frazer, *Totemism and Exogamy. A treatise on certain early forms of superstition and society* (London, 1910).

反过来在信息层面上以一种肉体的但高度功能性的方式产生一种社会化。如果你剥离所有这些联系，只留下结构，那么你就会发现它是关于信息社会化的艺术品，绝对适合作为当代媒介理论的前传。也就是说，我的媒介理论非常强烈地依附于具有显性功能的物体。我把身体看作一种物品类，比如像电视或电脑、录音机这样的物品类。从中可以得出一个非常有趣的媒介理论。我可以从这些物体类别中得到一些东西，这些东西具有功能，但它们的符号化不太起眼。需要这些东西才能在圣饼中看到基督的身体，就像从计算机这样的盒子里了解世界革命。它们实际上象征极具革命性的物体，但同时又不显眼。与自20世纪80年代以来关于计算机的媒介理论相比，基督论简直微不足道。它们的运行模式绝对相似。每个家庭都必须有这样的东西，因为这些物品确保了我们的社会化。它带来的福音是，如果我现在与这个物品进入一种图腾主义的共生关系，它能使我真正融入一个特定的社会。这其中存在社会学的因素。整个东西实际上仍然是一件交际艺术品，是一件社会性和政治性艺术品。

SZ：我开始更多地思考我在奥地利的天主教社会化的经历。在那里，人们被教会、国家和国家统一所环绕。我记得很清楚，1991年，萨尔茨堡的学生对我进行了一次采访，想知道我是如何开始研究媒介的。我告诉他们我小时候是如何观看礼拜仪式的，并发现所有这些修行仪式，包括圣餐礼，都非常令人兴奋。这是思考它可能还蕴含着更多奥秘的第一步。

ES：这是一个有趣的想法。仪式在我的艺术中也扮演着重要角色。礼拜仪式是其中一个特例，它本身就是一个特例，可能也是一件有趣的艺术品。问题是：它开辟了什么样的视野，这种象征性的行动意味着什么？我认为这种象征性行动的视野是媒介理论的重要论据，因为没有象征性行动，媒体事件就无法运作。这不是经验性的行动，而是象征性的行动，它建立在一个事件之上。尽管我们常常谈论教会对身体的敌对态度，但这似乎有些讽刺，礼拜仪式中最重要的一句话却是"这是我的身体"——然后每个人都陷入狂喜之中，我认为这很有趣。如果你认为媒介理论说到底是对一个人们认为在潜力上被高估的物体进行解释，那么这只是随心所欲的想法。

SZ：在这方面，您还使用了"工具论"这个术语。在反厄勒克特拉工作室的讲座中，您明确地谈到了工具论，并由此引出了亚里士多德。这个概念非常复杂，不能简单地理解为一个工具。

ES：是的，我认为无论从历史还是现在的角度来看，"工具论"都是一个更重要的概念，特别是当我们谈论设备、器械和机器的适用性时。工具论是一个简单的象征领域，或者说象征手段，因为工具这个概念讨论的总是实体。所有的先锋媒介理论家都在器官和工具论之间建立了联系。如果我不这样做，而是参考仪器理论，那么它以机械用具和主观操作者的另一种分离为前提，这不是我们的目标。也就是说，工具论使我们能将器官的出神（Ekstasen）[1] 设定为我们身体和身体思维的延伸。

SZ："机器是包含人类品质的异类。"[2] 这句话出自吉尔伯特·西蒙栋。是不是这个想法也和工具论异曲同工：技术和生物处于同一个身体里？

西蒙栋第一次写关于个体化的文章并非巧合，他的意思是，每个人通过细胞，或是通过细胞的状态达到了某种临界极限。其中存在一个控制论的自我确证的循环：我与周边环境处于何种关系，我在哪里，我的感受如何，等等。在细胞群变得太大的时候，它会自言自语道："我还不错，你还好吗？我的末端在哪，其他细胞又是从哪里开始？这里足够暖和吗？"当这个界限在生理上变得明显的时候，它就必须变为技术性的。首先，它是生物的，生理的，接着变成技术的。

---

1 译者注：此处的"出神"是用来描述宗教、哲学或心灵领域中的特殊体验，进入了一种超然的状态。
2 Gilbert Simonon, *Die Existenzweise technischer Objekte* (Zürich und Berlin, 2012); im Original *Du mode d'exience des objets techniques* (Paris, 1958).

ES：西蒙栋的《论技术对象的存在方式》（*Dumoded' existence des objets techniques*）也讨论了技术对象是如何存在的。它们的存在必然是为了调节个人和环境之间的界限。西蒙栋认为，没有东西能替代非技术性的存在。不能简单地认为生物体是一个技术门类，而是还存在一些他称之为"技术星丛（technische Konstellation）"的东西。一旦存在某些技术能让人们进行社交，为他们提供信息，这些媒介就会在下一代的问题中再次发挥作用——这正是媒介谱系学的含义。西蒙栋很早就看到了这一点。他说过："永远只有一个技术星丛。"例如有把500年前的耙子，你现在能用这把耙子做出什么来？你可以制造耙状的驶过田野的机器。还有一些机器可以启发自我。西蒙栋的巨大飞跃始于冬季人们特别需要的恒温器。把恒温器当作可以打开和关闭的传感器，就是新种类的开始。

SZ：我想将我们的谈话过渡到《反厄勒克特拉》这本书，也谈谈加塔利和德勒兹的作品，《反俄狄浦斯》和《千高原》。[1] 您如何评价这些著作的重要性？

ES：我之前在维也纳大学又开了一次关于乔尔丹诺·布鲁诺的研讨会。我在维也纳大学研究乔尔丹诺·布鲁诺的形而上学。乔尔丹诺·布鲁诺是一位反形而上学的唯物主义者，他编纂了一个文化负载词的档案：田野、阶梯、链条、森林以及一切被认为是在人类自我发明的历史中基于这些首次发明而发展起来的东西。我很难将这一点传达给我的学生，因为得把这些文字先翻译出来。然后一个学生对我说："有一本书您一定要看看。我最近刚拿到这本书。它叫《千高原》。它讲的内容正是您所说的。"然后我心想，这不可能，不会有人这么厉害，这不是真的！[笑]有这么棒的想法的人一定很优秀。打开这本书后我非常震惊和困惑。这

---

1 Gilles Deleuze und Félix Guattari, *Anti-Ödipus. Kapitalismus und Schizophrenie* (Frankfurt, 1972); im Original *L'Anti-Œdipe-Capitalisme et schizophrénie* (Paris, 1972); Gilles Deleuze und Félix Guattari, *Tausend Plateaus. Kapitalismus und Schizophrenie II* (Berlin, 1992); im Original *Capitalisme et Schizophrénie, tome 2: Mille Plateaux* (Paris, 1980).

仿佛是一场密谋,现代化的乔尔丹诺·布鲁诺突然开口说话。那时我就已经为其折服了……

SZ:古希腊神话中的反厄勒克特拉是模棱两可、莫衷一是的,就像许多其他人物一样。她是多样性的化身,是女儿、女孩、母亲、凶手的同谋、精力充沛的麻烦制造者、侵略性的疯子、热情的推动者、阿尼玛、灵魂,这些都是我从您的文字中提取的概念。阿尼玛、灵魂,这两个词在词源上也与肉体有关。但她也是自主的、自如的。作为俄狄浦斯情结的补充构思,您对这个形象哪些方面特别感兴趣?

ES:也许我要先说说这个厄勒克特拉形象本身,因为这本书是作为《反俄狄浦斯》的补充而创作的。首先有一个问题,就是到底谁适合来当这个补充的人物。也有人说:"选阿里亚斯(Ariadne)、阿尔克提斯(Alkestis)或者其他人。"候选人无穷无尽,但我说过,弗洛伊德谈论的是俄狄浦斯,是厄勒克特拉。于是我选择了厄勒克特拉。实际上我选厄勒克特拉的原因是,她在精神分析中仍然以俄狄浦斯的对照人物出现,虽然相对较弱。也就是说,既有厄勒克特拉情结,又有俄狄浦斯情结,所以必须研究厄勒克特拉的形象。然后人们会意识到,就像俄狄浦斯一样,她身上也存在一种神话历史的联系,首先看一下这个背景,然后再从这个角度提出厄勒克特拉的特征。实际上,厄勒克特拉一开始是出现在希腊剧作家的戏剧中,例如索福克勒斯(Sophokles)。关于厄勒克特拉他们到底写了什么,或者他们谈论了什么?他们说:她爱她的父亲,恨她的母亲,对哥哥计划谋杀母亲感到高兴。所以它不完全是俄狄浦斯的镜像结构。这其中存在一些错误,因为俄狄浦斯是真的杀了他的父亲,而厄勒克特拉据说只是想杀了母亲,但并没有真的这么做。她也做不到。她没有勒死她的母亲——一个想象中的杀人犯,这是我最大的失望。许多女权主义者将她视为谋杀者,但不幸的是她并不是。真的没有比这更难堪的了。大约1910年,在霍夫曼斯塔尔(Hofmannsthal)对《厄勒克特拉》的重演中,她找不到斧头。这真是太不幸了。她说:"斧头,斧头!我忘了给他斧头。斧头在哪里?上苍无眼。"仔细一看,你会发现这个女人遭受着各方面越来越多的压迫。她已经彻底被压垮了,因为在父权制的雅典她没有发言权。弑母已经在《俄瑞斯忒亚》(Orestie)的帮助下成功合法化了,因为母亲只需要培育父亲提供的精液,然后父亲走过来说:"你拿我送的礼物做了什么?"在《俄瑞斯忒亚》中也有类似的说法。对女性的弱化再清楚不过了,然后我也明白了:对此厄勒克特拉根本无法反抗,这是不可行的。也就是说,我必须先创造出反厄勒克特拉,用女孩的形象结束这个阴谋。希腊人完全被珀尔塞福涅(Persephone)这种女孩迷住了,同时戏剧家把她们刻画成荒谬的形象呈现给我们,以此压垮她们,随着母亲被否定了一切可能性,她们更加绝望了。母亲不再是夏至时祭祀国王的修女,而是私人杀手。这是资产阶级内部发生的事情:邪恶的母亲,也就是王后,与一个据说能成为国王的家伙联手杀了国王——这中间肯定有什么不对劲。杀害国王的凶手只是坐在宝座上,小女儿不用起来反抗,整个迈锡尼(Mykene)就都高声呼喊起来:我要杀了你!这个故事中有太多的错误,简直是弥天大罪!所以我不得不重塑厄勒克特拉,于是出现了完全不同的故事。当一个女儿看到她的母亲一无所有时,会是什么样子?如果我有一个全是女性的家谱,里面只有母亲,成为母亲的女儿,不停是女儿、母亲、女儿、母亲、女儿、母亲、女儿……会发生什么?每当女儿想看看母亲拥有什么时,她会发现其实什么都没有。母亲毫无权力,女儿对此很生气,这也是合乎逻辑的。就这样,我总算把厄勒克特拉放回了正确的位置。

SZ:在某种程度上,这不是反厄勒克特拉,而是对她的修正。

ES:是的,这个修正表明,厄勒克特拉是一个拥有巨大优势的女孩,她没有俄狄浦斯情结。我们需要一个没有俄狄浦斯情结的人。当整个文化在这种俄狄浦斯情结下瓦解,整个父权制被掏空时,人们在隧道里等到一切都结束，然后走出来说：我没有俄狄浦斯情结，我现在可以做我的工作了。没有俄狄浦斯情结是什么意思？这意味着与母亲的关系不再是禁忌，女孩也不再是禁忌。人们谣传的希腊叙事是扭曲的，根本不是真的。与母亲的关系及其修复是现在最迫切需要的。从宏观来看，这意味着与母体建立联系是不可能的，比如地球以前是一位母亲，俄狄浦斯象征着人类无法与伟大的地球建立联系。我现在对称地球为母亲不感兴趣。只要这种关系可以重建、修复，不被过度标记，我就能在这种关系中看到当代最伟大的象征价值。

SZ：如果我理解正确的话，我们在《千高原》中发现"成长"这一范畴或概念扮演了非常重要的角色。厄勒克特拉，让我们暂且这么称呼她，就是这种"成长"概念的体现。她处于不确定的状态下，不是被固定在明确的点上，而是处在我们已经习惯并习惯于以此思考的价值观和二元论之间。我认为您创造的厄勒克特拉概念中的有关成长的想法同样与干预的可能性有关。我认为这两个概念是互补的：只有在"成长"状态下的事物才有可能产生影响，也就是说能够改变与自身有关的事情。

ES："成长"意味着处于一种开放之中。这对不属于人类的女孩来说是一种优势。我这话听起来很冒犯，人类（man）这个属名在英语和德语中都源自"男人"，但女孩和她妈妈一样不源自"男人"。当她不必也没有成为一个人时，她就具有一种开放性。任何有孩子的人都应该意识到，她也可以是动物。她可以是任何东西，一朵云或一片杂草。如果这是对人类存在意义的某种修正，那么她就是初始点的象征性形象。

SZ：在《反厄勒克特拉》一书中，在您后来写的文章中，以及在对席勒的反思中，有个理念始终占据了一席之地，这让我非常着迷：您创造了一种与发展中的人的身份相关的游戏理念。总而言之，我更喜欢您笔下的厄勒克特拉，它是对游戏或对技术游戏化的概述。有一次您略带挑衅地说工程师就是女孩或女孩就是工程师——您的大意如此。

ES：是的，我假设女孩也是一个参与游戏的形象，我说的是一个象征性的女孩，并不是说她必须是一个真实的人。你、我、她或任何人都可以成为一个象征性的女孩。这无关性别，只是一个象征性的角色，这个象征性的女孩掌管生育，因此是一位艺术家。她掌管生育，也就是说，她制造了一些东西，人们把这些东西定义为生命。我的意思是，这实际上是一个婴儿理论。重新开放这个游戏空间很重要。这并不是走向消极意义上的孩子气，而是积极的。把游戏的孩子气作为一种原则与这个形象联系起来会很好。只有这样，这个游戏才既有孩子气又有技术性。当然，构建女孩的象征性形象还涉及其他行为。如果这个女孩掌管生育，同时是艺术家和技术员，那么她应该被视为资本的拥有者。如果说拥有资本就意味着拥有生产资料，那么人们必须在思考生产问题时紧扣这个形象。只有这样，游戏才会有所不同。

SZ：您是指在生产力这个常规概念意义上的生产问题吗？您在这方面提到约翰·赫伊津哈（Johan Huizinga）和罗杰·凯卢瓦，罗杰·凯卢瓦后来写了一本与游戏相关的书[1]。游戏的概念与巴塔耶所描述的耗费有关——与生产力正好相反。这是否是您想表达的？

ES：不，并不是。我说的其实是关于生活的那种生产力形式。也就是说，这个女孩是生产力的拥有者，她创造最宝贵的生命。其他生产都是次要的、无关紧要的。

SZ：她有生育的可能。

ES：是的。一旦人的生产变得一文不值——历史上的大部分时间也的确如此——文化就无法恢复。而且，这些也许是我的激进论点——人类不能再生或以某种新的形式复生。人们只能在这个虚假的货币系统中继续赌博。

1　Roger Caillois, *Les Jeux et les Hommes* (Paris, 1957). Johan Huizinga, *Homo Ludens. Versuch einer Bestimmung des Spielelements der Kultur* (Amsterdam, 1939).

SZ：您在魏玛演讲中一次又一次地描述了技术完全不同的另一面，它与权力概念密切相关，并以邪恶和破坏性为主题。如果人们着眼于陶斯克（Tausk）[1]对精神分裂症的研究历史就会发现，在这台机器中，总有一些其他的东西威胁着我们。但是，如果我没理解错的话，支配和异化我们的意识调控的装置没有出现在您的构想中。

ES：是的。

SZ：您对这方面完全不感兴趣？

ES：如果我把技术和这个象征性的女孩联系起来，建立起能够再生产的女孩是杰出的技术员这一关联，那么一个完全不同的技术概念就出现了。在生命的研磨过程中，技术发挥着巨大的作用，它本身就是一种技术。在这种视野中，原始技术可以与玩具等其他物品联系起来，而不会出现对立的情况。这里有生命、人性，这里有纯粹的、物质的和无生命的技术。但将事物对立看待是危险的，所以我不再谈论这种技术概念。

SE：我还想再问两个问题：最后，我想将这次访谈与您对席勒的研究建立联系，然后回到您对声学和声音的探索。作为过渡，我有一个有些尖锐的问题，这个问题会将我们的谈话与奥地利以及天主教联系起来。人们会说您关于女孩的媒介理论是一种天使的理论。这听起来荒谬吗？天使身上具有您用女孩形象阐释的所有品质吗？天使可以作为母神和婴儿神之间的一个概念吗？还是说这很荒谬？

ES：我必须思考一下这个问题，其实我更喜欢毛绒玩具。

SZ：真实可触的东西。

ES：我更倾向布娃娃软玩具这类东西。如果是毛茸茸的玩具天使（笑），也许我可以接受。我相信女孩根本不需要天使，也不必通过天使来解释。但当然也有一些物品……我最喜欢的物体类别是图腾动物，

---

1 参见：Viktor Tausk, Über die Entstehung des „Beeinflussungsapparates" in der Schizophrenie. *Internationale Zeitschrift für ärztliche Psychoanalyse* 5/1 (1919)

以毛绒玩具的形式出现。在这方面，我需要用梅兰妮·克莱因（Melanie Klein）的方式，那个不愿将小孩子塑造为恐怖怪物，而是将其描述为一种无处不在的生产力的善良的梅兰妮·克莱因。人们可以用它来做点什么。

SZ：关于这一点我们可以后续通过信件进一步交流。

ES：我不是反对天使。我非常支持天使！

SZ：我们回到席勒身上来。大多数人还不了解这些新书。在阅览您的作品和资料时，我对《我是许多人》这本书很感兴趣。请原谅我将它与德勒兹和加塔利在《千高原》中所做的尝试进行直接的比较，后者试图从积极的意义上发展多样性的逻辑。反厄勒克特拉、反俄狄浦斯之后，大多数人认为会有一连串的批判，这将是一次真正的洗礼："什么破坏了西方现存的根本？"《千高原》是不同的东西，它由事件和能量编织而成，至少对我来说，是积极的，尽管其中融入了战争机器和其他引起共鸣的东西。《我是许多人》这本关于席勒的书对我而言有类似的作用。这是一个非常积极和有趣的主体和身份选择吗？这是您有意为之还是自然产生的？

ES：事实上我是有意这么做的。我想说说刚开始提出的精神分裂症这个问题：多重、双重或分裂究竟意味着什么？分裂的划分点在哪？一个人可以有多少种身份？这一直是人们思考的问题。但另一方面，这种多重的能力，拥有多重纽带的能力——因此副标题是分裂——意味着拥有所谓的相互排斥的纽带。这并不是书中的一个问题，书中想呈现许多的我。身份的提供是由一种移情的形式滋养的，其中对事物的干预和共情构成了基础。换句话说，就是文化研究中所谓的身份政治。这是一个毫无意义的概念，它到底指什么？我与谁订立了契约？您说得很对：这就是《我是许多人》一书的作用。

SZ：您写道："多样性保证了激励这一准则"[1]，因为令人兴奋的事情只

---

1 Elisaketh von Samsonow, *Egon Schiele-Sanctus Franciscus Hystericus* (Wien, 2012), S. 82.

能来自多样性、多样性的相遇和众多元素的组合。有趣的是，这让我们回到了访谈的起点。您谈到了阿尔贝蒂以及您对集体、多样性以及在这方面汇聚的思想流派、观念和学科的兴趣。这也许是您最感兴趣的地方，是对反厄勒克特拉的热情的延续。

最后我们来到您对声音的研究，这点让我很吃惊。您组建了自己的管弦乐队，您也在其中演奏乐器。是不是因为，正如我们的朋友迪特玛尔·坎普所说的那样，图片已经变得让人厌倦了？看图片、制作图片、描述和接收图片方面产生了一定的疲劳感？声音和声调表达了哪些被人们忽视太久的东西？您关注和喜爱声音的原因是什么？

ES：我一直希望我的雕刻有生命。我一直想成为赫菲斯托斯（Hephaistos）或代达罗斯（Dädalus），并制作有生命的自动人偶。顺便说一句，我父亲是个铁匠。

SZ：您曾经制作过自动人偶吗？

ES：没有。不过我认为我的每座雕像都是那样的自动人偶。一个小孩曾经参观过我的工作室。我们吃蛋糕喝咖啡的时候，我还回去看了看他在做什么。他站在一个大木雕前震惊地说："他刚刚跟我说话了！"然后我想：太棒了！那就是他们在说话。他们必须说话，他们需要声音。他们都有声音，而我使他们发声了。他们有声音，他们出神了，这些躯体出神并真实存在了……

SZ：……他们动了。

ES：是的，他动了，以分子的形式"出神"了。当他们晃动时，他们以两种模式存在。他们是老大哥。他们都是比我们年长得多的树木，树龄在80到120岁之间，与我不同，它们能够进行光合作用。我认为这很棒。这种木材富含硅，含有很多硅14，他们体内的硅含量比任何计算机都多，富含半导体。如果我刺激他们，像他们最忠诚的仆人那样，那么下次我再次刺激他们时，他们就会记得最后一次受到的刺激。当他们再次受到刺激时,他们的反应会比以前更好。因此,他们每一周都在进步,而且听上去非常棒。他们能储存记忆。

SZ:学习中的机器。

ES:它们就是在学习的机器。

SZ:在场的各位有想为访谈做结束语,并向伊丽莎白·冯·萨姆索诺提问的吗?

嘉宾1:您把人和母亲之间的关系视作一个隐喻,并将其与俄狄浦斯和他的母亲的禁忌关系以及您的厄勒克特拉进行了对比。我很想知道,为什么用厄勒克特拉指代人类或模拟人类会更好,因为如果我理解正确的话,"厄勒克特拉和母亲"的关系不一定是模范母子关系。这就是为什么我觉得这种对比很有趣。

ES:首先,我试图表明,由希腊政论作家索福克勒斯所构建的、谣传中的母女关系——嗯,国民作家展示的是国家教义——是不正确的,这是一种具有主观倾向性的表述。如果这样设想,就会得出一个非常简单的结构:孩子来自于母亲,而某种类型的孩子不能忠诚于母亲。这是一个文化编码,不管他之后会做什么。我不是在谈论个人,我在谈论编码。一种类型的孩子不被允许保持忠诚,对于另一种类型来说则无关紧要。目前我对无关紧要的这类孩子感兴趣,因为我想看看假如这种禁令失效会发生什么。我认为孩子的身体具有一种令人难以置信的技能:感受母亲的身体内发生了什么——只是现在还不存在。那么地球呢?我总是惊讶于我们实际上对地球知之甚少。即使是创立人类世理论(Anthropozän)[1]的人也不知道地球上发生了什么,没有人知道。现在是时候弥补这些缺口了。

---

[1] 译者注:人类世是一种涉及地球科学、环境学、社会科学和人文学科的跨学科理论,旨在描述人类活动对地球系统产生的广泛和持久的影响。该理论认为,自工业革命以来,人类的活动对地球的地质、生态和气候等方面产生了显著的影响,这种影响已经超越了地质时代的界限,形成了一个新的地质时期,被称为"人类世"。

SE：威廉·吉尔伯特（William Gilbert）是一名医生，他写了也许是关于地球的最重要的一本书[1]。或许医生需要关注地球。

ES：他们很棒，很有想象力！您提到的那些人描绘了地球内部的血管、洞穴和火山[2]。石油就这么产生了。它们将石油抽到地面上，在小机器中点燃，然后来回行驶，直到石油耗尽。人们可以讲这样的故事，但其实他们一无所知。人们不懂！这颗恒星不可能像我们认为的那样死气沉沉，由一些陈旧的、正在冷却的碎石组成。同时地球据说在有趣的空间中运动着，在这个空间中粒子对彼此产生遥远的影响。这都说不通。这些空间必须贯穿地球。那地球怎么办？根本就不是这样！借助于一个象征性的论断，这将是某种新型地理学的开始，在这个论断中人们说"我擅长感觉"，并且知道自己是母亲神谕的化身，知道地球上在发生什么。"我是她的衍生体。"这很吸引我。

SZ：一种新的与宗教体系无关的物理神学？

ES：没错。［笑］

克莱门斯·雅恩：我很想知道在您的理论中投射和生育是如何相互关联的。如果生育是女性化的、创造性的、自然的活动，那么心理投射是否被更多地理解为男性化的替代活动？这之间是什么关系？

ES：您提的问题很好。人们常常会产生误解，觉得我突然变成了激进、有生育优越、母权制、争强好斗的助产士。我想说，这一切都只与生产有关，生产一直在发生，象征性的女孩是所有这些生产的参照。象征性的女孩实际上只是在扮演一个母亲的角色。这并不意味着我对真正的生孩子不感兴趣。相反，我确切地知道这有多有趣。我只是说我们作

---

1 William Gilbert und Aaron Dowling, *De Magnete, Magneticisque Corporibus, et de Magno Magnete Tellure* (London, 1600).

2 参阅西格弗里德·齐林斯基在《媒体考古学》中对阿塔纳斯·珂雪的火山探险的论述。具体见：Siegfried Zielinski, *Archäologie der Medien. Zur Tiefenzeit des technischen Hörens und Sehens.* (Reinbek bei Hamburg, 2002), S. 322.

为艺术家和创作者所做的一切，都必须在这部作品的视角下来看待。这是诗意的彻底普遍化，我不再区分女性和男性的出生，或者说男性是代偿性的出现。不！在这个层面，男人就是女孩，就像其他女孩一样。你知道在父权制中存在一个象征标志，也就是父亲。儿子这个象征标志在俄狄浦斯化中已经够不幸的了。现在出现了女孩这个象征标志。她是一个代表完全不同品质的象征标志。

SZ：一种彻底变更的可能。

弗洛里安·哈德勒（Florian Hadler）：还有另一个希腊女孩角色科尔·珀尔塞福涅，阿甘本在《不可言传的少女》（*Das unsagbare Mädchen*）中讨论了珀尔塞福涅，并试图超越某些现代认识论[1]。相比于厄勒克特拉，您如何评价珀尔塞福涅？

ES：说到珀耳塞福涅，她在我的作品中并没有扮演重要角色。但她是我思考的重要组成部分，因为我试图接受女孩献祭品的存在。女孩的牺牲是存在的，我至今没有谈论这点——我假装女孩从她的隧道里出来时是健康、快乐和自由的，一切都会好起来。有女孩的牺牲，正如有儿子的牺牲。二者都牺牲了。相传希腊人在厄琉西斯（Eleusis）举行祭祀，因此才有了珀耳塞福涅。昨天我们看了斯特拉文斯基（Strawinsky）的《春之祭》（*Le sacre du printemps*）[2]，这讲述了一个女孩的献祭。至少对斯特拉文斯基来说这很有趣，因为它是一种自我反省的舞蹈歌剧，而舞蹈本身就是献祭的方式。女孩一直跳舞直到她牺牲，直到她被其他女孩尊奉为神。女孩们在她们自己之间选择献祭者，这种塑造很困难，因为珀尔塞福涅神话和斯特拉文斯基都清楚地思考了大地之母与厄琉西斯的女孩献祭品之间的密切联系。大地之母给予玉米穗，人类母亲给予女儿。

1　Giorgio Agamben und Monica Ferrando, *Das unsagbare Mädchen: Mythos und Myerium der Kore* (Frankfurt, 2012); im Original *La ragazza indicibile. Mito e miero di Kore* (Milano, 2010).

2　*Le sacre du printemps*, Ballett von Igor Strawinsky 1913.

这是完美的情景置换。我发现谈论女孩非常困难——所以我从献祭者开始。我想在地球的增殖曲线和人类之间建立一个同盟协议：在产生这种献祭者的时刻，珀尔塞福涅不再是人类对地球的那种友好的赠予，这种时刻包含她的神化，但献祭中不再有神化，这只是一场谋杀。阿甘本正是这场变革的专家。它是抹杀，象征性的清除。这样的事情至今仍然在上演，这是一个整体性的问题。尽管如此，我认为如果我现在回到俄狄浦斯情结并说"我从此刻开始改变"，这已经是一个小小的进步。

嘉宾2：您能否更详细地解释一下分裂增殖的概念及其生产概念？我认为这非常重要。

ES：我可能必须对此进行一些解释：《反厄勒克特拉》的副标题又是对《反俄狄浦斯》副标题"资本主义和精神分裂症（*Kapitalismus und Schizophrenie*）"的模仿和翻译——我用的是"图腾主义和分裂增殖（*Totemismus und Schizogamie*）"。分裂增殖，究竟是什么？从生物学上讲，指的是自身的一部分会分裂并结合。我认为，联系就是背后真正的问题所在，它需要被加以规范。如果有人患有精神分裂症，那么他就如莱恩所说，是双重绑定状态。就是不同的男主人和女主人——分裂。但这在联系过程中不会成为问题，我们必须看看这些联系会如何发展。这意味着在某些情况下，相互排斥的联系也可以在这里共存。这是莱恩的看法，我的想法当然不止于此。我认为每个联系都是双重的，每个联系都传递了原始联系。就这点而言，原始联系中的每个联系都是一种始终贯穿其中的扩展行为。从这个意义上说，既使不存在四、六、八个人的结合，也存在分裂增殖，或至少三人的结合。它不再是单声道或二重奏，而是一种考虑婴儿理论的多价值结合空间的想法。我的书是关于联系的，书中阐明了多重联系的存在。

SZ：于是您开始再次思考强大的媒介理论关系，遗憾的是时间关系我们无法接着讨论。

ES：我还想再说一句话，最清楚这一点的是安迪·沃霍尔（Andy Warhol），就是那个和他的录音机结婚的人。你可以将这种联系转移到任何东西上。

SZ：转移到媒介物上。与人们只能在他们自己之间建立的条件相比，建立这种联系可能更容易。我们需要这种人工的、人为的中间物作为我们的一部分，以便能够构建多样性。

ES：我想说，第一次隐秘的原始主义关系可能更容易转移到录音机上，而不是转移到真正的伴侣身上。一切皆有可能。

SZ：伊丽莎白·冯·萨姆索诺，非常感谢您，希望下次再见。

记录整理：康斯坦丁-丹尼尔·亨施（Konstantin Daniel Haensch）、
玛丽亚·梅尔梅耶（Maria Meermeier）和
玛丽亚-伊丽莎白·尼比乌斯（Maria-Elisabeth Niebius）

沃尔夫冈·恩斯特 /
WOLFGANG ERNST

13

"换句话说,我们生活在当下和档案的同时性中:档案成为当下的工作记忆。"

西格弗里德·齐林斯基(以下简称SZ)
沃尔夫冈·恩斯特(以下简称WE)

摄影:莱昂纳德·容(Leonard Jung)

SZ："图像边界的消解"这一概念是由汉斯·贝尔廷提出的，它在历时角度起着至关重要的作用——图像边界的消解与一个特定的艺术概念紧密相连。今天，在一些人工制品和时间系统中也可能发生类似的情况，我们将其称之为时间媒介。我相信这一概念也完全适用于您的行为，亲爱的沃尔夫冈。即使我们作为谱系学家，在确定"第一位"时也是很谨慎的，但据我所知，沃尔夫冈·恩斯特在德语世界中，甚至在全世界范围内，无疑是首个担任"媒介理论和考古学"学术职务的人。我认为这是史无前例的。

在1995年和1999年之间，我们当时有幸一起举办了一个研讨会。我之所以提到这个，是因为它可能与今天的访谈有关。除了这个研讨会之外，当时共同举办这个系列研讨会的还有：精神分析学家和精神病学家辛德克·M. 埃姆里希（Hinderk M. Emrich）、计算机科学家乔治·弗莱施曼（Georg Fleischmann）、艺术史学家汉斯·乌尔里希·雷克，来自哲学的媒介理论家尼尔斯·罗勒以及两位程序员迈克尔·霍赫（Michael Hoch）、德特勒夫·施瓦贝（Detlef Schwabe）。这些研讨会的主题为"幻想与形式一：当前媒介话语中的认识论问题"，"幻想与形式二：形式化的想法和历史"和"幻想与形式三：仿生学"。沃尔夫冈·恩斯特当时写了一篇关于最后一个研讨会的文章，我在此引用："将生命科学与仪器知识结合起来，这不仅是人类最古老的幻想之一，而且回归了离散符号处理机器（计算机）的边界。仿生学探索由生物学、物理学和仪器组成的新联盟；生物机械和神经时间则界定了计算机和生物体之间的关系"[1]。这是1996年研讨会讲话的开头。早在几年前，这些东西就已悄然兴起，而在这种不寻常的活动形式中，几乎没有更跨学科的探讨了。后来，奥斯瓦尔德·维纳也参加了一个研讨会。

---

[1] Wolfgang Ernst Einführungstext zum Seminar „Phantasie und Form 3: Bionik", Kunsthochschule für Medien Köln (1996).

那自然会遇到许多困难，这也导致他从一位古典历史学者和考古学者成为一个前沿的媒介理论家，可以说是成了仪器的研究者。他的博士论文[1]在主题上仍然致力于古代收藏品的历史美学，在方法上遵循经典的历史解释学，深入探讨了米歇尔·福柯的考古学和档案学概念以及弗里德里希·基特勒的媒介理论和话语分析范式。沃尔夫冈·恩斯特也采用了他最大胆的标题之一，在他自己的专著中分析福柯的考古学和档案学概念[2]。这些驱使他越来越远离记忆机构[3]和元叙事，而走向了——用沃尔夫冈·恩斯特在《以历史的名义》(*Im Namen von Geschichte*)[4]的引言中所说——"[媒介研究]中记忆空间的真实机构，……以分析记忆的非话语技术"。如今，他带来了一本新书《档案的喧嚣》(*Das Rumoren der Archive*)[5]，书中重新谈及了他的毕业论文，并以散文的形式谈论他当时研究的话题，当然也不止这些主题[6]。《档案的喧嚣》是一本非常重要的书，对我们的学生来说，这也许是他们在沃尔夫冈·恩斯特的众多著作中读得最多、最深入的一本书了。对于那些在广义上收集过去存在的人来说，该书具有重要意义。

我们在科隆短暂相处后，沃尔夫冈·恩斯特除了阅读和写作外，还在科隆、波鸿和魏玛承担了大量的教学工作。在我的印象中，从2000年之初起，他的教授生涯和教学工作一直有探索性和实验性。正因如此，他在2007年出版了一本包含多卷的专著，集中讨论20世纪初关于媒介和

1　Wolfgang Ernst, *Hiorismus im Verzug. Museale Antike(n)rezeption im britischen Neoklassizismus (und jenseits)*. Beiträge zur Geschichtskultur, Bd. 6 (Hagen 1992).

2　参见：Wolfgang Ernst, *Medium Foucault. Weimarer Vorlesungen über Archive, Archäologie, Monumente und Medien* (Weimar 2001).

3　译者注：记忆机构（德文——Institutionen des Gedächtnisses，英文——Memory Institution），也称记忆组织，是保存和传递知识的机构的统称。这些机构尤其包括图书馆、博物馆和档案馆。

4　Wolfgang Ernst, *Im Namen von Geschichte. Sammeln-Speichern-(Er)Zählen. Infrastrukturelle Konfigurationen des deutschen Gedächtnisses* (München 2003), S. 5.

5　Wolfgang Ernst, *Das Rumoren der Archive* (Berlin 2002).

6　Wolfgang Ernst, *Signale aus der Vergangenheit. Eine kleine Geschichtskritik* (München 2013).

档案的各种手稿[1]。2003年，沃尔夫冈·恩斯特被聘为柏林洪堡大学的媒介理论的教席，迄今已经10年。从那时起，他一直在系统地、持续地研究一种媒介思维，这种媒介思维可将加工设备的性能和时间关键性力量（德文——zeitkritische Kraft；英文——time-critical power）融合起来——在与时间媒介的结合中，它有可能发展出自己的认识论力量，这当然不再与传统的媒介历史学有关。

2012年和2013年，沃尔夫冈相继推出两本厚厚的著作，同样是由卡德摩斯（Kadmos）出版社出版的。这两本书都是关于我之前简要提到的媒介考古学，我们随后将讨论这两本书。《时间诗学》（*Chronopoetik*）[2]这本书成了可与克努特·埃贝林（Knut Ebeling）的《野生考古学》（*Wilden Archäologien*）[3]相对照、媲美的著作；标题非常美丽且富有诗意，以及双卷本的另一本《共同来源》（*Gleichursprünglichkeit*）[4]，在"时间方式与时间选择"以及"时间存在与时间事件"的不同视角下，沃尔夫冈进行了大量观察，独创性地提出了众多概念，并对时间关键性媒介的认识和技术条件进行了再解释和新解释。"时间关键性媒介"（德文——zeitkritische Medien；英文——time-critical media）与我们在柏林艺术大学创造性地处理的"时基媒介（zeitbasierten Medien）"的含义不同。这个词的含义，也将是我们访谈的主题。2009年，沃尔夫冈·恩斯特在这个房间里第一次谈到了这个问题，他在当时出版了《时间关键性媒介》（*Zeitkritische Medien*）[5]文集[6]。

---

1 Wolfgang Ernst, *Das Gesetz des Gedächtnisses. Speichermedien als Übertrag des 20. Jahrhunderts* (Berlin 2007).

2 Wolfgang Ernst, *Chronopoetik. Zeitweisen und Zeitgaben technischer Medien* (Berlin 2013).

3 Knut Ebeling, *Wilde Archäologien 1. Theorien der materiellen Kultur von Kant bis Kittler* (Berlin 2012) sowie *Wilde Archäologien 2. Begriffe der Materialität der Zeit – von Archiv bis Zerstörung* (Berlin 2013).

4 Wolfgang Ernst, *Gleichursprünglichkeit. Zeitwesen und Zeitgegebenheit technischer Medien* (Berlin 2012).

5 Wolfgang Ernst, Die Frage nach dem Zeitkritischen, in: *Zeitkritische Medien*, hg. von Axel Volmar (Berlin 2009), S. 27–44.

6 „Zeitkritische Medien", Buchpräsentation mit Oswald Berthold, Alberto De Campo, Wolfgang Ernst, Axel Volmar und Siegfried Zielinski an der Universität der Künste Berlin, 29.04.2009.

对电气、电子和数字通信过程的技术先验的彻底思考，使得沃尔夫冈·恩斯特本人成为一名特殊的档案管理员和收藏管理员。他开始收集相关人工制品和可管理的技术系统，这些人工制品和技术系统可以干预时间、计时并组织流程。这些系统之所以简单、可管理，是因为它们并非那种有着许多办公室以及众多文件的广播电台型复杂系统。在德国总理的公寓附近，佩加蒙博物馆的对面，正是柏林洪堡大学的媒介考古基金会。在基金会的帮助下，沃尔夫冈·恩斯特在YouTube上发布了一部由五部分组成的电影[1]。基金会的负责人在《时间诗学》的背面推荐语中写道："技术媒介的存在是在其具体执行的那一刻被揭示出来。"也许有一天，人们会认为他与吉尔伯特·西蒙栋相似，因为西蒙栋在20世纪50年代的巴黎同样收集并剖析了他能拿到的所有技术产品。亨宁·施密德根在最近的一篇文章中评论了他的习惯："如果有人将已故的海德格尔描绘成一个有思想的流浪者，他在旅行中遇到了一家位于黑森林山谷地区的锯木厂，那么人们会把西蒙栋……描绘成一个总是带着工具袋的城市哲学家。他并非单纯的步行者，而是一个流动的机器活体检测器，是技术主体及其骨骼、组织和血管的比较解剖学家"[2]。

沃尔夫冈·恩斯特是我们公会中为数不多的不随意使用"媒介"或"媒介考古学"这个词的人之一。这也让我们今晚的访谈更值得期待。虽然鉴于学术机构内外媒介概念的泛化，许多年轻的同事倾向淡化关于媒介现象的讨论，喜欢让它们融入文化研究或美学，但沃尔夫冈·恩斯特坚持有必要加强对媒介现象的讨论，将媒介的概念锐化为干预理论的认识论需要。

尽管人们都在谈论时间关键性媒介及其可能性，但我们并不拥有时

---

[1] *Prof. Dr. Wolfgang Ernst erläutert Sinn und Zweck des medienarchäologischen Fundus* Interview (mehrteilige Reihe), www.youtube.com/watch?v=Jq1jkkPqXM8.

[2] Henning Schmidgen, Das Konzert der Maschinen. Simondons politisches Programm. *Zeitschrift für Medien- und Kulturforschung 2* (2012), S. 117–134, hier S. 121 f.

间，而时间却拥有我们，包括今晚。因此，我们直接进入访谈时间：今晚我们俩会有什么机会，通过访谈形式来表现您的媒介考古学概念的认识论意义？换句话说，如果让先进的技术媒介运行起来，让它们彼此互相展示或向我们呈现其自身，类似于即兴音乐家或声音艺术家交流花哨的算法和实时音频处理，那么，我们的对话还有意义吗？从您的角度来看，一段不由自主地不断解释的对话有什么意义？因为那是我们以口头交流的形式可以使用的一套工具。

WE：首先，我很荣幸能够参加这个节目，也很高兴在某种程度上被尊称为媒介思想家。而我现在要像迈施伯格女士节目中的脱口秀嘉宾一样，迅速地再偷偷地穿插两件事。首先，我与汉斯·贝尔廷都认识恩斯特·坎托罗维奇（Ernst Kantorowicz）。贝尔廷自己也跟着他学习。坎托罗维奇是研究中世纪的一位重要学者，在他被禁止从事德国犹太历史学的研究，又被禁止研究德国历史问题之后，他转而研究"勃艮第文艺复兴"这一主题。他写到，勃艮第（Burgundy）是一个"传播的渠道"，即连接意大利文艺复兴和欧洲北部的双向渠道。今天，我会更尖锐地看待这样一个术语：的确，我们可以用通信技术的术语准确地描述文化传统。那么，我与贝尔廷和坎托罗维奇的三角关系的解释就到这里。

其次，我诚挚地邀请大家参观位于柏林库普弗格拉本（am Kupfergraben）的媒介考古基金会，它不仅是安格拉·多罗特娅·默克尔（Angela Dorothea Merkel）总理的邻居，受到警察的严密保护，也不仅在古老的佩加蒙博物馆对面，还是在黑格尔故居内。尽管我不同意黑格尔关于数学机械化的观点，即他同时代的查尔斯·巴贝奇（Charles Babbage）的观点，但我确实从他的观点中学到了一些东西，即在媒介思维的意义上对概念的努力研究。黑格尔借此表明，这就是哲学的任务。这也是媒介理论教授的任务：我们必须不断地努力争取这个概念和对其进行深思熟虑的定义。

现在我来回答关于对话情况的问题。当然，我们马上就会想到柏拉图和斐德罗[1]，毕竟他的情况与我们完全相似，只是技术条件不同。那时相对较新的媒介是发声字母写作，但他以口语对话的形式向我们推销这种写作。也就是说，我们忘记了，一些东西是以阅读的方式进行的；这是符号字母、对话以文本形式被保留在存储介质上。因此，自由言论的自由和风险恰恰是不存在的。如今的情况也非常类似，我们在说话时会使用小麦克风，这不仅是为了扩音，也是为了储存口语。我们还生活在一个有趣的书面文字空间里，因为我们都为问题和答案做了笔记。我们以现代的方式将媒介和存储技术与口语的自由结合起来，顺便说一下，我一直在捍卫这一点，在捍卫大学的讲座课时也是如此。在博洛尼亚进程[2]中，大学的旧核心即讲座课，正在被削减。我强烈地捍卫讲座课！讲座课是一个受保护的空间。在课上，人们可以提出更危险、更暴露的观点，并在90多分钟的时间里具体阐释自己的思想。这是一种巨大的特权，只有在古老的大学才能拥有，在任何其他媒介中几乎不可能出现。因此，我很欣赏这种混合的存储组合，尽管如此，作为一个媒介理论家，我总觉得有些不妥。我现在不能这么冒险地说话，我知道我们这个对话是会被转录下来的。

SZ：很遗憾，威廉·弗卢塞尔已经去世了，我们无法再邀请到他，但他是少数能直接为这些正在录音的机器说话的人之一——如果大家看过他的各种演讲的话。他能充分意识到，他将机器本身变成了演讲的主题。他知道，正是机器能够将他的演讲直接（正如他所说，而不是间接地）转化为他的文本，且无须进行审查。他认为，机器所录下的文本在经过打印后，就成了一本书，因为这些文本会被写下来并直接从机器中

---

1 Platon, *Phaidros oder Vom Schönen*.
2 译者注：博洛尼亚进程，是29个欧洲国家于1999年在意大利博洛尼亚提出的欧洲高等教育改革计划，该计划的目标是整合欧盟的高教资源，打通教育体制。

打印出来[1]。

WE：当被录音时，我们可以随意地谈论，因为文本总能被快速记录下来。但我仍然支持传统的书本记录形式，这种书本记录保留了批评性的编辑形式。

但您最初提出的问题中还有个要点：我们是用什么语言来谈论媒介的？我们现在用我们所熟悉的相对的日常语言交谈，用我们所熟悉的对话形式。而莱布尼茨则梦想着一种通用语言，在这种语言中，我们只能用数学符号进行明确的交流。这毕竟是一种来自西方的平行虚构：期待一种更具约束力的语言，但却一次又一次地失败。甚至在信息学中，程序员和黑客也不只是交换代码数字，程序中有趣的东西总是注释。对于理解这段代码曾经的含义来说，这些注释简直是不可或缺的，它们是以语言的、可塑的、解释学的和可读的形式写的。那么根据定义，语言似乎不能被其形式化所吸收。这确实使得人类在这个系统中起到了非常有趣的作用。

SZ：您刚才所说的，自然也适用于其他和信息学家相似、需要在审美上表达自己的人。这就是为什么在对艺术家和他们的作品进行分析时，我们会拼命寻找文件来说明这些作品可能与什么传记和哲学经历有关。我们面临着一场名副其实的出版热潮。突然间，大量的材料被出版了，例如格哈德·里希特的地图集，这些材料隐藏在图片之下，类似于评论或资源，代表着思维资源、物质资源，与我们所知的艺术交流、油画或摄影作品本身存在某种关系。

WE：因此，对于媒介科学家，或像我这样的媒介理论家来说，困难不仅在于阅读评论，还在于要努力做到部分理解代码或理解其基本原

---

[1] 参见：Flussers Ausführungen zu Beginn seiner „Bochumer Vorlesungen". Vilém Flusser, *Kommunikologie weiter denken. Die Bochumer Vorlesungen*, hg. von Silvia Wagnermaier und Siegfried Zielinski (Frankfurt am Main 2008).

理。我十分钦佩和尊重哈特穆特·温克勒,他很早就写了关于递归的文章,知道自己谈论的对象是什么。我当时成了一名媒介理论家,但对计算机科学知之甚少。让自己熟悉这一主题是一项艰苦的工作,现在仍然是十分艰苦,因为我的思维不擅长数学,也不擅长电路技术。但是我至少要做到,将电路图作为图表阅读,了解一些编程的基本原理,有时能够读懂几行代码,甚至能够自己编写几行代码,这就是我至少要做到的程度。幸运的是,那里的同事会来教我和我的学生。我不得不一次又一次地强迫自己学习,但这就是媒介科学家的任务,尤其是在哲学系:我们不要选择容易的方式——只处理话语部分。我对学生和我自己都提出了这个要求。

SZ:让我们在这一点上停留片刻,因为这是一个重要的方法论实践问题。如果我们假设,对于那些以时间来表达自身的媒介而言,其播放和运行本身具有非常重要的意义——在您的收藏中,您修复了机器,由此人们可以看到示波器如何工作。对此,有一个比较棘手的问题:在此过程中,媒介历史过程的模拟有什么意义,总的来说,这些模拟本身不过是一种文本形式,一种特殊的、基于技术的解释旧机器的形式。您是用模拟的方式工作的吗?您自己也从事模拟工作吗?

WE:是的,研究模拟的本质是目前一个非常热门的项目,这一项目在吕讷堡也获得了众多支持[1]。当然,模拟是我们高度计算机化文化的一部分。为了了解媒介的过去,模拟把我带到了信号实验室。信号实验室与媒介考古基金会一起,也是合并到信号处理媒介的操作空间。我们讨论了很多关于模拟和仿真之间的区别。例如,为了用当前的操作系统运行早期的计算机,我们使用仿真器。我对其做出的定义是:只有当这种仿真重新变回模拟时,我们才能再次体验旧的媒介。也就是说,如果

---

[1] 在吕讷堡大学,由克劳斯·皮亚斯和马丁·瓦恩克(Martin Warnke)领导的一个研究小组致力于DFG学院的"计算机模拟的媒介文化"研究(www.leuphana.de/zentren/mecs)。

我们不仅能够在功能上运行老的C-64计算机，还能够感受到它的时间行为、粗糙程度、加载数据包的缓慢程度以及诸如此类的东西，甚至硬件行为，这才是一个真实的模拟，我们就相当接近于媒介的时间体验。因此，这将是我对如何仍然能够体验过去的物品的理解，由于策展方面的原因，我们不再像以前那样让这些物品发挥作用。由于技术博物馆中的旧电容器基本不能进行替换，因此有时不得不对它们进行模拟，我们会将希望寄托在模拟上。

SZ：下面是从这个范式出发的第二个问题。您说过，"技术媒介的存在是在其具体执行的时刻被揭示出来"[1]。如果我们用认识论的术语来证实它，该命题必然具有本体论的意义。您在这种情况下使用"存在"一词，与近代哲学史上的本体论有着明确联系。对您来说，这种"存在"的背景对于理解机器有多重要？机器作为一个工作对象或系统的存在，而不是在屏幕上的二维重新呈现，它可以在本质意义上代表模拟吗？

WE：实际上，我不想从本体论出发，也不想把媒介视为本体论的东西或以本体论的方式描述机器。这就是为什么《时间诗学》的副标题说的是"时间的方式"而非"时间的存在"。在某种意义上，我的想法类似于海德格尔1927年的《存在与时间》(*Sein und Zeit*)[2]中的思想。因为在他的时代，他也提倡本体论问题——即什么是存在？什么是某物的存在？这实际上是哲学中关于存在的经典问题，将被"为了"所取代。"为了"不仅在与工具相关的方面发挥作用，通过工具的执行特性来定义工具，而且在与海德格尔提出的"向死而生"相关的方面发挥作用。他为关于存在的整个问题给出了一个时间矢量——这个问题总是被抛在前面的地平线或被保留的记忆所时间化。在这一点上，他是胡塞尔(Husserl)的弟子和同代人。这种存在的执行特性是我看到的媒介所做的事情，以

1　Wolfgang Ernst, *Chronopoetik*, Umschlagseite 4 (Berlin 2013).
2　Martin Heidegger, *Sein und Zeit* (Tübingen 1927).

及如何在哲学和认识论上把握它们的层面。正是这种实践性的特点、执行特性、非本体特性，或是克劳斯·皮亚斯（Claus Pias）先前提出的：这并非"什么是媒介"的问题，而是"媒介做什么"的问题。在这里，我们从本体论转向了一个更倾向存在的概念，一个更为操作性的概念。因为存在的意思是：事物在世界上是如何存在的？如果它们在这个世界上，那么它们就处于时间中。这也是媒介吸引我的地方，可以说，它们只是作为存在于时间中的、处于媒介状态的东西，至少这是我对媒介的一个定义。

SZ：然而，这种奇特的关系仍然存在：一方面，那些被您普遍称为时间媒介的东西应该在具体过程中加以考虑；另一方面，要做出具有哲学性质的假设，正如您根据海德格尔的《存在与时间》所证明的那样。这些假设应是哲学性的，不具有机器的性质；不来自机器，而是来自对机器的思考。我不是研究海德格尔的专家，但在研究海德格尔时，我一直想知道为什么他的观点被用于媒介理论。关于基特勒，每个人都知道这个故事，他总是一遍又一遍地讲述：他曾经在厕所碰到过海德格尔，所以他一直非常尊重海德格尔。但我一直不明白，为什么这位以一种非常乏味的方式写作和思考的哲学家，对于这种研究媒介技术本质的媒介理论来说这么重要？我有一个驳论，海德格尔从未对技术感兴趣，当然也没有对媒介的技术感兴趣，但他对有件事感兴趣。前段时间我们在这里和格雷厄姆·哈曼详细讨论过这个问题[1]。海德格尔的兴趣在于，思考技术的背景、技术可以是什么样的以及如何从哲学上思考技术，从而提高自己的思维，但他对具体技术的兴趣为零，因为这种技术是我们作为具体对象或过程遇到的东西。他对此并不感兴趣，他的技术概念是19世纪

---

[1] 由格雷厄姆·哈曼和威廉·弗卢塞尔档案馆主办的国际弗卢塞尔讲座，2013年4月8日。讲座内容收录于2015年由瓦尔特·柯尼希书店出版社出版的讲座同名系列图书中，参见：Graham Harman, *Die Rache der Oberfläche. Heidegger, McLuhan, Greenberg* (Köln 2015).

的。对于锯木厂的反思并非偶然。与20世纪有关的技术，与电子有关的技术，对时间关键性媒介变得如此重要，但并没有真正影响到他，或者说，在某些地方有部分争论？

WE：对此，我可以作出回应。因为在我的语言（文本）中偶尔也会出现海德格尔的身影，人们不禁要问，这样一位技术批评者是如何到达那里的。我可以试着解开这个谜题。一方面，我们可以从黑格尔和海德格尔等哲学家那里学到对事物和概念的思考方式，例如技术以及技术的本质。这种概念和论证的精确展开、提出问题和质疑的方式，都是可以从这些哲学家身上学习的。然而，答案可能完全不同。我可以稍微夸大一下，托马斯·马乔热爱动物，因此被称为动物学家[1]。在他的纪念刊物中，我曾经试图以海德格尔为例来写一篇关于无线电动物的文章。众所周知，海德格尔是广播这一大众媒介的伟大批评家。作为一个优秀的媒介考古学家，我真的去了一次他在山上的小屋，并在那里得知，他曾经有一台收音机。我继续调查了一下——毕竟他不可能真的在这个偏远的地方、在他的小屋里、在这种原始的状态下，给自己弄了一台收音机。他给灯泡安装了一根电源线。那么海德格尔是如何得到收音机的呢？答案是关乎生存问题的。在古巴导弹危机期间，他和其他人一样，都害怕核战争的爆发，他希望每天都能听到新闻。为此，他需要广播这一实时传播的媒介。我还写信给他的两个非常年长的儿子，问他们他的收音机是哪台，是否还存在。我从赫尔曼·海德格尔（Hermann Heidegger）那里得知，那是根德的88号乐器。此后，我们的媒介考古基金会就设法购买与海德格尔的收音机相同类型的设备。我们得到了两台这样的设备。一台是他使用时的状态，即他转动旋钮的方式，设计精美，有传输频率等。另一台，我们冒昧地拆掉了收音机外壳，露出里面的构造。然后有

---

[1] Christian Kassung, Jasmin Mersmann, Olaf B. Rader (Hg.), *Zoologicon. Ein kulturhistorisches Wörterbuch der Tiere. Festschrift für Thomas Macho* (München 2012)

一点就很清楚,海德格尔只批评了作为界面的收音机,但甚至没有看它的里面。他甚至没有考虑到电子管的本质是放大器、三极管。在这里,我看到,我们需要以海德格尔式的尖锐和质疑,以不加掩饰的思维方式说:现在让我们来揭示媒介的真相!我们仔细查看收音机,对电子管进行思考,类似于在哲学和认识论层面受到知识欲望的驱动,我们从关于电子管的知识中碰撞出知识的火花。当然,我很晚才发现吉尔伯特·西蒙栋,他的理论对我帮助很大。因为他写了关于三极管的文章,并说明了为什么研究三极管的价值不仅限于电气工程师。这就是双重参照:一方面是学习思考,另一方面是用海德格尔的思维超越海德格尔。同样,这也适用于福柯和其他在媒介概念上产生错误认识的思想家。

SZ:这是一个非常好的解释。但令人惊讶的是,为什么海德格尔在与具体技术打交道时如此重要,尤其是在20世纪?几天前,我们试图弄清楚列维纳斯的时间概念和他的想法,即时间实际上构成他者,因为它总是在我们之外,永远不可能被我们真正理解。您谈到了媒介以及时间的对象化,这是对时间过程的对象化,时间以技术形式与我们相遇。但是,正如我们从其他时间哲学家哪里知道的那样,时间是极难把握的。把它看成是"他者",通过它我也可以发展一下关于"他者"的想法,包括技术作为"他者"的可能体现,这可能会令人兴奋。我只想暗示一下,为什么总是老生常谈的海德格尔如此重要?

WE:容我冒昧地引用我在《共同来源》一书中的最后一句话,这句话写到了高度技术媒介的时间方式:"这些时间方式的信息是我们称为时间以外的东西。"[1]对此,我又稍微超越了一点:媒介不仅处于时间中,对时间也至关重要,它们还解构了我们经典的时间概念。我在两本书中尝试从最具体的描述媒介在最小的时间层面上真正发生的事情开始,询

---

1 Wolfgang Ernst, *Gleichursprünglichkeit* (Berlin 2012), S. 453.

问自从我们能够听到已故者留存下来的声音以来,探讨技术媒介是如何刺激我们的意识的。详细描述这一点是很吸引人的:比如说,从电磁感应到最小的时间偏移,再到记忆中的运行时间延迟,使彩色电视成为可能;换句话说,从计算机时钟的时间性开始,然后再到存储媒介。因此,这是关于现象学的问题:媒介是如何刺激我们对时间的感知的?您还写了关于录像机的文章,关于因录制现在而发生的时间偏移[1]。它涉及的问题是:媒介如何处于时间中?也许它们不仅处于经典的历史时间中,也位于一个完全不同的时间性中,而不是我们将其归入(技术)历史的概念中。我倾向伟大的大众传媒评论家京特·安德斯(Günther Anders)的观点,1930年前后,他在一篇未发表的博士后论文《音乐情景的哲学研究》("Philosophische Untersuchungen über musikalische Situationen")中写道:"在音乐的这种完美特性里,我们并不处于历史时间中,而是处于时间的飞地中。"[2] 这种音乐可能是历史上的一部音乐作品——他主要谈论的是贝多芬和其他作品,然而,当我们基于时间听到该作品的那一刻,我们就与该音乐作品没有历史关系了。这就是我对技术媒介的操作性看法。这就是为什么我喜欢把声波、音质过程与高度技术化的媒介过程进行比较的原因:不是因为用它们都能创造音乐,而是因为在结构上它们是能够解构时间本身的程序。但这些都是我笨拙的尝试,对此我向海德格尔学习,把对时间、对物体或对技术的思考纳入思想,并把它们变为文字。您必须从哲学家那里学习这些。我很高兴洪堡大学的媒介研究是哲学系的一部分,尽管我也希望媒介研究能与技术和数学系建立联系。海德格尔甚至没有好好看待电路图。他写道:"技术的本质并非技术。"我们可以从他那里很好地学到这一点。海德格尔其实也已经思考过框架的

---

[1] Siegfried Zielinski, *Zur Geschichte des Videorecorders* (Berlin 1986).

[2] Frei zitiert nach Günther Anders, *Philosophische Untersuchungen über musikalische Situationen* (ca. 1930),保罗·蒂利希(Paul Tillich)的培训论文——未发表,由于对阿多诺的严厉批评等原因未被接受。文字稿在奥地利国家图书馆文学档案馆的贡特·安德斯庄园中(编号:237/04)

本质，他也想到了，我们不一定非要用新奇或新式的方法把框架的本质看作决定性因素。只是，这些答案，尤其是图灵机和计算机的答案，看起来与海德格尔给出的答案不同。我们必须自己给出答案，这也是知识分子和思想家的任务：作为下一代，站在这种巨人肩膀上要再进一步。

SZ：如此说来，我很想知道，您认为哪些关于历史、媒介过去的存在的观点是重要的？我清楚地记得，在《时间诗学》非常重要的一章"计算时间与叙事"中有这么一句话，您在这篇文章中，也写下了这句话："目前数字计算机的力量应该被视为媒介考古分析的典范。"[1]这个假设让我想到了两个可能更具方法论性质的问题：第一，您是不是在这里采用经典的主导叙事结构，通过指定一个主媒介来展开和发展整个故事？第二，现在的东西在这里不是被定义为以前所有事物的主旋律，即历史学家总是称为的历史化吗？这也让我对伯恩哈德·西格特（Bernhard Siegert）和他的文章《数字通道》(*The Passage of the Digital*)[2]感到非常恼火，例如，那篇文章读起来让人感到约翰·威廉·里特（Johann Wilhelm Ritter）在1800年左右就已经预见到了数字计算机的出现。从我的媒介考古学的角度来看，我认为这是一种非常历史化的进行方式，而且极有问题，因为不是事物本身在发声，而是因为我在事物中的解释才使它们振动和发声。这二者是完全不一样的。

WE：是的，这听起来像是一个微不足道的命题，即现在的人倾向从当前的权威话语、美学和技术的角度回顾自己的过去。一方面，媒介理论的任务当然是研究当前媒介文化的决定性因素，即数字计算机。但更为有趣的是，正是因为与模拟计算机不同，数字计算机在许多方面都与以前的媒介大相径庭——至少是广播、电视、录音等信号处理媒介。

---

1 Wolfgang Ernst, *Chronopoetik* (Berlin 2012), S. 230.
2 Bernhard Siegert, *Passage des Digitalen. Zeichenpraktiken der neuzeitlichen Wissenschaften. 1500–1900* (Berlin 2003).

尽管计算机只是一个符号处理机器，但却足够强大，可以进行信号处理。这十分了不起，也不能在历史时间轴上线性列出。从数字计算机的角度来看，古希腊字母表突然又变得有趣了。比如说，它不是从录像机的角度来看的。录像机是电子信号记录的技术，它与离散的元音字母关系不大，但通过数字计算机，一些古老的东西突然又变得有趣起来。我们正在处理时间折叠或递归问题——现在人们喜欢用这些术语。忽然间，一些远古时期的东西变得时新、具有现实意义。这就是媒介考古学与历史思维相对应的含义。严格意义上的考古学也是如此，因为媒介考古学意味着技术数学思维。计算机不是简单的技术或电子，它需要技术数学的思维。

SZ：电子只是最流行的计算机形式，但我们知道它也可以存在于纸上。

WE：计算机是技术数学（techno-mathematisch）。也就是说，我们也要关注数学的历史。在经典媒介研究中，我们以前不需要研究那么多。但是考古学也意味着要在数学上扎根，否则就无法理解计算机。这就是为什么从严格意义上说，计算机给我们带来了挑战，要在媒介考古学方面以一种完全不同的方式重新评估过去。从当前媒介的作用在于定义对过去的追问这个角度而言，这当然不是简单地历史化。

SZ：这是一个非常好的过渡，可以接触到"时间关键"的概念，这一概念对你们近几年的调查非常重要。在有关计算机作为时间关键性媒介的重要章节中，您写道："媒介理论是对媒介本质的洞察，它需要引入时间作为考虑的标准。"[1] 这个奇怪的"时间关键"概念，基本上是您自己创造的，它的含义是什么？您把两个词和它放在一起，希腊语中的"关键"（krísis）和"时间"这两个词合并起来，从一种宏大的解释学角度来

---

[1] Wolfgang Ernst, *Chronopoetik* (Berlin 2012), S. 297.

表达一些东西,这并不是巧合。这个"时间关键"的概念对您来说到底意味着什么?

WE:一方面,这是一个我自己都已经不知道是怎么想出来的,也不知道是怎么遇到的概念。克劳斯·皮亚斯在他的电脑游戏书[1]中使用了这一概念,比如说用来描述动作游戏等。您还在《媒介考古学》[2]中介绍了这个与时间关键性(zeitkritisch)有关的术语。不过在我看来,它只是一个生产技术概念。时间关键性生产过程是指产品的某些组成部分必须在一定的时间窗口内生产,我们今天称之为实时,以确保整个生产过程得以完成。因此,首先,对于整个过程的成功来说,最小的时间性时刻才是关键。电视就是如此——我现在说的是传统模拟——比如说电子图像,它依赖同步服务。若无同步技术,我们立刻就会觉得图像失真十分烦人,除非我们是媒介艺术家。可以说,在微观层面上起作用的是一种永久的技术,而这种技术在时间层面上是决定性的,电视影响力依赖这种时间关键性。时间关键性指的是那些时间具有决定性意义的时刻。有趣的是,在我们刚才一直在谈论的数字计算领域中,我们遇到了一个非常奇怪的情况,即介于0和1之间的东西对计算机来说基本上不是很重要。数字计算机只需要充分区分两个电压状态,在二进制数字系统中以二为基数。当然,每个电气工程师都会说,这实际上是一个边缘特别陡峭的模拟信号。但诺伯特·维纳(Norbert Wiener)又说,这正是"非现实的时间"[3]!如果计算机只能充分区分两个电压状态的话,它就不会对0和1之间的事情感兴趣了。可以说,这是对时间的否定。这个区别是很重要的。

---

[1] Claus Pias, *Computer Spiel Welten* (München 2002).

[2] Siegfried Zielinski, *Archäologie der Medien. Zur Tiefenzeit des technischen Hörens und Sehens* (Reinbek bei Hamburg 2002).

[3] Norbert Wiener, Zeit der Unwirklichkeit, in: *Cybernetics-Kybernetik. The Macy Conferences 1946-1953*, Bd. 1, hg. von Claus Pias (Zürich und Berlin 2003), S. 158.

这些都是时间关键性的维度，我认为正是这些维度使得高科技媒介在与其他媒介的竞争中脱颖而出，取得成功，这是其商业秘密之一。这也是为什么我并没有把手写笔记称为一种媒介技术，而是将其称为一种文化技艺的原因。也许速记并没有那么高的时间关键性。但是，您写一个字是慢一点还是快一点，对时间的要求不高。而对于电报来说就不同了，随着证券交易所的高频交易，它已经成为一个对时间极为关键的东西。其中，"时间关键性"不仅指微观时间的关键性时刻，也包括宏观时间的关键性时刻。我最近去了达姆施塔特南部劳厄塔尔的岩砾海，罗马人在那里的岩石群中建造了采石场。那里的地质变化过程非常缓慢，甚至无法在我们的时间窗口中感知到这一变化。但在宏观层面上，这一变化过程仍具有时间关键性。

SZ：还有一个您今天提到的术语，我们应该要讨论一下，因为它不容易理解，而且与《时间诗学》中的概念直接相关，即"共同来源"，这也是您的时间关键性媒介考古第二卷的标题。如果在过去出现过这一情况，那么您文本中媒介历史学的传统术语似乎不足以对其进行解释或诠释。亨利·福克斯·塔尔博特（Henry Fox Talbot）的闪光实验就是一个例子。当这两个事件同时发生时，闪光可以作为电报，也可以作为广播。共同来源是指两个媒介性的方面或两个媒介性的维度彼此直接接触吗？

WE：在回答之前，我必须简单补充一些关于宏观的时间关键性的内容，这些内容也包括北极冰层的记忆。我这么说是因为我在洪堡大学的同事克杰蒂尔·雅各布森（Kjetil Jakobsen），他在今年9月写了一篇关于北极记忆的文章，即北极冰层的档案。我想简单提到它，因为我知道齐林斯基也对此感兴趣。

SZ：是的，我很感兴趣。不过比起海洋，我可能对海岸更感兴趣……

WE：是的，可能就像亚历山大·克鲁格，他一方面写了他的家乡哈尔伯施塔特的大火，他小时候的经历；同时，他也写了伏尔加格勒，那里的一切都废弃静止了。

让我们再回到"共同来源"，这个术语并非完全是我的首创。它在海德格尔的作品中有出现过，但在英语中也有，写作"equitemporality"。我想用这个术语来表达什么？我的双卷本《共同来源》探讨的是媒介在时间中的存在方式？我用轶事来总结一下：一方面，从文化或历史角度出发，我们知道古希腊和前苏格拉底的文化确实离我们很遥远。而越当代的古代研究越是强调差异，我们很难想象自己居然是希腊和东方的混合体，所以如果想解释毕达哥拉斯的哲学，就必须非常谨慎，虽然我们甚至不确定它是否真的存在，这是一方面。另一方面，海德格尔在描述单弦琴时说，这种单面乐器并不用于音乐演奏，而是作为一种测量工具，因为他也对音调性质感兴趣，并从中得出了他的结论：在八度音阶的情况下，和声音乐的比例与整数的比例为1∶2。要想体验这种乐器，我不需要像考古学家那样进行挖掘，而是去到媒介考古基金会，自己修修补补，或者借用吉他来模仿它的音色。我拨动了单弦琴，听到了这是一个八度音阶，发现和声音乐的比例与整数的比例正好是1∶2。我在研究媒介时采用了重建或重演的方式，通过与哲学家毕达哥拉斯获得认识的相同方式，获得了认识，这二者同属共同的源头。我们也可以用同样的方式重建近代早期的媒介：由于文件的历史背景等非常复杂，且在流传过程中遭到损坏，我只能在有限的范围内破译和重建一份中世纪文件。但通过媒介，我能够将历史上的实验重构为现在的实验，因为在物理意义上，媒介的表现其实是一样的。

SZ：您将两个不同的时间点相互联结，以此创造了一种联系。

WE：是的，就是把媒介当作时间隧道。这实际上是一个量子物理学的概念。这一概念有别于我们所说的经典时间关系，带我们进入了一种完全不同的时间关系中。媒介将我们置于不同的时间关系中，这一事实让我着迷。并且,从狭义的现象学意义上讲,这也是录像给我带来的情况,即当我通过感官来感知到过去的一个片段时,就好像我在感知的是当下。当小狗"尼贝尔(Nipper)"[1]在留声机中听到主人的声音时,它并不觉得那是过去,而我们也不认为它是过去。我们知道,那只不过是过去的录音,而狗的主人卡鲁索(Caruso)早已去世。但是,当卡鲁索细小的声音从老式留声机,甚至爱迪生汽缸中响起的那一刻,我们的感官就会觉得它是存在的。而这种存在,也就是媒介产生的现时力量,它使我们处于一种奇怪的同源关系中,甚至我们的认知层面的知识也与情感感知产生了不协调。这是我们必须在媒介理论的帮助下试图弄清、处理、化解的经验。我为此着迷。这就是我所说的共同来源,它是一种时间魅力,取决于媒介的技术性和技术逻辑。

因为这不仅适用于像留声机这样的信号或机械媒介,也适用于另一个对计算机非常重要的方面,即数学。逻辑和数学确实让人与人之间产生了一种直接的关系。在埃及的沙漠中,考古学家发现了莎草纸上的几何图形。每一个数学家,甚至每一个上过数学课的孩子都会立刻理解这门语言。因此,尽管那个创造辉煌文化、历史、物理成就的时代已经过去了,但在这个象征性的、逻辑的层面上,并不存在任何距离。这就如同一个隧道:我们处于同源关系中,并且可以阅读它,就好像它刚刚在我们面前绘制一样。

SZ:解释得非常好。我一开始对共同来源的概念有点模糊,现在对它的理解已经好多了。

双卷本的第一卷《时间诗学》强调了诗学。我们知道,您也参与过许多艺术创作,但为什么您在第一卷的标题中如此明确地强调诗学?作为媒介思维的谱系学家,我们也很惊讶,在我们没有大力推动的情况下,

---

[1] 译者注:Nipper,也被称为维克多狗和RCA狗,是一只来自英国布里斯托尔的狗,它是英国画家弗朗西斯·巴罗1898年画作《主人的声音》的模特。

有一部作品会常常出现在与老同事的对话中，包括与彼得·魏贝尔、鲍里斯·格罗伊斯、汉斯·贝尔廷等的对话。同时，这部作品也对您产生巨大帮助，这就是戈特霍尔德·埃夫莱姆·莱辛的《拉奥孔》[1]。这本书伴随着作为学生的我们长大，至少在柏林工业大学是这样。它就像母乳，我们从中汲取早期媒介思维。这对时间和诗歌的游戏，将两个角色放在一个标题中，对您意味着什么？在这种情况下，诗意又意味着什么？

WE：一方面，这是诗意自身形成的特点，在这一点上我和亚里士多德的看法相同。现在，在我们媒介考古基金会的入口处总是有一面滚动的横幅，上面写着"技术诗意（Technopoeisis）"，这个术语是来自柏林工业大学的同事汉斯·克里斯蒂安·冯·赫尔曼（Hans Christian von Herrmann）创造的。他本人从第一代媒介科学家那里沿用了这个概念。在这一概念中，技术并不仅仅指技术本身，而是更具有生成性、铭刻性的特点，这一特点并不仅限于纯粹的媒介功能使用。另一方面，我仍然喜欢和学生们一起阅读莱辛的《拉奥孔》。是的，为什么他还是那么有趣？在我担任帕德博恩大学的访问教授时，我第一次把它列入媒介理论的经典文本。莱辛在1766年说过："艺术表达是以文学的形式还是以绘画甚至雕塑的形式进行，这有很大的区别。"因为后者是在空间中进行的艺术——一幅画是空间中物体的排列，文学只在阅读的过程中进行，即依次展开。一种美学的力量在于空间，另一种美学的力量在于时间。通过这种方式，他开辟了一种媒介差异，可以说是一种中介性差异，这一点被有声电影的伟大评论家鲁道夫·阿恩海姆所采纳。阿恩海姆写了一篇新的《拉奥孔》，因为他认为，如果口语化的声音、语言进入无声电影，那是对电影美学的一种滥用。他援引莱辛的话说："我们必须保持这种媒介差异。"接着，现代绘画的伟大评论家、马歇尔·麦克卢汉的《理

---

[1] Gohold Ephraim Lessing, *Laokoon oder Über die Grenzen der Malerei und Poesie* (Berlin 1766).

解媒介》[1]思想的鼻祖克莱门特·格林伯格也表示："在现代绘画中，我们看到的主要是空旷的大画布，这是什么？媒介就是信息！画布本身的平整度成为这幅画的信息——闻所未闻！"——他在《走向新的拉奥孔》("Towards a Newer Laocoon")[2]中如是写到。如果把这一点与杰克逊·波洛克（Jackson Pollock）联系起来看，会很有意思。在这方面，即使我们会根据新媒介的不同而做出不同的回答，莱辛的问题仍一直存在。但我认为，将主要是视觉和基于空间的媒介，以及真正的时间完成和基于时间的媒介进行区分，是有意义的。而在时基媒介研究所（Institut für zeitbasierte Medien）[3]做出这样的区分自然是莱辛的义务。

SZ：莱辛也一再强调，当他谈论或创作诗歌时，他指的是口语诗歌，而非线性文本。整个文本的表述也非常清楚地表明了这一点。诗歌后来又被写下来，在某种程度上又成为一种半空间的媒介，至少在这种情况下，他对这种方式兴趣不大。

WE：是的，他忽略的，也是我近年来越来越多地尝试研究的，就是整个声音领域。就是我所说的声波。口语已经被称为声学发音（akustische Artikulation），而声学发音是莱辛很少提及的一种，但我认为它是最令人兴奋的一种。因为所有形式的振动事件，即使您没有听到，也是声学性质的。这些都是波浪式的运动，都是冲动的形式，都是节奏的形式——所有这些实际上都属于音乐的古典词汇。这就是为什么工程师在描述无线电技术中的振荡电路或共振时，总是不得不借助音乐术语，例如，赫尔曼·冯·亥姆霍兹（Herman von Helmholtz）和他的助手海因里希·赫兹（Heinrich Hertz）就是用声学语言来描述，尽管听不到任何声音。在这里，音乐的语言必须提供帮助。当我们在处理从音乐领域借用

---

1 Marshall McLuhan, *Understanding Media. The Extensions of Man* (New York 1964).
2 Clement Greenberg, Towards a Newer Laocoon. *Partisan Review* 7/4 (1940), S. 296–310.
3 译者注：此研究所为柏林艺术大学的一个研究机构。

的术语时，我称它为声波，以描述不再主要是声学性质的东西，但其本质是音乐，即时间性的、振荡性或锯齿性的。

SZ：也许现在您已经回答了我接下来想说的问题，我们可以跳过了。这本小册子是杰米·艾伦（Jamie Allen）给我的。它的发行量很小，记录了计算机生成的诗歌，只有100份签名副本。据我所知，里面的计算机诗歌只有程序员才能理解[1]。但除此之外，您刚刚也提到了这个问题——计算机生成的时间诗学会是什么样子？它形成了一幅可视的图像，我靠着自己的能力来阅读这个代码或这些被塞进诗歌形式的代码片段，我从中看到一些东西，或是什么也没理解到。我只是读到了一些符号，但这些符号翻译成语音就没有多大的意义。对您来说，时间诗学是什么样子的？只能作为有组织的声音，进行音乐表演吗？

WE：时间诗学当然是美妙迷人的，但电脑形成的诗学是超文本标记语言（HTML），而不是脚本语言。不过这并不是讨论的核心。我也最不希望把诗意放在它明显想变得诗意的

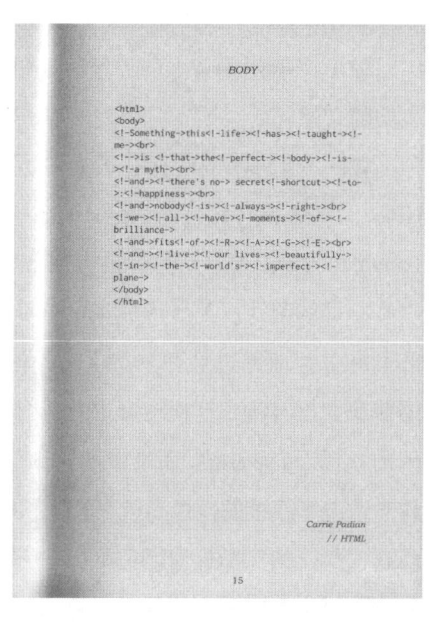

"身体（BODY）"，作者卡丽·帕迪恩（Carrie Padian）
来源：*code {poems}*, S. 15. Ein Projekt von Ishac Bertran. Code Editors: David Gauthier, Jamie Allen, Joshua Noble, Marcin Ignac (Barcelona 2012), www.code-poems.com。

---

1 由杰米·艾伦作前言的code {poems}是贝特朗的一个项目。"该项目旨在汇编来自软件工程师、艺术家和其他代码作者的各种代码诗，探索代码在诗歌层面进行交流的潜力。"（www.code-poems.com）。code {poems}, mit einem Vorwort von Jamie Allen, ist ein Projekt von Ishac Bertran. „The project aims to compile a variety of code poems from software engineers, artists and other code writers, exploring the potential of code to communicate at the level of poetry." (www.code-poems.com).

地方。相反，我会在汇编代码的硬件中寻找诗意。这样做的目的在于展示它的诗意所在。起初，人们会认为，那是纯粹的技术或纯粹的数学。但当您在硬件的汇编程序中考虑到内存、存储器等问题时，这就成了诗意与物质的矛盾和斗争。突然间，整个符号经济变得清晰可见，其中蕴含着一种伟大的诗意，也是一种文化斗争，一种日常斗争。解决方案和迂回路线也很有诗意，黑客们都知道。我将把诗意的层面牢牢地固定在媒介考古学的层面。

具有诗意的、技术诗意的音乐会是什么样子？

SZ：具有时间诗意的音乐！正如您刚才所说的那样，我认为是用于表演的音乐。

WE：是的，但这种音乐最多也就仅限于像莱杰伦·希勒（Lejaren Hiller）[1] 等人用计算机创作出来的乐章或是音乐。更有趣的是宫崎慎太郎（Shintaro Miyazaki）所描述的算法节奏[2]——他也参与了关于时间关键性媒介一书的编写。他所说的算法节奏其实与音乐节奏无关，但又与音乐节奏有关。计算机是一个高度时钟化、精细同步化、有节奏感的媒介，即使我们没有听到，但这其中就蕴含着音乐！早期的钟速率仍在低频范围内，低于2万赫兹，那时的工程师和计算机程序员实际上是将扬声器作为声波来连接的，再去听声音以判断计算机目前是否处于无限循环中。现在，康拉德·祖思（Konrad Zuse）等人还能作出判断。由于祖思电脑[3]有电磁继电器，我们仍然可以真正听到它的声音。因此，用这个非常笼统的术语来说，里面有音乐。但这也是媒介考古学的美学：在美学和诗学出现的可能性的层面上对其进行假设。这毕竟是先验的、康德、福柯式的层面，或媒介考古学的层面。这已经是诗歌了，但必须被阐述出来，

1　译者注：美国作曲家，音乐史上最早试验用电子计算机作曲的人之一。

2　Shintaro Miyazaki, Das Algorhythmische. Microsound an der Schwelle zwischen Klang und Rhythmen, in: *Zeitkritische Medien*, hg. von Axel Volmar (Berlin 2009), S. 383-396.

3　译者注：第一台二进制可编程计算机。

因为程序员和工程师知道这一点，但他们不会主动表达，而且这也不是他们感兴趣的。这就是我们再次发挥作用的地方。我所说的"我们"是指哲学系的产物。我们表达出其中更多的诗意、知识和认识论，当然，这也是必须说的。这也是洪堡大学培训媒介科学家的想法：一小群年轻人学会在纯技术和纯美学语言之间进行沟通，并能够指出，为什么非工程师和非程序员也应该了解一些关于汇编代码、电磁感应、电容器或其他部件的知识。

SZ：既然是我们掌控时间，而非时间掌控我们，那么我想问一个全新的问题。您刚才提到了福柯。我们没有足够的时间去探讨他对您的考古学概念的发展具有何种意义，也没时间阐述您与他的不同。但我感兴趣的是：在福柯之前，您的思想发展过程中有哪些重要的哲学转折点和经验，或者哪些重要的历史学家使您走上了媒介考古学的道路，让如今的您今天继续研究并实践这一道路？

您曾经提到了莱因哈特·科泽勒克（Reinhart Koselleck），在您获得大学授课资格时，您也感谢过他，显然您在研究中也与他打过交道。科塞克在您所说的宏观时间方面能力极强，当我开始用这种深层时间的想法工作时，他对我也产生了巨大的激励。他是不是和福柯、基特勒一样，对您的思想有着巨大影响？

WE：首先，我不得不提到海登·怀特（Hayden White），他的《元史学——19世纪欧洲的历史想象》（*Metahistory. The Historical Imagination in Nineteenth-century Europe*）[1]在很大程度上解放了我的思想。他认为，对过去的设想主要不是来源于档案中的知识，而是源自撰写历史的修辞模式，由此塑造了历史想象力。他指出了历史的文字性和文学性的物质性。这一想法转向了重要层面，使我的思想得到解放。实际上，我后来才接触

1　Hayden White, *Metahistory. The historical imagination in nineteenth-century Europe* (Baltimore 1973).

到海登·怀特的档案反击运动，当时我又有幸在罗马的德国历史研究所度过了一个研究年。那是我第一次真正进入梵蒂冈的档案馆，在此之前我已经读过德里达，我意识到，档案馆本身才是最具有解构性的。从那时起，我通过海登·怀特转变为了档案理论家。

科塞克是一位伟大的学者，他对我的思想有着显著的影响。多年后的今天，我对"时间层"[1]一词的理解自然有所不同。今天，我也想到了一本很精彩的书，它与磁性声音载体和磁性图像载体历史有关，叫《时间层》(*Zeitschichten*)[2]。磁带上的信号记录确实有时间分层，也涉及循环，以及快进和倒退。同时，受到科塞克的启发，我今天会给这个概念一个具体的媒介技术基础，但也会把它与媒介本身联系起来，因为这些都是时间层。在当前的大背景下，我们如今生活在不仅是一个自语音录音或磁性视频图像记录的时代，而且，在网络媒介中，档案不再与当下分离，而是通过电力直接连接。因此，档案的差异，即记忆，自然也就消失了。换句话说，我们生活在当下和档案的同时性中：档案成为当下的工作记忆。这是一种完全不同的控制论状态，更接近于神经系统操作。在这方面，我们必须重新思考时间的层次。我相信在这种情况下，历史的概念正变得越来越模糊，这就是为什么我也在寻找这些时间的概念。"时间层"当然是一个美丽的概念，但命名时间过程的工程语言也很精彩。例如，"声学延迟记忆"，这纯粹是一种诗意，然而对于那些努力为计算机提供工作记忆的计算机设计师来说，这根本没有诗意。如今重点换成了诗歌，或者是"图像管道"，这一名词来自大卫·林克（David Link）的研究。我们只知道它是一个电视屏幕，而 YouTube 的名字就由此而来。

---

1 Reinhart Koselleck und Hans-Georg Gadamer, *Zeitschichten. Studien zur Historik* (Frankfurt am Main 2000).

2 Friedrich Engel, Gerhard Kuper, Frank Bell, Wulf Münzner, Zeitschichten: *Magnetbandtechnik als Kulturträger−Erfinder-Biographien und Erfindungen−Chronologie der Magnetbandtechnik und ihr Einsatz in der Hörfunk-, Musik-, Film- und Videoproduktion*, hg. von Joachim Polzer. Erschienen als Band 9/2008 der „Weltwunder der Kinematographie" (Potsdam 2012).

"图像管道"曾经可以作为比特存储器使用——没有比这更具有诗意的了。

SZ：这就引出了我的最后一个问题，有关时间关键性媒介及其可呈现性的问题。我们需要的是一种"真正的媒介考古学，它超越了所有的历史学，不把媒介作为历史来写（不及物），而是把媒介的档案作为可说可看的法则来写（及物）"，这也是您在《档案的喧嚣》[1]中写到的。例如汉纳·达尔博芬（Hanne Darboven）等许多艺术家尝试借助通信和他们研究的技术来展现历史，对您来说，这有多重要？这让我想到了戈达尔的《电影史》[2]，他完全用电影或录像的方式来创作的这部电影。许多音乐学的作品只有通过聆听才能想象出来。音乐历史作品，整个系列的书，只能通过有声材料进行出版，通过这些材料，现在的过去可以在您所说的共同来源的意义上被重新听到。这些时间关键性媒介可以通过媒介来表现，还是只能在文本的元层面上表现，就像您现在也在书中做的那样？

WE：我很喜欢那些做研究的媒介艺术家。我记得我在科隆媒体艺术学院的时候，有一些学生使用现有的软件做了一些有意思的东西，虽然从我的角度来看，他们仍然停留在表面。这不是贬低的意思，这是合理的。还有像兹比格涅夫·雷布钦斯基（Zbigniew Rybczyński）这样的同事，作为一名实验摄影师，他说："现在我突然要和一台处理图像的计算机打交道，我首先要学习如何在屏幕上设置像素，换句话说，如何从头学习这个新事物。"接着，他也开始研究其他的媒介艺术，这在他的媒介艺术作品中也有所体现。媒介理论的某些表达方式只有通过相应的技术或技术艺术才能实现。这总是让我联想到我们目前使用的语言，或者说，正是它阻止了学生时期的我说出：为什么我不在实验电影中表达我对时间关系的兴趣呢？在我做交换生的那一年，我非常想去找伦敦的电影

---

1 Wolfgang Ernst, *Das Rumoren der Archive* (Berlin, 2002), S. 21.
2 *Histoire(s) du Cinéma*, Essayfilm von Jean-Luc Godard (Frankreich/Schweiz 1988–1998).

人，和他们说：我现在不回去了，我暂时留在这里。口头语言、书面文字是我们进行分析、表达、论证最独特的形式。而这正是我坚持这种对话形式或文本形式的原因。我也有好几次想去一所媒介艺术学校，我也曾经被该校邀请教授媒介理论。当然，我一直在思考，在艺术学院教授媒介理论意味着什么？我希望这里的新锐媒介艺术家们能原谅我，因为老实说，我喜欢学生写带脚注的文本，这在大学里是比较自然的表达方式。我要求学生们这么做，并且在我的课上也这么实行了。我想要鼓励接受培训的媒介艺术家为他们的艺术作品配上这样的文字。当然，这些表达形式都是同等重要的。除了媒介考古基金和信号实验室之外，我们的第三个机构是媒介剧场。在这里，媒介理论可以找到其他的表达形式，其中，媒介本身就是主角。但是，他们必须这样做。媒介艺术家扬·彼得·桑德（Jan-Peter Sonntag）以及其他非常注重研究的声音艺术家与媒介艺术家也常常来这里做客。莫滕·里斯（Morten Riis）在冬季学期开始时带着他的机器音乐来做客。他用阿塔纳斯·珂雪式的程序驱动运行一台蒸汽动力的音乐机，以故障作为主题，对电子音乐做了批判。当这样的机器运行时，媒介中关于"真实"的谈论就更加具体了。这就是为什么我承认这是媒介理论的另一种表达形式，但在大学的学术背景下，我还是更喜欢文本形式。

SZ：在一开始，您就非常坦率地谈到了哲学、人文学科、数学和技术科学之间的关系，也谈到了这些关系是如何与您自己的思维方式和能力相匹配的。您试图在人文领域将您的媒介考古学定位为一种扩展解释学？如果我理解正确的话，您关心的不是解决所有的解释学问题，或用仪器的构造、电路图的内部接收来取代它们，而是关心如何理解解释学问题，这也是比较困难的一点。即使很多时候，和媒介历史学有关的都是技术问题，但它们仍希望被理解。在您的研究中，是否有用到类似扩展解释学的学科？

WE：是的，这个主题非常适合给我们的谈话来做收尾。我这么说是带着双重的讽刺意味，因为我们是在约亨·霍里希（Jochen Hörisch）和弗里德里希·基特勒的陪伴下长大的，前者写到"解释学的愤怒"[1]，后者写到"精神被逐出人文科学"[2]。解释学曾是我们反对批判的概念，我们疯狂地阅读福柯的作品。我并不赞同那些认为媒介考古学具有决定权的说法，相反，媒介考古学像三段论一样，是一种美丽而古老的逻辑形式：您提出一个论点，然后再提出一个中间论点，最后得出结论。首先，媒介考古学将我们从大众媒介解释的文本主义中解放出来。如今的广播、电视和报纸总是自称为"媒介"，这样的厚颜无耻之举让我非常恼火。因为，媒介也是一种测量工具，比如地震仪也是一种媒介。与文本主义的媒介概念相比，媒介考古学就是要打开引擎盖。它着眼于技术条件，开辟了看待媒介和理解媒介的全新视角。但媒介考古学的最终目的也是为了解释和理解事物，以不同的方式看待电视图像。接着，我们很快就触及了一个扩展的、补充的、增强的或技术数学的解释学。解释学也与阅读有关，与解码代码有关，我已经与代码和解了。但令人惊讶的是，我们又开始积极地谈论解释学这样的概念了。我们俩以前都对它有一种非常疏远的态度。媒介考古学不是一种意识形态，具有绝对性，也不是一种拯救性的研究方法，而是三段论上的一种媒介转向——甚至是一种有条不紊的媒介。20世纪30至40年代，荷马已经死了，米尔曼·帕里（Milman Parry）和阿尔伯特·洛德（Albert Lord）试图录制巴尔干半岛上最后的史诗歌手。这种信号技术是转录、理解和解释的基础，只有通过信号技术才能对其进行记录。我曾经也拿着有线录音机重演了这个场景。我自发地带着这个设备去了黑山，找到了一位塞尔维亚独弦琴的弹奏者，

1　Jochen Hörisch, *Die Wut des Verstehens. Zur Kritik der Hermeneutik* (Frankfurt am Main 1988).
2　Friedrich Kittler (Hg.), *Austreibung des Geistes aus den Geisteswissenschaften. Programme des Poststrukturalismus* (Paderborn u. a. 1992).

这样一个早期的歌手，给他播放了早期的录音，然后又给他录音。虽然这真的是一个媒介考古实验，一个重演或什么的，但那一刻很令我着迷。当弹奏者在唱歌和演奏时看着我的眼睛时，我陶醉于这种文化的魅力。这是一种盈余，称之为解释学或诗学或古典意义上的美学。这让我看到媒介考古学的范围有限，有一些东西必须以不同的方式出现或与之相关。

SZ：现场的观众们，大家对沃尔夫冈·恩斯特，对我或者对我们今天的访谈有何问题或者评论意见吗？

WE：我可以再给一个文学上的提示。尤西·帕里卡（Jussi Parikka）将我们的一个问题作为了他的书名——《什么是媒介考古学？》（*What is Media Archaeology?*）[1]。他在书中除了描述艺术以及技术领域的物质语言学——这带给人一种纯粹的快乐，还有马修·基尔申鲍姆（Matthew Kirschenbaum）通过数字取证对计算机语言的硬件进行的深入研究。他将其称为物质解释学[2]。这些文献阅读起来乐趣无穷。

SZ：您又引入了语文学的概念，我觉得这真的很令人兴奋。即使作为一个历史学家和考古学家，您也知道语言学分析是接近事物的最重要工具之一。我感觉您正在扩展语言学的这种潜力，就如这两本书中所表达的一样，因为您试图以同样的语言学精度来研究这些对象和过程，就像文本文件被实际拆开一样。仔细到每一个表达，每一个空间和思想。现在，我们再次把焦点回到观众席上。

康斯坦丁·希德沃斯基：我想就您向我们介绍的这个方法问一些问题。关于本次活动，我想知道：在未来，媒介考古学是否有可能与伦理学相关？如果大家把媒介考古学当作一门学科研究，正如您所做的这样，那么媒介考古学是否涉及伦理学？还是说，我们只对历史有某些客观性

---

1 Jussi Parikka, *What is Media Archaeology?* (Cambridge, MA und Malden 2012).
2 Matthew G. Kirschenbaum, *Mechanisms. New Media and the Forensic Imagination* (Cambridge, MA und London 2012).

要求,而并不需要真正的道德维度?

WE:事实上,道德维度并不是媒介考古学理论的一部分。如果您暂时搁置道德问题,用考古学的冷眼凝视某事,或者用冰冷的耳朵听音乐,即首先关注声学而不是立即关注文化人物,那么您就是在忽视伦理学。这是一种暂停。媒介考古学方法是暂停考虑道德维度,但不是说不需要这个维度。现在相对不受约束地提出问题,这已经成为西方科学理念的一部分。这在政治上当然是高度敏感的,想想奥本海默(Oppenheimer)的原子研究,等等。物理学家一次又一次地被问到他的自由研究的极限在哪里。我支持这种好奇求知,没有偏见的,不会放慢速度的研究的想法。接下来,这些知识会带来什么,那是一个完全不同的问题,责任等因素会是重要的范畴。

SZ:今天,我们只能在暗示中讨论这些东西,但这也是我关于哲学背景的问题的背景,在您的书中,特别是在《时间诗学》和《共同来源》中,您以海德格尔的方式强烈表达了这一观点。还有一些道德方面的影响,引起了人们的共鸣。这就是为什么我要问:列维纳斯和他的时间观念是一种完全不同的观念,但为什么它们没有对媒介考古学思维带来巨大的挑战?这不是那么容易的,因为即使运用扩展解释学,当人们也停留在这些解释学过程中的时候,就会不断地表明立场,而您也是如此。而表明立场也意味着要从道德角度进行争论。我想,这也是问题的背景。紧接着是下一个问题。我们应该使用哪种道德概念?在我印象中,您与物体、过程和机器打交道时,有一种态度真的很好,即一种亲近的态度,接近的态度……

WE:一种尊重的态度……

SZ:……是的,尊重的态度——对您所分析的东西抱有尊重。您试着让它以某种方式与自己相处,让它自己发挥作用。我非常喜欢这种态度,这其中蕴含着一种巨大的道德力量——这就是态度,仅此而已。

WE：是的，可以这样来看待，谢谢。

安德烈亚斯·劳特（Andreas Rauth）：您很好地阐释了"共同来源"这一概念，但我想到一个问题，这个概念并不能适用于所有情况。您是否研究过共同来源的条件，或条件的发展？

WE：我关注的是技术或技术数学条件下产生的共同来源的条件。共同来源有各种形式，但严格处于物理数学关系的可能性条件，是共同来源的一种特殊形式。我在细读中真正理解了"技术"一词：它包含技术，同时也包含其他东西。可以说，物理学的硬件性质就是其中之一，它受制于某些自然法则，而这些法则在本质上是非历史的。现在，科学或知识的历史学家会提出异议，或者认识论者会说，他们对此有另一种看法。但从根本上说，一方面，媒介是站在自然规律一边的，是物理学。但它们作为逻各斯——数学，站在另一套规律上，而这套规律又是高度非历史性的。尽管有各种文化差异，$a^2 + b^2 = c^2$ 仍然成立。在这一点上，我看到了技术数学媒介的主要来源，它们将我带入其他时间关系，带入共同来源的时间关系。至于共同来源的其他形式，我将其留给时间的哲学家，留给美学来研究。我一直对事物的具体性和物质性很着迷，这也是我最终成为媒介科学家或媒介考古学家的原因。当然，也会有一些质疑和反对的声音。我也很感谢各位提出的伦理学概念。而即使我用"共同来源"这个词来形容它，这种质疑、这种具体性，正是我感兴趣的地方。我必须处理技术数学方面的问题，而不是在一个讨论性的、哲学的、模糊的空间里自由地进行讨论。我更愿意把这个问题留给文化科学家或哲学家；在众多的其他学科中，学者们都可以高水平地做到这一点。但正是这种极端具体性与哲学问题、认识论维度的结合，让我对媒介研究感兴趣。因此，我在柏林梦想着，我们目前已经和汉斯·克里斯蒂安·冯·赫尔曼合作，将柏林工业大学、洪堡大学哲学系和艺术大学进行结合。我们目前正在努力以某种形式将几者整合在一起。

渡边真也：我的问题主要是关于时间和哲学，但也与希腊的经济危机有关。最近，我一直在思考约翰·梅纳德·凯恩斯（John Maynard Keynes），第一次世界大战后他活跃在欧洲。原则上，凯恩斯主义是基于艾萨克·牛顿（Isaac Newton）《自然哲学的数学原理》（*Principia*）的哲学，是关于货币和社会的科学。然而，在我看来，凯恩斯主义和基于艾萨克·牛顿原理的经济模型在总体上早已过时。正如恩斯特·马赫（Ernst Mach）所说，即使是"因果关系"也会变成现象。在以供应和需求为基础的经济学领域，对于如何处理这些现象，以克服社会中因果关系的限制，还没有充分的论述。牛顿的理论是基于笛卡尔体系的，甚至列维纳斯的时间概念也是这个体系的延伸，而这个体系本身就是柏拉图主义的一个延伸。然而，我们思考时间的方式更接近巴门尼德（Parmenides）在《爱奥尼亚》（*Ionia*）中所提到的思维概念：时间是连续性的。数字或一般的数学都是公理的延伸。但从公理本身推导的答案会产生同义反复。这似乎是现代性的局限之一。您对此有什么看法吗？

WE：您的问题与我们所知的计算机的起源有关，因为图灵机是对"可开关性问题"的一个回答。我的答案只能是一个动态的答案，与我们的媒介理论为什么偏好皮尔斯的符号学有关，因为它是一个三段式的、程序性的符号学，是一种图表式的解读。它与牛顿的《自然哲学的数学原理》不同，并不强调数学在某种程度上是超越时间的。对于媒介考古学来说，我们感兴趣的是当把数学运用到物理学和现实世界时会发生什么。然后，数学就被及时运用到时间中，我们也需要这样的运用。一个算法本身作为纯数学本身没有什么作用。它必须在真实的硬件中才能发挥作用，具有可操作性。这就是对《自然哲学的数学原理》思想的批判。它是一种程序性的考古学，一种图解性的考古学。

渡边真也：您的理论是否与巴门尼德和他的时间概念有关？

WE：是的，就在操作层面而言，巴门尼德的理论是极其重要的，绝对属于操作性媒体的认识论。为此，我们还需要参考海德格尔的思想，因为他有一些奇怪的表达，如"寻找真理"、不加掩饰——我们在西方技术史上忘记了什么？涉及的正是此类问题。但有趣的是，在高科技和技术数学计算机的时代，我们又开始思考这些问题。也许我们更接近海德格尔的问题，但需要通过媒体来重新发现海德格尔，并阅读他的巴门尼德演讲，包括他关于打字机的著名言论。在他关于巴门尼德的文章中，海德格尔还写了一篇《打字机作为中间媒介》（"Die Schreibmaschine als das Zwischending"）[1]。这不是一个糟糕的文本，海德格尔描述了如果在手和书写之间，有一台机器，一种仪器介入，会发生什么。他描述了一种媒介，尽管他没有使用这个词，但"中间媒介"是一个非常有趣的概念。

许煜（Yuk Hui）：这个问题与您的媒体考古学方法和吉尔伯特·西蒙栋的方法有关。您和西蒙栋分析技术对象的方法的主要区别是什么？西蒙栋对技术的起源这个问题，提出了他的答案：起源来自一个分叉和物化的过程。例如，他把魔术作为反思的起点，然后是宗教、技术对象和其他。如果我理解正确的话，您的方法源于数学的角度，而不是物理学或化学或技术对象的操作，但我认为这种表述方式缺乏对物质性的考虑。当您从数学操作的角度来考虑算法时，您怎么能进入它的过程？这个操作在很多情况下几乎是无法把握的，而且超过了人脑的能力。它只能通过研究物质性和由此形成的技术系统来解释。那么，您怎么能从这个角度来证明您的方法呢？

WE：许多人认为我把当代媒体过多地还原为数学，感谢您的提问，让我有机会修正这一观点。让我们回到您刚才提到的电子，这对于西蒙栋的观点很重要。这里必须参考摩尔定律：即使是对最数字化的媒介，即二进制存储媒介计算机来说，一个电子级别也将是比特存储器的最小

---

[1] Martin Heidegger, Parmenides, in: *Martin Heidegger Gesamtausgabe*, Bd. 54, Abt. 2, Vorlesungen 1923–1944, hg. von Manfred S. Frings (Frankfurt am Main 1982).

单位。突然间，我们惊奇地发现，计算的数学有一个物理上的否决权，一个算法与物理世界有关。可能在我们的有生之年，也可能在您的有生之年，我们将经历这个边界和超越这个边界的东西：量子计算或其他非常脆弱的替代品。这提醒我们，由于电子，我们必须同时思考到物理层面和电子媒体。我想坚持这一点。这不是电子的物质性，因为电子的物质性是一种波形，它是声波。而这一点，与数学相结合，在文化上是一个相当奇怪的组合：数学与电子的物理层面相遇。可能这就是为什么有些人的思想又与早期希腊哲学有关，因为他们想在某种程度上思考这两件事。这些东西在知识的历史中一直被驱动着，至少在西方是这样的。现在，这个问题突然又重新出现。这使我想到一种方法，将物理媒介事件的认识论与数学媒体事件结合起来。

SZ：当然，相信大家还有诸多疑问和评论，但非常可惜，时间不早了。非常感谢沃尔夫冈，谢谢您精彩的讲话。

记录整理：琳娜·迈纳斯

基尔特·洛文克 / GEERT LOVINK

"如果乌托邦存在的话,一定存在于小型的、分布式单元格中。"

14

西格弗里德·齐林斯基(以下简称SZ)
基尔特·洛文克(以下简称GL)

摄影:托尔本·施蒂勒

SZ：很荣幸邀请到基尔特·洛文克作为今晚的嘉宾，我们经过几番努力才确定这个日期，好在最终成功了。洛文克先生，非常感谢您在繁忙的工作中抽出时间参加这次论坛，并与我们一同探讨媒介思维的谱系。我会先用我的方式来介绍您，今晚我们的论坛将围绕您和您的思想展开。

媒介思维和媒介实践之间的联系是我们一系列论坛的重点内容。如果说有谁做到了这一点，那就是基尔特·洛文克。洛文克先生亲历的媒介实践活动对过去至少 25 年间的媒介话语产生了重大影响。他的媒介思维和媒介实践与两种不同类型的活动紧密相连。一方面，他在不同的大陆之间过着漂泊的生活，澳大利亚、荷兰等国家，阿姆斯特丹和柏林以及前东欧皆有他的足迹，这种生活对他个人的学术发展肯定是极为重要的；另一方面，还有一种存在的形式不太相同，听起来有点过时，即社会、文化和政治意义上的运动，如 20 世纪 80 年代初无政府主义和自由市场经济期间的自由主义觉醒。当下又出现了类似于自由主义运动的复兴，尽管往往是在严格的市场经济和保守派的管控下。据我了解到的以及洛文克先生所告知的，他早期的媒介活动大多与新闻相关，并主要刊登在阿姆斯特丹的 *Bluf!* 杂志上。该杂志服务于当时的占屋运动[1]。历史上曾出现这样一种情景：在基尔特经营 *Bluf!*[2] 杂志的同时，许多乐队，例如"倒塌的新建筑""致命的多丽丝"或"Malaria!"乐队也影响着柏林街头。

GL：还有 *Radikal* 杂志[3]。

SZ：当然，除此之外还有 Kebab 电台以及其他非营利性广播电台，我那时也参与了许多。这些电台深刻影响了您后期的媒介研究。也许现在没那么多人知道 Kebab 电台了。彼时，该电台致力于在柏林莫阿比特的大型青年监狱播放广播，我们在柏林工业大学也就这些非营利海盗电

---

1 译者注：20 世纪 70 年代，荷兰城市居住压力严重，阿姆斯特丹几名市民便占领市中心运河旁的闲置豪宅，还设立电台对外沟通，由此揭开一场占屋运动。占屋运动在 80 年代最为汹涌。
2 基尔特·洛文克是阿姆斯特丹 *Bluf!* 周刊的联合创始人，并于 1981—1983 年担任编辑一职。
3 *Radikal* 杂志，不定期出版，1976 年在西柏林创办，由左翼团体和共产小组交替运营，2012 年停刊。

台[1]进行了多次讨论。

据我所知,您和巴斯扬·范·斯塔姆(Basjan van Stam)在20世纪80年代共同出版了第一本书《图像帝国》[2](*Empire of Images*,1985)。在这部著作中,你们试图将三部电影《德州巴黎》(*Paris, Texas*)、《浩劫后》(*The Day After*)和《太空先锋》(*The Right Stuff*)中的媒介话语解读为辐射焦虑和帝国欲望——至少我是这样理解并翻译副标题的。这非常有趣,因为在80年代,这种有关电影媒介的早期解读方法并不完全是个例,例如斯拉沃热·齐泽克早些年对希区柯克的研究。可见当时也有一些人在做类似的事情。

您与巴斯扬·范·斯塔姆一起成立了Bilwet协会(荷兰语Bevordering van de illegalen wetenschap的缩写),意为"促进非法科学"[3]。这可能有点冒犯,但我认为Bilwet介于法国*Tiqqun*杂志与德国*Telepolis*杂志之间。1993年,Bilwet出版了杂志《数据开拓者:关于媒介、新时代和技术文化》(*Der Datendandy. Medien, New Age und Technokultur*)[4],这在德国媒体界也引起了极大关注。

我正是通过这本杂志认识了基尔特·洛文克。我们现在看到的是这本杂志1994年夏季刊的封面,封面中间贴着一张"知觉之门(Doors of Perception)"[5]的光盘。这是20世纪90年代在阿姆斯特丹举办的一个传奇活动,几乎汇聚了当时新媒体领域的所有重要人物。雷姆·库哈斯(Rem Kohlhaas)及许多其他人在活动初始就参会了。《媒介技术》杂志

---

1 译者注:"海盗电台"指的是无执照的非商业广播电台。

2 Agentur Bilwet, *Empire of Images* (Amsterdam, 1985).

3 Bilwet协会由基尔特·洛文克和巴斯扬·范·斯塔姆于1983年创立;同年成立了Adlinko,即促进非法知识基金会。

4 Agentur Bilwet, *Der Datendandy. Medien, New Age und Technokultur* (Mannheim, 1994).

5 "知觉之门"——关于交互性、信息和通信技术以及经济与文化相互关系的会议(1993年10月30日—31日),由荷兰设计学院和Mediamatic艺术中心组织,会议内容以光盘形式出版:知觉之门("知觉之门"加引号)第一期(阿姆斯特丹,1994年)。后续几年也召开了会议。

(*Mediamatic*)[1]也非常重要。它较早地尝试了用当时媒体的审美手段来制作杂志——当然要符合相应的主题。作为编辑,洛文克先生主要负责媒介理论,特别是德国媒介理论。除此之外,他还介绍了维尔纳·昆泽尔(Werner Künzel)和彼得·贝克斯特(Peter Bexte)有关巴洛克时期的计算机研究[2]。当时只有少数人读过这些自费出版的书。从现在看 *Mediamatic* 的描述和自我定位,它更像是信息时代的艺术和新型技术的规划书:"我们探索新型技术可以给艺术、设计和社会带来怎样的可能性和挑战。欢迎各位的加入。"[3]这些句子我们今天随处可见,在每一面墙上、每一份报纸上或是在每一份工作描述中。

在 *Mediamatic* 的早期,洛文克先生还参与了阿姆斯特丹数字城市——DDS[4]的创建,并发挥了关键作用,这也使得他成为数字网络政治和文化构成的思想领袖,在国际上享有声誉。随后,"数字城市"在ISEA(国际电子艺术研讨会)、奥地利电子艺术节和其他许多地方曾多次亮相。

1995年,我和洛文克先生在"Interface 3"[5]项目中共事过几个星期,这份工作非常有趣。当时,借助汉堡参议院的资助,我们试图在早期阶段就对刚出现不久的互联网进行总结。该任务被我们称为"不稳定的秩序",这很贴切,不是吗?它分为三大子群:"思考网络""颠覆艺术"和"约束",这就是这次讨论的三个高峰。聚集在这里的人都是相当有冒险精神的:首先是泰德·尼尔森,他是超文本的发明者之一;还有兰伯特·威尔森(Lambert Wilson),我对他的出现仍记忆犹新;来自加拿大

---

1 媒介技术中心出版的同名杂志(阿姆斯特丹,1985—1999年)。
2 Werner Künzel, Peter Bexte, *Gottfried Wilhelm Leibniz – Barock-Projekte. Maschinenwelt und Netzwerk im 17. Jahrhundert* (Berlin, 1990).
3 *Mediamatic* 网站首页标题。
4 译者注:1994年,阿姆斯特丹提出数字城市概念项目,"De Digitale Stad"。
5 „Interface 3—Labile Ordnungen: Netze denken, Kunst verkehren, Verbindlichkeiten", Hamburg, 1.–12. November 1995.

的明星亚瑟·克罗克（Arthur Kroker）和玛丽露丝·克罗克（Marilouise Kroker），现在几乎没人认识他们，但他们1994年在互联网上创建了第一本理论杂志《C理论》（*C Theory*）[1]。阿鲁克奎尔·罗珊·斯通（Allucquére Rosanne Stone）同样令人难忘，当她还是个男人时，是吉米·亨德里克斯的道路工程师，后来在得克萨斯州做教授。她在寒冷的汉堡有过一次演出，其中她谈到了"电话性爱"，并用手指模拟了"数字手淫"。汉堡人民被她和她的手指吓坏了，这对北方的男人们来说着实是一场文化灾难。

"Interface 3"项目自1995年11月开始。1996年夏天，在威尼斯双年展期间，传奇性的邮件列表nettime[2]诞生了。在所有这些活动中，洛文克先生成为一名活跃的战略媒介的先驱者，举世闻名。除了参与20世纪90年代中期的"未来5分钟"媒介节[3]以及在鹿特丹举办的荷兰电子艺术节[4]，他甚至在阿姆斯特丹有了属于自己的节日，即重新探索艺术、技术和政治之间的空间。我还带着一张这样的海报——这种黄黑色在当时某些活动中具有象征意义。例如，知识机器研究小组在他们2000年的项目"Crack It！"中使用了这些颜色。还有四本非常重要的书，它们进一步加强了洛文克先生的影响，并且在德国也广受讨论。这四本书分别是2002年出版的《暗光纤：批判的互联网文化的痕迹》（*Dark Fiber. Auf den Spuren einer kritischen Internetkultur*）[5]和《怪而熟悉的网络》（*Uncanny Networks*）[6]，2007年的《零评论》（*Zero Comments*）[7]和2012年的《没有原

---

[1] *CTheory*, hg. von Arthur, Marilouise Kroker（1996-heute）.

[2] 邮件列表nettime，由皮特·舒尔茨和基尔特·洛文克于1995年发起；网站：www.nettime.org.

[3] „next 5 minutes — festival of tactical media", Amsterdam, 8.–10.01.1993.

[4] 鹿特丹"荷兰电子艺术节"（DEAF），由不稳定媒介V2研究所组织，成立于1987年，名为"不稳定媒介的表现"，1994年更名为DEAF，至今每两年举办一次。

[5] Geert Lovink, *Dark Fiber. Auf den Spuren einer kritischen Internetkultur* (Bonn, 2003).

[6] Geert Lovink, *Uncanny Networks. Dialogues with the Virtual Intelligentsia*, Interview-Band(Cambridge, MA, 2002).

[7] Geert Lovink, *Zero Comments: Elemente einer kritischen Internetkultur* (Bielefeld, 2008).

因的网络》(*Networks without a Cause*)[1]。

GL：我已经可以预告这个系列的第五本书了。

SZ：在此期间，网络文化研究所在阿姆斯特丹成立，开设了自己的硕士课程。该研究所的活动、出版物在网络上都有存档记录。在过去的四至五年中，我们两人也都在萨斯费的欧洲研究生院任教。

介绍结束，现在可以开始讨论了。我先问一个简单的问题，它背后隐藏着很多东西。杰伦·拉尼尔（Jaron Lanier）将在10月获得德国书业和平奖。您对此有什么看法？

GL：这是个错误。他从不认为自己是一个作家，当然他也不是一个作家。对他稍微有一点了解的人都知道他特别喜欢先锋派音乐。我相信他在法兰克福的领奖台上也会表演，这是他首先要做的事情。奇怪的是，他陷入了一个死胡同，我不认为这是他计划中的。

SZ：我也是。

GL：在20世纪80年代，他作为"虚拟现实之父"而闻名，在该领域他取得了很多成就，也做了很多贡献。从那时起，他一直在硅谷工作。实际上，他只是对维基百科有某种不安，并向纽约的出版社人士表达了这种不安。众所周知，维基百科是世界上前100个访问量最大的网站中唯一非商业性质的网站。这里面有各种各样的问题，他就是这样开始的。

SZ：一位来自美国西海岸的虚拟现实研究者与微软公司签订了合同，他是比较富有的中产阶级，很有可能成为一项更伟大的奖项——诺贝尔和平奖的得主。他就是爱德华·斯诺登（Edward Snowden），被英雄式地颂扬为远程网络机构的破坏者。您觉得他会获得诺贝尔和平奖吗？

GL：可能性太低了。我的回答是不可能。

SZ：好吧，我们暂且不谈这个。这背后的问题有点复杂，而且我在

---

[1] Geert Lovink, *Networks without a Cause. A Critique of Social Media* (Cambridge, 2011).

一开始就提出来了。对我来说，这将是我们在对话中围绕的核心问题：如何提供一个可以对超工业化的远程通信关系结构进行批评的立足点？这个问题隐藏在针对拉尼尔的琐屑的质疑背后，因为至少德国人对他的态度发生了180°大翻转。拉尼尔以前在建立这些通信关系中发挥了重要作用，成了一名批评家。我们对他的这个形象相当了解。但是关于批评的立足点是一个严肃的问题，在我看来，它应该是一个严肃的问题，而不是浅层的讨论。是否有可能找到一个立足点，使得对互联网的批判兼具可能性和必要性？这个立足点又是什么？这些可以提出批评的表述都很相似吗？

GL：是这样的。当然会有人说，我和皮特·舒尔茨（Pit Schultz）在1994年共同提出的"网络批评"这一概念有些过度或者说是过时。为什么要批评？为什么不干脆是一种理论？之所以提出这个概念，是因为我们发现当时的批评过于概念化，呈现出一种流于表面、浮于形式的理论研究。德勒兹和加塔利提出，精神分裂症的两极为生产性和非生产性。如果社会保持生产性，人们可以进行大量的想象。概念接二连三地产生并存在关联，有史实、有例证、有片段、有流程。这就是德勒兹和加塔利的描述。但也有相反的一面。20世纪90年代中期，我们看到生产性的这一极已不再与客体恰当地联系。因此，理论几乎不再与我们面对的实际情况有关。在我看来，批评这一概念与法兰克福学派的关系不大。

SZ：法兰克福学派并不拥有批评这个概念的专利权。

GL：不，批评对我们来说很重要，因为我们的出发点是：人们无论如何都会参与进来，并与彼此保持距离。在法兰克福学派的理解中，人们并不参与进来，而是个局外人。这在网络世界并不成立，要么身处其中并进一步发展，要么根本不参与其中。从这个意义上说，网络外部的映射是不可能的，在外部能说什么呢？同时，批评是呼吁我们发展各自的批评性概念，这些概念基于事实理解以及我们每天的体验。用今天的话来说：如果你不是这些社交网络的一分子，就不可能研究像脸书和推特这样的社交媒体。

SZ：很好，但我们先不要太早地转向社交媒体，我首先对这些想法的发展历程感兴趣。批评时差异的产生是很重要的一点。批评从词源上可理解为"创造危机"，即一种差异，也与一个人所处的位置和所做的事情有关。我们可以试着更准确地理解这一点。您在许多文章中，尤其是1997年出版的《网络批评：关于互联网辩论的材料》(*Netzkritik. Materialien zur Internet-Debatte*)[1]一书中谈及"网络批评的事实"。我想从政治经济的角度更详细地准确了解这个"事实"。这一事实不能完全等同于网络批评或对网络的批评，不然就会进入一个无尽的循环，即您在书中所说的"空循环"。如果我只批评我个人所处的或活动的空间，那就是一个无休止的自我指责。您曾在一篇文章中以博客文化为例，用虚无主义这一适当指称描述了这种自我指责[2]。您是怎么理解网络批评的事实的？这一事实是什么，或者说它曾经是什么？

GL：它指的是"技术理解"，包括美学。亚历山大·加洛韦（Alexander Galloway）的书《协议——权力下放之后控制如何存在》(*Protocol. How Control Exists after Decentralization*)[3]就是一个很好的例子。加洛韦试图在书中解释"协议"这一概念。"协议"在互联网中很重要，因为从狭义上讲，互联网是协议的集合。当然，从批判的角度来看，我们可以引用理查德·巴布鲁克（Richard Barbrook）和安迪·卡梅隆（Andy Cameron）的例子，他们早在1995年就在《加州意识形态》(*The Californian Ideology*)[4]一书中指出了这些技术自由元素。可以看出，先前

---

1 Geert Lovink, Pit Schultz（Hg.），*Netzkritik. Materialien zur Internet-Debatte* (Mannheim, 1997).
2 Geert Lovink, *Zero Comments* (London und New York, 2008).
3 Alexander Galloway, *Protocol. How Control Exists after Decentralization* (Cambridge, MA, 2006).
4 Richard Barbrook, Andy Cameron, The Californian Ideology. *Mute 3/1* (1995).

学者们提出并写下的许多内容在当下仍然适用。对我来说，这些都是我在文章中使用的具体例子，用来描述有关博客和自我理解的批评理论。今天，人们也许会写关于自我的文章，并从技术元素在自我表现中发挥作用的角度来分析这一现象，一个网络化和技术化的自我。

SZ：如果我理解正确的话，这些例子都来自网络实践本身。这也是我一直坚持在问的，您对网络批评的事实是怎么理解的。如果我想对某事建立一个批判性的、差异化的立场，我必然需要——如您自己所说——一个有距离的立场。我必须创造这种距离。您所举的例子从广义上说都来自网络实践。难道网络批评是一种内部批评吗？或者说批评并不能在这个通信系统之外运行？

GL：我总是喜欢把网络批评的事实与基本的事物进行比较，例如书籍的世界。正如古登堡世界也发明了书评、戏剧在与戏剧批评的关系中蓬勃发展一样，我相信互联网、网络和新媒体总体上也需要类似的东西。此外，我们生活在一个广告、公关和市场营销具有巨大意义的时代。这在学术界也很明显，特别是在社会科学领域。几乎没有人尝试去理解公关的影响，更不用说摆脱它们了。

SZ：万变不离其宗，我将以各种不同的方式不断回到这个问题上。这次是从另外一个方面重新表达，从同时考虑到邮件列表nettime和之后的"战术媒介"时代的方式：最佳意义上的自由主义反公众。一个非常紧迫的问题是：如果不想称这个伟大的概念为"乌托邦"的话，那么什么是乌托邦的，或者至少是有吸引力的？自由主义反公众想法的吸引力在哪里？如果——我是说如果——反公众在反抗的公共领域本身已经成为一种虚构的东西，那么还有什么吸引人呢？换一种说法：自由主义团体或个人不断发现远程通信的弱点和矛盾并与之斗争，已建成的远程通信设备据此不断成长并取得成功后，会发生什么？您在批评理论中总是强调，我们正在做的事情不是为了永恒，而是要与当下相关的和有意义的。这种快速及时的反应是很重要的一点吗？

GL：是的，活跃的网络、活跃的大众通信是非常重要的。此处应设立一个目标，例如我目前与内德·洛塞特（Ned Rossiter）一起研究的"有组织的网络"[1]。为了应对受限的大型网络，我们主张建立小型、分散的网络单元。

SZ：像红细胞一样。

GL：如果乌托邦存在的话，一定存在于小型、分布式的单元格中。我一次又一次地体会到，这是创造社会运动的唯一途径，只有这样，我们才能谈及整个社会的变革。

SZ：我想明确一下"有组织的网络"这一概念，它在英文里叫作"organized networks"。想想我们20世纪90年代初就熟知的合作软件项目，这些项目旨在发展可管理的合作，发展由志同道合者或有类似兴趣的人（如建筑师、城市规划师等）组成的可管理网络。知识机器研究小组就是这样的项目。问题是，有组织的网络与90年代的合作理念有何不同？20年过去了，网络模式本身已经成为重要的经济模式之一，甚至可以说成了一种主导模式。如果我们不只是想浪漫地称其为"红细胞"模式的复兴，那么您所提出的"有组织的网络"有什么特别之处吗？

GL：是的，区别在于是否在现实空间中碰面。可以说它有某些怀旧的因素，但也必须看到，随着90年代中后期"虚拟社区"或"数字城市"等术语的商业化，在社交媒体上碰面的可能性——无论是虚拟还是现实——已经没有了。像脸书这样的社交网络现在主要是用来和朋友聊天和不停地更新动态："我正在做这个！我刚刚看到它了！快来看！"，等等。这与有目的性的讨论毫无关系，更不用说组织了。这不是阴谋论，

---

[1] 参见：Ned Rossiter, *Organized Networks. Media Theory, Creative Labour, New Institutions*(Rotterdam, 2006).

但今天的网络确实完全不适合用来组织。

SZ： 我的问题是，这些分散单元产生的标准是什么？大型论坛的组织标准是什么？我们可以通过信息资本主义及其现状来理解它吗？主要标准是什么？

GL： 时间和空间！时间让我们有机会相互了解并建立约束。空间也很重要。它不能太大。如果想要正确地构建网络，必须尽量将人数控制在150人以内，最大上限值约是500人。当脸书的成员达到500人时，它要么解体，要么分裂成多个单元。这并没有发生，因为在网络公司的逻辑中，只有数字不停地增长才能真正获得利润。但网络组织逻辑与此完全相悖。人们一次又一次地体验这种分散的经历，也可以称得上是浪漫。

SZ： 如果能够明确如何将这150人或500人从总数中摘取出来并赋予某种特性，那就不浪漫了。这500人会阅读同一本德语的理论书吗？如果是这样，这大约是这些书现在的发行量。这个标准是什么样的？是政治标准，还是社会标准？回答这个问题对于在实质上确定一个有组织的网络如何在分散的单元中运作非常重要。这又回到了这个紧迫的问题：批评的参考点是什么。是否存在这样一种社会或文化模式，它不是由网络定义的，而是由网络之外的某种利益定义的？

GL： 我所指的网络是活跃的网络。这些网络已经存在，部分会一直存在。我相信，这些活跃的网络是技术影响下的社会经验。今天的社会问题与一百年前完全不同。在今天，如何塑造一个社会也是一个技术问题。我喜欢把它比作吸尘器。我们不会一直谈论吸尘器的构造，我们使用它时，它做得很好，就够了。它就摆在那里，但我们不会与来自世界各地的人们讨论协议或吸尘器构造的变化。

SZ： 奥托·罗斯勒是我们下周的嘉宾，他使用过一个稍显复杂的比喻，在我看来，这个比喻非常贴合我们正在讨论的问题。他用"水中的鱼"这一喻体回答了我的问题。奥托·罗斯勒说，意识就像鱼生存的水域。我们在意识中游泳时，不可能走出意识去从外面观察它。

GL：在社会生活中也是同样的情况吗？

SZ：这就是我的问题！您总是把网络定义为一种社会生活。

GL：因为这是一种主流认知。我们真的生活在一个网络化的社会中吗？曼纽尔·卡斯特尔（Manuel Castells）就这个问题发表了许多文章[1]。在我们的社会中，网络是社会组织的主导模式，这种说法正确吗？

SZ：如果让我回答的话，我不同意这个观点。

GL：如果观察一下现在的年轻人，就会发现网络正在成为社会组织的主导模式。也许在我们管理的制度世界里情况并非如此，因为这完全是另一个问题。

SZ：请允许我稍微打断一下您，我想明确一下在我的立场中的重点。居伊·德波早期在《景观社会》[2]中研究过远程通信的关系。书中有一个相当精彩且强烈的论点："将观众联系起来的只是与中心本身的不可逆转的关系，这保持了观众的独立性。景观将分离的东西统一起来，但它们仍是分离的个体。"[3]这种分离和联系的辩证关系在我们对网络的不同理解中起着重要作用。技术网络的发明是为了弥合分离和距离，或者说是均衡它们。但这并不意味着距离不复存在。恰恰相反，远程网络越强大，技术所要弥合的距离也就越远。而这反过来又造成了一种对立，可以理解为一种社会对立。

GL：是的，但对于德波来说，有一种生活可以超越景观。这对我们也是一个重要问题：网络之外还有生活吗？比如说，是否存在不受技术影响的社会生活？很多人会说，这不存在。那么德波的言论虽然非常具

---

[1] 详见 Manuel Castells, *Das Informationszeitalter*, drei Bände (Opladen, 2001, 2002, 2003); im Original *The Information Age*, drei Bände (1996, 1997, 1998).

[2] Guy Debord, *Die Gesellschaft des Spektakels* (Hamburg, 1978); im Original *La Société du Spectacle* (Paris, 1967).

[3] 同上，第6页。

有吸引力，但却是不可能发生的。我想，今天的网络一代再也无法体验德波所看到的革命的可能性。然而，在网络中存在着一场有关通信条件的大型的、活跃的，有时甚至是英勇的辩论。

SZ：正如我从一开始指出的，这是一个核心问题。在这个问题上，人们有各式各样的观点。以我过去几十年积累的媒介认知的经验，我假设存在某个他者，他生活在互联网之外，并且有意识地避免参与网络。然而，这不能与反媒介的态度相混淆……

GL：或者说是反技术的态度。

SZ：这是对技术的另一种理解，尤其是对远程通信技术。稍后我们可以与在场的听众再来讨论这个问题。

在这之前，我想补充另一个重要方面：您和列夫·马诺维奇（Lev Manovich）在近几年越来越多地呼吁通过代码和编程来进行媒介理论研究。马诺维奇撰写了《软件掌管一切》（*Software Takes Command*）[1]，在我看来是一本相当自命不凡，也不聪明的书。您已经提到了有关网络协议的例子。在艺术大学里到处都是试图通过代码和数字来塑造、理解和改变世界的项目，我们每天都被这些项目所包围并参与其中。请再向我们解释一下，这是一种什么样的媒介理论。一个已经代码化，更确切地说，正在经历代码化的媒介理论是什么样的呢？

GL：首先必须弄清界面和程序之间的辩证关系。我们必须避免技术决定论，该理论认为界面只用来吸引眼球，是毫无意义的衍生品。最大的反例就是这些研究人员，他们深入研究了脸书，分析界面中哪些微小的变化会对每天使用脸书的数十亿人产生影响。用户界面的策略已变得更加重要。

SZ：现在世界上有多少人会编程？

1　Lev Manovich, *Software Takes Command* (New York, 2013).

GL：（只）有数十万人。

SZ：这其中有多少人能够专业地编写代码？

GL：并不多。

SZ：全世界范围内？

GL：主要是在西欧和美国……

SZ：但是现在已经有满是程序员的工厂了！

GL：不。如果真的有程序员工厂，那可能是在印度。然而工厂中大部分人主要做服务工作，并不会编程。我甚至可以说，会写代码的人非常少，因为大学里学计算机的人数并没有增加，德国大学也是一样。在过去5年里，甚至略有下降。越来越多的人使用固定的程序、格式，即所谓的模板，可称之为"模板文化（template culture）"。这些人几乎接触不到代码，或是根本没有学过。而这正是问题所在：近几十年来，对代码有所了解的人逐渐减少。这在人文社科中也有所体现。在基特勒的作品中也可以发现这个问题，但这并不止步于基特勒。

SZ：确实如此。但我还是想知道，"理论必须代码化"具体是什么含义？我在媒介领域工作已有25年了，身边的信息学家承诺说，他们能够开发出一种完全不同的计算机科学，有极大可能编写出无政府主义的算法。这都是我们25年来听到的胡话。代码化的理论是一种什么样的形式？您知道，格奥尔格·特罗格曼（Georg Trogemann）25年来始终认为算法的复杂性可以媲美非常复杂的艺术作品。但我仍在等待。

GL：诺言并不能兑现。

SZ：理论必须通过算法和代码来实现到底是什么意思？这个理论的特性又是什么？这些就是我想了解的。或者说，是不是恰恰相反：因为程序员活跃在艺术大学里，他们坐在大厅中，从哲学、非编程和非代码中获得灵感，这样他们就可以在编程中尽可能地发挥创造力？这也是一种选择。

GL：首先，您是对的，它始终是一个承诺，并没有成真。我想举两个例子。第一个例子，是正在纽约读博的年轻人斯图尔特·盖格（Stuart Geiger）。几年前我与他相识，他用布鲁诺·拉图尔的行为者网络理论描述并解释了维基百科中自主编辑机器人的作用。维基百科中40%的任务是由这些机器人完成的。维基的工作人员编写出机器人，用来纠正用户在维基百科中输入的（错误）内容。这些机器人会转换逗号、识别拼写错误，也会指出失效的链接。因此，维基百科中40%的活动是机器活动。这是第一个例子。我们可以尝试研究这些机器人的策略是什么，其中投射了怎样的价值观。第二个例子是如今关于比特币的热烈辩论。目前这一辩论尚可掌控，我们完全可以与开发人员交谈并询问：你们创造比特币的出发点是什么？用户可以拥有什么样的价值和自由？我两天前刚参加了这样一个活动。真正关于比特币架构的战斗才刚刚开始。

SZ：在场的许多嘉宾几乎每天都与您的文章打交道，他们一定想与您谈谈。在此之前，我还想提一个重要的、总结性的概念——战术媒介（tactical media）。这个概念主要源自米歇尔·德塞都（Michel de Certeau），并贯穿您过去15到20年的工作。你们将"战术媒介"视为一种纲领，它与"事件"的概念密切相关，而"事件哲学"是巴迪欧和朗西埃哲学的重要思想。在德塞都的基础上，我想再与您讨论一下战术的理念。战术是否仍然至关重要？您认为它现在还有意义吗？这个问题还有一个理论背景。我有点惊讶的是，当我们谈论事件、战术等概念时，伟大的学术思想传统却被完全忽略了，比如说早期曾经作出了卓越的贡献的文化研究。例如斯图亚特·霍尔和理查德·霍加特。这也是为什么德塞都《实践的艺术》（*Kunst des Handelns*）[1]一书让你们如此兴奋。1957年，霍加特在其著作中写到，书不仅是用来读的，而且还可以用来稳定桌子[2]。这样一

1　Michel de Certeau, *Kunst des Handelns*(Berlin, 1988).
2　Richard Hoggart, *The Uses of Literay. Aspects of Working Class Life* (London, 1957).

来，人们就和书这样的文化商品建立了完全不同的关系，开辟了一个完全不同于文化的相互关系。雷蒙·威廉斯在此基础上进行了研究。我曾有幸见到斯图亚特·霍尔，他总是把他有关媒介和文化的讲座变成一个事件，几乎是唱着演讲的。在伦敦开放大学建立之前，他就是一直在这样实践。我很惊讶，这一点竟然被忽略了。事件是什么样的？它对您来说一直很重要吗？还是它又重新变得重要了？

GL：如果人们不知道"战术媒介"是为了应对某些在20世纪90年代就失效的模式而开发的，就无法真正理解它。自主现实、反公众和自主媒介的模式主要是为了建立内部亚文化的反文化通信。然而，自90年代以来，我们不再能根据传统参考点识别这些场景或运动。不是因为这些运动不存在了，而是因为它们会悄悄溜走。它们出现时，我们成为这些运动的一部分，然后它们又消失了。我目睹了这种政治斗争的加速，我不能说这是好事或正确的。当然，我们可以谈论周五的一场大型社会运动，周六的大规模骚乱和节日庆祝，而在周日这些就又消失了。周一又重回工作岗位了……

SZ：但问题是，它到底是不是一场社会运动。

GL：确实会有这样的问题。但最关键的是，人们越来越多地看到这种反抗的特征正在增加，事件——如果一定要用这个词——正在变得越来越小。事件变得深度媒介化，可以通过模因[1]在现场复制。"战术媒介"这个概念是为了表明我们又在试图建立新的联系。这意味着，我们不仅要在自己的领域内工作，还要以多学科的方式工作，并将社交领域的各个社区聚集在一起。这就是战术媒介的方案。

SZ：您现在还在使用"战术媒介"的概念吗？

---

[1] 译者注：模因（德语——memes；英语——meme），又译媒因、觅母、米姆、弥、文化基因等。目前比较公认的定义是通过模仿在人与人之间传播的思想、行为或风格，通常是为了传达模因所代表的特定现象、主题或意义。这个词是在1976年，由理查·道金斯在《自私的基因》一书中所创造，将文化传承的过程，类比成做生物学中的演化繁殖规则（有共同先祖、随着环境改变进化、优胜劣汰等）。

GL：是的，我的意思是，我们有过"愤怒者运动"、占领华尔街和"阿拉伯之春"。2011年是非常重要的一年，发生了许多事。明天又可以重新开始。

SZ：洛文克先生已经准备好迎接明天了！

GL：[笑]确实。

SZ：这才是最重要的。在整理和阅读您最近的文章时，您对例如尤金·萨克（Eugene Thacker）、麦肯齐·沃克（McKenzie Wark）和亚历山大·加洛韦的《超传播》（*Excommunication*）[1]一书的严厉批评，您对集体主语的坚持让我印象深刻。在Bilwet协会的早期刊物中，你们经常使用中性主语"人们"。而现在越来越多地出现"我们"这一表述……

GL：再一次……

SZ：再一次，极大可能是在运动时期。坦率地说，您的部分做法像是"警告者"，又像是传教士，正如您让人看到的那样。"我们需要发展关于如何摧毁无人机的异见知识……"[2]。我对"我们需要"的理论含义感兴趣。至少在我看来，鲍里斯·格罗伊斯有一本充满智慧的书，即《反哲学》[3]。格罗伊斯认为，反哲学的一个本质特征是命令性，也是教育性，例如马克思主义哲学中的历史辩证唯物主义就有这种特征。命令和指令实际上与哲学和理论相矛盾，并且是对抗性的。那么，这种要求和命令的形式不就是一种反理论吗？因为它类似于行动指令。

GL：我相信，我所做的、描述和分析的以及部分批评的内容可以与战略思考区分开。我一直在做这两件事。我认为完全可以将二者视为文学体裁，我也有能力将它们区分开。但显然，总是有一些思考，它们来自社会现实和社会讨论。例如这个问题：维基解密的下一步是什么？成

---

1 Alexander Galloway, Eugene Thacker, McKenzie Wark, *Excommunication. Three Inquiries in Media and Mediation* (Chicago, 2013).

2 Geert Lovink, Hermes on the Hudson: Notes on Media Theory after Snowden. *e-flux*(2014).

3 Boris Groys, *Einführung in die Anti-Philosophie* (München, 2009).

千上万的人关心这个问题，因为这对他们来说意义重大。不是因为他们认识朱利安·阿桑奇（Julian Assange）本人，而是因为他们看到某些价值观受到威胁，同时，创造新的公共领域，其前提是要创造一个共同的文化。曼宁（Manning）和斯诺登就展示了这一点：我们是一个群体，我们有很多人。如果你加入了混沌计算机俱乐部或共和国，你就是其中的一分子。许多人都积极参与其中。他们关心网络架构的未来，因为他们相信权力和代表可以重新协商，这不仅仅是抽象的民主价值观，技术层面也是如此。如果这些战略思考具有命令的特征……

SZ：我主要关注的是与之相关的问题即主语（这里指集体主语）——"我们"，这其中包含一种道德要求。"我在这里不是为自己说话，而是为一大群人说话"，这里指的是混沌计算机俱乐部的许多人。但是，数量多并不能证明与之相关的其他人也有同种特质。让我们想一想像乔治·巴塔耶这样的人，我始终对他哲学家的身份抱有很高的敬意。巴塔耶在思考时冒着风险，但绝不妥协。他思考问题的方式不被其他人采用，但完全可以成为他自己思维的支撑。

GL：这种迹象也出现在我的作品中。我写过一些文章，但很多人说我想得太远，犯了错误，或者他们不理解，比如我对媒介艺术的批评。这对我来说也很尴尬。我的妻子是一位媒介艺术家，我们几十年来一直深入探讨媒介艺术的问题。对媒介艺术提出批评，这很伤人，也会使人不受欢迎。

SZ：确实是这样的。也许想法太激进了，但你们在20世纪90年代初提出的"开拓者"的社会形象，在当时产生了巨大的影响。该模式也被用于应对网络和媒介的问题。这种理念仍然有效吗？

GL：不，因为社交媒体已经结束了这种独自冲浪。如果"开拓者"今天仍然存在，那么它存在于社会领域，存在于脸书等社交媒体内的技术社会领域。但我们想象中的数据开拓者要狂野得多，他不想把自己局限在这些"世界花园"里,像英文里所命名的那样。

SZ:令我有点惊讶的是,您总是会使用一些前卫的术语,而我却不敢使用。我从来没有使用过"社交媒体"这个词,而是一直在尝试描述它。"社交媒体"这个概念是其他人提出的,而不是由您或那些目前正在从事网络批评的人提出来的……

GL:好吧,但是我们生活在社交媒体的时代……

SZ:我很好奇您为什么使用这些术语。您之前还谈到了"阿拉伯之春"。这些表述并不是"来自我们"的话语……

GL:我们都知道埃及发生的事情完全偏移了正轨,但是那里仍然存在这种革命的冲动……

SZ:但您为什么还是要使用这些术语呢?您为什么使用"阿拉伯之春"这个词?它是一个在特定话语框架内使用的术语,不是来自您,而是来自其他人。

GL:确实不是来自我,但我们可以谈论当时埃及的局势是否是通过脸书和推特组织的。街道上发生了很多事,也有很大的潜力。对我来说,互联网和新媒体的使用显然发挥了重要作用。后来情况完全发生了偏移,这是一个苦涩的故事,我们在未来几十年里也将面临这个问题。

对我来说,社交媒体是网络发展的下一步,就像20世纪90年代末被正确地称为"网站狂热"的阶段。接着出现了崩溃,然后在初始阶段尝试通过博客圈等进行重建。这反过来又导致所谓的互联网2.0达到顶峰。结果,互联网2.0被淘汰了,留下了少数优秀的玩家。这就是我们目前所处的阶段——社交媒体阶段。在互联网2.0中存在的潜力已经消失了很大一部分。

SZ:但这意味着您只能在外部使用该术语,因为它目前是"运动的"。您不是将它看作定性术语吗?

GL:不,绝对不是。使用互联网时总会有这样一个问题:"我们目前在哪里？"我们现在处于后斯诺登时代。

SZ：您是阿姆斯特丹网络文化研究所的所长，我们希望研究所的研究和教学工作能够继续下去。您能否暗示或概述一下未来几年您在这个研究所的前景？该研究所的主要研究领域是什么？我想你们主要关心的不是为所谓的信息社会提供轻便的设计，而是将完全不同的想法与之联系在一起——至少我们可以从您已出版的书中得出这样的结论。您认为未来处理网络问题的关键是什么？

GL：过去几年，我们一直在与平台进行大量合作。学术意义上这被称为软件研究，但严格来说，我们并没有真正实践。所以我自己不使用这个词，但我会关注做这份工作的人。这在一定程度上也适用于平台研究的相关概念。我们十分关注在线视频的美学，即 YouTube 以及维基百科的策略。近年来，在斯诺登之前，我们一直密切关注这样一个问题：能否出现社交媒体平台的替代品。换句话说，除了脸书之外，我们可以想到其他的社交方式吗？它应该是什么样的？今天晚上我们也谈到了这个问题。斯诺登之后，隐私、密码和加密的问题变得更加重要。加密问题是一个老问题，很难从艺术或理论方面解决。但它的确存在，忽视它并不明智。

但另一个问题对我们来说其实更重要：艺术、设计以及互联网从事内容相关工作的人的商业模式问题。我们应该如何继续众筹和发行比特币，我们如何才能摆脱现有的免费文化？

SZ：这还涉及可替代的经济模式。在我们这次对话之前，我当时厚着脸皮将通信狂和购物狂联系起来，进行类比。因为我始终认为，这二者在未来都会对网络提供实质性的支持，即使这一点还没有那么强烈地显现出来。洛文克先生反驳我说，问题不在于人们是否购买，而在于不在网上购买。至少是买得太少了，例如从艺术家和提供优质产品的人那里买得不多。在这样一个机构内处理特定的社会委托任务，这无疑是一个重要方面。毫无讽刺地说，然后人们不可避免必须研究这种建设性的经济模式。

我们的观众有问题吗？

柳德米拉·沃罗帕伊：我的第一个问题有关您对新媒体艺术的批评。我想知道大家对这一批评有何看法。我觉得您的批评非常老练、恰当和正确。您如何看待媒体艺术界这种负面反应？

第二个问题则与此无关。我比较好奇"后斯诺登阶段"这个概念。在不改变其原则的情况下，这个阶段能够走多远？"它什么都没有改变！"一些人对斯诺登提出了质疑。我们现在偶尔发送加密的电子邮件也没有改变什么。问题是，这到底只是一场茶杯中的风暴，还是说对整个基础设施、网络架构和我们的通信产生了深远的影响？

GL：首先，我想说的是，在金融危机之后，荷兰大幅削减了文化领域的预算，对新媒体部门尤其如此，同时还有戏剧部门。由于新媒体艺术部门是一个相对较小的部门，可以想象，预算削减后这个文化部门几乎不剩什么了。各大视觉艺术机构并没有认真对待新媒体艺术。要看到这一点，你只需要去阿姆斯特丹的市立博物馆，就会发现根本没有留下任何有关新媒体艺术的痕迹。甚至是那些相当大的领域，例如视频艺术领域，也不例外。甚至没有任何东西保存下来。

就斯诺登而言，我同意您的观点。但是我也发现，我们正在走向一个大的混乱甚至是对抗，因为保护隐私等问题的团体或运动规模是相当大的。每个人都看向柏林。在世界范围内，这一运动在柏林规模最大、最强烈和最引人注目。但您说得对，这场运动虽然规模很大，但在政治上和整个社会上根本无法实现其纲领。这将导致什么，这场运动是否会激进化、撤退抑或是消失，我不知道。但社会中的矛盾，例如斯诺登、阿桑奇和许多其他人指出的，这些矛盾仍然存在。这场运动能否保持其影响力并不重要。

柳德米拉·沃罗帕伊：又回到我的第一个问题：您的批评理论是怎样受到批评的？它是否更多发生在私人圈子里？或者它是否发生在互联网和其他地方的某些公开辩论中？

GL：如果有人这样做了，他肯定会被认为是说自己人坏话的人。此外，关于媒体艺术的价值也没有过多的讨论，甚至不在他们自己的圈子里。也许这正是问题所在：这个圈子其实太小了，几乎没有什么影响力，至少在政治、教育等传统公众中没有影响力。正因为如此，许多人认为我当时所说的已经是为几年后发生的削减做准备。

SZ：我从未这样认为。这就是为什么我早些时候对有组织的网络以及这些网络与早期的合作行动模式有多大区别的相关问题发表了评论。我不认为这二者之间有什么显著的区别。然而，我记得很清楚，您当时强烈批评了这一主张，因为早期的合作行动模式是相当精英化的模式，同时也是审美方面的精英主义模式。然而对你们来说，"我们"发挥了重要的作用，并意识到这是一场大型运动。与之相反，艺术家们是相当精英化的，也以精英化的审美观念工作，特别是在与网络的对抗中。

马丁·康拉德斯（Martin Conrads）：您之前提到了150到500人是网络容量的极限。据我所知，这些数字在 *bolo' bolo*[1] 中也提到了。

GL：我也深受其影响，这是真的。

马丁·康拉德斯：从后数字时代或后世界末日的角度出发，在社区被重新定义的情况下，您得出这一数据的依据是什么？这对您来说是一种技术经验，还是类似于"网络出现之前的经验"？

GL：我想再一次指出，我……

SZ：……在网络之前也有生活。

GL：是的。而且在研究网络之前，我是最后一批学习群众心理学的

1　Hans Widmer, *bolo' bolo* (Zürich, 1983).

人之一。当时我在阿姆斯特丹的库尔特·巴斯维茨学院（Kurt Baschwitz Institut）学习。这实际上可以理解为这种20世纪的创伤的延续。库尔特·巴斯维茨本人就是一名移民，他来到阿姆斯特丹，后于1940年再次逃离。我们都知道这些大众心理学的研究背景是什么，以及在这个领域有哪些重要的作者。在我的一些文章中，我主要探讨了我们可以在多大程度上利用大众心理学的经验来建立一个网络理论。20世纪五六十年代，大众心理学改名为社会心理学，在美国的实证研究阶段有很多这方面的实验。150这个数字来自于此。有人指出，超过200、300、400人一定数量后，就会出现一定程度的混乱。例如，人们不再通过名字彼此认识，在这个社区内形成了小团体，并出现分裂。也可以说，"组织网络"概念变成了一种职能分工。我们也可以从积极的角度来看待这个问题。它不一定是消极的，因为这种分裂总是包含一种生产性的因素，因此不应该被否定。如果一个人认真对待网络化和这种相互关联性，那么他自己也会有这些体验。

SZ：如果可以，我想再问一个问题。如何理解大公众（比方说数亿或数十亿人）与这些小而有组织的公众之间的关系？与大型网络相比，小型的、有组织的公共领域（只要它发生在远程信息处理网络中）必须是多孔的，存在开放的连接。如何理解这种关系？

GL：可以说，我们已经有一些这方面的经验，比如20世纪90年代中后期的数字城市。我们亲眼看到，我们建造的东西最终有10万到12万人使用。西班牙也如此。有一个叫lorea[1]的网站，它是目前较大的社交网络之一，在西班牙有20万用户。Diaspora[2]网站也是一种尝试。起初，在脸书的批评声渐起时，Diaspora作为替代品出现。作为网络公司的一个

---

1 译者注：一个分布式社交网络，其特点是可见性与自主性。现已无法访问。
2 www.diasporafoundation.org.（译者注：一个非营利性、用户自有的分布式社交网络，其特点是开源、去中心化、尊重用户隐私。）

商业企划，它失败了，后来由一个团体接管，目前正在进一步发展壮大。您可以在那里看到类似的动态。

SZ：基尔特，非常感谢您的到来和接受采访。我希望，在我们今天这场比较笼统的谈话之后，也许能够再找个时间点讨论更具体的问题。

GL：是的，我真的很高兴，因为这是我的传记第一次以如此全面的方式呈现。

记录整理：斯蒂芬妮·劳

亨宁·施密德根 /
HENNING SCHMIDGEN

15

"他们不是要控制变量,而是致力于培养体验的多样性,或者说是培养体验的不同变化形式。"

西格弗里德·齐林斯基（以下简称SZ）
亨宁·施密德根（以下简称HS）

摄影：罗伯特·普罗伊塞

SZ：欢迎我们的特邀嘉宾，亨宁·施密德根。非常荣幸他今天能做客我们的节目。我们准备了很多问题。请允许我使用"我们"这样的称呼，其实亨宁·施密德根已经回答了很多问题，这真的很不可思议。接下来的时间，我们还是会以一种相对自由的方式和您聊聊。

首先，我向大家简短地介绍一下这位知识界的名人——亨宁·施密德根。在我心中，亨宁·施密德根并非典型的学者形象，更不是典型的艺术家。他一贯特立独行。加塔利和德勒兹在《千高原》中将此描述为"不可感知的变化"[1]。在这个媒体过度浮华、几乎人人都可以无限创作的时代，这是一种真正的艺术。翻阅亨宁·施密德根的作品，可以找到若干例子，我从中挑了三个值得关注的例子：其一是他在2011年与汉斯-约格·莱茵伯格合著的《21世纪自然史》(*Eine Naturgeschichte für das 21. Jahrhundert*)[2]，这本书是为向后者告别马克斯-普朗克科学史研究所而出版的。亨宁·施密德根与他共事超过12年，见证了近年来马克斯-普朗克研究所过去多年在这个领域的重要发展。这本书体现了作者亨宁·施密德根的风格，尤其是引言部分，然而他却只默默无闻地出现在版权页的某处。这本书的结构就像一本生命科学研究的某些特定方面的词汇表。稍后我们也还将谈到这种思考的方式和以索引、词典等形式为特点的书写思维方式。其二是亨宁·施密德根与彼得·盖默（Peter Geimer）、斯文·迪瑞格（Sven Dieri）于2004年合作出版的《实验中的文化》(*Kultur im Experiment*)[3]。我的一些属于艺术媒体领域的实验论文的很多灵感都来自这部作品。其三是亨宁·施密德根研究多年的项目——虚拟实验室的

1　Gilles Deleuze und Félix Guattari, *Tausend Plateaus. Kapitalismus und Schizophrenie* (Berlin 1992), Kapitel 10 (S. 317–422); im Original *Capitalisme et Schizophrénie, tome 2: Mille Plateaux* (Paris 1980).

2　Safia Azzouni, Christina Brandt, Bernd Gausemeier, Julia Kursell, Henning Schmidgen und Barbara Wittmann, *Eine Naturgeschichte für das 21. Jahrhundert. Hommage zu Ehren von Hans-Jörg Rheinberger* (Berlin 2011).

3　Henning Schmidgen, Peter Geimer und Sven Dierig (Hg.), *Kultur im Experiment* (Berlin 2004)

建设[1],我极为推荐。这是一项非常有趣、丰富且多面的科学实验文化展示,可以把它作为电子期刊阅读。我选择了一篇文章,因为它也讲述了如何从美学角度看待实验文化。这是您创作的关于雨果·明斯特贝格的文章,他是电影理论界的大人物。也许他在年轻一代中并不为人所知,但是,他关于"摄影(Photoplay)"的著名文章[2]对在柏林工业大学就读的我们来说是基础读物,当时我才开始涉足媒体研究。这张照片我特别喜欢。正如亨宁·施密德根描述的那样,照片上可以看到雨果·明斯特贝格的学生和同事自豪地围在他身边,手中拿着乐器而非红酒或雪茄,他们互相展示、共同庆祝,相互庆贺。这些只是一些例子,从中可以看出,我想至少可以隐隐发现,亨宁·施密德根的作品极具深度和复杂性。

亨宁·施密德根作为译者所做的工作虽然并非广为人知,但十分值得拿出来说一说。根据我自己的经验,我知道他不一定会从中获益。翻译复杂的文本是一项艰巨的工作。我认为亨宁·施密德根进行翻译工作的动机可能与德国学术界的现状有关:在德国学术界,及时参阅法国的文本仍存在重大问题,因为大多数人不会法语。为此,他作出了巨大贡献,现在我们德国学术界也可以阅读外国优秀作家的作品。一个很好的例子是2008年乔治·坎吉利姆(Georges Canguilhem)创作的关于反射概念形成的著名文章[3]。也就是说,他在雷根斯堡大学(Universität Regensburg)担任教授的同时也在进行翻译工作,他本来是没有时间做这种工作的。知识分子进行虽不起眼却又十分重要的翻译活动的意义在亨宁·施米德根的身上得以全面展现。我们要感谢他为德文版费利克斯·加塔利关于机器概念的文本所做的努力[4]。

---

1 „The Virtual Laboratory", vlp.mpiwg-berlin.mpg.de/index_html.
2 Hugo Münsterberg, *The Photoplay. A Psychological Study* (New York und London 1916).
3 Georges Canguilhem, *Die Herausbildung des Reflexbegriffs im 17. und 18. Jahrhundert* (München 2008).
4 Henning Schmidgen (Hg.), *Ästhetik und Maschinismus. Texte von und zu Félix Guattari* (Berlin 1995)

明斯特贝格在弗赖堡的心理学实验室（1892）

照片上的签名：麦凯（Mackay）、埃德蒙（Edmund）、德拉巴尔（B. Delabarre）、休谟（G. Hume）、亚历山大（S. Alexander）、扬科维奇（A. Jankovich）、希尔恩霍夫（R. Schirnhofer）、雨果·明斯特贝格、斯塔尔（H. Stahr）、约翰-胡普斯（Joh. Hoops）、瓦尔德马·莱维（Waldemar Lewy）、斯拉托波尔斯基（A. Slatopolsky）、、西伯特（N. H. Siebert）

来源：„The Virtual Laboratory. Essays and Ressources on theExperimentalization of Life" - Datenbank des MPIWG: httpp://vlp.mpiwg-berlin.mpg.de.

439 　　我在读布鲁诺·拉图尔[1]的作品导论等看似简单的书时，这种"不可感知的变化"对我有特殊意义。难能可贵的是，亨宁·施密德根虽然身为作者，却完全没抢半点风头。这与格雷厄姆·哈曼为布鲁诺·拉图尔《网络王子》(*Prince of Networks*)[2]所写的导论形成了鲜明的对比。这本书您可能比较熟悉，和布鲁诺·拉图尔的作品导论相比，它明显不同，因为格雷厄姆总是忍不住展现自己的作者身份。相对于布鲁诺·拉图尔，亨宁·施密德根所做的事情让我十分钦佩：他梳理了布鲁诺·拉图尔思维

---

1 Henning Schmidgen, *Bruno Latour zur Einführung* (Hamburg 2011).
2 Graham Harman, *Prince of Networks. Bruno Latour and Metaphysics* (Melbourne 2009).

中极具创造性和激烈的混乱，建立了一个他也许不会也不能给出的结构，这样一来，亨宁·施密德根便通过归纳出的几个重要主题，真正意义上向我们介绍了布鲁诺·拉图尔的作品。

和布鲁诺·拉图尔一样，作为一名科学家，亨宁·施密德根一直游走在人文科学和自然科学之间。他的研究方向是生理心理时间实验史，并著有《时间与心理》(*Chronos und Psyche*)[1]，这个书名就可以反映出他所做工作的界限的模糊。他在变体学研讨会上的演讲以及由此而作的文章《重复与差异——1815—1865年的心理生理学时间机器》("Repetitions and differences, psycho-physiological time machines 1815–1865") 刊登在"变体学 (Variantology)"[2] 系列丛书第一卷中，是他研究心理生理学时间测量的发展和意义的诸多文章之一。我从他长长的出版物中挑选了《思想与感情的速度》(*Die Geschwindigkeit von Gedanken und Gefühlen*)[3]作为例子，是要显示他对于这个主题的研究的优雅之处。

最后提一点，亨宁·施密德根在不同个体和集体之间的复杂关系中思考人与机器的关系。他在柏林马克斯-普朗克科学史研究所和其他人一起开发的钢琴生理学系列研究[4]，以一种非常特别的方式处理了生物和机器之间紧张微妙的关系。这是感知 (aísthēsis) 这个词直接意义上的美学的主题化。他现在是雷根斯堡大学媒体美学教授，探讨的话题和开设研讨会对设计师们极有吸引力[5]。除此之外，他还开设了关于触摸、按

---

1 参见：www.vlp.mpiwg-berlin.mpg.de/exp/schmidgen/chronos_und_psyche.html.

2 Henning Schmidgen, Repetitions and differences, psycho-physiological time machines 1815–1865, in: *Variantology 1. On Deep Time Relations of Arts, Sciences and Technologies*, hg. von Siegfried Zielinski und Silvia M. Wagnermaier (Köln 2005), S. 145–156.

3 Henning Schmidgen, Die Geschwindigkeit von Gedanken und Gefühlen: Die Entwicklung psychophysiologischer Zeitmessungen, 1850–1865. NTM: Internationale Zeitschri, für Geschichte und Ethik der Naturwissenschaften, Technik und Medizin 12 (2004), S. 100–115.

4 „Physiologie des Klaviers I-III", Tagungsreihe am Max-Planck-Institut für Wissenschaftsgeschichte, organisiert von Julia Kursell (Berlin 2009).

5 本书出版之时（译者注：本书德文版出版时），亨宁·施密德根在魏玛包豪斯大学担任"理论媒体"教授一职（自2014年4月）。

压、打字的课程，这是对人与机器交互界面的一次特殊探寻，与我们对威廉·弗卢塞尔的传播哲学等的关注类似。

一开始提出的问题引人深思，它们迫使人们回想和反思，自己所做的事情、采用的方法究竟从何而来。尤其是涉及媒体思维的发展时，我们总是对一些事件和际遇格外好奇，当然也包括知识分子的生平。亨宁·施密德根您在柏林自由大学学习哲学和心理学，后决定去巴黎深造，研究精神分析学和相关作者。随后，您涉足自然科学领域，同时研究自然科学与技术史。问题是这二者之间是如何结合的？又是如何发展的？其发展是一个一致且合乎逻辑的过程，还是受到了什么推动？

HS：回答之前，我想感谢亲爱的齐林斯基，感谢您的邀请，也感谢您刚才所做的介绍。现在您没有将我的事迹一件一件列出来，但也让我红了脸。实际上，这是我们第二次见面，但我还是很惊讶，坦白讲，尽管我"不可感知"，但您对我的看法很好。我不知道其中的原因。不管怎么说，还是要感谢您的邀请，也感谢克莱门斯·雅恩为此所做的充足准备。

在我具体回答之前，我想先警醒一下大家，其实如果严肃地看待整个事情，我从事媒体研究的时间并不长。两年前，我在雷根斯堡大学正式加入研究这个学科。实际上，我有资格向西格弗里德·齐林斯基询问他的媒介思维谱系，因为目前我正通过一整场有关媒介史的讲座来解读录像机的特定历史[1]，且收获颇丰。当然，也出现了一些问题，我想之后我们可以详细讨论。

回到您的问题上来。我的科学生涯确实并非一帆风顺，但也几乎没有任何特别的事件或际遇。我所走的道路是自由的、开放的。甚至可以说，它的与众不同之处正在于根本没有任何特殊之处。

---

1 Siegfried Zielinski, *Zur Geschichte des Videorecorders* (Berlin1983).

我之前在柏林自由大学就读，20世纪80年代中期这所大学设有哲学和社会科学系。这个项目涉及两个领域的交融。简而言之：有一些哲学理论，还有社会科学，在当时不仅被理解为社会学，还被理解为心理学。这两个领域之间的相互联系和共同点在当时是由"基础资本课程"来保证的。也就是说，无论您学的是心理学、社会学还是哲学，都要读马克思，读《资本论》。心理学家也得读这些。然而，在20世纪80年代中期我到这里时，这个可以追溯到20世纪60年代末的项目已经几近没落。虽然可以理解最初的想法，但也不难发现，与资本问题相关的课程项目正日趋崩溃。一方面有沃尔夫冈·弗里茨·豪格，他以黑格尔为导向对马克思进行辩证解读；另一方面则以阿尔都塞为导向对资本理论进行结构主义解读。但在这一时期，也有一大批对资本理论或多或少非教条主义的解读，例如，内格特（Negt）和克鲁格所鼓励的一些解读[1]。

SZ：坎普有没有发挥作用？

HS：20世纪80年代中期的时候他就已经在这了吗？

SZ：对，当时就在了。他1979年去的柏林。

HS：我没有在资本主义理论课程上见过坎普，倒是在我的主修课程中见过他，后来他是我的博士论文委员会成员。

在心理学方面，我主要和克劳斯·霍尔茨坎普（Klaus Holzkamp）打交道，及他创立的所谓"批判心理学"。这个"批判心理学"用大写K代表。这是为了接近并同时从所谓的带有大写字母K的批判理论中脱离，即阿多诺和霍克海默等。这不是法兰克福意义上的批判理论，而是另一种形式的批判理论，是一种社会理论为基础的心理学。霍尔茨坎普教授奉行传统学派。"霍尔茨坎普学派"在我们这些心理学家中十分流行，所有与之不相干的东西都很快被边缘化了。霍尔茨坎普的早期作品今天读

1　Oskar Negt und Alexander Kluge, *Geschichte und Eigensinn* (Frankfurt am Main 1981).

来仍然大有裨益,如关于感性认知的书提到了感知的历史和社会功能[1]。如果我没记错的话,它的节选内容甚至被收录进媒体文化的教材[2]。

1983年,霍尔茨坎普推出其巨作《心理学基础》(*Grundlegung der Psychologie*)[3]。这本书催人思考,但却令人失望,因为它不但没有弥合理论与实践之间的差距,反而将理论推向更远。为了定义心理学研究的对象是什么,什么是心理,各派相互争鸣。其推力主要有马克思以及苏联心理学家维果茨基(Vygotsky)、列昂季耶夫(Leontjew)、加尔佩林(Galperin)等。焦点聚集在所谓的"TMÜ",即"动物-人类过渡领域",即从进化的角度看动物何时不再是动物,人类又从何时成了心理动物。最终,"TMÜ"可能成为批判心理学消失的黑洞。

一些对霍尔茨坎普不"感冒"的人选择拜倒在福柯门下。福柯仅凭《疯癫与文明》(*Wahnsinn und Gesellschaft*)[4]这个标题就与霍尔茨坎普泾渭自分。福柯以此题表明他正在研究疯癫、疾病、精神病理学的问题,由此他走进了弗洛伊德研究的领域,但同时他也对弗洛伊德大肆批评。虽然福柯当时表明,自己只是选择的一种,然而我在柏林自由大学读书的时候,围绕福柯俨然形成了一种教条主义。要是不做霍尔茨坎普,就得做福柯。福柯的基本见解得到表述,但很快成为一纸空话。就连其著名的"权力不仅具有压制性,而且具有创造性和生产力"在某些时候人们都不知所云。还有一个显著特征便是所有关注福柯的人都希望与马克思划清界限。也就是说,无论是面对既定的还是初生的教条主义,我们都应该另谋他路。虽然不记得具体细节了,但我突然了解到德勒兹和加塔

---

1 Klaus Holzkamp, *Sinnliche Erkenntnis* (Frankfurt am Main 1973).

2 Klaus Holzkamp, Zur Phänographie der Wahrnehmung als sinnliche Erkenntnis, in: *Kursbuch Medienkultur: Die maßgeblichen Theorien von Brecht bis Baudrillard*, hg. von Claus Pias et al. (München 1999), S. 334–347.

3 Klaus Holzkamp, *Grundlegung der Psychologie* (Frankfurt am Main 1983).

4 Michel Foucault, *Wahnsinn und Gesellschaft. Eine Geschichte des Wahns im Zeitalter der Vernunft* (Frankfurt am Main 1969); im Original *Folie et déraison. Histoire de la folie à l'âge classique* (Paris 1961)

利[1]的《反俄狄浦斯》。这本书可谓刻骨铭心，引起了我们的兴趣。很显然，这本书是由两人合作完成，一个是理论家，另一个则是实践者。或许他们是在延续柏林自由大学将哲学和社会科学结合的初衷，即把理论和实践结合起来。更为别致的是，他们没有对马克思和弗洛伊德避之若浼。最终，我们以资本理论课程为依托，每周坐下来阅读和理解这本书，最初是相当难以理解的。我们会做专题报告，进行讨论，撰写记录。虽然这些不是在学校里举办的，但是对我来说，《反俄狄浦斯》将马克思和弗洛伊德结合在一起的想法在今天仍然适用。

SZ：有关加塔利和德勒兹的文章我有一点细节问题：那时候您还在柏林吗？还是在巴黎？这是您去巴黎深造的动机吗？

HS：对，但这只是个借口！我们不要搞错了，《反俄狄浦斯》的德译本于1974年问世，直到1985年，也就是10年后，柏林自由大学都没有对这部作品做任何研究。在西柏林和西德，曼弗雷德·弗兰克（Manfred Frank）的评价占据主导地位，他说："通过新结构主义向我们走来的实际上是原法西斯主义的回归——尼采，斯宾格勒。这是极权主义的形态之一。"[2] 当时还有谣言流传，苏尔坎普出版社拒绝翻译德勒兹和加塔利的《千高原》第二卷。1980年，它的法语版问世，直到1992年，梅尔维出版社才迎难而上，翻译了这部作品。但同时也出现了一个问题：如何将关于资本主义和精神分裂症的两卷书纳入大学的话语中？我的特洛伊木马计策是为了解决技术心理学的问题。德勒兹和加塔利的思想以机器思维为主导，且该思维是以一种相对具体的方式存在的。于是，关于我们是否可以通过技术心理学的轨道将该理论引入学术界的问题引发了争论。

我至今还记得，克劳斯·霍尔茨坎普在心理学毕业考试的口试部分

---

1 Gilles Deleuzeund Félix Guattari, *Anti-Ödipus. Kapitalismus und Schizophrenie* (Frankfurt am Main 1972); im Original *L'Anti-Œdipe - Capitalisme et schizophrénie* (Paris 1972).

2 参见：Manfred Frank, *Was ist Neostrukturalismus?* (Frankfurt am Main 1984)

对我说："请您认真听"——当时必须使用平语，这是规定——"请听好，如果我可以乘汽车去邮箱那儿，那我就不会走路去。"在我看来，这似乎是德国共产党（DKP）的立场，其核心可以归结为一个等式，即"技术进步＝社会进步"。也就是在那个时候我意识到，这并非我所探求的答案。然后我们开始四处寻找，谁发表过对技术和心理学的见解。浮现的名字之一便是京特·安德斯。他的父亲是心理学家，差异心理学的先驱威廉·斯特恩（William Stern）。我们对作为一门新学科——差异心理学的先知——的京特·安德斯十分着迷，还在一些研讨会上深入讨论。我还写了关于安德斯的毕业论文，探讨了安德斯的"普罗米修斯羞愧"[1]的论点是否与大城市心理学话语有关以及其关联度。他对大城市心理学的兴趣与格奥尔格·齐美尔（Georg Simmel）和瓦尔特·本雅明相当。

我们研究的另一个领域是媒体心理学。电视和电脑对儿童成长的有害影响引发了诸多讨论。但也不乏令人惊讶的报道，如"交流促进法"。在这些案例中，人们试图利用计算机为那些极其孤僻的病人开辟一种交流方式。当时有一个著名的案例：比尔格·塞林（Birger Sellin）本是一个极度自闭的人，将自己封闭起来，但当她面前突然出现一台键盘时，她开始写诗。而在此之前，有人认为她甚至无法明白别人的话语[2]。

最后，京特·罗波尔和他的《通用技术》（*Allgemeine Technologie*）[3]也进入了我们的视野，这本书涉及物理技术和真实技术。此外，海因里希·波皮茨（Heinrich Popitz）在他的"工业社会学"[4]中试图将人和机器

---

1 关于安德斯的概念"普罗米修斯羞愧"，具体见：Günther Anders, *Die Antiquiertheit des Menschen. Band 1: Über die Seele im Zeitalter der zweiten industriellen Revolution* (München 1956), S. 21–95.

2 Birger Sellin, *Ich will kein Inmich mehr sein. Botschaften aus einem autistischen Kerker* (Köln 1993).

3 Günter Ropohl, *Allgemeine Technologie* (Karlsruhe 2009).

4 Heinrich Popitz, Hans Paul Barth, Ernst August Jüres und Hanno Kesting, *Das Gesellschaftsbild des Arbeiters. Soziologische Untersuchung in der Hüttenindustrie* (Tübingen 1957) und Heinrich Popitz, Hans Paul Bart und Ernst August Jüres, *Technik und Industriearbeit. Soziologische Untersuchungen in der Hüttenindustrie* (Tübingen 1957).

的工作世界结合在一起。在这样的大背景下,有时我会说:"好吧,虽然有许多方法和概念,但只是在不断更新,加塔利,我正在探求他们是否适用于心理学"。

SZ:也就是说,要想超越当时像在柏林自由大学的人文科学,并真正挑起他人的兴趣,是有必要使用一些技巧的。稍后我们将介绍这位了不起的作家京特·安德斯,因为他的著作与西蒙栋的著作几乎同时出版。那真的是一个异常繁荣的时期,如今,20世纪50年代后期也越发受到重视。

现在让我们换个话题,谈谈《机器的无意识》(*Das Unbewußte der Maschinen*),以及《加塔利、德勒兹和拉康的精神概念》(*Konzeptionen des Psychischen bei Guattari, Deleuze und Lacan*)[1],这是您迄今为止发表的最重要的专著。尽管您肯定已经就此举办了很多研讨会,但我想问一下,您是如何简洁准确地将上述三位思想家的各种机器概念区分开的。通常来讲,在较为浅显的论述中,这三个概念总是被同时提及,尤其是德勒兹和加塔利。在后来的一篇文章中,您非常清楚地指出,"机器"一词在《千高原》中几乎没有出现,而是被更中性的"结构"一词所取代。显然,加塔利和德勒兹也对这个奇怪的术语展开了大量讨论。您能说明一下您认为其中的差异是什么?一是这两个人和拉康之间的,二是加塔利和德勒兹之间的差异。

HS:之所以在这里提到这个顺序——加塔利、德勒兹,然后才是拉康,是因为我当时感兴趣的核心概念是"欲望机器(machine désirante)",而这是由加塔利创造的。尽管德勒兹与加塔利共同研究这个问题,但并没有在悖论中创造此概念。拉康名列最后,是因为虽然年轻的时候加塔利受他影响很大,但加塔利在早期便脱离了他的影响。也许我人生中的

---

1 Henning Schmidgen, *Das Unbewußte der Maschinen. Konzeptionen des Psychischen bei Guattari, Deleuze und Lacan* (München 1997).

一个小细节也影响了这个排序：我曾经在拉伯德（La Borde）精神病诊所实习了四个星期，而这个诊所刚好是加塔利长期工作的地方。当时让·奥里（Jean Oury）告诉我，生于1924年的加塔利在20世纪50年代初便已经参加了拉康的所有研讨会。这是怎么实现的呢？其实很简单，管理和创立诊所的奥里根本没有时间参加拉康的研讨会，于是他总是派加塔利去那里。加塔利得注意研讨会上发生和讨论的事情，所以他很早就接触到了拉康的理论，于是便对拉康的技术理论，或者更确切地说是对控制论问题产生了兴趣。

SZ：加塔利总是要把所有的东西都写下来，然后告诉他的老板？

HS：我不知道他有没有把所有的东西都写下来了。我看了一些笔记。加塔利的遗物现在也可以看到。虽然笔记不是特别完整，但可以证明他参加了关于精神分析和控制论的重要研讨会。最重要的是，他注意到拉康为了证明无意识是像语言一样结构化而做的形式化——这是拉康的基本见解之一。此外，他还注意到，拉康为了更准确地描述这种无意识的语言结构而提到了博弈论和信息论。这些内容十分烦琐且复杂，但可以简化为以下见解，即每个说话者都是根据自身已有的成对的符号说话的，且会在说话人无意识的情况下反复出现。简而言之，加塔利对拉康的理论感兴趣始于对符号的对立双方的讨论，这一点在当时是相当前卫的。然而，对年轻的加塔利来说，这并非是一个自然的先决条件。他很清楚，如果有成对的符号，就一定会有一个介于二者之间的中间地带。他所有的想法、早期高度理论化的东西，实际上都是围绕着打开S1和S2——两个符号之间的中间地带展开的。这个中间地带便是他机器思想的核心。对加塔利来说这其实是一种可能性，两个词之间的空间恰恰是未被表达的、未曾察觉的东西，但它却以某种方式拥有能量，从而确保这两个符号能够相遇。加塔利用机器的概念来指代这种未被表达的东西。20世纪六七十年代，法国人对技术的热情也发挥了作用，机器作为创新事物可以打破或颠覆社会的有序发展。在加塔利看来，这种突然性是机器的一个基本特征。这种对技术的看法与对精神能量和可能性的高度理论化假设相结合。但德勒兹对机器有更多的描述性理解。在《差异与重复》一书中，机器的概念对德勒兹来说几乎没有起到任何作用[1]。他不愿意用它来描述别人所说的"结构"。因此，德勒兹的机器概念是一个空间限制的概念。直到当他与加塔利合作时，这个概念才得到了活化。通过强调加塔利机器思维中所包含的创造性、不连续性，德勒兹才有可能思考机器的出现和发展等问题。不过这一切都没有您想的那么有针对性。但为了能够大概了解其思想，或许可以将其具体化：拉康认为机器是一种象征，加塔利则强调时间和物理因素，而德勒兹则以空间的、描述性的机器形象为主。

SZ：这一点显然对您尤为重要，您用"创造性"这个词来描述加塔利所认为的可能性，就此我想多聊一聊，因为这也许涉及他的文章中无法解决的内容。

无论是《反俄狄浦斯》还是《千高原》，德勒兹和加塔利都没有为巩固二元论中的舒适理论作出贡献。我们所熟知的思想是一面是心理学，另一面则是技术；一面是人，另一面是机器；一面是有机体，另一面是机器——人们可以无休止地延伸二元论。您将二人的想法描述为试图使两极"分离"和"和解"，"连接的、横向的、主客观的"[2]。其实对我来说，这既"连接"又"分离"的东西在很大程度上也是媒体理论。重要的是，这种"分离的""连接的""横向的"东西重要吗？

HS：这是一个非常重要的主题——从中心向外进行思考。在《千高原》的导言《根茎》（"Rhizom"）中，不仅有对联系、网络和影响的思

---

1 Gilles Deleuze, *Differenz und Wiederholung* (München 1992); im Original *Différence et répétition* (Paris, 1968).

2 Henning Schmidgen, *Das Unbewusste der Maschinen*, S. 168

想的总结，使之有别于树状模型，而且还有一个重要的主题，那就是要从中心出发进行思考。不是从上面或下面，而是从中间，不是从右边或左边，而是从中间地带。在我看来，这也是一种试图准确把握中间地带，内部和外部之间的边界领域的尝试。加塔利称之为横向性，而在德勒兹的作品中，多次出现以这个中心为目标的形象的形象，例如褶皱或对表面的主题化。

但另一方面，尽管引用德勒兹和加塔利的思想十分流行，但还是有一些东西被忽视了。我真的不知道为什么。因为在《反俄狄浦斯》中，德勒兹和加塔利也直接提到了媒介理论，特别是马歇尔·麦克卢汉。不是因为他把媒介理解为人的延伸以及人体的延伸。他们对这一点完全不能接受，认为这是一个人文主义的、过时的模式，并提出了耦合思想来对抗它。但有一段话，他们说，麦克卢汉的伟大之处实际上在于他发现了您可以称之为"通信流"的东西。他们引用了《理解媒介》中的一个著名段落，麦克卢汉在其中写到，光实际上是一种没有信息的媒介[1]。如果我们把对媒介的这种理解作为基础，那么如果我们把光理解为一种媒介，或者按照弗里茨·海德（Fritz Heider）、尼克拉斯·卢曼等人的说法，把媒介理解为连接我们也分离我们的几乎无形的东西，即光、空气、水等，那么我们就非常接近德勒兹和加塔利在《反俄狄浦斯》中的符号学，因为他们正是对这些流感兴趣。"流"部分是物理性质的，部分几乎是非物质性质的，但它们对于任何交流都具有决定性意义。德勒兹和加塔利的理解与结构主义对语言的理解形成对比。他们把机器作为一个流端口。当然，这是一个非常笼统的定义，不过也是有道理的。但从卢曼的角度来看，这却有点不合时宜：德勒兹和加塔利通过流端口系统来解决媒介和形式之间的关系。对于德勒兹和加塔利，我们也可以说，计算机作为

---

1 Marshall McLuhan, *Die magischen Kanäle. Understanding Media* (Frankfurt am Main 1970), S. 18 f.; im Original *Understanding Media. The Extensions of Man* (New York 1964)

一个盒子立在那里并不是媒介,而是形式。介质是在其中形成的电流。我没有看到那种思想将其认定为媒介理论连接的方式。

SZ:也许,这是我的猜测,这是因为机器和流信号以及技术材料系统在媒介研究和理论中没有发挥突出的作用。

我现在正试图建立在我看来非常重要的联系,以便进一步探讨您刚才提出的问题的背景:与实验系统的联系。长期以来,批判性和历史性话语都知晓,科学和技术必须使自己合法化,在政治上或道德上证明、推销和管理自己。当然,我们对此的认识仍然相对较浅。您一直从事科学实验的工作,无论是对心理还是对物质世界的探索,与莱茵伯格等人的密切合作一直在接近禁忌的核心。也就是说,假设科学实验是类似于一个客观的、经验性的加热器,可以生成事实的科学数据。那么我们在某种程度上便回到了麦克卢汉的观点:知识产生的渠道是中性的,和科学判断本身一样是中性的。我想提一个问题,多有得罪,请恕我无礼:在过去15年左右的时间里,您将实验作为一种特定的文化,那么您是否了解自己对改变媒介理论思维作出的贡献有多大?

HS:不清楚。这个回答较为简短,让我稍稍扩展一下。自20世纪80年代中期以来,英美世界的科学史发展有一个引人注目的趋势。人们不再关注托马斯·库恩所说的范式,而是转向关注更小的单位,例如独立实验室、独立实验和仪器。造成这种发展的并非科学史,而是科学社会学。20世纪70年代后期,布鲁诺·拉图尔、卡琳·克诺尔-塞蒂纳(Karin Knorr-Cetina)和特雷弗·品奇(Trevor Pinch)等社会学家试图摆脱"范式"或"社会利益"等抽象范畴。"哪些社会利益左右着研究?"是传统科学社会学的一个问题。拉图尔和其他人不再认为自己能够对这些问题给出有意义的答案,并放弃了对科学界外部、财务和物质条件的追问。相反,他们开始对科学的内部运作感兴趣,主要涉及日常实验室工作以及科学事实是如何在实验室中产生的问题。这些发展实际上与我的研究是同时期的，但媒介研究几乎没有注意到这一点。直到20世纪90年代末，我们才意识到这一点，最终伊恩·哈金（Ian Hacking）将其简短表述出来：实验有它自己的生命[1]。这个项目从哲学角度是这样表达的：我们不再接受只做和追求科学理论，我们需要一个真正的实践哲学，一个新的培根主义！

但是，如果我们看看基特勒在1995年在《书写系统》（*Aufschreibesysteme 1800/1900*）[2]第三版的后记中对科学史的论述，就会感到吃惊。基特勒写到，迄今为止，还没有一种科学史的形式可以解释为什么亥姆霍兹在1893年的芝加哥世界博览会上首先与爱迪生握手。我想说，正是因为科学史的形式在1995年就已经存在了。蒂莫西·勒努瓦（Timothy Lenoir）研究了亥姆霍兹和他科研工作的媒体前提条件[3]，后来他又扩大了研究范围，聚焦于彼得·盖利森（Peter Galison）[4]、安德鲁·皮克林（Andrew Pickering）[5]和汉斯-约格·莱茵伯格[6]的历史研究，他们在20世纪90年代都试图以自己的方式将科学史与社会学所开辟的实践观点相结合，为媒体研究的各个方面提供了广阔空间。直到现在我仍然认为这是一个极富创造性的领域。我希望更多的媒介学者能够更仔细地研究科学史，反过来，也希望更多的科学史学家能够更仔细地进行媒介研究。我对此充满希望，因为目前有一些领域极富吸引力，例如学术电影的历史。

SZ： 说得对。学术电影在电影研究的早期就已经是一个重要的课

1　参见：Ian Hacking, *Representing and Intervening. Introductory Topics in the Philosophy of Natural Science* (Cambridge, MA 1983).

2　Friedrich Kittler, *Aufschreibesysteme 1800/1900* (München 1985).

3　参见：Timothy Lenoir, Helmholtz and the materialities of communication. *Osiris* 9 (1994), S. 185–207.

4　参见：Peter Galison, *Image and logic. A material culture of microphysics* (Chicago 1997).

5　参见：Andrew Pickering, *The Mangle of Practice. Time, Agency, and Science* (Chicago 1995).

6　参见：Hans-Jörg Rheinberger, *Experiment, Differenz, Schrift. Zur Geschichte epistemischer Dinge* (Marburg 1992).

题。尽管潜力巨大,却慢慢被遗忘了。

我想再聊聊您发挥特殊才能的那一点,即感知方面。这就是您研究的特别之处:我们学会了在决定感知条件的情况下重新思考科学实验。这对您研究实验的微观结构非常重要。我想到了10年前您举办的一场极为优秀的讲座,主题是"声音和思想的速度"[1]。您研究耳朵、文字和录音,用膜片和音叉绘制声音曲线。进行实验的这些条件、噪声、音调——感知的所有方面都是能够解释这些实验的重要基础条件。在此之前,人们总是讨论他们所谓的结果。

HS:确实如此。我想简单补充一下,因为这事关谱系问题,我从来没有计划过,也从来没打算把德勒兹和加塔利划入科学史。与汉斯-约格·莱茵伯格的见面给我的职业生涯带来了一些影响。他是马克斯-普朗克科学史研究所的主任,1996年我申请加入的时候并不认识他。很久以后我才知道,他也是柏林自由大学的学生,他也上过结构主义的马克思阅读课,了解德里达的《论文字学》,而且他和汉斯·齐施勒一起翻译了这本书[2],从而使他进一步进入分子生物学领域,后来他又学习了历史。当我天真地申请马克斯-普朗克科学史研究所时,莱茵伯格看着我论文中的一段节选,问道:"您是怎么想到阿尔都塞的?"事情就是如此开始的,随后越发展越远,至少对我来说是这样。

也可以说,机缘巧合下,我获得了空间,可以去探寻若德勒兹和加塔利被划入科学史会发生什么。顺便一提,美学的问题也与此有关。当时我写完了博士论文《机器的无意识》,本来打算仔细研究一下加塔利,特别是加塔利的美学。加塔利的作品范围很广,涉及电影,绘画和建筑

---

[1] Henning Schmidgen, „Sound and the Speed of Thought: Physiological Experiments in Utrecht, 1850–1870", 发表演讲于 „Passagen des Experiments. Die Materialität der Zeitverhältnisse in Lebenswissenschaften, Kunst und Technik (1830–1930)", 马克斯-普朗克科学史研究所,柏林,与魏玛包豪斯大学的媒体学院合作(魏玛,2002年5月24—26日)。

[2] Jacques Derrida, Grammatologie, übers. von Hans-Jörg Rheinberger und Hanns Zischler (Frankfurt am Main 1974); im Original *De la grammatologie* (Paris 1967)

等，比如说他研究过高松伸（Shin Takamatsu）以及日本建筑。当时我有一个大胆的计划，我在想我是否能以机器工作的具体艺术实践与加塔利对抗。丽贝卡·霍恩（Rebecca Horn）是这方面的热门人选。我的想法是将丽贝卡·霍恩早期工作与其对机器主题的方法——身体的延伸，对技术处理的准治疗特性的兴趣，时间性——与加塔利的观点结合在一起。

　　但这可行性不大。我反而与莱茵伯格相遇了。然而，在其漫长的发展过程中，这也意味着必须从科学史的角度审视的实验，这对我来说不仅是一次尝试，而且也获得了更多的主观经验。在这些实验身上，通过它们，产生了原本不可能出现的感知。如果研究一下"实验系统"的历史，就像莱茵伯格所说的那样，我们很快就会意识到不仅仅只有科学家使用这个系统。我们知道有一大批艺术家和文学家参与了科学实验的世界：格特鲁德·斯坦（Gertrude Stein）与雨果·明斯特贝格或罗伯特·穆齐尔与柏林的格式塔心理学家。我也立刻想到了约翰·凯奇，他在20世纪50年代进入哈佛大学的一个隔音室，体验了某种顿悟；我还想到了马塞尔·普鲁斯特（Marcel Proust），他也坐在一个隔音室里，对定时摄影有了诸多了解，从而推进了他对消逝的时间的"研究"。科学家现在努力在实验实践中尽可能减少来自实验室外部，以及实验室内部可能存在的干扰因素，他们希望控制所有变量，他们想控制所有的变量。如果突然出现噪声，例如，如果在时间实验中，教堂的钟声分散了测试对象的注意力，科学家们会试图排除或控制它。处理这种实验性设置的艺术家和作家所做的事情完全不同。他们不是要控制变量，而是致力于培养体验的多样性，或者说是培养体验的不同变化形式。这可能可以称之为"多样性学"。而这完全把他们带往了不同的方向。

　　SZ：他们可能更愿意进入中间地带，并试图扩大它们，以创造行动空间。

　　让我们再来探讨一下您特别关注的例子——时间。您是怎么会关注时间问题的？在您的教授资格论文中，您也非常深入地研究了时间问题，并认为从最广泛的意义上讲，它是实验文化领域的重点[1]。这种重点的出现是因为您刚才提到的不确定性、不可估量性，以及最为强烈的不可控性吗？还是与神经学和大脑的工作方式有关，时间是不可或缺的吗？

HS：时间和心灵，时间和心理生活的研究密切相关并非我的发现。这是一种传统，至少可以追溯到亥姆霍兹，也就是追溯到19世纪50年代，还有一些关于这种联系的例子甚至可以追溯到18世纪。在这些例子中，人们不仅在哲学上，而且还借助于实验装置来探求这种联系。

可能从您的研究中您也了解到，在现代早期的某个时间某个地点已经有人尝试过这种方法，即对感知中特定事物所需时间进行测量。我认为这是现代心理学或现代心理科学的一个决定性特征。即使在大脑研究中出现了成像技术，时间仍然是使心理上发生的事情具体化的核心参数。我认为我们正在处理一个贯穿现代并且至今仍然必须处理的常数：心灵科学，至少是实验科学，是时间的科学。

SZ：您刚刚提到了凯奇。为什么听觉，或者说声音会起到如此重要的作用？因为音乐、声音是最重要的依赖时间的艺术？或者对您来说，二者之间没有直接的系统性联系？

HS：有一种朴素而简单的联系。比如音叉，一种19世纪用于测量时间的精密仪器，便是依赖声学的。人们可以借助音叉准确知道它们每秒震荡的次数，这是用于在心理学和生理学之间精确测量时间的重要技术之一。此外，我们所面对的是一个对声音干扰给予极大关注的实验室，虽然也会注意视觉干扰，但尤为关注声音干扰。声音干扰之一便是钟表的噪声。可以想象，当您敲击音叉时，在实验室里它会格外响亮。对于其他电磁仪器，会有咔咔的声音。人们试图让试验对象免受影响。这是

---

1 Henning Schmidgen, *Hirn und Zeit. Die Geschichte eines Experiments 1800–1950* (Berlin 2014).

凯奇后来在50年代使用隔音房的出发点之一。对我来说，最重要的一点是，虽然没有计时，但他在这个房间里的经历是以时间为单位的。凯奇说，雷鸣般的沉默是一种期限，一种存在于零点的期限。没有人刻意让血液循环，但这种循环在体内产生了一种背景噪声，可以说是时间上的组成。由此，凯奇也定义了科学家在实验中常被理解为"干扰"的东西。

SZ：这种心理与时间、大脑与时间之间的密切联系，是我们都期盼已久的巨著的主题[1]。对此您有什么想说的吗？因为我们不知道这本书，它还没有出版。它是您在过去10到12年里所做的关于时间测量设备、实验心理学的时间研究的工作总结吗？

HS：当然不是，所有东西都是新的。亥姆霍兹书中的部分内容也被再次引用。但目前正在准备的这本书，题目是《大脑与时间》（*Hirn und Zeit*），代表了对这一主题的长期研究的努力。我尝试将其纳入一个连贯的框架，并对其进行纲领性规划。具有讽刺意味的是，这本书的内容涉及的是短暂的时光，但撰写这本书却花了很长时间。其出发点是一个非常具有现实意义的问题：我们目前所处的话语环境，在过去被称为"社会"或"文化"的许多东西现在正以不同的名称被归入大脑研究的范围。大脑研究方面的典范之一是本杰明·利贝特（Benjamin Libet）著名的大脑时间实验，是一个致力于解释社会和文化现实的脑研究。利贝特是美国的神经生理学家，20世纪80年代，他以对心理学和生理学交融的时间关系研究而崭露头角。他指出，在我们还没有有意识地做出相应的行动决定之前，我们已经可以在大脑中检测到准备好的信号。也就是说，大脑似乎早已决定一个人要执行的动作。有意识的决定滞后于大脑决策过程约十分之三秒。这在当时引起了相当大的轰动，并导致像格哈德·罗

---

[1] 谈话时施密德根尚未出版《大脑与时间》（*Hirn und Zeit*）。

斯（Gerhard Roth）这样的大脑研究人员要求在评估罪犯的康复能力时首先依靠大脑研究人员的专业知识。做出犯罪行为的不是罪犯，不是人，实际上是大脑，因为它已经预见到了采取行动的决定。犯罪分子作为一个人，只是一种附属品。最重要的是，对我们媒体科学家来说，还有一个重磅炸弹：利贝特的实验也被布赖恩·马苏米（Brian Massumi）在一个完全不同的领域引用，他与德勒兹和西蒙栋密切相关[1]。对马苏米来说，利贝特的实验表明，身体中存在着一种力量，一种颠覆的潜力：在我们有意识地感知某事之前，我们已经做出了情感上的反应，这一点十分具有颠覆性！在马苏米看来，利贝特的滞后，这种短暂的延迟，代表了情感的自主性。马苏米和罗斯之间的分歧在于，马苏米期待大脑中的一种颠覆形式；罗斯，他考虑到延迟呼吁制定新的刑法——在我看来，源于他们对科学实践的兴趣不足。马苏米和罗斯只对已经发表的结果感兴趣，并不关注它们的基础是什么类型的研究；比如，有关的研究是如何进行的，它的技术要求是什么，以及完成这项工作的大背景是什么。如果您花心思去看，您会发现，就其技术而言，利贝特的研究是在正常时间系统的大背景下进行的。利贝特使用的是由数字设备公司制造的PDP-12计算机，该公司以为企业提供正常时间系统而闻名。在讨论利贝特的结果时，这是一个需要考虑的重要事实。此外，利贝特的研究是在进行了一长串方式相似、结果相似的研究之后得出的结论。如果考虑到这一点，马苏米和罗斯感受到的诸多挑衅就会消失。早在1890年左右，就已经流传着"先采取行动，才能知道自己到底做了什么"这种时间实验的口号。因此，意识滞后于大脑的研究是一个至少有120年历史的事实。

SZ：我想聊一下您对西蒙栋的研究：涉及认识利益时，您把西蒙栋

---

[1] 参见：Brian Massumi, The Autonomy of Affect. *Cultural Critique* 31 (1995), S. 83–110.

关于技术对象存在方式的文章[1]与海德格尔的质疑[2]分开了,这个表述很好。您写到了从与技术有关的"是什么"到与技术相关的"如何"的转变过程。与马苏米和罗斯不同,他们仍然关注"是什么"的问题,而您则关注"如何"。我理解的对吗?

HS:当然,可以这么说。我意识到,如果我们只局限于观察其结果并试图解释它们,那么与科学的"周旋"仍不能令人满意。如果我们想找出科学与我们的文化、与我们的共存有什么关系——这些是马苏米和罗斯都感兴趣的话题:我们对社会性、对身体、对颠覆的理解——如果我们想找到这些问题的答案,那么我们必须更仔细地观察,还要考虑科学的方式。否则,我们将重新陷入科学与社会的分离之中——马苏米和罗斯实际上也想摒弃这种分离。在我看来,要想摒除这种分离,只能更仔细地观察,无论是社会学还是历史学,看看到底什么是实验文化。实验涉及我们社会的核心。那么,它是通过什么方式?又是如何做到的?其完成方式告诉我们文化的意义是什么。从一开始,大脑时间实验就在不断加速及比较时间技术的变化的背景下进行。19世纪电报使相关的测量成为可能。如果我们想解释这项研究的结果,就应该考虑到其联系。

SZ:您研究得很深入了。对我的研究来说,把历史本身作为实验对象也十分令人振奋。在致敬汉斯-约尔格·莱茵伯格的精美纪念书的导言中,您也明确提到,自然史和科学史应该"以过去未来的模式说话和思考"。博物馆以及科学发展中的每一个事件都迫使我们"修改历史及其范畴"。您以一项有趣的挑衅结束了这段话:"在这一点上,历史的性质变为实验,去博物馆就像去实验室一样。"[3]这意味着历史并不是事实给定的、

---

[1] 参见:Gilbert Simondon, *Die Existenzweise technischer Objekte* (Zürich 2012); im Original *Du mode d'existence des objets techniques* (Paris 1958).

[2] 参见海德格尔于1953年11月18日在德国技术大学的讲座——慕尼黑"技术时代艺术"系列——上发表的演讲"关于技术的问题"(Die Frage nach der Technik)。该讲座由巴伐利亚美术学院组织。文章发表于《学院年鉴》第3卷(慕尼黑,1954年)中的《美术》杂志。

[3] Azzouni et al. (Hg.), *Eine Naturgeschichte für das 21. Jahrhundert*.

可以在文件中检索的东西，而是开放的东西，我们可以通过实验进行验证。我记了一个问题，带一些辩论色彩的问题：我们是否生活在时间机器里？至于我们与历史的关系，我想是我们可以改变历史。

HS：对，当然了。您也可以反过来说：机器首先是一台时间机器。但您的意思是指像H.G.威尔斯（H. G. Wells）那样把历史作为一台时间机器？

SZ：是的。

HS：要理解为什么历史工作可以是实验性的，关键是要理解历史是递归的。或者说历史的运行机制就是递归的。当然可以对历史档案感兴趣，也可以尝试收集曾经的东西并将其组合在一起使其重焕生机。我们不想淡化这种行为的重要性。这正是我们迫切需要的工具。但在某种程度上，我同意福柯的观点，他认为，我们创造历史的时候，其实就是在写一部当代史。也就是说，它的主题、它的问题并非源于对昨天的兴趣，而是出于对今天的兴趣。当然，这可能是一项永无止境的任务，因为今天正在发生变化，10年后我们可能不得不重新书写我们的心理生理学历史。但这正是问题所在。然而，这不仅仅是将问题与现实结合起来。我们的历史工具和方法论也必须根据当前情况进行调整。这意味着，我们用来搜索历史的程序必须始终与时俱进。

在我看来，当前的挑战在于数字技术已经使得获取文档的可能性达到了我们以前梦寐以求的水平。我们只能接受这一挑战，同时尽量不要被这些媒体的使用方式所迷惑。我们应该创造自己的数字工具，再次重塑历史，也可以通过一些实验性的方式来进行，将其作为一种集体努力的方向。此外，要公开那些被历史学家藏匿的研究数据。

SZ：现在"集体"的概念也出现了，"总体"这个词一开始就出现了——也许我们还是要关注西蒙栋的观点。在您对技术的理解以及您处理技术的方式中，"总体""整体""集体"显然起着重要的作用：这些概念涉及元素之间的关系、个体之间的沟通，人和产品之间的互动。

HS：我认为，作为媒体学者和科学史学家，我们的紧要任务是，不仅能够谈论事物，而且能够让事物说话。当我想到"集体"或"整体"时，我首先想到的是以一种非常朴实的方式应对这种物体的陌生感。我这么说的背景是我在科研仪器史方面的工作。我们应该与那些本身没有意义的物体打交道。历史学家学会了处理书面资料，近年来还略通处理图像的技术。但我们还没有学会谈论技术对象，谈论仪器。对此，西蒙栋可能提出了一个不错的建议。我想说，他的强大之处在于向我们介绍了机器美学。西蒙栋拆解了技术对象，从内部观察它，并对其进行单独和有序的系列拍摄。他不仅发明了处理技术对象的新术语，还试图以一种新的方式来描述它们的发展。

仪器已经在等我们了。事实上，我相信在技术博物馆和收藏品中还有一片尚未开发的宝藏。这就是为什么我特别高兴哈特穆特·佩佐尔德（Hartmut Petzold）今晚能出现在这里。因为我对计时器很感兴趣，他就从慕尼黑德意志博物馆藏品中取出一个计时器，和我一起试了一下。这本身并不是一件轰动的学术事件，但对我和我的工作来说，体验到这些计时码器在运行时发出的喧闹声是极其重要的。这使我回到书本并关注声学领域，最终明白这是进行大脑-时间实验（Hirn-Zeit-Experiment）的一个非常重要的维度。

SZ：您甚至为博物馆的仪器研究写了一份总结文章。研究所的研究人员丹尼尔·伊尔冈也在这次活动中组织了一场研讨会，主题是媒体分析，而非人工制品分析。从这一点可以看出教学和科研兴趣点的转变。许多年前，哈特穆特·佩佐尔德也促使我对计算机历史产生了兴趣。显然，他对我们两个人都意义重大！

让我们从加塔利的机器概念的开放性重新开始，不仅是考虑到戏剧性，也因为它在我看来与您的技术概念关联紧密。在您编辑的《加塔利文本选集》（*Texten Guattaris*）中，他的演讲《论机器》（"Über Maschinen"）被印成了抄本。文中他谈到了新文化技术，比如处理超文本，也许可以有助于"推倒存在与事物之间的本体论铁幕"。后来他又提出："机器的自生和'超文本'地位具有实用性潜力。它使我们能够采取创造性的姿态和面对本体论铁幕的机器化结构的姿态，铁幕的一边是主体，另一边是事物。"[1]我想问您，作为研究加塔利作品的杰出专家，这是否暗示了他在新发展中重新思考机器的未完成项目？也许可以这样表达：数字技术对我们的历史思维提出了挑战，推动我们更新审视历史的方式。

HS：是的，这正是该项目所暗示的内容，而且它确实一直没有完成。然而，从今天的角度来看，对此我们要多加注意。加塔利于1992年去世，当时大多数人，包括他自己，距离互联网时代还很远。他对数字媒体有一定了解，但是对其持批评态度，因为数字媒体被看作是结构主义的一种体现，分为开/关、0/1或符号，S1/S2。我认为，加塔利的这个未完成的项目与他对主体性（Subjektivität）[2]产生的兴趣是密不可分的。加塔利晚期的一个基本见解是，我们没有主体性，它不是简单地赋予我们的，而是必须总是通过生产获得，无论是自己的还是他人的生产。这就是像精神分析领域的主张：产生可以称之为主体性的东西。

SZ：在我刚才引用的这段文字中，他还谈到了主体化机器——也许是这个方向上一个非常有趣的术语。

我想提出一个与此相关的问题，作为我们今天访谈的结束。在《机器的无意识》的结尾，您提出了一些有望实现的东西，同时这也与加塔利的机器概念有关。现在从我的角度来看，我有一个问题，或者说是挑衅，您有没有要补充的内容。我想引用一句话："从《反俄狄浦斯》的角

1　Félix Guattari, Über Maschinen, in: *Ästhetik und Maschinismus*. Texte zu und von Félix Guattari, hg. von Henning Schmidgen (Berlin 1995), S. 115–132, hier 132.
2　译者注：主体性（英语——Subjectivity），又译主观性，在哲学语境中与意识、能动性、人格、心灵哲学、现实和真理的观念有关。

度来看，人逐渐屈服于机器的论点必须由'拼装'（bricolage）[1]的概念来反驳。'强制程序员'或'机器人'的社会角色面对的是修理工，他用简单而有限的手段，不断地组装和拆卸自己的开放而灵活的机器，最终在生产和产品之间不再有任何区别。"[2]

HS：太可怕了！

SZ：在当时这可谓脱颖而出，因为在20世纪90年代大家都是这么做的。

HS：好吧，这其中包含了一种试图兼顾过程思维的呼吁：一方面，要认真对待物质的具体性和实体性，另一方面则是提供资源，不把这种实体性视为理所当然，而是可以追溯到事物基础的过程。

SZ：我觉得这其中的思想仍然非常有趣。它提到了解决工程师和工匠之间的矛盾：工程师在广义上与控制论相关，而工匠则更多地从中间地带发展开发性，并接近用户。应该还可以进一步发展，不应该放弃其中蕴藏的希望。现在是观众发言时间！

丹尼尔·伊尔冈：出于好奇，我提一个问题：德勒兹和加塔利试图用小草图和小图表来处理他们的一些概念，比如抽象机器或褶皱。我们熟悉德勒兹的图表，这些图表在他的文章中反复出现。加塔利用图表工作——这方面的理论工作可视为宝藏，现在也正在被挖掘出来。我知道您曾就吉勒斯·德勒兹的素描实践举办过一次讲座[3]。您对这些图表的探讨是否旨在通过图表将抽象概念具体化并使其具有操作性？您是否研究了

---

[1] 译者注：拼装（法语——bricolage，又译拼贴）此概念最初是由社会人类学家克劳德·列维-施特劳斯在1962年出版的著作《野性的思维》（*The Savage Mind*）中所提出。他认为修补匠和原始人类解决问题的方法类似：修补匠喜欢凡事自己动手做，并且会运用手边现有的工具和材料来完成工作；而当原始人类面对未曾遇过的问题时，并不会想出新的概念来解决，而是会重新组合并修改现有的方法，以适应这些新的状况。研究其他学科的思想家与作家也会借用拼装的概念，讨论创意艺术家、教师以及其他人士是如何修改现存的想法、材料和做法，并再加以运用，以应付新的状况。借用此概念的学科包括教育、艺术理论、法律，以及经济学。

[2] Schmidgen, *Das Unbewußte der Maschinen*, S. 169.

[3] 参见：Henning Schmidgen, Begriffszeichnungen. Über die philosophische Konzeptkunst von Gilles Deleuze, in: *Deleuze und die Künste*, hg. von Peter Gente und Peter Weibel (Frankfurt am Main 2007), S. 26–53.

图表作为与概念交互的媒介？

HS：我认为这些绘画对德勒兹和加塔利意义重大。而且我记得，自从德勒兹与加塔利合作以来，他就经常绘制图表。德勒兹谈到加塔利时说，他是一个会将自己的想法、概念设计为图表的人。事实上，至今仍让我着迷的一件事是，加塔利不是学者。他曾经上过大学，但辍学了，一直在拉伯德诊所工作，所以他实际上是一个狂野的思想家。我认为，他在只以自己的名义出版的书中展开了这个繁茂的图表世界——他称之为"精神分析制图"[1]。我不会把这理解为形式化的尝试，但它恰恰是关于德勒兹在提到保罗·克利（Paul Klee）时也描述的哲学思维的功能，他说，哲学不描绘不知何故在那里的东西，但它试图让这里的东西变得可见。我把加塔利的图表理解为试图使那些未呈现在眼前的物体变得可见和有形。

丹尼尔·厄尔冈：图表的目的是视觉化或其对象的生成。

HS：是的，没错。

SZ：一个比喻性的人物及翻译。加塔利的关于精神分裂症图谱的作品何时会出版德文译本？这已经提上日程了吗？

HS：据我所知，没有。我还认为在目前情况下，它可能会通过从美国再译到德国，因为以加塔利的名义出版的图书的译本已经在美国出版了[2]。如果在美国传播广泛，那么它肯定也会出德文版的。

SZ：还有什么问题吗？哈特穆特，您有什么问题？

哈特穆特·佩佐尔德：是的，施密德根先生，我想说一些话来证实您的演说。我在德国博物馆工作了20多年，您是唯一一个提出这种要求的人。有很多研究都与技术史有关，尤其是德意志博物馆一直在进行面向对象的研究，但从来没有人真正想做一些具体的事情。此外，是否真的做了实验是另一个问题。在您阐述的情况下，是有可能的，因为我们

---

1 参见：Félix Guattari, *Cartographies Schizoanalytiques* (Paris 1989)
2 《精神分析制图》以英文版出版：Félix Guattari, *Schizoanalytic Cartographies* (New York und London 2012)

的博物馆里有几个精密时计。因此，不一定要从陈列柜里拿出来，仓库里就有。我们那里还有一个能够专业组装这种东西的工作室，可以确保其真正发挥作用。这不是每个博物馆都能做到的，在较小的博物馆则更不可能。此外，还有这样的一种意识形态：不能碰文物，更不能动它，否则就会磨损文物。我的想法一直是：如果这里的计时器本可以使用100年，那么使用后虽然造成了损坏，但它还能使用99年。但实现这一想法是非常困难的。在这种情况下，只能在良好的环境中才能实现。我想补充的是，没有一家博物馆会努力创造这样的机会。在我看来，造成这种情况的一个主要原因是科学界没有特别的需求。

SZ：这也许与大多数从事技术和科学历史研究的人往往没有直接接触有关，他们来自人文学科专业，几乎没有接触的机会。另一方面，柏林工业大学条件很好，技术先进。如果我们谈到蒙太奇，就可以立即坐在剪辑台前上手操作，这是自然而然的一件事。我最初在萨尔茨堡教书时，去的第一个地方是德国博物馆，在那里我们看了那里所有的时间和图像机器，并在里面从早到晚待了三天。这是另外一种方法。

HS：听到需求如此之少，我很受打击。希望我的书能为改变做出一些贡献。在我的书中我试图强调，如果想在这个方向上走得更远，如果真的想研究机器，那您就必须去技术博物馆，真正去操作机器。我认为，为了产生有趣的研究问题，这一点是很有必要的。我也相信，如果能在博物馆操作好机器，那将对媒体课或科学史课大有裨益。在雷根斯堡大学，我与科学史系的克里斯托夫·迈内尔（Christoph Meinel）合作，随着时间推移，他积累了一整套收藏品。我们目前正在研究视觉错误，同时也在研究立体镜和其他仪器。我相信，当您亲自拿起这些东西并进行尝试时，会打开完全不同的视角。

SZ：幸运的是，我们这里有像阿尔贝托·德·坎波（Alberto de Campo）这样的同事，他们正在创办现代实验室，学生们可以上手操作感兴趣的机器。

嘉宾：布鲁诺·拉图尔提出了一些处理具体实验室情况的方法，讨论科学家研究的东西。您是研究拉图尔的专家。在我阅读拉图尔或研究他思想的来源时，如爱丁堡学派的"技术的社会构建方法（social construction of technology approach）"，我发现一方面它具有友善的特征，像民族志学者一样进入该领域并紧跟该领域的"积极分子"。但另一方面，例如关于政治经济学的问题则完全被忽略了。随后便是程式化的内容，例如拉图尔在《重组社会》（*Reassembling the Social*）[1] 中对持批判态度的社会学家采取反对的立场。但也可以在更早的时候发现这一点，例如"技术的社会构建学派（social construction of technology school）"也有提到，我们有塑造技术的社会群体，也有一些选择了其他可能性的——这与政治、经济结构有关，但我们不想过于深入研究。我认为这种在方法上对政治的抹杀是有问题的，因为在性别、种族歧视等方面显然存在着不平等。您认为一个人如何才能在不丢弃这种方法的情况下，将其进行延伸，同时实现政治批判？

HS：拉图尔可能会说，他所做的事情本质上是政治性的。这就是当代对政治的恰当定义。换句话说，一项政策并不限于关注社会中的利益集团说些什么，而是关注完全不同的问题，例如臭氧层空洞：自然和文化之间的联系是如何协调的？如果拉图尔坐在这里，他可能会回答说，您所呼吁的是一幅关于政治定义的美好旧图景，但今天的政治是完全不同的东西。我不是拉图尔，所以我也不会给您这个答案。我认为，您的问题囊括了各种问题，尤其是广义上的人种学的问题，或者像科学史中的例子，沿着所谓的案例研究进行工作。这种情况下，人们首先关注的是细节，而不是大局。您问的问题是完全正确的：我们如何从这些细节

1　Bruno Latour, *Reassembling the Social. An Introduction to Actor-Network-Theory* (Oxford und New York 2005).

回到大局？我的回答是（并非严肃的回答）：跟着"积极分子"走。但要确保您所关注的"积极分子"不是花架子。我们要考虑到，在研究实践中，我们总是在处理物质性问题。我看到了拉图尔方法的一个弱点——古斯塔夫·罗斯勒（Gustav Roßler）马上就会反驳我，因为作为拉图尔的译者，他更了解拉图尔[1]——拉图尔又把一切都转化到了纸上。我认为，这样就失去了一个基本的社会维度。我相信，只有当我们更多地从生产的角度思考，并考虑到这种生产总是在物质背景下发生，我们才能更了解社会问题。因此，我建议大家跟随的积极分子看起来与拉图尔心目中的积极分子完全不同。我不会跟着微生物走，我会跟着计时器走，然后由计时器进入电报厂，由电报厂再进入时间工业——只是在某个时候意识到，我对《资本论》的阅读并非完全无用，因为马克思已经描述过，在纳沙泰尔周围地区，时间电报和制表业形成了非常密切的联系。因此，我们面对的是某种生产形式和某种生产状况，且在社会上可以进一步分解。

SZ：罗斯勒先生，您同意吗？我们想听听您的意见，因为我们完全跳过了拉图尔，而实际上他是预设内容的一部分。也许您有什么想法吗？

古斯塔夫·罗斯勒：我觉得您对拉图尔的批评有些肤浅。当拉图尔对批判社会学（kritische Soziologie）采取反对立场时，也是具有政治性的。如果批判社会学在被批判的地方被他批判，那么它也应该被批判。应该发展一种更好的批判社会学。人们不能出于浪漫而提及布尔迪厄或左派社会学——如果它达不到所宣称的水平，理应接受批评。亨宁·施密德根在这里提出的是一种完全不同的方法。当然，人们可以另辟蹊径。但我不认为这种肤浅的批评是合理的。

---

[1] 译者的其他作品：*Von der Realpolitik zur Dingpolitik oder Wie man Dinge öffentlich macht* (Berlin 2005); *Eine neue Soziologie für eine neue Gesellschaft* (Frankfurt am Main 2007); *Wir sind nie modern gewesen. Versuch einer symmetrischen Anthropologie* (Frankfurt am Main 2008); *Aufklärungen. Gespräche mit Bruno Latour* (Berlin 2008); *Das Parlament der Dinge. Für eine politische Ökologie* (Frankfurt am Main 2009).

SZ：非常感谢！我想对亨宁·施密德根表示衷心的感谢。亨宁·施密德根的作品中有很多内容也十分有趣，但今天没有讨论到。在预讨论中，我们稍微聊了一下他在百科全书、词典和各种词汇方面的研究，正如我们所注意到的，这些词汇表目前广为使用。我们今天也没能谈及乔治·巴塔耶——亨宁·施密德根是为数不多从多个角度研究他的人之一。此外，他还重新发行和翻译了这本由巴塔勒与爱因斯坦、莱里斯等人共同创作的出色的批评词典[1]。下次再见！

记录整理：丹尼尔·伊尔冈、康斯坦丁·丹尼尔·哈恩斯奇

---

1 Henning Schmidgen und Rainer Maria Kiesow (Hg.), *Kritisches Wörterbuch. Beiträge von Georges Bataille, Carl Einstein, Marcel Griaule, Michel Leiris u. a.* (Berlin 2005)

尼尔斯·罗勒 / NILS RÖLLER

16

"有趣的是,'中间'作为一种充满可能性的空间,介于两个极端之间,位于被追捧的偶像之间。'中间'是不同于绝对性的相对存在。"

西格弗里德·齐林斯基(以下简称SZ)
尼尔斯·罗勒(以下简称NR)

摄影:托尔本·施蒂勒

SZ：很高兴尼尔斯·罗勒能作为嘉宾参加我们的访谈。活动的整个过程是流程化的，这对于这种活动来说是最佳选择，因为它可以让人完全专注于内容。一开始我会简单介绍一下尼尔斯·罗勒，不过是用我的方式，而不是对着网上找到的资料照本宣科。然后，我们会进行对话，我准备了一系列问题，访谈将沿着这些问题进行，但我们不是仅仅死板或教条地回答这些问题。

介绍一个熟人比介绍一个相隔甚远的陌生人更难。尼尔斯·罗勒是和我密切合作多年的工作伙伴。因此，对我来说，他自然属于我们关于媒介思维谱系的系列访谈的第一批人物。他的工作和他的学术生涯中，一直令我钦佩的是他面对异类的巨大勇气和他对看似众说纷纭、截然不同的事物的冷静态度。对于尼尔斯·罗勒来说，这种苗头早在他大学期间就出现了。20世纪80年代，他在柏林自由大学从事罗曼语和文化研究，并与沃尔夫冈·胡贝纳一起开展古典哲学教育工作，顺便提一下，这也让他与我们的同事埃克哈德·弗鲁斯相识。但这两项工作都不能满足他，他还涉足了当时在柏林刚刚兴起的媒介咨询和媒介学科的研究。现在诺伯特·博尔茨仍在柏林工业大学研究该领域。当时，柏林工业大学在该领域的研究重点包括人工制品——这是我们最青睐的词语之一，技术设备、大众传播和国际媒体背景。《跨越边界》（*Die Grenzüberschreitungen*）[1]是我们在1991年共同构思和撰写的第一本书，也是我们当时合作的第一个重大项目。

尼尔斯·罗勒的文章题目为《第二天堂：柠檬花盛开国度的广告片》（"Il Paradiso: Spots aus dem Land, in dem die Zitronen blühen"）[2]，其中包含对早期贝卢斯科尼帝国时期菲宁维斯特公司的分析。这篇文章以贝卢斯

1　Erwin Reiss und Siegfried Zielinski (Hg.), *Grenzüberschreitungen. Eine Reise durch die globale Filmlandscha* (Berlin, 1992).

2　Nils Röller, Il Paradiso: Spots aus dem Land, in dem die Zitronen blühen, in: *Grenzüberschreitungen*, hg. von Reiss und Zielinski.

科尼（Berlusconi）和菲宁维斯特公司之后发生的事情为背景，在20多年后再次阅读它是非常令人激动的。整个项目被称为"媒体垄断"，这也是一个很好的研讨会题目。

一方面是认识论和哲学美学的栖身之所，另一方面是日常媒体生活的沼泽——黑格尔与电视娱乐节目之间只有咫尺之遥。直到今天，这种对立关系仍然会引起尼尔斯·罗勒的关注，他本人也致力研究这种关系。近年来他有一篇文章叫《康德的指南针》（"Kants Kompass"）[1]。稍后我们还会再谈到这篇文章。

然而这些挑战对他来说还不够。1990年，尼尔斯·罗勒24岁时，我邀请他到艺术研究院发言，当时知识分子中的重量级人物也坐在那里[2]。主要嘉宾有巴琮·布洛克、未来学家罗伯特·荣格（Robert Jung）、文化哲学家威廉·弗卢塞尔和罗勒。讨论的内容不外乎是在发达的通信技术条件下文化的未来。讨论非常激烈，而且正如我们现在所知，引起了极大争议。顺便说一句，这场讨论被记录了下来，音频副本存放于弗卢塞尔档案馆，对这场讨论有兴趣的人可以回听。谈话非常激烈，非常令人兴奋。这也可能是让尼尔斯·罗勒更深入地研究威廉·弗卢塞尔作品的契机。受此影响，他还决定将尼尔斯·罗勒档案馆从慕尼黑迁至科隆媒体艺术学院，之后尼尔斯在档案馆的建立中发挥了关键作用。

这涉及一个时期，对这个时期我在谈话中尽量表述严谨、准确。在这段时间里，我们用了几年将理论和实践相结合，共同建立了一所新型艺术学校，一所关注艺术、科学和技术之间的互动，致力于处理这些对立关系的大学。当时这些对立关系让我们着迷——我相信今天仍然如此。我们稍后会更系统地讨论这个问题，因为艺术、科学和技术之间的这些

1　由埃克哈德·弗鲁斯和西格弗里德·齐林斯基主编的《康德的指南针》。具体见：Nils Röller, Kants Kompass in: *Variantology 3. On Deep Time Relations of Arts, Sciences and Technologies in China and Elsewhere.* (Köln, 2008).

2　"第一届欧洲电影和媒体艺术夏季学院"，于1990年7月22日在柏林的德国国家艺术研究院举办。

对立关系是我们媒介思维的关键部分。

尼尔斯·罗勒在获得博士学位前还做了另一件事，当时就让我很佩服他：他自信地开车去了意大利，毫不犹豫地对当时欧洲公认的一位伟大哲学家、威尼斯市长马西莫·卡奇亚里（Massimo Cacciari）进行了几次采访。他将这些对话写成了非常有趣的书《移民》（*Migranten*）[1]，该书于1995年由梅尔维出版社出版。

尼尔斯·罗勒的博士论文[2]专注于一个严格的概念性主题：一方面是数学家赫尔曼·外尔（Hermann Weyl）的媒体概念，另一方面是科学哲学家恩斯特·卡西尔（Ernst Cassirer）的媒体概念。当时，我觉得尼尔斯·罗勒真的需要全神贯注，这种严谨性不仅表现在作品的主题上，而且表现在他的创作方式上，以便能够平衡各种日常生活中从事的紧张的、新型的艺术实践，保持批判性并高效地行动。

尼尔斯·罗勒在苏黎世艺术大学艺术与媒介系从事媒介和文化理论的教学与研究已有10年时间。在那里，他与学生一起开展了各种各样的活动，杰出的线上展示和实验、众多展览、广播、广播剧、杂志、手册、图书项目以及与知名思想家和诗人，如汉斯-约格·莱茵伯格、菲利克斯-菲利普·英戈尔德（Felix Philipp Ingold）的合作。

在我们开始对话之前，我想简要介绍三项活动：一是尼尔斯·罗勒于2010年为苏黎世中央图书馆策划和举办的展览[3]。这座庄严的图书馆位于城市中心，展览中，他让与电和磁相关的艺术经验与科学经验相互碰撞。我也有幸参观，并对此留下了深刻的印象。

---

[1] 由尼尔斯·罗勒编辑和翻译的《移民》。具体见 Massimo Cacciari, Edmond Jabès und Luigi Nono, *Migranten* (Berlin, 1995).

[2] Nils Röller, *Medientheorie im epistemischen Übergang. Hermann Weyls Philosophie der Mathematik und Naturwissenschaft und Ernst Cassirers Philosophie der symbolischen Formen im Wechselverhältnis* (Weimar, 2002).

[3] „Magnetische Erfahrungen. Kunst begegnet Naturwissenscha", Zentralbibliothek Zürich, 13.01.–16.06.2010.

然后是一本非常新且刚刚出版的书——《罗特大帝》(*Roth der Große*)[1]，它讲了一个关于艺术家迪特尔·罗特（Dieter Roth）的故事——我想人们可以将它归类于短篇小说。该书于2013年出版，并拿到了苏黎世市的一个享有盛誉的文学奖。尼尔斯·罗勒用拿到的奖金继续修订这本小说，他也不得不这样做。我知道压力是相当大的——奖金肯定早就用光了。

第三个是《艺术、性和数学》期刊（*Journal für Kunst, Sex und Mathematik*）[2]，这是尼尔斯·罗勒与艺术家芭芭拉·埃尔默勒（Barbara Ellmerer）、艺术家伊夫·内茨哈默（Yves Netzhammer）一起开展了六七年的项目。他试图将通常难以融合的现象和事物结合在一起，以一种全新的关系来思考它们，并促进它们进一步发展。希望我们能在最后更详细地谈一谈这一点，也谈一谈这种在杂志标题中所展现的特殊的异质性。

正如我刚才所说，尼尔斯·罗勒不但学习哲学、意大利学以及技术媒体、媒介研究和媒介咨询，同时也一直密切地研究政治经济学、自然科学和数学问题。另一方面，他一直与艺术实验保持紧密联系，并且在这一领域最如鱼得水——这是他给我的印象。他在一所艺术学校教授媒介理论、机器思考与训练。我想问尼尔斯·罗勒的第一个问题是：在这个涉猎广泛的网络中，您更喜欢置身哪个领域？有没有对您的成长特别重要的学科？或者说是否存在一门交叉学科激发了您的潜能？

NR：首先，非常感谢您热情地邀请我参加这次访谈，也感谢您别出心裁地介绍我。有人可能会用文字游戏回答这个问题：你有自己的立足点吗？有些"有分量"的人会说："不，不，我没有立足点，我更需要的是一个立足的场地或立足的空间。"但这个说法实际上并没有正面回答问题。

---

1 Nils Röller, *Roth der Große* (Wien, 2013).

2 *Journal für Kunst, Sex und Mathematik*, hg. von Barbara Ellmerer, Yves Netzhammer, Nils Röller (2006 bis heute).

在柏林工业大学研究技术人工制品时是什么激励了我？顺便说一句，您没参加的足球队的名字就叫"人工制品"。实际上是一个非常简单的思维模式，我试图用两件事来展示。我已经在与彼得·魏贝尔的简短对话中介绍了其中一件：代达罗斯的处境——而不是伊卡洛斯（Ikarus）。伊卡洛斯有翅膀，想要逃离地球，飞向太阳，而不仅仅是逃离迷宫，而他的父亲代达罗斯真正的目标是在迷宫中找到出路并停留在迷宫的中间地带。这个"中间"是一种思维模式、一种方法而不是一门学科，对我来说它是一种线性发展。我对它充满信心，并希望进一步发展它。更简单来说：早上和晚上之间有什么？中午，正午。在过去，一天的正午是根据太阳的位置来测量的，然而，地球上每个地方的位置并不相同。这让我开始思考："中间"是什么？那里会有什么？"中间"如何跨越两个事物？比如早晚之间：中午，太阳处于最高位置。或者还有：目前在我们之间的是桌子、麦克风，从而形成了与大厅的特定关系。这几个例子可以用来思考"中间"是什么，在这其中是什么。思考这些问题实际上是从我在柏林工业大学学习开始的，这经常成为大家讨论的话题。

SZ：所以，媒介思维最直接的意思就是字面意义上的"中间"。或许，从这层比喻义上说，这也是一个偏移的中心。所以"中间"不是中心的意思，不是一种可以控制事物的权力中心，而是在意义上偏离了中心，它的意思是事物聚集在一起，相互关联，然后人们在中间可以从不同的角度采取行动。

NR：是的，确切地说，"中间"不是权力，也不是中间王国、权力中心，而是出现在两个极端之间的东西。极端情况，例如体育运动中的顶级表现或最高效率和极小极大原则，并不是最有趣的。有趣的是，"中间"作为一种充满可能性的空间，介于两个极端之间，位于被追捧的偶像之间。"中间"是不同于绝对性的相对存在。

SZ：关系、联系，这二者都在您的思考、在您的媒介思维中扮演着重要的角色。现在这里有一些隐喻和图像，如果我们知道您的一些作品标题，就可以大致猜测这些隐喻和图像的意思。稍后我们将更明确和详细地讨论导航、方向。让我们尝试回到这种思维的最开始，即使对于年轻人来说可能有点枯燥。但了解我们是如何走到这一步是至关重要的。

在介绍您时，我强调您在大学期间已经体验过这种对立平衡关系。一方面是柏林自由大学严格以人文为导向的哲学，另一方面是针对性地去恩斯特路透广场的柏林工业大学研究所参观学习。我们应该如何理解这一点呢？此外，您一直活跃在实验艺术领域。在座有很多您认识的人，他们当时还很年轻，正在做他们自己喜欢的事、自己的疯狂项目——致命多乐丝乐队（Die Tödliche Doris）和其他许多项目。这本质上是同一件事，不是吗？

NR：恰恰不是。

SZ：您能给我们稍微解释一下吗？

NR：那时——也是那个时候我意识到自己老了——学生们问我："尼尔斯，柏林墙还在的时候是什么样子？"这让我很吃惊。他们向我提问，就像我过去问别人："战争是什么样子的？"这清楚地表明，我们之间存在着很大的差异。当然，柏林是一个方面，因为那堵墙，人们只能从德莱林登（Dreilinden）搭车离开。但对我来说，目的地显然是克罗伊茨贝格（Kreuzberg）的致命多乐丝、奥拉宁酒吧、建材厂、乳品店。这些都是充满活力的场所，并在很大程度上受到同性恋运动的影响，也刻下追寻同性美学的烙印，虽然那里并不常讨论这个，但也从来没有排斥的想法。

那里的氛围很有趣，我实际上只是把柏林自由大学当作住宿的地方，这样我就可以做一些别的事情，并不是因为我是酒徒，而是因为我自己承担学费，所以我手头并不宽裕。但对我来说，我的学业最初只是一个安全栏，那时的柏林自由大学也并不十分吸引人。

如果您看过这些档案，例如"诗学与诠释学"系列会议的报告，您就会知道雅各布·陶布斯，但也有一些我完全不了解的人，那超出了我在家乡时的视野。托伊尼森和图根哈特生活在战时的威廉港镇。我知道他们，也可能注意到了他们，但我当时对他们不感兴趣。实际上，我一开始上大学是看上了学校的暖气，因为柏林真的很冷。然后我决定学习哲学，因为当时要求很低——只需要修4个学分。

对我来说，一个重要的人物也许是胡伯特·菲希特（Hubert Fichte），这位德国作家多次搬到偏远的地方，例如巴西的巴伊亚。这在战后古怪的德国也不足为奇，毕竟他在德国的童年笼罩着石油危机，一切都是灰色的。胡伯特·菲希特出版了关于巴伊亚[1]，非洲和其他地方的摄影集，对我来说他是一位能让我追随他的脚步，从而塑造自我生活的人物。在柏林的这段时间使我能够到柏林自由大学去学习语言。

我看到了您在系列丛书的系统主张。我肯定不是唯一一个想过这个问题的人。虽然对此存在争议，但媒介思维并没有出现在1985年的柏林大学。我们有"逻辑性预备教育""赫西俄德导论"和"概念史"等研讨会。当时在柏林也有一种非常保守的倾向。柏林自由大学相对来说比较不羁，特别是在哲学方面，人们有意用哲学史来使不羁的柏林自由大学和哲学平静下来，同时我们也与哲学史成了朋友。唯一有所作为的是迪特玛尔·坎普。很奇怪，我实际上是在意大利了解他的。我想这可以说与我们的媒体垄断项目有关。当时我搭车前往了意大利，去温习我的意大利语。在这个电视化的意大利，贝卢斯科尼创办了超市、电台和电视台，我看到马歇尔·麦克卢汉的作品——我通过你知道的他——突然

---

1 Hubert Fichte und Leonore Mau, *Xango. Die afroamerikanischen Religionen. Bahia, Haiti, Trinidad* (Frankfurt, 1976); Hubert Fichte, *Xango. Die afroamerikanischen Religionen II. Bahia, Haiti, Trinidad* (Frankfurt, 1976)

被翻译成了意大利语。我回到柏林后,看到柏林自由大学阐释学研究所某处挂着一张 A4 纸,上面写着非常小的一行字"迪特玛尔·坎普,诺伯特·博尔茨——媒介思维"。我去了那里,只有五六个人,但迪特玛尔·坎普很高兴至少有学生去了。我想那是在 1988 年。那是改变的第一个迹象。随后又出现了另一个非常有趣的时刻,我当时没能领会,就是阐释学研究所的教授职位应该由谁填补的问题。那时埃克哈德·弗鲁斯在这个研究所学习,诺伯特·博尔茨是这里的助手。这是一场一直延伸到柏林参议院的争端。基特勒都来参加了讨论。最后沃尔夫冈·韦尔施(Wolfgang Welsch)接替了已故的雅各布·陶布斯。他曾翻译过利奥塔,他新潮的思想在当时是一枝独秀,这就是为什么大家都去那里[1]。他在那里改变了一些东西。无论是在柏林工业大学,在这里,在你们所坐的房间里,还是在柏林艺术大学,这种思想都是令人振奋的。

SZ:猜想出版社的成立和您与克劳斯·桑德(Klaus Sander)一起制作的第一批 CD——《圣保利访谈录》(St. Pauli Interviews)[2]等,也与胡伯特·菲希特有关。

但是,让我们重新回到柏林自由大学的媒介思维,因为我们已经与西皮尔·克莱默尔和亨宁·施密德根从不同角度讨论了"柏林自由大学哲学"。现在是第三次,也许也是最后一次。

我现在的问题是:朝着柏林工业大学的恩斯特路透广场方向发展的媒介思维——技术—创造思维,当然还有世俗的大众媒体思维,在当时也许并不那么通俗,如实验电影和实验录像——也许是柏林自由大学大力宣扬的庄重的概念性学术的相反面?那是一种类似革命的反

---

[1] 关于韦尔施(Welsch)对让-弗朗索瓦·利奥塔、詹尼·瓦蒂莫(Gianni Vattimo)、米歇尔·福柯、吉尔·德勒兹、雅克·德里达,让·鲍德里亚、理查德·罗蒂(Richard Rorty)、希拉·本哈比卜(Shyla Benhabib)、霍尔·福斯特(Hal Foster)和弗雷德里克·詹姆森等作家的后现代立场的总结,具体见:Wolfgang Welsch, *Unsere postmoderne Moderne* (Weinheim, 1987).

[2] Hubert Fichte, *Die St. Pauli Interviews* (Tonträger, Originalaufnahmen 1969), hg. von Nils Röller und Klaus Sander (Köln 2000).

击吗？

NR：它不一定庄重，但一定很无聊。这就是问题所在，这就是为什么没有人留在那里。现在回想起来，人们认为已经有了某种类型的哲学家，但他们本质上仍然是在阅读文本，然后在其中定位自己。回到我们刚才说的，康拉丁·莱纳（Konradin Leiner）通过创办梅尔维出版社而为人所知，那时他就开始与我合作。他试图推动一些事情，但我们这些想与世界产生联系的人在哲学上或多或少是孤独的。在某些学科中存在一些思想领袖，但让我们感兴趣的是其他思考：柏林发生了什么？有录像片，甚至致命多乐丝乐队也拍过相关的录像片。我们的夜生活如何以某种方式融入阅读的世界？人们能将阅读实践与在酒吧里的紧张工作相协调，以及能与那里的人交流吗？这就是巨大的差异。

SZ：还有写作实践！

NR：是的，还有写作实践。在哲学领域，不会有人帮助你写文章。这更像是一个十年的等待，先竭尽所能阅读，然后再写作。我认为那是很不寻常的，幸运的是，现在情况发生了变化。但那时，柏林工业大学突然出现了一个疯狂的团体。它被称为"媒介咨询"或之类的名称。

SZ："媒介咨询"——多么轻狂。

NR：是的，非常奇怪。突然间，有很多人不得不去看书，学习日耳曼语言文学，但他们并不知道自己到底想要什么。然后他们注意到您开设的课程，可以谈一谈电影，然后像格拉夫·豪芬（Graf Haufen）这样的人会展示他的视频收藏和粉丝杂志集。

SZ：后来，格拉夫·豪芬又创办了"Videodrom"。这是这座城市里最好的视频收藏馆，以前在佐塞纳大街（Zossener Straße），现在位于弗里森大街（Friesenstraße），那里可以找到各种前卫电影和世界上最好的暴力电影，很好地满足了喜爱此类电影的观众的需求。他是唯一拥有海因茨·艾米高斯（Heinz Emigholz）作品集的人。如果有人正在寻找这些资料，可以在他那里找到。但他也有尤戈·布特格雷特（Jörg Buttgereit）拍摄的最差劲的电影，如《死亡之王》（*Todesking*）[1]。

NR：或是残酷纪录片[2]。他在研讨班上也向你展示过。

SZ：我清楚地记得格拉夫·豪芬和其他人一起做的报告。有时文字和图像被同学投影到他的身上。这就是传媒学。接着他说："我就是媒介。"他可以说是充当了一个投影媒介。那是非常有趣的，我们进行了热烈的讨论。

回到谱系这个问题。也许您将柏林自由大学哲学系描述成学术低迷和无聊的原因也在于，您曾在四处寻找完全不同的哲学元取向。我记得很清楚，因为您掌握了法语，您是很早就研究德勒兹和加塔利的人之一，尤其是两大卷《资本主义和精神分裂》（*Schizophrenie und Kapitalismus*）[3]。接着《千高原》[4]真的成为您智识发展中非常重要的一本书。多年来，它讲的是关于"根茎"、关于"层"和许多在概念上提出的东西。这是不是一种正确的解释，即您在寻找一种哲学的元取向，您在法国找到了这种元取向——如果可以这么说的话——它与作为学术哲学所教授的东西不尽相同？

NR：是的，我想它也与克雷勒大街（Crellestraße）（梅尔维出版社的所在地）有关。但是，当德勒兹和加塔利由苏尔坎普出版社负责出版时，哈贝马斯进行了干预，他们产生了争执。此后是一片寂静。《南德意志报》（*Die Süddeutsche Zeitung*）和《法兰克福汇报》（*FAZ*）几十年来一

---

1 *Der Todesking*, Episodenfilm von Jörg Buttgereit (BRD, 1990).

2 残酷流派建立在保罗·卡瓦拉（Paolo Cavara）、瓜蒂耶罗·雅克佩蒂（Gualtiero Jacopetti）和弗兰克·普罗斯佩里（Franco Posperi）的伪纪录片《世界残酷奇谭》（*Mondo Cane*）（意大利1962年）之上。

3 Gilles Deleuze und Félix Guattari, *Anti-Ödipus. Kapitalismus und Schizophrenie I* (Frankfurt, 1977); im Original: *L'Anti-Œdipe – Capitalisme et schizophrénie* (Paris, 1972).

4 Gilles Deleuze und Félix Guattari, *Tausend Plateaus. Kapitalismus und Schizophrenie II* (Berlin, 1992); im Original: *Capitalisme et Schizophrénie, tome 2: Mille Plateaux* (Paris, 1980).

直回避这个话题。我是第一批在《南德意志报》上评论梅尔维丛书的人之一，他们对此非常感激。但在话语规则中，实际上这是禁忌之地。我们曾经和胡贝纳讨论过《论文字学》[1]，在那之前，有一段疯狂的时间，我现在还记得。斯从狄和陶布斯邀请了德里达和所有其他人，但这实际上是一种封锁，一种话语封锁。当时出席的更多的是克罗伊茨贝格人，还有一些哲学家，或许你们读过他们的作品。人们对威廉·施密特-比格曼突然开始研究《论文字学》感到十分惊讶。

SZ：真的吗？

NR：是的，是在大约10年或20年后。西皮尔·克莱默尔当时也在。我并没有恶意，但他的话语突然变得柔和开放。这在我学习的时候是绝不可能的，除了少数像坎普或胡贝纳这样的怪人。另一方面，我一直避免将德勒兹和加塔利的书以某种方式变成圣经。我们绝不应该把这些书当作圣经来读，而应该把它们当作一种尝试，看看在这个话语的牢笼里，正如我们在回顾中针对性地指出的那样，如何能够保持哲学思考，保持对文学和思考的热情，从而发展自己的话语。

SZ：我希望我们能在访谈结尾时再来讨论这个问题。我也觉得这个问题非常有趣，我们已经触及了几次，目前是什么取代了像德勒兹和加塔利作品呈现出的那种更大的导向？许多事情发生了巨大变化，问题是现在是否还存在这样的大导向的时代，毕竟它们本身就声称不再是大导向。也许我们可以再谈一谈这个问题。首先，根据您的陈述，我有一个听起来有点老生常谈的问题：回顾过去时，您是否认为存在过这样一个柏林媒介学派或柏林媒介研究、传媒学？现在流传着这些说法，然后我们发现，那些自称是柏林媒介学派的人来自各地，但不是来自柏林。这也许是另一个问题，人们想借此凸显一个正在发生或发生过特殊事件的

---

[1] Jacques Derrida, *Grammatologie* (Frankfurt 1974); im Original: *De la grammatologie* (Paris 1967).

地方，而这个地方自然会被载入史册。

NR：我认为，一方面这与柏林墙有很大关系，另一方面与重组洪堡大学整个人文科学的任务有关。但实际上当时我已经在和您去科隆的路上了。

说到当时在夏洛腾堡工业大学发生的事情，我一直在思考"学派"这个词是否适合霍勒雷尔、克尼利、雷斯（Reiss）和齐林斯基的工作。我认为，从某种意义上说，它并不适用。因为也许除了关于大屠杀的研究，他们没有建立一个可以快速对接的大型话语集团，从而用来撰写论文和研究项目。然而，另一方面，如果从个人方面来说的话，它对我产生了很大的影响。因为在那时就有类似于媒体学派的东西，虽然只涉及非常具体的伦理交往：如何与人打交道？如何处理"人与仪器"之间的关系，即与技术或大学机构的关系？您养成了一种对人而不是对完善的主体非常体贴的举止。我会将其理解为培养或教育。还有一种心态是，话语也许并不代表一切，实干家和工程师也应当得到尊重。这也是一种酷——说起来很怀念，在那个研讨会上有一些非常酷的人。保卢斯·尼夫（Paulus Neef）有一次和我一起做报告，他给自己戴上了一个好笑的铝制皇冠，后来他被称为德国的比尔·盖茨。那里有一种开创性的氛围。

SZ：他是像素公园的创办者。

NR：还有一些人，有可能是50岁还和母亲住在一起的人，他们对柏林的地方电影院感兴趣。这是一个话语空间，使极端的开拓者和来自柏林社会生态中非常苦难的个体能够共存。我想称之为柏林媒体学派。后来我看了克尼利在"技术时代的语言"方面所做的工作——你们在这方面的研究要详细得多——然后我才意识到为什么那是可能实现的。

SZ：最令人惊奇的事情可能真的是这种极端异质性的立场。他们存在并自然而然地受到尊重。在今天，这种异质性有时恢复起来很困难，需要用各种办法。这让人很纳闷，所以有些人在那里学习，他们中有人后来在医生乐队中一举成名,例如哈根·利宾(Hagen Liebing),或者斯文·雷根纳(Sven Regener),犯罪元素的歌手,也有人为尤戈·布特格雷特的《死亡之王》和《困惑的浪漫》(Nekromantik)[1]写剧本。这不仅有效——真是一个愚蠢的词,也是一种可以享受的文化,正是得益于这种极端的紧张关系。

下一个部分的主题与《移民》[2]有关。我想用一个问题稍显麻烦地引出这一点,希望不会太复杂:研究卡奇亚里、雅贝斯(Jabès)和路易吉·诺诺(Luigi Nono)的背景是什么?在我的解读中,这也与您有意想挣脱我们工作中学术背景下的德语有很大关系。在这本书中,两位威尼斯人和出生在开罗的巴黎人雅贝斯,他们都有作品收录在这本书中。您提供了这些文本,以作者面对其他文本时最贴近的方式——你翻译了它们。您将这些文章制作成精美的梅尔维小书册,并且进行非常深入的研究。首先是一个普通的问题:对您来说,这三者之间有什么联系?作曲家,哲学家,也就是当时的威尼斯市长,以及非常奇特的雅贝斯,他隐居时发展了他的诗意哲学思想,写下了精彩的《不起疑的颠覆性小书》(Das kleine unverdächtiges Buch der Subversion)[3]和其他许多优美的作品。是什么把他们联系在一起?移民主义?

NR:他们在现实生活中一起工作过。几乎不为人知的是,路易吉·诺诺的最后一部作品是为埃德蒙·雅贝斯创作的。它从未出版过,但却被演奏过[4]。卡奇亚里给了雅贝斯这本为他写的书——甚至是法语版的。所以这里有一个直接的联系:卡奇亚里读了这本书,并且展示给他的作曲家朋友看,然后他为这本书作了一首曲子。所以他们之间存在一种真

---

[1] *Nekromantik*, Spielfilm von Jörg Buttgereit(BRD, 1987).

[2] 尼尔斯·罗勒翻译和编辑的《移民》(Migranten)。具体见Cacciari, Jabès, Nono, *Migranten*.

[3] Edmond Jabès, *Das kleine unverdächtige Buch der Subversionc* (München 1985); im Original: *Le petit livre de la subversion hors de soupçon* (Paris 1982).

[4] *Découvrir la subversion*, Komposition von Luigi Nono(1987年在巴黎演出)。

正的联系。

让我着迷的是我在柏林了解到的一种激进主义。柏林是我非常欣赏的一个城市，我十分感激它。当时——也许今天仍然如此——那里有一种特殊形式的激进主义：人们掀翻警车，奥兰尼安大街（Oranienstraße）上发生火灾。对于来自德国北部的我来说，这在当时是非常新鲜的。

SZ：当时您住在克罗伊茨贝格，对吗？

NR：是的，那里有一种我前所未闻的激进主义。后来我通过他们的著作认识了他们，他们都非常激进。这也许可以在路易吉·诺诺身上看出端倪，他把音乐厅带到了工厂[1]——我当时对此一无所知。我父亲一直用一个非常奇怪的唱片机听诺诺的歌。我根本不明白人们怎么能听这样的东西，直到我开始接触梅尔维出版社的作品。但那个诺诺，当被问到"你认为现代最好的作曲家是谁"时，他回答说："古巴人民！"那是一种宣告。在他的晚期作品中，我觉得最具激励性的是他对荷尔德林（Hölderlin）和雅贝斯的探索。他对此说："不，我没有变得不关心政治。对文字的探索，对语言和声音的可能性的探索，这对我来说是非常政治性的。"当然，与此同时，我承认有一些世俗的吸引力，我认识了著作等身的威尼斯市长马西莫·卡奇亚里，并且立即注意到这个人过着绝对禁欲的生活，他甚至从不在家里喝咖啡！那是令人印象深刻的。我和雅贝斯没有个人交往，但他让我吃惊的地方，也是在激进主义方面，他使用非常简单的词语，如门、门槛、叶子、白色、黑色，却能同时建立起对抗西方神学的概念。

SZ：如果我可以深入挖掘的话，这是一个有趣的观点。这一点在雅贝斯的《不起疑的颠覆》（*Von den unverdächtigen Subversionen*）一书中也得到了很好的表达。它包含了一种颠覆的策略或战术，非常漂亮，直

1　*La Fabbrica Illuminata*, Komposition von Luigi Nono（1964）.

言不讳地说，因为它不是破坏性的，并不涉及宏大的姿态，而是代表一个人行动体系中的微小转变。发生的小转变，却能够发挥巨大的力量，这意味着，不用破坏语言的基本结构，而是通过语义结构的转变来创造颠覆。

NR：甚至还有这样简单的暗示，在英语中，"god"这个词和"dog"这个词有相同的字母。所以上帝是狗。这就是你在这本书中可以学到的东西。

SZ：迁徙的行为或姿态与这三个人相关，也与颠覆的想法紧密相连，至少在您的书出版时，我是这样认为的。雅贝斯写了很多关于这方面的文章，卡奇亚里和诺诺对此作出了回应，他们一起讨论了这个问题。这种迁徙的姿态，运动的姿态，在您的思考中有着极其重要的作用。我们将在讨论弗卢塞尔的作品中再次提到这一点：无根的存在——再也感受不到脚下的土地。然后出现一种运动，这种运动关系着寻找，同时也与自由有关，您在自己的传记中也总是这样做。总是确保不要在某个地方被制度化束缚，而是要保持思维的运动。

NR：这非常困难，不过也许这算得上是一件趣事：上周我和一个一起划船的朋友吃了奶酪火锅。他是一名伊朗的建筑师，10岁时步行途经土耳其逃离了伊朗。这是对移民的一种理解，幸运的是，我一直与这种理解保持距离。即使在富裕的瑞士，也会有这样的人生规划，你们也都清楚。我认为必须面对这些。从一个稍微不同的角度来看，我们这些生活条件较好的人也必须相对频繁地改变我们的居住地。我不得不在欧洲境内搬了三次家，每次都建立了全新的友谊。这是一种由移居造成的思维模式，但当然不是世界上大部分人必须经历的严酷问题。这是一个额外的、政治的维度。对此，我非常关注的结构性问题是战后德国的局势。我来自威廉港，这个城市曾两次被夷为平地，经常被外界力量统治，目前则是由欧盟的一个主要港口项目管理。这些经历非常具有塑造性，在德国，或者在前南斯拉夫都有可能发生，那里的家庭失去了脚下依靠的土地。当人们流离失所时，自然不能沾沾自喜地进行哲学思考。

弗卢塞尔的迷人之处在于，他决定不留在巴西，他年轻时不得不逃往那里，并在那里从头开始。他在那里建造了存在的家园，创造了文化，帮助发展了官方语言，然而他却离开了。

SZ：当时那里也存在一个军事独裁政权。

NR：但他离开了那里，他本可以让自己过得很舒服。这就是令人着迷的地方。他实际上不再允许自己有一个地方停留，不允许自己有一个家。在这一点上，他可能比许多当代哲学家还要激进。当一种想法可以防止产生其他绝对性时，这种想法已经很极端了。弗卢塞尔的有趣之处在于他不反对任何绝对的东西。

SZ：让我们继续谈弗卢塞尔吧。弗卢塞尔的思维，以及他的一生，表现了无根状态、无根的概念、无根基的存在、在悬浮和迁移中的思维。我知道这一直让您非常着迷，今天仍然占据着您的心。如果可以这么说的话，这也是弗卢塞尔的媒介哲学思想的基本内容吗？还是还有其他方面构成了他的魅力？您曾经有过长时间地追随他的经历，我在刚开始也提到，您年轻时就和他坐在同一个讨论会的台上对话。您能够体验到他是如何对待机器的，他是如何试图对机器确定一种态度——对此他付出了很多努力，也带来很多闹剧和消遣。这与您自己的思想有什么关系吗？有什么特别之处影响了您，使您着迷？

NR：其他人很清楚地认识了这一点：他们对弗卢塞尔发起了拒绝运动。甚至在小组讨论之前，我就参与过很多次对话，实际上都是在说：弗卢塞尔是一个有绿色圆点的哲学家，就是那个回收标志。他的写作包含所有主题。首先是摄影，然后是视频，然后是文字，反之亦然。不管当时《明镜周刊》上推荐了什么，都会有弗卢塞尔的作品。还有一件事，当我在艺术学院听他讲话时，他说话总是太大声，而且不让别人说一句话，令人震惊，真的很可怕。一种霸道的话语型大猩猩。因此，小组讨论就变成了大演说家巴琮·布洛克、可怜的罗伯特·荣格、可怜的西格弗里德·齐林斯基以及后来的弗卢塞尔之间的对决。这对我来说非常困难，因为事后我无法真正严肃地看待这场讨论会。

　　随后的变化更多是因为档案馆。长话短说：这个档案馆与柏林自由大学或柏林工业大学图书馆相比的特殊之处在那儿突然出现了录音磁带。磁带被手工贴上标签，是档案的一部分；我对录像带不那么感兴趣。但是那里有很多磁带，我们已经听过了这些磁带，其中一些我们必须要听，因为与之后做的一个研究项目有关。那时弗卢塞尔已经去世了，然而一些现象引起了我的注意：弗卢塞尔说话的声音总是从饱满的胸膛的传出，他就是他自己，而不是从喉咙里紧绷地说话。我从磁带中可以听到，他耐心听每一个记者、每一个艺术家讲话，即使他们问了最愚蠢的问题。显然，他在每一次谈话都这样做，任何人都可以来找他。他在慕尼黑的工厂联合会档案馆时，他很快就与那些想向他提问的艺术家们约好了第二天早上的时间。一切都被记录下来。我们可以从这些谈话中听出，他花了很多时间，他实际上具备一种我认为很有趣的哲学构成。因此，他不仅仅是通过出席来宣扬自己存在的喋喋不休者，而且是以一种非常独特的方式以移居者的身份重述了我心中的思想，当然还有其他不同的阶段。这对他产生了前所未有的巨大吸引力，他在布拉格放弃了学业，然后私下里进行哲学思考，最终实际上达成了一种哲学，这种哲学既能满足论述中的所有要求，也可以直接应用于当前的问题，如摄影、展览、工作坊。

　　SZ：我想再次深入讨论这一方面，因为您的一些作品也是由此产生的：语言、声音、音调和打字机。弗卢塞尔在机械打字机上写下他的文章。如果我当时对您的文章理解正确，您还想明确表示这是一种机器在其中发挥作用的写作和说话。可以这么说，写作工具会随着想法一起写作。您已经写了一两篇关于声音和打字机之间联系的重要论文。[1]

NR：对声音颇有研究的是查尔斯·奥尔森（Charles Olsen）和"垮掉的一代"。我最近也在弗卢塞尔档案馆读过他的自传《无根之地》（*Bodenlos*）[2]，令人着迷的是他学习巴西葡萄牙语的速度，以及他想象自己像电脑程序员一样习得了某些东西。然后他注意到他想扩充的分词，并决定学习它们。他有明确的目标，要找到一种巴西葡萄牙语风格，也就是弗卢塞尔风格。这么一个非常果断决定的人，几乎和席勒一样。席勒想写一部作品，于是他坐下来研究，然后威廉·退尔（Wilhelm Tell）就出现了。正如弗卢塞尔在他的自传《无根之地》中写到的，他有一个计划："我想成为一名语言随笔作家和哲学家。我正在研究如何在报纸上准确传达这种语言——巴西葡萄牙语。"那是在圣保罗州，我想他每周六都要交四页打字稿。他系统地思考了这个问题。除了有时在科隆和你一起非常辛苦地工作和写作博士论文，我发现这个问题对我来说很有吸引力：人们如何自己学会说和写？让我着迷的是，弗卢塞尔与最早做长期研究的柏林自由大学老师不同，他实际上已经有相当完善的规则、方法和技巧来进行思考。当然，当时已经可以通过录音磁带听到他的声音了。这一直是我的动力，我想说的是，我们是通过声音来接触文本的。

SZ：您阐述了一些非常重要的东西，我认为这对您思考媒介的方式非常重要：接近实验和精确观察实验中发生的事情。因此，我试图搭建一座桥梁，将您的工作和我们在科隆和媒体艺术学院的合作阶段联系起来。

我们真正感兴趣的是，我们有机会以一种非常令人振奋的方式，通过实验性实践思考诸如人机关系之类的重大问题。这一切通常是在别人

1　参见：Nils Röller, *Revolution of the Ear? The Typewriter as a Listening Aid*, in: *Variantology 1*, hg. von Siegfried Zielinski und Silvia Wagnermaier (Köln 2005), S. 195–206.

2　Vilém Flusser, *Bodenlos. Eine philosophische Autobiographie* (Bensheim und Düsseldorf 1992).

的支持下进行的。例如，我们在1995年创建数字艺术节。1999年我们拍摄了一部关于该节日的纪录片，名为《数字自治》（*Digitale Autonomie*）[1]。受邀嘉宾有与尼尔斯·罗勒共事过的克里斯托弗·施林根西夫（Christoph Schlingensief），以及一位伟大的阿根廷诗人和电影制片人费尔南多·比利（Fernando Birri），他与切·格瓦拉（Che Guevara）和菲德尔·卡斯特罗（Fidel Castro）很熟，在哈瓦那建立了电影学院。我们在电影院的公共空间里融合并放映了一些片段，这些片段来自统一广播电台的歌手格里·巴格伊恩（Gry Bagøien）以及保罗·莫里西（Paul Morrissey）。关键是要让异质的东西互相碰撞。尼尔斯，当时我们试图把极端不同的元素结合在一起，比如施林根西夫的实验性戏剧实践、里查德·利科克（Richard Leacock）的摄影作品、费尔南多·比利的电影作品、各种作家的诗歌作品，让这种异质性成为一种实际的知识和艺术实践。在我看来，这就是数字电影节的核心所在，而这一切是在数字化大众传播仍处于萌芽状态的时候发展起来的。您不仅是这件事的主要参与者，还是它的重要推动者。您当时是怎么想的？是什么想法驱使您这么做？我们也一直在公共空间行动，空间对我们来说非常重要。整个活动都在科隆路德维希博物馆的电影资料馆中举行，那是一个公共空间。各种机器、发明者和制造者们都汇聚在那里。

NR：那是一个巨大的挑战，也因为它在政治上有很大的争议。科隆市和北莱茵-威斯特法伦州希望在科隆举办一个电影节，如果可能的话，要比柏林电影节规模更大，投入这个项目后，预算所剩无几。当时，您得到了举办数字电影节的机会，思考了如何合理地使用这笔钱。从结构方法论的角度来看，我更感兴趣的是一个非常重要的范式，当一个话语在可预见的未来会被关闭时，如何尽可能长时间地保持开放。那是非常

---

1 *Digitale Autonomie*, Dokumentarfilm von Oliver Schwabe, Jakob Hüfner und Christian Becker (BRD 1999).

有趣的。一开始,我们几乎不需要做什么;我们几乎每天都出现在所有的媒体报道上。我们也被邀请上电视,因为每个人都对此怀有期待。当时你谈到了数字炼金术士,谁能对数字化做一些机智的或突破性的发言,谁就能来参加,这就是我们最初通过这个节目所做的。我们做了我们认为有意义的事情后,我们就退居边缘了,这实际上是很好的。

在那一刻,我被将数字化的技术、创新、测量和陈词滥调与艺术策略、经验结合起来的挑战所吸引,正如字母派在20世纪50年代所做的那样。伊西多尔·伊苏在戛纳放映了一部只有音轨的电影,因为他没有足够的钱来冲洗胶片。稍后我们会放映这部影片。我们还邀请了莫里斯·勒梅特,他当时跟着电影胶片搭便车,因为只有伊西多尔·伊苏拿到了运送电影胶片的火车票。我们感兴趣的是,字母派的情况是否与托马斯·布林克曼(Thomas Brinkmann)的情况相似,他是当时科隆流行电子摇滚乐的一位新星,通过设计安装布尔托橱柜来维持生计,但实际上是在发展他自己的美学。然后我们将他们相互联系在一起。我对三件事极为着迷。一方面是社会政治框架条件给予的机会,另一方面是将这种机会与已经完备的实践联系起来的挑战,让我们称之为字母派的实践——凯斯·格里菲斯(Keith Griffiths)带来了实验电影运动的雏形——再反过来将其与当前的艺术生活概念联系起来。举个例子,费尔南多·比利身上有非常令人触动的地方。他喜欢画画,也不得不多次移民,但在79岁的时候,这位老人得到了一台数码相机,然后出去采访了他感兴趣的人,比如克里斯托弗·施林根西夫。于是我们问自己,如果我们能让他们两个人再次聚在一起,会是什么样子。一个是克里斯托弗·施林根西夫,一个是费尔南多·比利,后者在79岁时发现了数码相机的魔力,并且像里查德·利科克一样,完全热衷在美学项目中保持完全独立,无论是电影开发还是电影剪辑。然后我们有机会问施林根西夫,他是如何遇到费尔南多·比利的。事情是这样的:当更为年长的比利和他说话时,施林根西夫表现得异常有礼貌。他可能想把从费尔南多那里得到的舞台还给他。然后费尔南多·比利开始挑衅克里斯托弗，于是他也挑衅回去。那一刻的有趣之处在于，他同时也很欣赏费尔南多。我认为，尽管我们有创新推力、政治推力和展示的性质，但我们要尝试弄清楚：欧洲或非欧洲的先锋派艺术之间是否存在联系，我们如何将其与不守成规的非传统的生活实践联系起来。

SZ：我们坚持认为，这些利用数字媒体强劲发展的新艺术，也与公众、公共空间和表演有关——这在当时看起来是很疯狂的，但最终也以某种方式得到了实现。我们一直试图挑战和填补这个电影院空间。在网络艺术家乔迪（Jodi）[1]、农户键盘（Farmers Manual）[2]和其他团队那里，涉及的议题总是关于公共空间。这或许也是一种抵抗，即对这种数字化被孵化成为一种静止的艺术，只能在狭窄的办公室空间进行，不能延伸到批判性的公众空间的一种抵抗。这在您的思想中是否也起到了重要作用？

NR：不，说实话并没有起到很重要的作用。当然，我们仍然试图将电影院大厅也分给不同的区域。另外还要考虑如何将各场所相互连接起来。出乎意料的是，这并不顺利。

SZ：这里有一个小插曲。1995年，我想应该是这一年，你们坐在威尼斯一个老剧院的里屋中。你们，当时主要是来自年轻的互联网界，比如来自荷兰的基尔特·洛文克等活跃分子。作为具有批判精神的年轻知识分子，你们试图直面问题或挑战，思考人面对新兴网络能做些什么，同时也考虑到这些新兴网络很快就会在大众媒体中普及。然后邮件列表"nettime"出现了，这是一种非常简朴的邮件列表，同时也是年轻化场所中非常重要的交流媒介，有着非常活跃的交流文化和非常积极的应变精

1　译者注：乔迪（Jodi）是成立于1994年的网络艺术二人组，被称为电子艺术领域的先驱。
2　译者注：农户键盘（Farmers Manual）是一个电子音乐和视觉艺术团体，于20世纪90年代初在维也纳成立。

神。你自己是如何体验"nettime"的创始处境的,您是如何在互联网带来的这些挑战中打磨或聚焦媒体思维的?在短时间内,您成为这个过程的观察者,不再像以前那样密切参与其中,不像他们带着苹果电脑各处走,向各个国家传教时,您更像是整个过程的观察者,不再那么深入地参与。然后,非常重要的卡塞尔文献展(documenta)来了,他们邀请你们在世界最大的艺术展览上展示自己,也有机会在更长的时间内分享你们对网络文化的想法。如果我没有记错的话,那都是1995年到1997年之间的事情。事后您会如何复盘?

NR:一方面,我去是因为它在科隆举办,我和您一起工作的地方,那里存在着一种非常依赖重型设备的媒体艺术,例如硅图公司的机器。有些夸张地说,我认为我们主要任务是帮助艺术家们掌握使用这些机器。但是,在与柏林乐队致命多乐丝和那些不重视材料而是利用现有物料的艺术项目合作经历之后,我觉得有些奇怪,在科隆时这也困扰着我。

一个偶然的机会下,克劳斯·比森巴赫(Klaus Biesenbach)和柏林的俱乐部需要在威尼斯找一个剧院。他的助手向我咨询,我帮他们促成了这件事,但我也说我们不仅要办一个比森巴赫剧院,还要举办一场讨论会。接着基尔特·洛文客和皮特·舒尔茨也来了。在这个过程中,我给自己定了一个任务,我们在意大利时,不仅要邀请英美或德国人,还要邀请意大利媒介学活动家,例如托马索·托齐(Tommaso Tozzi)。触动我最深的是一些非常特别的东西,两个意大利人和他们来自巴里的杂志《神经》(*Neural*)[1]——当时听起来超级酷。那时有两个十八九岁穿着格子衬衫的人来了,与保尔·加林(Paul Garrin)和其他人相比,他们不仅在举止上稍显稚嫩,甚至显得很茫然。后来他们告诉我们,在意大利他们是如何处理贝卢斯科尼或其他人企图最大限度限制互联网线路的问题的。

---

1 *Neural*, Zeitschrift hg. von Alessandro Ludovico und Ivan Iusco(Bari 1993-heute)。

但问题是，在这场讨论会中的，英国人根本不让他们发言。我随后进行了翻译，有趣的是，这时发生了一些非常人性化的事情，但同时也出现了一些我并不感兴趣的话语策略，不过我对此并不感兴趣。在科隆和柏林，我已经有了处理宏大话语的经验，也就是如何与权威人士打交道，例如与《南德意志报》、与部长们打交道。突然间，部长们的姿态也出现在活动家们围坐的桌子上，随之而来的是排斥最弱者的策略。此外，我想进行哲学探讨，谈论概念，而不是制定行动计划。在科隆，我已经受够了这些糟糕的、有点官僚主义的活动。

SZ：您强调的这点很有意思，我也认为"nettime"相当具有论辩性，尽管实际上它的主张是应该完全以对话为导向。我为那些不了解情况的观众从档案中抽出一些代表印象派的片段，当然网上也能搜索到。数以百计、数以千计的短文被摆出来供人讨论。当人们进入"nettime"时，总是强烈地希望整件事以对话的形式呈现。用弗卢塞尔的话来说，这像一个"巨大的冒泡"。另一方面，有一句口号说明了大型辩论的存在："我们知道事情的发展方向。我们知道我们所从事的来源，也知道它们将去往哪里。"这就是当时的谈话，它也很快演变为反对创造。

NR：更确切地说，它们是话语，这是很正常的。为了自我表达，人们这样做无可厚非。

SZ：明白了！

NR：但就像每个以各自方式形成的团队一样，它们自然也有自己的人际排斥方式。你必须将你在网络上构建的话语与思维构建区分开来，这点更加吸引我，这也是我坚持在科隆工作的动力，我对此也付出了很多努力。对于像我这样的人来说，我无法同时进行理论构建、成为活动家和开展有意义的工作——这点更务实，但我仍与这些同事们保持着良好的关系。在办公室里，菲利克斯·斯塔尔德（Felix Stalder）坐在我旁边。我认为导致分歧更多的是个人原因。

但令人激动的是，我们成功了。而更令人兴奋的是，我们的媒体机器艺术家，即"硅制图形艺术家"，也希望能尽快与他们合作。这也是很有意义的。

SZ：我的感觉是，1997年的卡塞尔文献展是一个分水岭。毕竟，即使在当时，从某些方面来说它也是世界上最有影响力和最重要的艺术展览。突然间"nettime"这个精巧的模型出现并占据了文献展的空间。转型正在一步步发生，然后也导致展览相对迅速地式微，至少就其在网络上的存在而言。

我想再谈谈您的两篇论文，狭义上它们与您的媒介思维和媒介概念有关。我们从最困难的一个部分开始：到底什么是媒介？您在博士论文中谈到了这个问题。我非常欣赏这篇论文，尽管作为这篇论文的评审人员可能不该这么说。论文中提到赫尔曼·外尔、恩斯特·卡西尔，试图从概念上总结运用媒介的概念以及如何强化这个概念。当然，还包括一篇关于媒介概念的整体观念如何发展的论文。您为什么选择这些命题？一方面是数学家赫尔曼·外尔，当时他正处于著名的数学基础争论之中；另一方面是卡西尔，哲学和科学史上的体系思想家。您为什么选择这两位，这对您和您自己的思想有什么影响？

NR：谢谢您关注到这点。在与许多艺术家的合作中，如瓦莉·艾丝波特，或者像阿尔弗雷德·比奥莱克（Alfred Biolek）这样的大众传媒人物或是乔迪这样的实验艺术家，让人不得不思考自己在这个领域能做什么有意义的事。我们已经谈到了"nettime"。在准备这场访谈时，我有一些思考，想到在某刻出现的一个转折点：有了柏林工业大学的媒介学者、基特勒等人的出现，突然间出现了相关运动，突然间人们对这个领域有了很大的兴趣，这也许与彼得·魏贝尔有关，也与科隆的媒体艺术学院有关。

因此，我自然而然产生了一个疑问，我是否能在这方面做出贡献，您已经写了《声像技术》(*Audiovisionen*)[1]——我想那时您还没有写《媒介考古学》[2]，还有基特勒写了《话语分析》(*Diskursanalysen*)[3]。然后我问自己还能做什么，做什么才有意义。您的书中写了录像机的历史[4]，而我对这个媒介概念很感兴趣，我想当时还没有这方面的研究。同时，我对数学家赫尔曼·外尔极为着迷，我是通过德勒兹和加塔利的参考资料偶然发现他的。我还记得我是怎样在科隆的克劳斯·比特纳书店(Buchhandlung Klaus Bittner) 拿起他的一本书，书中第一句话就充满了观念和形式主义之间的张力。这在今天听起来不再那么吸引人：什么是具体的，什么是抽象的？在该书第一页，外尔就阐明了一种对立关系，这对我来说是对数学家全新的认识——我本来对罗尔夫·赫尔肯(Rolf Herken) 和奥斯瓦尔德·维纳只有一点点了解。外尔也毫不逊色，他非常接近爱因斯坦和量子理论。我试图理解他的媒介概念。也许是为了让这个概念更有趣，他写了一个相当漂亮的句子：媒介、空间和时间不是牛顿想象的那样，不是我们可以搬进去的出租屋，但它们可以被建造，并且最终取决于计数方式和计数。我对此很着迷，但不满足。我随后注意到，赫尔曼·外尔总是取笑恩斯特·卡西尔，但另一方面又一次次地把他作为参考。卡西尔则使用了一个让我至今仍然觉得很有创造性的媒介概念。他说，媒介实际上始于语言。这就是他又回到了夏洛滕堡和弗里德里希·克尼利合作研究的原因，他们两人都认为语言或者空气已经算是媒介了。对我来说，这就是将卡西尔与这个传统联系起来的切入点。这一点的特别之处或许在于，二者都有一个媒介的概念，乍一看似乎在没

---

[1] Siegfried Zielinski, *Audiovisionen. Kino und Fernsehen als Zwischenspiele in der Geschichte* (Reinbek bei Hamburg 1989).

[2] Siegfried Zielinski, *Archäologie der Medien. Zur Tiefenzeit des technischen Hören und Sehens* (Reinbek bei Hamburg 2002).

[3] Friedrich A. Kittler, Manfred Schneider, Samuel Weber (Hg.), *Diskursanalyse, Bd. 1, Medien* (Opladen 1987).

[4] Siegfried Zielinski, *Zur Geschichte des Videorecorders* (Berlin 1986).

有仪器的情况下也能存在，但却是建构性的，也就是说媒介是可塑的，是易受影响的。然而，最大的差距在于，二者实际上都将数学视为一种文化现象，而没有考虑到它其实可以用来控制武器系统。作为文化哲学家，他们实际上忽略了这一点，这就是非常明显的缺陷。

SZ：我不知道这样阐释是否有误，但我们总是要承担这个风险：如果可以这样说的话，外尔以及卡西尔的这两个概念都是在一个相当抽象的空间里建构的。我发现在进一步思考和发展论证时，您将目光投向了磁学，即古代电学的伟大领域，它在很大程度上是关于物质和感官层面的。您的书叫作《磁学——方向的历史》(*Magnetismus – eine Geschichte der Orientierung*)[1]，这本书由芬克（Fink）出版社出版，也许它取代了其他人写的科研论文。对您来说，一方面是处理外尔和卡西尔的这些抽象情景或开辟抽象空间的情景，另一方面，您非常坚定地走近考古学，进入一个物质过程的考古学，探究被磁力限制的物质经验，这对您来说有什么意义吗？这样阐述正确吗？

NR：苏黎世的艺术学院当然给我带来很多收获。我必须思考如何能留在那里教书，而不是在综合性大学，也不是在瑞士苏黎世联邦理工学院。必须明确的一点是，过去的学生们大约是25岁，但现在他们大约只有19岁，你与他们对话时，你有什么权力对他们讲哲学？你如何能以有意义的方式进行哲学思考？比如说，是否有一些东西可以用来具体说明康德的问题？我想，那就是罗盘指针，有时用一些人工制品可以用来说明哲学问题。和弗卢塞尔一样，康德也是一个处于不确定状态的思想家。他寻找并使用了非常精准的指南针。然后我看了看这到底有多精确，这需要进行大量的小型研究。在相当长的一段时间里，我也被《加勒比海盗》（*The Pirates of the Caribbean*）中约翰尼·德普（Johnny Depp）使用

---

1 Nils Röller, *Magnetismus. Eine Geschichte der Orientierung* (München 2010).

的罗盘迷住了，那是一个不指向北方的罗盘。这个形象在大众传媒中非常有吸引力，也使加勒比成为系列电影。然后我想我是否可以为此做点什么。研究的道路其实是相当规范的，就是先建立一个时间线，先看看到底该领域都有什么，当然，戴念祖（Dai Nianzu）从变体学角度提出的建议也很重要，即我们必须在已有的大量材料中寻找答案。我现在觉得约翰尼·德普不那么有趣了，但康德依然有趣。从这方面讲，这项工作是值得的。

SZ：您又提到了我们刚开始所说的概念——导航。由于尼尔斯·罗勒的身材，有些人可能会猜测，他是一个擅长海上运动的人。他划船，而且据我所知他至少参加过一次帆船世界锦标赛。因此，大海对他来说是一个非常特别的媒介。导航、定向、舵手及其团队成员的任务属于一个隐喻家族，这在很大程度上影响了他的作品。你们中的一些人肯定会想到《亚哈的舵盘——艺术与科学之间的导航》（*Ahabs Steuer. Navigationen zwischen Kunst und Naturwissenschaft*）[1]这本由梅尔维出版社于2005年出版的书。在这本书中，您重读了梅尔维尔（Melville）著名的小说《白鲸》（*Moby Dick*），也试图将其运用到媒介思维中，例如在你与奥斯瓦尔德·维纳和迪特尔·罗特的交锋中就有过尝试。这点我们只能在最后简要提及。我想在此基础上提出两个问题。首先，将您的媒介思维归纳为诸如导航这样大而笼统的概念是否有意义？其次，作为一个媒介思想家，叙事对您和您的工作究竟意味着什么？您写了很多叙事性作品。在最开始的时候，我提到了迪特·罗特的这本书，书中想象了列宁与迪特·罗特在苏黎世的会面，所以这是一个完全虚构的故事，一个虚构的哲学或类似的东西。您会对此作出怎样的回应？

NR：我认为航海和海洋对许多人来说是相当具有吸引力的概念，对

---

[1] Nils Röller, *Ahabs Steuer. Navigationen zwischen Kun und Naturwissenschaft* (Berlin, 2005).

那些从事哲学研究的人来说也是如此。我的研究并不是很特殊。

SZ：好吧，但不是所有的人都写了好几本关于这些概念的书和文章。

NR：这很难，但也许这就是我前面提到的基调。在两个极端之间游走，但问题是，中间是什么。是选择一个立场，建立一个城堡，就像多伦多的马歇尔·麦克卢汉那样，并留在那里？还是思考当情况不断变化时，如何对待极端？我如何与二者建立联系？我如何在二者之间移动？我有没有什么技能和指南？弗卢塞尔已经证明，存在的栖息地并不适合再建立在语言中。那么还剩下什么呢？和查尔斯·奥尔森对梅尔维尔的看法一样，我认同把自我想成一艘船的隐喻。这是一个挑战。我们如何想象这艘船呢？是大海，是符号，是环境，还是世界？我想继续探索这些问题，我目前没有任何结论性的答案。

在威廉港航行时，我还学会了自己修补和保养船只。我并不会自己造船，但这种谨小慎微是必要的，因为即使在像施泰因胡德湖这样的小型内陆湖上航行，你也要依赖船只，与它紧密相连。零度以下的天气里在苏黎世湖上划船极有可能丧命。这意味着你移动时使用的工具、载体是非常重要的。这种载体，正如洪堡（Humboldt）所说，也许是作为体验世界的载体，吸引了我。就媒介思维而言，这意味着将自我确定和转变为一个载体，总是处于一种波动的关系中。大海作为一个思维模式的形象在这里也许是相当好的，特别是北海，哈克·波姆（Hark Bohm）曾执导编剧了《北海是死海》（*Nordsee ist Mordsee*）。[1]

SZ：但那是哈克·波姆的电影，而不是埃克哈德·弗鲁斯的。

但是，过去海上最大的不稳定因素现在也许是在空气中。当我们坐在电脑前，不知道谁在窥视我们的电脑时，我们已经在某种程度上有了这种认识。

---

1 Hark Bohm, *Nordsee ist Mordsee*, Spielfilm von Hark Bohm(BRD, 1976).

非常感谢您，尼尔斯！这是一个非常好的想法，我想以此来结束我们的谈话。对于在过去一个半小时内听到的内容，或者对尼尔斯·罗勒写下的作品，在座各位有没有任何问题、异议或批评？像往常一样，最后几分钟应该属于观众！有请丹尼尔·伊尔冈。

丹尼尔·伊尔冈：您的国际弗卢塞尔讲座主题中提到"感受体（Empfindungskörper）"[1]。在您谈到思考工具时，我正好想起了这一点。这对我来说有点影射了感受体。在弗卢塞尔讲座上，您把罗盘看作一个感受体进行讨论，但您当时在讲座中也说，我们必须更靠近客体，正如平板电脑的触摸屏。你是否有进一步研究感受体？

NR：说实话我并没有把触摸屏作为一个具体的问题研究。本来是可以这么做的。但我正尝试思考这个把自我比作一艘船或一个交通工具的想法，不过目前还没有很深入。我们目前正在苏黎世开一门名为"柏拉图的空中客车"（Platons Airbus）的公开课，已经进行了一些尝试，比如对飞机的思考，我们也把这作为一项叙事或作为一个哲学思考的框架。但我还没有直接针对感受体继续做研究。

但是，《磁学》一书中的一个尝试是，从更哲学的角度来看待问题，即深化康德与磁学的关系，并建立与弗卢塞尔的联系。目前我们正在与伊夫·内茨哈默和芭芭拉·埃尔默勒合作写一本书，将在梅尔维出版社出版。其中思考了一些小型场景中的工具。主要是探讨罗盘，因为可以将其以许多不同的方式放入历史情境中，特别是在对空间和时间的感知如何变化方面。我们研究这方面已经有相当长的时间了。这本书正在编辑中，很快就会出版。

SZ：这些也是《艺术、性与数学杂志》（*Journal für Kunst, Sex und*

---

[1] "感受体"——关于间接经验（Empfindungskörper. Zur indirekten Erfahrung）是2011年尼尔斯·罗勒在柏林艺术大学第30届国际弗卢塞尔讲座上的演讲，由瓦尔特·柯尼希出版社以同名书出版。具体见：Nils Röller, *Empfindungskörper. Zur indirekten Erfahrung* (Köln, 2012).

Mathematik）产生的影响。

NR：是的。

丹尼尔·伊尔冈：那么梅尔维出版的小别册将被称为什么呢？

NR：《关于力量》（*Über Kräfte*）[1]。

SZ：有请埃克哈德·弗鲁斯！

埃克哈德·弗鲁斯：我认为今晚关于迪特尔·罗特的那本书讲得有点少。

SZ：是啊，太可惜了！

埃克哈德·弗鲁斯：我没有问题，但是有一个建议，也许可以再简单地谈一谈这本书，因为不是每个人当时都在柏林人民剧院，也不是每个人都知道这本书。写这本书的动力是什么，将这两个人物并置有什么吸引人的地方？

NR：也许是系统性的思考。我一直在研究这种并置关系。

SZ：非常简短的回答，尼尔斯。考虑到有些人完全不了解这本书，我在公开课中非常简短地谈到了它，但也许您可以再用几句话说说这本书的内容。否则大家就很难理解您在说什么。

NR：这本书叫《罗特大帝》，讲述了迪特尔·罗特的故事，但是它是虚构的[2]。故事发生在他去世的前几天，所以说是虚构的。他在苏黎世举办了一个展览，然后从火车总站离开，经过尼德多夫进入苏黎世，这在历史上是一个秘密之地，达达主义者也曾在这里居住过。他看到了苏黎世大教堂，看到了卡夫卡所在的查理一世咖啡馆。迪特尔·罗特成了一个指示标，这就是感受体在某种程度上的延续。我试着把迪特尔·罗特想成有一个具体感知的人物，进入他的内心，试着想象他在苏黎世的一天里是如何活动的，以及他是如何通过写作来维持生活的。罗特那时

1　Barbara Ellmerer, Yves Netzhammer und Nils Röller (Journal für Kunst, Sex und Mathematik), *Über Kräfte* (Berlin 2014).

2　Nils Röller, *Roth der Große* (Wien 2013).

也有非常严重的心脏问题。以上就是这本书的内容。我也写过关于迪特尔·罗特的文章，试图在与奥斯瓦尔德·维纳的相互作用中思考他，这是挑战也是乐趣。我曾试图在《亚哈之舵》（*Ahabs Steuer*）中用"伊斯梅尔——亚哈船长"的叙述来做到这一点，不过我仍需进一步思考。还有一层关系是奥斯瓦尔德·维纳很少写作，但迪特尔·罗特经常写作，以及这两个人如何一起思考。他们憎恨彼此，也欣赏彼此。奥斯瓦尔德说迪特尔是为数不多的与他交谈的人。这是一种令人难以置信的矛盾关系。你可以把这称为系统性的，这是介于正式思维和巴洛克思维之间的文化历史性。这些是古斯塔夫·勒内·霍克（Gustav René Hocke）的常用概念。

然后，我将这两个角色送往苏黎世试稿，在书中奥斯瓦尔德是迪特尔·罗特的另一个意志。我已经写了一个章节，因为我真的打算写。这是一次尝试，我妻子说我应该寄送试稿。然后他们真的给了我两万法郎，于是我不得不写。虽然我很愿意写，但这来得太突然了，对我也是一个挑战。然后出现了一个伦理问题：我可以很容易地潜入角色的脑海。我可以这样做，这是一种结构模仿，然后就可以很快地写出很好的文章。这很有效。然而，我后来意识到，这并不公平。我至少也要确保这个人，这个也许存在于迪特尔·罗特、奥斯瓦尔德·维纳的身体里的尼尔斯，再次出来，开诚布公地讨论。这花了相当多的时间。到最后，我认为这本书变得不再具有可读性，至少最后一章如此。但我认为这是必然的，因为这个靠移情塑造的角色必须忍受这样的事情，回答迪特尔和罗特的问题，然后在这个过程中，最终慢慢适应一团糟的工作，让自己通过污水处理厂、通过苏黎世河被冲洗。

SZ：那么列宁呢？

NR：列宁很重要。列宁也在苏黎世。有人说他是因为后院的香肠厂太臭而搬走的，其他一些人说有别的原因。和他同行的20个人都必须签字，表示他们不会被他所领导。然后他们被带到德国边境，登上一列密封的火车，接下来的故事众所周知。他在罗特曾走过的这一小段路上反向而行。体系化在这方面是非常重要的。

在与这些英雄的交谈中，他们经常说，我们可能会成为恐怖分子。当时的气氛就像20世纪五六十年代末一样：我们是在搞艺术，还是在迈向国家政变？我还在意大利遇到了一些人——一个非常温和的人告诉我，如果事情成功，他就会成为经济部长。这是一场非常奇怪的革命，事先就已经确定谁会在之后成为部长。但当时的氛围似乎是他们在考虑炸毁一切。迪特尔·罗特作为一个文学作品中的角色，我认为他是一个尽管面对很多困难，仍然完全抵制权威的人，我理解他已经有了这种知识分子的形式主义。奥斯瓦尔德·维纳的优点，同时也是缺点，他甚至可能是一个无政治立场的人——但因此也可能是极端政治性的，因为他对其他人，包括对统治者列宁有种特殊的思考。在这部小说中，罗特还把自己暂时当成了列宁。

也许我可以这样总结他们的关系：奥斯瓦尔德·维纳有着自己的思想和行动主义，可能恐怖主义也是他的一种选择。列宁成功发动了国家政变。而艺术家迪特尔·罗特研究这二者，不断实践，不断思考。出版商随后建议以"罗特大帝"作为书名。最后，一份关于柏林的媒体历史资料：封面是一张地毯，这是瓦莉·艾丝波特和英格丽德·维纳在兰德韦尔运河的流亡酒吧上方的公寓里编织的挂毯。

SZ：尼尔斯，非常感谢您抽出宝贵的时光，与我们进行交流。

记录整理：丹尼斯·布鲁克（Denise Brucker）、
莱昂·施特劳赫（Leon Strauch）

克劳斯·皮亚斯 / CLAUS PIAS

17

"在我看来，这似乎是关于控制论的矛盾之处：在去人类学化的同时，赞美一种新的人文主义。"

西格弗里德·齐林斯基（以下简称SZ）
克劳斯·皮亚斯（以下简称CP）

摄影：史蒂夫·伯格曼

SZ：很荣幸，今晚能邀请到克劳斯·皮亚斯先生进行这次访谈。即使大家一眼看不出来，但我可以说，近年来，我很少见到克劳斯先生投身于除学术以外的其他事情。他充满激情地参与媒介思想家们的学术研讨，并且相当高产。在魏玛的包豪斯大学期间，他就已经是这样了。在维也纳任职媒介哲学教授时他继续如此，如今在吕讷堡大学（Universität Lüneburg）达到了高峰。克劳斯·皮亚斯与马丁·瓦恩克（Martin Warnke）等其他人一起，在那里从事的活动确实非常伟大。数字文化中心（Centre for Digital Cultures, CDC）[1]的建立，艺术与公民媒体项目，今年媒介研究学会年会"科学的媒体"（几乎已经完成）的牵头，以及最重要的是DFG（德国研究基金会）资助的关于计算机模拟的大型项目，涉及复杂研究组织和基础设施的开发。此外，还有一些已开展多年的项目，如魏玛[2]医学史或维也纳时期的历史、哲学和文化背景下的自然科学，这些项目仍在进行中[3]。以上这些还只是选择出来的一部分活动。在未来几年里，这种情况还可能会继续下去。克劳斯·皮亚斯正处于人生的危险阶段，在这一阶段他很容易被社会制度裹挟。作为一名坚定的知识分子，他在这一阶段极易为新的学习课程、研究所、学院、大学和研究机构等事务所累。

但与此同时，在这一阶段，他思考、讲课和写作方面的生产力也达到了最高。当然，他已经发表了诸多著作，这个数量相当于三份个人出版物清单了。但我们对知识充满好奇，渴望阅读更多他的优美的反思性文章。他的文章是细致研究的成果，使具有学术功底的电气工程师与文学家和哲学家能够进行共生对话。这些文章以清晰的散文式风格写成，探讨了我们作为新生或成熟的媒介研究者所面临的棘手问题。像迪

---

[1] 吕讷堡大学数字文化中心（http://cdc.leuphana.com）。
[2] 媒体史学，魏玛包豪斯大学研究培训小组（www.uni-weimar.de/medien/grako-medhist）。
[3] 维也纳林茨艺术大学国际文化研究中心（www.ifk.ac.at）。

亚法内斯（Diaphanes）这样的出版社生计的维持，都得益于过去存在和可能的未来考古学，这些正是皮亚斯大量研究的领域。这里我快速列举一些例子：14年前，皮亚斯先生与洛伦茨·恩格尔（Lorenz Engell）、约瑟夫·沃格尔（Joseph Vogl）、奥利弗·法勒（Oliver Fahle）和布里塔·奈策尔（Britta Neitzel）合作出版了《媒介文化课程读本》（*Kursbuch Medienkultur*）[1]，受到了学者们的一致好评。更重要的是，它的副标题"从布莱希特到鲍德里亚的权威理论"（Die maßgeblichen Theorien von Brecht bis Baudrillard）并非完全谦虚的说法。谁能忽视这一点呢？在2002年，他在迪亚法内斯出版社又出版了第一本关于媒体背景下电脑游戏世界的专著[2]。第二年，完成梅西基金会（Macy Foundation）会议的文件和记录稿的出版和注释[3]，这些文件和记录围绕1946年和1953年期间的会议，为以后被称为"控制论"的理论奠定了基础。同样，在2003年，他出版了关于控制论时代的专著[4]。此后，他的作品接连不断出版，简单列举一些：2005年《计算机的未来》（*Die Zukünfte des Computers*）[5]，2007年《作为文化技术的电脑游戏》（*Computerspiele als Kulturtechnik*）[6]，2008年《防御——模型、战略、媒体》（*Abwehr. Modelle - Strategien - Medien*）[7]，以及他与沃尔夫冈·科伊（Wolfgang Coy）在2009年共同出版的旨在批判演示文稿（Powerpoint，PPT）的论文集《演示文稿——演示程序的力量和

1　Claus Pias, Joseph Vogl, Lorenz Engell, Oliver Fahle und Britta Neitzel (Hg.), *Kursbuch Medienkultur. Die maßgeblichen Theorien von Brecht bis Baudrillard* (Stuttgart 1999).

2　Claus Pias, *Computer Spiel Welten* (Zürich und Berlin 2002).

3　Claus Pias (Hg.), *Cybernetics/Kybernetik 1. The Macy-Conferences 1946-1953, Bd. 1, Transactions/Protokolle* (Zürich und Berlin 2003); Claus Pias (Hg.), *Cybernetics/Kybernetik 2. The Macy-Conferences 1946-1953, Bd. 2, Documents/Dokumente* (Zürich und Berlin 2005).

4　Claus Pias, *Die Epoche der Kybernetik* (Berlin 2003).

5　Claus Pias (Hg.), *Zukünfte des Computers* (Zürich und Berlin 2005).

6　Christian Holtorf und Claus Pias (Hg.), *Escape! Computerspiele als Kultuttechnik* (Köln und Böhlau 2007).

7　Claus Pias, *Abwehr. Modelle - Strategien - Medien* (Bielefeld 2008).

影响力》(*Powerpoint. Macht und Einfluss eines Präsentationprogramms*)[1]。然后是关于咨询文化和智库的专著《智库——社会的咨询》(*Think Tanks. Die Beratung der Gesellschaft*)[2]，这本书现在在这里也相当有名，是2010年他与布兰德斯塔特（Brandstätter）和维尔肯（Vehlken）合作编辑的。同一年发布了《什么是媒体？》(*Was waren Medien?*)[3]。这本书可追溯到他在维也纳的一个系列讲座。在狭义的媒体研究事业之前，他还写作一些优美的文学作品，如1996年出版的《感知文学》(*Die geschaute Literatur*)，这是一本关于玛丽·冯·埃布纳-埃申巴赫（Marie von Ebner-Eschenbach）和视觉艺术的精美著作[4]。或者另一篇非常好的文章《真正的缺席》(*Vonrealer Abwesenheit, Emile Zolas Kunstgeschichte*)[5]，该文是1995年与洛伦茨·恩格尔和布里塔·奈策尔一起写的，由克劳布里尔·恩内皮（Claubril Ennepi）编辑。在这期间，他还主编了几本关于赫尔曼·巴尔（Hermann Bahr）的研究册[6]。这也是克劳斯·皮亚斯对过去存在的考古学的一个微妙之处：他总是照顾到那些在边缘地带写作的人，或者是似乎已经被遗忘的人。勒内·弗勒普·米勒（René Fülöp Miller）和他的"幻象机"也是如此[7]。我们都打算再把他带出来，也许有一天我们会成功。赫尔曼·巴尔是一位奥地利作家、戏剧评论家、艺术评论家，在我们这可能根本不为人所知，他在奥地利也受到很多歧视，被边缘化。皮亚斯先生，请问您在这期间出版了多少卷关于他的研究册？

---

1 Wolfgang Coy und Claus Pias (Hg.), *Powerpoint. Macht und Einfluss eines Präsentationsprogramms* (Frankfurt am Main 2009).

2 Thomas Brandstetter, Claus Pias und Sebastian Vehlken (Hg.), *Think Tanks. Die Beratung der Gesellschaft* (Zürich und Berlin 2010).

3 Claus Pias, *Was waren Medien?* (Zürich und Berlin 2010).

4 Claus Pias, *Geschaute Literatur. Marie von Ebner-Eschenbach und die bildende Kunst* (Weimar 1996).

5 Claus Pias, Von realer Abwesenheit, Emile Zolas Kunstgeschichte, in: Der blinde Fleck. Mitteilungen aus dem Zentrum der Bestimmungslosigkeit, hg. von Claubril Ennepi (Weimar 1994).

6 Claus Pias (Hg.), *Hermann Bahr – Kritischen Schriften in Einzelausgaben* (Weimar 2004 bis heute).

7 René Fülöp Miller, *Die Phantasiemaschine. Eine Saga der Gewinnsucht*. (Berlin, Wien und Leipzig 1931).

CP：22卷。

SZ：当然，我们都熟悉他与约瑟夫·沃格尔在迪亚法内斯出版社出版的《序列》（*Sequenzia*）。该书从科学理论、媒体史和文化史的角度介绍了西方知识史的发展。正是在这里，吉尔伯特·西蒙栋于1958年完成的著作《技术对象的存在方式》（*The Existence of Technical Objects*）的德语版终于问世[8]。这本书对我们所有人都很有价值。对此我们也非常感谢皮亚斯先生和沃格尔先生。此外，还有大量列举不完的文章。再举一个例子，因为标题也和这里有关："在工具的另一边。信息美学和设计放大器之间的建筑控制论选择"。该文发表于2009年由苏珊·豪泽尔（Susanne Hauser）和丹尼尔·盖斯曼（Daniel Gethmann）编辑的书中，该书涉及设计实践及其理论基础[9]。

强有力的总结总是有可能忽略一些有趣的、有抵抗力的细节。然而，从我的观点来看，我想尝试把您的工作引向类似认识论的中心。如果我试图探究您对现在或过去存在的考古学归纳的核心，显而易见，一方面它是关于封闭的、确定的系统和在这种系统中行动的可能性之间的紧张关系；另一面比确定的一面更难定义，是开放的一面。这种观察是否正确？

CP：我不得不为这个介绍感到脸红，您收集了所有这些遥远的、几乎被遗忘的东西。

首先，我喜欢您用"现在的考古学"这个说法来总结，因为我觉得很贴切。我甚至不知道我自己是否注意到这一点，这种开放和封闭，坚定和随意。对我来说，很多东西只是从材料中涌现出来的。我不是一个系统论者，我不会用固定的方法来处理任何事情。我喜欢科泽勒克关于

---

[8] Gilbert Simondon, *Die Existenzweise technischer Objekte*, aus dem Französischen übersetzt von Michael untz (Zürich und Berlin 2012), im Original *Du Mode d'Existence des Objets Techniques* (Paris 1958).

[9] Claus Pias, Jenseits des Werkzeugs. Kybernetische Optionen der Architektur zwischen Informationsästhetik und „design amplifier", in: *Kulturtechnik Entwerfen. Praktiken, Konzepte und Medien in Architektur und Design Science*, hg. von Daniel Gethmann und Susanne Hauser (Bielefeld 2009) S. 269–287.

"来源的否决权（Vetorecht der Quelle）"[1]的表述。在某种程度上，材料的来源告诉我要怎么谈论它。我几乎完全从历史的角度进行研究，所以事情是非常偶然的，我不会把它们强行纳入指导性的核心概念。然后我会开始将系统的概念历史化——不一定要追溯到系统哲学的历史，而是深入到20世纪，进入系统分析、系统设计、系统理论等的热潮。而这些"开放"和"封闭"的分类从何而来？因此，我想回到我自己的可能性条件，即谈论开放/封闭系统。它实际上已经在那里了。

开始时您提到了电脑游戏书。我也许是最后一代，被允许肆无忌惮地学习20个学期，在四个地方完成了三个博士学位的人。然后电脑游戏是最后不得不写的，也是因为工作机会有限。但也是出于我的信念，沃尔特·鲍尔-瓦布内格（Walter Bauer-Wabnegg）和20世纪90年代的魏玛背景发挥了决定性作用。在此之前，我非常钦佩来自艺术史的海登·怀特，想为艺术史学重新创造他的诗学。然后，我开始了第二篇论文，它的中心也是一位系统论者，即恩斯特·诺伊费特（Ernst Neufert）。在20世纪90年代初，几乎没有关于诺伊费特的消息。他是教授建筑设计和建筑法规的老师，是格罗皮乌斯（Gropius）的学生，DIN（德国标准化学会）规范的制定也是由他开始。为什么插座安装在离地30厘米处，而门的高度一般是2.05米？睡觉或死亡需要多大的空间？这些问题的答案就构成了一个系统，组合出我们生活的整个世界。当时，我对从福柯的角度来解读感兴趣，而不是像传统的建筑师的图书角度。这也是系统性和自由的这样一种相互作用——是的，这些思想家可能吸引了我。

SZ：确定和开放之间的关系问题在我们的领域中也有科学史的背景。这是在早期文化研究中，特别是由雷蒙·威廉斯建立的对立[2]。他坚持

---

1 Reinhart Koselleck, Standortbindung und Zeitlichkeit. Ein Beitrag zur historiographischen Erschließung der geschichtlichen Welt, in: *Objektivität und Parteilichkeit in der Geschichtswissenschaft*, hg. von Reinhart Koselleck, Wolfgang J. Mommsen und Jörn Rüsen (München 1977), S. 17–46.

2 参见：Raymond Williams, *Television: Technology and Cultural Form* (London 1974).

认为，这种对立是行不通的，真理就在矛盾的某处，在这中间的张力中。正如您自己所指出的，威廉斯总是在表面上工作，对材料非常感兴趣。但让我在您的研究对象、您的主题基础上更具体地提出这个问题，有两点特别突出：一是控制论，二是与先进技术、计算机和远程网络有关的游戏种类。表面上看，这似乎是两个完全不同的领域；但如果通过研究对它们进行更仔细的观察，强烈的联系和一致性就会出现。在具有高度秩序的规则体系中，思维和技术行动有什么回旋余地？有什么规则——因为方案的意思无非是规则——不仅使游戏成为可能的，甚至可能是必要的？在我看来，控制论和游戏之间的这种联系是那些我已经指出的确定性和开放性之间的张力具体化形式之一。这对吗？

CP：是的，情况确实如此。也许我可以详细说明一下——起初是从传记开始，但后来很快就变成系统化的思考。在20世纪90年代中期，当时除了两三个美国作品和弗洛里安·罗策的作品之外，没有任何关于电脑游戏的作品，而我受到弗里德里希·基特勒的强烈影响，最终一切水到渠成。我解决了如何写电脑游戏的问题，因为我进入了一个新高度，提出用系统中的行动的可能性来解决。这就是三段式流派名称划分的由来，但我用它们来表示行动的可能性。这是关于回应、决策、规划的问题。这些问题难道不能用以描述与游戏互动的抽象程度吗？在这个抽象的层面上，它们与完全不同的事物相遇，获得更大历史深度。实际上，只要第一款电脑游戏出现在商店里，您就可以停下来了。毕竟，这本书是以第一个可购买的电脑游戏结束的。我引用了18世纪初的莱布尼茨，但也引用了科学管理、实验心理学或战争游戏和模拟。如果您超越了人机系统中行动的基本可能性——回应、决策、规划，那么您就会进入计划物流和决策图，进入反应测试，进入完全不同的背景。这让我意外地看到了控制论早期的情况就是如此。其次，关于计算机模拟的历史和认识论的项目也由此产生。这里很难区分计算机游戏和计算机科学游戏——问题非常相似。计算机模拟也是从控制论中产生的——作为动态系统的"内置"描述性语言，类似系统论的"书面"描述性语言，但在计算机上"运行"。也许在计算机模拟中不再有玩家，而是一些通过场景进行游戏的代理人。但他们具有一个非常相似的行动范围、规律性和情景的逻辑。那么，一方面是科学知识会发生什么？另一方面，以人类为中心的游戏理论？这就是基特勒的技术问题的观点。因此，所有这些主题都是从电脑游戏中萌发出来的，这其中存在着密切的联系。

SZ：我想提出的论点是，控制论，至少在它刚起源的时候，也就是20世纪40年代，是一种试图将大脑外部化的尝试，以了解大脑的工作方式。幸运的是，当时已经有了一些机器可以作为模型来构建、观察、改变和解释大脑的"运行规则"。这也从一开始就建立起控制论和游戏之间的密切联系。那么中介概念将是表现性的概念。因为执行一个思维过程，一个在大脑中的过程，与游戏处理的内容非常接近，不是吗？

CP：有这样一个故事，我不知道它是否真实，只是一直有听闻。人工智能最初在达特茅斯（Dartmouth）被命名时应该被称为"认知模拟"[1]。正是从这种大脑和计算机的类比出发，沃尔夫冈·哈根提出了一个大胆的观点，即生物类比只是为了获得更多的研究资金而做的伪装。当然，这也有一定的道理，这个话题在20世纪60年代也引发了人文学科的哲学辩论：马克斯·本泽（Max Bense）等人使用了像"技术存在"这样的术语，并以不同的方式提出了人类学问题。因此，当我们说"在这里，技术渗透到其他的存在层次。已经不再是一个犁，一个锤子，一个动力机器，而是我们自己"时，术语也变得非常清楚，比如拟人化的说法，比如将"存储"称为"记忆"。这样一来，这些问题突然变得非军事化，哲学意义上也变得文雅了。

---

[1] „Dartmouth Summer Research Project on Artificial Intelligence" (Dartmouth Conferences), in der Folge der Macy Conferences, Dartmouth College, Hanover, New Hampshire, 1956.

SZ：这也适用于问题越来越多的工具概念。对可以在您的文本中读到对既定人类学问题的拒绝。这方面的紧张关系也是坎普和基特勒从未相处得那么好的原因。在此，如果从回顾的角度看基特勒的作品，我们不禁要问您，这些作品是否也带有强烈的人类学色彩。

您在关于发达的技术方面明确拒绝了人类学思维，并开辟了"在人和机器的边界处出现的元技术的共同空间"，马克斯·本泽曾描述过该空间，比西蒙栋还要早几年[1]。这个元技术的共同空间中，人和机器的区别不再是我们关心的问题，而是我们的思考前提已经涉及人类具有机器的元素，反之，机器当然也可以具有人类的特质，就像西蒙栋说的那样。这是您思想的中心吗？

CP：当然，您在人类学方面一针见血。我从波恩大学的保守派学术环境中，从诠释学和编辑文献学（Editionsphilologie）出发，接触了基特勒的思想，但我从来没有真正在他那里学习过。我们一边破译手稿和在辅导室做文本批评（textkritisch）装置，一边读《留声机 电影 打字机》，但却没有理解多少，这些就是不知不觉发生的事情。基特勒早期的学生都知道，他在研讨会上总是说"所谓的人"。对于一个本身就很有个性的人来说，"人"这个词在科学上是不允许使用的。用"共同的空间"这个词更合适。但像西蒙栋这样的作者在很长一段时间内没有对我起到作用，而是亨宁·施密德根和埃里希·霍尔的作用更明显。然而，对我来说，这是一个迟到的确认，西蒙栋在20世纪50年代的想法非常相似，实际上也是把人作为一个技术个体来谈论。还有关于西蒙栋所说的环境，埃里希·霍尔目前正在将其扩展为当代媒体生态学的诊断。我们作为生命体创造了环境，这些环境也是技术环境。这涉及两个方面：人们通过展开

---

1 参见：Max Bense, Kybernetik oder Die Metatechnik einer Maschine [1951], in: Max Bense, *Ausgewählte Schriften, Bd. 2, Philosophie der Mathematik, Naturwissenschaft und Technik*, hg. von Elisabeth Walther (Stuttgart und Weimar 1998) S. 429–446.

他们人性的极限和可能性为自己创造技术环境。但技术也创造了它们可以发挥作用的技术环境。在这一点上,西蒙栋在相对较早的时候就进行了类比,并以一种有趣的方式消除了混淆。例如,他说到,人们在某种程度上一直是技术性的存在或技术性的个体,只是他们没有意识到这一点。直到突然出现可以承担特定任务的机器。然后人们说,所谓的人类功能被机器取代了。西蒙栋不同意并指出,人身上一直存在着一些机器性的东西。我觉得这个立场非常值得同情,且有趣,尽管我们不能无视上下文地将50年前的观察转移到现在。

SZ: 您在50年代末的德语文学中是否看到了与西蒙栋相对应的作品?亨宁·施密德根提到了京特·安德斯,他当然没有像西蒙栋那样写作,但在他的作品中也包含了一些这样的思想。或者说,本泽会是您的这种参考吗?

CP: 不如说是本泽。我喜欢读安德斯的作品,但从未从这个角度来读过。本泽也以类似的方式论证了元技术的概念,并恰恰提出了这个观点:根据渗透到人类其他领域的控制论,我们应该再次以不同的方式思考人类学和有缺陷的人的历史。这的确有相似之处。但就我所见,在基特勒圈子里,本斯从未发挥过作用,因为他的观点太不符合历史规律。

SZ: 他在当代德国发挥的作用非常小,甚至还受到艺术家和诗人的极力排斥,因为对他们来说过于机械。然而,他在南美洲却受到了极大欢迎,例如巴西,但这个故事还没有被写出来。我们必须结合早期的威廉·弗卢塞尔来重建它。[1]

---

[1] Siehe die mittlerweile erschienen Publikationen zur Ausstellung „Bodenlos – Vilém Flusser und die Künste" am ZKM | Zentrum für Kunst- und Medientechnologie Karlsruhe (15.08.–18.10.2015) und an der Akademie der Künste, Berlin (19.11.2015–10.01.2016): Daniel Irrgang und Marcel R. Marburger, Vilém Flusser: A Biography/Vilém Flusser. Eine Biografie/Vilém Flusser: Uma Biografia, in *Flusseriana – An Intellectual Toolbix*, hg. von Siegfried Zielinski, Peter Weibel und Daniel Irrgang, S. 460–527 und Jürgen Claus, Brasilianische Intelligenz. Zwei Charismatiker der cartesianischen Welt: Max Bense und Vilém Flusser, in: *Bodenlos – Vilem Flusser und die Künste*, hg. von Siegfried Zielinski und Daniel Irrgang für die Akademie derKünste, Berlin (Berlin 2015), S. 37–39.

CP：巴西的知识分子。[1]

SZ：对。他与巴西诗人有着密切的通信，并翻译了这些信件，有令人兴奋的参考价值[2]。

CP：有时，这也有点吓人。但他绝不是一个将机器绝对化的人。当您阅读他的文本时，会发现一个令人难以置信的模糊性，但也有趣。在我看来，这似乎是控制论的矛盾之处：在去人类学化的同时，一种新的人文主义也得到了颂扬。这在本斯的作品中也非常明显。一个新的、人性化的时代即将到来，它是通过机器而不是针对机器而来临的。这与同一时期的法兰克福学派截然不同。对今天的我们来说，同样可怕的是，弗里德·纳克（Frieder Nake）经常引用的本泽的一句话，即世界只有在被完全数学化并被铺上沥青时，才适宜人类居住。人类通过可编程性再次进入，并且巴西成为本泽的标志。

SZ：是阻力。

CP：是的，在相当完整的理性主义中，这仍然是高度现代主义。具体来说是实用性，几乎与技术状态的"实用性"同时存在。当一切都是理性的、有棱有角的，人们以适当的方式处理"事物"，那么，这片土地上就会呈现出一种新的人性，这种新的人性不会莫名其妙地陷入所谓精神的意识形态的阴影和泥沼之中。这一点令人忧虑。

SZ：通过您的文本，把技术替代的想法作为一个准乌托邦的想法，您称之为"控制论的乌托邦"，人们可以清楚地看到您的怀疑主义。借助发达技术返回天堂是不可能的。您写到，以建立永久平衡为目标的干预政策（用控制论术语可表述为"一种全面的均衡"）只能是"乌托邦尽头

---

1 Max Bense, *Brasilianische Intelligenz. Eine cartesianische Reflexion*. (Wiesbaden 1965).

2 *rot*, Schriftenreihe hg. von u.a. Max Bense (Stuttgart 1960–1997); zu den Übersetzungen brasilianischer konkreter Poesie siehe beispielsweise *rot 25* (1962): *haroldo de campos versuchsbuch – galaxien*, übersetzt von Vilém Flusser und Anatol Rosenfeld.

的乌托邦"[1]。我们如何谈论某个永远无法实现、无法达到的理想状态的终结程度呢？政治历史背景也很有趣：乔治·克劳斯（Georg Klaus）和在东德工作的控制论者也会对此提出疑问[2]。

CP：嗯，我曾经写过这种大胆的句子。随着年龄的增长，人变得更加谨慎。关于乌托邦的尽头，必须区分东方和西方。这句话的本意具有挑衅性，因为古典乌托邦的特点是"无法实现"以及"从空间到时间的转换"。控制论的这一特殊分支不断出现，其特点则是在循环的因果关系中使时间停止。这实际上论证了一种乌托邦尽头的乌托邦，因为未来本身已变得多余。在这种彻底管制的系统中，人们还能有创造性吗？或者说，这些系统只是起稳定的作用？涌现是可能的吗？又如何能重新获得？基本上，这种对未来的反馈标志着现代的、面向未来的时间秩序的结束，这一点可追溯到科塞莱克（Kosellek）所谓的1800年左右的"低谷期"。我们直到今天才感受到这种后果。但是，在20世纪50年代和60年代就已经开始了，例如，关于自动化的争论最终导致许多工作岗位流失，但其在开始时却有着极其积极的意义。从某种意义上说，这些争论被视为与古代的联系，而其延续性早已不在。亚里士多德主义和作为家庭经济学的漫长告别被抽象的国民经济学摧毁，而现在我们有了自动化。所有的现代经济都是以稀缺性经济为基础。而现在，正如自动化和赛博人士所言，我们有一个新的富足经济，有了这个，就可以恢复亚里士多德主义。我们可以考虑如何分配世界上的财富，只要消灭所有的工作方位，用智能机器来取代。然后，新的人文主义也会出现，因为人们从堕落中解放出来了。1960年的控制论乌托邦：这就是我所说的乌托邦终结

---

[1] Claus Pias, Die kybernetische Utopie. Vortrag am Stiftungsverbundkolleg Berlin im Rahmen des Workshops „Kybernetik. Geschichte einer transdisziplinären Anstrengung", 02./03.07.2004, Humboldt-Universität zu Berlin. Der Vortragstext ist verfügbar auf www.yumpu.com/de/browse/user/verbundkolleg.berlin.de.

[2] 参见：Georg Klaus, *Kybernetik, Philosophie und Gesellschaft* (Berlin 1961); Georg Klaus, *Kybernetik und Gesellschaft* (Berlin 1964).

者的乌托邦[1]。当然，这与美国人认为他们可以在2000年之前在"后工业时代"的快车道上通过美国霸权地位击败共产主义有很大关系。

SZ：我还有一种解释，它与一个概念有关，这个概念在您的文本中有时明确出现，有时间接出现，就是所谓"同等可能（Gleichmöglichkeit）"。我想，这与沃尔夫冈·恩斯特所说的"共同来源（Gleichursprünglichkeit）"没有关系？这是否与这种平衡、均衡以及无限的水平性有关？由于这是"纵向"组织而成的，所以乌托邦式的思考是不可能的？

CP：好吧，这在莱布尼茨看来，这并不矛盾。他可以对我所说的这些虚拟作证。他说，最好的世界是具有最高组合性的世界。它使大多数事情在同一时间成为可能。这也是一种生活态度，在海因茨·冯·福尔斯特（Heinz von Foerster）这样的人身上，起到了控制论伦理的作用。我们这样做是因为它在同一的空间里开辟了更多的可能性。

SZ：这也是一种非等级结构的思维方式。同等可能也可以是指，在质量意义上不同的选择之间是平等的。

CP：这起到了很强的作用，当然，某些媒体和技术以一种特殊的方式与此相适应。计算机技术有很多这样的可能性空间和探索。

SZ：可能性空间和探索，这两点在处理长期以来令人眼花缭乱的人物，即黑客的形象时也起到了重要作用。您在很多文本中都涉及这一点，并给出了有趣的解释，都非常具有启发性。您把这个形象看作是一种介于颠覆和国家支持功能之间的现象。我这里引用一句："他既是武器，也是盾牌。"[2] 他被誉为知识分子的新领军人物，超越了仍然适用于干预性思想的代表人物布莱希特或恩岑斯贝格尔破旧的社会乌托邦；同时，他也

---

[1] 参见：hierzu Jan Müggenburg und Claus Pias, Blöde Sklaven oder lebhafte Artefakte? Eine Debatte der 1960er, in: *Automatismen-Selbst-Technologien*, hg. von Hannelore Bublitz, Irina Kladrack, Theo Röhle und Mirna Zeman (München 2013), S. 45–69.

[2] Claus Pias, Der Hacker, in: *Grenzverletzer. Figuren politischer Subversion*, hg. von Eva Horn und Stefan Kaufmann (Berlin 2002), S. 1.

为保持系统的运作服务，如果现在人们对他的表述没有影响的话。因为他可以更好地避免刺激、事故和灾难。

CP：我不知道混沌计算机俱乐部的朋友们会怎么说，他们肯定有不同的看法。即使过去了11年，我仍然相信这一点是正确的——所有被探索和实验的东西总会被再次发现，无论是通过应用还是由此产生的安全措施。作为20世纪80年代的孩子，会受到黑客的影响，如果他们没有入狱，就会被带出法庭并被引进到安全咨询工作中。直到20世纪80年代，通过电影，也通过对它在20世纪60年代起源的历史评价，黑客才真正进入流行文化的想象。今天，黑客的任务也许有些不同，但仍然有一些东西是真实的。关于批评的问题有一个长期的讨论，就是为什么黑客作为一个人物角色对我来说似乎很有趣，尤其是在经典的批评形式不再发挥作用的背景下。新自由主义的特点是给批评家们带来了用武之地，但他们应该继续进行批评。这方面有一大堆文献。我们该如何处理这个问题呢？例如，早期的朗西埃放肆地宣称，批评根本就不能开花结果，否则批评家就会失业[1]。当然，问题是，黑客是否可以成为通过其媒介技术的先验条件，将批判的概念带到另一个层面的角色。这就是基特勒关于黑客的组成部分，可能方式有点不合时宜。然而，这种典型的知识分子批评立场已经死亡，颠覆战略已被证明是经济的。批评家们在15年前就读过德勒兹，并将所有这些术语纳入了自己的行动。相反，我们看到的是各种形式的批评和业余批评，是任何研究狄德罗（Diderot）的批评家都不会认真对待的。他们无足轻重。在批评形式的爆炸式增长、新自由主义和经典批评这三种变体的背景下，我们可以问，黑客如何通过他们对技术的依赖，以及对技术寿命的依赖，成为一个不同的人物角色呢？

---

[1] 参见：Jacques Rancière, *Le concept de critique et la critique de l'économie politique dès „Manuscripts" de 1844 au „Capital"* (Paris 1965).

SZ：在这段话的结尾，您创造了一个相当强烈的修辞形象：您谈到了"基于图灵机的美学国度"[1]。您是从黑客的角度来描述的吗？这就是黑客的政治观点，足以使一个新的社会性超越批判？还是说这是论战？

CP：这也有点论战的意味。从约瑟夫·沃格尔和他对席勒的警察研究中[2]，我学会了将席勒的美学更多地作为一种监管理论，作为一种国家的理论来阅读。那么完全可以看出，这与普通话语的或演说话语意义上的游戏并无太大关系。它是关于国家地位的谈判。这样一来，实际上就有了一种美感。在席勒那里，这就是永久的不安和平衡。总是有第三方的身影，对此可以用"秩序"或各种同义词来表述。它涉及的更多是一种动态状况，而不是具体的艺术作品或游戏。"基于图灵机"指的是机器的普适性，以及不同形式的使用或滥用。当然，您可以把书作为电视的电梯，或者用烤面包机改造成咖啡机。在热力学领域，我们可以从机器中制造出的东西是有限制的。但可编程的符号机器则是另一回事，在某种程度上，它通过其本身的存在，在另一个层面上解构旧有的挪用论。我的目标是将这种其他类型的机器连接到政府的处置器上，连接到游戏上。

SZ：我对技术和编码及其问题了解不深。对我来说，这总是很有启发性，因为您消除了某些幻想。那些只对计算机有肤浅研究的人总喜欢说，必须让计算机功能失调，并让它们自相矛盾。您说得很清楚，这是胡说八道，因为这些计算机的任务是计算，确保所计算的东西能够正常运行。功能失调在这里是没有地位的。

CP：这是不同于功能障碍的概念。若程序正常运行，则是合法的程序。而功能障碍是崩溃，但这种情况并不多。功能障碍涉及的更多是非

---

1 Claus Pias, Der Hacker, in: *Grenzverletzer. Figuren politischer Subversion*, hg. von Eva Horn und Stefan Kaufmann (Berlin 2002), S. 8.

2 参见：Wolfgang Schäffner und Joseph Vogel, Polizey-Sachen, in: *Friedrich Schiller und der Weg in die Moderne*, hg. von Walter Hinderer (Würzburg 2006).

法但有效的程序，且没有损坏的程序。在某种程度上，黑客更接近于福柯和运转中的机器，而不是德勒兹和破碎的机器。

SZ：20世纪80年代媒介理论的一个重要姿态，受到鲍德里亚等人的强烈影响，即认为与黑客形象相关的象征性行动可能是类似革命行动的东西，因为象征性机器只能用象征性行动来对抗。25年后的今天，如何评估这一点呢？仅仅将可以称为颠覆性行动的东西看作是象征性的行动，这是可行的吗？或者说，把象征性行动与其他行动领域的紧张关系放在一起，不是也更重要吗？我还想知道，在这种情况下，您如何理解您在吕讷堡的工作？

CP：您说到关键了。我从来没有写过关于鲍德里亚的东西，但我在20世纪80年代末被他深深吸引。这也许也是一个代际问题。尽管他的文本中存在着一些愤世嫉俗，重读后发现其中又有保守元素，但可以给人启示。

SZ：但是写得简直是超级棒！《冷酷杀手》（*Kool Killer*）[1]真是一篇好文章。

CP：这是最初的动力：这本书写得很好，很有想象力。我们的上一代人已经做了某些事情，我们根本赶不上，这对我们来说是禁忌。最后，我们为后现代主义感到高兴，像鲍德里亚这样的人剔除了某些形式的批评。不一定是"忘记福柯"，而是他所写的关于工会和关于批判的内容……我们有的一个问题，是我们无法再研究马克思，因为我们之前的半代人已经感觉到，与更以前的人相比，他们已经迟到了。鲍德里亚有一种解放的感觉。例如他的《致命的策略》（*Die fatalen Strategien*），是一个高度抽象的理论大厦[2]。生产和诱惑，听起来如此相似，也许这就是如此才值得思考——然后他开始几乎以学术的方式展开生产和诱惑之间

1　Jean Baudrillard, *Kool Killer oder Der Aufstand der Zeichen* (Berlin 1978).

2　Jean Baudrillard, *Die fatalen Strategien* (Berlin 1991); im Original *Les Stratégies fatales* (Paris 1983).

可能存在的联系。当然,有部分荒谬的后果,这也是他的文本如此有趣的原因。就像卡夫卡非常有趣一样。这在当时是一个有吸引力的作品。

SZ:今天要讨论的问题是,这种象征性行动在多大程度上是进入那无论如何也无法理解的,被称为未来的领域的充分基础。这也是一个令人兴奋的点,因为一大批对您来说也非常重要的思想家,比如布鲁诺·拉图尔,正试图摆脱奇怪的束缚,重新提出重要的人类学构想,其中有些构想让人感到惊讶。目前,对您来说,与象征性的谈判有哪些可能性?

CP:在拉图尔的案例中,当然应该传达一个信息,但您也知道:鲍德里亚在20世纪80年代初就用诱惑、"摆姿势"和决斗来描述对象和主体的对称性,比布鲁诺·拉图尔的第一个实验室研究还要早。但超越符号意义,走出束缚往往是一个开放的过程——特别是在您提到的吕讷堡。构想工作也可以在一种气氛或一个环境中进行,人们希望从中能产生一些东西。我喜欢托马斯·马乔对"临时科学"的表达,当事情变得有趣时,这些科学就会聚集起来,并有能力再次解散。吕讷堡大学数字文化中心有一支80人的庞大队伍[1]。其中大概只有12～15人是狭义的学术意义上的媒介科学家,其他人是计算机科学家、社会学家、程式开发人员、民族志学家、网络评论家或那些从事干预性事物但并非严格意义上的艺术家。在某些情况下,我们整合了来自网络批评领域的人,他们从来没有真正能够通过其他条件在德国大学环境中立足,因为超出了科研资助所允许的范围。这绝对是一个实验:我们再次向所有人提出媒介问题,谈论数字文化而不是数字媒介,看看会发生什么。

SZ:这种合作和行动的参照面是什么?我们假设您对技术,即机器的物质性更感兴趣,比对技术的本质更感兴趣。在我看来,在弗里德

---

[1] http://cdc.leuphana.com/people.

里希·基特勒那里，技术的物质性仍然是首位的，但对您来说，"如何做"很重要。因此您也有兴趣把不可能的观点聚集在一起，观察随后发生的事情。然而，有哪些哲学和意识形态性质的参照面可以与此并驾齐驱？让我这样说吧。克劳斯·皮亚斯在写技术的时候不需要进行胡塞尔和海德格尔式的讨论，这是相当令人同情的。他也不需要拉康主义者（Lacanianer）开始谈论机器时总是需要的精神分析。加塔利的欲望机器也不对您口味。您真正感兴趣的是在表面上以一种积极的方式运作并可描述的事物。人们离得开这些哲学的宏大框架和基本的参照吗？

CP：杂文根本不是一个贬义词。基特勒早期的文本中的杂文的确很可怕，但我们很多人也都写过。在他的早期作品中，有时也会出现一些海德格尔式的讨论。它就在那里，但我不再引用它了。当然，一方面，这有个人原因，就是他是与后现代主义一起成长的。20世纪80年代，我们正在寻找理论，熟读每一本梅尔维出版社出版的新书，并在咖啡厅里讨论，因为在80年代的保守的波恩，这样的主题不适合召开研讨会。但不知何故，我与它的距离越来越远：始于20世纪60年代的"理论"时代早已不复存在，也是由于它因成功成为过去。我越来越不喜欢的是以"我用y做话题x"的形式出现的余震。人们也必须有权说福柯在细节上看错了一些事情——顺便说一下，人们也被允许使用"错误"一词。因此，请不要再复述拉图尔的故事，在此基础上描述这个或那个现象，而是要更多地尝试找到一个体现行为者网络理论能做什么的东西——以及它的极限在哪里。我的理想是，一个人心中有自己的影响，有一个脚注作为参考就足够了，但不再过分解读，更多的是以"冒险"的方式在思维的轨迹中发展。必须有一种发展理论写作的模式，将所谓的理论嵌入叙事中。

SZ：但在一个积极的意义上这也意味着，允许自己以折中主义的方式工作，并拆解那些伟大的理论结构。布鲁诺·拉图尔特别邀请我们说：

这些是对我的工作有用的方面——其他方面可以忽略，我不需要它们。

CP：正是如此。我总是会根据材料的情况来确定。当然，有些理论家与我关系密切，有些则离我很远。但我总是会把理论前提嵌入再现的可能性中，并试图在材料中找到一些导致误入歧途的东西。"好吧，那就是这样一个讲过的故事！"这样说很容易，但它的背后总是有明确阐述问题的意图。这是材料的否决权，正如我在开始时所说的。

SZ：我还有一个假设，但如果它是假的我也会很高兴。我怀疑那种媒介思维、媒介研究，正如您所发展的那样，在本质上已经是一种没有元理论和没有哲学的媒介思维了。因为这种媒介科学已经学会了以这样一种高度自我参照的方式工作。也就是说，它成为它自己的对象。您曾经非常挑衅地写到，媒介研究不可能是自我发明的。这与之有什么关系吗？

CP：是的，这种"与理论家合作"有一个巨大的好处，那就是我们已经站在了安全的一边，但不幸的是，往往是以无聊为代价。对此，人们需要"有条不紊"地开展工作，这在申请中是有要求的，因为准时完成似乎更现实。拉图尔则另当别论。在后现代理论的繁荣之后，或者说在大约15年前它结束之后出现了空白，而拉图尔此刻正以一种"弱点"是它的优势的理论来填补这个空白。预设理论的好处是，您可以不断增加对象，然后说："现在这也是媒体研究。"然而，这种积累不是我的概念，因为它是完全肯定性的。它依赖媒介研究的扩展和"稳定化"，从而增加越来越多的原始对象。我认为，从历史上看，研究留声机、打字机[1]和录像机[2]都是可行的——这些都是开创性的东西，是您从科学上写得不方便的东西。由于这个主题的新颖性，人们不得不发展自己的理论写作方式。这在客观上和方法上都是有风险的。但是，如果现在只是把目前

---

1 Friedrich Kittler, *Grammophon Film Typewriter* (Berlin 1986).
2 Siegfried Zielinski, *Zur Geschichte des Videorecorders* (Berlin 1985).

的"大理论"拿出来，只在研究中加以扩展，那么这最终会导致没有任何新的东西。同样，媒体研究本身的封闭性也会使其变得乏味。

SZ：但与此同时，在我看来这是一个小小的认识论上的矛盾，您多次非常明确地强调，媒介研究作为一门独立的学科对您来说并不具有吸引力。对您来说，隐藏在媒介研究背后的是一个研究问题，该研究问题需要深入至系统、思维结构和过程。它在那里开始工作，并在二者之间采取行动。但这将意味着，媒介之外的东西对于这种思维的进一步发展具有非常重要的意义。

CP：因此，我很感谢您的这个标题——媒介思维。您说的是对的：在媒体研究领域拥有一个终身职位是个悖论。从我这个终身职位的角度来看，我可以轻松地这样说。媒介研究做得很好，如果要求废除它，那就是愤世嫉俗了。但是，随之而来的是他们的规范化，其核心是爆发力的显著降低，导致出现一种教科书化的趋势。还有一种内部分化，即使在专业领域内部，一个分支已经不再理解另一个分支的研究内容了。针对这一点，我们必须重新开放这个领域，认真对待他人的媒介思维。当然也有少数人在这样做。就我个人而言，近年来我与沃尔夫冈·科伊和马丁·瓦恩克这样的计算机科学家做了大量的工作。例如，在德国科学基金会（DFG），人们现在越来越经常地听到这样一句话："这符合媒介研究学科的标准吗？"这对所谓的新生代来说是好事，但也是致命的，因为它排除了那些对媒介有完全不同的思考方式的人，而这种思考方式可能不是针对某个学科的，但这种思考很重要。我们谈到了后工业社会和黑客的形象。像丹尼尔·贝尔（Daniel Bell）这样的人和20世纪70年代的黑客和年轻的计算机科学家——我们把个人电脑归功于他们，他们都读过麦克卢汉，并发展了自己的媒介思维。例如，这种思维体现在他们建造的设备中，而不是媒介研究的文本中。您没有看到这样的事情，是因为对学科的封闭性，或者您只有在回顾时才会认真对待他们。而这与您所看到的媒介思维的"深层时间（Tiefenzeit）"相比，只是一个很小的时间跨度。

SZ：无论如何，这个领域需要重新注入活力，要有不同的方法和观点。不同的方法和观点应该再次更强烈地碰撞在一起。在很长一段时间里，人们不敢对这个领域发表任何批评。因为他们担心会伤害到那些不应该伤害的人。但现在，经过这一阶段的建立，是时候对这一发展进行批判性反思了。

这让我想到另一个想法，也可以朝这个方向发展。在您关于赫尔曼·卡恩（Herrman Kahn）的文章中，也就是在智囊团项目[1]的背景下写的，您谈到了"诗意的想象力，与数字、统计和图表的过度现实修辞形成了一种奇怪的混合"[2]。这的确是一种类似于"想象之机能"的东西，一种新的想象力。弗卢塞尔一直对此大肆宣扬，并试图将其具体化——幸运的是，他没有成功地将其完全具体化，否则它就不复存在了。这是一个我们可以努力追求的希望的角度吗？想象力的复苏与数字、统计和图表有关的其他技能相结合？

CP：卡恩是一个非常特殊的例子，因为想象力对他来说总是第一位的。他把自己看作是一个作家。他用他那个时代的所有媒介做了很多事情，比如用高射投影仪，用各种冷战时期的创造技术，用计算机模拟，他创造了场景的概念。然后把这作为一种想象力的行为。诸如"如果第三次世界大战发生，会……"的情景。然后用数以百万计的死者和被污染的日常生活来叙述，但也有斯宾格勒、汤因比和熊彼特，以及一个人可以在城市景观中容忍多少突变体而不发疯。这些都是高度同步化的文学作品清单。他们被认为是愤世嫉俗的，但这些场景对卡恩来说是基于

---

1 参见：Brandstetter, Pias und Vehlken (Hg.), *Think Tanks* (Zürich und Berlin 2010).
2 Claus Pias, „One-Man Think Tank". Herman Kahn, oder wie man das Undenkbare denkt, in: *Zeitschrift Für Ideengeschichte* 3/3 (2009), S. 5–16, hier 14.

媒介的诗意行为。某些媒体允许想象力朝特定方向发展——无论是组合学，还是自发性。因此，这意味着在军备咨询的核心，也有类似于想象力的东西，是有条不紊的、有意识的、非常有针对性的。对媒介的高度关注，也是一种媒介思维的形式。

SZ："想象之机能"是我最近多次碰到的一个概念。它出现在所谓的保利-荣格的对话中——我必须简单地解释一下——就是荣格和物理学家沃尔夫冈·保利之间的这段著名对话[1]。他们两人有着活跃的通信往来，其中他们谈到了可能也是驱动自然科学和现代物理学的古老模式和想法及动机。这非常有趣。令人振奋的是，保利-荣格的这段对话又提到了另一段对话，即罗伯特·弗拉德和约翰内斯·开普勒之间的对话。这段对话始于1600年左右，其中也提到了优先次序的问题：数字和想象力哪个更重要，想象力的力量，想象力的这一活跃的一面？弗劳德——这位医生、自然哲学家、共济会员——自然而然地选择了想象力的一面，积极的想象力；而开普勒则是数字和几何学的一面。尽管如此，两人对彼此都感兴趣，这一点您可以从这段对话中看到。而这个主题现在似乎正以一种特殊的力量再次上演。

CP：弗卢塞尔的想象力在图像方面发挥着重要作用。图像批判和技术图像是通过投影来实现的，因为它是计算机生成的。我不知道他是不是有点太乐观了。如果我们现在以20年的距离重新审视这一点，那么对于数字或计算机生成的图像不再通过想象导致异化和去政治化的希望……我不知道是否会实现。当时，大约在1990年，他心中有五彩缤纷的分形。我不确定他今天的这种归结为数字图像的想象力形式是否正确。

SZ：我认为这种想象力被强加给他的太多了。我认为图像的力量对

---

[1] Carl A. Meier (Hg.), *Wolfgang Pauli und C.G. Jung. Ein Briefwechsel 1932–1958* (Berlin 1992). 另参见：Harald Atmanspacher, Hans Primas und Eva Wertenschlag-Birkhäuser (Hg.), *Der Pauli-Jung-Dialog und seine Bedeutung für die moderne Wissenschaft* (Wien und New York 1995).

他来说并不那么重要，因为像麦克卢汉一样，他实际上对世界有一种偶像崇拜的看法。除非那是一个悖论。他不是一个热爱图像的人。这是一种误解。他确实谈了很多关于图像的问题，但他实际上厌恶图像。因为对他来说，它们是与魔法和神秘主义有关的东西，与文本和可以称之为理性和历史的东西相对立。

当我在20世纪90年代听到您的第一次讲座时，我特别钦佩您的技术能力和高度艺术感之间的密切联系。2004年，您突然出了一本书[1]，关于这本书很少有人提及，是一本关于安娜·奥普曼（Anna Oppermann）的小书，也非常好。她是一位有趣的艺术家，一位画家。汉堡为她举办了一个大型回顾展，这本书就是在这种情况下写成的。我的问题其实是关于与艺术的关系，特别是与视觉艺术的关系。我们已经谈到了这些图像。您在处理这些技术图像时总是非常自信。您在讲课时也非常密集地使用图像。现在的情况如何呢？它对您来说仍有重要的地位吗？也就是说使用或通过图像进行思考？

CP：我想，现在就不再是这样了。我甚至无法说出原因。《安娜·奥普曼》是最后一本这种形式的书。我是受马丁·瓦恩克的影响，他编写了对奥普曼作品进行归档编的软件。对于那些不了解她的作品的人来说：有一整个房间都是纸条，像分形一样嵌套在一起。从一个单词开始，发展出一幅图画，然后将带有图画的单词拍下来，贴在旁边。然后又从这里发展出新的东西。这填满了整个房间。像一个超文本。

SZ：有点像生成美学。

CP：对。而这些东西是在有很多关于根茎类的文章的时候创造的。自从和沃尔夫冈·科伊合著了这本书之后，在我自己使用图像的时候，我甚至不再使用PPT，另一方面，我发现谈论艺术越来越困难。从那时

1　Claus Pias, *Anna Oppermann in der Hamburger Kunsthalle* (Hamburg 2004).

起，我的个人取向就越来越倾向科学史和计算机科学。

SZ：我们都清楚地感觉到了这一点——在文本中，也在图像出现的方式上。在图表、图像的方面，可以感觉到您以它们自身的合法性和抵抗力使用这些图片。

CP：是的，确实如此。阿森多夫（Asendorf）的《生命力的电池》（*Batterien der Lebenskraft*）[1]是一本非常重要的书，因为它包括这种图片论证。

SZ：图像的认识能力。

CP：是的，图像确实表达了独立的观点，必须与相应的文字平行出现。这已经变得非常困难，例如通过美国杂志的简化，现在几乎不可能出版一篇带有40～50幅插图的文章，即平行争论的图画轨道。图像被简化为说明性插图。从事电影写作的人对这个问题会了解得更多。

SZ：我现在跳过一段本来是关于结构主义和其他许多东西的内容，在此给观众及时介入、评论、提问的机会。

渡边真也：非常感谢您的讲座。您提到了莱布尼茨，我认为他是第一个在北非找到欧洲共同敌人的人，就在他与斯宾诺莎会面之后。然而，在冷战结束后的全球化世界中，经典的敌人概念似乎不再可能了。爱德华·斯诺登的案例中更加清晰地证明了这一点。那么现在，我们不能再有一个共同的敌人，我们如何才能创造一个国家的形式？我们如何能创造一个国家？欧洲国家的未来可能是什么？

CP：对于这样一个涉及世界未来的问题，恐怕我并没有真正的答案。但我同意您对敌人的判断。您知道有句名言是："极权主义系统试图把人关在里面。自由主义系统试图把人挡在外面。"那是冷战时期的情况，我想知道这是否仍然成立。但我真的没有答案。

克里斯托弗·甘辛（Kristoffer Gansing）：您写了一篇关于幻觉的超

---

1 Christoph Asendorf, *Batterien der Lebenskraft. Zur Geschichte der Dinge und ihrer Wahrnehmung im 19. Jahrhundert* (Gießen 1984).

越性的文章，与康德的幻觉和控制论的思想有关[1]。在这篇文章中，您把任何知识的幻觉的基础和控制论联系起来，似乎您想批判控制论的某种发展，而且，如果我理解得正确的话，您找回了一个"实验性控制论"的想法。但当我读到这里时，我在想这个实验性控制论是什么。在今天的谈话中，我在想，它与诗歌有关，并将想象力从系统性思维的外部注入系统中。这与所谓的"二阶控制论"这样的尝试不同，它涉及更多的艺术想象力，但仍然以某种方式为系统提供能量？

CP：我必须先为观众做个备注。用"幻觉"这个词，我并没有直接指康德，而是指福柯关于康德的论文。这篇论文当时还没有发表——它仍然在巴黎的档案馆里，沃尔夫冈·舍夫纳（Wolfgang Schäffner）做了很多摘录。所以，这是福柯对康德人类学幻觉的批判。我把它转到了我所谓的（主要是）第一阶控制论的"控制论幻觉"上。在这里，人们也可以参考著名的斯塔福德·比尔（Stafford Beer）关于智利"协同控制"系统的轶事——见伊登·梅迪纳（Eden Medina）的书[2]。我认为，这只是坚持这种幻觉，即用反馈信息和观察的概念来交换人的概念，这对福柯来说，是对1800年左右几乎所有事物的解释。这只是将福柯的康德批判转化为"协同控制"等项目的结构。"控制论的幻觉不会像人类学的幻觉那样成功"，这种观点并没有得到证实。但是，如果人类学幻觉的时代——这是论证的历史部分——随着控制论，随着人和机器之间的新型本体的出现而结束，那么控制论幻觉的结局会是什么？我仍然没有一个答案。我们仍然生活在媒介生态学的第三或第四层的控制论体制中。在某种程度上，它仍然是一个控制论范式。因此，我们的想法并不是说人类学的

---

[1] Claus Pias, Analog, Digital, and the Cybernetic Illusion, in: *Kybernetes* 34, 3/4 (2005), S. 543–550. Siehe auch Claus Pias, Die kybernetische Illusion, in: *Medien in Medien*, hg. von Claudia Liebrand und Irmela Schneider (Köln 2002) S. 51–66.

[2] Eden Medina, *Cybernetic Revolutionaries: Technology and Politics in Allende's Chile* (Cambridge, MA 2011).

幻觉没有解体，而是被另一种幻觉所取代——我们仍然生活在其中。而这也许与我之前提到的时间问题和现代时间轴的结束有关——过去和未来仍然以同样的方式存在的错觉，在过去的200年中仍然存在。

巴鲁克·戈特利布（Baruch Gottlieb）： 您作为一个私立大学的项目负责人，一个写有关智囊团并直接与私人企业接触的人，有点像麦克卢汉，您认为大学的未来，特别是人文科学的未来是什么？我这样问是考虑到数据分析、大数据和数字人文学科的趋势，可能会导向知识的商品化。

SZ： 这很危险，您看，他们想让您承担相当大的责任。这三个问题都很严重：您要告诉我们去哪里。

巴鲁克·戈特利布： 我认为这就是我们现在的情况。

CP： 没有人问"我们从哪里来？"我是一个历史学家！但我们不要再开玩笑了。好吧，我想您是对的，大数据时代已然到来了；两三年后，它会出现在《明镜周刊》（*Der Spiegel*）的封面上——成为一个热门话题，我想。也许这是一个机会。

然而，我对大数据故事与人文科学的关系表示怀疑。如果它不是简单地复制和廉价化了人文学科，这可能是一个机会。在德国，大多数属于数字人文学科的内容都很无聊，不是吗？

SZ： 现在他的发言几乎和基特勒一样［笑］。

CP： 因为它没有触及认识论的问题。美国的一些东西更有趣，但我真的不知道该如何看待列夫·马诺维奇。它看起来不错，但我不认为它是特别的认识论——姑且这么说吧。比较一百万张自拍照片，统计出百分之多少的人在微笑，我们能学到什么？

SZ： 我觉得您说得对。

CP： 问题是它在哪里进行干预。媒介社会学，尤其是定量社会学，长期以来一直是我们的敌人。他们的结果据说是问的人越多越有效。但是，如果我开始在谷歌搜索框中输入一些东西，例如"14岁青少年的恐惧是什么？"搜索列表就会弹出，并显示出相关父母已经在谷歌上搜索过的内容。我不需要广泛的研究来做这些，这纯粹是在一个大数据库上已经产生的统计信息。这在方法学上有什么不同？有哪些结果会让我感到吃惊？系统是否能够提供一些新的和令人惊讶的东西？这就是我对大数据的兴趣所在。没有那么多的文献学的再现，也没有形式主义的图像比较，或者您也能莫名其妙地想到的东西。但是，也许我在那里太想做历史学家了。在这种情况下，大多数项目都涉及大量资金，例如，一旦转向卫生部门，就会涉及巨额资金。然后是关于患者的资料等，关于您如何从社交媒体领域提取这些信息，以及保险公司可以通过这些信息节省多少钱。从认识论的角度来说，我对这些事情很感兴趣，但不是作为成本削减的手段，也不是为了复制已经流传下来的方法，无论是在哪个科学领域。我注意到我如何越来越多地回到历史中去。

SZ：当一个人变老时，这就变得稀松平常了。

嘉宾：我想知道您对"工业4.0"的看法。未来是不是甚至不需要人类参与生产链？

CP：不知为何，作为一个历史学家，我总是被问及未来，这很奇怪。也许真的是这样，随着我们年龄的增长，过去的事情变得更加有趣，因为我们已经经历了这么多的未来。我很不愿意对未来做出预测。早在20世纪90年代，我们就已经有了物联网，以及大规模定制和所有地址空间的扩展。当然还有智能工厂。我曾经听说过这样一则趣闻：大众汽车公司改变了大众高尔夫的散热器设计，因为他们想用机器人手臂向政治界和公众展示未来的智能工厂，而原来的散热器无法安装机械人手臂。那是几十年前的事，很难相信今天会有什么不同。

SZ：您可以走得更远。作为一个考古学家，我想回到17世纪，仔细观察这些愚蠢的事情：符号和事物本身的符号是如何以无穷无尽的组合方式相互追逐的。这就是现代早期的情况，但在认识论上也是绝对一致的。除了谈论起源，没有其他方式可以谈论未来。这是海德格尔的观点，也是海德格尔为数不多的杰出思想之一。也因为这个原因，我们在这些观点中不断地保留过去的现在，实在是不足为奇。这就是为什么我把您的工作称为"过去的现在考古学"——因为我们可以在其中挖掘，至少可以形成关于未来的可能性的想法。它的有趣之处在于，您既能理解可能到来的东西，也能理解已经存在的东西，就像可能性空间一样。

CP：我们再回到这个问题上。是的，我也相信，如果我们尝试用前现代的术语和概念，而不是用现代的术语和概念来审视变化了的数字，我们会收获更多。

SZ：我们的同事许煜对这种物体关系有很多了解。他甚至创造了一个美妙的术语。他用"客体间性"来代替"主体间性"。

CP：我总是对任何关于未来的预测和我对其的看法持有谨慎的态度。当然，我们在这方面的工作方式也会有转变。如果说媒体研究对生态环境负责，那是媒体研究的傲慢。多么傲慢！它必须改变。有一些人正在具体地从事这方面的工作，我们应该认真对待他们的媒体思维，即使它不是以媒体研究的方式制定。行为者网络理论（ANT）在最近15年里当然非常流行，这就是为什么我们目前的重点在它身上。我的问题始终是：为什么？为什么我们现在就了解事物的连接性？而不仅仅是，"事物的网络化会带来什么？"前者是我更关心的问题。您可以说：从控制论出发，像ANT这样的东西只是设计系统的工程师们的日常实践。我怀疑这种做法的产物引发了我们的理论，我们必须小心，不要陷入告诉这种做法的傲慢之中。这类似于基特勒受到20世纪80年代单用户PC和命令式编程语言的影响，他的理论从而采取了某些特定形式。所以我更关心的问题是：那么我们的理论预期究竟是哪里引发出来的？是技术基础设施吗？我总是通过了解自身利益及其历史发展来回归本质。

嘉宾：我对预言并不感兴趣，因为我认为任何人都无法做出预言，我更感兴趣的是对当下的评估。我不太了解弗卢塞尔，但当我想到他及他对技术的理解时，我认为，物联网已经达到了另一个层次。我的车会传达我出了车祸的信息，而我自己甚至无法进行沟通了，因为我已经失去了意识。我的车可以确定其所在的位置，以及我昏迷的时间。如果我选择这样一个例子，那么我一开始就对这种技术持积极的态度。因为，如果我躺在街角不省人事，我希望在最理想的情况下被救。今天，我很难对这样一个案例做出任何评估，也就是说，在没有任何预测情况下。

CP：我又回到了认识论上。我认为，对这一当代现象说得太少，是媒介研究的一个弱点，也是我的一个弱点。我们把这个问题留给其他人，比如专题作家、市场营销人员，或其他人，无论是谁。但反过来说，对于一个大学的认识论者来说，看到一些理论通过这些日常经验变得尖锐，也是很有意思的。这对我们所处的系统有什么影响？用卢曼的术语很忠实地说：一个科学系统只能在科学系统内考虑这样的问题。这意味着像万物有灵论这样的话题实际上正在蓬勃发展，正如目前柏林世界文化之家的展览所呈现的那样[1]。埃里希·霍尔上周和我们在一起——路先·列维-布鲁尔（Lucien Lévy-Bruhl）正在被再次阅读。有了反柏拉图主义（anti-platonistisch）的模式后，我们说不是通过我们的存在来定义自己，而是通过我们的关系性来定义自己。正如我所说，这些都是大学的理论兴趣所在，是由生活世界触发的，而这个生活世界是由我们今天的存在的关系形式所激发的。就像您提到的汽车和驾驶员之间的问题，这是一个非常古老的控制论问题，到了一定时候，保险公司将不再面临事故中应用ANT的问题，但会特别针对那些坚持仍由自己驾驶，而不是由助手和自动驾驶仪进行人与非人互动的人。而除了谈论过多的监控之外，仍

---

1 „Animismus", Ausstellung im Haus der Kulturen der Welt, Berlin, 16.03.–06.05.2012.

有大片不需要的"监控",例如为我们报告事故的汽车,或者与苹果手表一起,如果您在上面僵硬地躺了太久,也许会记录下您是中风了。与这种技术发展相关的是,文本被重新发现,万物有灵论作为一个当代的思想类别被恢复了。与"媒介研究"相比,用"媒介思维"一词来描述这一点更好。

SZ:另一方面,目前也有由年轻人推动的强烈的哲学运动。年轻人在寻找新的本体论,而且,不一定排斥关系性,但不认为这是唯一可以想象的解决方案。这也是要认真对待的。几周前,我们邀请格雷厄姆·哈曼来做客[1]。他是这个新学派的代表之一;"海德格尔"的影响也很大,不过那是另一个话题。但我认为,此刻我们正在协商如何与事物、与网络化的事物、与作为数字对象的事物等发生关系,我们正在发展什么关系。而我们只能做一件事,尽可能密集地介入其中。

康斯坦丁·希德沃斯基:媒体生态学总是被谈及。也与这次关于未来的讨论有关。我还觉得,人们之所以说"生态",也许是因为他们想避开经济的问题。实际上,我们应该更深入地探索媒介经济学,而不是媒介生态学。我非常希望听到您对此的评论。

CP:我甚至不知道这算不算是一种评论。但给您一个简单的答案:是的。但我不知道目前是谁在做这件事。哈特穆特·温克勒曾经发起过。

SZ:没有人敢。

CP:对。

SZ:现在这又是一段我们必须接受的历史。早期的媒体研究,特别是在联邦德国和英国,有非常强烈的经济或政治经济导向。而随后在20世纪80年代接手媒介研究的学派却不认同这种观点。这一点必须坦率地

---

[1] International Flusser Lecture mit Graham Harman, Vilém Flusser Archiv, Universität der Künste Berlin, 08.04.2013. Die Lecture ist 2015 in der Reihe International Flusser Lectures im Verlag der Buchhandlung Walther König erschienen: Graham Harman, *Die Rache der Oberfläche. Heidegger, McLuhan, Greenberg* (Köln 2015).

说。基特勒对这一观点进行了抨击,也像其他许多人一样把婴儿和洗澡水一起扔掉了。这是很有问题的。现在,人们又逐渐开始思考这些过程的经济基础。当我还是个学生的时候,我仍然被允许学习经济学,可以说是这样。我们有关于资本的课程,关于马克思和与之相关的一切的研讨会。柏林自由大学有沃尔夫冈·弗里茨·豪格等人开设的长期资本课程。但这是科学发展中的典型现象——经济学课程不再被认为是必要的。而在某些时候,比如二三十年后,人们又开始关注它。但我不想打断您的发言。

CP:就是这样。

SZ:这在您那里是否起到了作用?那里有类似"新政治经济学"的东西吗?您不必这样称呼它,但那里是否有相关的讨论?

CP:不是在我这边,而是其他人,例如阿明·贝维伦根(Armin Beverungen)正在研究此类课题。在计算机模拟的情况下,处理经济问题是很自然的。毕竟,这就是现代经济的运行方式,以各种模拟模型为基础。但我根本没有这方面的专业知识,我们必须引入专业人士,例如通过像菲利普·米罗斯基(Philip Mirowski)这样的研究员。然而,我们感兴趣的是超级计算方面的竞争——过去可能称之为"统治的知识",今天可能称之为"新主权"。这确实与模式发展有关,与全球政治决定有关。在模拟领域,无论是在金融市场、气候研究还是在证明军事优势方面,谁拥有在模型基础上的解释权?那么,谁拥有最强的计算能力和治理权威?换句话说,用一个经常被批评的表达方式来说,是谁在治理方面有解释权,带有媒介技术的先验性?我确实认为这是一个重要的领域。这有着惊人的资金和令人难以置信的天真理由:"如果我们拯救了一个人的生命,为更大的计算机所花的50亿就没有白费。"

嘉宾:当您提到数字文化中心时,您还说80人中有12人是科学家。在理想情况下,您是如何设想这些群体生活在一起,一起工作并相互联系的？如何才能做到最好？

CP：好吧，如果有一个解决方案就好了。有时这样会导致平行社会的发展，且无法避免。或者，安德烈亚斯，您有什么想说的吗？

安德烈亚斯·布罗克曼（Andreas Broeckmann）［来自观众席］：我认为用12个科学家这个统计数据并不准确。因为那里有许多人是处理经济、出版、媒体法等问题的科学家，甚至基础保障部门的工作人员也几乎都是科学家，但他们不一定参与理论方面的工作，所以这样统计是不正确的。我认为数字文化中心的这种混合体的潜力在于，有着众多的不同立场的代表。

如果您能多说一点关于这个计划的具体情况，我会觉得很有趣，比如说，计划推动什么，以及数字媒体领域的研究重点。因为这也有希望为未来反思现在。您也是那里的研究者，并做出承诺将其转化为工作和研究产出。如果您解释了那里运行的机制，那么就有些消解当代和以问题为导向的黑客主义和在历史上寻找科学工作的看似严酷的并列关系了。

CP：我只是不想给吕讷堡大学数字文化中心做广告。但您是对的，我的几句话并没有说得很清楚。这个中心的基本理念是，为数字文化领域的各种项目提供框架。这些项目有不同的关注点和目标，有科学方面的，但也有经济方面的。前面提到的"基本服务2.0（Grundversorgung 2.0）"是一个项目，旨在探索对法律的修正，现在每个家庭都要征收广播费，但作为国家间广播条约的一部分，这也是一项知情权和教育任务的权利。问题是："这不也可以通过网络进行吗？"这涉及法律、经济、技术问题，但也涉及格式和质量问题。如果有人说，基本的信息权是通过网络而不再是通过电视发挥作用的呢？这个问题有很多后果，但这只是这类项目中的一个。吕讷堡计划大致是这样的，即我们停止用媒体研究的代际思维方式来思考。我们再也不能说："我们认为社会学家是愚蠢的，因为我们是技术的历史学家，教育学家更是如此，而与政治学家……"相反，我们必须想出别的办法，不再往媒体研究的方向走，而是回到媒体思维的方向，因为媒体思维是历史上使媒体研究的各种发展主旨走上正轨的原因。我们将其结构化为四个核心问题——我用英文命名，因为我们总是使用英文表述——重新思考政治，"政治"而不是"政治学"在这里很重要；重新思考技术条件，还包括关于计算机模拟的历史和认识论，这也许是基特勒思想的一次梳理，但前提和背景不同；重新思考社会，就是提出要放弃这条"愚蠢的定量社会学"的路线，在许多地方，这种路线并不愚蠢和定量；重新思考方法论：我们到底该如何研究和表现？历史认识论是捷径吗？确切地说，不是！还有什么其他方法？比如说，接上刚才的问题，大数据将意味着什么？无论如何，这是海德格尔式的政治、社会、技术和方法论的"领域"，在那里必须出现一种媒体思维，完全独立于学术性媒体研究及其协会和学派。无论谁想参加，都可以来，任何学科都可以。这将是这样一个中心所允许的开放性。对我个人来说，这是一个试图恢复媒体研究曾经拥有的开放性的尝试，这就是我们目前在吕讷堡开展的项目。不得不说，这在某些条件下是可能的，例如，通过欧盟的资助。在一个媒体研究机构，您不可能做到这一点，因为您不可能通过纯学术资助或聘任来吸引很多人，因为他们的简历不符合要求。同时，您必须成为一个媒体科学家，而不仅仅是思考媒体。但我不想过多地进行论战。但关于您的问题，那么应该如何处理呢？最后，您可以放弃，如果您在这四个问题下设置一个这样的结构，然后说，谁对这些问题感兴趣就参加。然而，以"临时科学"为代价。

SZ：今天在座的有些人就在吕讷堡的这个小组工作，比如安德烈亚斯·布罗克曼，尼克拉斯·施拉普（Niklas Schrape），他们的博士论文是关于计算机游戏的修辞学。很明显，由于我们今天也提到的观点，确实有类似于一个次中心的东西在发生着巨大的变化。就我个人而言，如果我可以做出评论，我发现真的非常有趣的是，当您开始这样的工作时，您就承担了巨大的责任，这也对您的行动和思维的未来可行性提出了相当大的期望。我在20世纪80年代初也经历过类似的事情，当时我很害怕。这也是我如此深入研究考古学和2500年前发生的事情的原因之一；它们帮助我再次更好地处理现在的问题。但看在上帝的份上，这听起来不应该那么老土的。您说了算！

CP：实际上，我认为我在那里的任务更多的是一种知识战略：如何在结构上标记和处理问题领域，以使那些能够真正对此做些什么或说些什么的人以某种方式走到一起。在此过程中，可以尝试采用非常规的方式。或许可以这样说：尝试将智慧投入到在一个尽可能没有怨恨的整体环境中，然后看它的发展及辐射情况。如果能建立一个像在吕讷堡那样的需要投入大量工作的机构，那么它至少必须是可持续的。要在那里形成一种氛围，在这种氛围中人们可以冒险，也可以勇敢地谈论问题，而不是依赖学科和绝对化的学派。

记录整理：卡琳·德克纳（Karin Deckner）、
萨拉·约翰娜·托伊雷尔

讨论

媒介思维中的两个基本哲学主题

安娜·贝基尔希 / ANNA BEYKIRCH

539　　**一、思考即是媒介思维。对媒介进行思考及运用媒介进行思考过程中的重复元素。**

在鲍里斯·格罗伊斯看来，电影、摄影或广播等20世纪的技术成就还不足以证明媒介话语的时效性和现实性。关于数字媒介的激烈辩论也并不意味着它就达到了高潮。相反，谈论媒介是与人们对自己和世界的思考方式存在着具体的关系的。在鲍里斯·格罗伊斯看来，我们的媒介思维的起源可以在西方的中介（Vermittlung）思想中找到。如果用犹太教和基督教的术语来表述，那就是，人执行的意志不是他本身内在的，而是被委派给他的。被委派的意志，或称基督意志，成为"上帝与人之间、宇宙生命与尘世生命之间、精神生活与现实生活之间的中介"。

媒介哲学发展的另一块基石是德国观念论，与盎格鲁-撒克逊国家不同，德国观念论在概念上塑造了关于媒体的思考。在涉及如"媒介""精神和肉体物质"或"媒介科学（Medienwissenschaften）"等核心术语的意义、联想和解释时，语言的不可译性使这种影响显而易见。尽管如此，对于鲍里斯·格罗伊斯来说，媒介研究的起源可以在对"媒介化（Vermittlungen）"基本结构的所有研究中找到。

格罗伊斯特别关注19世纪的唯灵论，特别是法国唯灵论者亚兰·卡甸的观点。他认为，媒体必须总是撒谎，因为没有证据表明它们内在和外在的中介（Vermittlung）状态。据格罗伊斯说，卡甸意识到，在这方面，每一种证据都是模棱两可的，因此都会归于虚无，这在对今日媒体的批评中再次得到证实，媒体被认为是不可信任的。媒体不能被信任这一事实,既不是媒体内容生产者的责任,也不是受众的责任,相反,它就是通过媒体进行思考的结果。从传统的语言分析哲学的立场来看,"思考"这一精神活动也总是一种媒介化的思考,因为思维状态的表达是通过基于符号的言语行为进行的,而这种言语行为又是通过身体实现。卡甸的中心思想是,精神通过身体来表达,而身体不可避免地会扭曲要传达的信息,从而成为谎言的生产者,这加强了对主观-肉体的不信任,从而加强了对媒介的不信任。对格罗伊斯来说,它进一步表明,不仅身体是骗子或操纵者,而且符号本身也是被塑造出的,因为所有的符号都是有形的。如果所有的符号都是身体本身,那么这也意味着排除了精神符号。格罗伊斯认为,这种观点让人想起后现代,特别是后结构主义的概念,比如说激进的物质性,对我们今天的媒介思维具有核心意义。对非物质符号的否定以及将其转化为物质符号,就意味着所有的符号都崩塌为一个物质的绝对。根据格罗伊斯的说法,所有存在的符号也是不存在的迹象。由此,他得出结论,媒体理论的思想家们所汲取的源泉是由我们思维的基本图形组成的,如西方的上帝意志思想、平庸的哲学思想或笛卡尔对身体的怀疑主义,它们最终在思考中不断重复。

二、"人类的再编程",媒介思维中的机械性和人性

谈论媒介并不是我们这个时代的趋势,然而我们往往会注意到,某种力量或对话的紧迫性是从媒体中散发出来的。对格罗伊斯来说,这表明,一方面对"媒介"这一概念的多样化使用,另一方面在科学、艺术或政治中对媒介技术的使用,有助于打开那些以其他方式无法获得的全新视角。因此,媒体的使用并不是为了使我们的存在有意义,而是启动了我们认知的"测试阶段"。用于此类测试的仪器和机器我们并不陌生。在人类希望能吸收"超自然"的能力时,通过它们不断出现挪用的尝试。

正如西格弗里德·齐林斯基在与鲍里斯·格罗伊斯的谈话中恰当地指出，这是一种补偿性的尝试，但也是指对自己身体的虚假特性的认识，努力通过装置消除这一特性和意识，并适应该装置。这种技术干预进一步提出了这样一个问题：在什么阶段机器会"活"；在什么阶段人会被认为是机器。

根据格罗伊斯的说法，早在机器被视为是机器之前，人就已经被看作是机器了。格罗伊斯认为机器的思维方式起源于"附身"现象：计算机变得与人类相似，被好的或坏的灵魂所控制。相反，被附身的人就像被某种程序设定的机器一样，根据程序来执行其动作。因此，被附身的经验可以转化为一种"人类的再编程"，产生一连串的命令和提示，但是无法形成自己的意志。在格罗伊斯看来，人对机器的适应是有希望的，因为某种命令结构已经存在于人类身上了，并构成了某种机器化思维。格罗伊斯在奴隶制的历史和封建主义的极端和机器式的工作世界中找到了相关线索。另一方面，在格罗伊斯看来，机器对人类的适应即使不是不可能，也只是在有限的范围内的可能。人与机器之间的决定性差异其实就是他与自身局限性的关系。格罗伊斯认为，人更像动物而不是机器，因为人有死亡和知道自身必定死亡的意识，而且，可以发展出他的程序中没有的欲望和愿望，例如社会化、宗教、政治和道德世界观等。相比之下，机器并不了解这些类别的概念，其有限性在于简单的"崩溃"或功能障碍。此外，也不能将程序之外的动机融入机器制定和实现的过程中。最终，格罗伊斯认为，人类在功能和功能障碍之间统一了一种特定张力，这种张力也可以被描述为人类中机器性和动物性元素之间的张力。因此，人类要么被看作是机器，要么被看作是动物。

格罗伊斯认为，一旦人被视为机器，其失败就是注定的。因为当一个"错误"发生时，我们就称之为人类的失败，或谈论人类的失败。另一方面，如果人被视为动物，那则很难期望他们以机器理性的方式思考和行动，在此情况下，他们更多是以自发性、真实性或本能来行动。一个人如果不够"有同情心"或"有人性"，像机器人一样运作，就表明他缺乏基本的能力，可以被归类为精神病理学上的异常。无法拥有更多"人性"，这种失败最终表现为一种"疾病状态"。格罗伊斯的结论是，人要么是一台坏的机器，要么是一只生病的动物，从而强调了他之前关于人的功能性和功能障碍性的说法。

这种编程思想对人来说是自然的，同时又是反自然的，在功能性和功能障碍之间摇摆不定，可以理解为20世纪艺术先锋派和媒介思想家的研究重点。因此，在已经提到的我们感知的测试阶段，应用了"重新或再编程"程序的策略，即推翻或质疑文化理想，以及机器和人类思维之间的传统分割。先锋派艺术家的实践中渐进的甚至绝对的语境转变迫使我们的人性化程序重新配置功能和功能障碍之间的平衡。这种逆转技术的例子有对日常物品的审美化和高尚化，以及工业化商品的非功能化。先锋派艺术家的实践突破了他们那个时代的思想程序，留下了一群迷茫的观众，他们不得不"重新启动"。彼得·魏贝尔也很熟悉这一原则。20世纪60年代，他作为行为艺术家介入公共空间，进行了媒体干预实践。

尽管媒介思维谱系论坛的开幕嘉宾彼得·魏贝尔和鲍里斯·格罗伊斯学术背景不同，但在他们的媒介思维中显示出一个共同的线索：即努力以过程—技术或艺术—审美的方式记录、分析或描绘人类的功能性和功能障碍之间的张力关系。鲍里斯·格罗伊斯从媒介哲学的角度讨论了"人类的再编程"的过程，其中人类主体的有限性和功能障碍与技术媒体潜在无限性和重复性形成了对比。而彼得·韦贝尔则通过他的策略使这一过程变得可见，即格罗伊斯称之为艺术的"再技术化"策略。这一张力，必须从媒介思维的角度继续探索。

符号学的死胡同？

诺埃米·西波隆 / NOEMI CIPOLLONE

电影和电视等媒介已完成了一大飞跃——即从琐碎变为科学的客体。对非传统学术主题的兴趣，确实也可以说是20世纪60年代末文化革命背景下的一种解放性尝试。尽管如此，本书中的对话表明，学术合法性问题在很长一段时间内还继续发挥重要作用。早期的尝试包括从其他学科和研究课题中移植和改编既定模式，正是为了这个目的：也就是，一个人如何接近一个日常物品，并在学术话语中为它创造一个位置呢？

我们将尝试用电影符号学的例子来追溯这一点。从一开始，理论家们就喜欢把媒介（尤其是电影）与语言进行比较。一方面，这种联系是显而易见的：媒介内容使用像语言那样的符号系统，具有很强的指称性，因此接近符号系统。另一方面，符号学在过去常常把自己说成是一门具有普遍性的科学，是一门追求把在语言模式上发展起来的符号理论转移到其他对象上去的科学。

尽管电影符号学的尝试在20世纪70年代末产生了巨大反响，并且是符号理论中最热门的领域之一，但我们今天所知的媒介思维在这种符号学的视角下几乎无法发展。符号学创造了一种反思性框架，满足了新生科学的学术合法化的需要。然而，它无法维持对这个领域的普遍性主张。即使对于20世纪60年代最初的电影符号学来说，人们必然要面对复杂的主题，但是现有的符号概念却无法与之相符合。一方面，直接接近"真理"，按照查尔斯·桑德斯·皮尔斯的说法，这使得符号系统的传播显得荒谬；另一方面，由于电影图像的特点是在不断变化的，所以这种连续性在任何符号学理论中都找不到对应的东西，因此绝不可能确定单个的"意义载体"。

自索绪尔以来，符号学家一直倡导一种普遍认可的、"静态"的符号理论，其主要对象是以离散单位的形式出现的任意符号，不同的、约定俗成的意义被分配给这些离散单元，例如在语言中就是如此。然而，如果人们试图将这一点转移到电影中（电影除了叙事、部分语言成分外还使用图像），就会遇到很大困难。例如说会有这样的问题：图像的意义可以在何等程度上被划分为各个单元？视觉传达的特性难道不就是能够直接把自己作为一个整体来表达吗？

这种对传统的、任意的符号（或皮尔斯意义上的符号）的简化也导致了对另外两种符号类型的忽视，即皮尔斯引入的索引和图标，二者可能更适合转移到电影交流中。在电影符号学的辩论中，一个引人注目的插曲是翁贝托·埃科、帕索里尼和克里斯蒂安·麦茨之间在佩萨罗电影节（1965、1966、1967）期间展开的争论。这场争论是由埃科和麦茨对这位意大利艺术家试图描述诗歌电影创作而引发的。"电影并不只是一种简单的艺术形式，而是真实的艺术。我们是世界的现象，也是现实语言的标志"[1]。帕索里尼假定存在一种电影语言，并试图通过转移语言学的既定模式，从理论上和"经验上"证明它。在索绪尔语言学中，语言交流表现在两个层面上。说话者拥有按照惯例使用被赋予意义的成分（语素），他首先选择这些成分，然后将其组合为句子。再往下一层，语素由语言成分组成，即音素，其本身没有任何意义。帕索里尼坚信，他可以在电影传播中找到类似的表达方式。为此，他将单位定义为可以在图像中看到的那个单个"真实"物体，被称为"电影素（cinemi）"。帕索里尼认为，与音素类似，电影也不能被随意选择。

此外，帕索里尼还将电影传播与记录口头语言的文字进行了比较：电影的任务是记录行动。帕索里尼认为书写文字与口语之间的关系是水

---

[1] 原文为：Kino ist keine metonymische Kunst, die Realität ist metonymisch. Die Phänomene der Welt sind die Syntagmen der Sprache der Realität. 参见：Pier Paolo Pasolini, *Empirismo Eretico* [1972] (Mailand 1991).

平平行的。另一方面，在电影和现实之间存在着一种垂直关系。在第一种情况下，它是一种通过呼唤（意大利语——Evocazione）的翻译行为。然而，电影并没有唤起现实，而是再现了现实。归根结底，对帕索里尼来说，电影只是捕捉现实语言的一种方式。很明显，这些理论尝试具有哲学和诗意的特点，而不是科学的特点——帕索里尼宣称他想发展一种电影哲学——因此不应该被视为是基于经验之上的。

在《电影符号学》[1]中，克里斯蒂安·麦茨还是对帕索里尼的理论提出了批判，他首先对电影传播是在两个层面上进行的这一观点表示了怀疑。如前所述，麦茨指出了音位符号的象征性和识别音位的符号等价物的不可能性。当谈及图像符号，它们或多或少地与各自的指涉物相似。对科学家来说，图像的指称性是由它们与现实的接近所赋予和保障的，因为它们通过一种实际可识别的联系来指称它们的指涉物，因此对文化技术的依赖性较小，如对文字的掌握就是如此。帕索里尼自己说，电影是通过一种复制行为来进行交流的。然而，根据麦茨的说法，图像性加上缺乏双重衔接是使电影的普遍性成为可能的原因，这正是让帕索里尼如此着迷的地方：电影是交流不一定需要语言的具体证据。

翁贝托·埃科也强烈质疑帕索里尼的符号学尝试，并将其与皮尔斯的理论详细对比。在此过程中，这位意大利符号学家最后谈到了文化习俗对电影交流的作用：如上文所述，完全的象征性将不会给解释留下任何余地。

埃科在1962年出版的《开放的作品》[2]中探讨了艺术作品意义的不确定性。人和所有物体都可以作为符号，就像物体在电影中的再现一样。像所有的符号一样，它们在持续的符号化过程中会不断地被重新解释。对埃科来说，这种模糊性，这种开放性，只是意义的产生者，但不是意

1　Christian Metz, *Semiologie des Kinos* (München 1972).
2　Umberto Eco, *Das offene Kunstwerk* (Frankfurt am Main 1973).

义本身。在这个意义上，解释的机制不是任意的，因为它们总是与一个解释的社会文化共同体相关联[1]。

在这个意义上，图像性具有非常不同的含义：虽然解释不是明确地独立于语境，就像在传统语文学中，它仅仅是一个给定意义的解码[2]，但它也不是完全任意的。事实上，对埃科来说，皮尔斯的逻辑是推理和解释的基础。这意味着，解释不是任意的，因为它总是追溯到现有的意义系统。然而，解释者在每种具体情况下都会按照自己的意愿决定哪种系统最适合他。如果把文化话语视为符号，它们就不是不变的，而是动态的实体（在这种情况下，埃科关于运动中的艺术作品的概念非常具有启发性）。根据埃科，阐释因此成为一个积极的过程，一种共同创造的过程。在这个过程中，文化话语、艺术作品包括电影都不是指示着什么，而是暗示着什么[3]。

然而，早在20世纪70年代中期，电影符号学内部的这种讨论就已经分崩离析了。帕索里尼放弃了对诗歌电影的尝试，将电影定义为一种没有词典的语言[4]；同样，麦茨在将电影描述为无语言的语言[5]时其实也已经投降了。因此，他们都未能在精确定义的术语的基础上形成一个连贯的系统。电影作为一种媒介，成功地躲过了符号学的攻击。

尽管按照罗尔夫·克洛普弗（Rolf Kloepfer）的说法，他们失败了，符号学走向了死胡同[6]，但是发展电影符号学的尝试对于当代媒介思想的出现具有重要意义。它们在很大程度上为媒体进入学术话语体系提供了合法性。突然间，国际知名学者也开始研究流行文化媒体了。在这一点上，值

---

1 参见：Helge Schalk, *Umberto Eco und das Problem der Interpretation* (Würzburg 2000), S. 123.

2 同上，第128页。

3 同上，第27页。

4 参见：Pier Paolo Pasolini, Die Sprache des Films, in: *Semiotik des Films*, hg. von Friedrich Knilli und Erwin Reiss (München 1971), S. 40.

5 参见：Christian Metz, *Semiologie des Films* (München 1971), S. 51

6 参见：Rolf Kloepfer, Semiotische Aspekte der Filmwissenschaft : Filmsemiotik, in: *Semiotik=Semiotics. Ein Handbuch zu den zeichentheoretischen Grundlagen von Natur und Kultur*, vol. 3, ed. Roland Posner (Berlin und New York 2003), pp.3188–3211, hier 3190 ff.

得注意的是，在与一些媒介思想先驱交谈的过程中，我们可以看到他们并没有积极努力地将符号学扩展到一个拓宽的媒介领域，如电影。更确切地说，是符号学家们自己不断努力将最初为分析语言而开发的模型转移到其他对象上。因此，人们可以说，正是由于符号学的普遍性主张，媒介和媒介产品（在这里就是指电影）实现了从日常琐碎话语到科学话语的飞跃。

此外，这些尝试通过让学科分野较大的代表相互对话，在跨学科理论和实践之间建立了第一座桥梁。想想前面提到的翁贝托·埃科、皮尔·保罗·帕索里尼和克里斯蒂安·麦茨之间的争论吧，在这场争论中，理论反思和实践之间的界限变得模糊了。从这样的角度来看，媒介思维可以被描述为一种话语，在这种话语中，理论与实践、艺术家与科学家之间的分界线并不总是容易分辨的。

从这点上来说，这些最初的尝试似乎又不是绝对意义上的死胡同，而是一种绕道：他们虽然无法实现他们的目标，但却导致了媒介思维及其各方面的形成。

拿着鞭子的基特勒[1]

马里奥·戈麦斯 / MÁRIO GOMES

一

访谈来到第51分钟。起初，二人谈论的并非基特勒，而是关于

---

[1] 主编注：马里奥·戈麦斯在此处提到了齐林斯基与基特勒的学生、艺术与媒介理论家克努特·埃贝林（Knut Ebeling）的对话。由于篇幅原因，这段对话没有收录在中文版作品中。然而，鉴于戈麦斯在这篇讨论文中对基特勒与本雅明的关系以及基特勒的技术先验进行了精辟的分析，我们决定将这篇文章收入中文版。

本雅明。但齐林斯基问及了本雅明对埃贝林的《原始考古学》(*Wilde Archäologien*)的影响。埃贝林便从博士生导师开始讲起。他解释道："在基特勒那里，本雅明是被禁止谈论的。"齐林斯基摇摇头，咂了咂舌。"是啊，他是不是一直都带着鞭子？"全场哄堂大笑。基特勒挥舞着鞭子的形象占据了房间几秒钟，直到埃贝林停顿了一下。

在齐林斯基和埃贝林之间的谈话的转录中，这些内容都不见了，但它们其实很重要，尤其是咂舌和摇头。同样是咂舌和摇头，基特勒甚至都不会微妙地放在字里行间，但只要是关于本雅明的，他一定会毫不留情地说出来。当基特勒提及本雅明的时候，通常是为了把他带到台前，让他定义"刚刚过去的事实"[1]。"本雅明式的（Benjaminesque）"一词就意味着"根本不注意自己时代的技术"[2]，是"拒绝进步"的同义词。基特勒以一种独特的方式，像一个严格的校长一样面对一个年轻的、非常年轻的本雅明，甚至更多的是漫画版的本雅明而不是真实人物。本雅明的这幅漫画以近乎压抑的方式展开，以他的作品《1900年前后柏林童年》(*Berliner Kindheit um 1900*)中那个男孩为原型——一个热衷参观凯撒全景画装置的男孩。

> "在观看凯撒全景画时，尤其吸引人的一点是，你从该装置的哪里开始参观并不重要，不管你在哪个位子坐下开始观看都是一样的。……不管怎样，总会有空座。尤其在我童年将要过去时，凯撒全景画已渐渐不太时兴了。那时，人们早就习惯在半空的棚子里去周游世界各地。[3]"

---

[1] Friedrich Kittler, *Aufschreibesysteme 1800/1900* (München 2004), S. 343.

[2] 同上，第316页.

[3] Walter Benjamin, *Berliner Kindheit um 1900,* in: *Gesammelte Schriften, Bd. 7.1,* hg. von Rolf Tiedemann und Hermann Schweppenhäuser (Frankfurt am Main 1991), S. 388.

由福尔曼发明的凯撒全景画

引自：Karsten Hälbig, *Das KaiserPanorama Celle. Filiale von Berlin.* Celler Beiträge zur Landes- und Kulturgeschichte, Heft 21 (Celle 1992), S. 20.

　　当成年人们正在电影院满足他们对影像的渴望时，孩子们仍然还坚守在凯撒全景画那望远镜般的目镜前面。与电影院不同的是，凯撒全景画里的视野并没有电影院礼堂的宽阔，人们的目光不能像电影放映机的光束一样，落在观众面前伸展的屏幕上。在凯撒全景画中，人们的视野完全陷入了封闭的窥视盒之中。

　　在柏林的马尔基什博物馆中仍保留着福尔曼的原作，技术博物馆中还有一幅复制品。任何一个见过凯撒全景画的人都知道，木制房屋所在的房间与电影院的开放空间完全不同。在电影院，观众的目光和身体都与屏幕上的闪烁是同步进行的；而在有凯撒全景画的房间里，身体和目光是分裂的。围坐在木制圆形大厅里的不是一群观众，而是一群孤立的身体，一堆没有眼睛的身体，因为他们的目光已经消失在了胡桃木围墙里了，每个人的目光都游离在不同的图像中。凯撒全景画中的图像之旅其实不是一个公共活动，不是大众旅行，而是私人旅行，因为每个人都随时可以加入或退出。只要人们在设备前坐下来，身体和目光就会停滞。手肘压在软垫上，鼻子和额头压在黄铜框架上，视线被降低到图像空间的位置。凯撒全景画里的一切都是沉浸式的。奇怪的是——或者也可以说不足为奇——人们进入了全景画中，尽管他们实际上是坐在全景画前面。只有目光脱离身体，人们才能够真正进入全景画的世界。奥利弗·温德尔·霍姆斯（Oliver Wendell Holmes）的遗产不仅包括术语"麻醉"一词和对战争护卫舰的诗意颂扬，还包括有史以来商业上最成功的全景画之一，他在这种凝视的分离中也看到了心灵的疏离。

>"也许还有一种半磁效应就是盯着那双胞胎照片，就像是布莱德先生的催眠术一样……。至少，将周围的物体拒之门外，并由此让全部的注意力集中，会产生一种如梦似幻的感官提升，一种看得更远的感觉，我们似乎已经将身体抛在身后，像脱了形的灵魂一样驶入一个又一个陌生的场景中。"[1]

虽然精神上有点过剩，但霍姆斯的描述揭示了空间摄影中固有的双重性。然而，这种双重性不是基于身体和精神的分离，而是更简单地就基于立体观测的技术本质，因为它借助于"双图"，也就是通过两个视角稍有偏移的半幅图像，使人们产生空间深度（立体）的印象。正是两种不同视角的效果构筑了图像空间并使其能为感官所接受。"图像空间"这一术语出自马克斯·冯·鲁尔（Max von Rohrs）关于"双眼仪器"的论文[2]。它确实能更容易被感官所接受，因为在画作空间穿行的与其说是精

---

[1] Oliver Wendell Holmes, "Sun-Painting and Sun-Sculpture. With a Stereoscopic Trip Across the Atlantic." *The Atlantic Monthly VIII* (1861), S. 13–29. 文中14页之后的"布莱德先生"是指"催眠术"的创始人詹姆斯·布雷德（James Braid）。

[2] Moritz von Rohr, *Die binokularen Instrumente* (Berlin 1920).

神，不如说是身体。在参观者的目光沉浸入图像中的时候，他们的身体也隐喻性地沉浸入了画面中。这种沉浸是一种具有共鸣的沉浸。感官，或者更确切地说是感觉器官，把握住了图像空间。例如，在卡夫卡那里——是舌头，把握住了图像空间。他在参观了弗里德兰的一幅凯撒全景画后，在旅行日记中记下了这段话：

"（凯撒全景画中的）图像比电影放映更为生动，因为它们让凝视者感受到了现实的宁静。电影摄影机中给了观看者一种运动的不安感，而剩下的则更为重要。既然大教堂光滑的地板已经展现在我们舌头前面了，那些发明者为什么就没有想到以这种方式来统一电影摄影机和立体图呢？"[1]

为了让感官徜徉在图像中，画面必须保持静止。我们必须保证凝视目光的平静——即停顿状态。这也就是本雅明的辩证法模式。在《拱廊街计划》中，他谈道：

"在图像中，过去所有的东西一刹那聚集在一起闪现成了一个星丛。换而言之，图像就是静止的辩证法。因为虽然现在与过去的关系纯粹是时间关系，但是过去与现在的关系则是辩证的：不是时间关系，而是图像关系。"[2]

辩证星丛避开了"时间连续性"这一概念，跨越了本雅明"现在"和"过去"这两个术语支柱，并在线性结构之外，以图像形式呈现了

---

[1] Franz Kafka, *Tagebücher*, hg. v. Hans-Gerd Koch, Michael Müller und Malcolm Pasley (Frankfurt am Main 1990), S. 937.

[2] Walter Benjamin, *Das Passagen-Werk*, in: *Gesammelte Schriften, Bd. 5.1/5.2*, hg. von Rolf Tiedemann und Hermann Schweppenhäuser (Frankfurt am Main 1991), S. 578.

立体图

来源：Michael Biedert und Erhard Senf, *Berlin wird Metropole. Fotografien aus dem Kaiser-Panorama* (Berlin 2000), S. 11.

"过去"与"现在"的视觉结晶。这种"静止中的辩证法"[1]所针对的不是连续性（Chronos）[2]，也不是时机（Kairos）[3]，而是一个从所有时间性、所有确定性和目的论中爆发出来的逻辑状态。本雅明解释说，在语言中，辩证图像变得清晰可辨[4]。这就是将空间整合到线性阅读的过程，一方面是跨越了特定时间从属关系的"历史索引"，另一方面则跨越了"现在的可识别性"[5]。所以，光学层面被称为"立体"的东西，放在认识论的词汇中，就可以理解为"辩证的"，或者至少是辩证图像的具象化，因为在强调和技术意义上，凯撒全景画中的立体图为辩证图像提供了物质类比[6]。

1　Walter Benjamin, *Das Passagen-Werk,* in: *Gesammelte Schriften, Bd. 5.1/5.2,* hg. von Rolf Tiedemann und Hermann Schweppenhäuser (Frankfurt am Main 1991), S. 577 und passim.

2　译者注：克洛诺斯（Chronos）是希腊神话中时间的化身，同时也被视为时间之神，与宙斯的父亲克洛诺斯等同。它象征着时间的流逝，也象征着一生的时间。

3　译者注：卡伊洛斯（Kairos）是一个宗教哲学概念，指的是做出决定的有利时机，一旦错过就会带来不利。在希腊神话中，有利时机被人格化为神。

4　Walter Benjamin, *Das Passagen-Werk,* in: *Gesammelte Schriften, Bd. 5.1/5.2,* hg. von Rolf Tiedemann und Hermann Schweppenhäuser (Frankfurt am Main 1991), S. 577. 关于本雅明在材料中的写作和语言的发展，参见 Ebeling, der hierin eine methodologische Schwäche Benjamins ausmacht: Knut Ebeling；艾伯林指出了本雅明工作中的一个方法论弱点，参见：*Wilde Archäologien* (Berlin 2013), S. 501 ff.

5　Walter Benjamin, *Passagen-Werk,* S. 578.

6　本雅明引用鲁道夫·博查特（Rudolf Borchardt）的一句话来解释《拱廊街计划》中的"教学方面"："教育我们体内的图像创造媒介，以立体和维度的方式看到历史阴影的深度。"(Walter Benjamin, *Passagen-Werk,* S. 571)

本雅明的凯撒全景画是一台辩证的图像机器。

辩证图像唯有在这里才能如此生动地呈现出自身。尽管多余的信息会让人感到恼火，但这只是表面上的。就像在本雅明在《1900年前后的柏林童年》中的描述，"描述（Schilderung）"一词在这里应从其词源深度来理解，从与图像的意义联系上来说应为"Schilderei"，——参照新荷兰语的"绘画（schilderij）"一词。立体图，或者为了严格界定这一术语，凯撒全景画立体视觉的描述为辩证图像提供了诗学的对应物。在这里，空间图像和观者的视线交汇成了一个结晶体[1]，悬浮在一个静止状态，同时也是一个阈值状态，就像梦境和清醒状态之间的临界点一样，本雅明反复宣称这是认知的绝佳场所[2]。在凯撒全景画中，以及在觉醒的时刻，"异化的事物"和"传入的意义"就成了星丛，"悬搁在死亡和意义的冷漠时刻"[3]。柏林童年时期的凯撒全景画博物馆的一张展幅说明了这种悬浮物是如何变成图像的——普罗旺斯首府艾克斯宏伟的米拉波达大道以立体深度呈现。林荫道两旁的老梧桐树在小路上投下阴影，小本雅明曾时常在路上玩耍，无法自拔[4]。

参观时，全景画会带我们穿过一个阈值空间，在这个空间里，现在与过去感性地、辩证地融合在一起。另外，《1900年前后的柏林童年》中的微型画全集就是按照这个模式布置的。每一个缩影都通向一个联觉空间，在这个空间里，巧克力果仁糖的锡箔纸在指尖噼啪作响，或者电话中回荡着夜晚的声音。就像福尔曼的全景画一样，本雅明《1999年前后的柏林童年》中的童年之旅就是以这一种方式来编排的，这些图像可以按任何顺序阅读。这两个装置如此吸引人的原因在于，无论从哪里开始都并不重要。[5]时间顺序是无关紧要的，因为最终，它们都是关于如何将

---

1 Walter Benjamin, Passagen-Werk, S. 580, S. 1012 und passim. 关于"原点"（origo）的概念，参见：Karl Bühler, *Sprachtheorie. Die Darstellungsfunktion der Sprache* (Jena 1934).

2 参见：Benjamin, *Passagen-Werk*, S. 580.

3 Adorno nach Benjamin, *Passagen-Werk*, S. 582.

4 参见：Benjamin, *Berliner Kindheit*, S. 389.

5 同上第388页。

陌生的图像与当前的时间交织在一起的问题。这并不像1900年左右的精神病学行话所说的那样，简单地制造出"虚假记忆"[1]。相反，身体将自己束缚在一个界于真实和虚幻之间的阈值世界中，事实上，在这个世界中，真实和虚幻的特征变得无关紧要。

"如果下雨，我就不会在这50张图像前徘徊。我走了进去，看到了在峡湾和椰子树下的光线，与晚上写作业时照亮书桌的光线是一样的。可能是照明系统有问题，使得图像中的景色有些褪色。这片美景静静地躺在灰蒙蒙的天空下，仿佛如果我再小心一点，就能听到风声和钟声一样。"[2]

不仅异国风景的光线与学习时书桌的光线相同，空间性也在奇特的多义词中变得模糊不清，比如"我走了进去，看到了峡湾"等。照明系统的缺陷是否影响到立体图像，或者可能影响了近在咫尺的儿童房间，最终也是一个疑问。无论如何，凯撒全景画都不只是一个逃避到影像中的精神，而恰恰是身体在将要发生的图像空间中的投射，这使得辩证图像公式被兑现了。陌生图像沉入了"最深的梦境层"，人们身临其境地谈论着这些景象，仿佛它们真的发生在自己身上一样，以便最终将梦境层释放回当下的时刻[3]。

二

从凯撒全景画中出来，就到了拱廊，从一个"集体梦幻屋"[4]走向另

---

1 这个概念是由Kraepelin提出的，具体见：Emil Kraepelin, "Über Erinnerungsfälschungen", *Archiv für Psychiatrie und Nervenkrankheiten 17/3* (1886), S. 830–843.

2 Walter Benjamin, *Berliner Kindheit*, S. 389.

3 参见：Walter Benjamin, *Passagen-Werk*, S. 272 f.

4 同上，第511页。

一个,从一个"无窗的房子"[1]走向另一个无窗的房子;从图像的深处进入到一个"深渊"(法语——mise en abîme)的裂缝中,拱廊和全景图在裂缝中相互嵌套,封闭的档案本身处于静止状态,那里的空气总是有些霉味[2]。拱廊和全景图有着紧密的联系,在《拱廊街计划》中时常提到"全景拱廊"。二者的紧密关系并不是本雅明强加上去的,而就是城市景观本身所呈现出来的。无论是在巴黎还是在柏林,全景图和拱廊都不能被分开,全景图观看的最佳位置就是拱廊。

不同于喧嚣的马路和街道,全景图和拱廊犹如无声的存储库。在被本雅明称为阿西亚·拉西斯街的单行道上,新鲜的空气吹拂着文字,使其盘旋在城市中,刚从拱廊出来的漫游者看到了标志、广告柱和海报。整个街道都是符号刺激,墨西哥大使馆是双重意义上的信息。到处都是文字,所有事物都在写作,这种写作曾经"在印刷的书中找到了庇护所,在那里过着自主的生活",现在却"被广告无情地拖到了街上,受到经济混乱的残酷他律"[3]。电影和广告将写作推向"独裁的垂直",并将其引入"新奇古怪意象"的图形领域,进入图表学领域[4]。单行道是按主题—述题结构形成的。漫游者将他的联想附在每一个商店招牌和每一个霓虹灯招牌上,附着在他遇到的每一个符号刺激上,并将街道转录为文本。步行于是就变成了一次自动写作,漫步成了街道和城市的半缩影。

在这样一个"成群的写作蝗虫"[5]令人窒息的大都市里,书籍仍然充当着从卡片索引到卡片索引、从档案馆到档案馆的交通运输工具。

---

[1] Walter Benjamin, *Passagen-Werk*, S. 661.

[2] Um Sloterdijk nach Ebeling (*Wilde Archäologien*, S. 38) aufzugreifen.

[3] Walter Benjamin, Einbahnstraße, in: Rolf Tiedemann, Hermann Schweppenhäuser (Hg.), *Gesammelte Schriften*, Bd., 4.1 (Frankfurt am Main 1991), S. 103.

[4] 同上,第104页。基特勒为数不多本杰明式的但没有引起嘲笑或眼泪的段落。参见 Friedrich Kittler, *Grammophon Film Typewriter* (Berlin 1986), S. 331.

[5] Walter Benjamin, *Einbahnstraße*, S. 103.

"如今，书本已经是……两种不同卡片索引系统之间过时的中介了。因为所有重要的东西都可以在撰写它的研究人员的笔记本中找到，而研究它的学者则将其同化为他自己的卡片索引。"[1]

如果书只被理解为一箱箱卡片之间的媒介，那么它也可以直接被理解为笔记的集合。正如拱廊一样，它系统地模仿了卡片盒，最终也不过是一个大型卡片盒而已。在单行道上，在城市中散步和短途旅行现在也成了卡片索引的材料。游荡者将"普通货物：转运和包装"与浪荡子联系在一起：

"一大早，我驱车前往马赛火车站，一路上遇到了熟悉的地方，又遇到了全新的、陌生的或只能依稀记得的地方。这座城市成了我手中的一本书，在它被放进阁楼箱子里、不知将离开我的视线多久之前，我快速地将它浏览了一遍。"[2]

在访谈的第51分钟，齐林斯基仍与埃贝林一起坐在桌旁，他在一个非常类似的背景下谈到了"即时考古学"，这是一种记录和存档即时发生的事情的实践。在说到这个概念时，齐林斯基又提到了一件名为"即时回放"的博物馆馆藏。在20世纪60年代，这个设备可以实现录音后立即回放，也就是现在每部智能手机都具备的功能。就像当年本雅明驱车前往马赛时的记忆立即储存一样，如今所有前往马赛的记忆都被立马储存在各种媒介中。在归档的那一刻，它们就已经是文物了。用这种方式理解"即时考古学"，也就指向了"考古学（Archäologie）"一词的双重词源，即"古代"和"学科"。福柯并不希望"考古学"这个词和其词源

---

1 Walter Benjamin, *Einbahnstraße*, S. 103.
2 同上，第133页。

"古时"有关，而是希望能和"档案"联系起来[1]。而如今，即时考古学就将档案和古时这二者进行了合并。刚刚储存的存档即刻被覆盖上了陈年存档的霉味。人们在考古地点挖掘，在档案中翻找，这一切都混杂在当下的原始考古学中。

尽管基特勒在本文中只是像一个微弱的影子出现，但他仍在标题中对这篇文章挥舞着长鞭，当然，顺便说一句，他不会打到任何人。无论是埃贝林和齐林斯基，还是本雅明自己，都没有能够在本雅明与福柯这两座"独立的大山"[2]之间建立起桥梁。这只是因为本雅明对辩证法比对技术本身更感兴趣，对档案比对记录的技术先验更感兴趣，所以他没必要被基特勒打击。基特勒最后也终于明白了。

也许。

（被）触摸，（被）放映——论瓦莉·艾丝波特《触摸影院》中的触摸

克里斯汀·莫勒林 / KRISTIN MOELLERING

因为人们认为，触摸就是触摸自己所接触的东西，也让被触摸的东西触摸自己，通过触摸客观或不客观的事物，或者通过被自己触摸的"身体"或"肉体"所触摸，使得被触摸的东西同样触摸自己[3]。

触摸是一种触觉媒介。它们在主体与主体之间、主体与客体之间传

---

1 参见 Foucault, *Archéologie du Savoir* (Paris 1969), insbesondere S. 105 ff. 等各处。埃贝林认为，二者的合并"比将其组合更糟糕"(Ebeling, *Wilde Archäologien*, S. 25)，但档案和考古学之间的词源关系至少是可以被证实。

2 Kittler, *Aufschreibesysteme*, S. 368.

3 Jacques Derrida, *Berühren, Jean-Luc Nancy* (Berlin 2007), S. 354.

递体感信息。触觉感知通过触摸向外投射,同时也让它能被内部感知[1],能在皮肤上被感受到,变得同现象内在地关联。触摸的发生是一种双向的模式:"触摸"就意味着"被触摸"——反之亦然。触摸始终需要直接参与,体现一种身体的在场,一种身体被影响的敏感状态。

作为杰出的艺术作品,电影的接收主要基于两种感官(高度相互依赖的)的活动——视觉和听觉。触觉与视听材料的感知无关。电影没有被触碰、触摸、触验。因此,视频或电影的互动行为是通过视听实现的,而不是通过触觉[2]。

瓦莉·艾丝波特的行为艺术作品《触摸影院》(1968)引发了人们对上述想法的困惑和质疑。由于《触摸影院》(艾丝波特本人称其为《触摸影片》)[3]的媒体内容可以通过触觉而非听觉来体验,其彻底超越并重构了传统电影的美学、材料和制作参数。本文将以这一艺术特质作为切入点,对《触摸影院》进行专门的微观分析。在此基础上,分析和研究触摸作为触觉和身体性之间联系的媒介性。

1968年1月14日,慕尼黑施塔胡斯的《触摸影院》展演[4]中,瓦莉·艾丝波特戴着一顶卷曲的假发,将一个箱子绑在她赤裸的上半身,

---

1　Jan Swankmajer, *Touching and Imagining: An Introduction to Tactile Art* (New York 2014), S. 2.

2　下文讨论的主题是作为直接身体接触行为的触摸。它指的是实际的身体,而不是类似具象化的触觉。后者在媒体和艺术理论的讨论中,长期以来一直受到讨论,即视觉在多大程度上也能唤起一种类似具象化的触觉体验。所谓"触觉视觉性"的概念主要指一种可以唤起类似具象化感知的视觉方式。参见 Erkki Huhtamo, Twin-Touch-Test -Redux: Media Archaeological Approach to Art, Interactivity, and Tactility, in: *Mediaarthistory*, hg. von Oliver Grau (Cambridge, MA 2007), S. 71–101;Für eine ausführliche Darstellung siehe Laura U. Marks, *Touch: Sensous Theory and Multisensory Media* (Minneapolis 2002).

3　VALIE EXPORT in: Anita Prammer, *VALIE EXPORT. Eine multimediale Künstlerin* (Wien 1988), S. 106. 此外,瓦莉·艾丝波特在描述她的《触摸影院》概念时,所用术语并不统一。除了"第一部触摸电影"外,她还使用过"真人电影、第一部街头电影、第一部移动电影和第一部真正的女性电影"。除了通用术语扩延电影之外,该行为本身也被归类为"身体行为""社会行为"或"性行为"。(VALIE EXPORT, *Split: Reality Valie Export* [Wien 1997], zitiert nach Andrea Zell, *Valie Export. Inszenierung von Schmerz: Selbstverletzung in den frühen Aktionen* [Berlin 2000], S. 32.) 这样一来,艾丝波特就避开了艺术史家们对分类的异质尝试。唯一的特点和因此可能的区分特征是她的电影的行动主义接触的短暂性。

4　《触摸影院》在维也纳第二届马拉西德音乐节上未能实现首秀,1968年1月14日,该作品在慕尼黑施塔胡斯首次公开展演。参见:Zell, *Valie Export. Inszenierung von Schmerz* (Berlin 2000), S. 35 f.

瓦莉·艾丝波特,《触摸影院》(1968)

561 用一件开衫遮住自己的肩膀和背部。彼得·魏贝尔拿着扩音器充当广播员,鼓励路人参观这个所谓的"电影院"。箱子前面有两个开口供参观者使用,开口处的布帘挡住了视线,也标志着这个微型影院的入口。参观者与其说是观众,不如说是触摸者,他们可以用手接触到艾丝波特裸露的胸部,感受这一《触摸影院》。身体的皮肤即女演员的胸部,取代了银幕,成为传统电影拍摄设备的一部分。如果路人——路人人数并不多[1]——决定参观《触摸影院》的话,那他们的体验时间最多持续13秒——艾丝波特会用秒表控制时间。在整个参观电影院的过程中,触摸者(参观者)和被触摸者(出口)之间的眼神交流是被迫进行的。艾丝波特声称:

---

[1] 此外,对艾丝波特《触摸影院》的评价还有:"瓦莉·艾丝波特和彼得·魏贝尔的最新作品虽然掀起了一阵热潮,但并没有取得真正意义上的成功——即使电影操控最受欢迎的对象只是在银幕后,但也只有少数慕尼黑男性愿意在众多公众面前把这一对象看作裸露的肉体并亲身触摸。"(Karl Stankiewilz, Wollen eine eigene Wochenschau. Erstes Treffen der „unabhängigen Filmmacher". *Kölner Stadt-Anzeiger*, 21.11.1968, S. 20.)

"同往常一样,电影会在黑暗中进行放映,只是影厅变小了一些,其空间只能容纳两只手。也就是说,'观众'(用户)要想感受、感知电影,必须将双手穿过入口才能进入影厅。幕布也随之升起,以前只为眼睛拉起的幕布,现在也终于为双手而升起。触觉的感知与窥探欲的欺骗性进行对抗。只要公民满足于复制品中的性自由,这个国家就不会发起真正的性革命。触摸影院就是一个通过新诠释——通过触觉而非视觉交流来刺激大众的例子。电影元素的新组织也需要一种新的交流形式,以及一种新的体验。"[1]

扩延电影

对媒体理论话语而言,瓦莉·艾丝波特对自己作品的解读在许多方面都具有参考价值,通过《触摸影院》的概念框架,这些解读的内容价值借助扩延电影的艺术类型得到了加强。扩延电影的行动在不同层面上反映并重构了电影媒介,包括审美、材料、技术、意识形态和制度条件方面。在20世纪60年代和70年代,扩延电影的演员们以其特立独行的审美实践创造了新的电影范式、内容和方法,将电影的商业化视为荒谬。人们对电影参数进行了彻底的实验,时间被加速或减慢,空间被拉伸或压缩,如安迪·沃霍尔的《帝国大厦》(*Empire State Building*,1963)、迈克尔·斯诺的《波长》(*Wave-length*,1967)、小杉武久的《阿尼玛7》(*Anima 7*,1966);电影设备的部分元素(如赛璐珞、屏幕、投影仪等)被加工、替代,如白南准的《电影禅》(*Zen for Film*,1962)、彼得·魏贝尔的《指纹》(*Fingerprint*,1967)、维尔纳·奈克斯的《行动》(*Operation*,1967);有的甚至完全消失,如小杉武久的《第4号电影》

---

[1] VALIE EXPORT in: Prammer, *VALIE EXPORT. Eine multimediale Künstlerin*, S. 106.

(*Film No. 4*，1965)¹。然而，扩延电影也意味着，敢于从根本上重新处理与电影接收相关的感官模式，即传统的视觉和听觉。扩延电影除了激活视觉和听觉外，其他感官也通过嗅觉、味觉和感觉运动的刺激参与其中。观众被邀请参与一个积极（互动）的接收模式。

艾丝波特在她的《触摸影院》中以多种方式实现了这一新的美学范式²。一方面，她用自己的身体（乳房、皮肤作为银幕），用自制的小物件（聚苯乙烯盒子当作电影院）取代了电影设备的部分元素；另一方面，通过激活触觉，她迫使观众主动而不仅仅是被动地窥视性地参与。因为只有通过观众的参与，《触摸影院》才能真正地得以实现和完成。

20世纪50年代和60年代的社会政治背景对扩延电影的发展起到了至关重要的影响。艾丝波特认为，当时人们的感知是一种"被截断的感知"，必须让其"重新成为有能力的感知"³。在这个意义上，扩延电影既是一种"解放的电影"，也是"扩展的现实"⁴。在《触摸影院》中，艾丝波特靠着精巧的手法实现了这两个元素。严格来说，这是一种美学还原，使得麻木的感知重新变得敏感——身体或银幕先被仔细地摸索和触摸，再从路人的凝视、偷窥欲中抽离出来。只有通过对感官的限制，才有可能对经验性的现实进行美学扩展，一个"扩展的现实"才得以可能⁵。

1　Siegfried Zielinski, Backwards to the Future: Outline for an Investigation of the Cinema as a Time Machine, in: *Future Cinema: The Cinematic Imaginary After Film*, hg. von Jeffrey Shaw und Peter Weibel (Cambridge, MA 2003), S. 566–569. Zudem: Peter Weibel, Expanded Cinema, Video and Virtual Environments, in: *Future Cinema: The Cinematic Imaginary After Film*, hg. von Jeffrey Shaw und Peter Weibel (Cambridge, MA 2003), S. 110–125.

2　此处应注意《触摸影院》在女性主义话语中的重要性。具体阐释详见 Roswitha Mueller, *Valie Export: Fragments of the Imagination* (Indianapolis 1994).

3　VALIE EXPORT, Expanded Cinema as Expanded Reality. *JAM 1* (1991), S. 7–13, hier S. 7; zitiert nach Zell, *Valie Export, Inszenierung von Schmerz*, S. 31.

4　同上。

5　同上。

美国媒体评论家杨布拉德在他开创性著作《扩延电影》中,以敏锐且带有挑衅性的后麦克卢汉风格,就这一当时还很年轻的艺术运动写了第一篇媒介研究论文,他对扩延电影的总结如下:

"我们所说的扩延电影,它实际上指的是扩展的意识。扩延电影并不是指计算机电影、视频荧光粉、原子光或球形投影。扩延电影根本不是电影——它就像生活本身一样,是一个生成过程,是人类在头脑之外、在眼前表达自己意识的一个持续的历史驱动力。"[1]

从这个意义上来说,我们不仅要将扩延电影理解为"扩展的意识"(杨布拉德),还应将其理解为"扩展的现实"(艾丝波特)。随着审美规范的消解,扩延电影为那些不再是纯粹视听的电影作品的设计和接受奠定了基础,它成功地在多感官上扩展了电影维度,甚至扩展到了触觉。对于触觉感知的具体处理产生了新的疑问——从(媒介)哲学角度来看,触摸具有何种意义?下文将着重阐述这一问题。

触摸作为一种美学/审美姿态

触觉信号和触觉感知会通过身体构造的影响传达出一种特殊的自我体验:即体验者处于一种被直接影响的模式中,同时,这种关于触觉现象学观点强调了感官体验本身之间的相互关系。

法国哲学家梅洛-庞蒂以其现象学的一贯风格指出:"我们必须习惯这样一种观念:一切可见的东西都是由可触摸的东西雕刻出来的……,不仅在被触摸的东西和触摸的东西之间存在着重叠和交叉,在可触摸的东西和可见的东西之间也有重叠。这个身体看到并触摸到……"[2] 他的观

---

1 Gene Youngblood, *Expanded Cinema* (New York 1970), S. 41
2 Maurice Merleau-Ponty, *Das Sichtbare und das Unsichtbare* (München 1994), S. 177.

点避免了触觉和视觉之间的严格区分,而是认为两种感官紧密交织在一起。他借助格式塔心理学的概念指出,感知总是多感觉的,发生在一个感觉共同体内[1]。在解释了视觉的可逆性并将其与触觉进行比较之后,梅洛-庞蒂总结道:"……这两个系统就像橘子的两瓣一样相互契合。这与视觉没有什么不同,只是在这里,探索和它所捕捉到的结果,可以说,不属于'同一感官'。但这种对不同感官的划分还是过于粗糙。"[2] 目前,韦尔施尝试一种"感性重构"[3],从"传统的视觉至上"[4]转向一种多感官形式的知觉。最新的神经心理学和接受美学研究也主张采用联运类比或联运整合的方法[5]。该方法摒弃了对五种感官的严格区分,并提出了一种多感官模型,其中不同的感官印象能够重叠、互补和重新整合[6]。

虽然我们说感知是多感官且整体的,但这并不是要掩盖个别感官的质量和现象的独特特征。因此,触觉感知不同于视觉、听觉、嗅觉和味觉等单向感官形式——视觉刺激可以被看到,嗅觉刺激可以被闻到,听觉刺激可以被听到,味觉刺激可以被尝到,但是,感知者本人并不会成为被感知者[7]。另一方面,触觉体验的直接参与表现为一种现象学的自我体验,体验者在体验中袒露自己,并对此负责。艾丝波特

---

1 另见 Michel Serres, *Die fünf Sinne* (Frankfurt am main 1993), S. 88: "……皮肤在根本意义上是可变的,代表着联系、桥梁、过渡,是所有人共享的一个平庸的公共平面。"

2 Merleau-Ponty, *Das Sichtbare und das Unsichtbare*, S. 175 f.

3 Wolfgang Welsch, *Grenzgänge der Ästhetik* (Stuttgart 1996), S. 152 L. 韦尔施认为,"触觉的出现既是因为媒体技术的新发展,正如麦克卢汉和德里克·德克霍夫(Derrick de Kerckhove)所分析的那样,也是因为它强调身体的特性——同样与视觉的'纯粹'、不参与的特性形成对比"(同上,第153页)。

4 同上,第236页。

5 Marc O. Ernst und Heinrich H. Bülthoff, Merging the Senses into a Robust Percept. *Trends in Cognitive Science 8* (2004), S. 162–169.

6 Franz Xaver Baier, Bewegung der Sinne, in: *Der Sinn der Sinne*, hg. von der Kunst- und Ausstellungshalle der Bundesrepublik Deutschland (Göttingen 1998), S. 510–519; Gernot Böhme, Synästhesien im Rahmen einer Phänomenologie der Wahrnehmung, in: *Synästhesie: Interferenz, Transfer, Synthese der Sinne*, hg. von Hans Adler und Ulrike Zeuch (Würzburg 2002), S. 45–56.

7 "一个人当然可以看他所听到或看到的东西所'触摸'。但人不一定让自己被听到或看到的东西所听到或看到,这就是所谓触摸的第一个优点(这至少是胡塞尔的观点,我们在上文中质疑他)"。参见 Derrida, *Berühren, Jean-Luc Nancy*, (Berlin : 2007) S. 354 f.

在对《触摸影院》的声明中写道："触觉接收不受窥视欺骗性的影响。"由此，我们可以推断出的正是这种责任，源于观众或用户的直接身体存在，而不是来自凝视的远距离视角[1]。克里斯蒂安·麦茨认为，根据让-路易·鲍德里[2]的说法，传统电影院观众的窥视性电影体验是以在电影和观众之间保持"一定距离"[3]为条件的，这种体验抵消了。这种看而不被看的可能性[4]消失了。而在《触摸影院》中，这种可能性变成了另一种不被触摸就无法触摸的必然性。只有在观众的触觉直接参与并积极出现时，艺术行为才得以完成自身。因此，《触摸影院》是一种艺术行为，因为电影既不是接收对象，观众也不是电影设备的主体。相反，触觉接触创造了一个主体间性的领域，该领域不仅具有参与性，而且具有情感性。因为触觉是实现身体接触的一个实例，它构成了情感基础。触觉和情感之间的联系在词源上也有所体现：如今用来描述情绪和体感状态的"感觉（Fühlen）"一词，实际起源于纯粹触觉意义上的"触摸"这一含义。到了18世纪，"情感（Gefühl）"一词才被延伸，应用于精神体验的状态[5]。因此，在"被触摸"中，触觉和情感汇聚到了一起。"胡塞尔和梅洛-庞蒂认为，身体的先验性旨在将感知作为感知，在身体中、在此时此刻，同时也是在我们体验感知的事实当中。"[6] 美学对感性的基本原理的追

---

[1] 传统上，视觉和听觉被理解为形成距离的感觉，而触觉则被理解为一种近距离的感觉，它唤起的不是距离感，而是被动性、压迫性和联系性。参见 Dieter Hoffman-Axthelm, *Sinnesarbeit. Nachdenken über Wahrnehmung* (Frankfurt am Main 1996).

[2] 参见：Jean-Louis Baudry, Das Dispositiv: Metapsychologische Betrachtungen des Realitätseindrucks, in: *Kursbuch Medienkultur. Die maßgeblichen Theorien von Brecht bis Baudrillard*, hg. von Claus Pias, Joseph Vogl, Lorenz Engell et. al. (Stuttgart 1999), S. 387; 另见：Philip Rosen (Hg.), *Narrative, Apparatus, Ideology. A Film Theory Reader* (New York 1986).

[3] Christian Metz, *Der imaginäre Signifikant. Psychoanalyse und Kino* (Münster 2000), S. 59.

[4] 根据麦茨的说法，电影的流行是由这种不回头看的可能性解释的。这可能解释了路人对艾丝波特《触摸影院》参与的沉默。

[5] Günther Dodrowski, *Etymologie. Herkunftswörterbuch der deutschen Sprache. Die Geschichte der deutschen Wörter und der Fremdwörter von ihrem Ursprung bis zur Gegenwart* (Mannheim 1997), S. 209.

[6] Christina Lechtermann, *Berührt-werden. Narrative Strategien der Präsenz in der höfischen Literatur um 1200* (Berlin 2005), S. 47.

忆,也被称为身体哲学转向[1],强调了感性经验作为(但首先是通过)个人身体构成的重要性。

对身体性的强调不仅存在于哲学领域,还影响了媒体理论和艺术话语。在接受齐林斯基的采访时,艾丝波特回应了一些问题,例如如何看待她的作品中将肉体存在、身体作为一种媒介的重要意义。

> "……在直觉上、情感上,当然还有精神上,身体对我来说是最核心的东西,我自己的身体。我认为,我在展现自己,我觉得,我是存在的。当我存在时,会被社会和文化所塑造。这一切都与我的身体有关,当然,也与我的思想有关,二者是统一的。身体媒介也是一个符号载体、一个象征载体,这对我来说是最重要的事情。"[2]

《触摸影院》与这一基本思想有关,也就是强调身体性[3]。因此,该作品体现了艺术家和作品之间的一致性。艾丝波特将她自己的身体变成了银幕本身,同时又变成了一件艺术品——不仅《触摸影院》、子元素和银幕是有形的,艺术家身体也是有形的。如果艺术家的身体是银幕或屏幕,如果这个被身体取代的银幕是可被触摸的,那么在不久的将来,我们会进行(也许只是字面上)这样一个有趣的假设,即将《触摸影院》看作触摸屏的原型。

---

1 参见:Dietmar Kamper und Christoph Wulf (Hg.), *Die Wiederkehr des Körpers* (Frankfurt am Main 1982).
2 参见本书齐林斯基与艾丝波特的对话。
3 详见 VALIE EXPORT, *Das Reale und sein Double: Der Körper* (Bern 1999).

海洋和空气——人类在（技术）自然中定位自身的隐喻

莱昂·施特劳赫 / LEON STRAUCH

引言

"我们如何想象这艘船呢？是海洋，是符号，是环境，还是世界？"

将船比作获取世界经验的工具的隐喻是尼尔斯·罗勒的核心观点。基于他对媒介的思考，这意味着"将自我确定和转变为一个载体，总是处于一种波动的关系中"。船的移动需要辅助工具，如方向盘、船帆、船桨、发动机以及指南针、地图等方位仪器。这些工具的特质影响着对所谓现实的主观感知和体验。

然而在以上言论发表后不久，罗勒以一个意想不到的转折引起了人们的困惑："过去海上最大的不稳定因素现在也许是在空气中。当我们坐在电脑前，不知道谁在窥视我们的电脑时，我们已经在某种程度上有了这种认识。"他在暗示中并未多言，因此读者只能自行解读。当罗勒察觉到不稳定因素从海上转移到空中时，他究竟想要隐喻什么范式转变？他提到的电脑又在其中扮演着什么角色？这对人类的世界体验又有什么影响呢？

一、中间，媒介，隐喻和概念

"中间是介于两个极端之间的一种充满可能性的空间"，并非作为中心存在，而是作为一个思维模式和一种方法论。它与绝对性相反，是一种相对性的存在。在罗勒的思想中，中间发挥着非常重要的作用，并在探讨船只隐喻时反复出现。罗勒将人与工具之间的准共生关系描述为两个极端之间的运动,这一想法和科学史家恩斯特·卡西尔的观点不谋而合。卡西尔的媒介概念始于"语言"[1],似乎"在没有仪器的情况下也能存在,但却是建构性的,也就是说媒介是可塑的、是易受影响的"。正如罗勒在《磁学——方向的历史》一书中提到,卡西尔在研究人类与现实的关系时,总是想到第三方。它可以是"罗盘、显微镜、望远镜等仪器,甚至棍子这样简单的工具。棍子可以在保护手免受碰触的同时,帮助人们在灌木丛或不确定的地面上摸索道路。当然,第三方也可以是抽象的数学符号或概念。"[2]因此,它们是人类意识探索现实、感知迄今未被认识的现象的有力手段[3]。在这一点上,卡西尔认识到人类与环境的早期距离,他把这种距离描述为因果思维的古老前提,从而构成自然科学的起源[4]。按照罗勒的说法,工具和技术也提供了"人类自我理解的内部领域的方向"[5]。基于这一论证,他提出了感受体的概念:"它为主体提供了感知自我和环境的可能性。在西方文化中,人和世界是对立的两个极端。而感受体则强调了人、工具和环境之间的三角关系。"[6] 与卡西尔类似,哲学家汉斯·布鲁门伯格在他的《非概念性理论》[7]一书中以与环境的距离为论点,推导出在人类学初始时期该术语的起源,即随着向直立步态进化,人类的感知范围也相应增加。因此,人类从此可以对危险做出预防性反应并弥补进化中的缺陷。布鲁门伯格将这个概念定义为跨越距离的感知器官。这个概念使人们可以将不在场的东西可视化:"拓宽了人的视野,创造了一个'工具箱',用于处理人类遇到的所有超越自身和周边现实能力的紧

---

1 Nils Röller im Gespräch mit Siegfried Zielinski in diesem Band, S. 482.
2 Nils Röller, *Magnetismus. Eine Geschichte der Orientierung* (München 2010), S. 179.
3 同上。
4 引自:Nils Röller, *Empfindungskörper. Zur indirekten Erfahrung.* International Flusser Lectures (Köln 2012).
5 同上,第20页。
6 同上,第33页。
7 引自:Hans Blumenberg, *Theorie der Unbegrifflichkeit* (Frankfurt am Main 2007).

急情况。"[1] 布鲁门伯格用一幅生动的插图解释了他的思维模式——陷阱是人类在概念上的第一次成功。它使早期的远距离行动成为可能，从而使结果与人类的行动脱钩，继而导致社会的形成。在这种预防性行为的基础上，人们形成了科学思维和行动，继而使得可以通过预测日食来消除对突发事件的恐惧。布鲁门伯格认为："理性可以说是此类远距离成就的缩影，是对已经存在的概念中的东西的整合，是对现在的替代，那些根本不在当下的东西也是如此。因为它们不具有客体的性质，例如：世界、自我、时间、空间（观念、规则，好像它们是客体）。"[2] 然而，这一概念并没有实现"理性的意图，只是指明了方向"[3]，因为诸如世界、存在等整体性概念或自由、启蒙等无形的观念均无法明确定义。

正是在这种微弱的语境判断中，布鲁门伯格想到了隐喻。它用"想象力"[4] 填补了因缺乏概念定义的可能性产生的空缺。隐喻也正是因此受到指责。作为修辞的一种文体手段，隐喻带有一种不合法的气息。约翰·洛克（John Locke）认为，隐喻是"误导人类思想"[5] 的元凶之一，因为它多被用在理性论证无能为力的地方，所以它与哲学概念是相对立的。按照布鲁门伯格的说法，如果世界本身的概念可以用语言进行阐述，那就不需要使用隐喻。他认为，隐喻弥补了从概念上描述人类生活及其环境的整体性时语言的匮乏。"我们越是远离可实现的意向性的短距离，并提及我们的经验越来越难以进入和界定的总体性"[6]，隐喻的使用就越发令人印象深刻。与环境的距离越远，越需要用隐喻来描述现实。因此，隐喻在人与环境之间占据着中间位置。在概念达到自身极限的地方，隐喻

---

[1] 引自：Hans Blumenberg, *Theorie der Unbegrifflichkeit* (Frankfurt am Main 2007), S. 75.
[2] 同上，第10页。
[3] 同上。
[4] 同上，第74页。
[5] 同上，第83页。
[6] 同上，第98页。

提供了一个富有想象力的方向。

二、船只隐喻

谈到航海和海洋作为其媒介思想的关键词时，罗勒以他一贯克制的方式作了回应。他说到，对于许多与哲学打交道的人来说，这些都是非常有吸引力的词。但并不是每个人都写过很多相关的书和文章，西格弗里德·齐林斯基对此反驳道。事实上，只需看一眼罗勒的出版作品，就能发现其中有很多与海洋和导航高度相关的隐喻，诸如《亚哈之舵》[1]、《磁学——方向的历史》[2]和《感受体——论间接经验》(*Empfindungskörper-Zur indirekten Erfahrung*)[3]等书和文章都围绕着人类在不稳定、波动的情况下的时空导航问题。然而，如果罗勒说这些只是普通而有吸引力的哲学隐喻，他当然也是对的。

布鲁门伯格的《有旁观者的沉船》(*Schiffbruch mit Zuschauer*)[4]一书可以证实这一点。在该书中，布鲁门伯格用了近100页的篇幅简述了西方思想史中所有的船只隐喻。布鲁门伯格惊讶地发现，作为一种"陆地生物，人类却更喜欢在航海的想象中呈现他整个世界的状态"[5]。这一隐喻受到古代对海洋的认识影响，古人认为海洋是"人类活动空间的自然边界。……它被妖魔化为一个不可预测、没有规律、迷失方向的区域"[6]。在这种背景下，航海似乎是一种亵渎，是人类违背神的意愿强行占用其他元素的恣意妄为；相应地，海难就是航海这种行为在想象范围内的逻辑结果。

与此相反，布鲁门伯格指出了陆地上的旁观者——这是罗马诗人和

---

1 Nils Röller, *Ahabs Steuer. Navigationen zwischen Kunst und Naturwissenschaft* (Berlin 2006).
2 Nils Röller, *Magnetismus. Eine Geschichte der Orientierung* (Müchen 2010).
3 Nils Röller, *Empfindungskörper. Zur indirekten Erfahrung.* International Flusser Lectures (Köln 2012).
4 Hans Blumenberg, *Schiffbruch mit Zuschauer. Paradigma einer Daseinsmetapher* [1979] (Frankfurt am Main 2014).
5 同上，第10页。
6 同上。

哲学家卢克莱修（Lukrez）提出的一个概念[1]。旁观者关心的不是窥视那些出海并将自己置身于沉船危险的人的快感，而是一种不受影响地站在那里的特权；因此，旁观者代表了哲学家与现实的关系以及"为世界观奠定坚实基础"[2]的必要性。这样一来，人就被分配到他在陆地上的自然位置。他"很好地满足于旁观者的角色，并且不会离开他在面对自然界以及位于自然界之上的哲学位置"[3]。船只隐喻在这里暗示着人在自然环境中的位置：他必须谦卑地服从神的力量和神划定的界限。因此，跨越海陆边界将受到公正的惩罚，即海难。

然而，在启蒙运动时期，船只隐喻被赋予了新的意义。它变成了探索未知世界，与自然、科学和理性进行有效接触的象征。陆地上的旁观者现在身处"生命中错过的幸福之地"[4]，他的动机不再基于不受影响的沉思，而是基于"强烈的好奇心"[5]。此外，这个隐喻也不再有"亵渎神明"的含义。人类不再任由他们的意志摆布，现在更多是"一个技术事件、一个科学事件，以应对驾驶船只的问题"[6]。

叔本华对航海隐喻的重新运用也反映了这种范式的转变。借助航海隐喻，叔本华将理性描述为一种使人与生命的直接性保持距离、观察和反思自己行为的工具。因此，理性的人与动物的关系就像借助地图和指南针准确定位自己的水手与只看海浪和天空的无知的航海者之间的关系[7]。在这里，船只隐喻开始脱离其最初的自然属性。布鲁门伯格认为，

1　Hans Blumenberg, *Schiffbruch mit Zuschauer. Paradigma einer Daseinsmetapher* [1979] (Frankfurt am Main 2014), S.31。
2　同上，第31页。
3　同上，第34页。
4　同上，第39页。
5　同上。
6　同上，第45页。
7　同上，第65页。

尽管19世纪是沉船的世纪（每年就有5 000个英国人以这种方式丧生）[1]，但欧洲社会的重大动荡推动船只隐喻发生了改变。正因为船只隐喻的变化，从今以后，一个新的参照系出现了。在这个参照系中，人类不再只能参照环境定位自己的位置，也可以参照其他难以把握的整体，如理性、启蒙、历史和社会等。人类航海技术的进步可能是船只隐喻发展变化的原因之一。

布鲁门伯格在《有旁观者的沉船》一书的开头处提出，空气可能已经取代海洋成为最不可怕的"基本现实"[2]。为了理解这一转变，同时联系罗勒对空气不稳定性的隐喻描述，回顾一下磁力研究的历史似乎是很有必要的。因为这种力量的运用对于人类在自然和文化中导航和定位起着关键作用。

三、磁力和定向

人类没有感知磁力的器官。正如罗勒在《磁学——方向的历史》中所说，对磁力的研究与人类在空间和时间中定位的手段密切相关。磁力研究的发展既重塑了人与自然的关系，也重塑了人与人之间的关系。因此，磁力研究的历史就是一部"人、工具和自然之间三角关系的历史"[3]。随着磁力工具的精细化，这种关系也发生了变化[4]，但这种变化并不一定有利于形成清晰的局面。相反，参照物消失了，它的轮廓也变得模糊。

布鲁门伯格在概述中提到，海洋在古代被普遍认为是人类自然空间的边界。考虑到当时的航海技术，这一点其实很好理解：只有在一年中的特定季节，人们才可以在海洋航行；在秋冬季节，航海不得不暂停。

1　Hans Blumenberg, *Schiffbruch mit Zuschauer. Paradigma einer Daseinsmetapher* [1979] (Frankfurt am Main 2014), S.72.

2　同上，第10页。

3　Nils Röller, *Magnetismus*, Eine Geschichte der Orientierung (Müchen 2010), S. 12.

4　同上。

因为远洋中的恒星导航本就需要特殊的天文知识，还会受到云雾的严重影响。另一方面，由于错误的地图和风暴的威胁，基于地标的沿海航行同样也是一项危险的任务。因此，人类在行动中受到大自然力量的摆布。由于没有相应的工具和技术，人类不得不屈从于大自然的意志。

然而，在十字军东征的过程中，前所未有的新技术和新知识从阿拉伯和亚洲地区传入黑暗的欧洲中世纪[1]。诸如水能、风能、尾舵以及数字"0"等创新技术引发了欧洲思想界和世俗界秩序的变化[2]。罗勒特别强调，磁力的发现及其在指南针中的应用具有特别重要的意义。1187年，英国修士亚历山大·内卡姆（Alexander Neckam）撰文指出，指南针是水手不可或缺的装备[3]。这也是最早提及指南针的欧洲著作。有了指南针以后，人们可以在黑夜和迷雾中航行、探索未知地带，从而消除世界地图上的灰色区域并逐步绘制出世界地图——如果没有指南针，也就不可能发现美洲。

与我们已经谈到过的启蒙运动时期船只隐喻功能类似，新的航海技术使人们前往未知区域成为可能——无论是在海上还是在科学研究领域。指南针成为这场运动的标志。事实证明，它是"一种容易被构建，但未被完全理解的手段。因为它的运用不符合数学逻辑，但人们又不得不相信这种手段。但是在洪堡和高斯之前，人们无论如何也无法合乎逻辑地以机械原理或者数学原理对其进行描述。"[4]因此，自从发现磁定向力以来，成千上万的人将自己的生命托付给一种工具，即使他们无法破译该工具的作用原理。他们需要借用这一工具去感知一种力量，如果没有这种力量的帮助，他们就无法远洋航行。[5]

1　Nils Röller, *Magnetismus. Eine Geschichte der Orientierung* (München 2010), S. 57.
2　同上，第51页。
3　同上，第56页。
4　Nils Röller, *Empfindungskörper. Zur indirekten Erfahrung.* International Flusser Lecures (Köln 2012), S. 13.
5　同上。

因此，罗勒将对磁力和指南针的研究定义为1600年左右的"尖端技术"[1]。它对航海国家来说至关重要，毕竟，这一领域的高水平知识也意味着在海上贸易路线上的优势。正是在这一时期，形成了"一种制作工具和观察的实践，动摇了以前关于自然知识的基本框架"[2]。罗勒指出，在实验测试安排的框架内，国际性的研究机构有时以经验为依据对磁力进行研究，并将磁力与数学联系起来。在对自然界奥秘的不断探索中，人类改变了自己的时空定位，从而也改变了自己在地球上的位置。与此同时，磁力学也从航海的背景中脱离出来。例如，吉安巴蒂斯塔·德拉·波塔（Giambattista della Porta，1538—1615）思考如何通过指南针进行信息的远程传输；阿塔纳斯·珂雪（1601—1680）将磁力学看作一条"把所有现象连接起来的'金链子'"[3]。

因此，磁力最初被用于地球空间的定向和导航，之后逐渐被用于表示组织、人与人之间的交流关系。正如罗勒指出，19世纪初电报机的发明标志着"一系列媒体技术发明的开端，这些发明在磁、电实验装置的背景下成为可能、变得重要"[4]。媒体技术使语言和图像的交流、跨时空传递信息成为可能。因此，当今几乎没有任何技术通信设备可以不依靠电磁来发送和存储信息[5]。

值得注意的是，19世纪初，布鲁门伯格似乎也注意到，船只隐喻脱离了自然属性。在此背景下，可以做出以下假设：随着对磁力——现代航海学的组成部分——的研究和掌握，以前不可预测的海洋在精神认知层面已经被驯化。通过对科学和由此产生的技术设备的抽象化和概念化，罗勒在磁学方面的工作揭示了人类在工具和仪器进化过程中不断变化的

---

1 Nils Röller, *Magnetismus. Eine Geschichte der Orientierung* (München 2010), S. 102.

2 同上，第100页。

3 同上，第108页。

4 同上，第156–158页。

5 同上，第158页。

地位[1]，虽然这些设备通常只能由相应的专家建造和维修，但是人类在空间和时间上的感知和航海能力也随之提高。在这个过程中，这些关系发生了变化。正如罗勒以陀螺指南针为例[2]所展示的那样，人们曾经使用易于制造的指南针作为定向工具，即使一开始并不了解其背后的磁力原理，而现在人们却信任那些只有少数人才能够理解其运作和构造的仪器[3]。

四、空气隐喻

人类掌控自然的过程与指南针从远东经阿拉伯地区传到地中海的过程是有关联的。但考虑到人类、工具和环境之间的三角关系，这一过程并不会使人类的位置变得绝对明晰。

这一点在当前通信技术的情况下也不难发现。正如罗勒以触摸屏为例说明的那样，由电磁产生的数字技术设备往往只能被解释为表面现象，其运行方式被其操作的快速性所掩盖。因此，激活触摸屏的手势可以"被描述为与符号机器交互时提供了便利的中介，而符号机器的运行方式仍然是个秘密"[4]。这掩盖了供应商和用户之间不对等的权力关系。在这种情况下，后者服从数据库中的严格分类和永久性电信网络的要求[5]，也就是说，一个高度复杂的技术生态系统中，用户变成了一个透明的消失点。这个生态系统躲避了用户的感知——这一趋势重新组织了人类与工具和环境的关系。

正如哲学家和媒体理论家埃里希·霍尔在《技术条件》(*Technologischen*

1　Nils Röller, *Magnetismus. Eine Geschichte der Orientierung* (München 2010), S. 158.
2　1900年左右，随着陀螺罗盘的出现，导航不再依赖罗盘，而是用数字和声音显示来导航。这里特别有趣的是，"船长和他的船员（成为）显像过程本身的一部分，在这个过程中，他们根据外部指令操作仪器，但这些指令的含义他们并不清楚。"（具体见Nils Röller, *Magnetismus. Eine Geschichte der Orientierung* [München 2010]，S. 182。)
3　同上，第182页。
4　Nils Röller, *Empfindungskörper. Zur indirekten Erfahrung.* International Flusser Lecures (Köln 2012), S. 35.
5　同上，第36页。

Bedingung)的导言中提到的,在这种情况下,存在变成了"一个宽带世界中的存在,一种与各式各样事物之间的长久互联,甚至其中大部分是不需要主体参与的自动交流和运行"[1]。受英国地理学家奈格尔·思瑞夫特(Nigel Thrift)的启发,霍尔看到了一种所谓"技术无意识"[2],其特点是无处不在、无孔不入且无法看见的计算机网络,它们无缝嵌入环境,从而对世界进行了全面重组[3]。控制论的发展与成功"产生于对熵的恐惧、对不可控的不准确性的恐惧"[4],这恰恰与它最初的目的背道而驰。因为数字思维——如果按照威廉·弗卢塞尔的说法——注定是为了"追根究底"[5]。然而,相反,事物和数字思维本身"溶解为飘浮在虚无中的一缕一缕薄雾"[6],弗卢塞尔将其归因于启蒙运动,它"将迷雾误认为是清晰"[7]。这种数字迷雾给个人带来了相当大的导航挑战,就像当时的航运一样。毕竟——形象地说——它其实阻碍了人们利用星星来导航。在"真实"的自然背景下,随着人与工具、环境的关系变得模糊,边界正在消失,新生的不可捉摸的东西需要被重新定位。

罗勒不再将不稳定因素定位在海洋中,而是定位在空中,并以隐喻的方式对这一发展变化作了回应。这个隐喻使他能够思考人、工具和环境之间的三角关系,而不必执着于某一个绝对的立场。

---

[1] Erich Hörl, Die Technologische Bedingung. Zur Einführung, in: *Die technologische Bedingung. Beiträge zur Beschreibung der technischen Welt*, hg. von Erich Hörl (Berlin 2011), S. 7–53, hier S. 26.

[2] 同上,第29页。

[3] 同上。

[4] Siegfried Zielinski, [*...Nach den Medien*] *Nachrichten vom ausgehenden zwanzigsten Jahrhundert* (Berlin 2011), S. 154–155.

[5] Vilém Flusser, *Vom Subjekt zum Projekt. Menschwerdung* (Bensheim und Düsseldorf 1994), S. 11.

[6] 同上。

[7] 同上。

独一无二的物理学：奥托·伊·罗斯勒的缩影

西格弗里德·齐林斯基 / SIEGFRIED ZIELINSKI

使用和通过先进媒介产生的艺术是时间艺术。这是一种艺术实践，当自然哲学家和物理学家开始发现电的力量，从而使空间和时间之间的机械关系动态化时，这种艺术实践就变得可能了。这种奇特现象的图像甚至在其基本物理规律被解释之前就已经存在。物理学家和作家格奥尔格·克里斯托夫·利希滕贝格（Georg Christoph Lichtenberg, 1742—1799）将白色粉末撒在涂黑的树脂板上，并将它们交替连接到电压的正负两极。这个实验得出的数字令人印象深刻，激发了恩斯特·弗洛伦斯·弗里德里希·克拉德尼（Ernst Florens Friedrich Chladni, 1756—1827）从18世纪80年代开始进行声学振动的实验。他用随机收集的细沙粒覆盖在玻璃或金属薄板上，并通过用小提琴弓轻碰薄板边缘使其振动。不同的声音频率下细沙形成了不同的、高度灵活的几何图案。沙子聚集在振动最小或完全静止的线条或表面。这位生于维滕贝格、逝于布雷斯劳（现波兰弗罗茨瓦夫）的物理学家带着他的仪器和振动图形走遍了欧洲，在资产阶级沙龙和宫廷上引起了巨大的轰动。拿破仑准许他在巴黎进行一次特别的演示。克拉德尼这样做也只是为了赚钱。用先进仪器进行实验的艺术在当时已经十分昂贵。克拉德尼的实验被紫外线的发现者、蓄电池的发明者和电化学的创始人约翰·威廉·里特（1776—1810）等人所采纳。里特出生于弗罗茨瓦夫附近的一个小村庄，后在浪漫主义者聚集的耶拿攻读大学。他研究了玻璃板和沙子之间的电压关系，发现二者虽然成分构成相同，但密度却不同。他发现，振荡玻璃在凸形和凹形之间的交替变化状态也对应着材料相互之间的不同的电压状态。里特明确地将他的实验物理学设想为一种艺术层面的实践，而声音或音调是其最高级的表达形式，因为在其中，时间被直接地表达出来了。他希望未来物理学能够将空间和时间的关系表述为死物和活物的统一体，但是这一伟大希望已无法实现了。里特33岁时就去世，他不顾一切地把自己的身体变成了进行电化学实验的实验室，以不知节制的生活方式危及了自己的生命。[1]

在整个19世纪，有越来越多的实验涌现出来，将最新发现的时空关系进行可视化，包括有声的和无声的。从这个角度来看，西洋镜（Thaumatrope）、生命之轮（life wheel）、实用镜（Praxinoscope）[2]、费纳奇镜（Phenakistoscope）[3]、动物实验镜（Zoopraxiscope）[4]以及最后的电影摄影设备，都是将刚性体作为曲面进行动态化处理的装置，通过分析其个别时刻和人类对它们的感知来再现运动。当爱因斯坦的物理学相对论通过观察者的位置变化将空间和时间耦合起来时，新的图像和声音机器已经运行了二十多年。他们已经开始为个人创造条件，使得时间的跳跃、扩张和加速（慢动作和快动作）变得与时间之箭的逆转一样成为可能。在图像中，过程可以从现在被引导到过去，运动可以从它们的最终状态被送回它们的起点；在蒙太奇中，通过相机或实验室中的多次曝光，不同的时间可以被平行化，或者在实验室里，它们甚至可以叠加在一起，同时发生。原则上，同样的操作也可以用爱迪生的音辊或柏林纳的唱片与声音或音乐来实现。电影和留声机是第一个人人都能感性地感知和理解

---

[1] 参见：dazu meine 2002 bei Rowohlt (Reinbek bei Hamburg) erschienene Monografie zur „Archäologie der Medien"。

[2] 译者注：亦可译为"活动视镜"。活动视镜是一种动画设备，1877年由查尔斯·埃米尔·雷诺（Charles-émile Reynaud）在法国发明。这种装置是将一条有连续画面的图片，放置在旋转圆筒内，转动圆筒后，使用内圆镜来观看，使用者会看到一系列快速的图像，产生运动错觉。这种设备相较于之前的动画装置，图像更明亮、失真更小。

[3] 译者注：1832年由比利时人约瑟夫·普拉托（Joseph Plateau）和奥地利人西蒙·冯·施坦普费尔（Simon von Stampfer）发明，可播放连续动画，是早期无声电影的雏形。

[4] 译者注：动物实验镜是一种可以播放运动图像的投影机，将连续图像绘制在一块玻璃圆盘的边缘，随着玻璃的旋转，将影像投射出去，这样就使这些影像显得像在运动。由英国摄影师埃德沃德·迈布里奇（Eadweard J. Muybridge）发明。

的时间机器。

20世纪末，科学、技术和艺术方面的东西变得更错综复杂。考虑到对观察者的依赖性，就实验者和实验对象之间的关系而言，相对论的世界仍然是相对可靠的。但是有了量子力学后，这种一致性就被破坏了，物质的极小和极大的时空关系都陷入了困境，那些用它们来进行实验的人也随之陷入混乱。人们开始熟悉这样一个事实：他们可能不仅仅是在处理一个单一的物质世界，而是面对与许多世界并存的状况。在物理学、人文学科、政治学以及艺术领域，人们越来越清楚地看到，创造一个客观测量、评估和解释我们所面临的现实的观察者，已经不足以处理特定情况下的复杂性了。在吸引力和意义中可以获得参与的想法和技巧。在媒介领域，这相当于传统广播系统的逐步解体或相对化，该系统有一个由大量的接收器持续提供支持的中央发射器。通过许多竞争性电台的精细化的中间步骤将观众分成更小的单位，一个不断增长的计算机和程序结构在全世界范围内出现了，通过众多的节点相互关联形成网络。在这个结构中采取的行动不再只与当地（即发生地）有关。它们可以在不同的地方，甚至全世界范围内以极快的速度相互产生影响；反之亦然，地方可能会受到网络化活动的间接影响……

在这种相对混乱和动荡的情况下，思想家在帮助我们导航不确定的，有时甚至危险的领域方面具有宝贵的价值。我们不是通过假装懂得完整的全局概观——只有狂妄自大者才会如此，而是通过像地震仪一样对现在和对可能以及不可能的未来采取行动，发现我们通常没有记录，或我们无法破译的痕迹。尽管存在种种不利的条件，但思想家们并没有放弃想要"盗取火种"的想法，他们反而会加强希望的信念。这个信念指的是在科学技术的帮助下，尽可能小地破坏世界，或者让世界能够更好地承受破坏。而且世界是容易改变的，如果不是朝着天堂状态改变，那么至少要践行一种智慧的生活实践，其中天堂的想法仍然是一种强大的驱动力。

对我来说，奥托·罗斯勒和一群自由的朋友体现了这样一种精神：他们来自各种不同的学科，以及出于不同的动机，决定不再只是作为一个旁观设定者和舵手进行工作，而是将思想和艺术理解为介入的理论和实践。他就像一个探路者，多年来一直在以一种几乎无法描述的方式引导我们穿越复杂的迷宫。他并没有暗示我们，在迷宫内部有一个容易抵达的核心地。正相反，他的思想所提供的消失点并不统一，也并不是普遍的。它们被分散成许多发光的颗粒，不是设立一个不可移动的路标，而是打造出一种迷宫式运动的氛围。人们不必像他那样是一个理论物理学家，甚至不一定是一个自然科学家，但也可以感受到消失点，并能够在自己的工作中把它们吸收为能量。奥托·罗斯勒鼓励说，人们可以把它理解为与构成目前科学复杂性的事物和过程的业余关系的一个充分前提。然而，这些业余关系包括强烈的感情倾向。没有它，人很快就会在迷宫中迷失。

尤其是那些在理论上和实践上与最先进的媒体打交道的人与奥托·罗斯勒建立了特殊的关系，除此之外，还有两个可汇集在一个方面的原因：我们关注空间和时间之间的动态关系，及其设计和感知的动态关系；我们在理论上或实践上试图成为时间中的艺术大师。

首先，这种联系，彼得·魏贝尔已经替我们发现并且传播给我们了[1]。奥托·罗斯勒的内部物理学是一门物质科学，它既不满足于经典的观察者立场，也不满足于单纯的观看式参与，比如马歇尔·麦克卢汉在电视节目中转播发射第一颗人造卫星进入太空这一事件，让全球观众借此参与其中。内部观察者是某一给定局部情况或进程的积极组成部分。内部观察者不仅影响着给定情况，还与其他内部观察者进行互动，甚至与他

---

1 参见：das von Weibel herausgegebene Buch *Otto E. Rössler: Endophysik. Die Welt des inneren Beobachters* (Berlin 1992).

们交换位置,他们也与事件或过程之外的外部观察者有积极的联系。于是,内部观察和外部观察相互之间以及与它们所观察的系统之间存在着张力关系。为了能够相互沟通,与内部和外部世界沟通,就需要一个界面[1]。在与其他世界沟通成功的情况下,每一个界面都构成了他们的世界的组成部分。

其次,克洛诺斯和卡伊洛斯,这两个古老的概念,即作为持续的时间和作为瞬间的定性过渡的时间,在奥托·罗斯勒物理学中形成了一种新的和紧张的相互关系。赫拉克利特(Heraklit)关于"存在是一种不断变化的状态"的观点仍然发挥着重要作用。他的形象代表了物质世界的不断变化。当观察者从不断变化的旁观者的角色中走出来,积极进入这个过程时,情况就变得复杂了[2]。奥托·罗斯勒的努力是试图将分离的东西结合起来、将二分的东西合二为一,正如黑格尔描述的隐喻在美学中的功能一样。相对论和量子力学是在矛盾中发展起来的,近几十年来,冲突不断。如果像赫拉克利特和阿那克萨戈拉(Anaxagora)一样,人们对矛盾的理解不是阻碍,而是所有运动的动力,那么对二者连接的可能性所怀有的希望仍然强烈。物理学界最杰出的思想家们寻求的不是加深矛盾,而是激发出这两个20世纪伟大的物理概念之间的共鸣,并共同思考时空关系的不一致性和一致性。"世界是一致的,但每一刻又是全新的。"这是奥托·罗斯勒的一句话,自从我第一次从他那里听到这句话,我就一直铭记于心。持久性/可靠性和不断变化二者的共存是一个非凡的挑战。这意味着不是简单地放弃不断变化的世界,由其任意行动,而是以深思熟虑的、有针对性地用自己的决定来干预这个过程。这个积极塑造的时刻就成为事物和关系持续流动中的吸引子。

---

1 为了纪念奥托·罗斯勒的60岁生日,2000年在卡尔斯鲁厄举行了关于这一主题的研讨会,该研讨会的论文现在已经正式出版:Hans H.Diebner, Timothy Druckrey und Peter Weibel (Hg.), *Sciences of the Interface* (Tübingen 2001).

2 参见:Otto. Rössler, *Das Flammenschwert* (Bern 1996).

如果物质世界是在持久的稳固性和有吸引力的周转性的相互作用中发展的,那么原则上物质层面不可能存在纯粹的重复。是的,根本不可能有什么纯粹的存在,但可以有神圣的存在,因为其能够在独特的对立中清晰地表达自己。物质世界只存在一次,它需要我们的尊重、灵敏感知和喜爱,否则,它就会迷失在一个奇点组成的世界中,迷失在一个奇点与另一个奇点的相遇当中。我称奥托·罗斯勒的自然科学为"奇点物理学",也可以称之为"神圣物理学"。这种神圣概念不一定与宗教狂热有关。大约2500年前,当阿那克萨戈拉宣布太阳不是神,而是一团白热化的物质时,这并不意味着这个为地球无限散发自己光热的星体不值得我们重视。恰恰相反,太阳就这样被带出了一个小矮人们毫无影响的世界,即众神的形而上学世界。太阳被归入一个它自己作为个体活跃其中的世界——它自己的世界。比起仅仅是想象的、象征的或假设的事物,用尊重和爱戴来对待一个看得见摸得着的对应物要困难得多。

奥托·伊·罗斯勒站在最喜欢的高架投影器(OHP)旁侧,他正在写 *Inter-Face-Smile*

艺术上的幻觉游戏,不仅是一种欺骗、置换和制造美丽表象的游戏,正如我们共同的朋友、哲学家迪特玛尔·坎普不厌其烦地强调的那样,它还是一个冒险游戏。凭借先进技术的发展,人们可以改变世界。这个过程中质变的转折点是不可测量的,但总是可以创造出至少两个选项,这两个选项应该是我们行动的标尺。我们可以为更有效地破坏世界作出贡献，也可以为把它变成一个毫米级和瞬间式的天堂做贡献。奥托·罗斯勒的内部物理学中的观察者是一个行动者，必须时刻作出决定。卡伊洛斯什么都不会为我们做，他只是一个挑战我们决策的角色。这就是为什么在古代的画像中，他的长发都在头部前面美丽地飘散，而背面却是一个光头。当他去世之后，一切都为时已晚。人们不可能再从背后抓住这个独特的时刻了。我们必须在机会来临的时候，就认识并抓住它。这可以成为新的时间艺术的座右铭。如果有更多的艺术家和媒体理论家能够理解它就好了。

参考文献

音频

Fichte, Hubert, Die St. *Pauli Interviews*, Audio-CD, Originalaufnahmen 1969, hg. von Nils Röller und Klaus Sander (Köln: Supposé, 2000).

Groys, Boris, *Im Namen des Mediums*, Audio-CD, produziert von Thomas Knoefel (Berlin: Supposé, 2004).

Habeck, Fritz, *Der Fremde jenseits des Flusses*, Hörspiel ORF (Wien 1956).

Jim Morrison & The Doors, *An American Prayer*, LP/Audio-CD (LP: Elektra/Asylum Records, 1978; CD: Rhino, 1995).

Nono, Luigi, *La Fabbrica Illuminata*, LP (Baden-Baden: Wergo Schallplatten, 1968).

Reck, Hans U., *Pier Paolo Pasolini. Poetisch-philosophisches Porträt*, Audio-CD (Berlin: Edition Apollon, 2012).

Rössler, Otto E., *Descartes' Traum*, Audio-CD, konzipiert von Nils Röller, Jan St. Werner und Klaus Sander (Berlin: Supposé, 2002).

Strawinsky, Igor, *Le sacre du printemps*, Ballettmusik (Paris 1913).

Weibel, Peter und Alexander Kluge, „Odessa 1944", auf: *Der Künstler als Junger Hund: Peter Weibel Tribute Album*, 3x Audio-CD (Erding: Intermedium Rec., 2009).

Weibel, P., „Architektur als Verwaltung", gelesen von Gregor Eichinger, auf: *Der Künstler als junger Hund: Peter Weibel Tribute Album*, 3x Audio-CD (Erding: Intermedium Rec., 2009).

Weibel, P., „tele-aktion Nr. III", gelesen von Hans Belting, auf: *Der Künstler als junger Hund: Peter Weibel Tribute Album*, 3x Audio-CD (Erding: Intermedium Rec., 2009).

Weibel, P., „Treue Leser", auf: *Der Künstler als junger Hund: Peter Weibel Tribute Album*, 3x Audio-CD (Erding: Intermedium Rec., 2009).

Winkler, Hartmut, „Processing: The Third and Neglected Media Function", Vortrag auf der Tagung „Media Theory in North America and German-Speaking Europe". Audio-Aufnahme auf: www.mediatrans.ca/Hartmut_Winkler.html.

电影

A.I. – Artificial Intelligence, Spielfilm von Steven Spielberg (USA 2001).

Chaos. Different Types of Chaos in 2 Simple Different Equations, Case-Film von Reimara

Rössler, Digitalisierung veröffentlicht von Otto E. Rössler am 21.10.2012 auf https://www.youtube.com/watch?v=Tmmdg2P1RIM.

Der Todesking, Spielfilm von Jörg Buttgereit (BRD 1990).

Derrida, Dokumentarfilm von Kirby Dick und Amy Ziering Kofman (USA 2002).

Flesh, Spielfilm von Paul Morrissey (USA 1968).

Gycklarnas Afton, Spielfilm von Ingmar Bergman (Schweden 1955).

Hacker – Portrait einer Gegenkultur, Dokumentarfilm von Alexander Biedermann (Deutschland 2010).

Hellzapoppin', Film von Henry C. Potter und Edward F. Cline (USA 1941).

Histoire(s) du Cinéma, Essayfilmreihe von Jean-Luc Godard (Frankreich/Schweiz 1988–1998).

Kurt Gödel, Ein mathematischer Mythos, Dokumentarfilm von Peter Weibel und Werner DePauli-Schimanovich (BRD 1986).

La RicoBa, Kurzfilm von Pier Paolo Pasolini (Italien 1962).

La Société du spectacle, Essayfilm von Guy Debord (Frankreich 1973).

Le Mépris, Spielfilm von Jean-Luc Godard (Frankreich/Italien 1963).

Les Quatre Cents Coups, Spielfilm von François Truffaut (Frankreich 1959).

Mondo Cane, Mockumentary von Paolo Cavara, Gualtiero Jacopetti und Franco Posperi (Italien 1962).

Nachrichten aus der Ideologischen Antike. Marx – EisenDein – Das Kapital, Kommentarfilm von Alexander Kluge (BRD 2008).

Nekromantic, Spielfilm von Jörg Buttgereit (BRD 1987).

Ninotchka, Spielfilm von Ernst Lubitsch (USA 1939).

Nordsee iD Mordsee, Spielfilm von Hark Bohm (BRD 1976).

Panzerkreuzer Potemkin, Stummfilm von Sergei Eisenstein (Russland 1925).

Prof. Dr. Wolfgang Ernst erläutert Sinn und Zweck des medienarchäologischen Fundus, Interview (mehrteilige Reihe), www.youtube.com/watch?v=Jq1jkkPqXM8.

Studio Elektra, Online-Sendung von Elisabeth von Samsonow, Folgen abrufbar auf von Samsonows YouTube-Channel „evonsamsonow" (www.youtube.com/user/evonsamsonow), (Österreich, ab 2009); wird ebenfalls ausgestrahlt auf Okto TV (Offener Kanal Wien).

Synthesis, Videoarbeit von Peter Weibel (Österreich 1972).

Thinking in Loop. Three Videos on Iconoclasm, Ritual and Immortality, Videoessay von Boris Groys, hg. durch das ZKM Karlsruhe (BRD 2008).

Welt am Draht, Spielfilm von Rainer Werner Fassbinder (BRD 1973).

„We shall survive in the Memory of Others" – *Vilém Flusser*, Interviewsammlung, hg. durch das C3 – Center for Culture & Communication (Miklós Peternak) in Kooperation mit dem Vilém Flusser Archiv an der Universität der Künste Berlin (Siegfried Zielinski) (BRD 2010).

网站

Archive der Vergangenheit, transdisziplinäres Projekt an der Humboldt-Universität auf www.archive-der-vergangenheit.de.

Benjamin Passagen, künslerisches Projekt von Patrizia Bach auf www.benjamin-passagen.de.

C-Theory, internationales Journal auf www.ctheory.net.

Doors of Perception, Blog von John Thackara auf www.doorsofperception.com.

Mediamatic, Magazin und Veranstaltungen auf www.mediamatic.net.ne.ime, Mailing-Liste, erreichbar über www.nettime.org.

Network Cultures, Website des gleichnamigen Insituts an der Universität Amsterdam auf www.networkcultures.org.

Pop Sub Hoch Gegen, Forschungsprojekt, koordiniert von Hans Ulrich Reck und Konstantin Butz, Dokumentation auf http://popsubhochgegen.khm.de.

The Virtual Laboratory. Essays and Ressources on the Experimentalization of Life, Datenbank des MPIWG, erreichbar unter http://vlp.mpiwgberlin.mpg.de.

Wikileaks, journalistische Plattform auf www.wikileaks.org.

事件

„Aby Warburg und die Kulturwissenschaft im Licht heutiger Forschung", Vortrag von Hans Belting anlässlich des 81. Todestages von Aby Warburg, Aby-Warburg-Stiftung, Hamburg, 29.10.2010.

„After History: Alexandre Kojève as a Photographer", Ausstellung, kuratiert von Boris Groys, in der BAK– basis voor actuele kunst, Utrecht, 20.05.–15.07.2012.

„Animismus", Ausstellung im Haus der Kulturen der Welt, Berlin, 16.03.–06.05.2012.

„Art Unlimited? – Grenzenlos Kunst? Was heißt noch, Kunst'?", Vortrag von Jean Luc Nancy an der Akademie der Künste, Berlin, 01.11.2012.

„Ästhetik des Posthistoire", wöchentliches Colloquium am Institut für Hermeneutik der Freien Universität Berlin im Sommersemester 1982. Am 26.06.1982 las dort Jacques Derrida einen Vortrag über Franz Kafkas Vor dem Gesetz.

„Bilder eines Reiches. Leben im vorrevolutionären Russland", Ausstellung, kuratiert von Boris Groys, am ZKM, Karlsruhe, 23.04.–06.08.06.

„Car Culture. Medien der Mobilität", Ausstellung am ZKM, Karlsruhe, 2011.

„Computermodelle in der Wissenschaft", Jahrestagung der Deutschen Akademie der Naturforscher Leopoldina, Halle (Saale), 02.–04.10.2009.

„[CTRL] Space. Rhetorik der Überwachung von Bentham bis Big Brother", Ausstellung am ZKM, Karlsruhe, 2001.

„Dartmouth Summer Research Project on Artificial Intelligence" [„Dartmouth Conferences"], Dartmouth College, Hanover, New Hampshire, 1956.

„Der Palast der Projekte", Dauerausstellung von Ilya und Emilia Kabakow im Kokerei Zollverein Essen, seit 2001.

„Die Strategien des Scheins im Irrgarten der Begriffe und Medien", Tagung in der Städelschule Frankfurt am Main, 28.–30.11.1990.

„documenta X", Kassel, 21.06.–28.09.1997.

„Dutch Electronic Art Festival", Rotterdam, ab 1994.

„Edinbourgh Film Festival", Edinburgh, 1972.

„Endo Nano. Ars Electronica", Linz, 1992.

„European Media Art Festival" (EMAF), s. „Experimentalfilm Workshop".

„Étant donné: Le Grand Verre", Ausstellung von Hiroshi Sugimoto in der Fondation Cartier pour l'art contemporain, Paris, 13.11.2004–27.02.2005.

„Experimentalfilm Workshop", 1987 gegründet und 1988 in „European Media Art Festival" (EMAF) umbenannt.

„EXPRMNTL" oder „Knokke Experimental Film Festival", Knokke, unregelmäßig seit 1947.

„Foucault Tribunal zur Lage der Psychiatrie", Vorträge, Podiumsdiskussionen, Lesungen und Aktionen an der Volksbühne Berlin, veranstaltet von der Freien Universität Berlin, des Irren-OWensive e.V. und der Volksbühne, 30.04.–03.05.1998 (Programm und Dokumentation auf http://www. foucault.de).

„Future cinema. The cinematic imaginary after film", Ausstellung am ZKM, Karlsruhe, 2002/2003.

„Global Art and the Museum", Ausstellung und Projekt, kuratiert von Hans Belting und Peter Weibel, am ZKM, Karlsruhe, und anderen Orten, ab 2006.

„Heidegger und McLuhan. Eine imaginäre Begegnung", International Flusser Lecture von Graham Harman, Vilém Flusser Archiv, Universität der Künste Berlin, 08.04.2013.

„Heute ist Morgen–Über die Zukunft von Erfahrung und Konstruktion", Kunst- und

Ausstellungshalle der Bundesrepublik Deutschland, Bonn, 30.06.2000–07.01.2001.

„Hypno Hippo Schizo Hoch Zeit", Veranstaltung im Sigmund Freud Museum, Wien, 14.11.2011.

„Inszenierte Kunstgeschichte", Ausstellung im Museum für Angewandte Kunst Wien, 15.12.1988–30.01.1989.

„Interface 3 – Labile Ordnungen: Netze denken, Kunst verkehren, Verbindlichkeiten", Hamburg, 01.–12.11.1995.

„Internationaler Sommerkurs für Neue Musik", Internationales Musikinstitut, Darmstadt, fortlaufend seit 1946.

„Interventionen", Veranstltungsreihe, Organisiert von Hans Ulrich Reck zusammen mit Alois Martin Müller und Jörg Huber, Kunsthochschule für Medien, Köln, 1991–1998.

„IO_lavoro immateriale – constructing public sphere", knowbotic research in Kollaboration mit Maurizio Lazzarato, Luther Blisset, Michael Hardt, Hans Ulrich Reck, Enzo Rullani und Iaia Vantaggiato, Biennale Venedig, 1999.

„Jean Baudrillard und die Künste", Ausstellung am ZKM, Karlsruhe, 2004.

„Kognitionstheorien der Bilder", Tagung an der Kunsthochschule für Medien, Köln, 29.–31.07.2006.

„Kriegskunstfeldzug", Performance von VALIE EXPORT im Zirkus Krone (Underground Explosion), München, 15.04.1969.

„Kultur- und Dokumentarfilmwoche Mannheim", jährliches Filmfestival seit 1952, mehrmals umbenannt, heute: „Internationales FilmFestival Mannheim-Heidelberg".

„Kunst. Informatik. Theorie.", Projekt an der Kunsthochschule für Medien Köln, 1999–2003.

„Magnetische Erfahrungen. Kunst begegnet Naturwissenschaft", Zentralbibliothek Zürich, 13.01.–16.06.2010.

„Making Things Public", Ausstellung am ZKM, Karlsruhe, 2005.

„Media Transatlantic: Media Theory in North America and German-Speaking Europe", Tagung an der University of British Columbia, Vancouver, 08.–10.04.2010.

„Medium Religion: Faith. Geopolitics. Art", Ausstellung am ZKM, Karlsruhe, 2011.

„Medium Religion", Ausstellung am ZKM, Karlsruhe, 23.11.2008–19.04.2009.

„Mythos Information – Welcome to the Wired World. Ars Electronica", Linz, 1995.

„net_condition", Ausstellung am ZKM, Karlsruhe, 1999.

„Neuroästhetik", Symposium und Konzert, ZKM, Karlsruhe, 22.–24.11.2012.

„next 5 minutes – festival of tactical media", Amsterdam, 08.–10.01.1993.

„Nothing to declare? – Weltkarten der Kunst nach '89", Ausstellung an der Akademie der

Künste, Berlin, 01.02.–26.05.2013.

„On the Look for a Telematic Body", Symposium am 08.10.1993 am Cultureel Centrum de Muzerije in Herzogenbusch, Holland (in Kollaboration mit V2 – Institute for the Unstable Media); Tagungsbericht auf www.v2.nl/events/on-the-look-for-a-telematic-body.

„Out of Control. Ars Electronica", Linz, 1991.

„Passagen des Experiments. Die Materialität der Zeitverhältnisse in Lebenswissenschaften, Kunst und Technik (1830–1930)", Konferenz des Max-Planck-Instituts für Wissenschaftsgeschichte, Berlin, in Zusammenarbeit mit der Fakultät Medien der Bauhaus-Universität Weimar, Weimar, 24.–26.05.2002.

„Pathological Disbelief", Vortrag von Brian Josephson zum „18th Meeting of Nobel Laureates" in Lindau, 2004; Präsentation zum Vortrag auf www.tcm.phy.cam.ac.uk/~bdj10/lectures/Pathological_Disbelief.html.

„Paul Thek: Artist's Artist", Ausstellung am ZKM, Karlsruhe, 2008.

„Paul Virilio und die Künste", Ausstellung am ZKM, Karlsruhe, 2006/2007.

„Phantom der Lust – Visionen des Masochismus in der Kunst", Ausstellung in der Neuen Galerie am Landesmuseum Joanneum, Graz, 2003.

„Phantasie und Form 2: Zur Idee und Geschichte der Formalisierung" und „Phantasie und Form 3: Bionik", Seminare mit Hinderk M. Emrich, Georg Fleischmann, Hans Ulrich Reck, Nils Röller, Michael Hoch, Detlef Schwabe, Wolfgang Ernst und Siegfried Zielinski an der Kunsthochschule für Medien Köln, 1993.

„Physiologie des Klaviers", Tagungsreihe am Max-Planck-Institut für Wissenschaftsgeschichte, Berlin, 2009.

„Privatisierungen – zeitgenössische Kunst aus Osteuropa", Ausstellung, kuratiert von Boris Groys, am Kunst-Werke – Institute for Contemporary Art, Berlin, 16.05.04–26.06.04.

„schizo culture", Colloquium, organisiert von Semiotext(e), an der Columbia University, New York, 13.–16.11.1975.

„Sciences of the Interface", Symposium am ZKM, Karlsruhe, 18.–21.05.2000.

„Sound Art. Klang als Medium der Kunst", Ausstellung am ZKM, Karlsruhe, 2012.

„Telepolis – Die Zukunft der Stadt im Zeichen des Cyberspace", Symposium am Centre des Conférence des Salons Internationaux de Luxembourg, 03./04.11.1995; Dokumentation auf www.akademie3000.de/content/konferenzen/1995_telepolis.htm.

„Telepolis – Stadt am Netz. Vilém Flusser Tagung", Symposium zu den Medientagen München, 19.–20.10.1995; Dokumentation auf www.akademie3000.de/content/konferenzen/1995_telepolis.htm.

„The name is Burroughs - Expanded Media", Ausstellung am ZKM, Karlsruhe, 2012.

„The Chicago World's Fair" [19. Weltausstellung] , 01.05.-10.10.1893.

„Traumfabrik Kommunismus", Ausstellung, an der Schirn Kunsthalle Frankfurt, 24.09.2003–04.01.2004.

„VALIE EXPORT: Archiv", Ausstellung am Kunsthaus Bregenz, 29.10.2011–22.01.2012.

„WhiteCube/Black Box. Werkschau Valie Export und Gordon Matta-Clark", Generali Foundation, Wien, 1996.

„W.I.R. sind W.A.R.", Performance von VALIE EXPORT, Auspeitschung des Publikums im Rahmen des Kriegskunstfeldzuges, (Underground Explosion), München, 15.04.1969.

„Zeitkritische Medien", Buchpräsentation mit Oswald Berthold, Alberto De Campo, Wolfgang Ernst, Axel Volmarund Siegfried Zielinski an der Universität der Künste Berlin, 29.04.2009.

出版物

Adorno, Theodor W., Die Oper überwintert auf der Langspielplatte. Theodor W. Adorno über die Revolution der Schallplatte. *Der Spiegel* 13 (1969),S. 169.

Adorno, T. W., *Eingriffe. Neun kritische Modelle* (Frankfurt am Main: Suhrkamp, 1996 [1963]).

Adorno, T. W., Hellmut Becker und Gerd Kadelbach, *Erziehung zur Mündigkeit. Vorträge und Gespräche mit Hellmut Becker 1959–1969* (Frankfurt am Main: Suhrkamp, 1971).

Adorno, T. W., *Philosophie der neuen Musik* (Frankfurt am Main: Suhrkamp, 1989 [1949]).

Adorno, T. W., *Studien zum autoritären Charakter*, hg. von Ludwig von Friedeburg (Frankfurt am Main: Suhrkamp1973 [1950]).

Adorno, T. W. und Max Horkheimer, *Dialektik der Aufklärung. Philosophische Fragmente* (Frankfurt am Main: Fischer, 1988 [1944]).

Adorno, T. W., *Ästhetische Theorie* (Frankfurt am Main: Suhrkamp, 1970).

Adorno, T. W., *Kulturkritik und Gesellschaft II*. Gesammelte Schriften, Bd. 10 (Frankfurt am Main, 1955).

Afterimage. *The Journal of Media Arts and Cultural Criticism*, hg. Ursprünglich von Nathan Lyons, heute von Karen van Meenen (Rochester und New York, 1972–heute).

Agamben, Giorgio und Monica Ferrando, *Das unsagbare Mädchen. Mythos und Mysterium der Kore* (Frankfurt am Main: Fischer, 2012 [2010]).

Agentur BILWET/Geert Lovink, *Empire of Images* (Amsterdam: Bilwet, 1985).

Agentur BILWET/Geert Lovink, *Medienarchiv* (Bensheim und Düsseldorf: Bollmann, 1993).

Althusser, Louis, *Idélogie et appareils idélogiques d'État*. Notes pour unerecherche. La Pensée 151 (1970), S. 3–38.

Althusser, L., Pierre Macherey und Jacques Rancière, *Lire le Capital* (Paris: Maspero, 1965).

Anders, Günther, *Philosophische Untersuchungen über musikalische Situationen* (ca. 1930) Habilitations schrift bei Paul Tillich, unveröffentlicht. Typoskript im Nachlass Günther Anders, Literaturarchiv der Österreichischen Nationalbibliothek (Bestandsnummer: 237/04).

Anders, G., *Die Antiquiertheit des Menschen*, Bd. 1: *Über die Seele im Zeitalter der zweiten industriellen Revolution* (München: C.H. Beck, 1956).

Ars Electronica (Hg.), *Philosophien der neuen Technologien* (Berlin: Merve, 2008).

Artaud, Antonin, *Schluss mit dem Gottesgericht. Das Theater der Grausamkeit. Letzte Schriften zum Theater* (München: Matthes & Seitz, 1988).

Asendorf, Christoph, *Batterien der Lebenskraft. Zur Geschichte der Dinge und ihrer Wahrnehmung im 19. Jahrhundert* (Gießen: Anabas, 1984).

Atmanspacher, Harald, Hans Primas und Eva Wertenschlag-Birkhäuser (Hg.), *Der Pauli-Jung-Dialog und seine Bedeutung für die moderne Wissenschaft* (Berlin: Springer, 1995).

autonome a.f.r.i.k.a. Gruppe, Luther Blisset und Sonja Brünzel, *Handbuch der Kommunikations-Guerilla* (Berlin und Hamburg: A Assoziation, 1997).

Azzouni, Safia, Christina Brandt, Bernd Gausemeier, Julia Kursell, Henning Schmidgen und Barbara Wittmann, *Eine Naturgeschichte für das 21. Jahrhundert. Hommage zu Ehren von Hans-Jörg Rheinberger* (Berlin: Max-Planck-Institut für Wissen schaftsgeschichte, 2011).

Bachtin, Michail, *Literatur und Karneval. Zur Romantheorie und Lachkultur* (München: Carl Hanser, 1969).

Bacon, Francis, *Neues Organ der Wissenschaften, übers. u. hg. Von Anton Theobald Brück* (Leipzig: Brockhaus, 1830).

Baier, Franz Xaver, Bewegung der Sinne, in: *Der Sinn der Sinne*, hg. Von der Kunst- und Ausstellungshalle der Bundesrepublik Deutschland (Göttingen 1998), S. 510–519.

Baigent, Michael und Richard Leigh, *The Elixir and the Jone. A History of Magic and Alchemy* (London: Arrow, 2005).

Balzac, Honoré de, *Das unbekannte Meisterwerk* (Stuttgart: Walter Hädecke, 1925 [1831]).

Barbrook, Richard und Andy Cameron, T*he Californian Ideology. Science as Culture 6/1* (1996), S. 44–72.

Barlow, John Perry, *A Declaration of the Independence of Cyberspace*, erstmalig am 8. Februar

1996 online veröffentlicht (http://w2.eff.org/Censorship/Internet_censorship_bills/barlow_0296.declaration).

Barthes, Roland, Der Tod des Autors, in: *Texte zur Theorie der Autorschaft*, hg. von Fotis Jannidis (Stuttgart: Reclam, 2000 [1967]), S. 185–193.

Barthes, R., *Kritik und Wahrheit* (Frankfurt am Main: Suhrkamp, 1967 [1966]).

Barthes, R., *Michelet Par Lui-même* (Paris: Éditions du Seuil, 1954).

Bataille, Georges, Der verfemte Teil, in: *Ders., Das theoretische Werk I: Die Aufhebung der Ökonomie*, hg. Von Gerd Bergfleth (München: Rogner & Bernhard, 1975).

Bataille, G., Die Geschichte des Auges, in: *Ders., Das obszöne Werk* (Reinbek bei Hamburg: Rowohlt, 1972).

Bataille, G., Die Souveränität, in: *Ders., Die psychologische Struktur des Faschismus/Die Souveränität*, hg. Von Elisabeth Lenk (München: Matthes & Seitz, 1978).

Bataille, G., Madame Edwarda, in: *Ders.,Das obszöne Werk* (Reinbek bei Hamburg: Rowohlt, 1972).

Bataille, G., *La Somme athéologique* (Paris: Gallimard 1954).

Documents, surrealistische Kunstzeitschrift, hg. von Georges Bataille (Paris: 1929–1931).

Baudrillard, Jean, *Die fatalen Strategien* (Berlin: Merve, 1991 [1983]).

Baudrillard, J., *Kool Killer oder Der Aufstand der Zeichen* (Berlin: Merve, 1978 [1976]).

Baudrillard, J., *Le Complot de l'art* (Paris: Sens & Tonka, 1997).

Baudrillard, J., *Simulacres et Simulation* (Paris: Éditions Galilée, 1981).

Baudrillard, J., *L'Échange symbolique et la mort* (Paris: Gallimard, 1976).

Baudry, Jean-Louis., Le dispositif: approches métapsychologiques de l'impression de réalité. *Communications* 23 (1975), S. 56–72.

Baudry, J., Cinéma: effets idéologiques produits par l'appareil de base. *Cinéthique* 7/8 (1970), S. 1–8.

Baudry, J., Ideologische Effekte – erzeugt vom Basisapparat, übers. von Siegfried Zielinski und Gloria Custance. Eikon. *Internationale Zeitschrift für Photographie und Medienkunst* 5 (1993), S. 34–43.

Baumgarts, Reinhard, Die schmutzigen Medien. Reinhard Baumgart über Enzensbergers Kursbuch 20. *Der Spiegel* 18 (1970).

Becker, Cornelia, Raum-Metaphern als Brücke zwischen Internetwahrneh mung und Internetkommunikation, in: Internetgeographien. *Beobachtungen zum Verhältnis von Internet, Raum und Gesellschaft*, hg. von Alexandra Budke, Detlef Kanwischer und Andreas Pott (Stuttgart: Franz Steiner, 2004), S. 109–125.

Bell, Eric T., *Men of Mathematics* (New York, NY: Simon and Schuster, 1937).

Bell, John S., On the Einstein-Podolsky Rosen paradox. *Physics 1* (1964),S. 195–200.

Belting, Hans (Hg.), *Bilderfragen. Die Bildwissenschaften im Aufbruch* (München: Wilhelm Fink, 2007).

Belting, H., Aus dem Schatten des Todes: Bild und Körper in den Anfängen, in: *Der Tod in den Weltkulturen und Weltreligionen*, hg. von Constantin von Barloewen (München: Diederichs,1996), S. 92–136.

Belting, H., Blickwechsel mit Bildern. Die Bildfrage als Körperfrage, in: *Bilderfragen. Die Bildwissenschaften im Aufbruch*, hg. von Hans Belting (München: Wilhelm Fink, 2007), S. 49–76.

Belting, H., *Bild und Kult. Eine Geschichte des Bildes vor dem Zeitalter der Kunst* (München: C. H. Beck, 1990).

Belting, H., *Bild-Anthropologie. Entwürfe für eine Bildwissenschaft* (München: Wilhelm Fink, 2001).

Belting, H., *Das echte Bild. Bildfragen als Glaubensfragen* (München: C.H. Beck, 2005).

Belting, H., *Das unsichtbare Meisterwerk. Die modernen Mythen der Kunst* (München: C. H. Beck, 1998).

Belting, H., *Der Blick hinter Duchamps Tür. Kunst und Perspektive bei Duchamp, Sugimoto, Jeff Wall* (Köln:Verlag der Buchhandlung Walther König, 2009).

Belting, H., Der Blick im Bild. Zu einer Ikonologie des Blicks, in: *Bild und Einbildungskraft*, hg. von Bernd Hüppauf und Christoph Wulf (München: Wilhelm Fink, 2006), S. 121–144.

Belting, H., *Faces. Eine Geschichte des Gesichts* (München: C. H. Beck, 2013).

Belting, H., *Florenz und Bagdad. Eine weströstliche Geschichte des Blicks* (München: C. H. Beck, 2008).

Belting, H., *Likeness and Presence. History of the Image Before the Era of Art* (Chicago, IL: University of Chicago Press, 1994).

Belting, H., Andrea Buddensieg und Peter Weibel (Hg.), *The Global Contemporary and the Rise of New Art Worlds* (Cambridge, MA: The MIT Press, 2013).

Belting, H., Peter Weibel. Die ‚teleaktionen', in: *Peter Weibel. Das offene Werk*, hg. von Nadja Rottner und Peter Weibel (Graz: Neue Galerie Graz, 2006), S. 927–929.

Benjamin, Walter, L'OEuvre d'art à l'époque de sa reproduction mécanisée/Das Kunstwerk im Zeitalter seiner technischen Reproduzierbarkeit [2-Sprachig], gekürzt und übers. Durch Pierre Klossowski. *ZeitschriB für Sozialforschung 5* (1936), S. 40–68.

Benjamin, W., Das Kunstwerk im Zeitalter seiner technischen Reproduzierbarkeit [von Benjamin autorisierte Textfassung], in: Ders., SchriBen, hg. Von Theodor W. Adorno und Gretel Adorno (Frankfurt am Main: Suhrkamp, 1955), S. 366–405.

Benjamin, W., *Der Begriff der Kunstkritik in der deutschen Romantik* (Bern: Verlag A. Francke, 1920).

Benjamin, W., *Ursprung des deutschen Trauerspiels* (Berlin: Rowohlt, 1928).

Benjamin, W., *Das Passagen-Werk.* Gesammelte Schriften, Bd. V/1 (Frankfurt am Main: Suhrkamp, 1991).

Benning, James, Farocki. *e-flux 11* (2014); www.e-flux.com/journal/farocki.

Bense, Max, Kybernetik oder Die Metatechnik einer Maschine, in: *Ders., Ausgewählte Schriften*, Bd.2: Philosophie der Mathematik, Naturwissenschaft und Technik, hg. von Elisabeth Walther (Stuffgart und Weimar: Metzler, 1998 [1951]), S. 429–446.

Bense, M., *Brasilianische Intelligenz. Eine cartesianische Reflexion* (Wiesbaden: Limes, 1965).

Bense, M., *Einführung in die information-stheoretische Ästhetik. Grundlegung und Anwendung in der Texttheorie*(Reinbek bei Hamburg: Rowohlt, 1969).

Bernays, Edward, *Propaganda* (New York, NY: Horace Liveright, 1928).

Berners-Lee, Tim, *Weaving the Web* (London: Orion Business Books, 1999).

Blumenberg, Hans, *Theorie der Unbegriffichkeit* (Frankfurt am Main:Suhrkamp, 2007).

Blumenberg, H., *Schiffbruch mit Zuschauer. Paradigma einer Daseinsmetapher* (Frankfurt am Main: Suhrkamp. 2014 [1979]).

Boehlke, Michael und Henryk Gericke, *Too Much Future! Ost Punk* (Berlin: Künstlerhaus Bethanien, 2005).

Böhme, Gernot, Synästhesien im Rahmen einer Phänomenologie der Wahrnehmung, in: *Synästhesie: Interferenz, Transfer, Synthese der Sinne*, hg. von Hans Adler und Ulrike Zeuch (Würzburg: Königshausen & Neumann, 2002).

Böhme, Hartmut, Raum-Bewegung Grenzzustände der Sinne, in: *Mögli chkeitsräume. Zur Performativität von sensorischer Wahrnehmung*, hg. von Christina Lechtermann, Kirsten Wagner und Horst Wenzel (Berlin: Erich Schmidt, 2007).

Boltanski, Luc und Ève Chiapello, *Der neue Geist des Kapitalismus* (Konstanz: UVK, 2003 [1999]).

Bolz, Norbert W., *Am Ende der Gutenberg-Galaxis* (München: Wilhelm Fink, 1993).

Bool, George, *An Investigation of The Laws of Thought* (London: G. Bell, 1854).

Bošković, Rugjer J., *Theoria philosophiae naturalis redacta ad unicam legem virium in natura existentium* (Wien: In Officina Libraria Kaliwodiana, 1758).

Bourdieu, Pierre, *Homo academicus* (Frankfurt am Main: Suhrkamp, 1988 [1984]).

Brandstetter, Thomas, Claus Pias und Sebastian Vehlken (Hg.), *Think Tanks. Die Beratung der Gesellschaft* (Zürich und Berlin: Diaphanes, 2010).

Brecht, Bertolt, *Me-Ti. Buch der Wendungen* (Frankfurt: Suhrkamp, 1969).

Briggs, Asa und Peter Burke, *Social History of the Media. From Gutenberg to the Internet* (Cambridge, MA: Polity, 2010).

Brighton Film Review, Zeitschrift der Film Society der University of Sussex, Zäter: *Monogram* (Sussex, 1968 bis Ende der 1970er-Jahre).

Brinkmann, Rolf-Dieter und Ralf-Rainer Rygulla (Hg.), *Acid. Neue amerikanische Szene* (Darmstadt: Rowohlt, 1969).

Brooks, Peter, *The Melodramatic Imagination. Balzac, Henry James, Melodrama, and the Mode of Excess* (New Haven und London: Yale University Press, 1976).

Bruno, Giordano, *Giordano Bruno*, ausgewählt und vorgestellt von Elisabeth von Samsonow, hg. Von Peter Sloterdijk (München: Diederichs, 1996).

Bruno, G., *Über die Monas, die Zahl und die Figur*, übers. und mit Anmerkungen versehen von Elisabeth von Samsonow, Martin Mulsow, Ingomar Lorch und Matthias Reuss; mit einer Einleitung von Elisabeth von Samsonow und einem Kommentar von Martin Mulsow (Hamburg: Meiner, 1991).

Bruns, Axel, *Blogs, Wikipedia, Second Life, and Beyond. From Production to Produsage* (New York, NY: Peter Lang, 2008).

Bryson, Norman, *Das Sehen und die Malerei. Die Logik des Blicks* [1983] (München: Wilhelm Fink, 2001).

Buber, Martin, *Ich und Du* (Leipzig: Insel, 1923).

Bühl, Achim, *Die virtuelle Gesellschaft des 21. Jahrhundert. Sozialer Wandel im digitalen Zeitalter* (Wiesbaden: Westdeutscher Verlag, 2000).

Bühler, Karl, *Sprachtheorie: die DarPellungsfunktion der Sprache* (Jena: G. Fischer, 1934).

Bürger, Peter, *Theorie der Avantgarde* (Frankfurt am Main: Suhrkamp, 1974).

Cacciari, Massimo, Edmond Jabès und Luigi Nono, *Migranten* (Berlin: Merve, 1995).

Cahiers du cinéma, Young Mr. Lincoln, texte colleTif. *Cahiers du cinéma* 223 (1970), S. 29–47.

Caillois, Roger, *Les jeux et les hommes* (Paris: Gallimard, 1958).

Calvino, Italo, Cybernetics and Ghosts, in: Ders., *The Uses of Literature. Essays,* übers. von Patrick Creagh (San Diego, New York und London: Harcourt, 1982), S. 3–27.

Camillo, Giulio, *L'Idea del Theatro* (Florenz: Lorenzo Torrentino, 1550).

Caminati, Luca, *Orientalismo eretico. Pasolini e il cinema del Terzo Mondo* (Mailand: Mondadori, 2007).

Canguilhem, Georges, *Die Herausbildung des Reflexbegriffs im 17. und 18. Jahrhundert* (München: Wilhelm Fink, 2008).

Castells, Manuel, Space flow – der Raum der Ströme, in: *Kursbuch Stadt. Stadtleben und Stadtkulturan der Jahrtausendwende*, hg. von Stefan Bollmann (Stuttgart: Deutsche Verlagsanstalt, 1999), S. 39–81.

Castells, M., Kehrt die Zeit der Stadtstaaten wieder? *Telepolis* (1996), www.heise.de/tp/artikel/6/6020/1.html.

Certeau, Michel de, *Kunst des Handelns* (Berlin: Merve, 1988).

Chaos Computer Club e.V., *Hackerethik. Die ethischen Grundsätze des Hackens – Motivation und Grenzen* in Wändiger Weiterentwicklung seit den 1980er-Jahren, www.ccc.de/hackerethik.

Chassey, Èric de, *Euro Punk – Une révolution artistique en Europe* (1976–1980), Katalog zur gleichnamigen AusWellung an der Académie de France à Rome – Villa Médicis (15.10.2013–19.01.2014).

Comolli, Jean-Louis, *Cinéma contre Spectacle: suivi de „Technique et idéologie" 1971–1972* (Lagrasse: Verdier, 2009).

Coupland, Douglas, *Marshall McLuhan. Eine Biographie* (Stuttgart: Tropen Verlag, 2011).

Coy, Wolfgang und Claus Pias (Hg.), *Powerpoint. Macht und Einfluss eines Präsentationsprogramms* (Frankfurt am Main: Fischer, 2009).

Cramer, Florian, *Words Made Flesh. Code, Culture, Imagination* (Rotterdam: Media Design Research, Piet Zwart Institute, Willem de Kooning Academy Hogeschool, 2005).

CTheory, hg. von Arthur und Marilouise Kroker (University of Victoria, 1996–heute).

Dax, Max und Robert Defcon, *Nur was nicht möglich ist, ist möglich. Die Geschichte der EinPürzenden Neubauten* (Berlin: Bosworth Music Edition, 2006).

Debord, Guy, *Die Gesellschaft des Spektakels* (Hamburg: Edition nautlis, 1978 [1967]).

Debray, Régis, *Manifestes médiologiques* (Paris: Gallimard, 1994).

Deleuze, Gilles und Félix Guattari, *Anti-Ödipus. Kapitalismus und Schizophrenie I* (Frankfurt am Main: Suhrkamp, 1977 [1972]).

Deleuze, G. und F. Guattari, *Tausend Plateaus. Kapitalismus und Schizophrenie II* (Berlin: Merve, 1992 [1980]).

Deleuze, G., *Das Bewegungs-Bild: Kino 1* (Frankfurt am Main: Suhrkamp, 1989 [1983]).

Deleuze, G., *Das Zeit-Bild: Kino 2* (Frankfurt am Main: Suhrkamp, 1990 [1985]).

Deleuze, G., *Differenz und Wiederholung* (München: Wilhelm Fink 1992 [1968]).

Deleuze, G., *Logik der Sensation. Francis Bacon* (München: Wilhelm Fink,1995 [1981]).

Derrida, Jacques, *Das andere Kap. Die vertagte Demokratie – Zwei Essays zu Europa* (Frankfurt am Main: Suhrkamp, 1992).

Derrida, J., *Die Stimme und das Phänomen. Ein Essay über das Problem des Zeichens in der Philosophie Husserls* (Frankfurt am Main: Suhrkamp, 1979 [1967]).

Derrida, J., *Dem Archiv verschrieben* (Berlin: Brinkmann und Bose, 1997).

Derrida, J., *Grammatologie*, übers. von Hans-Jörg Rheinberger und Hanns Zischler (Frankfurt am Main: Suhrkamp, 1974 [1967]).

Derrida, J., *Berühren. Jean-Luc Nancy* (Brinkmann und Bose: Berlin 2007).

di Blasi, Luca, Manuele Gragnolati und Christoph F. E. Holzhey (Hg.), *The Scandal of Self-Contradiction. Pasolini's Multistable Subjectivities, Traditions, Geographies* (Wien und Berlin: Turia+Kant, 2012).

Didi-Huberman, Georges, *Survivance des lucioles* (Paris: Minuit, 2009).

Didi-Huberman, G. und Knut Ebeling, *Das Archiv brennt* (Berlin: Kadmos, 2007).

Didi-Huberman, G., *Die Erfindung der Hysterie. Die photographische Klinik von Jean-Martin Charcot* (München: Wilhelm Fink, 1997).

Didi-Huberman, Georges, *L'OEil de l'histoire*, 4 Bde. (Paris: Minuit,2009–2012).

Diebner, Hans, Timothy Druckrey und Peter Weibel (Hg.), *Sciences of the Interface* (Tübingen: Genista 2001).

Diederichsen, Diederich, Subversion – Kalte Strategie und heiße Differenz, in: Ders., *Freiheit macht arm. Das Leben nach Rock'n'Roll 1990–1993* (Köln: Kiepenheuer & Witsch, 1993), S. 33–52.

Dietz, Georg und Christopher Roth (Hg.), *I love my time 80*81* (Zürich: Edition Patrick Frey, 2010).

Dodrowski, Günther, *Etymologie. Herkunftswörterbuch der deutschen Sprache. Die Geschichte der deutschen Wörter und der Fremdwörter von ihrem Ursprung bis zur Gegenwart* (Mannheim: Duden, 1997).

Donzelot, Jacques und Colin Gordon, Governing Liberal Societies – the Foucault Effect in the English-speaking World. *Foucault Studies* 5 (2008), S. 48–62.

Durrell, Lawrence, *The Alexandria Quartet* (Kingspoint: Cardinal Book, 1961).

Dyer, Richard, Entertainment and Utopia, in: Ders., *Only Entertainment* (London: Routledge, 1992).

Dyson, Freeman, Time without end. Physics and biology in an open universe. *Reviews of modern physics* 51 (1979), S. 447–460.

Dziewior, Yilmaz (Hg.), *VALIE EXPORT – Archiv.* Ausstellungskatalog, Kunsthaus Bregenz (Köln: Verlag der Buchhandlung Walther König, 2012).

Ebeling, Knut und Kai Schmiemenz, Stadien. *Eine künstlerisch-wissenschaftliche Raumforschung* (Berlin: Kadmos, 2009).

Ebeling, K. und Stephan Günzel (Hg.), *Archivologie. Theorien des Archivs in Philosophie, Medien und Künsten* (Berlin: Kadmos, 2009).

Ebeling, K., *Johan Huizinga – Das Spielelement der Kultur. Spieltheorien nach Johan Huizinga von Georges Bataille, Roger Caillois, Eric Voegelin* (Berlin: Matthes & Seitz, 2014).

Ebeling, K., *Moskauer Tagebuch. Doppelbelichtung* (Wien: Passagen, 2001).

Ebeling, K., *quote/unquote. Kleine Archäologie der Operatoren* (Köln: Walther König, 2013).

Ebeling, K., *Wilde Archäologien 1: Theorien der materiellen Kultur von Kant bis Kittler* (Berlin: Kadmos, 2012).

Ebeling, K., *Wilde Archäologien 2: Begriffe der Materialität der Zeit – von Archiv bis Zerstörung* (Berlin: Kadmos, 2016).

Ebeling, K., *Die Falle. Zwei Lektüren zu Georges Batailles „Madame Edwarda"* (Wien: Passagen, 2000).

Eco, Umberto, *Im Wald der Fiktionen. Sechs Streifzüge durch die Literatur* (München: dtv, 1996).

Eco, U., *Das offene Kunstwerk* (Frankfurt am Main: Suhrkamp, 1973 [1962]).

Ehmann, Antje und Kodwo Eshun, A to Z of HF or: 26 Introductions to HF, in: *Harun Farocki. Against what? Against whom?,* hg. von Antje Ehmann und Kodwo Eshun (London: König Books, 2009), S. 204–216.

Einstein, Albert, Boris Podolsky und Nathan Rosen, Can quantummechanical description of physical reality be considered complete? *Physical Review* 47 (1935), S. 777–780.

Ellmerer, Barbara, Yves Netzhammer und Nils Röller (Journal für Kunst, Sex und Mathematik), *Über Kräfte* (Berlin: Merve, 2014).

Elsaesser, Thomas und Adam Barker, *Early Cinema. Space, Frame, Narrative* (London: BFI Publishing, 1990).

Elsaesser, T. und Michael Wedel, *Filmgeschichte und frühes Kino. Archäologie eines Medienwandels* (München: Edition Text + Kritik, 2002).

Elsaesser, T., *European Cinema. Face to Face with Hollywood* (Amsterdam: Amsterdam University Press, 2005).

Elsaesser, T., Tales of Sound and Fury. Observations on the Family Melodrama. *Monogram 4* (1972), S. 2–15.

Engel, Friedrich, Gerhard Kuper, Frank Bell und Wulf Münzner, Zeitschichten. *Magnetbandtechnik als Kulturträger – Erfinder-Biographien und Erfindungen – Chronologie der Magnetbandtechnik und ihr Einsatz in der Hörfunk-, Musik-, Film- und Videoproduktion*, hg. von Joachim Polzer (Potsdam: Polzer Media Group, 2012).

Engele, Robert, „Arisierung ist keine Frage von Graubereichen". 75 Jahre Reichspogromnacht, von der Stadt der Volkserhebung zur Stadt der Stolpersteine und der „Fall Knilli" als Grazer Beispiel für die Arisierung jüdischer Geschäfte. *Kleine Zeitung* (1.10.2013): http://www.kleinezeitung.at/steiermark/graz/4098817/DAMALSIN-DER-STEIERMARK_Arisierung-istkeine-Frage-von-Graubereichen.

Enzensberger, Hans Magnus, Baukasten zu einer Theorie der Medien. *Kursbuch 20* (1970), S. 159–186.

Ernst, Wolfgang, *Chronopoetik. Zeitweisen und Zeitgaben technischer Medien* (Berlin: Kadmos, 2013).

Ernst, W., Die Frage nach dem Zeitkritischen, in: *Zeitkritische Medien*, hg. von Axel Volmar (Berlin: Kadmos, 2009), S. 27–44.

Ernst, W., *Das Gesetz des Gedächtnisses. Speichermedien als Übertrag des 20. Jahrhunderts* (Berlin: Kadmos, 2007).

Ernst, W., *Das Rumoren der Archive. Ordnung aus Unordnung* (Berlin: Merve, 2002).

Ernst, W., *Gleichursprünglichkeit. Zeitwesen und Zeitgegebenheit technischer Medien* (Berlin: Kadmos, 2012).

ErnX, W., *Historismus im Verzug. Museale Antike(n)rezeption im Britischen Neoklassizismus* (und jenseits). Beiträge zur Geschichtskultur Bd. 6 (Hagen: Margit Rottmann Medienverlag, 1992).

Ernst, W., *Im Namen der Geschichte. Sammeln – Speichern – (Er-)Zählen* (München: Wilhelm Fink, 2003).

Ernst, W., *M.edium F.oucault. Weimarer Vorlesungen über Archive, Archäologie, Monumente und Medien* (Weimar: VDG, 2001).

Ernst, W., *The Digital Memory and the Archive* (Minneapolis, MN: University of Minnesota Press, 2013).

Ernst, W. und Harun Farocki, Towards an Archive for Visual Concepts, in: *Harun Farocki. Working on the Sight-Line*, hg. von Thomas Elsaesser (Amsterdam: Amsterdam University Press, 2004), S. 261–286.

Farocki, Harun, O.T. [Über Pier Paolo Pasolinis Appunti per un'Orestiade africana]. *Filmkritik* 26 (1982), S. 531–532.

Farocki, H., *Bilderschatz*. 3rd International Flusser Lecture, hg. Von Siegfried Zielinski und Silvia M. Wagnermaier für das Vilém Flusser Archiv (Köln: Verlag der Buchhandlung Walther König, 2001).

Fichte, Hubert und Leonore Mau, Xango. *Die afroamerikanischen Religionen. Bahia, Haiti, Trinidad* (Frankfurt am Main: Fischer, 1976).

Fichte, H., Xango. *Die afroamerikanischen Religionen II. Bahia, Haiti, Trinidad* (Frankfurt am Main: Fischer, 1976).

Film – *Eine deutsche Filmzeitschrift, später als Film*, dann als Fernsehen + Film im Erhard Friedrich Verlag (Hannover 1969–1971).

Filmkritik, hg. von Enno Patalas und Wilfried Berghahn (Frankfurt am Main, 1957–1984).

Fleck, Ludwik, *Entstehung und Entwicklung einer wissenschaftlichen Tatsache. Einführung in die Lehre vom Denkstil und Denkkollektiv* (Basel: Schwabe, 1935).

Fluck, Winfried, *Young Mr. Lincoln. Der Text der Cahiers du cinéma und der Film* von John Ford. Ergebnisse und Materialien eines Seminars (Berlin: John F. Kennedy-Institut für Nordamerikastudien, FU Berlin, 1978).

Flusser, Vilém, Auf dem Weg zum Unding, in: Ders., *Medienkultur*, hg. von Stefan Bollmann (Frankfurt am Main: Fischer, 1997 [1989]).

Flusser, V., *Die Schrift. Hat Schreiben Zukunft?* (Göttingen: European Photography, 1990).

Flusser, V., *Dinge und Undinge. Phänomenologische Skizzen* (München und Wien: Carl Hanser,1993).

Flusser, V., *Kommunikologie*, hg. Von Stefan Bollmann und Edith Flusser (Frankfurt am Main: Fischer, 2000).

Flusser, V., *Kommunikologie weiter denken*, hg. von Silvia Wagnermaier und Siegfried Zielinski (Frankfurt am Main: Fischer, 2009).

Flusser, V., *Lob der Oberflächlichkeit. Für eine Phänomenologie der Medien*, hg. von Stefan Bollmann und Edith Flusser (Bensheim und Düsseldorf: Bollmann, 1993).

Flusser, V., *Vom Subjekt zum Projekt. Menschwerdung*, hg. von Stefan Bollmann und Edith Flusser unter Mitarbeit von Klaus Sander (Frankfurt am Main: Fischer, 1994).

Flusser, V., *Bodenlos. Eine philoso phische Autobiographie*, hg. von Stefan Bollmann und Edith Flusser (Bensheim: Bollmann, 1992).

Foster, Hal, *The Return of the Real? The Avant-Garde at the end of the Century* (London und Cambridge, MA: The MIT Press, 1996).

Foucault, Michel., *Archäologie des Wissen* (Frankfurt am Main: Suhrkamp, 1981 [1969]).

Foucault, M., *Die Heterotopien. Der utopische Körper. Zwei Radiovorträge* (Frankfurt am Main: Suhrkamp, 2005).

Foucault, M., *Dispositive der Macht. Über Sexualität, Wissen und Wahrheit* (Berlin: Merve, 1978).

Foucault, M., *Dits et Ecrits. Bd. 3: 1976-1979*, hg. von Daniel Defert und François Ewald (Frankfurt am Main: Suhrkamp, 2003).

Foucault, M., Film and popular memory: an interview with Michel Foucault. *Radical Philosophy* 11 (1975), S. 24-29.

Foucault, M., *Mikrophysik der Macht. Über Strafjustiz, Psychiatrie und Medizin* (Berlin: Merve, 1976).

Foucault, M., *Überwachen und Strafen. Die Geburt des Gefängnisses* (Suhrkamp: Frankfurt am Main, 1976 [1975]).

Foucault, M., *Was ist Kritik?* (Berlin: Merve, 1992 [1978]).

Foucault, M., *Wahnsinn und Gesellschaft. Eine Geschichte des Wahns im Zeitalter der Vernunft* (Frankfurt am Main: Suhrkamp, 1969 [1962]).

Foucault, M. und Ducio Trombadori, *Der Mensch ist ein Erfahrungstier. Gespräch mit Ducio Trombadori* (Frankfurt am Main: Suhrkamp, 1996).

Foucault, M., *Die Ordnung der Dinge. Eine Archäologie der Humanwis senschaften* (Frankfurt am Main: Suhrkamp, 1974 [1966]).

Frazer, James G., *Totemism and Exogamy. A treatise on certain early forms of superstition and society* (London: Macmillan, 1910).

Freud, Sigmund, *Das Unbehagen in der Kultur* (Wien: Internationaler Psychoanalytischer Verlag, 1930).

Friedl, Peter, Die heimliche Moderne, in: *Ders., Die heimliche Moderne. Ausgewählte Texte und Interviews 1981-2009*, hg. v. Anselm Franke (Berlin: Sternberg Press, 2000), S. 249-268.

Frieling, Jens, *Zielgruppe Digital Natives. Wie Das Internet die Lebensweise von Jugendlichen verändert* (Hamburg: Diplomica, 2009).

Galenza, Ronald und Heinz Havemeister, *Wir wollen immer artig sein... Punk, New Wave, Hiphop und Independent Szene in der DDR von 1980 bis 1990* (Berlin: Schwarzkopf & Schwarzkopf, 2013).

Galison, Peter, *Image and logic. A material culture of microphysics* (Chicago, IL: University of Chicago Press, 1997).

Galloway, Alexander, Eugene Thacker und McKenzie Wark, *Excommunication. Three Inquiries in Media and Mediation* (Chicago, IL: University of Chicago Press, 2013).

Galloway, A. und Eugene Thacker, *The Exploit. A Theory of Networks* (Minneapolis, MN : University of Minnesota Press, 2007).

Galloway, A., *Protocol. How Control Exists after Decentralization* (Cambridge, MA: MIT Press, 2006).

Galouye, Daniel F., *Simulacron-3* (New York, NY: Bantam Books, 1964).

Garofalo, Rebee, *Rockin' The Boat. Music and Mass Movements* (Cambridge, MA: South End Press, 1991).

Gaudillière, Jean-Paul und Hans-Jörg Rheinberger (Hg.), *Classical Genetic Research and its Legacy. The Mapping Cultures of Twentieth-century Genetics* (London: Routledge, 2004).

Gehring, Petra, Paradigma einer Methode. Der Begriff des Diagramms im Strukturdenken von M. Foucault und M. Serres, in: *Diagrammatik und Philosophie. Akten des 1. Interdisziplinären Kolloquiums der Forschungsgruppe Philosophische Diagrammatik an der FernUniversität/Gesamthochschule Hagen 15./16.12.1988*, hg. von Petra Gehring, Thomas Keutner, Jörg F. Maas und Woflgang M. Ueding (Amsterdam und Atlanta: Rodopi, 1992), S. 89–105.

Gereon Beuckers, Klaus und Hans-Edwin Friedrich (Hg.), *Wolf Vostell, dé-coll/age als Manifest – Manifest als dé-coll/age: Manifeste, Aktionsvorträge, Essays* (München: Edition Text +Kritik, 2014).

Gibson, James J., Das Extrahieren in der Wahrnehmung, in: *Philosophie der Wahrnehmung*, hg. von Lambert Wiesing (Frankfurt am Main: Suhrkamp, 2002), S. 348–357.

Gilbert, William und Aaron Dowling, *De Magnete, Magneticisque Corporibus, et de Magno Magnete Tellure* (London: Peter Short, 1600).

Girard, René, *Le Bouc émissaire* (Paris: Grasset, 1982).

Girard, R., *Des choses cachées depuis la fondation du monde* (Paris: Grasset, 1978).

Godard, Jean-Luc, *Godard/Kritiker. Ausgewählte Kritiken und Aufsätze über den Film 1950–1970* (München: Carl Hanser, 1971).

Goldmann, Lucien, *Sciences humaines et philosophie. Suivi de structuralisme génétique et création littéraire* (Paris: Gonthier, 1966).

Graham, Dan, *The End of Liberalism, in: The Un/Necessary Image*, hg. von Peter D'Agostino (New York, NY: Antonio Muntadas, 1982).

Greenberg, Clement, *Art and culture. Critical essays* (Boston, MA: Beacon Press, 1961).

Greenberg, C., *Modernist Painting* (Washington DC: Forum Lectures, 1960).

Greenberg, C., Towards a Newer Laocoon. *Partisan Review* 7/4 (1940), S. 296–310.

Gregory, Stephan, Erkenntnis und Verbrechen, in: *Topos Tatort. Fiktionen des Realen*, hg. von Anna Häusler und Jan Henschen (Bielefeld: Transcript, 2011).

Groos, Ulrike (Hg.), *Zurück zum Beton. Die Anfänge von Punk und New Wave in Deutschland 1977–1982*, (Düsseldorf: Kunsthalle Düsseldorf/Köln: Verlag der Buchhandlung Walther König, 2002).

Groys, Boris, Das leidende Bild, in: Ders., *Logik der Sammlung. Am Ende des Musealen Zeitalters* (München: Carl Hanser, 1997), S. 185–196.

Groys, B., Ein Mann, der die Zeit überlisten will, Nachwort in: Ilya Kabakov, *Die 60er und 70er Jahre. Aufzeichnungen über das inoffizielle Leben in Moskau* (Wien: Passagen, 2001).

Groys, B., *Einführung in die Anti-Philosophie* (München: Carl Hanser, 2009).

Groys, B., *Über das Neue. Versuch einer Kulturökonomie* (München: Carl Hanser, 1992).

Groys, B., *Unter Verdacht. Eine Phänomenologie der Medien* (München: Carl Hanser, 2000).

Groys, B. und Ilya Kabakow, *Die Kunst des Fliehens* (München: Carl Hanser, 1991).

Groys, B., *Einführung in die Anti-Philosophie* (München: Hanser, 2009).

Guattari, Félix, Über Maschinen, in: *Ästhetik und Maschinismus. Texte zu und von Félix Guattari*, hg. von Henning Schmidgen (Berlin: Merve, 1995), S. 115–132.

Guattari, F., *Schizoanalytic Cartographies* (London und New York: Continuum, 2012 [1989]).

Gunning, Tom, „Primitive" Cinema: A Frame-up? Or the Trick's on Us. *Cinema Journal* 28 (1989), S. 3–12.

Gunning, T., The Cinema of Attraction. *Wide Angle* 8 (1986), S. 63–70.

Habermas, Jürgen und Niklas Luhmann, *Theorie der Gesellschaft oder Sozialtechnologie. Was leistet die Systemforschung?* (Frankfurt am Main: Suhrkamp, 1971).

Habermas, J., *Legitimationsprobleme im Spätkapitalismus* (Frankfurt am Main: Suhrkamp, 1973).

Habermas, J., *Theorie des kommunikativen Handelns* (Frankfurt am Main: Suhrkamp, 1981).

Habermas, J., *Erkenntnis und Interesse* (Frankfurt am Main: Suhrkamp, 1968).

Hacking, Ian, *Representing and Intervening. Introductory Topics in the Philosophy of Natural Science* (Cambridge, MA: Cambridge University Press, 1983).

Hagener, Malte, Johann N. Schmidt und Michael Wedel, *Die Spur durch den Spiegel. Der Film in der Kultur der Moderne* (Berlin: Bertz + Fischer, 2004).

Hagener, M., *Moving Forward, Looking Back. The European Avant-Garde and the Invention* of *Film Culture 1919-1939* (Amsterdam: Amsterdam University Press, 2007).

Hall, Stuart, Encoding and Decoding in the Television Discourse, in: Ders.,*Culture, media, language. Working papers in cultural Studies* (London: Hutchinson, 1980).

Hall, S. und Paddy Whannel, *The Popular Arts* (New York, NY: Pantheon Books, 1965).

Harman, Graham, The Revenge of the Surface. Heidegger, McLuhan, Greenberg. *Paletten Art Journal* 291/292 (2013), S. 68-73.

Harman, G., *Prince of Networks. Bruno Latour and Metaphysics* (Melbourne: Re.press, 2009).

Hartung, Hans-Joachim, *Signale durch den Todeszaun* (Berlin: VEB Verlag Technik, 1975).

Haug, Wolfgang Fritz, *Kritik der Warenästhetik* (Frankfurt am Main: Suhrkamp, 1971).

Hausen, Karin, Technischer Fortschritt und Frauenarbeit im 19. Jahrhundert. Zur Sozialgeschichte der Nähmaschine. Geschichte und Gesellschaft. *Zeitschrift für historische Sozialwissenschaft* 4 (1978), S. 148-169.

Hausen, K., Technikgeschichte im Rahmen der Sozial- und Wirtschaftsgeschichte, in: *Technikgeschichte als Geschichte der Arbeit*, hg. von Ilse Schütte (Bad Salzdefturth: Didaktischer Dienst Franzbecker, 1981), S. 1-11.

Hawking, Lucy und Stephen Hawking mit Garry Parison, *George's Secret Key to the Univers*e (New York, NY: Doubleday, 2007).

Heidegger, Martin, Parmenides, in: *Martin Heidegger Gesamtausgabe*, Bd. 54, Abt. 2: *Vorlesungen 1923-1944*, hg. von Manfred S. Frings (Frankfurt am Main: Vittorio Klostermann, 1982).

Heidegger, M., *Sein und Zeit* (Tübingen: Max Niemeyer, 1927).

Heidegger, M., Die Frage nach der Technik, Vortrag am 18.11.1953 an der Technischen Hochschule München in der Reihe „Die Künste im technischen Zeitalter", veröffentlicht in Bd. 3 des Jahrbuchs der Akademie (München 1954).

Heidegger, M., *Platons Lehre von der Wahrheit. Mit einem Brief über den Humanismus* (Bern: Francke, 1947).

Heller, Martin und Hans Ulrich Reck (Hg.): *BB. Ästhetik nach der Aktualität des Ästhetischen. Ein Symposium zur Perctektive der Kulturentwicklung* (Zürich: Museum für Gestaltung Zürich, 1998).

Herbert Marcuse, *Der eindimensionale Mensch* (Frankfurt am Main: Suhrkamp, 1967 [1964]).

Hickethier, Knut, *Einführung in die Medienwissenschaften* (Stuttgart und Weimar: Metzler, 2003).

Hilmes, Carola und Margarete Lamb-Faffelberger (Hg.), *Staging EXPORT: VALIE zu Ehren* (New York, NY: Lang, 2010).

Himanen, Pekka, *The Hacker Ethic* (New York, NY: Random House, 2001).

Hinderer, Walter, Schiller und kein Ende. *Metamorphosen und creative Aneignungen* (Würzburg: Königshausen & Neumann, 2009).

Hoffman-Axthelm, Dieter, *Sinnesarbeit. Nachdenken über Wahrnehmung* (Campus: Frankfurt am Main, 1996).

Hoggart, Richard, *The Uses of Literacy* (London: Penguin, 1957).

Holmes, Oliver Wendell, Sun-Painting and Sun-Sculpture. With a Stereoscopic Trip Across the Atlantic. *The Atlantic Monthly VIII* (1861): S. 13–29.

Holzer, Horst, *Gescheiterte Aufklärung? Politik, Ökonomie und Kommunikation in der Bundesrepublik Deutschland* (München: R. Piper, 1971).

Holzer, H., *Kommunikationssoziologie* (Reinbek bei Hamburg: Rowohlt, 1973).

Holzkamp, Klaus, Zur Phänographie der Wahrnehmung als sinnliche Erkenntnis, in: *Kursbuch Medien kultur. Die maßgeblichen Theorien von Brecht bis Baudrillard*, hg. von Claus Pias, Joseph Vogel, Lorenz Engell, Oliver Fahle und Britta Neitzel (München: DVA, 1999), S. 334–347.

Holzkamp, K., *Sinnliche Erkenntnis* (Frankfurt am Main: Fischer Athenäum, 1973).

Holzkamp, K., *Grundlegung der Psychologie* (Frankfurt am Main: Campus, 1983).

Hörisch, Jochen, *Die Wut des Verlehens. Zur Kritik der Hermeneutik* (Frankfurt am Main: Suhrkamp, 1988).

Hörl, Erich, Die Technologische Bedingung. Zur Einführung, in: *Die technologische Bedingung. Beiträge zur Beschreibung der technischen Welt*, hg. von Erich Hörl (Berlin: Suhrkamp 2011), S.7–53.

Huizinga, Johan, *Homo Ludens. Versuch einer Bestimmung des Spielelements der Kultur* (Amsterdam: Pantheon, 1939).

Huhtamo, Erkki, Twin-Touch-Test-Redux: Media Archaeological Approach to Art, Interactivity, and Tactility, in: *Mediaarthistory*, hg. von Oliver Grau (Cambridge 2007), S. 71–101.

Iglhaut, Stefan, Armin Medosch und Florian Rötzer (Hg.), *Stadt am Netz. Ansichten von Telepolis*, (Mannheim: Bollmann, 1996).

Innis, Harold A., *Empire and Communications* (Oxford: Clarendon Press, 1950).

Interventionen, Buchreihe, erschienen bis 1998 im Verlag Strömfeld/Roter Stern (Basel und Frankfurt am Main).

Irrgang, Daniel und Clemens Jahn (Hg.), *Forum zur Genealogie des Medien Denkens,* Bd. 1: *Siegfried Zielinski im Gespräch mit Peter Weibel, Joachim Paech, Thomas Elsaesser,*

Florian Rötzer, Elisabeth von Samsonow, Hans Ulrich Reck und Boris Groys (Berlin: UdK-Verlag, 2013).

Isou, Isidore, Traité de bave et d'éternité. 1951, Première ceuvre du cinema lettriste, in: Ders.,OEuvres de Jectacle (Paris: Éditions Gallimard, 1964).

Jabès, Edmond, *Das kleine unverdächtige Buch der Subversion* (München: Hanser, 1985).

Jacob, François, *La Logique du vivant, une histoire de l'hérédité* (Paris: Gallimard, 1970).

Jameson, Fredric, Reification and Utopia in Mass Culture. *Social Text* 1 (1979), S. 130–148.

Jay, Martin, *Downcast Eyes: The Denigration of Vision in Twentieth-century French Thought* (Berkeley, CA: University of California Press, 1993).

Johansson, Kurt, *Aleksej Gastev. Proletarian Bard of the Machine Age*. Philosphische Dissertation an der Universität Stockholm im Dept. für baltische und slawische Sprachen (Stockholm: Almquist, 1983).

Joubert-Laurencin, Hervé, Figura Lacrima, in: *The Scandal of Self Contradiction. Pasolini's Multistable Subjectivities, Traditions, Geographies*, hg. von Luca di Blasi, Manuele Gragnolati und Christoph F. E. Holzhey (Wien und Berlin: Turia+Kant, 2012), S. 237–251.

Just do it! Die Subversion der Zeichen – Von Marcel Duchamp bis Prada Meinhof, Ausstellungskatalog, hg. durch das Lentos Kunstmuseum Linz (Wien: Edition Selene, 2005).

Kafka, Franz, *Tagebücher*, hg. von Hans-Gerd Koch, Michael Müller und Malcolm Pasley (Frankfurt am Main: S. Fischer, 1990).

Kamper, Dietmar und Christoph Wulf (Hg.), *Die Wiederkehr des Körpers* (Frankfurt am Main: Suhrkamp, 1982).

Kant, Immanuel, Entwurf zu einer allgemeinen Geschichte in weltbürgerlicher Absicht. *Berlinische Monatsschrift*, November 1784, S. 385–411

Kant, I., *Kritik der reinen Vernunft* (Riga: Johann Friedrich Hartknoch, 1781).

Kaplan, Andreas M. und Michael Haenlein, Users of the world, unite! The challenges and opportunities of Social Media. *Business Horizons* 53/1 (2010), S. 59–68.

Kapp, Ernst, *Grundlinien einer Philosophie der Technik. Zur Entlehungs geschichte der Kultur aus neuen Gesichtspunkten* (Braunschweig: George Westermann, 1877).

Kardec, Allan, *Das Buch der Medien* (Bauer: Freiburg, 2000 [1861]).

Karin Hausen, Technikgeschichte im Rahmen der Sozial- und Wirtschaftsgeschichte, in: *Technikgeschichte als Geschichte der Arbeit*, hg. von Ilse Schütte (Bad Salzdefturth: Didaktischer Dienst Franzbecker, 1981).

Kayser, Wolfgang, *Das Groteske in Malerei und Dichtung* (Reinbek bei Hamburg: Rowohlt, 1961).

Keller, Gottfried, Abendlied [1879], in: *Gesammelte Gedichte von Gottfried Keller*, hg. von Michael Holzinger (Berlin: Hertz, 1883).

Kerckhove, Derrick de, Touch versus Vision: Ästhetik neuer Technologien, in: *Die Aktualität des Ästhetischen*, hg. von Wolgang Welsch (München: Wilhelm Fink, 1993) S. 137–168.

Kirschenbaum, Matthew G., *Mechanisms. New Media and the Forensic Imagination* (Cambridge, MA und London: The MIT Press, 2012).

Kittler, Friedrich, *Aufschreibesysteme 1800/1900* (München: Wilhelm Fink, 1985).

Kittler, F., *Grammophon Film Typewriter* (Berlin: Brinkmann & Bose, 1986).

Kittler, F. (Hg.), *Austreibung des Geistes aus den Geisteswissenschaften. Programme des Poststrukturalismus* (Paderborn et al.: UTB, 1992).

Kittler, F., Manfred Schneider und Samuel Weber (Hg.), *Diskursanalyse,* Bd. 1: *Medien* (Opladen: Westdeutscher Verlag, 1987).

Klaus, Georg, *Kybernetik, Philosophie und Gesellschaft* (Berlin: ORT, 1961).

Klaus, G., *Kybernetik und Gesellschaft* (Berlin: Deutscher Verlag der Wissen schaften, 1964).

Klein, Lisa R., Evaluating the Potential of Interactive Media through a New Lens: Search versus Experience Goods. *Journal of Business Research* 41 (1998), S. 195–203.

Klier, Peter und Jean-Luc Evard (Hg.), *Mediendämmerung. Zur Archäologie der Medien* (Berlin: Edition Tiamat, 1989).

Kloepfer, Rolf, Semiotische Aspekte der Filmwissenschaft: Filmsemiotik, in: *Semiotik/ Semiotics. Ein Handbuch zu den zeichentheoretischen Grundlagen von Natur und Kultur*, Bd. 3, hg. von Roland Posner (Berlin und New York, NY: de Gruyter, 2003), S. 3188–3211.

Kneer, Georg, Markus Schroer und Erhard Schüttpelz, *Bruno Latours Kollektive. Kontroversen zur Entgrenzung des Sozialen* (Frankfurt am Main: Suhrkamp, 2008).

Knies, Karl, *Der Telegraph als Verkehrsmittel. Mit Erörterungen über den Nachrichtenverkehr überhaupt* (Tübingen: Verlag der Laupp'schen Buchhandlung, 1857).

Knilli, Friedrich, *Deutsche Lautsprecher/Versuche zu einer Semiotik des Radios* (Stuttgart: Metzler, 1970).

Knilli, F., Erwin Reiss und Knut Hickethier, *Semiotik des Films. Mit Analysen kommerzieller Pornos und revolutionärer Agitationsfilme* (München: Hanser, 1971).

Knilli, F. und Erwin Reiss, *Einführung in die Film- und Fernsehanalyse. Ein ABC für Zuschauer* (Steinbach: Anabas, 1971).

Kojève, Alexandre, *Introduction à la Lecture de Hegel* (Paris: Gallimard, 1934).

Kooijman, Jaap, Patricia Pisters und Wanda Strauven, *Mind the Screen. Media Concepts according to Thomas Elsaesser* (Amsterdam: Amsterdam University Press, 2008).

Kopp, Robert und Pichois, Claude, *Les Années Baudelaire* (Neuchâtel: La Baconnière, 1969).

Koselleck, Reinhart, *Zeitschichten. Studien zur Hilorik, mit einem Beitrag von Hans-Georg Gadamer* (Frankfurt am Main: Suhrkamp, 2000).

Koselleck, R., Standortbindung und Zeitlichkeit. Ein Beitrag zur historiographischen Erschließung der geschichtlichen Welt, in: *Objektivität und Parteilichkeit in der Geschichtswissenschaft*, hg. von Reinhart Koselleck, Wolfgang J. Mommsen und Jörn Rüsen (München: dtv, 1977), S. 17–46.

Kracauer, Siegfried, *Theorie des Films. Die Errettung der äußeren Wirklichkeit* (Frankfurt am Main: Suhrkamp, 1964).

Kracauer, S., *Theory of Film. The Redemption of Physical Reality* (London und New York, NY: Oxford University Press, 1960).

Krämer, Sybille, Das Auge des Denkens, Vorlesungsankündigung, Freie Universität Berlin, 2009/2010; http://userpage.fu-berlin.de/~sybkram/pages/de/downloads.php.

Krämer, S., *Medium, Bote, Übertragung. Kleine Metaphysik der Medialität* (Frankfurt am Main: Suhrkamp, 2008).

Krämer, S., Operative Bildlichkeit. Von der „Grammatologie" zu einer „Diagram matologie"? Reflexionen über erkennendes „Sehen", in: *Logik des Bildlichen. Zur Kritik der ikonischen Vernunft,* hg. von Martina Heßler und Dieter Mersch (Bielefeld: Transcript, 2009), S. 94–122.

Krämer, S., Simulation und Erkenntnis. Über die Rolle computergenerierter Simulation in den Wissenschaften, in: *Computermodelle in der Wissenschaft – zwischen Analyse, Vorhersage, und Suggestion,* hg. von Thomas Lengauer. Nova Acta Leopoldina. Abhandlungen der Deutschen Akademie der Naturforscher Leopoldina Nr. 377, Bd. 110, hg. vom Präsidium der Akademie (Stuttgart: Wissenschaftliche Verlagsgesellschaft, 2011), S. 303–322.

Krämer, S., *Symbolische Maschinen. Die Idee der Formalisierung im geschichtlichen Abriss* (Darmstadt: Wissenschaftliche Buchgesellschaft, 1988).

Krämer, S., *Technik, Gesellschaft und Natur? Versuch über ihren Zusam menhang* (Frankfurt am Main und New York, NY: Campus, 1982).

Krämer, S. und Horst Bredekamp (Hg.), *Bild Schrift Zahl* (München: Wilhelm Fink, 2003).

Kraepelin, Emil, Über Erinnerungsfälschungen. *Archiv für Psychiatrie und Nervenkrankheiten*

17/3 (1886):S. 830–843.

Kravagna, Christian (Hg.), *Privileg Blick. Kritik der visuellen Kultur* (Berlin: Edition ID, 1997).

Kuhn, Thomas, *Die Struktur wissenschaftlicher Revolutionen* (Frankfurt am Main: Suhrkamp, 1967 [1962]).

Kümmel-Schnur, Albert und Jens Schröter, *Äther. Ein Medium der Moderne* (Bielefeld: Transcript, 2007).

Kümmel, Albert und Petra Löffler, *Medientheorie 1888–1933. Texte und Kommentare* (Frankfurt am Main: Suhrkamp, 2002).

Kunsthochschule für Medien Köln (Hg.), *Goodbye, dear pigeons: Lab Jahrbuch 2001/02 für Künste und Apparate* (Köln: Verlag der Buchhandlung Walther König, 2002).

Kunsthochschule für Medien Köln (Hg.), *Lab Jahrbuch für Künste und Apparate* (Köln: Verlag der Buchhandlung Walther König, 1995–2005).

Künzel, Werner und Peter Bexte, *Gottfried Wilhelm Leibniz – Barock Projekte. Maschinenwelt und Netzwerk im 17. Jahrhundert* (Berlin: Edition Künzel, 1990).

Kurbjuweit, Dirk, Der Wutbürger. *Der Spiegel 41 (2010), S. 26–27.*

Kursbuch, gegründet 1965 von Hans Magnus Enzensberger. 1965–1970 erschien das Kursbuch im Suhrkamp Verlag, ab 1970 im Verlag Klaus Wagenbach, ab 1973 im Rotbuch Verlag, ab 1990 im Rowohlt Verlag. Nummer 161 (2005) bis 169 (2008) wurden von der Zeit (Verlagsgruppe Georg von Holtzbrinck) heraus gegeben. Seit 2012 erscheint das Kursbuch im Murmann Verlag, hg. von Armin Nassehi (www.kursbuch-online.de).

Lacan, Jacques, *De la Psychose paranoïaque dans ses rapports avec la personnalité suivi de Premiers écrits sur la paranoïa* (Paris: Éditions du Seuil, 1932).

Lambert Peters, Jean Marie, Bild und Bedeutung. Zur Semiologie des Films, in: *Semiotik des Films. Mit Analysen kommerzieller Pornos und revolutionärer Agitationsfilme*, hg. von Friedrich Knilli, Erwin Reiss und Knut Hickethier (München: Hanser, 1971), S. 56–69.

Langenbucher, Wolfgang R., In Gedenken an Horst Holzer. *Publizistik. Vierteljahreshefte für Kommunikationsforschung* 45/4 (2000), S. 500–501.

Lannier, Jaron, interviewed by Lynn Hershman Leeson, in: Clicking In. *Hot Links to a Digital Culture,* hg. von L. H. Leeson (Seattle, WA: Bay Press, 1996), S. 43–53.

Lasswell, Harold D., The Structure and Function of Communication in Society, in: *The Communication of Ideas. A Series of Addresses*, hg. von Bryson, Lyman (New York, NY: Cooper Square Publishers, 1948), S. 37–51.

Latour, Bruno, *Aufklärungen. Gespräche mit Bruno Latour* (Berlin: Merve, 2008).

Latour, B., *Das Parlament der Dinge. Für eine politische Ökologie* (Frankfurt am Main: Suhrkamp, 2009 [1999]).

Latour, B., *Eine neue Soziologie für eine neue Gesellschaft. Einführung in die Akteur-Netzwerk-Theorie* (Frankfurt am Main: Suhrkamp, 2007 [2005]).

Latour, B., *Reassembling the Social. An Introduction to Actor-Network-Theory* (Oxford: Oxford University Press, 2005).

Latour, B., *Von der Realpolitik zur Dingpolitik oder Wie man Dinge öffentlich macht* (Berlin: Merve, 2005).

Latour, B., *Wir sind nie modern gewesen. Versuch einer symmetrischen Anthropologie* (Frankfurt am Main: Suhrkamp, 2008).

Lechtermann, Christina, *Berührt-werden. Narrative Strategien der Präsenz in der höfischen Literatur um 1200* (Erich Schmidt: Berlin, 2005).

Leiris, Michel, *Francis Bacon ou la vérité criante* (Paris: Fata Morgana, 1974).

Leiris, M., *Phantom Afrika. Tagebuch einer Expedition von Dakar nach Djibouti 1931–1933* (Frankfurt am Main: Syndikat, 1980 [1934]).

Lenin, Wladimir I., *Was tun?* (Stuttgart: Einzelausgabe, 1902).

Lenoir, Timothy, Helmholtz and the materialities of communication. *Osiris* 9 (1994), S. 185–207.

Lessing, Gotthold E., *Laokoon oder Über die Grenzen der Malerei und Poesie. Mit beiläufigen Erläuterungen verschiedener Punkte der alten Kunstgeschichte* (Berlin: Christian Friedrich Voss, 1766).

Lévi-Strauss, Claude, *Das wilde Denken* (Frankfurt am Main 1968 [1962]).

Levinas, Emmanuel, *Die Zeit und der Andere, übers. und mit einem Nachwort von Ludwig Wenzler* (Hamburg: Meiner, 1984).

Levine, Rick et al., *The Cluetrain Manifesto* (New York, NY: Basic Books, 2009).

Link, Jürgen, *Versuch über den Normalismus. Wie Normalität produziert wird* (Wiesbaden: Westdeutscher Verlag, 1999).

Lippard, Lucy R., *Six Years. The Dematerialization of the Art Object from 1966 to 1972* (New York, NY: Praeger, 1973).

Lorey, Isabell, Vom immanenten Widerspruch zur hegemonialen Funktion: Biopolitische Gouvernementalität und Selbst-Prekarisierung von KulturproduzentInnen, in: *Kritik der Kreativität*, hg. von Gerald Raunig und Ulf Wuggenig (Wien: Turia+Kant, 2007), 121–136.

Lovink, Geert, *Dark Fiber. Auf den Spuren einer kritischen Internetkultur.* Bundeszentrale für politische Bildung, Schriftenreihe, Bd. 425 (Bonn: Bundeszentrale für politische Bildung, 2003).

Lovink, G., *Das halbwegs Soziale. Eine Kritik der Vernetzungskultur* (Bielefeld: Transcript, 2012).

Lovink, G., *Der Datendandy. Medien, New Age und Technokultur* (Mannheim: Bollmann, 1994).

Lovink, G. und Pit Schultz (Hg.), *Netzkritik. Materialien zur Internet-Debatte* (Mannheim: Bollmann, 1997).

Lovink, G., *Zero Comments. Elemente einer kritischen Internetkultur* (Bielefeld: Transcript, 2008).

Luhmann, Niklas, *Die Kunst der Gesellschaft* (Frankfurt am Main: Suhrkamp, 1995).

Lyotard, Jean-François, *Das postmoderne Wissen. Ein Bericht* (Wien: Passagen, 2009 [1979]).

Macho, Thomas, Zoologiken. Tierpark, Zirkus und Freakshow, in: *Theater-Peripherien. Konkursbuch 35*, hg. von Hartmut Fischer (Tübingen: Konkursbuchverlag Claudia Gehrke, 2001), S. 13–33.

Maggi, Armando, *The Ressurection of the Body. Pier Paolo Pasolini from Saint Paul to Sade* (Chicago, IL und London: Chicago University Press, 2009).

Mallarkey, John, *Philosophy and the Moving Image. Refractions of Reality* (Basingstoke, Hampshire: Palgrave Macmillan, 2009).

Mallarkey, J., *Post-Continental Philosophy. An Outline* (London und New York, NY: Continuum, 2006).

Mancini, Michele und Giuseppe Perrella, *Pier Paolo Pasolini. Corpi e luoghi* (Rom: Theorema, 1981).

Manovich, Lev, *Sostware Takes Command* (New York: Bloomsbury Academic, 2013).

Marks, Laura U., *Touch. Sensous Theory and Multisensory Media* (Minneapolis, MS: University of Minnesota Press, 2002).

Marr, Mirko, *Internetzugang und politische Informiertheit. Zur digitalen Spaltung der Gesellschaft* (Konstanz: UVK, 2005).

Marx, Karl, *Das Kapital*, Bd. 1–3; Bd. 2 und 3 posthum hg. von Friedrich Engels (Hamburg: Karl Meissner, 1867,1885, 1894).

Marx, K., *Kritik der politischen Ökonomie* (Berlin: Franz Duncker, 1859).

Marx, K. und Friedrich Engels, *Werke* [„Marx-Engels-Werke"] , 43 Bde., 1956–1990 (Bd. 1– 42) hg. vom Institut für Marxismus-Leninismus beim Zentralkomitee der SED und (Bd.

43) vom Institut für Geschichte der Arbeiterbewegung (Bd. 43) im Dietz Verlag; seit 1989 hg. von der Rosa-Luxemburg-Stiftung im Karl Dietz Verlag, Berlin.

Massumi, Brian, The Autonomy of Affect. *Cultural Critique 31* (1995), S. 83–110.

Mauthner, Fritz, *Beiträge zu einer Kritik der Sprache*, 3 Bde. (Stuttgart und Berlin: J.G. Cotta 1901/1902).

Mayer, Hans, *Außenseiter* (Frankfurt am Main: Suhrkamp, 1975).

McLuhan, Marshall, *Die magischen Kanäle. Understanding Media* (Frankfurt am Main: Fischer, 1970 [1964]).

McLuhan, M. und Quentin Fiore, *Das Medium ist die Massage* (Frankfurt am Main, Berlin und Wien: Ullstein, 1984).

McLuhan, M. und Quentin Fiore, *Krieg und Frieden im globalen Dorf* (Berlin: Kadmos, 2011).

McLuhan, M. und Quentin Fiore, *The Medium is the Massage. An Inventory of Effects* (New York, London und Toronto: Bantam Books, 1967).

Medina, Eden, *Cybernetic Revolutionaries. Technology and Politics in Allende's Chile* (Cambridge, MA: The MIT Press, 2011).

Medosch, Armin, Jenseits der Stadtmetapher. *Telepolis* (1996), http://www.heise.de/tp/artikel/6/6007/1.html.

Meier, Carl A. (Hg.), Wolfgang Pauli und C.G. Jung. *Ein Briefwechsel 1932–1958* (Berlin: Springer, 1992).

Merleau-Ponty, Maurice, *Das Sichtbare und das Unsichtbare* (Fink: München, 1994).

Mersch, Dieter, *Medientheorien zur Einführung* (Hamburg: Junius, 2009).

Mersch, D. und Joachim Paech (Hg.), *Programm(e)*. Medienwissenschaftliche Symposien der DFG, Bd. 1 (Zürich und Berlin: Diaphanes, 2014).

Metz, Christian, *Der imaginäre Signifikant. Psychoanalyse und Kino* (Münster: Nodus, 2000).

Metz, C., La grande syntagmatique du film narratif. *Communications 8* (1966), S. 120–124.

Metz, C., Le Signifiant imaginaire. *Communications 23* (1975), S. 3–55 und 108–135.

Metz, C., *Le Signifiant imaginaire. Psychanalyse et cinéma* (Paris: Union générale d'éditions, 1977).

Metz, C., *Sprache und Film* (Frankfurt am Main: Athenaeum, 1973 [1971]).

Metzner-Szigeth, Andreas, Zwischen Metaphern und Abstraktionen: Das Werden des Internet, in: *Kultur und/oder/als Technik – Zur fragwürdigen Medialität des Internets*, hg. von Hans-Joachim Petsche (Berlin: Trafo, 2005), S. 37–66.

Mill, John Stuart, *The Subjection of Women* (London: Longmans, Green, Reader & Dyer,

1869).

Miller, René Fülöp, *Die Phantasiemaschine. Eine Saga der Gewinnsucht* (Berlin, Wien und Leipzig: Zsolnay, 1931).

Miyazaki, Shintaro, Das Algorhythmische. Microsound an der Schwelle zwischen Klang und Rhythmen, in: *Zeitkritische Medien*, hg. von Axel Volmar (Berlin: Kulturverlag Kadmos, 2009), S. 383–396.

Moholy-Nagy, Laszló, Fotografie als Erweiterung des Sichtbaren, in: *Texte zur Medientheorie*, hg. von Günter Helmes und Werner Köster (Stuttgart: Reclam, 2002), S. 145–147.

Molderings, Herbert, *Kunst als Experiment. Marcel Duchamps „3 Kunststopf-Normalmaße"* (München et al.: Deutscher Kunstverlag, 2006).

Molderings, H., *Marcel Duchamp. Parawissenschaft, das Ephemere und der Skeptizismus* (Düsseldorf: Richter Verlag, 1997).

Monod, Jacques, *Le hasard et la nécessité. Essai sur la philosophie naturelle de la biologie moderne* (Paris: Éditions Seuil, 1970).

Moretti, Franco, Conjectures on World Literature. *New Left Review* 1 (2000), S. 54–68.

Moretti, F., *Graphs, Maps, Trees. Abstract Models for Literary History* (London und New York, NY: Verso, 2005).

Moulthrop, Stuart, Rhizome and Resistance: Hypertext and the Dreams of a New Culture, in: *Hyper/Text/Theorie*, hg. von George P. Landow (Baltimore, MD und London: The Johns Hopkins University Press, 1994), S. 299–322.

Movie, FilmzeitschriY, hg. von Ian A. Cameron (London, 1962–2000).

Müggenburg, Jan und Claus Pias, Blöde Sklaven oder lebhafte Artefakte? Eine Debatte der 1960er, in: *Automatismen– Selbst-Technologien*, hg. von Hannelore Bublitz, Irina Kladrack, Theo Röhle und Mirna Zeman (München: Wilhelm Fink, 2013), S. 45–69.

Müller-Wille, Staffan und Hans-Jörg Rheinberger, *Vererbung. Geschichte und Kultur eines biologischen Konzepts* (Frankfurt am Main: Fischer, 2009).

Müller, Wolfgang, *Subkultur Westberlin 1979–1989 – Freizeit* (Hamburg: Philo Fine Arts, 2013).

Mulvey, Laura, Visual Pleasure and Narrative Cinema, in: *Movies and Methods*, hg. von Bill Nichols (Berkeley und Los Angeles: University of California Press, 1985), S. 303–315.

Mulvey, L., Visuelle Lust und narratives Kino, in: *Weiblichkeit als Maskerade*, hg. von Liliane Weissberg (Frankfurt am Main: Fischer, 1994), S. 48–65.

Mueller, Roswitha, *Valie Export. Fragments of the Imagination* (Indianapolis: Indiana University Press, 1994).

Münker, Stefan und Alexander Roesler (Hg.), *Was ist ein Medium?* (Frankfurt am Main: Suhrkamp, 2008).

Münsterberg, Hugo von, *Das Lichtspiel. Eine psychologische Studie*, hg. von Jörg Schweinitz (Wien: SYNEMA, 1996 [1916]).

Münsterberg, H., *Photoplay* (New York, NY und London: D. Appleton and Company, 1916).

Musil, Robert, *Der Mann ohne Eigenschaften* (Reinbek bei Hamburg: Rowohlt, 2008 [1940]).

Musil, R., *Nachlass zu Lebzeiten* (Zürich: Humanitas, 1936).

Negt, Oskar und Alexander Kluge, *Geschichte und Eigensinn* (Frankfurt am Main: Zweitausendeins, 1981).

Negt, O. und Alexander Kluge, *Öffentlichkeit und Erfahrung. Zur Organisationsanalyse von bürgerlicher und proletarischer Öffentlichkeit* (Frankfurt am Main: Suhrkamp, 1972).

Nelson, Theodor H., *Computer Lib. You can and must understand computers now/Dream Machines* (Michigancity, MI: Selbstverlag, 1984 [1974]).

Neverla, Irene, Das Medium denken. Zur sozialen Konstruktion des Netz-Mediums, in: *Das Netz-Medium. Kommunikationswissenschaftliche Aspekte eines Mediums in Entwicklung*, hg. von Irene Neverla (Opladen: Westdeutscher Verlag, 1998), S. 17–35.

New Left Review, hg. von Stuart Hall, Perry Anderson und Robin Blackburn (London, 1960–heute).

Newton, Isaac, *Philosophiae Naturalis Principia Mathematica* (London: Royal Society, 1687 [1686]).

Niedermaier, Hubertus und Markus Schroer, Sozialität im CyberRace, in: *Internetgeographien. Beobachtungen zum Verhältnis von Internet, Raum und Gesellschaft*, hg. von Alexandra Budke, Detlef Kanwischer und Andreas Pott (Stuttgart: Franz Steiner, 2004), S. 125–143.

Nietzsche, Friedrich, *Die Geburt der Tragödie aus dem Geiste der Musik* (Leipzig: Fritzsch, 1872).

Nietzsche, F., *Sämtliche Briefe. Kritische Studienausgabe in 8 Bänden*, hg. von Giorgio Colli und Mazzino Montinari (München, Berlin und New York, NY: Deutscher Taschenbuch Verlag; De Gruyter, 2003).

Norton, Louise, Buddha of the Bathroom, in: *The Blind Man* 2 (1917), S. 5–6.

NTM: Internationale Zeitschrift für Geschichte und Ethik der Naturwissenschaften, Technik und Medizin, 12 (2004), S. 100–115.

Nünning, Ansgar (Hg.), *Grundbegriffe der Literaturtheorie* (Stuttgart und Weimar: Metzler, 2004).

O'Hara, Craig, *The philosophy of punk: more than noise* (Edinburgh: AK Press, 1999).

Paech, Joachim, *Das Theater der russischen Revolution* (Kronberg i. Ts.: Scriptor, 1974).

Paech, J., Die Uhren träumen vom Kino, in: *Das Medium meiner Träume*. Hartmut Winkler zum 60. Geburtstag, hg. von Ralph Adelmann und Ulrike Bergermann (Berlin: Verbrecher Verlag, 2013), S. 227–250.

Paech, J., *Warum Medien? Konstanzer Universitätsreden* 232 (Konstanz: UVK, 2008).

Paik, Nam June, M*edia Planning for the Postindustrial Society – The 21st Century is now only 26 years away* (1974), www.medienkunstnetz.de/source-text/33/.

Païni, Dominique, *Le temps exposé. Le cinéma, de la salle au musée* (Paris: Éditions Cahiers du Cinéma, 2002).

Panofsky, Erwin, Die Perspektive als „symbolische Form", in: *Aufsätze zur Grundfragen der Kunstwissenschaft*, hg. von Hariolf Oberer und Egon Verheyen (Berlin: Volker Spiess, 1980), S. 99–167.

Pantenburg, Volker, *Ränder des Kinos. Godard – Wiseman – Benning – Costa* (Berlin: August, 2010).

Parikka, Jussi, *What is Media Archaeology?* (Cambridge, MA und Malden, MA: Polity Press, 2012).

Pariser, Eli, *The Filter Bubble. What the Internet is hiding from you* (New York: Penguin Press, 2011).

Pasolini, Pier Paolo, Hommage an Marylin Monroe/Voce in poesia [1963], aus dem Italienischen übers. von Hans Ulrich Reck, in: Hans Ulrich Reck, *Pier Paolo Pasolini* (München: Wilhelm Fink, 2010), S. 89–91.

Pasolini, P. P., *Petrolio, postum veröffentlichtes Romanfragment* (Torino: Einaudi, 1992).

Pasolini, P. P., *Poesia in forma di rosa* (Mailand: Garzanti, 1964).

Pehlemann, Alexander, *Go Ost! Klang Zeit Raum. Reisen in die Subkulturzonen Osteuropas* (Mainz: Ventil, 2014).

Pépin, Rémi, *Rebelles – Une histoire du rock alternatif* (Paris: Éditions Hugo et Compagnie, 2007).

Peters, Jean M. L., Bild und Bedeutung. Zur Semiologie des Films, in: *Semiotik des Films. Mit Analysen kommerzieller Pornos und revolutionärer Agitationsfilme*, hg. von Friedrich Knilli, Erwin Reiss und Knut Hickethier (München: Hanser, 1971), S. 56–69.

Peters, John Durham, *Speaking into the Air. A History of the Idea of Communication* (Chicago, IL: The University of Chicago Press, 1999).

Petras, Ole und Kai Sina, *Kulturen der Kritik. Mediale Gegenwartsbeschreibung zwischen Pop und Protest* (Dresden: Thelem, 2011).

Pias, Claus, *Abwehr. Modelle – Strategien – Medien* (Bielefeld: Transcript, 2008).

Pias, C., Analog, Digital, and the Cybernetic Illusion. *Kybernetes* 34, 3/4 (2005), S. 543–550.

Pias, C., *Anna Oppermann in der Hamburger Kunsthalle* (Hamburg: Kleine Reihe der Kunsthalle Hamburg, 2004).

Pias, C., *Computer Spiel Welten* (Zürich und Berlin: Diaphanes, 2002).

Pias, C. (Hg.), *Cybernetics/Kybernetik 1. The Macy-Conferences 1946–1953*, Bd. 1: *Transactions/Protokolle* (Zürich und Berlin: Diaphanes, 2003).

Pias, C. (Hg.), *Cybernetics/Kybernetik 2. The Macy-Conferences 1946–1953*, Bd. 2: *Documents/Dokumente* (Zürich und Berlin: Diaphanes, 2005).

Pias, C., Der Hacker, in: *Grenzverletzer. Figuren politischer Subversion*, hg. von Eva Horn und Stefan Kaufmann (Berlin: Kadmos, 2002), S. 1.

Pias, C., *Die Epoche der Kybernetik* (Berlin: Alcatel SEL, 2003).

Pias, C., Die kybernetische Illusion, in: *Medien in Medien*, hg. von Claudia Liebrand und Irmela Schneider (Köln: Dumont, 2002) S. 51–66.

Pias, C., *Geschaute Literatur. Marie von Ebner-Eschenbach und die bildende Kunst* (Weimar: VDG, 1996).

Pias, C., Joseph Vogl, Lorenz Engell, Oliver Fahle und Britta Neitzel (Hg.), *Kursbuch Medienkultur. Die maßgeblichen Theorien von Brecht bis Baudrillard* (Stuttgart, DVA, 1999).

Pias, C., Die kybernetische Utopie. Vortrag am Stiftungsverbundkolleg Berlin im Rahmen des Workshops „Kybernetik. Geschichte einer transdisziplinären Anstrengung", 02./03.07.2004, Humboldt-Universität zu Berlin; der Vortragstext ist verfügbar auf www. yumpu.com/de/browse/user/verbundkolleg.berlin.de.

Pias, C. (Hg.): *Hermann Bahr – Kritische Schriften in Einzelausgaben* (Weimar: VDG, 2004–heute).

Pias, C., Jenseits des Werkzeugs: Kybernetische Optionen der Architekturzwischen Informationsästhetik und design amplifier, in: *Kulturtechnik Entwerfen. Praktiken, Konzepte und Medien in Architektur und Design Science,* hg. von Daniel Gethmann und Susanne Hauser (Bielefeld: Transcript, 2009), S. 269–287.

Pias, C., One-Man Think Tank. Herman Kahn, oder wie man das Undenkbare denkt. *Zeitschrift für Ideengeschichte* 3/3 (2009), S. 5–16.

Pias, C. und Christian Holtorf (Hg.), *Escape! Computerspiele als Kulturtechnik* (Köln: Böhlau, 2007).

Pias, C., Von realer Abwesenheit. Emile Zolas Kunstgeschichte, in: *Der blinde Fleck.*

Mitteilungen aus dem Zentrum der Bestimmungslosigkeit, hg. von Claubril Ennepi (Weimar: VDG, 1994).

Pias, C., *Was waren Medien?* (Zürich und Berlin: Diaphanes, 2010).

Pias, C. (Hg.), *Zukünfte des Computers* (Zürich und Berlin: Diaphanes, 2005).

Pickering, Andrew, *Science as Practice and Culture* (Chicago, IL: University of Chicago Press, 1992).

Pietzcker, Carl, Das Groteske, in: *Das Groteske in der Dichtung*, hg. von Otto F. Best (Darmstadt: Wissenschaftliche Buchgesellschaft, 1980).

Platon, Phaidros oder Vom Schönen. Platon, Politeia. Plessner, Helmut, Lachen und Weinen. Eine Untersuchung der Grenzen menschlichen Verhaltens, in: *Ders., Gesammelte Schriften*, Bd. 7: Ausdruck und menschliche Natur (Frankfurt am Main: Suhrkamp, 1982).

Poincaré, Henri, *Wissenschaft und Hypothese* (Leipzig: Teubner, 1906).

Popitz, Heinrich, Hans Paul Barth, Ernst August Jüres und Hanno Kesting, *Das Gesellschaftsbild des Arbeiters. Soziologische Untersuchung in der Hüttenindustrie* (Tübingen: Mohr, 1957).

Post, polnisches Punk-Art-Magazin, hg. von Piotr Rypson (*1981*).

Prammer, Anita, VALIE EXPORT. *Eine multimediale Künstlerin* (Wien: Wiener Frauenverlag, 1988).

Price, Derek J. de Solla, Automata and the Origins of Mechanism and Mechanistic Philosophy. *Technology and Culture* 5/1 (1964).

Prigogine, Ilya und Isabelle Stengers, *La Nouvelle Alliance. Métamorphose de la science.* (Paris: Gallimard, 1979).

Projections, les transports de l'image, Katalog zur gleichnamigen Ausstellung in Fresnoy, Studio national des arts contemporains (1997/98); mit Texten von Jacques Aumont, Yann Beauvais, Raymond Bellour, Giovanni Careri, Hubert Damisch, Michel Frizot, Patrick de Haas, Agnès Minazzoli, Dominique Paini (Tourcoing: Le Fresnoy, 1997).

protokolle. Zeitschrift für Literatur und Kunst 2: Peter Weibel. Mediendichtung (1982).

Putnam, Robert D., Bowling Alone. America's Declining Social Capital. *Journal of Democracy* 6/1 (1995), S. 65–78.

Putnam, R. D., *Bowling Alone. The Collapse and Revival of American Community* (New York, NY: Simon & Schuster, 2000).

Quine, Willard Van Orman, Willard, On What There Is. *Review of Metaphysics 2* (1948/49), S.

21–38.

Rammert, Werner, *Soziale Dynamik der technischen Entwicklung. Theoretisch-analytische Überlegungen zu einer Soziologie der Technik am Beispiel der „science-based industry"* (Opladen: Westdeutscher Verlag, 1983).

Rancière, Jacques, *Le concept de critique et la critique de l'économie politique dès „Manuscripts" de 1844 au „Capital"* (Paris: Maspéro, 1965).

Reck, Hans Ulrich, *Das Bild zeigt das Bild selber als Abwesendes. Zu den Spannungen zwischen Kunst, Medien und visueller Kultur* (Wien und New York, NY: Springer 2007).

Reck, H. U., im Gespräch mit Knowbotic Research: „Computer Aided Nature", „Knowbots" und Navigationen", in: *Lab. Jahrbuch 1995/96 für Künste und Apparate*, hg. durch die Kunsthochschule für Medien Köln (Köln: Walther König, 1996), S. 138–153.

Reck, H. U., *Index Kreativität* (Köln: Verlag der Buchhandlung Walther König, 2007).

Reck, H. U. (Hg.), *Kanalarbeit. Medien Irategien im Kulturwandel* (Basel und Frankfurt am Main: Strömfeld/Roter Stern, 1988).

Reck, H. U. (Hg.), Kunst als Medientheorie. Vom Zeichen zur Handlung (München: Wilhelm Fink, 2003).

Reck, H. U. (Hg.), *Kunstforum International 114*: Imitation und Mimesis (1991).

Reck, H. U. (Hg.), *Kunstforum International 127*: Konstruktionen des Erinnerns. Transitorische Turbulenzen I (1994).

Reck, H. U. (Hg.), *Kunstforum International 128*: Zwischen Erinnern und Vergessen. Transitorische Turbulenzen II (1994).

Reck, H. U., *Mythos Medienkunst* (Köln: Verlag der Buchhandlung Walther König, 2002).

Reck, H. U., *Nacht im Feuer. Zur Alchemie des Todes in der Rock-Musik* (Adliswil: Edition Bücherkarawane, 1981).

Reck, H. U., *Pier Paolo Pasolini* (München: Wilhelm Fink, 2010).

Reck, H. U., *Singularität und Sittlichkeit. Die Kunst Aldo Walkers in bildrhetorischer und medienphilosophischer Perspektive* (Würzburg: Königshausen & Neumann, 2004).

Reck, H. U., *Traum. Enzyklopädie* (München: Wilhelm Fink, 2010).

Reck, H. U., Von Aby Warburg ausgehend. Bildmysterien und Diskursordnungen. *Kunstforum International 114* (1991), S. 198–213.

Reichert, André, *Diagrammatik des Denkens. Descartes und Deleuze* (Bielefeld: Transcript, 2013).

Reichert, Ramón (Hg.), *Governmentality Studies* (Hamburg: LIT, 2003).

Reiss, Erwin und Siegfried Zielinski (Hg.), *Grenzüberschreitungen. Eine Reise durch die globale Filmlandschaft* (Berlin: Wissenschaftsverlag Volker Spiess, 1992).

Rheinberger, Hans-Jörg, *Episte mologie des Konkreten. Studien zur Geschichte der modernen Biologie* (Frankfurt am Main: Suhrkamp, 2006).

Rheinberger, H.-J., *Experimentalsysteme und epistemische Dinge. Eine Geschichte der Proteinsynthese im Reagenzglas* (Göttingen: Wallstein, 2001).

Rheinberger, H.-J., *Experiment, Differenz, Schrift. Zur Geschichte epistemischer Dinge* (Marburg: Basilisken-Presse, 1992).

Rheinberger, H.-J., *Historische Epistemologie zur Einführung* (Hamburg: Junius, 2007).

Rheinberger, H.-J., *Rekurrenzen. Texte zu Althusser* (Berlin: Merve, 2014).

Rheingold, Howard, *The Virtual Community. Homesteading on the Electronic Frontier* (Addison-Wesley, 1993).

Ricciardi, Alessia, Pasolini for the Future. *California Italian Studies* 2/1 (2011), o. P.

Richter, Gerhard, *Atlas*, www.gerhardrichter.com/art/atlas; als Katalog hg. von Helmut Friedel (Köln: Verlag der Buchhandlung Walther König, 2006).

Rogers, Everett M., *History of Communication Study* (New York, NY: Free Press, 1997).

Rohr, Moritz von, *Die binokularen Instrumente* (Berlin: Julius Springer, 1920).

Röller, Nils, *Ahabs Steuer. Navigationen zwischen Kunst und Naturwissenschaft* (Berlin: Merve, 2005).

Röller, N., *Empfindungskörper. International Flusser Lectures* (Köln: Verlag der Buchhandlung Walther König, 2012).

Röller, N., *Magnetismus. Eine Geschichte der Orientierung* (München: Wilhelm Fink, 2010).

Röller, N., *Medientheorie im epis temischen Übergang. Hermann Weyls Philosophie der Mathematik und Naturwissenschaft und Ernst Cassirers Philosophie der symbolischen Formen im Wechselverhältnis* (Weimar: VDG Verlag, 2002).

Röller, N., *Roth der Große.* (Wien: Klever Verlag, 2013).

Ropohl, Günter, *Allgemeine Technologie* (Karlsruhe: Universitäts-Verlag Karlsruhe, 2009).

Ropohl, G., *Eine Systemtheorie der Technik. Zur Grundlegung der Allgemeinen Technologie* (München und Wien: Hanser, 1979).

Rosen, Philip (Hg.), *Narrative, Apparatus, Ideology. A Film Theory Reader.* (New York, NY: Columbia University Press, 1986).

Rosset, Clément, *En ce temps-là: notes sur Louis Althusser* (Paris: Éditions de Minuit, 1991).

Rössler, Otto E., *Das Flammenschwert* (Bern: Benteli, 1996).

rot 25: haroldo de campos, versuchsbuch galaxien, übersetzt von Vilém Flusser und Anatol Rosenfeld (Stuttgart: edition rot, 1962).

rot, Schriftenreihe hg. von (Stuttgart: edition rot, 1960–1997).

Rötzer, Florian (Hg.), *Ästhetik des Immateriellen? Das Verhältnis von Kunst und Neuen Technologien, Teil II.* Kunstforum International 98 (1989).

Rötzer, F. (Hg.), *Das Böse. Jenseits von Absichten und Tätern oder: Ist der Teufel ins System ausgewandert?* (Göttingen: Steidl, 1995).

Rötzer, F., *Die Telepolis. Urbanität im digitalen Zeitalter* (Köln: Bollmann, 1995).

Rötzer, F., *Digitale Weltentwürfe. Streifzüge durch die Netzkultur* (München und Wien: Carl Hanser, 1998).

Rötzer, F., *Digitaler Schein. Ästhetik der elektronischen Medien* (Frankfurt am Main: Suhrkamp, 1991).

Rötzer, F., *Französische Philosophen im Gespräch* (München: Boer, 1986).

Rötzer, F., Geographic Intelligence, in: *Cyberhypes. Möglichkeiten und Grenzen des Internet,* hg. von Rudolf Maresch und Florian Rötzer (Frankfurt am Main: Suhrkamp, 2001) S. 155–169.

Rötzer, F., Georg Hartwagner und Stefan Iglhaut (Hg.), *Künstliche Spiele. Theorie und Objekte der neuen Spielekultur von Künstlern, Philosophen und Computerspezialisten* (München: Boer, 1993).

Rötzer, F., *Ist das Leben ein Spiel? Aspekte einer Philosophie des Spiels und eines Denkens ohne Fundamente. International Flusser Lectures* (Köln: Verlag der Buchhandlung Walther König, 2013).

Rötzer, F. (Hg.), *Kunstforum International 97*: Ästhetik des Immateriellen? Das Verhältnis von Kunst und Neuen Technologien, Teil I (1988).

Rötzer, F. (Hg.), *Kunstforum International 100: Kunst und Philosophie* (1988).

Rötzer, F., *Medien der Gewalt* (Hannover: Heise, 2002).

Rötzer, F., *Megamaschine Wissen* (Frankfurt am Main: Campus, 1999).

Rötzer, F., *Nach der Destruktion des ästhetischen Scheins – van Gogh, Malewitsch, Duchamp* (München: Boer, 1992).

Rötzer, F., *Philosophen-Gespräche zur Kunst* (München: Boer, 1991).

Rötzer, F., Stefan Iglhaut und Herbert Kapfer (Hg.), *what if – Zukunftsbilder der Informationsgesellschaft* (Hannover: Heise, 2007).

Rötzer, F., Technoimaginäres – Ende des Imaginären?, in: Ebd. (Hg.), *Kunstforum International 97*: Ästhetik des Immateriellen? Das Verhältnis von Kunst und Neuen Technologien, Teil I (1988). S. 54–59.

Rötzer, F., *Terror, Medien, Krieg* (Hannover: Heise, 2002).

Rötzer, F., Über die räumliche Verankerung des Cyberspace. *Telepolis* (1996), www.heise.de/tp/artikel/6/6028/1.html.

Rötzer, F. und Christa Maar (Hg.), *Virtual Cities. Die Neuerfindung der Stadt im Zeitalter der globalen Vernetzung* (Basel: Birkhäuser, 1997).

Rötzer, F. und Peter Weibel (Hg.), *Cyberspace. Zum medialen Gesamtkunstwerk* (München: Boer, 1993).

Rötzer, F. und Peter Weibel, *Strategien des Scheins. Kunst, Computer, Medien* (München: Boer, 1991).

Rötzer, F. und Rudolf Maresch (Hg.), *Cyberhypes. Möglichkeiten und Grenzen des Internet* (Frankfurt am Main: Suhrkamp, 2001).

Rötzer, F. und Rudolf Maresch (Hg.), *Renaissance der Utopie. Zukunftsfiguren des 21. Jahrhunderts.* (Frankfurt am Main: Suhrkamp, 2004).

Rötzer, F. und Sara Rogenhofer, *Kunst machen? Gespräche über die Produktion von Bildern* (Leipzig: Reclam, 1993).

Rötzer, F., Virtueller Raum oder Weltraum? Raumutopien des digitalen Zeitalters, in: *Mythos Internet*, hg. von Stefan Münker und Alexander Roesler (Frankfurt am Main: Suhrkamp, 1997), S. 368–390.

Rötzer, F., (Hg.), *Vom Chaos zur Endophysik* (München: Boer, 1994).

Rötzer, F., *Vom Wildwerden der Städte* (Berlin: Birkhäuser, 2006).

Samsonow, Elisabeth von, *Anti-Elektra. Totemismus und Schizogamie* (Zürich und Berlin: Diaphanes, 2007).

Samsonow, E. v., *Die Erzeugung des Sichtbaren. Die philosophische Begründung naturwissenschaftlicher Wahrheit bei Johannes Kepler* (München: Wilhelm Fink, 1987).

Samsonow, E. v., *Egon Schiele. Ich bin die Vielen. Ein Forschungsbericht* (Wien: Passagen, 2010).

Samsonow, E. v., *Egon Schiele – Sanctus Franciscus Hystericus* (Wien: Passagen, 2012).

Samsonow, E. v., *Fenster im Papier. Die imaginäre Kollision der Architektur mit der Schrift oder die Gedächtnisrevolution der Renaissance* (München: Wilhelm Fink, 2001).

Samsonow, E. v. und Éric Alliez (Hg.), *Biographien des organlosen Körpers* (Wien: Turia+Kant, 2003).

Samsonow, E. v. und Éric Alliez (Hg.), *Chroma Drama. Widerstand der Farbe* (Wien: Turia+Kant, 2001).

Samsonow, E. v. und Éric Alliez (Hg.), *Hyperplastik. Kunst und Konzepte der Wahrnehmung in Zeiten der mental imagery* (Wien: Turia+Kant, 1998).

Samsonow, E. v. und Éric Alliez (Hg.), *Telenoia. Kritik der virtuellen Bilder* (Wien: Turia+Kant, 1999).

Samsonow, E. v., *Was ist anorganischer Sex wirklich? Theorie und kurze Geschichte der hypnogenen Subjekte und Objekte*. International Flusser Lectures (Köln: Verlag der Buchhandlung Walther König, 2005).

Sartre, Jean-Paul, *L'Idiot de la famille. Gustave Flaubert de 1821 à 1857* (Paris: Gallimard, 1971/72).

Sassen, Saskia, Cyber-Segmentierungen. Elektronischer Raum und Macht, in: *Mythos Internet*, hg. von Stefan Münker und Alexander Roesler (Frankfurt am Main: Suhrkamp, 2010), S. 215–236.

Sassen, S., Die neue Zentralität. Die Folgen der Telematik und der Globalisierung. *Telepolis* (1996), www.heise.de/tp/artikel/6/6005/1.html.

Sassen, S., *The Global City. New York, London, Tokyo* (Princeton, NJ: Princeton University Press, 2001).

Saussure, Ferdinand de, *Cours de linguistique générale, zusammengestellt* und hg. von Charles Bally und Albert Sechehaye (Paris: Payot, 1916).

Schäffner, Wolfgang und Joseph Vogel, Polizey-Sachen, in: *Friedrich Schiller und der Weg in die Moderne*, hg. von Walter Hinderer (Würzburg: Königshausen & Neumann, 2006).

Schalk, Helge, *Umberto Eco und das Problem der Interpretation* (Würzburg: Königshausen und Neumann, 2000).

Schanze, Helmut, *Lexikon Medientheorie und Medienwissenschaft* (Stuttgart: Metzler, 2002).

Schaub, Mirjam, Nicola Suthor und Erika Fischer-Lichte (Hg.), *Ansteckung. Zur Körperlichkeit eines ästhetischen Prinzips* (München: Wilhelm Fink, 2005).

Scheu, Andreas und Thomas Wiedemann, Kommunikationswissenschaft als Gesellschaftskritik. Die Ablehnung linker Theorien in der deutschen Kommunikationswissenschaft am Beispiel Horst Holzer. *Medien & Zeit – Kommunikation in Vergangenheit und Gegenwart 23/4* (2008), S. 9–17.

Schiffers, Juliane, *Passivität denken. Aristoteles – Leibniz – Heidegger* (Freiburg im Breisgau: Karl Alber, 2014).

Schimanovich, Werner und Peter Weibel, COMPUTOPOLIS: Computer-aided City [1980]), in: Werner DePauli-Schimanovich, *Europolis 2. Vom Bodensee zum Burgsee: Über die Zukunft des Verkehrs in Austria*. Perspektiven eine Wissenschafts-Kultur in Österreich, Buch 4, hg. von Peter Weibel (Wien: Passagen, 2004), S. 416–430.

Schivelbusch, Wolfgang, *Geschichte der Eisenbahnreise. Zur Industrialisierung von Raum und

Zeit im 19. Jahrhundert (München und Wien: Hanser, 1977).

Schlögel, Karl, *Im Raume lesen wir die Zeit. Über Zivilisationsgeschichte und Geopolitik* (München und Wien: Hanser, 2003).

Schmidgen, Henning (Hg.), *Ästhetik und Maschinismus. Texte von und zu Félix Guattari* (Berlin: Merve, 1995).

Schmidgen, H., Begriffszeichnungen. Über die philosophische Konzeptkunst von Gilles Deleuze, in: *Deleuze und die Künste*, hg. von Peter Gente und Peter Weibel (Frankfurt am Main: Suhrkamp, 2007), S. 26–53.

Schmidgen, H., *Bruno Latour zur Einführung* (Hamburg: Junius, 2011).

Schmidgen, H., *Chronos und Psyche*, http://vlp.mpiwg-berlin.mpg.de/exp/schmidgen/chronos_ und_psyche.html.

Schmidgen, H., Das Konzert der Maschinen. Simondons politisches Programm. *Zeitschrift für Medien- und Kulturforschung* 2/2012, S. 117–134.

Schmidgen, H., Das Unbewußte der Machinen. *Konzeptionen des Psychischen bei Guattari, Deleuze und Lacan* (München: Wilhelm Fink, 1997).

Schmidgen, H., Die Geschwindigkeit von Gedanken und Gefühlen: *Die Entwicklung psychophysiologischer Zeitmessungen, 1850–1865.*

Schmidgen, H., Hirn und Zeit. *Die Geschichte eines Experiments 1800–1950* (Berlin: Matthes & Seitz, 2014).

Schmidgen, H., Peter Geimer und Sven Dierig, *Kultur im Experiment* (Berlin: Kadmos, 2004).

Schmidgen, H., Repetitions and Differences: Psychophysiological Time Machines 1850–1865, in: *Variantology 1. On Deep time Relations of Arts, Sciences and Technologies*, hg. von Siegfried Zielinski und Silvia M. Wagnermeier (Köln: Verlag der Buchhandlung Walther König, 2005), S. 145–156.

Schmidgen, H. und Rainer Maria Kiesow (Hg.), *Kritisches Wörterbuch. Beiträge von Georges Bataille, Carl Einstein, Marcel Griaule, Michel Leiris u. a.* (Berlin: Merve, 2005).

Schmitz, Hermann, Der Leib (Berlin und Boston, MT: De Gruyter, 2011).

Schneider, Frank A., *Als die Welt noch unterging. Von Punk zu NDW* (Mainz: Versatil, 2007).

Schöttker, Detlev, Theodor W. Adornos Beiträge zur Medientheorie – „Erkennendes Hören" als Programm, in: *Philosophie in der Medientheorie*, hg. von Alexander Roesler und Bernd Stiegler (München: Willhelm Fink, 2008), S. 11–25.

Schrape, Niklas, *Die Rhetorik von Computerspielen. Wie politische Spiele überzeugen* (Frankfurt am Main und New York, NY: Campus, 2012).

Schürmann, Eva, *Sehen als Praxis* (Frankfurt am Main: Suhrkamp, 2008).

Schuster, Gerd, Willie Smits und Jay Ullal, *Thinkers of the Jungle* (Köln: AMC 2008).

Schweiger, Wolfgang und Miriam Weihermüller, Öffentliche Meinung als Online-Diskurs – ein neuer empirischer Zugang. *Publizistik 53/4* (2008), S. 535–559.

Screen, ursprünglich *The Film Teacher*, gegründet 1952, ab 1969: Screen; heute herausgegeben durch das John Logie Baird Centre an der University of Glasgow im Verlag der Oxford University Press.

Serres, Michel, *Der Parasit* (Frankfurt am Main: Suhrkamp, 1987).

Serres, M., *Die fünf Sinne. Eine Philosophie der Gemenge und Gemische* (Frankfurt am Main: Suhrkamp, 1998).

Serres, M., *Erfindet euch neu! Eine Liebeserklärung an die vernetzte Generation* (Frankfurt am Main: Suhrkamp, 2013).

Serres, M., *Le parasite* (Paris: Grasset, 1980).

Shamberg, Michael, *Guerrilla Television* (New York, NY; Chicago, IL und San Francisco, CA: Holt, Rinehart and Winstin, 1971).

Shannon, Claude E. und John McCarthy, *Automata Nudies* (Princeton, NJ: Princeton University Press, 1956).

Shannon, C. E. und John McCarthy, *Studien zur Theorie der Automaten*, übers. von Peter Weibel und Franz Kaltenbeck (München: Rogner & Bernhard, 1974).

Siegert, Bernhard, *Passage des Digitalen. Zeichenpraktiken der neuzeitlichen Wissenschalen. 1500–1900* (Berlin: Brinkmann & Bose, 2003).

Simmel, Georg, Die Großstädte und das Geistesleben, in: *Jahrbuch der Gehe-Stilung Dresden*, Bd. 9 (1903), S. 185–206.

Simondon, Gilbert, *Die Existenzweise technischer Objekte* (Zürich und Berlin: Diaphanes, 2012 [1958]).

Sinker, Daniel, *We Owe You Nothing, Punk Planet: the Collected Interviews* (Brooklyn, NY: Akashic Books, 2001).

Sohn-Rethel, Alfred, *Das Geld, die bare Münze des Apriori* (Berlin: Wagenbach, 1990).

Sohn-Rethel, A., Das Ideal des Kaputten. Über neapolitanische Technik, in: *L'invitation au voyage zu Alfred Sohn-Rethel*, hg. von Bettina Wassmann und Joachim Müller (Bremen: Buchladen Bettina Wassmann, 1979).

Sprache im technischen Zeitalter, Zeitschrift, gegründet 1961 von Walter Höllerer, hg. durch das gleichnamige Institut an der TU Berlin; erscheint heute im SH-Verlag, Köln.

Stankiewilz, Karl, Wollen eine eigene Wochenschau. Erstes Treffen der „unabhängigen Filmmacher". *Kölner Stadt-Anzeiger*, 21.11.1968, S. 20.

Starobinski, Jean, *Les Mots sous les mots. Les Anagrammes de Ferdinand de Saussure* (Paris: Gallimard, 1971).

Starobinski, J., Wörter unter Wörtern. *Die Anagramme von Ferdinand de Saussure* (Frankfurt am Main, Berlin und Wien: Ullstein, 1980).

Stierstorfer, Klaus, Linguistic Turn, in: *Grundbegriffe der Literaturtheorie*, hg. von Ansgar Nünning (Stuttgart und Weimar: Metzler, 2004), S. 147–148.

Swankmajer, Jan, *Touching and Imagining. An Introduction to Tactile Art* (Tauris: New York, 2014).

Szilard, Leó, *The Voice of the Dolphins, and Other Gories* (Stanford, CA: Stanford University Press, 1961).

Taube, Mortimer, *Der Mythos der Denkmaschine. Kritische Betrachtungen zur Kybernetik* (Reinbek bei Hamburg: Rowohlt, 1966).

Tausk, Viktor, Über die Entstehung des „Beeinflussungsapparates" in der Schizophrenie. *Internationale Zeitschrift für ärztliche Psychoanalyse 5/1* (1919)

Taylor, Steven, *False Prophet. Fieldnotes from the Punk Underground* (Middletown, CT: Wesleyan University Press, 2003).

Teilhard de Chardin, Pierre, *Der Mensch im Kosmos* (München: Beck, 1959).

Teilhard de Chardin, P., *Le Phénomène humain* (Paris: Éditions du Seuil, 1955)

Tel Quel, Zeitschrift, gegründet von Philippe Sollers und Jean-Edern Hallier (Paris: Éditions du Seuil, 1960–1982).

Telepolis, OnlineMagazin (bis 1998 auch als Print-Ausgabe), www.telepolis.de (München, 1996–heute).

The Mentor, The Conscience of a Hacker. *Phrak* (1986), www.phrack.org/issues/7/3.html.

Theweleit, Klaus, *Männerphantasien*, 2 Bde. (Basel und Frankfurt am Main: Strömfeld/Roter Stern, 1977/1978).

Tholen, Georg Christoph, Medium, Medien, in: *Grundbegriffe der Medientheorie*, hg. von Alexander Roesler und Bernd Stiegler (München: Wilhelm Fink, 2005), S. 150–172.

Tholen, G. C., *Wunsch-Denken oder Vom Bewusstsein des Selben zum Unbewussten des Anderen. Versuch über den Diskurs der Differenz* (Kassel: Gesamthochschul-Bibliothek, 1986).

Thompson, Edward P., *The Making of the British Working Class* (London: Victor Gollancz, 1963).

Thurn, John Philipp, Angst vor kommunistischen Briefträgern. Zur Geschichte und Gegenwart der Berufsverbote. *Forum Recht 25/3* (2007), S. 89–93.

Tocqueville, Alexis de und Gustave de Beaumont, *Fünfzehn Tage in der Wildnis. Gefolgt von Die Amerikareise/Gustave de Beaumont* (Zürich und Berlin: Diaphanes, 2013).

Trogemann, Georg und Jochen Viehoff, *Code@Art. Eine elementare Einführung in die Programmierung als künstlerische Praktik* (Wien und New York, NY: Springer, 2005).

Tumult – Schriften zur Verkehrswissenschaft, gegründet 1979 und zu Beginn hg. von Frank Böckelmann, Dietmar Kamper und Walter Seitter; die Zeitschrift erschien zunächst im Merve Verlag, dann im Verlag der Büchse der Pandora, ab 2006 im Alpheus Verlag und erscheint seit 2011 wieder im Verlag der Büchse der Pandora.

Turing, Alan, On computable numbers, with an application to the Entscheidungsproblem. *Proceedings of the London Mathematical Society*, Ser. 2, 42 (1937).

Turing, A., On Computable Numbers, with an Application to the Entscheidungsproblem. A correction. *Proceedings of the London Mathematical Society*, Ser. 2, 43 (1937).

Valck, Marijke de und Malte Hagener, *Cinephilia. Movies, Love and Memory* (Amsterdam: Amsterdam University Press, 2005).

VALIE EXPORT und Peter Weibel (Hg.), *Wien: Bildkompendium Wiener Aktionismus und Film* (Frankfurt am Main: Kohlkunstverlag, 1970).

Virchow, Rudolf, *Die Cellularpathologie in ihrer Begründung auf physiologische und pathologische Gewebelehre* (Berlin: August Hirschwald, 1858).

Virilio, Paul, Fluchtgeschwindigkeit (Frankfurt am Main: Fischer, 1999).

Volkmann, Ludwig, Führer zur Kunst. *Das Bewegungsproblem in der Bildenden Kunst* (Esslingen: Paul Neff, 1908).

Voropai, L., *Medienkunst als Nebenprodukt: Studien zur institutionellen Genealogie neuer künstlerischer Medien, Formen und Praktiken* (im Erscheinen).

Vuarnet, Jean-Noël, *Der KünstlerPhilosoph* (Berlin: Merve, 1986).

Watson, Janell, *Guattari's Diagrammatic Thought. Writing between Lacan and Deleuze* (London und New York, NY: Continuum, 2011).

Weaver, Warren und Claude E. Shannon, *The Mathematical Theory of Communication* (Urbana, IL: University of Illinois Press, 1949).

Weibel, Peter, Architektur als Verwaltung. *Bau 2/3* (1971), S. 28–29.

Weibel, P., *Der anagrammatische Körper. Der Körper und seine mediale Konstruktion* (Wien: Kunsthaus Muerz, 1999).

Weibel, P., *Die Beschleunigung der Bilder. In der Chronokratie* (Bern: Benteli, 1987).

Weibel, P., *Die Welt von Innen – Endo & Nano* (Wien: PVS, 1992).

Weibel, P., Eckehart Köhler, Michael Stöltzner, Bernd Buldt und Werner DePauli-Schimanovich-Göttig (Hg.): *Kurt Gödel. Wahrheit & Beweisbarkeit*, Bd. 1: *Dokumente und historische Analysen* und Bd. 2: *Kompendium zum Werk* (Wien: öbv & hpt, 2002).

Weibel, P., Expanded Cinema. *Film* 11 (1969), S. 41–47 und 51–52.

Weibel, P., Expanded Cinema, Video and Virtual Enviroments, in: *Future Cinema. The Cinematic Imaginary After Film*, hg. von Jeffrey Shaw und Peter Weibel (Cambridge, MA: The MIT Press, 2003), S. 110–125.

Weibel, P., *Gamma und Amplitude. Medien- und kunsttheoretische Schrilen*. Fundus Bd. 161 (Hamburg: Philo Fine Arts, 2004).

Weibel, P., *Inklusion. Exklusion* (Köln: DuMont, 1997).

Weibel, P., *Inszenierte Kunstgeschichte* (Wien: Österreichisches Museum für Angewandte Kunst, 1989).

Weibel, P., *Jean Baudrillard* (Ostfildern: Hatje Cantz, 2000).

Weibel, P., *Jenseits der Erde. Kunst, Gesellschaft und Kommunikation im orbitalen Zeitalter* (Wien: Hora, 1987).

Weibel, P., *Jenseits von Kunst* (Wien: Passagen, 1999).

Weibel, P., *Kritik der Kunst. Kunst der Kritik: es says & I say* (Wien, München: Jugend und Volk, 1973).

Weibel, P., *Kunst ohne Unikat* (Köln: Verlag der Buchhandlung Walther König, 1999).

Weibel, P., *Lebenssehnsucht und Sucht* (Berlin: Merve, 2002).

Weibel, P., *Malerei zwischen Anarchie und Forschung* (Graz: Neue Galerie am Landesmuseum Joanneum, 1992).

Weibel, P., Michaux. Meskalin. *Die Meskalinzeichnungen von Henri Michaux* (Graz: Neue Galerie Graz, 1998).

Weibel, P., Psychotisierung der Wahrnehmung, in: *Kunst machen? Gespräche über die Produktion von Bildern,* hg. von Florian Rötzer und Sara Rogenhofer (Leipzig: Reclam, 1993), S. 76.

Weibel, P., *Quantum Daemon. Institutionen der Kunstgemeinschaft* (Wien: Passagen Verlag, 1996).

Weibel, P., tele-aktionen 1969–1973, Ausstellungsposter zu „Film-VideoTapes" (München: Städtische Galerie im Lenbachhaus, 1973); das Poster ist auf der Website des Künstlers archiviert: http://www.peter-weibel.at/images/stories/pdf/1973/0077_TELEAKTIONEN_1969_1973.pdf.

Weibel, P., *Territorium und Technik, in: Philosophien der neuen Technologie*, hg. durch die Ars Electronica (Berlin: Merve, 1989), S. 81–111.

Weibel, P., *Time Slot: Geschichte und Zukunft der apparativen Wahrnehmung vom Phenakistiskop bis zum Quantenkino* (Köln: Verlag der Buchhandlung Walther König, 2005).

Weibel, P. und Anna Auer (Hg), *Erweiterte Fotografie – Extended Photography* (Wien: Die Wiener Secession, 1981).

Weibel, P. und Edith Decker (Hg.), *Vom Verschwinden der Ferne. Telekommunikation und Kunst*(Köln: Dumont, 1990).

Weibel, P. und Gerhard Lischka (Hg.), *Im Netz der Systeme. Eine Dokumentation anlässlich der Ars Electronica* (1989).

Weibel, P. und Karl Gerbel, *Intelligente Ambiente* (Wien: PVS Verleger, 1994).

Weibel, P. und Otto Rössler, *Aussenwelt Innenwelt – Überwelt: Ein Gespräch* (Frankfurt am Main: Stroemfeld, 1997).

Weibel, P. und Verushka Body, *Clip, Klapp, Bum. Von der visuellen Musik zum Musikvideo* (Köln: DuMont, 1991).

Weibel, P. und Werner DePauliSchimanovich, *Kurt Gödel. Ein mathematischer Mythos* (Wien: öbv & hpt Verlagsgesellschaft, 1995). Das Buch beruht auf dem Drehbuch des gleichnamigen Films.

Weibel, P. und Werner Hahn, *Evolutionäre Systemtheorie* (Marburg: Marburger Forum Philippinum, 1996).

Weibel, P., Virtuelle Welten: Des Kaisers neue Körper, in: Ars Electronica., Bd. 2: *Virtuelle Welten*, hg. von G. Hattinger, M. Russel, C. Schöpf, P. Weibel (Linz: Ars Electronica, 1990), S. 9–38.

Weibel, P./Keiko Sei (Hg.), *Von der Bürokratie zur Telekratie. Rumänien im Fernsehen* (Berlin: Merve, 1990).

Weibel, P., *Zur Geschichte und Ästhetik der digitalen Kunst*. Ars Electronica – Supplementband zum Katalog 1984 (Linz: Linzer Veranstaltungsgesellschaft, 1984).

Weibel, P., Zur Perspektive als konstruktivem Prinzip. Eine Geometrie des Imaginären. *Kunstforum International* 105 (1990), S. 169–178.

Welsch, Wolfgang, *Grenzgänge der Ästhetik* (Reclam: Stuttgart, 1996).

Wenzel, Horst, *Spiegelungen. Zur Kultur der Visualität im Mittelalter* (Berlin: Erich Schmidt, 2009).

Wernadski, Wladimir I., Neskolko slow o noosfere. *Uspechi biologii 18/2* (1944), 113–120.

White, Hayden, *Metahistory. The historical imagination in nineteenthcentury Europe* (Baltimore, MD: Johns Hopkins University Press, 1973).

Widmer, Hans, *bolo'bolo* (Zürich: Paranoia City, 1983).

Wiener, Oswald, Zur Konzeption des Bio-Adapters, in: Ders., *Die Verbesserung von Mitteleuropa* (Reinbek bei Hamburg: Rowohlt, 1969), Anhang.

Williams, Raymond, *Television. Technology and Cultural Form* (London: Collins, 1974).

Winkler, Hartmut., *Basiswissen Medien* (Frankfurt am Main: Fischer, 2008).

Winkler, H., Bilder, Stereotypen und Zeichen. Versuch, zwischen zwei sehr unterschiedlichen Theorietraditionen eine Brücke zu schlagen, erstmals veröffentlicht in: *Beiträge zur Film- und Fernsehwissenschaft 41* (1992), S. 142–169; für die die Online-Version des Textes siehe www.homepages.uni-paderborn.de/winkler/stereot1.html#back25.

Winkler, H., *Der filmische Raum und der Zuschauer. „Apparatus" – Semantik – „Ideology"* (Heidelberg: Winter, 1992).

Winkler, H., *Diskursökonomie. Versuch über die innere Ökonomie der Medien* (Frankfurt am Main: Suhrkamp, 2004).

Winkler, H.: Docuverse. *Zur Medientheorie der Computer* (München: Boer-Verlag, 1997).

Winkler, H., Prozessieren. Die dritte, vernachlässigte Medienfunktion, Vortrag auf „Media Transatlantic: Media Theory in North America and German-Speaking Europe", Konferenz an der University of British Columbia, Vancouver, 08.–10.04.2010, www.mediatrans.ca; der Vortragsext ist auf www.media-thinking.net verfügbar.

Winkler, H., Strange Attraction 1975, in: *Begegnungen. Facetten eines Jahrhunderts*, hg. von Doris Rosenstein und Anja Kreutz (Siegen: Carl Böschen Verlag, 1997), S. 234–236.

Winkler, H., Suchmaschinen. Metamedien im Internet?, in: *Virtualisierung des Sozialen. Die Informationsgesellschaft zwischen Fragmentierung und Globalisierung*, hg. von Barbara Becker und Michael Paetau (Frankfurt am Main et al.: Springer, 1997), S. 85–202.

Winkler, H., *Switching – Zapping. Ein Text zum Thema und ein parallellaufendes Unterhaltungsprogramm* (Darmstadt: Verlag Jürgen Haeusser, 1991).

Wired Magazine (San Francisco, 1993–heute).

WittgenUein, Ludwig, *Philosophische Untersuchungen. Kritisch-genetische Edition*, hg. von Joachim Schulte (Frankfurt am Main: Suhrkamp, 2001).

Wood, Robin, An Introduction to the American Horror Film, in: *American Nightmare. Essays on the Horror Film*, hg. von Robin Wood und Richard Lippe (Toronto: Festival of Festivals, 1979), S. 7–28.

Wuss, Peter, *Filmanalyse und Psychologie* (Berlin: Sigma, 1993).

Wuttke, Dieter (Hg.), *Aby M. Warburg. Ausgewählte Schriften und Würdigungen* (Baden-Baden: Körner, 1980).

Youngblood, Gene, *Expanded Cinema* (Boston: E. P. Dutton, 1970).

Zell, Andrea, VALIE EXPORT. *Inszenierung von Schmerz: Selbstverletzung in den frühen*

Aktionen (Reimer: Berlin, 2000).

Zielinski, Siegfried, 7 Items on the Net, in: *Clicking In. Hot Links to a Digital Culture*, (Sealle: Bay Press, 1996) S. 338–343; der Originaltext Jammt von 1993 und wurde zuerJ veröffentlicht in *Nonlocated Online. Territories, Incorporation and the Matrix*, hg. von *Knowbotic Research* (Wien: Medien.Kunst.Passagen, 1994).

Zielinski, S., *Archäologie der Medien. Zur Tiefenzeit des technischen Hörens und Sehens* (Reinbek bei Hamburg: Rowohlt, 2002).

Zielinski, S., Audiovisionen. *Kino und Fernsehen als Zwischenspiele in der Geschichte* (Reinbek bei Hamburg: Rowohlt, 1989).

Zielinski, S., Backwards to the Future. Outline for an Investigation of the Cinema as a Time Machine, in: *Future Cinema. The Cinematic Imaginary After Film*, hg. von Jeffrey Shaw und Peter Weibel (Cambridge, MA: The MIT Press, 2003).

Zielinski, S., *Deep Time of the Media. Towards an Archaeology of Hearing and Seeing by Technical Means* (Cambridge, MA: The MIT Press, 2008).

Zielinski, S., *Entwerfen und Entbergen. Aspekte einer Genealogie der Projektion*. International Flusser Lectures (Köln: Verlag der Buchhandlung Walther König, 2010).

Zielinski, S., Modelling Media for Ignatius Loyola. A Case Study on Athanasius Kircher's World of Apparatus between the Imaginary and the Real, in: *Book of Imaginary Media. Excavating the Dream of the Ultimate Communication Medium*, hg. von Eric Kluitenberg (Amsterdam: NAi Publishers, 2006).

Zielinski, S., [*...nach den Medien*]. *Nachrichten vom ausgehenden zwanzigsten Jahrhundert* (Berlin: Merve, 2011).

Zielinski, S. und Eckhard Fürlus (Hg.), *Variantology 3. On Deep Time Relations of Arts, Sciences and Technologies in China and Elsewhere* (Köln: Verlag der Buchhandlung Walther König, 2008).

Zielinski, S. und Silvia M. Wagnermaier (Hg.), *Variantology 1. On Deep Time Relations of Arts, Sciences and Technologies* (Köln: Verlag der Buchhandlung Walther König, 2005).

Zielinski, S., *Zur Geschichte des Videorecorders* (Berlin: Volker Spiess, 1985).

Zimmermann, Jörg, *Wittgensteins sprachphilosophische Hermeneutik* (Frankfurt am Main: Vittorio Klostermann, 1975).

Zweig, Stefan, *Die Welt von Gestern. Erinnerungen eines Europäers* (Stockholm: Bernhard Fischer, 1942).

Zwicky, Fritz, On the Red Shift of Spectral Lines through Interstellar Space. *PNAS 15* (1929), S. 773–779.

索 引

说明：本书中文索引系根据德文版书原索引节略翻译的。本索引的页码系德文版原书的页码，我们将其作为边码标注在本书正文页边，便于读者查阅德文版原书。

人名

Adler, Alfred 阿德勒·阿尔弗雷德 72
Adorno, Theodor W. 西奥多·阿多诺 312–314, 372, 441
Agamben, Giorgio 乔治·阿甘本 82, 383
Alberti, Leon Battista 阿尔贝蒂 371, 380
Alkestis 阿尔克提斯 376
Alliez, Éric 埃里克·阿利兹 367
Althusser, Louis 路易·阿尔都塞 182, 196–198, 200–203, 207, 210–211, 318, 321, 441, 449
Altvater, Elmar 阿尔法特·埃尔马 197
Anders, Günther 京特·安德斯 397, 443, 497
Anderson, Laurie 劳里·安德森 96–97
Anderson, Perry 佩里·安德森 178–179
Ariadne 阿里亚斯 376
Ariès, Philippe 菲利普·阿列 322
Aristoteles 亚里士多德 46, 53, 274, 375
Arnheim, Rudolf 鲁道夫·阿恩海姆 17, 403
Artaud, Antonin 安东尼·阿尔托 320, 323
Asendorf, Christoph 克里斯托弗·阿森多夫 506
Ashby, W. Ross 罗斯·阿什比 75
Assange, Julian 朱利安·阿桑奇 428, 431
Aumont, Jacques 雅克·奥蒙 49
Austin, John Langshaw 约翰·奥斯汀 311
Babbage, Charles 查尔斯·巴贝奇 392
Bach-y-Rita, Paul 保罗·巴赫-伊-里塔 85
Bachelard, Gaston 加斯东·巴什拉 174
Backhtin, Michail Michailowitsch 米哈伊尔·巴赫金 239–240

Bacon, Francis 弗兰西斯·培根 17, 318
Badiou, Alain 巴迪欧 185–186, 320, 322, 427
Bahl, Mieke 米克·巴尔 170
Bahr, Hermann 赫尔曼·巴尔 492–493
Balázs, Bela 贝拉·巴拉兹 17
Barbrook, Richard 理查德·巴布鲁克 421
Bardot, Brigitte 碧姬·芭铎 88
Barr, Charles 查尔斯·巴尔 170, 183
Barthes, Roland 罗兰·巴特 174, 179, 183, 239, 318
Bataille, Georges 乔治·巴塔耶 238, 245–246, 319, 322, 379, 429, 459
Bateson, Gregory 格雷戈里·贝特森 132
Baudelaire, Charles 波德莱尔 326, 367
Baudrillard, Jean 让·鲍德里亚 40, 64, 80–81, 86, 193, 492, 501
Baudry, Jean-Louis 让-路易·鲍德里 181, 564
Bazin, André 安德烈·巴赞 172, 180, 185
Beckett, Samuel 塞缪尔·贝克特 72, 309
Beer, Stafford 斯塔福德·比尔 507
Beethoven, Ludwig van 贝多芬 398
Belting, Hans 汉斯·贝尔廷 35–37, 64, 337, 352, 389, 392, 402
Benjamin, Walter 瓦尔特·本雅明 35, 38, 43, 169, 193, 233, 311–315, 372, 443, 551–558
Bense, Max 马克斯·本泽 495–497
Bentham, Jeremy 边沁 65
Berger, René 勒内·贝格尔 193
Bergman, Ingmar 英格玛·伯格曼 48–50, 54, 173

Berlusconi, Silvio 西尔维奥·贝卢斯科尼 465, 469, 480
Beuys, Joseph 约瑟夫·博伊斯 309–310
Bexte, Peter 彼得·贝克斯特 418
Biesenbach, Klaus 克劳斯·比森巴赫 480
Biolek, Alfred 阿尔弗雷德·比奥莱克 481
Birri, Fernando 费尔南多·比利 477–479
Blanchot, Maurice 莫里斯·布朗肖 322
Bloch, Ernst 恩斯特·布洛赫 73, 312–313, 317, 319
Bloch, Marc 马克·布洛赫 322
Blumenberg, Hans 汉斯·布鲁门伯格 213, 310, 574–577, 579
Boetti, Alighiero, Alighiero e Boetti 阿里杰罗和波埃蒂 52–53
Böhm, Gottfried 戈特弗里德·波姆 36, 40–41
Bohm, Hark 哈克·波姆 484
Bohr, Niels 尼尔斯·玻尔 129
Bolz, Norbert 诺伯特·博尔茨 339, 465, 470
Bond, Edward 爱德华·邦德 309
Bonnefoy, Yves 伊夫·博内福瓦 322
Boole, George 布尔 76
Bošković, Rugjer Josip 鲁格耶·约西普·博什科维奇 124–125
Bourdieu, Pierre 皮埃尔·布尔迪厄 317–318, 459
Bourgeois, Louise 路易丝·布尔乔亚 97
Braudel, Fernand 费尔南·布罗代尔 312, 322
Brecht, Bertolt 贝托尔特·布莱希特 17, 21–24, 175, 193, 200–201, 492, 499
Bredekamp, Horst 霍斯特布·布雷德坎普 41, 256
Breitwieser, Sabine 萨宾·布赖特韦泽 103
Brinkmann, Rolf Dieter 罗尔夫·迪特·布林克曼 255
Brock, Bazon 巴琮·布洛克 68–69, 81, 83, 307, 466, 476
Brooks, Peter 彼得·布鲁克斯 175
Brüning, Jochen 约亨·布鲁宁 256

Bruno, Giordano 乔尔丹诺·布鲁诺 130, 367, 369, 372, 376
Buber, Martin 马丁·布伯 130, 132
Buddensieg, Andrea 安德烈亚·巴登西格 36, 64
Bühler, Karl 卡尔·布勒 352
Bünning, Erwin 欧文·布宁 117
Burch, Noël 诺埃尔·伯奇 184
Buren, Daniel 丹尼尔·布伦 81
Burroughs, William 威廉·巴勒斯 65, 82, 186, 255, 324, 365
Buscombe, Edward 爱德华·巴斯科姆 170
Buttgereit, Jörg 尤戈·布特格雷特 471, 473
Cacciari, Massimo 马西莫·卡奇亚里 466, 473–475
Cage, John 约翰·凯奇 48, 255, 310, 341, 365, 449–451
Caillois, Roger 罗杰·凯卢瓦 323, 379
Cameron, Andy 安迪·卡梅隆 421
Camillo, Giulio 朱利奥·卡米罗 356
Canguilhem, Georges 乔治·坎吉利姆 438
Carlyle, Thomas 托马斯·卡莱尔 170, 174
Caruso, Enrico 恩里科·卡鲁索 402
Cassirer Ernst 恩斯特·卡西尔 466, 481–482, 573–574
Castells, Manuel 曼纽尔·卡斯特尔 424
Castro, Fidel 菲德尔·卡斯特罗 477
Cavell, Stanley 斯坦利·卡维尔 185
Celan, Paul 保罗·塞兰 209
Chomsky, Noam 诺姆·乔姆斯基 311
Christiansen, Henning 亨宁·克里斯蒂安森 309–310
Christie, Ian 伊恩·克里斯蒂 183
Cohen, Leonard 莱昂纳德·科恩 69
Comer, Stuart 斯图尔特·科默 97
Comolli, Jean-Louis 让-路易·科莫利 179, 346
Conrad, Tony 托尼·康拉德 76
Coseriu, Eugenio 尤金尼奥·科塞里乌 311
Costa-Gavras 科斯塔-加夫拉斯 181

Coward, Rosalind 罗莎琳德·考华德 182
Coy, Wolfgang 沃尔夫冈·科伊 256, 492, 504, 506
Cummings, E.E. 卡明斯 70–71
Dädalus 代达罗斯 381, 468
Dai Nianzu 戴念祖 483
Dalí, Salvador 萨尔瓦多·达利 320
Darboven, Hanne 汉纳·达尔博芬 407
Davis, Martin 马丁·戴维斯 76
Davis, Miles 迈尔斯·戴维斯 326
de Balzac, Honoré 奥诺雷·德·巴尔扎克 54, 175
de Beauvoir, Simone 德·波伏娃 372
de Certeau, Michel 米歇尔·德塞都 427
de Rougemont, Denis 丹尼斯·德·鲁格蒙特 322
de Saussure 索绪尔 71, 175, 179–180, 239, 350–351, 543
de Solla Price, Derek J. 德索拉·普莱斯 236
de Spinoza, Baruch 斯宾诺莎 211, 507
Debord, Guy 居伊·德波 198–200, 317, 424–425
Debray, Régis 雷吉斯·德布雷 42
Deleuze, Gilles 吉尔·德勒兹 181, 183, 185–186, 204–205, 233, 238, 248, 275–276, 318–320, 355, 365, 371, 376, 380, 420–421, 437, 442, 444–446, 448–449, 451, 456, 471–472, 481, 500–501
della Porta, Giambattista 吉安巴蒂斯塔·德拉·波塔 578
Demokrit 德谟克利特 240
DePauli-Schimanovich, Werner 维尔纳·德保利-希曼诺维奇 77
Derrida, Jacques 雅克·德里达 183, 198–200, 202–203, 207–209, 212, 233–234, 240, 245–246, 248, 264, 270, 317–320, 350, 406, 449, 472
Descartes, René 勒内·笛卡尔 45, 122, 131, 133, 196, 210, 236, 247–248, 272, 276, 540

Diderot, Denis 德尼·狄德罗 500
Didi-Huberman, Georges 乔治·迪迪-胡伯曼 367
Dosse, Francois 弗朗索瓦·多塞 322
Duchamp, Marcel 马塞尔·杜尚 37, 46–48, 74, 237, 244
Duras, Marguerite 玛格丽特·杜拉斯 170
Dürer, Albrecht 丢勒 87
Dyer, Richard 理查德·戴尔 179
Dyson, Freeman 弗里曼·戴森 357
Ebeling, Knut 克努特·埃贝林 390, 551, 557–558
Ebner-Eschenbach, Marie von 玛丽·冯·埃布纳-埃申巴赫 492
Eco, Umberto 翁贝托·埃科 80, 186, 311, 543–545
Edison, Thomas 托马斯·爱迪生 447
Eggeling, Viking 维京·埃格林 97
Ehrenfels, Christian von 克里斯蒂安·冯·艾亨菲尔斯 19
Eichinger, Gregor 格雷戈尔·艾辛格 62
Einstein, Albert 阿尔伯特·爱因斯坦 65, 127, 129–130, 133, 135, 459, 482
Einstürzende Neubauten 倒塌的新建筑乐队 417
Eisner, Lotte H. R. 洛特·艾斯纳 175
Elektra 厄勒克特拉 377–378, 381, 383
Eliot, T. S. T.S.·艾略特 243
Elkana, Yehuda 耶胡达·艾尔卡纳 194
Ellis, John 约翰·埃利斯 182
Ellmerer, Barbara 芭芭拉·埃尔默勒 467, 484
Elsaesser, Thomas 托马斯·埃尔塞瑟 169–172, 186–187
Emrich, Hinderk M. 辛德克·M.埃姆里希 389
Engell, Lorenz 洛伦兹·恩格尔 492
Engelmann, Wolfgang 沃尔夫冈·恩格尔曼 118–119
Enzensberger, Hans Magnus 汉斯·马格努斯·恩岑斯贝格尔 499
Epikur 伊壁鸠鲁 202

Ernst, Wolfgang 沃尔夫冈·恩斯特 307, 337, 389–416

Euklid 欧几里得 46

Everett, Hugh 休·埃弗雷特 127, 129–130, 138

Fahrenbach, Helmut 赫尔穆特·法伦巴赫 311

Faithfull, Marianne 玛丽安娜·菲斯福尔 96–97

Farocki, Harun 哈伦·法罗基 171, 181

Fassbinder, Rainer Werner 赖纳·维尔纳·法斯宾德 124, 171

Fellini, Federico 费德里科·费里尼 173

Feuchtwanger, Lion 利翁·福伊希特万塔 21, 24

Feyerabend, Paul 保罗·法伊尔阿本德 194, 205, 312

Fichte, Hubert 胡伯特·菲希特 469–470

Ficino, Marsilio 马尔西利奥·费奇诺 372–373, 385

Field, Simon 西蒙·菲尔德 183

Finkelstein, David 大卫·芬克尔斯坦 124

Fiore, Quentin 昆廷·菲奥里 348

Flaubert, Gustave 居斯塔夫·福楼拜 321

Fleck, Ludwik 路德维克·弗莱克 194

Fleischmann, Georg 乔治·弗莱施曼 389

Fluck, Winfried 温弗里德·弗卢克 182

Fludd, Robert 罗伯特·弗拉德 243, 505

Flusser, Vilém 威廉·弗卢塞尔 41, 43–44, 62, 87, 169–170, 193, 230, 341–343, 348, 351, 357–358, 367, 393, 439, 466, 475–477, 480, 482–484, 497, 504–505, 580

Foucault, Michel 米歇尔·福柯 37, 181–183, 186, 196, 198–199, 202, 207–209, 239, 258, 265, 312, 317–320, 365, 390, 397, 405–406, 408, 441–442, 453, 501–502, 507, 557–558

Frampton, Hollis 霍利斯·弗兰普顿 76

Frazer, James Georg 詹姆斯·乔治·弗雷泽 373

Frears, Stephen 史蒂芬·弗雷尔斯 170

Freud, Sigmund 西格蒙德·弗洛伊德 72–73, 83, 86, 108, 132, 136, 234, 376, 442

Fürlus, Eckhard 埃克哈德·弗鲁斯 208, 325, 465, 470, 484–485

Gadamer, Hans-Georg 伽达默尔 211

Galilei, Galileo 伽利略·伽利雷 130, 272

Galison, Peter 彼得·盖利森 448

Galloway, Alexander 亚历山大·加洛韦 421, 428

Galouye, Daniel F. 丹尼尔·加卢耶 124

Galperin, Piotr Yakovlevich 皮奥特·雅科夫列维奇·加尔佩林 441

Garrin, Paul 保罗·加林 480

Gastew, Alexei 阿列克谢·加斯捷夫 229

Gaudillière, Jean–Paul 让-保罗·高缇耶 212

Gehring, Petra 佩特拉·格林 276

Geiger, Stuart 斯图尔特·盖格 426

Genette, Gérard 斯杰拉德·热奈特 322

Giedion, Sigfried 西格弗里德·吉迪恩 193

Gilbert, William 威廉·吉尔伯特 382

Ginsberg, Allen 欧文·艾伦·金斯伯格 186

Girard, René 勒内·吉拉德 87, 322

Glissant, Edouard 爱德华·格利森特 319, 365, 370

Godard, Jean-Luc 让-吕克·戈达尔 49, 103–104, 170–171, 176–177, 181, 186, 246, 407

Gödel, Kurt 库尔特·哥德尔 63, 78, 133, 136, 261

Goeppert-Mayer, Maria 玛丽亚·格佩特-梅耶 126

Gogh, Vincent W. van 文森特·威廉·凡·高 47, 52–53

Goldman, Emma 爱玛·戈德曼 73

Goldmann, Lucien 吕西安·戈德曼 174

Gombrich, Ernst 恩斯特·贡布里希 48

Gorin, Jean-Pierre 让-皮埃尔·戈林 103, 181

Götze, Karl-Heinz 卡尔-海因茨·戈策 197

Gramsci, Antonio 安东尼奥·葛兰西 178

Grassi, Ernesto 埃内斯托·格罗塞 371

Greenaway, Peter 彼得·格林纳威 170

Greenberg, Clement 克莱门特·格林伯格 232，243，403

Groys, Boris 鲍里斯·格罗伊斯 64，229-231，249，402，428，539-542

Guattari, Félix 费利克斯·加塔利 183，186，275-276，319-320，355，365，371，376，380，420-421，437-438，442-446，448-449，454-456，471-472，481，502

Gumbrecht, Hans Ulrich 贡布雷希特 260

Gunning, Tom 汤姆·冈宁 183

Gysin, Brion 布里昂·吉辛 186

Habeck, Fritz 弗利茨·哈贝克 18

Habermas, Jürgen 于尔根·哈贝马斯 268，314，316-317，471

Hacking, Ian 伊恩·哈金 447

Hall, Stuart 斯图亚特·霍尔 177，182，427

Handke, Peter 彼得·汉德克 309

Hardt, Michael 迈克尔·哈特 306

Harman, Graham 格雷厄姆·哈曼 43，396，439，510

Haufen, Graf 格拉夫·豪芬 471

Haug, Wolfgang Fritz 沃尔夫冈·弗里茨·豪格 196-197，210，264，441，511

Hawking, Stephen 斯蒂芬·霍金 134

Heath, Stephen 斯蒂芬·希斯 178-179

Heeschen, Volker 沃尔克·海森 210

Hegel, Georg Wilhelm Friedrich 格奥尔格·威廉·弗里德里希·黑格尔 235，242，266，274，319，392，396，441，465，590

Heidegger, Martin 马丁·海德格尔 69，82，87，131，242，259，391，395-398，401，412，452，509

Heider, Fritz 弗利茨·海德 446

Heissenbüttel, Helmut 赫尔穆特·海森布特尔 16

Heller, Martin 马丁·黑勒 307，323

Hendrix, Jimi 吉米·亨德里克斯 326，419

Hensel, Thomas 托马斯·亨塞尔 307

Hephaistos 赫菲斯托斯 381

Herken, Rolf 罗尔夫·赫尔肯 482

Hershman-Leeson, Lynn 林恩·赫斯曼-利森 110

Hertz, Michel 米歇尔·赫兹 209

Hertz, Heinrich 海因里希·赫兹 66，403

Herzog, Werner 沃纳·赫尔佐格 175

Hickethier, Knut 克努特·希克西尔 16，353

Hiller, Lejaren 莱杰伦·希勒 405

Hiller, Moritz 莫里茨·希勒 209-210，214

Hilmes, Carola 卡罗拉·希尔姆斯 93

Hitchcock, Alfred 希区柯克 418

Hobsbawm, Eric 埃里克·霍布斯鲍姆 179

Hocke, Gustav René 古斯塔夫·勒内·霍克 485

Hoffmann, Konrad 康拉德·霍夫曼 310

Hofmannsthal, Hugo von 霍夫曼斯塔尔 377

Hoggart, Richard 理查德·霍加特 177，179，260，427

Hölderlin, Johann Christian Friedrich 弗里德里希·荷尔德林 474

Höllerer, Walter 沃尔特·霍勒雷尔 16，21，200，472

Holly, Buddy 巴迪·霍利 178

Holz, Hans Heinz 汉斯·海因茨·霍尔茨 260

Holzkamp, Klaus 克劳斯·霍尔茨坎普 441-443

Homer 荷马 109

Hörisch, Jochen 约亨·霍里希 408

Horkheimer, Max 霍克海默 312，372，441

Hörl, Erich 埃里希·赫尔 359，496，510，580

Horn, Rebecca 丽贝卡·霍恩 449

Hübener, Wolfgang 沃尔夫冈·胡贝纳 208，465，472

Huizinga, Johan 约翰·赫伊津哈 379

Humboldt, Alexander von 亚历山大·冯·洪堡 484，578

Huning, Alois 阿洛伊斯·胡宁 260

Husserl, Edmund Gustav Albrecht 埃德蒙德·胡塞尔 565

Ingen-Housz, Timothée 蒂莫西·英根-豪斯 187

Ingold, Félix Philipp 菲利克斯-菲利普·英戈尔德 467

Isou, Isidore 伊西多尔·伊苏 200，209，478

Jabès, Edmond 埃德蒙·雅贝斯 473–475
Jacob, François 弗朗索瓦·雅各布 214
Jacobs, Ken 肯·雅各布斯 184
Jakobsen, Kjetil 谢蒂尔·雅各布森 401
Jakobson, Roman 罗曼·雅各布森 71, 214
Jameson, Frederic 弗雷德里克·詹姆森 186
Jandl, Ernst 恩斯特·扬德尔 16, 71
Jarman, Derek 德里克·贾曼 170
Jauß, Hans Robert 汉斯·罗伯特·姚斯 312
Jesus 耶稣 84, 86, 269
Jobs, Steve 史蒂夫·乔布斯 76
Jodi 乔迪 479, 481
Jonas, Jürgen 于尔根·乔纳斯 128
Jonas, Joan 琼·乔纳斯 99
Joyce, James 詹姆斯·乔伊斯 174
Jung, Karl Gustav II 卡尔·荣格 48, 505
Jung, Robert 罗伯特·荣格 466, 476
Kabakow, Ilja 伊利亚·卡巴科夫 230
Kabakow, Emilia 艾米莉亚·卡巴科夫 230
Kafka, Franz 弗兰兹·卡夫卡 264, 485, 501
Kahn, Fritz 弗里茨·卡恩 23
Kaltenbeck, Franz 弗朗茨·卡尔滕贝克 77
Kamper, Dietmar 迪特玛尔·坎普 115, 264, 305, 322, 369, 381, 441, 469–470, 472, 496, 590
Kant, Immanuel 伊曼努尔·康德 124–125, 196, 211, 245, 263, 269–271, 319, 351, 405, 483–484, 507
Kantorowicz, Ernst 恩斯特·坎托罗维奇 392
Kapp, Ernst 恩斯特·卡普 349
Kardec, Allan 亚兰·卡甸 235, 244, 539
Keller, Gottfried 戈特弗里德·凯勒 125
Kepler, Johannes 约翰内斯·开普勒 45, 367, 372, 505
Kircher, Athanasius 阿塔纳斯·珂雪 187, 305, 579
Kirschenbaum, Matthew 马修·基尔申鲍姆 409
Kittler, Friedrich 弗里德里希·基特勒 44, 193, 256–257, 265, 340, 343, 352, 355, 359, 390, 395, 406, 408, 426, 447, 470, 481, 494–496, 500, 502, 508, 511, 513, 517, 551, 558
Klaus, Georg 乔治·克劳斯 498
Klee, Paul 保罗·克利 456
Klein Melanie 梅兰妮·克莱因 380
Klotz, Heinrich 海因里希·克洛茨 79
Kluge, Alexander 亚历山大·克鲁格 61, 231, 308, 337, 401, 441
Knilli, Friedrich 弗里德里希·克尼利 15–17, 19, 472–473, 482
Knorr-Cetina, Karin 卡琳·克诺尔–塞蒂纳 447
Kohlhaas, Rem 雷姆·库哈斯 418
Kojeve, Alexandre 亚历山大·科耶夫 230, 238
Kopp, Robert 罗伯特·科普 321
Koselleck, Reinhart 莱因哈特·科泽勒克 406, 493
Kracauer, Siegfried 齐格弗里德·克拉考尔 178
Kramer, Fritz 弗里茨·克拉姆 203–204
Krämer, Sybille 西皮尔·克莱默尔 197, 255–256, 272, 276, 470, 472
Kroker, Arthur 亚瑟·克罗克 419
Kroker, Marilouise 玛丽露丝·克罗克 419
Kuhn, Thomas 托马斯·库恩 205, 447
Kuleshov, Lev 列夫·库里肖夫 238
Künzel, Werner 维尔纳·昆泽尔 418
Lacan, Jacques 雅克·拉康 64, 72–73, 186, 240, 305, 317–320, 353, 444–445
Ladurie, Le Roy 勒罗伊·拉杜里 322
Lamb-Faffelberger, Margarete 玛格丽特·兰姆-法弗尔伯格 93
Lämmert, Eberhart 艾伯哈特·拉默特 178
Landauer, Gustav 古斯塔夫·兰道尔 71, 73
Landmann, Michael 迈克尔·兰德曼 208
Langlois, Henri 亨利·朗格卢瓦 174, 176–177
Lanier, Jaron 杰伦·拉尼尔 420
Lassnig, Maria 玛丽亚·拉斯尼格 97
Lasswell, Harold 哈罗德·拉斯韦尔 352
Latour, Bruno 布鲁诺·拉图尔 65, 81, 186,

426，439，447，458-459，501-503

Lazzarato, Maurizio 毛里齐奥·拉扎拉托 67，306

Leacock, Richard 里查德·利科克 477-478

Léaud, Jean-Pierre 让-皮埃尔·利奥德 177

Lefebvre, Henri 亨利·列斐伏尔 318

Legendre, Pierre 皮埃尔·勒让德 322

Leibniz, Gottfried Wilhelm 莱布尼茨 124，267，271，371，393，495，499，507

Leiris, Michel 米歇尔·莱里斯 318-319，322，459

Lemaître, Georges E. 乔治·E.勒梅特 134

Lemaître, Maurice 莫里斯·勒梅特 200，478

Lenertz, Walter 瓦尔特·伦纳茨 231，337

Lenin, Wladimir Iljitsch 列宁 49，233，483，486

Lenoir, Timothy 蒂莫西·勒努瓦 448

Leonardo da Vinci 达·芬奇 47，66，86

Leontjew, Alexei N. 列昂季耶夫 441

Leroi-Gourhan, André 安德烈·莱罗伊-古尔汉 322，461

Lessing, Gotthold Ephraim 莱辛 65-66，240-241，249，402-403

Lévi-Strauss, Claude 克劳德·列维-施特劳斯 174，214，234，239-240，317-319，368

Levinas, Emmanuel 伊曼纽尔·列维纳斯 131，321，397，410，412

Lévy-Bruhl, Lucien 路先·列维-布鲁尔 510

Libet, Benjamin 本杰明·利贝特 451-452

Liebing, Hagen 哈根·利宾 473

Lindner, Burkhardt 伯克哈特·林德勒 344

Link, David 大卫·林克 407

Lord, Albert 阿尔伯特·洛德 409

Lorenz, Edward 爱德华·洛伦茨 117，119，122

Lorenz, Konrad 康拉德·洛伦茨 116，119，132-133

Lotringer, Sylvère 洛特兰热 365

Lovink, Geert 基尔特·洛文克 417-419，428，430，479-480

Löwy, Ilana 伊拉娜·洛伊 194

Lubitsch, Ernst 恩斯特·刘别谦 238

Luca, Ghérasim 盖拉西姆·卢卡 209

Luhmann, Niklas 尼克拉斯·卢曼 316-317，446，510

Lukács, György 格奥尔格·卢卡奇 174

Luther, Martin 马丁·路德 39

Lyons, Nathan 里昂斯 311

Lyotard, Jean-François 让-弗朗索瓦·利奥塔 81，322，365，470

MacCabe, Colin 科林·麦凯布 178

Macho, Thomas 托马斯·马乔 256，308，396

MacKay, Donald M. 麦凯 76，438

Mahr, Bernd 贝恩德·马尔 256

Malewitsch, Kasimir 卡什米尔·马列维奇 239，241，243

Malraux, André 安德烈·马尔罗 176

Mandel, Ernest 欧内斯特·曼德尔 322

Mandelbrot, Benoît 伯努瓦·曼德尔布罗特 122

Mann, Thomas 托马斯·曼 24

Manning, Chelsea E. 切尔西·曼宁 428

Manovich, Lev 列夫·马诺维奇 425，508

Marcuse, Herbert 赫伯特·马尔库塞 312，320

Marx, Karl 卡尔·马克思 74，196-197，208，211，233，242，313，428，441-442，459，501，511

Maturana, Humberto 温贝托·马图拉纳 214

Mauthner, Fritz 弗里茨·毛特纳 71，73

Mayer-Kress, Gottfried 戈特弗里德·迈尔-克雷斯 116，127

Mayer, Hans 汉斯·迈尔 312

McCarthy, John 约翰·麦卡锡 75

McClure, Michael 迈克尔·麦克卢尔 326

McLuhan, Marshall 马歇尔·麦克卢汉 17，43-44，71，83，100，195，231，243，255，257，343，345-349，403，446-447，469，483，504-505，508，589

McQueen, Steve 史蒂夫·麦奎因 108

Meier, Jens 延斯·迈尔 125

Mekas, Jonas 乔纳斯・梅卡斯 76
Melville, Herman 赫尔曼・梅尔维尔 483
Merleau-Ponty, Maurice 莫里斯・梅洛-庞蒂 322, 563, 565
Metz, Christian 克里斯蒂安・麦茨 180, 193, 352-353, 543-545, 564
Metzger, Gustav 古斯塔夫・梅茨格 96-97
Meyer, Roland 罗兰・迈尔 36
Michaux, Henri 亨利・米肖 64, 322
Michelet, Jules 儒勒・米什莱 170, 174
Mill, John Stuart 约翰・斯图尔特・穆勒 73
Minsky, Marvin 明斯基 76
Mitchell, William John Thomas 米切尔 36, 42
Miyazaki, Shintaro 宫崎慎太郎 405
Moles, Abraham A. 亚伯拉罕・安德烈・莫尔斯 193-194
Monod, Jacques 雅克・莫诺 214
Monroe, Marilyn 玛丽莲・梦露 88
Montesquieu, Charles de Secondat, Baron de 查尔斯・德・斯康戴尔・孟德斯鸠 197
Morin, Edgar 埃德加・莫林 322
Morrison, Jim 吉姆・莫里森 325-327
Morrissey, Paul 保罗・莫里西 477
Moses 摩西 84
Muehl, Otto 穆厄 72
Mukařovský, Jan 穆卡罗夫斯基 311
Mullarkey, John 约翰・穆拉基 276
Müller, Heiner 海纳・穆勒 17, 337, 339, 342-343
Mulvey, Laura 劳拉・穆尔维 175, 182
Münsterberg, Hugo 雨果・明斯特贝格 19, 438, 449
Münzenberg, Willi 维利・明岑贝格 24
Musil, Robert 罗伯特・穆齐尔 172, 449
Musser, Charles 查尔斯・马瑟 183
Nancy, Jean-Luc 让-吕克・南希 82, 185, 320-322
Neef, Paulus 保卢斯・尼夫 473
Negt, Oskar 奥斯卡・内格特 441

Neitzel, Britta 布里塔・奈策尔 492
Nekes, Werner 维尔纳・奈克斯 97, 562
Nelson, Theodor H. 泰德・尼尔森 347, 419
Netzhammer, Yves 伊夫・内茨哈默 467, 484
Neufert, Ernst 恩斯特・诺伊费特 494
Newman, Barnett 巴尼特・纽曼 48
Newton, Isaac 牛顿 69, 124, 137, 411-412, 482
Nietzsche, Friedrich 尼采 70, 169, 202, 233, 237, 246, 248, 258, 265, 270, 370, 442
Nitsch, Hermann 尼奇 72
Nono, Luigi 路易吉・诺诺 473-475
Olsen, Charles 查尔斯・奥尔森 477, 483
Onfray, Michel 昂弗莱 322
Ono, Yoko 小野洋子 96-97
Paech, Joachim 约阿希姆・帕奇 180
Paik, Nam June 白南准 48, 54, 68, 77, 238, 341, 357, 562
Panofsky, Erwin 欧文・潘诺夫斯基 41, 46, 48
Parikka, Jussi 尤西・帕里卡 409
Parry, Milman 米尔曼・帕里 409
Pasolini, Pier Paolo 皮埃尔・保罗・帕索里尼 77, 186, 308, 323-324, 365, 543-545
Pauli, Wolfgang 沃尔夫冈・保利 123
Peirce, Charles S. 查尔斯・桑德斯・皮尔斯 272, 275, 352, 542-544
Peters, John Durham 约翰・杜伦・彼得斯 268-269
Petzold, Hartmut 哈特穆特・佩佐尔德 261, 454, 457
Pias, Claus 克劳斯・皮亚斯 395, 399, 491-493, 502
Picasso, Pablo 毕加索 48
Pichois, Claude 皮夏 321
Pickering, Andrew 安德鲁・皮克林 448
Pinch, Trevor 特雷弗・品奇 447
Pittendrigh, Colin S. 科林・皮坦德里 117-118
Platon 柏拉图 199, 267, 274-275, 392

Plotin 普罗丁 373

Poincaré, Henri 庞加莱 47，122–123

Pollock, Jackson 杰克逊·波洛克 403

Popitz, Heinrich 海因里希·波皮茨 443

Pound, Ezra 埃兹拉·庞德 243

Prigogine, Ilya 伊利亚·普里高津 204，211

Proklos 普罗克洛斯 373

Proust, Marcel 马塞尔·普鲁斯特 449

Pythagoras 毕达哥拉斯 272，401

Quine, Willard Van Orman 威拉德·冯·奥曼·蒯因 80，312

Ranciere, Jacques 雅克·朗西埃 82，185，320–322，427，499

Rapp, Friedrich 弗里德里希·拉普 260

Reck, Hans Uirich 汉斯·乌尔里希·雷克 305–308，325，389

Regener, Sven 斯文·雷根纳 473

Reichert, André 安德烈·赖歇尔 276

Reiss, Erwin 埃尔文·雷斯 16，472

Rheinberger, Hans-Jörg 汉斯-约格·莱茵伯格 193–194，197，203，205–206，308，437，447–449，453，467

Richards, Cliff 克利夫·理查 178

Richter, Gerhard 格哈德·里希特 86，393

Ricoeur, Paul 保罗·利科 322

Ries, Adam 亚当·里斯 262

Riis, Morten 莫滕·里斯 408

Ritter, Henning 汉宁·里特 198

Ritter, Johann Wilhelm 约翰·威廉·里特 398，587

Roller, Nils 尼尔斯·罗勒 133，307，389，465–467，477，483–484，573–575，577–581

Ropohl, Günter 京特·罗波尔 259–260，443

Rose, Jacqueline 杰奎琳·罗斯 183

Rosen, Bob 鲍勃·罗森 126

Rosing, Boris 鲍里斯·罗辛 238

Rossellini, Roberto 罗伯托·罗西里尼 173

Rosset, Clement 克莱门特·罗塞特 318，322

Rossiter, Ned 内德·洛塞特 422

Roßler, Gustav 古斯塔夫·罗斯勒 458–459

Rossler, Otto 奥托·罗斯勒 115–118，120，305，367，424，586，588–591

Roth, Gerhard 格哈德·罗斯 451–452，467

Rötzer, Florian 弗洛里安·罗策 306，494

Rousseau, Jean-Jacques 让-雅克·卢梭 207–208，234

Russell, Bertrand A.W. 罗素 238

Ruttmann, Walter 鲁特曼 97

Rybczyński, Zbigniew 兹比格涅夫·雷布钦斯基 407

Rygulla, Ralf-Rainer 拉尔夫-赖讷·雷古拉 255

Samsonow, Elisabeth von 伊丽莎白·冯·萨姆索诺 365，367–368，381，384

Sander, Klaus 克劳斯·桑德 470

Sarris, Andrew 安德鲁·萨里斯 173

Sartre, Jeen-Paul 让-保罗·萨特 196，198，317，321，372

Saup, Micnael 迈克尔·绍普 79

Schelling, Friedrich W.J. 谢林 314

Schiele, Egon 埃贡·席勒 365，368，378–380

Schiller, Friedrich 弗里德里希·席勒 175，477，500

Schlingensief, Christoph 克里斯托弗·施林根西夫 477–479

Schlögel, Karl 卡尔·施罗格 195

Schlüpmann, Heide 海德·施吕普曼 344–345

Schmidgen, Hennig 亨宁·施密德根 214，391，437–440，457，459，470，496–497

Schmidt-Biggemann, Wilhelm 威廉·施密特-比格曼 264，472

Schnelle, Helmut 赫尔穆特·施内尔 200

Schopenhauer, Arthur 叔本华 135，576

Schultz, Pit 皮特·舒尔茨 420，480

Schumpeter, Joseph 熊彼特 505

Schwabe, Detlef 德特勒夫·施瓦贝 389

Schwarzwälder, Rosi 罗西·施瓦茨瓦尔德 80

Searle, Joh 塞尔 311

Sellin, Birger 比尔格·塞林 443

Serres, Michel 米歇尔·塞雷斯 269
Seurat, Georges-Pierre 乔治·皮埃尔·修拉 86
Shannon, Claude 克劳德·香农 75–76
Siegert, Bernhard 伯恩哈德·西格特 398
Simon, Josef 约瑟夫·西蒙 311
Simondon, Gilbert 吉尔伯特·西蒙栋 214，375，391，397，412–413，451–452，454，493，496–497
Sirk, Douglas 道格拉斯·塞克 175
Smith, Jeffrey Jo 杰弗里·乔·史密斯 178
Smith, Patti 帕蒂·史密斯 96
Smits, Wile 威利·斯密茨 131
Snow, Michael 迈克尔·斯诺 184，562
Snowden, Edward 爱德华·斯诺登 420，428，430–431，507
Sohn-Rethel, Alfred 阿尔弗雷德·索恩–雷特尔 273
Sokrates 苏格拉底 269
Sophokles 索福克勒斯 376，381
Spaemann, Robert 罗伯特·斯帕曼 132
Spengler, Oswald 斯宾格勒 442，505
Spielberg, Steven 史蒂文·斯皮尔伯格 135
Sprenger, Roman 罗曼·斯普伦格 208
Stalder, Felix 菲利克斯·斯塔尔德 480
Stalin, Josef 斯大林 242
Stam, Basjan van 巴斯扬·范·斯塔姆 418
Stein, Gertrude 格特鲁德·斯坦 449
Stengers, Isabelle 伊莎贝尔·施滕格斯 204
Sterling, Bruce 布鲁斯·斯特林 308
Stern, William 威廉·斯特恩 443
Stiegler, Berndt 贝尔纳·斯蒂格勒 186，359
Stockhausen, Karl-Heinz 卡尔–海因茨·施托克豪森 341
Stone, Rosanne 罗珊·斯通 419
Straub, Jean-Marie 让–玛丽·斯特劳布 181
Strawinsky, Igor 伊戈尔·斯特拉文斯基 383
Sugimoto, Hiroshi 杉本博司 37，46，48–49
Szilard, Leó 里奥·斯齐拉尔德 135
Szondi, Peter 彼得·斯从狄 178，472

Taubes, Jacob 雅各布·陶布斯 195–196，208，264，469–470，472
Tausk, Viktor 陶斯克 379
Teilhard de Chardin, Pierre 皮埃尔·泰亚尔·德·夏尔丹（汉名德日进）347–348，359
Thacker, Eugene 尤金·萨克 428
The Doors 门徒乐队 325，327
Thek, Paul 保罗·泰克 65，82
Theremin, Leon 莱昂·特雷门 238
Theunissen, Michael 迈克尔·托伊尼森 264，469
Tholen, Georg C. 索伦 358
Thompson, Edward P. 爱德华·帕尔默·汤普森 179
Toynbee, Amold J. 汤因比 505
Tozzi, Tommaso 托马索·托齐 480
Trogemann, Georg 格奥尔格·特罗格曼 426
Trubetzkoy Nikolai S. 特鲁别茨柯依 71
Truffaut, François 弗朗索瓦·特吕弗 177
Tugendhat, Ernst 恩斯特·图根哈特 264，469
Turing, Alan 艾伦·图灵 75，246，272，274，412
VALIE EXPORT 瓦莉·艾丝波特 73–74，93–97，104，106–107，109–110，481，486，559–566
Vasari, Giorgio 瓦萨里 185
Vehlken, Sebastian 维尔肯 492
Venus 维纳斯 241
Vertov, Dziga 吉加·维尔托夫 103，229，238
Virchow, Rudolf 鲁道夫·菲尔绍 349
Virilio, Paul 保罗·维里利奥 80–81，86，193
Vogl, Joseph 约瑟夫·沃格尔 492–493，500
Vostell, Wolf 沃尔夫·弗斯特 48，200，238
Wagnermaler, Silvia 西尔维娅·瓦格娜麦尔 169
Walkers, Aldo 阿尔多·沃克 305
Wall, Jeff 杰夫·沃尔 37，46，48
Warburg, Aby 阿比·瓦堡 40，53，306
Warhol, Andy 安迪·沃霍尔 384，562
Wark, McKenzie 麦肯齐·沃克 428

Warnke, Martin 马丁·瓦恩克 491, 504, 506
Watson, Janell 珍妮尔·沃森 276
Weibel, Peter 彼得·魏贝尔 61-65, 69, 73-75, 86, 93, 230, 337, 402, 468, 481, 541-542, 561-562, 589
Weinhandl Ferdinand 斐迪南·魏汉德尔 17
Weizsäcker, Carl Friedrich von 卡尔·弗里德里希·冯·魏茨萨克 129, 135
Welles, Orson 奥森·威尔斯 323
Welsch, Wolfgang 沃尔夫冈·韦尔施 470, 563
Wenders, Wim 维姆·温德斯 175
Weyl, Hermann 赫尔曼·外尔 466, 481-482
Whannel, Paddy 帕迪·范内尔 177-178
Wheeler, John A. 约翰·惠勒 129
White, Hayden 海登·怀特 406, 494
Whitehead Alfred North 怀特海 53
Wiener, Monsti-Ingrid 蒙斯蒂-英格丽德·维纳 93
Wiener, Oswald (Ossi) 奥斯瓦尔德·维纳 16, 71-72, 78, 93, 236, 389, 482-483, 485-486
Willemen, Paul 保罗·维尔曼 182
Williams, Raymond 雷蒙·威廉斯 177-179, 260, 427, 494
Wilson, Lambert 兰伯特·威尔森 419
Winfree, Arthur 亚瑟·温弗里 117-119
Winkler, Hartmut 哈特穆特·温克勒 273, 337, 341, 354, 360, 394, 511
Winnicott, Donald 唐纳德·温尼科特 133
Wittgenstein, Ludwig 维特根斯坦 71, 85, 108, 238, 271, 274, 311
Wood, Robin 罗宾·伍德 170, 179
Wozniak, Steve 史蒂夫·沃兹尼亚克 76
Youngblood, Gene 吉恩·杨布拉德 104, 562-563
Zeilinger, Anton 安东·齐林格 128-130
Zielinski, Siegfried 西格弗里德·齐林斯基 14-15, 17, 37-38, 51, 93, 115, 169, 193, 209, 214, 229, 255, 305, 309, 325, 337, 365, 389, 401, 417, 437, 440, 485, 472, 476, 491, 515, 540, 565, 575, 586
Zimmermann, Jörg 约尔格·齐默尔曼 311
Zischler, Hanns 汉斯·齐施勒 198-199, 449
Zizek, Slavoj 斯拉沃热·齐泽克 64, 399
Zuse, Konrad 康拉德·祖思 405
Zweig, Stefan 斯蒂芬·茨威格 68
Zwicky, Fritz 弗里茨·茨威格 133

事物

16-mm-Film 16 毫米胶片 15, 310
Abakus 算盘 261
Apparat/Apparatus 仪器, 装置 46, 68, 78, 110, 126, 181, 212, 257, 261, 263, 318, 344, 412, 472, 496, 515, 540
Apparatur 设备 343
Apparatus-Theorie 装置理论 178, 181-183, 344
Apparatus-Heuristik 装置启发学 345, 352
Atombombe 原子弹 135
Attraktor 吸引子 117-118, 122, 590
  Lorenz-Attraktor 洛伦茨吸引子 117, 120, 199, 203
  Rössler-Attraktor 罗斯勒吸引子 117
  periodischer Attraktor 周期性吸引子 118
  seltsamer Attraktor/strange attractor 奇怪吸引子 117
Auge 眼睛 45-47, 62, 83-86
Auto 汽车 66-68, 121-122, 443, 510
Automat 自动化 75-76, 185, 262, 381
Bildschirm 屏幕 64, 119, 342, 407, 500
  Bio-Adapter 生物适配器 72, 236
Blog 博客 421, 430
Blut 血液 100, 106, 451
Buch 书 37-38, 45-47, 68-71, 94, 125, 195, 208-200, 243, 321, 325-326, 345, 347, 393
Celestial bodies 天体 122, 357

Chronometer 精密时计 457

Chronoskop 计时器 454

Computer 电脑，计算机 15，66，77–79，82–83，87，122–123，236，256，264–266，272，274，338–343，346–349，354–357，359，374，381，389，397，398–400，402，404–405，407，412–413，418，446，452，484，499，504，516–517，540，573
    Analogcomputer 模拟计算机 120–121，399
    Digitalcomputer 数字计算机 399–400
    PDP–12 Computer PDP–12 计算机 452

Computerspiel 电脑游戏 494–495

Cyborg 电子人 234

DVD 176，230

Dampfmaschine 蒸汽机 408

Diagramm 图 256，270–271，275–276

Dope 药物 372

Doppelhelix 双螺旋 204

Duchamps Glas 杜尚的玻璃 47

Edison-Zylinder 爱迪生汽缸 402

Eisenbahn 铁路 66–67

Fanzine 粉丝杂志 471

Fenster 窗
    Fenster zur Seele 情感的窗户 50
    Fenster zur Welt 世界之窗 185
    Fenster zur Wirklichkeit 通向现实的窗户 37

Fernrohr 望远镜 83，574

Fernseher/Fernsehschirm 电视屏幕 85

Filmkamera s. Kamera 胶片摄像机 67

Fließband 传送带 62，67

Flugzeug 飞机 67，118，484

Foto/Fotografie 照片 52，64，71–72，89，102，105，109，185–187，201，311，336，364，388，416，436，454，576，539
    Chronofotografie 定时摄影 449

Fotokopierer 复印机 325

Galerie 展览 56，70，72，81.100，106，108

Gedächtnistheater 记忆剧场 356

Gehirn 大脑 40，45，52，68–69，85，116，327，450–452，495

Gemälde 油画 36，346，393

Glas 玻璃 587

Grundig Musikgerät 根德牌乐器 396

Hadronen-Speicherring 强子存储环 116

Hammer 锤子 349，496

Haut 皮肤 69，85，104–106，561–563

Holz 木头，木材 369，381

Hostie 圣餐 374

Interface 界面 116–117，125–126，212，396，419，425

iPhone 苹果手机 82

Kamera 相机 46，49，64，67，99–100，102，104–105，108–110，126，185，231，346，587

Kehlkopf 喉咙 476

Kinematograph/kinematographischer Apparat 电影摄影设备 587

Kompass 罗盘 483–484，573，578–579
    Kompassnadel 罗盘指针 482

Koordinatensystem 坐标系 204

Kraftmaschine 动力机器 496

Künstlerbuch 艺术家的书 195，208–209

Kunstwerk 艺术品，作品 38，40，55，57–58，80–81，105，138，185，237，245，311，314，374，544

Lautsprecher 扬声器 18，24，121，405

Leinwand 银幕 20，49，100–102，104–105，345，403，561–562

Lettera 莱泰拉 69

Lochkarte 穿孔卡片机 342–343

Medikament 药 233

Merve-Heftchen/-Bändchen/-Buch 梅尔维小册子/书 201，471，473，502，517

Messer 刀子 105–106

Mikrofon 麦克风 83，392

Mikroskop 显微镜 83，574

Milch 牛奶 105–106

Molekül 分子 122, 214
Monitor 显示器 99, 367
Monochord 单弦琴 401
Nähmaschine 缝纫机 20, 259
Naht 线缝 99
Nase 鼻子 85, 552
Objektbuch 手册 209
Ohr 耳朵 23, 69, 84, 350, 359, 410, 448
Oszillator 振荡器 118, 121
Oszillograph 示波器 394
Overheadprojekter 高射投影仪 73, 505
Papier 纸 69-70, 119, 261, 271, 318, 362, 399, 407, 459
Parasit 寄生虫 269
Peitsche 鞭子 95
Pergament 羊皮纸 69, 105
Pflug 犁 496
Plattenspieler 唱片机 474
Plutoniumbombe 炸弹 135
Poesiealbum 诗歌集 200
Polaroid 宝丽来 64
Polaroidkamera 宝丽来相机 64
Portapak 便携式录像机 98
Projektor 投影仪 67, 100, 562, 600
Puppe 玩偶 369
Radio 电台 16-17, 93, 118, 396-397, 399, 408, 417
Raumschiff 宇宙飞船 127-128
Roboter 机器人 77, 541
Scheiterhaufen 火刑柱 367, 369
Schiff 船 66, 483-484, 573
Schneidetisch 剪辑台 15, 20, 457
Schreibmaschine 打字机 44, 70-71, 86, 305, 337, 339, 412, 476
Schreibwerkzeug 写作工具 70, 476
Silicon Graphics Machine 硅图公司机器 479
Silizium 硅 381
Skelett 框架结构 339, 354
Sonne 太阳 125, 468, 590

Spirale 螺旋 204, 230
Spur 踪迹, 痕迹 203, 267, 270
Stimmgabel 音叉 450
Strumpfband 吊袜带 105, 107
Tape Recorder 录音机 369, 374, 384
Telefax 传真 66, 84
Telefon 电话 66, 71, 84, 233
Teppich 地毯 486
Tonband 磁带 70, 75
Touchscreen 触摸屏 484
Turing-Maschine 图灵机 261, 274
Unkraut 杂草 378
Video 视频
    Video Tracking Interface 视频跟踪界面 116
    Videokamera 摄像机 99, 103
    Videomonitor 显示器 99
    Videorecorder 录像机 397
    VHS-Kassette VHS 录像带 23
Vitrine 陈列柜 106-107, 263, 457
Wolke 云 378
Zeitmaschine 时间机器 203, 365, 453
Zelle 单元格 422-423
Zelluloid 赛璐珞 562

地名

Afghanistan 阿富汗 53
Afrika 非洲 318, 469
Agypten 埃及 261, 402, 429
Alexandria 亚历山大 53, 372
Kairo 开罗 51, 473
Algerien 阿尔及利亚 319
Amerika 美国 43, 62, 117-118, 125-126, 129, 132-133, 172, 184, 456, 508
Australien 澳大利亚 417
Belgien 比利时 204
Brüssel 布鲁塞尔 204
    European Research Council 欧洲研究理事会 256
    experimental de Knokke-le-Zoute 克诺克先

锋电影节 81
Brasilien 巴西 469，475，497
 Bahia 巴伊亚州 469
 Sao Paulo 圣保罗 231，477
Bundesrepublik Deutschland, s.Deutschland 德意志联邦共和国，参见 Deutschland
China 中国 45，85，261–262，318
 Shanghai 上海 169，231
Deutsche Demokratische Republik 东德 498
Deutschland 德国 15，35，61–62，68，170，177，181，183，185，199，232，260，311，314，318，320，322，348，355，418，426，473，475，497，508
 Bayern 巴伐利亚 372
 Berlin 柏林 15–17，19，36，58，66，95，106，115，121，169，178，182，193，195–196，199–201，205，208，211，230–231，255–256.260，264，307，311，313，337，347，390–391，402，411，417，431，438，440–441，448–449，457，463，465，467–470，472，474，480–481，486，511
  Akademie der Künste 艺术学院 36，82，466，476
  Berlin-Dahlem 柏林-达勒姆 195
  Berlin-Kreuzberg 柏林-克罗伊茨贝格 469，474
  Berliner Filmfestspiele 柏林电影节 109
  Breite Straße 宽街 103
  Crellestraße 克雷勒大街 471
  Ernst-Reuter-Platz 恩斯特路透广场 15，17，468
  Freie Universität Berlin 柏林自由大学 469
  Osteuropa-Institut 东欧研究所 197
  Institut für Philosophie 哲学研究所 196，256
  Hochschule der Künste. s. Universität der Künste Berlin 艺术学院，参见 Universität der Künste Berlin
  Humboldt-Universität 洪堡大学 256，390，398，405，411，472
  Helmholtz-Zentrum für Kulturtechnik 亥姆霍兹文化技术中心 256
  Medienarchäologischer Fundus 媒介考古基金会 391–392，394，396，401，402，408
  Internationales Design Zentrum Berlin 柏林国际设计中心 307
  Kunst-Werke 柏林当代艺术研究院 231
  Max-Planck-Institut für Wissenschaftsgeschichte 马克斯-普朗克科学史研究所 193，206，439
  Milchbar 乳品店 469
  Technische Universität Berlin 柏林工业大学 66，200，260，402，417，438，465，467
  Universität der Künste Berlin 柏林艺术大学 36，230，337，370，391，470
  Vilém Flusser Archiv 威廉·弗卢塞尔档案馆 169，466
  Volksbühne 柏林人民剧院 485
  Wissenschaftskolleg Berlin 柏林高等研究院 256
 Bochum 波鸿
  Universität Bochum 波鸿大学 390
 Bonn 波恩 502
  Bonner Kunsthalle 波恩美术馆 305
  Universität Bonn 波恩大学 496
 Darmstadt 达姆施塔特 338，341，400
  Technische Hochschule Darmstadt 达姆施塔特工业大学 338
 Dresden 德累斯顿 175
  Essen 埃森 230
  Zollverein 关税联盟 230
 Frankfurt 法兰克福 79，231，341
  Schirn Kunsthalle 席恩美术馆 231
  Städelschule 施泰德学院 62，79
 Göttingen 哥廷根 204

Max-Planck-Institut für Experimentelle Medizin 马克斯-普朗克实验医学研究所 204
Halle 哈雷 170
Hamburg 汉堡 46, 76, 419, 506
Heidelberg 海德堡 35, 169, 180
    Universität Heidelberg 海德堡大学 169, 180
Jena 耶拿 170, 587
Karlsruhe 卡尔斯鲁厄 23, 35-36, 62, 66, 79, 81, 116, 231
    ZKM | Zentrum für Kunst und Medientechnologie /Zentrum für Kunst und Medien 卡尔斯鲁厄艺术与媒体中心 23, 36, 62, 64, 82, 230
    Staatliche Hochschule für Gestaltung Karlsruhe 卡尔斯鲁厄国立设计学院 36, 79
Köln 科隆 95, 103, 308, 323, 390, 407, 466, 472, 477-481
    Buchhandlung Klaus Bittner 克劳斯·比特纳书店 481
    Cinemathek Köln im Museum Ludwig 科隆路德维希博物馆电影资料馆 478
    Kunsthochschule für Medien 科隆媒体艺术学院 95, 326, 407, 466, 477, 591
    Festival Digitale 数字艺术节 477
Leipzig 莱比锡 170
Lüneburg 吕讷堡 394, 491, 501-502, 513-514
    Centre for Digital Cultures Leuphana Universität Lüneburg 吕讷堡大学数字文化中心 502, 512
Mainz 美因茨 311
Mannheim 曼海姆 169, 173, 178
    Mannheimer Filmfestival 曼海姆电影节 173
Marburg 马尔堡 23, 260
München 慕尼黑 35, 77, 94, 101, 370-371, 454, 466, 476
    Deutsches Museum München 慕尼黑德意志博物馆 261, 454, 457
    Ludwig-Maximilians-Universität München 慕尼黑路德维希-马克西米利安大学 35
    Werkbundarchiv 工厂联合会档案馆 477
Neu-Isenburg 新伊森堡 342
Paderborn 帕德博恩 340
    Universität Paderborn 帕德博恩大学 359, 402
Regensburg 雷根斯堡
    Universität Regensburg 雷根斯堡大学 438-440, 457
Schwarzwald 黑森林 391
Stuttgart 斯图加特 316, 341
    Kurt Baschwitz Institut 库尔特·巴斯维茨学院 432
Tübingen 图宾根 17, 116-119, 121, 128, 132, 195, 200, 205-206, 308, 317
Weimar 魏玛
    Bauhaus-Universität Weimar 魏玛包豪斯大学 170, 231, 390, 491
Wilhelmshaven 威廉港 469, 475, 484
England/Großbritannien 英国, 英格兰 169-170, 173-174, 177-178, 183-184, 511
Birmingham 伯明翰 177-179
Cambridge 剑桥 179
Edinburgh 爱丁堡 175, 309, 458
London 伦敦 76, 169, 231, 310, 427
    British Film Institute 英国电影协会 170, 177
Norwich 诺里奇
    University of East Anglia 东英吉利大学 170
Sussex 萨塞克斯 169-170
    University of Sussex 萨塞克斯大学 169-170
Swansea 斯旺西 178
Wales 威尔士 178
Europa 欧洲 108, 170, 262, 319, 466, 475,

587

Finnland 芬兰
  Turku 图尔库 169
Frankreich 法国 71，81，174，180–181，183，
  305，318–321，345，438，471
  Bayonne 巴约讷 318
  Cannes 戛纳 478
    La Borde Clinic 拉伯德诊所 444，456
  Paris 巴黎 35，48，70，73，169–170，174，
    176，179，183，196，209，230，308，
    318–319，321，350，372，391，418，
    440，442，507，587
    Biliothèque nationale de France 法国国家
      图书馆 169，174
    Cinémathèque Française 法国电影资料馆
      174，176–177
    Collège de France 法兰西公学院 35，321
    Fondation Cartier 卡地亚基金会 48
    Musée de l'Homme 人类博物馆 318
    Palais de Chaillot 夏乐宫 174，177
    Saint-Germain 圣日耳曼 170
  Poitiers 普瓦捷 318
Griechenland 希腊 86
  Athen 雅典 231，273，377
  Eleusis 厄琉西斯 383
  Mykene 迈锡尼 377
Holland, s. Niederlande 荷兰，参见 Niederlande
Indien 印度 45，262，425
Irak 伊拉克
  Bagdad 巴格达 36，44
Iran 伊朗 475
Israel 以色列
  See Genezareth 加利利海 84
Italien 意大利 178，466，469，480，486
  Florenz 佛罗伦萨 36，44–45，51
  Pesaro 佩萨罗 543
    Festival del Cinema di Pesaro 佩萨罗电影
      节 543
  Rom 罗马 86，367，406

Vatikan 梵蒂冈
  Vatikanische Bibliothek 梵蒂冈图书馆 43，
    406
Venedig 威尼斯 306，466，473–474，479–480
  Biennale di Venezia 威尼斯双年展 62，105，
    231，419
Kanada 加拿大
  Toronto 多伦多 348，483
Kuba 古巴
  Havanna 哈瓦那 477
Liechtenstein 列支敦士登
  Vaduz 瓦杜兹 209
Mesopotamien 美索不达米亚 51，261
Mexiko 墨西哥
  Mexico City 墨西哥城 169
Mitteleuropa 中欧 319
Mittelmeer 地中海 319，579
Mittelmeerraum 地中海盆地 319
Niederlande 荷兰 170
  Amsterdam 阿姆斯特丹 169–171，184，
    417–419，430–432
    Amsterdam School of Cultural Analysis 阿
      姆斯特丹文化分析学院 170，184
    Institute of Network Culture 网络文化研究
      所 430
    next 5 minutes – festival of tactical media
      未来5分钟—媒介节 419
    Stedelijk Museum 市立博物馆 431
    Universitat of Amsterdam 阿姆斯特丹大学
      169–170，184
  Rotterdam 鹿特丹
    Dutch Electronic Art Festival 荷兰电子艺术
      节 419
Nordafrika 北非 108
Österreich 奥地利 61–62，73，96，110，374，
  379，493
  Graz 格拉茨 16–17
    Steirischer Herbst 施蒂里亚秋季文化节 62
  Linz 林茨 62，96

Ars Electronica 奥地利电子艺术节 62，418
  Kunstuniversität Linz 林茨艺术大学 96
 Salzburg 萨尔茨堡 374，457
 Wien 维也纳 36，65，71–73，76–78，103，
    117–118，135，365，368，370，372，
    376，491–492
    Akademie der Bildenden Künste Wien 维也
       纳美术学院 365
    Freud Museum 弗洛伊德博物馆 108
    Internationales Forschungszentrum
       Kulturwissenschaften 国际文化学研究
       中心 36
    Universität Wien 维也纳大学 77
Osteuropa 东欧 231
Polen 波兰 61–62
Sowjetunion 苏联 238
  Leningrad 彼得格勒 229，238–239
Stockholm 斯德哥尔摩 169
Schweiz 瑞士 61，267，320–321，326，475
  Basel 巴塞尔 309–310，316，320
  Genf 日内瓦
    Kernforschungszentrum CERN 欧洲核子研
       究中心 116
    Neuchàtel 纳沙泰尔 459
    Saas Fee 萨斯费 420
    European Graduate School 欧洲研究生院
       420
  Suisse romande 瑞士罗曼德区 320
  Zürich 苏黎世 77，307，321，323，326，
    463，467，482–486
    Museum für Gestaltung Zürich 苏黎世设计
       博物馆 307，323
    Zentralbibliothek Zürich 苏黎世中央图书
       馆 467
    Zürcher Hochschule der Künste 苏黎世艺
       术大学 466
Russland 俄罗斯 61，231，238，242
  Moskau 莫斯科 230–231，239，243
    Moskau-Biennale 莫斯科双年展 62

 Sibirien 西伯利亚 61
 St. Petersburg 圣彼得堡 229，238，239
Spanien 西班牙 108，433
  Barcelona 巴塞罗那 404
    Pyrenäen 比利牛斯山 318，321
Südamerika 南美 348，497
Tschechische Republik Brünn 捷克共和国
  Brünn 布尔诺 78
  Prag 布拉格 476
Türkei 土耳其 475
Ukraine 乌克兰 61
  Odessa 敖德萨 61
USA/Vereinigte Staaten von Amerika 美国 21，
  23，62，231，498
  Akron 阿克伦 172
  Aspen 阿斯本 119
  Colorado 科罗拉多 119
  Chicago 芝加哥 447
  California 加利福尼亚 326
  Los Alamos 洛斯阿拉莫斯 116
    Center for Nonlinear Studies 非线性研究中
       心 116
  Los Angeles 洛杉矶 21，103，326
    Hollywood 好莱坞 108，171
  Massachusetts 马萨诸塞州
    Harvard University 哈佛大学 449
  New York 纽约 35，96，169，183，231，
    233，308，365，420，426
    Columbia University 哥伦比亚大学 35
  New Mexico 新墨西哥州 116
  Ohio 俄亥俄州 172
  Philadelphia 费城 48
  San Francisco 旧金山 110，327
    Silicon Valley 硅谷 420
  Santa Fe 圣达菲 116
  Purdue University 普渡大学 118

术语

Absolute, das 绝对 205，468

Abstraktion 抽象化 87, 212, 269, 579
Agentur Bilwet "Bilwet" 协会 428
Akteur-Netzwerk-Theorie 行为者网络理论 354, 502
Aktionismus 行动主义 63, 72, 76, 93, 486
Aktivismus 能动性 268
Aleatorik 偶然性 203, 207
Algorithmen, Algorithmus 算法 77, 87, 185, 392, 412–413, 426
Anarchie 无政府主义 63, 417
Anthropologie 人类学 40–41, 52, 208, 267, 496
Antihumanismus 反人道主义 197–200
anti-medial 反媒介 425
anti-technologisch 反技术 425
Anti-Theorie 反理论 428
Apparat 仪器, 设备 46, 68, 78, 110, 126, 212, 257, 261, 263, 318, 344, 472, 496, 540
Arabischer Frühling 阿拉伯之春 428–429
Arbeitsgruppen 学习小组 195–196
Archäologie 考古学 87, 171, 183, 198, 312, 317, 389, 399, 410, 482, 492–493, 509, 513
Architektur 建筑 62–63, 102, 108, 337–339, 367, 426, 428, 431, 449, 493
Archiv 档案馆, 档案 96–97, 106–107, 110, 201, 230, 237, 244–246, 376, 388, 401, 406–407, 466, 476–477, 480
Artefakt 人工制品 259, 261, 322
Asperger-Syndrom 阿斯伯格综合征 131
Ästhetik 美学 63, 66–67, 79, 185–186, 307, 310–311, 313, 315, 321–322, 338–339, 342, 353, 391, 403, 405, 409–411, 421, 430, 439, 449, 454, 463, 465, 469, 478, 500, 506, 559, 565, 590
Astrophysik 天体物理学 134
Atom 原子 123, 258
Aufnahme 摄像, 拍摄 93, 99, 102, 409, 591

Autismus 孤独症 135
Automatisierung 自动化 208, 498
Autonomie 自治, 自主 47, 207, 211, 266, 451, 477
Autopoeisis 自生系统论 214
Avantgarde 先锋派 16, 68–70, 171, 181, 183–184, 186, 237–241, 479
Beat Generation 垮掉的一代 255, 477
Bell-Experiment 贝尔实验 130
Benutzer s. User 使用者, 参见 User
Benutzeroberfläche 用户界面 425
Berliner Medienschule 柏林媒介学派 472–473
Berührung 接触 174, 214, 426, 457, 559–560, 563, 565
Bewegung 运动, 活动 21, 25, 62, 65–68, 98, 106–108, 116, 118–119, 121, 186, 198, 201, 210, 268, 275, 315, 323–325, 357, 417, 427, 431–432, 457, 475, 481, 504, 544, 562, 573, 578–579, 587, 589–590
  soziale Bewegung 社会运动 427
  Hausbesetzerbewegung 占屋运动 417
  libertäre Bewegung 自由主义运动 417, 422
  Schwulenbewegung 同性恋运动 469
Bewusstsein 意识 48, 122, 179, 372, 397, 424, 432, 447, 541, 574
Bibliothek 图书馆 43, 196, 347, 467
Bild 图像, 图片 35–42, 45–46, 49–52, 54, 62, 65–68, 79, 84, 87–88, 94, 98, 100–101, 104, 106, 109, 119, 126, 185–186, 204, 213, 231, 237, 241–245, 267, 270–271, 275, 308, 349, 351, 400, 403–404, 438, 445, 454, 458, 468, 505–506, 543, 587, 589
bildende Kunst, s. Kunst 视觉艺术, 参见 Kunst
Bindungstrieb 依恋本能 133
Biochemie 生物化学 116, 131, 205–206
Biologie 生物学 135, 194, 205–206, 208, 214–215, 389

Bios 生物，生命 205
Bitcoin 比特币 426，430
Blogosphäre 博客圈 430
Bluf! Bluf! 杂志 417
Bodenlosigkeit 无根的存在 475
Bohr'sche Theorie, auch Kopenhagener Theorie 波尔理论，哥本哈根理论 129，137
Bote 信使 265，273–274
Chaos 混沌 117，119–123，429，499
    Deterministisches Chaos 确定性混沌 117
    Dissipatives Chaos 耗散性混沌 121
    Hamilton'sches Chaos 汉密尔顿混沌 122–123
    Chaostheorie 混沌理论 121，123，132，367
    Chaos Computer Club 混沌计算机俱乐部 429，499
Chemie 化学 205，215
Chronobiologie 时间生物学 117–118
Circadiane Uhr 昼夜节律时钟 117
Close Reading 细读 411
Code 代码，符码 104，107，346，381，393–394，404，425–426
Common Ground 共同点 206
Computer 电脑，计算机 66，77–79，82–83，87，104，122–123，236，256，264–266，272，274，305，338–343，346–347，354，355，357，359，374，381，389，394，398–400，402，404–405，407，412–413，429，443，446，452，484，499，504，540，563，573
    Computerentwicklung 计算机开发 355
    Computerkunst 计算机艺术 79，104
    Computersprache 计算机语言 210，355，409
Countercultural Communication 反文化通信 427
Crowdfunding 众筹 430
Crypto 密码 430
CTheory《C理论》419
Cultural Studies 文化研究 177，179，184–185，260，427，494
Dandy 开拓者 186，429

Datendandy 数据开拓者 418，429
Datenverarbeitung 数据处理 338，342
Décollage, dé-coll/age 拼贴 200
Dekonstruktion 解构 198–200，234，315，319
Denkfigur 思维模式 203，467–468，475，484，573–574
    Materialismus 唯物主义 181，206
        aleatorischer Materialismus 偶然的唯物主义 202–203，209，211
        dialektischer Materialismus 辩证唯物主义 196，242，248
Diaspora (soziales Netzwerk) 社交网络平台 Diaspora 433
Differenz 差异，区分，区别 50，125，128，204–205，266，268，337，343，351，358，401，403，406，421–422，445
digitale Stadt 数字城市 423
Digitalität 数字化 104，478
Ding 事情，事物，东西 19，42，49，100，118–119，198，212，259，263，308，325，353，374，395，468，502
Diskontinuität 不连续性 445
Diskurs 论述 54，62，180，196，198，244，263–264，274，307，316，325，338，340，345，348，351–353，356，358，442，471–473，478，480，542，545，561
    Diskursgefängnis 话语的牢笼 472
    Diskurssperre 话语封锁 472
Distanz 距离 205，213，402，422，465，502，505，564，574–575
Disziplin 学科 61，184–185，440，443，468，504
DNA 204，214
documenta 卡塞尔文献展 479，481
Dokumentation 文献 95，309
Dreikörperproblem 三体问题 122
Dualismus 二元论/二元性 42，115，236，247
Dynamik 动力 268
Elektrizität 电 446，467，482，586

索引 | 645

Empfindungskörper 感受体 484，574–575
Endophysik 内部物理学 117，123–125，589，591
Entsubjektivierung 去主体化 198
Epistemologie 知识论，认识论 77，185，187，194，211，405，495，513
epistemisches Ding 认知事物 198，212
Erdöl 石油 382
Ereignis 事件 62，77，82，203，213，427，453–454，589
Erkenntnistheorie 认识论，认识理论 196，202，465
Erotik 情欲 84，105，173
Erzählung 叙事 241，398，467，483
Evorett'sche Theorie 多世理论 129–130
Exil 流亡 24，175，229
Existentialismus 存在主义 196
Expandod Cinema 扩延电影 63，73–74，77，85，99–101，103–104，107–110，561–563
Experiment 实验 50，85，127，129–130，201，207，212，337，401，437，447，477，502，586
　Experimentalanordnung 实验设计 203
　Experimentalisierung 实验化 561
　Experimentalsysteme 实验系统 194，206，213，214，449
Experimentalfilm 实验电影 407，470
　Experimentalfilmbewegung 实验电影运动 478
experimentelle Musik 先锋派音乐 341，420
Facebook 脸书 351，421，423，425，429
Falte 褶皱 446，456
Fernsehen 电视 18，87，101，108，110，131，231，343–344，399–400，408，443，478，512，542
Feuer 火 83，325，382，588
Fiktion 虚构 393，485
Film 电影，影片 42，49，52，54，63，65–67，77–78，97–98，100–103，106–110，119–120，124，132–133，135，169–177，180，183–187，198，241–242，324，326，344，352–354，391，418，448，470，478，483，496，506，539，542–545，559，561–562，564–565，588
　Avantgarde-Film 先锋电影 67，183
　Autorenfilm 作者电影 101，173
　Industriefilm 工业电影 102
　Spielfilm 故事片 49，108
Fleisch 肉体 369，559
Fluide, das 流体 205
Fluxus 激浪派 68，77，270，275
Fotografie 摄影 47，52，63，72，99–100，108–109，185，187，201，311，476，539
Foucault-Tribunal 福柯法庭 115
Fraktal 分形 122，505–506
Frankfurter Schule 法兰克福学派 178，273，344，421，497
Frieden 和平 97，420
Gegenwartsphilosophen 当代哲学家 475
Gesellschaft für Medienwissenschaft 媒介研究学会 491
Geist 精神，心灵，思想，圣灵 84，99，122，235，373，539，565，588
Geisteswissenschaft 人文科学 184，472
Genetik 遗传学 212
Germanistik 日耳曼语言文学 67，185，260
Geschichte 历史，故事 23，37–40，43，47，50–51，62–64，66，73，95，98，100，108，110，118，135，183，185，187，193–194，196，199–200，203，210，213，229，239，261，264，267–268，318–319，323，325，344，354，365，369–370，374，377，379，389–390，392，395，397–399，406–407，410，429，439–441，448–449，453–454，472，478，481–483，486，493，495，497，503，508，511–513，540，573，577
Geschichtsschreibung 历史学，史学 179，

390

Ideengeschichte 思想史 198，261

Geschlecht 性别 102，458

Geschlechtsverkehr 性交 109

Geste 姿势 98

Gott 上帝 22，54，85-86，173，234，240

Gravitation 重力 65，82，123

Hamiltonizität 汉密尔顿式 123

Handlungsanweisung 指示行动，行动指令 233，428

Harmonie 和谐 123

Hausbesetzer 占屋 417

Heimat 故乡，家 357，469，475

Herkunft, Herkünfte 起源，来源 203，234，263，539

Hermeneutik 解释学，诠释学 44，186，195-196，209-211，312，353，408-410，469-470，487，496

Heterogenität 异质性 211，350，467，473

Heuristik 启发式 194

Holocaust 大屠杀 472

Humanismus 人道主义，人文主义 242，497-498

Hyksos 希克索斯人 108

Hyperchaos 超混沌 122

Hypertext 超文本 106，338，347，506

Identität 形象，身份 135，205，305，370-371，378，429，566

Ideologie 意识形态 135，409，457，498

Illusion 幻觉，错觉 37，47，50，87，115，126，267，507-508

Immunologie 免疫学 194

Indignados 愤怒者运动 428

Infokapitalismus 信息资本主义 423

Informatik 计算机科学，信息学 75，261，306，343，393-394，426，506

Information 信息 62，105，212，214，357，396，507，512

Informationstheorie 信息理论 214，266，311，357，444

Informationstrager 信息载体 105

Informationszeitalter 信息时代 418

Infraschall 次声波 121

Ingenieur 工程师 338，378，403，456

Instrument 工具 70，75，198，207，212-213，258，273，343，356，401，454，574，576-578

Inszenierung 演出 109

Interdisziplinarität 跨学科 215，545

Interface, s. Schnittstelle 界面，见 Schnittstelle

Internet 网络/互联网 88，119，132，184，231，345，351，356，419，421-422，429-430，479，509-510

Internetszene 互联网界 479

Intuition 直觉 78，199，206，256，270

Iterationstheorie (von Abbildungen) 迭代理论 136

Kapitalismus 资本主义 23-24，134，383，442，471

Kino 电影/电影院 48-49，74，87，100-104，108-110，169-174，176-187，266，324，326，343，418，449，543，545，562

Kinofilm 电影胶片，电影 103，110

Kinosaal 放映厅，电影院 101-102，479，561-562

Klang 声音（音乐、噪声、说话）64，124，241，337，381，404，450，474，476-477，480，587

Kollaboration 合作，协作 306，321

Kommunikation 交流，通信，传播 63-64，95，257，260，266，268-269，310，314，316，343，350，355，357-358，392，422，431，443，446，479，543-544，561，579

Kommunikationsapparat 通信设备 422

Kommunikationskultur 交流文化 479

Kommunikationsrausch 通信狂 430

Kommunikationstechnologie(n) 通信技术

466，580
kommunikatives System 交流系统 351
Massenkommunikation 大众传播 465
Konstruktion 构造，构建，结构 46，64，83，176，181，231，262，305-306，376，398，588
Kontingenz 偶然性 449
Kontinuum 连续体，连续性 275，369
Koordinatensystem 坐标系 204
Körper 身体 18-20，36，40-41，46，52，64-66，69，72，84，96，99-100，104-105，108，123，125，233，235，238，269-270，273，320，349，357，367-370，374-375，381-382，391，439，451-452，471，539-540，562，565，587
Körperlichkeit 身体性、具身性 52，93，99-100，267，269，559-560，565
Kosmologie 宇宙论，宇宙哲学 133-134，310
Krankheit 疾病 373，441
Krieg 战争 87-88，469
Krise 危机 421，431
Kritik 批评，批判 25，63，71，81，83，94，96，109，116，182，197，233-235，241-242，245，263-265，311-314，367，408，420-423，428-429，431，433，458-459，484，492，499-501，543
Kritische Theorie 批评理论，批判理论 313-314，371，421，441
kritischer Rationalismus 批判理性主义 205
Kryodynamik 低温动力学 134
Kultur 文化 41，45-46，51，83，99，170-171，177-179，240，245-246，256，260，308，319-320，365，377，379，394，409，427-428，437-438，447，452，466，473，475，565，574，577
Kulturwissenschaft 文化学/文化研究 40，42，185，380
Kunst 艺术 35-39，47-48，54，63-68，80-82，97，131，170，177，180，185，187，198，206，208-209，229-232，238-239，241，243-245，265，270，305-309，311，314-317，322-323，326，365，367，369-370，374，418-419，427，431，437，450，466-467，483，485-486，492，506，542，575，586-588，590
Kunsthochschule 艺术学院 95，326，407，466-467，477，482，591
künstliche Personen 人造人 135
Kybernetik 控制论 75，214-215，444，492，494-495，497-498，509，580
Kybernetisierung 关系的网络化 41
Labyrinth 迷宫 230，468，589
Lebendige, das 有生命的 379
Lettrismus 字母派 199
Levinas'sche Theorie 列维纳斯理论 131
Linguistik 语言学 42，71-72，176，180-181，200，210，214，311，543
　Soziolinguistik 社会语言学 210
Literatur 文学 51，62，66，69，72，80，169，172，174-177，179，196，199-200，215，259，312，326，403，472，492，497
Literaturwissenschaft 文学研究 44，66，169-170，172-173，183，211，311-312
Logik 逻辑 76，206，238，263，272-273，319，342-344，358，380，402，495，544
Logischer Positivismus 逻辑实证主义 238
Logos 逻各斯 205，411，575
Lorea 433 社交网络平台 Lorea
Macht 权力，力量 46，108，186，231，265，268，276，321，379，398，400，402，429，442，468，486，515，540，580
Magnetismus 磁，磁学 467，482，484，573，575，577-579
Mailingliste 邮件列表 419
Malerei 绘画 49，63，65-66，72，86，98，177，232，241-244，367，403，449
Mandelbrot-Menge, Mandelbrot'sche Fraktale 曼德尔布罗特分形 122-123

Manipulation 操纵 212
Mapping 定位 212
Marxismus 马克思主义 174，178-179，181-182，196，238，242，259-260，273，311
Maschine 机器 20，24，75，78，100，106，118，126，274，311，337，342-343，375，379，393，395，399，408，439，443-445，453-455，476，496-497，500，540-541
Massenpsychologie 群众心理学，大众心理学 432
Material 物质，材料，资料 20，70-71，100，107，212，243-244，326，368，370，380，471，479，483-484，493-494，503，587
Materialismus 唯物主义 17，181，196，202-203，206，209，211，242-243，428
Materialität 物质性 69-71，235，243，246-247，260，267，273，406，411，456，502，540
Mathematik 数学 123，136，185，229，261-263，269-273，342，392，399，402，408，411，467，481-482，485，578
Media-Consulting 媒介咨询 16，465，467，471
Mediamatic《媒介技术》杂志 418
Massenmedien 大众传媒，大众媒体 39，110，255，269，323，470
Medien-Monopoly 媒体垄断 465
Medienarchäologie 媒介考古学 24，390-391，399，405，407-410，481
Medienbegriff 媒介概念，媒体概念 38，40，42，79，257-258，311，314-416，322，340，397，466，481-482
Medienberatung, s. Media Consulting 媒介咨询，参见 Media Consulting
Medienforscher 媒介研究者 171，206
Medienforschung 媒介研究 17，19-20，43，341，446，472，511

Mediengeschichte 媒介史，媒体史 40，43-44，356，440
Medienkunst 媒体艺术，媒介艺术 65，307-308，323，341，346-347，407，429，431，479
Medientheoretiker 媒体理论家，媒介理论家 36-37，62，86，193，267，375，389，393-394，580
Medientheorie 媒介理论，媒体理论 37，42，44，61，66-67，70，79-80，83-84，207，231，234-235，257-258，262，264-266，306，308，322，341，352，358，368，373-375，395，399，402，407-408，418，425，445-446，467，501，540
Medienverständnis 媒体认知 425
Medienwissenschaft 传媒学，媒体研究，媒体学 16-17，42-43，61，172，185，257，311，343，345，353，398-399，440，447-448，465，467，471-472，491，503-504，510，512-513
 Neue Medien 新媒体 41，62，79
 Projektionsmedium 投影媒介 471
 Soziale Medien, Social Media 社交媒体 429，508
 taktische Medien 战术媒介 422，427
 technische Medien 技术媒体，技术媒介 86，230，397，467
Meer 海洋 401，483-484，573，575-579
Merve Verlag 梅尔维出版社 466，470
Metapher 隐喻 212，275，353，381，424，483，573，575-577，590
Metaphysik 形而上学 80，199，256，264，267，269，274，310，376
Methode 方法 17-18，78，121，126，131-132，259，311，352，409-410，458，468，493，573
Microsoft 微软 420
Migration 移民，迁移 346，475
Militärdiktatur 军事独裁 475

Modell 模型，模式 117，182，265，268-269，273，356，371，423，429，481，495，510，542，564
Möglichkeitsraum, Potenzial Space 可能性空间，潜在空间 133，468，477，499，509
Molekularbiologie 分子生物学 206，214，449
Montage 蒙太奇 15，107，185，315，324，457，587
Multitude 群体 428
Museum 博物馆，美术馆 36，48，51，53，57，95，100，108，237，244，261，307，323，340，394，431，453-454，457，478
Mutter 母亲 15，61-62，131-133，136，255，376-378，381-382，473
Nacktheit 裸体 99
Nahrung 食物 105
Narration 叙事 108，110，181，377，484，503
Narrativ 叙述性、叙事性 175，485
Naturwissenschaft 自然科学 52，124，126-127，130，205，214，505
Navigation 导航，航行 468，483，575，577，578-580
Neural《神经》杂志 480
nettime 邮件列表 nettime 419，422，479-481
Netz 网络 63，348，356，421，424，430-433，467，480-481，512
    Netzgeneration 网络一代 425
    Netzkritik 网络批评 420-422，429，502
    Netziultur 网络文化 479
    Netzpraxis 网络实践 422
    Netztheorie 网络理论 432
    Netzwerk 网络，互联网 22，25，365，423-424，433，467
Nobelpreis 诺贝尔奖 85，129，420
Oberfläche 表面 47，51，106，340，354，370，407，494
Objekt 对象，物 20，35，38，42-43，47，79，102，117，263，270，325，347，373，384，395-396，421，454，457，484，542，559，565
Objektivität 客观性 136
Occupy 占领 428
Offene, das, Offenheit 开放性 61，77，81，202，378，454，493-494，513，544
Öffentlichkeit 公众，公开
    Gegenöffentlichkeit 反公众 422，427
    organisierte Öffentlichkeit 有组织的公众 432
Ökonomie 经济，经济学 23，74，81，119，242，274，311-312，458，467，498，511-512
Okzident 西方 262
Ontologie 存在主义，本体论 80，187，323，395
Opazität 不透明性 128-129，266-267
Orakel 神谕 382
Organisation 组织 62，194，351，423-424，561
Orient 东方 401
Parallelwelt 平行世界 129
Parameter 参数 41，53，204，450，560，562
Partikularität, das Partikulare 特殊性，特殊的 186，232，323-324，352，357，358，425
Patholinguistik 病理语言学 210
Performance 演出，表演 67，77，94，99，101，105，309-310，326，419
Personentheorie 人格理论 131，135
Perspektive 透视，视角，角度 35，37-38，41，44-47，51，67，80，104，109，125，174，176，181，184，186，196，207-208，232，234，259，263，274，312，315-316，324，352，357，365，398，432，448，455，459，479，494，500，504，542，563-564，587
Phantasie 想象，幻想 102，256，389，505
Philologie 语文学 176，179，211，409，544
Philosophie 哲学 19，43，64，72，124，177，181，185，187，194-196，201，208-210，214，229-230，233，238，242，255-258，

260，263-264，266-269，272，274，308，310-313，317，321，344，349，355，368，370，373，389，392，395，401，408，426，428，440，442，447，456，467-471，476，483，491，503，544，575
Anti-Philosophie 反哲学 233，240-242，428
Dichterphilosoph 诗人哲学家 365
Fiction Philosophy 虚构哲学 483
französische Philosophie 法国哲学 196
Philosophiegeschichte 哲学史 211，268，395，469
philosophische Anthropologie 哲学人类学 208
poetisch-philosophisches Denken 诗意哲学思想 473
Sozialphilosophie 社会哲学 208，311
Physik 物理学 65，85，121，124-128，130-131，133-134，205，215，365，389，411，505，586-590
physikalische Realität 物理现实 101
theoretische Physik 理论物理学 205
Pixelpark 像素公园 473
Platform Studies 平台研究 430
Plattform 平台 94，306
Poesie 诗歌 176，200，240-241，371，402-403，405-407，543，545
Poiesis 诗学 200
Polarisator 偏振镜 129
Politik 政治学，政治 70，75，81，96，182，242，305，315，325，419，425-426，430-431，458，509，540，588
Pornografie 色情学，色情制品 74，109
Post-Snowden-Phase 后斯诺登时代 430
Poststrukturalismus 后结构主义 194，276，352，355，358
Privacy 隐私 430-431
Produktionsprozess 生产过程 99
Programm 方案，项目，程序 16，82，97-98，110，115，236-237，247，309，313，317，327，339，342，425，427-428，431，440，494，501，512-513，540-541
Programmierung 编程 540-541
Projektor 投影仪，放映机 67，100，562
Prophet 先驱 420，443
Protokoll 记录 96，132
Prozess 过程，进程 41，65，78，201-202，206-207，263，276，322-323，396，502，545，579，590-591
Psychoanalyse 精神分析 180-181，198，215，353，355，376，440，444，455
Public Relations 公共关系，公关 422
Publikum 观众 16，49，69-70，83，86，95，100-101，109，123，186，207，246，272，337，409，431，456，484，506，512，541，562，588-589
Quantenmechanik 量子力学 123，126，128-130，134，588，590
Quantenphysik 量子物理学 78，358，367
Radikalisierung 激进化 320，431
Radikalität 激进，激进主义 78，321，474
Radio 广播 16-17，93，118，396-397，399，408，417
Realität 现实，真实 40，73，87，99-101，104，126-127，186，193，266，324，420，543-544，577，588
Reenactment 重新演绎 93
Regenbogen 彩虹 125，128
Religion 宗教 39-40，53，84-85，127，230，319，369，373，412，541
Religionswissenschaft 宗教学 195
Repetition 重复 204，462，542
Repräsentation 表征，表现 40，65，73，79，86，99，212，340，422，429
Republica 共和国 428
Reversibilität 可逆性 122，563
Revolution 革命 66-68，170，174，179，486，542，561
Rhizom 根茎 446，506

Scham 羞耻，羞愧 37，443
Schizo-Pol 精神分裂症 420–421
Schnitt 切面 75，107，110，122，125，481
Schnittstelle 界面 99，116–117，125–126，128，136，396，439
Schrift 文字，书写 86，199，207，241，259，265，270，367，392，412，476，543
Selbstportrait 自画像 94，99
Selbstpräsentation 自我展示 99
Semantik 语义学 71
Semiotik 符号学 42，72，186，210，314，352，542，545
Sequenz 序列 107
Sexualität 性 84，105，236，320
Silicon Valley 硅谷 420
Simulation 模拟，模仿 383，394–395，495
Software 软件 15，306，342，407，423，425，430，506
Software Studies 软件研究 430
Sozialismus 社会主义 23
Soziologie 社会学 42，313，317，440，448，459，513
Soziotop 社会生态 473
Spartakus 斯巴达克斯 197
Spektakel 景观 424
Spiel 游戏，玩乐 41–42，45，47，106，115，133，231，243，262，268–269，274，323，369，378–379，401–402，405，452，483，494–495，500，587，590
Sprache 语言 15–16，22，64，66–67，69–73，75，77–78，86，94，96，107–108，131，176，180，199–200，207，210，214，232，239，241，243–244，248，255–257，262，267–268，270–272，274–275，319，321，339–340，348–349，351–352，355，370–371，393，396，402–403，405，407，444，446，473–474，476–477，482–483，493，542–545，573，575
Staatssprache 官方语言 475

Stimme 声音 78，83–84，99，107，121–122，233，240，243，256，268–270，350，381，401–402，476–477，588
Strukturalismus 结构主义 174，179–181，214–215，239，317，351–352，506
Struktureffekte 结构效应 197
Studentenbewegung 学生运动 210
Subjekt 主体，主语，主体性 182，197，258，265，273，372–373，428–429，455，473，559，565
　　Subjektbegriff 主体概念 258，265
　　Subjektivität 主体性 181，372–373，455
　　Subjekttheorie 主体理论 182，196
Subversion 颠覆 46，189–190，451–452，473–474，499
Suhrkamp Verlag 苏尔坎普出版社 442
Superdeterminismus 超决定论 127
Surrealismus 超现实主义 320
Symbolträger 符号载体，象征物 99，105，565
symptomale Lektüre 症候阅读 208
System 系统，体制 75，78，80–81，84，104，117，122，204，232，237，240，316–318，339，348–349，351–352，393，395，412，446，493–494，499，507–508，510，544–545
Systemverhalten 系统行为 204
Tätowierung 文身 105
Technikgeschichte 技术史 187，261，457
Technikverständnis 技术理解 260，421
Techno-Poiesis 技术–创造 470
Telefonsex 电话性爱 419
Template Culture 模板文化 426
Terrorismus 恐怖主义 486
Theater 戏剧，剧院 23，177，309，326–327，341，344，356，422，480
Theaterkritik 戏剧批评 422
Thermodynamik 热力学 133–134，194，204，211
Tiefenzeit 深层时间 406，504

Twitter 推特 421，429
Umsonst-Kultur 免费文化 430
Universalmaschine 通用机器 85
unscharfe Begriffe 模糊术语 213
User 用户 356，580
Variantologie 变体学 79-80，483
Vehikel 工具，手段 484，573
Verausgabung 耗费 245
Verbindung 有关/联系 19，48，67，72，95，99，106，116，175，179，206，211，243，256，266，271-273，312，319，324，339，345-346，371-372，375，379，383，409，417，424，428，446，459，468，474，484，501，505，544，565，578，590
Verein Deutscher Ingenieure 德国工程师协会 260
Vererbung 遗传 213
Vergangenheit 过去 105，127，186，203，237，323，394，399，401，406-407，509，542，587
Verletzlichkeit 脆弱 93
Vermittlung 中介，媒介 235，315-316，539
Vernetzung 网络化 83，341，343，347，425，432，509，580
Verschlüsselung 加密 431
Vertrauen 信任 76，136，351
Video 视频 54，66，72，74，79，97-99，103-104，116，230，241，310，341，353，470，476，563
Videokunst 视频艺术，影像艺术 68，431
Virtuelle Realität 虚拟现实 266
Vision 设想，观念 40，247
Wahrnehmung 感知 41，45，47，52，62，64，79，86，115，134-135，214，320，367，402，437，439，441，448，485，562-565，573，576，579-580，587，589
Wärmelehre 热力学 134
Web 2.0 430

Weisheit 智慧 128，197
Weltanschauung 世界观 65，175
Weltkrieg 世界大战 15-16，24，317，505
Werbung 广告 233，422
Werkstatt 工厂，工作室 19，369，457，476
Wiedergabe 回放 99
Wiener Kreis 维也纳学派 108
WikiLeaks 维基解密 428
Wikipedia 维基百科 420，426，430
Wille 意志 135，247，539
Wirklichkeit 现实/真的 37，39，71-74，85-86，88，99-100，104，119，121，123，126，129-131，210，237，244，315，400，446，562-563，573-576
Wissensding 知识事物 212
Wissensgenerierung 知识生成 206
Wissenschaftsgeschichte 科学史 51，193，206，437，439，447-449，453，457-458，481，506
Wissenschaftsphilosophie 科学哲学 201
Wissenschaftstheorie 科学理论 202，312，447
Wohlwollenstheorie 善意理论 127
Wohlwollensverdacht 善意的怀疑 132，136
Wunde 伤口 99
YouTube 368，391，407，430
Zeichen 符号 66，72，84，88，107，176，235，244，260-261，263，267，271-272，275，308，343，351，357，393，404，484，488，539-540，543-544，573
Zeichenträger 符号载体 99，245，565
Zeitlichkeit 时间性 22，52，397，449
Zeitmaschine 时间机器 203，365，453
Zelluloid 赛璐珞 562
Zentrum 中心，核心 22，36，38，40，45，69，97，99-100，105，169，183，206，234，242，263-264，274，319，348，368，374，380，424 425，437，465，468，493-494，496，506，565，573
Zerstörung 破坏 324，591

Zufall 巧合 41, 56, 123–124, 175, 178, 200, 262

Zukunft, Zukünfte 未来 39, 41, 64, 69, 76–77, 98, 106, 127, 184–185, 187, 202–203, 214, 256, 264, 305, 324, 350, 410, 428, 430, 453, 466, 492, 498, 501, 509, 512

Zukunftsapparatur 未来装置 199

Zukunftsmaschine 未来的机器 202, 209

Zweitschrift 副本 94

本书受到中共上海市委宣传部和同济大学"部校共建暨院媒合作"项目的支持。

本书受到同济大学高端外国专家项目"媒介理论介入下的新闻传播学科建制与改革路径研究——来自媒介考古学的经验"的支持。

书中所有图片版权除标明出处外，均由齐林斯基教授持有。

图书在版编目（CIP）数据

媒介思维的谱系 /（德）丹尼尔·伊尔冈(Daniel Irrgang),（德）弗洛里安·哈德勒(Florian Hadler),（德）西格弗里德·齐林斯基(Siegfried Zielinski) 主编；王鑫，钱玲燕，王颖吉校译. -- 上海：同济大学出版社，2023.11
（"全球视野下的当代媒介理论"系列丛书 / 李麟学，王鑫，丁凡主编；2）
ISBN 978-7-5765-0937-3

Ⅰ.①媒… Ⅱ.①丹… ②弗… ③西… ④王…⑤钱… ⑥王… Ⅲ.①媒介-研究 Ⅳ.① G206.2

中国国家版本馆 CIP 数据核字 (2023) 第 182748 号

媒介思维的谱系

[德] 丹尼尔·伊尔冈　弗洛里安·哈德勒　西格弗里德·齐林斯基　主编
王鑫　钱玲燕　王颖吉　校译

责任编辑：熊磊丽　｜　责任校对：徐逢乔　｜　装帧设计：张微

出版发行：	同济大学出版社　www.tongjipress.com.cn
	（地址：上海市四平路1239号　邮编：200092　电话：021-65985622）
经　销：	全国各地新华书店、网络书店
印　刷：	上海安枫印务有限公司
开　本：	889mm×1194mm　1/32
印　张：	21.625
字　数：	558 000
版　次：	2023年11月第1版
印　次：	2024年11月第2次印刷
书　号：	ISBN 978-7-5765-0937-3
定　价：	128.00元（上、下册）

本品若有印装质量问题，请向本社发行部调换　　版权所有　　侵权必究